DIE VISUELLE
WELTGESCHICHTE
DER ALTEN KULTUREN

Kaiserdrache
Der chinesische Drache vereinigt Weisheit, Kraft und Güte

Eine Ägypterin am Maischbottich bei der Herstellung von Bier

Bibliografische Information Der Deutschen Bibliothek
Die Deutsche Bibliothek verzeichnet diese Publikation
in der Deutschen Nationalbibliografie; detaillierte bibliografische Daten
sind im Internet über *http://dnb.de* abrufbar.

Eine Gemeinschaftsproduktion von Dorling Kindersley und dem Gerstenberg Verlag
Copyright © 1997 Dorling Kindersley Ltd., London,
und Gerstenberg Verlag, Hildesheim
Deutsche Ausgabe Copyright © 1997, 2002, 2005 Gerstenberg Verlag, Hildesheim
Zusammenstellung, Einleitungstexte und Chroniken von Edmund Jacoby
Alle Rechte vorbehalten
Satz: Gerstenberg Druck GmbH, Hildesheim / typocepta, Wilhelm Schäfer, Köln
Druck und Bindung: EGEDSA, Sabadell
Printed in Spain

www.gerstenberg-verlag.de

ISBN 3-8067-4593-5

03 04 05 06 07   5 4 3 2 1

DIE VISUELLE
WELTGESCHICHTE
DER ALTEN KULTUREN

Herakles und die stymphalischen Vögel

Gerstenberg Verlag

Inhalt

Rom

Anhang

Einleitung

Die *visuelle Weltgeschichte* zeichnet ein aus vielen einzelnen Mosaiksteinchen zusammengesetztes Bild der alten Kulturen der Menschheit von der Steinzeit bis zum Ende des europäischen Mittelalters. Sie stellt jede dieser Kulturen in ihrem Zusammenhang dar. Sie zeigt ihre Grundlagen in den jeweiligen Wirtschafts- und Herrschaftsformen, verdeutlicht, wie eng die Strukturen von Gesellschaften mit ihrem Weltbild verknüpft sind, und schildert in Bild und Wort, wie das materielle und geistige Leben einer Gesellschaft das Alltagsleben der einzelnen Menschen prägt und sie zu erstaunlichen Leistungen in Technik, Wissenschaft und Kunst befähigt.
Bei dieser Darstellungsform, in deren Zentrum das ganzheitliche Bild einer Kultur oder Epoche steht, spielt die Ereignisgeschichte, die Abfolge geschichtlicher Daten, nur eine untergeordnete Rolle. So ist zum Beispiel in dem Kapitel über das Alte Ägypten die Epochengliederung in Altes, Mittleres, Neues Reich und Spätzeit von Bedeutung, im Vordergrund aber stehen die Merkmale, die für die altägyptische Kultur über die Jahrtausende hinweg charakteristisch sind.
Die jedem Kapitel vorangestellten Einführungstexte ergänzen das Bild der einzelnen Kulturen durch die Darstellung ihrer Entstehung, ihrer Entwicklung und ihrer großen Krisen. Zeittafeln erleichtern dabei die chronologische Orientierung.

Die visuelle Weltgeschichte stellt jede der großen Kulturen der Menschheitsgeschichte als eigenständigen Weg dar, auf dem Menschen gelernt haben die Erfahrungen vieler Generationen zur Entfaltung kulturellen Reichtums zu nutzen. Sie zeigt, dass die Entwicklung in verschiedenen Weltgegenden, wie im Alten Orient, in China oder in Altamerika, zu einerseits vergleichbaren, andererseits aber jeweils ganz besonderen Leistungen geführt hat, die gemeinsam das kulturelle Erbe der Menschheit ausmachen. Sie unterscheidet sich damit von manchen herkömmlichen Darstellungen, die die Weltgeschichte als geradlinigen Weg des Fortschritts hin zu den Errungenschaften der europäischen Neuzeit beschreiben.
Diese Geschichte der alten Kulturen endet mit dem Untergang des Römischen Weltreichs, das den ganzen Mittelmeerraum umfasste und dessen Zivilisation im Osten bis nach Indien und im Norden in die germanischen Stammesgebiete ausstrahlte. Die in der römischen Reichsidee am klarsten ausgebildete Vorstellung, dass die Menschheit über die Unterschiede zwischen den einzelnen Völkerschaften hinweg eine Einheit darstellt, hat sich im christlichen wie im islamischen Mittelalter erhalten. Sie findet sich ähnlich auch in der chinesischen Kultur und in der des buddhistischen Indien wieder. Sie ist das wichtigste Erbe der Geschichte der alten Kulturen.

Die Geschichte der alten Kulturen im Überblick

	vor ca. 500.000 Jahren	vor ca. 70.000 Jahren	vor ca. 35.000 Jahren	um 9000 v.Chr.	um 6750 v.Chr.	um 5000 v.Chr.
Nordeuropa				Mittlere Steinzeit Sammlerkulturen		
		Neandertaler: entwickelte Steinwerkzeuge Totenkult	Homo sapiens: altsteinzeitliche Kulturen Höhlenmalereien			
Mittelmeerraum	Homo erectus: älteste Steinzeit; Feuerstellen, Jagd, Hütten, Faustkeile.					Neolithische Revolution auf dem Balkan
Vorderasien	Der Mensch besiedelt Afrika, Europa und Asien.			Beginn von Ackerbau und Viehzucht; Züchtung von Weizen und anderen Getreidesorten	Erste Bauerndörfer: neolithische Revolution	Keramik, Kupfermetallurgie
Ägypten						Neolithische Kultur
Indien						
China/ Ostasien						
Schwarzafrika						
Amerika			Besiedlung des amerikanischen Doppelkontinents		Züchtung von Mais und anderen Feldfrüchten	

um 4000 v.Chr.	um 3000 v.Chr.	um 2500 v.Chr.	um 2000 v.Chr.	um 1800 v.Chr.	um 1600 v.Chr.	um 1400 v.Chr.
Ausbreitung von Ackerbau und Viehzucht		Pfahlbaudörfer		Verbreitung der Bronze		
	Beginn der Bronzezeit		Indoeuropäische Völkerwanderung Palastkultur auf Kreta		Mykenische Kultur in Griechenland	
	Sumerische Hochkultur: Schrift, Bronze	Semitische Kriegerstämme treten das Erbe der Sumerer an.	Altbabylonisches Reich; Aufstieg von Assur	Eindringen von Streitwagenkriegern		Hethitisches Großreich; Verbreitung der Eisentechnologie mittelassyrisches Reich
	Reichseinigung unter den vordynastischen Pharaonen; Hieroglyphenschrift	Altes Reich, Pyramidenbau	Mittleres Reich	Die Hyksos erobern das Nildelta.	Gründung des Neuen Reichs	Höhepunkt des „Neuen Reichs" unter den Ramessiden
	Neolithische Dorfkulturen	Induskultur				
		Neolithische Kulturen; Kultivierung des Reises				
Neolithische Kulturen südlich der Sahara						
	Erste Bauerndörfer in Mesoamerika	Ackerbau im Andenhochland				Kultur von La Venta in Mexiko: Ausgangspunkt der großen mesoamerikanischen Kulturen

Die Geschichte der alten Kulturen im Überblick

	um 1200 v.Chr.	um 1000 v.Chr.	um 800 v.Chr.	um 700 v.Chr.	um 600 v.Chr.	um 500 v.Chr.	um 400 v.Chr.
Nordeuropa				Beginn der Eisenzeit			Keltische eisenzeitliche Kultur in Mittel- und Westeuropa
Mittelmeerraum	„Dorische Wanderung"	Ende der mykenischen Kultur; Eisenzeit; griechische Besiedlung der kleinasiatischen Küste	Die Griechen übernehmen die Alphabetschrift von den Phöniziern.	Entstehung der griechischen Polis; Homerische Epen — Etruskische Städte in Mittelitalien; Gründung Roms	Der griechische Handel nimmt nach der Übernahme des Münzgelds von den Lydern großen Aufschwung.	Beginn der griechischen Philosophie; frühklassische Kunst; Perserkriege — Römische Republik	Griechische Klassik; Demokratie in Athen — Höhepunkt der griechischen Kunst und Philosophie
Vorderasien	Hethiter und Ägypter in Syrien — Angriffe der „Seevölker"; Untergang des Hethiterreichs	Blüte der phönizischen Städte — Königtum in Israel	Assyrisches Großreich; die aramäische Sprache und Schrift werden vorherrschend.	Die Assyrer zerstören Babylon.	Neubabylonisches Reich — Die persischen Meder erobern Assur.	Die Perser erobern Babylon.	Blüte des Perserreichs
Ägypten	Abwehr der „Seevölker"			Die Assyrer erobern Ägypten.	Griechischer Einfluss in Ägypten	Die Perser erobern Ägypten.	
Indien	Beginn der indoarischen Invasion	Die vedischen Arier erobern Nordostindien. Blüte der vedischen Kultur — Frühe vedische Dichtungen				Kriegerische Kleinstaaten in Nordindien; Auftreten Buddhas	Perser und Griechen im Indusgebiet — Mauriya-Reich in Nordindien
China/Ostasien	Shang-Zeit: Bronzekultur, Streitwagen-Krieger; Anfänge der Schriftkultur	Zhou-Dynastie: „feudales" System kleiner Fürstentümer				Zeit der „streitenden Fürstentümer"; Konfuzius schafft die Grundlagen für eine neue Gesellschaft.	
Schwarzafrika				Königreich von Kusch am oberen Nil, von Ägypten beeinflusst	Verbreitung der Eisentechnologie auch im südlichen Afrika		
Amerika			Entwicklung von Schrift und Kalender in Mesoamerika — Städtische Chavin-Kultur in den Anden				

um 300 v.Chr.	um 200 v.Chr.	um 100 v.Chr.	um Christi Geburt	um 100 n.Chr.	um 200 n.Chr.	um 300 n.Chr.
Keltische Expansion nach Süden: nach Spanien, Italien und bis Kleinasien		Caesar erobert Gallien: Die Mittelmeerkultur dringt nach Nordeuropa vor.		Die Römer dringen nach England und über den Rhein vor.		Christianisierung des römischen Nordeuropa
Hellenistische Spätblüte der griechischen Kultur im ganzen Mittelmeerraum / Rom wird Vormacht in Italien.	Die Römer setzen sich gegen die Karthager im westlichen Mittelmeerraum durch.	Römische Vorherrschaft auch im östlichen Mittelmeerraum; Bürgerkriege in Italien	Römisches Kaisertum	Das Christentum wird zu einer sich an alle Menschen wendenden Religion.	Wirtschaftliche und gesellschaftliche Krise des Römischen Reichs; Ausbreitung des Christentums	Das Christentum wird römische Staatsreligion; allmähliche Spaltung des Reichs in griechischen Osten und lateinischen Westen; Konstantinopel wird Reichshauptstadt.
	Diadochenreiche mit hellenistischer Kultur	Wachsender römischer Einfluss in ganz Vorderasien				Christianisierung der Kultur
Alexanderreich	Ausbreitung des Partherreichs im Iran					
Alexander erobert Ägypten.	Hellenistisch-ägyptisches Ptolemäerreich		Die Römer erobern Ägypten. Hellenistisch-römisch-ägyptische Mischkultur			
	Kaiser Ashoka vereinigt ganz Indien; Buddhismus wird Staatsreligion				Nomadische Eroberer gründen das Kuschanreich in Nordwestindien.	
	Reichseinigung unter der Han-Dynastie: chinesisches Kaiserreich. Bürokratische Verwaltung; Erfindung des Papiers					Beginn des chinesischen Mittelalters; Zerfall der Reichseinheiten; Einfälle der Hunnen und anderer Barbarenvölker
						Tempelkultur von Teotihuacan in Zentralmexiko; klassische Phase der Mayakultur in Südmexiko

Was ist Geschichte?

Womit beginnt Geschichte? In den meisten Kulturen wird diese Frage eindeutig beantwortet: mit der Erschaffung der Welt. Aber was bedeutet Erschaffung der Welt für diese Kulturen? Dass Gott oder die Götter eine Ordnung geschaffen, dass sie Himmel und Erde, Oben und Unten, dass sie den Raum der Welt und den Wechsel der Jahreszeiten eingerichtet haben.

Dies sagen die meisten Weltentstehungsmythen, z.B. die Schöpfungsberichte der Bibel und der alten Griechen. Die griechische und die jüdische Auffassung vom Anfang der Welt gehen beide auf den Schöpfungsmythos im alten Babylonien zurück, der ältesten Hochkultur der Geschichte. In Babylon wurde Jahr für Jahr der Triumph der Ordnung über das ursprüngliche „Chaos", wie es die Griechen nannten, oder das „Tohuwabohu", wie die Unordnung des Anfangs in der Bibel heißt, beschworen. Die Ordnung der Zeit im Jahresverlauf wurde dabei mit der Ordnung im Kosmos und in der Gesellschaft gleichgesetzt. Jahr für Jahr musste sich die Ordnungsstiftung des Anfangs wiederholen, denn in der Wiederholung der Zeit fanden die Menschen sich geborgen.

Ein solches „zyklisches" Geschichtsbild ist typisch für langlebige und sich nur langsam wandelnde Kulturen. Und der planmäßige Umgang mit der Zeit, der Kalender, der die Abfolge der landwirtschaftlichen Arbeiten im Jahresverlauf regelt, steht am Anfang der ersten Hochkulturen. Wenn fromme Juden die Erschaffung der Welt bis heute auf das Jahr 3760 vor der christlichen Zeitrechnung datieren, so ist das insofern gar nicht falsch, als um diese Zeit die erste große Kultur der Menschheit im Zweistromland zwischen Euphrat und Tigris entstand und mit ihr dieses geschichtliche Denken.

Auch die „lineare" Auffassung von Geschichte als Entwicklung zu immer Neuem, als „Fortschritt", von der das moderne westliche Denken geprägt ist, geht von der Vorstellung eines Anfangs der Geschichte aus. Dabei wird heute ein doppelter Anfang gemacht, einmal mit der Entstehung der Welt und dann mit der Entstehung der menschlichen Kultur.

Faustkeil

Die Menschheitsgeschichte und die Geschichte der Natur

Unser Universum ist, so nimmt man heute an, vor zehn bis zwanzig Milliarden Jahren in einem „Urknall" entstanden. Die ältesten Gesteine auf unserer Erde sind nach dem heutigen Stand der naturwissenschaftlichen Forschung über drei Milliarden Jahre alt. Die frühesten Spuren von Leben auf unserem Planeten werden von den Paläontologen, die sich mit der Geschichte des Lebens befassen, auf ein Alter von ungefähr 2,7 Milliarden Jahren geschätzt.

Erst seit ca.1,8 Millionen Jahren gibt es menschenartige Wesen. Die Paläanthropologie, deren Gegenstand die biologische Entstehung des Menschen ist, arbeitet wie die Paläontologie mit naturwissenschaftlichen Methoden. Diese Methoden helfen aber nicht mehr viel weiter für die Zeit, seit es den Homo sapiens gibt. Menschen, die sich in ihrem Äußeren und in ihren körperlichen und geistigen Fähigkeiten in nichts von uns heutigen Menschen unterscheiden, gibt es seit ca. 35.000 Jahren, und seitdem spielt die biologische Entwicklung der Menschen keine Rolle mehr. Was in der kurzen Ära des Homo sapiens sich auf dieser Erde abgespielt hat, ist eine Geschichte ganz anderer Art. Sie wird nicht durch die Natur, sondern durch die Menschen selbst bestimmt. Dadurch, wie es ihnen gelingt, Erfahrungen zu sammeln und sie über Generationen hinweg an andere Menschen weiterzugeben, sodass der Erfahrungsschatz von Menschengruppen, von Völkern und schließlich der ganzen Menschheit immer weiter wächst. Diesen kollektiven Erfahrungsschatz von Menschen nennt man Kultur. Die Geschichte des Homo sapiens ist deshalb eine Geschichte der menschlichen Kultur.

Sprache und Denkmäler

Das älteste und wichtigste Mittel der Menschen, ihre Erfahrungen festzuhalten und für gemeinsames Handeln nutzbar zu machen, ist die Sprache. Man kann sich z.B. kaum vorstellen, dass die Menschen ohne sprachliche Verständigungsmöglichkeiten über viele

Generationen hinweg an der Entwicklung von Ackerbau und Viehzucht hätten arbeiten können, der wahrscheinlich wichtigsten Leistung der menschlichen
Kultur überhaupt. Die Sprache ermöglichte es den
Menschen auch, ihre Kräfte zu bündeln und Projekte
in Angriff zu nehmen, deren Verwirklichung für den
Einzelnen oder für kleine Gruppen undenkbar gewesen wäre. Bereits die großen Grabanlagen und
Menhirgalerien der Steinzeit legen für diese gemeinsamen Kraftanstrengungen Zeugnis ab.
Solche Denkmäler – Grabmäler, große, oft mit Inschriften oder bildlichen Darstellungen versehene
Steine, Tempel, Paläste und Kirchen – dienen immer
auch der Bestätigung des gemeinsamen Willens derer,
die sie errichtet haben; sie stützen die Traditionen, die
größere Menschengruppen zusammenhalten, ebenso
wie die Sagen, die mythischen oder auch geschicht-
lich fundierten Erzählungen von Göttern oder Helden
und Herrschern. Sie geben den Menschen das Bewusstsein, geschichtliche Wesen zu sein. Die Denkmäler der Menschheitskulturen sind deshalb zugleich
Zeugen des Geschichtsbewusstseins der Menschen.

Schrift und Hochkultur

Der lange Abschnitt der menschlichen Kultur, über
den wir nur durch die von den Archäologen untersuchten Denkmäler unterrichtet sind, weil die gesprochene Sprache der Menschen dieser Zeit längst
verklungen ist, wird üblicherweise als Vorgeschichte
bezeichnet. Von geschichtlicher Zeit spricht man erst,
seitdem es schriftliche Überlieferung gibt. Und die
Schrift ist ein typisches Merkmal der Hochkulturen.
Die Schrift ermöglicht es nicht nur, über die Zeiten
hinweg unverändert traditionelles Wissen weiterzugeben; sie ist auch die Voraussetzung dafür, zu einem
bestimmten Zeitpunkt alles für eine Gesellschaft
wichtige Wissen für große kollektive Ziele zusam-
menzuführen. Ohne Schrift wäre weder der Bau der
Pyramiden noch die Bewässerungskultur des Zweistromlands möglich gewesen.
Hochkulturen sind Kulturen, die die Schrift für die
Verwaltung nutzbar gemacht haben. Sie werden von
Bürokraten zusammengehalten und organisiert, die
gleichzeitig die Hüter der Tradition – Priesterinnen
oder Priester – sind. Die Entstehung einer schriftlichen geschichtlichen Überlieferung und die Entstehung der staatlichen Verwaltung in den frühen
Hochkulturen gehen Hand in Hand.

Krieger und Herrscher

Die bürokratisch organisierten Wirtschaften der ersten
Hochkulturen bescherten den Menschen, die in ihnen
lebten, einen Wohlstand, wie er bis dahin unbekannt
war. Dieser Wohlstand lockte immer wieder kriegerische Habenichtse aus der näheren oder weiteren
Umgebung an, die sich mit Gewalt den Reichtum der
überlegenen Kulturen anzueignen versuchten. Die
Hochkulturen mussten sich deshalb verteidigen lernen, wenn sie der Zerstörung durch Barbaren entgehen wollten. Seitdem ist die Geschichte der großen
Kulturen immer auch eine Geschichte von Kriegen
und von Kriegerherrschern und Kriegerkasten, die
sich ihre Dienste für die Verteidigung des Wohlstands
von der Bevölkerungsmehrheit teuer bezahlen ließen.
Und die dafür sorgten, dass ihre Namen und ihre
kriegerischen Großtaten in Bild und Schrift verewigt
wurden. Das führt dazu, dass die schriftlichen Quellen
der Geschichte oft ziemlich einseitig von Krieg und
Herrschaft künden.

Mann, Frau und Eigentum

Das Führen von Kriegen war in der Geschichte fast
immer Männersache. Und so ist es auch nicht erstaunlich, dass die Frauen eine umso untergeordnetere
Rolle spielten, je stärker der Einfluss der Kriegerschicht in einer Gesellschaft war. In den eher friedlichen Bauerndörfern der Jungsteinzeit dagegen

Leben im Wohlstand: ein Garten im Alten Ägypten

Auf diesem Doppelporträt aus Pompeji erscheinen
Mann und Frau als gleichberechtigte Partner.

scheinen Frauen noch eine sehr wichtige Position
eingenommen zu haben. Hier lebten Männer und
Frauen oft in Gemeinschaftshäusern zusammen, ohne
dass es Familien im heutigen Sinn gegeben hätte. So
wussten viele Menschen nicht, wer ihr Vater, wohl
aber, wer ihre Mutter war, und die Mutter war die beherrschende Gestalt der Gemeinschaft. Auch in den
ältesten Hochkulturen waren Frauen hoch angesehen,
nicht zuletzt, weil das Ackerland auch hier noch wie
in den jungsteinzeitlichen Dörfern der Gesellschaft
als ganzer gehörte. Erst durch nomadische Eroberer
scheint sich die Ansicht durchgesetzt zu haben – und
das gilt für das alte Mesopotamien ebenso wie für
Altmexiko –, dass das Ackerland in Familieneigentum
überführt werden müsse. Seitdem spiegelte sich die
Macht und der Einfluss eines „patriarchalischen"
Familienoberhaupts in der Größe seines Besitzes.
Damit das Eigentum in der patriarchalischen Familie
blieb, musste die männliche Erbfolge klar geregelt
sein: Der Chef eines Familienclans musste wissen,
wer sein Sohn war. Und er konnte dies nur wissen,
wenn seine Frau oder seine Frauen ihm treu waren.
Dieser Treue war er sich wiederum nur dann ganz
sicher, wenn er seine Frau oder seinen Harem in seinem Haus mehr oder weniger einsperrte. So war das
öffentliche Leben in vielen der alten Kulturen reine
Männersache; aber das konnte sich schnell auch wieder ändern, etwa wenn das Gebiet einer Kultur von

einem Bauernvolk erobert wurde, in dem die Frauen
eine verhältnismäßig starke Stellung innehatten, wie
bei den Germanen der Völkerwanderung.
Es ist interessant zu sehen, dass das Interesse der Geschichtswissenschaft an den Eigentumsverhältnissen
in den alten Kulturen erst erwachte, als die Sozialisten
und Sozialreformer im 19. Jahrhundert sich über die
ungleiche Verteilung des Eigentums in der Gesellschaft empörten, und dass die Rolle der Frau in der
Gesellschaft erst durch die moderne Frauenbewegung
zum Thema gemacht wurde. Seitdem ist auch das private Leben, und nicht nur die Geschichte der Staaten,
für die Geschichtswissenschaft von Bedeutung. Der
Blick, mit dem die Geschichte betrachtet wird, ändert
sich mit der gesellschaftspolitischen Tagesordnung
der jeweiligen Gegenwart.

Freie Bürger und der Geist der Kritik

Es gab in der Zeit der alten Kulturen auch Völker,
die nicht die Zweiteilung der Gesellschaft in land-
wirtschaftlich arbeitende Bevölkerungsmehrheit und
kriegerische Oberschicht kannten und nicht büro-kra-
tisch organisiert waren, nämlich die Handelsstädte
etwa der Phönizier und Griechen. Diese verdankten
ihren Reichtum nicht der Ausbeutung einer Bauern-
schicht, sondern dem internationalen Verkehr. Sie
waren es auch, die den kulturellen Austausch voran-
brachten und die Kulturen des Mittelmeerraums und
des vorderen Orients miteinander verknüpften. Den
alten Griechen verdanken wir viele Nachrichten über
die übrigen Kulturen ihrer Zeit im Mittelmeerraum
und bis nach Indien.
Die Griechen waren die Ersten, die die Traditionen
verschiedener Völker miteinander verglichen und
fanden, dass diese durchaus nicht immer zueinander
passten. Die Wahrheit, auch die geschichtliche, so
schlossen sie daraus, stimmt nicht immer mit der
Überlieferung überein; es war für sie deshalb Aufgabe des kritischen Denkens, diese Wahrheit heraus-
zufinden. Der Grieche Thukydides im 5. Jahrhundert
v.Chr. war der erste Historiker, von dem wir wissen,
dass er seine Quellen genauso wie ein moderner
Geschichtswissenschaftler kritisch prüfte.

Hochkultur und Rückfall in die Barbarei

Als das Römische Reich, in dessen Grenzen die Hochkulturen des Mittelmeerraums und Vorderasiens auch
politisch zusammengewachsen waren, unter dem An-

sturm zumeist germanischer Barbaren unterging, war dies nicht das erste Mal, dass eine mächtige Hochkultur und mit ihr ein großer Teil des über viele Generationen angesammelten zivilisatorischen Wissens zerstört wurde. Aber das Ende Roms zeigt eines besonders deutlich: Die Geschichte der alten Kulturen ist kein kontinuierlicher Fortschritt zu immer höheren Kulturstufen, deren letzte wir modernen Menschen erklommen hätten; vielmehr gibt es immer wieder Katastrophen, Rückfälle in die Barbarei. Die Weltkriege des 20. Jahrhunderts und die nationalistischen und rassistischen Massenbewegungen der jüngsten Vergangenheit zeigen, dass diese Gefahr bis heute nicht endgültig gebannt ist.

Antike, Mittelalter und Neuzeit

Auf den Trümmern des Römischen Reichs entstand das europäische Mittelalter. Die germanischen Eroberervölker versuchten zwar wie andere Eroberer auch, etwa die Mongolen in China oder die Azteken in Mexiko, an die Errungenschaften der zerstörten Kultur anzuknüpfen, bewirkten aber, dass etwas Neues entstand. Eine Kultur, die mehr mit manchen Kriegerkulturen des Altertums oder mit dem zeitgenössischen japanischen Mittelalter gemein hatte als mit der römischen Antike.

Dass das Mittelalter mehr war als ein Rückfall in die Barbarei und die allmähliche Erholung davon, nämlich eine eigene Großperiode der Geschichte, wird allerdings erst im Rückblick aus der Neuzeit plausibel, denn diese nimmt für sich in Anspruch, das kulturelle Niveau der antiken Hochkulturen hinter sich gelassen zu haben.

Die Neuzeit hat in der Tat einiges hervorgebracht, was sie von allen alten Kulturen unterscheidet, und das hat viel mit ihrem Geschichtsbewusstsein zu tun: Mit dem Versuch, die klassische griechisch-römische Antike in einer Renaissance (Wiedergeburt) neu entstehen zu lassen, lösten sich die Europäer von den mittelalterlichen Überlieferungen und oft als Dogmen festgelegten Traditionen. Das machte sie frei dafür, die geografische Welt neu zu entdecken, und mit ihr

die Vielzahl der verschiedenen Kulturen. Das verlieh ihnen auch die Kühnheit, alle alte Lehren von der Natur in Frage zu stellen und eine neue experimentelle Naturwissenschaft zu begründen, deren Resultate schließlich die industrielle Revolution ermöglichten. Derselbe kritische Geist war auch die Voraussetzung dafür, die überlieferten Herrschaftsverhältnisse aufzukündigen und den Weg in eine demokratische Gesellschaft anzutreten, die nicht wie im alten Griechenland auf eine einzige Stadt beschränkt war. Und nicht zuletzt begründete dieses von der Tradition sich befreiende Denken eine kritische Wissenschaft von der Geschichte, die alle Quellen und Überlieferungen überprüfte und ihr Bild von der Vergangenheit immer wieder erneuerte.

Kritische Geschichtswissenschaft

Seit der Renaissance gibt es eine Tradition des fortwährenden Brechens mit Traditionen in der Geschichtsschreibung: Die überlieferten Texte des klassischen und biblischen Altertums wurden auf ihre inneren Widersprüche hin untersucht und mit den Befunden der Archäologie verglichen, um ihren historischen Wahrheitsgehalt herauszuarbeiten; die Schriften fremder und untergegangener Kulturen wurden entziffert – eine Bemühung, die bis heute noch zu keinem Abschluss gekommen ist –, und nach und nach wurde eine durchgehende *Chronologie* der Weltgeschichte erarbeitet, zu der im 20. Jahrhundert auch die Naturwissenschaften ihren Beitrag lieferten, z.B. durch die Dendrochronologie und die Radiokarbon-(C14-)Datierung. Die Geschichtswissenschaft wurde zwar immer wieder in den Dienst neu geschaffener Traditionen – vor allem der modernen europäischen Nationalstaaten – gestellt, aber sie konnte stets auch solche Einseitigkeiten überwinden. Heute ist kritisches Geschichtsdenken weltweit akzeptiert, und inhaltlich ist die moderne Geschichtswissenschaft dabei, sich von ihrem traditionellen „Eurozentrismus" zu lösen und zum Bewusstsein der Menschen weltweit beizutragen, einer einzigen Gemeinschaft anzugehören: der Menschheit.

Gestern und morgen

Warum eigentlich die Vergangenheit erforschen? Der Mensch ist von Natur
aus neugierig, und die Vergangenheit hat viel Interessantes und Wunderbares
zu bieten. Ein Verständnis der Vergangenheit ist wichtig für ein Verstehen
des eigenen kulturellen Hintergrunds. Und man kann aus ihr auch lernen.
So zeigten z.B. archäologische Forschungen in Peru, dass einige verges-
sene landwirtschaftliche Methoden erfolgreicher waren, als manche
heutigen es sind. Doch die Bedeutung der Vergangenheit geht über
all das hinaus. Die Vergangenheit wurde von Menschen gestaltet,
die gemeinsame Wurzeln haben – nicht nur in ihrer Gesellschaft,
sondern letztlich in der ganzen Menschheit. Die Vergangenheit
führt uns zurück auf unsere gemeinsamen Vorfahren. In der
Vergangenheit haben wir uns zu dem entwickelt, was wir
heute sind, aus der Vergangenheit können wir Lehren für
die Zukunft ziehen. Daher gilt es, ihre Spuren zu bewahren, die heute bedroht sind wie nie zuvor.

*Lebhafte Farben kennzeich-
nen die 12.000 Jahre alten
steinzeitlichen Höhlenmalereien von Lascaux/Frank-
reich. Heute sind große
Teile davon gefährdet.*

*Kunstvolle Kopf-
bedeckung*

KAMPF UMS ALTE
Wem gehört die Vergangenheit –
einzelnen Menschen oder allen?
In Nordamerika und Australien
wurden die Kulturschätze der Ureinwohner vor langer Zeit von den
Eroberern geplündert. Oft haben alte Kulturgüter einen festen Platz in
den Traditionen einer Kultur, daher
wurde vieles in neuerer Zeit wieder
zurückgebracht. Wenn wir jedoch
weiter zurückblicken oder Gebiete
betrachten, in denen mehrere Kulturen beheimatet sind, wird die Frage
noch schwieriger. Und leider führt sie
auch immer wieder zu Konflikten.

*Schimmelpilzwachs-
tum, gefördert durch
den feuchten Atem der
vielen Besucher, droht
die Höhlenmalereien
zu zerstören.*

Dünnschliff
eines Steins
unter dem
Mikroskop

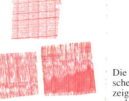

Die mikroskopi-
schen Präparate
zeigen Struktur
und Jahresringe
von Buchenholz.

UNTERM MIKROSKOP
Die moderne Technik liefert
uns viele Hilfsmittel zur Erforschung der Vergangenheit.
Analysen von Steinen, Tonwaren und Metallgegenstän-
den geben Hinweise auf ihre
Herstellung und die Herkunft
der Rohstoffe. Auch Datie-
rungs- und Konservierungs-
methoden sind sehr wichtig
für die Forschung.

**INFORMATION
IN SCHEIBEN**
Anhand von Jahresringen können Holzgegenstände genau datiert werden. Sie enthalten auch
Informationen über die jeweilige
Umwelt, denn ihre Dicke ist abhängig von Temperatur und Bo-
denfeuchtigkeit. Die Archäologie
macht sich somit heute auch Erkenntnisse anderer Wissenschaften zunutze.

Bronzekopf aus
Benin/Westafrika

Dieses Pferd und andere Malereien in den Höhlen von Lascaux müssen geschützt werden. Daher wurden die Höhlen für Besucher geschlossen.

ENTSCHWINDENDE VERGANGENHEIT

Die Entdeckung von Resten aus der Vergangenheit kann zu deren Zerstörung führen. Obwohl Ausgrabungen Artefakte aus der Vergangenheit freilegen, zerstören sie die Zusammenhänge – außer auf dem Papier, wo der Originalzustand festgehalten wird. Um den Verfall der Funde zu verhindern, muss deren Zustand künstlich aufrechterhalten werden. So wurden z.B. Teile des Holzes vom „Süßen Weg" in Somerset zur Konservierung in feuchten Torf zurückgelegt.

Für Besucher wurde eine Nachbildung der Höhlenmalereien von Lascaux erstellt – eine gute Lösung.

ARCHÄOLOGIE UND DIE MENSCHEN

Feldbegehungen und Ausgrabungen haben immer von den Beiträgen von Hobby-Archäologen profitiert. Viele archäologische Organisationen versuchen, durch verschiedene Angebote alle Menschen, vor allem aber Schulkinder, zu begeistern. Diese Kinder beschäftigen sich mit experimenteller Archäologie: Sie bauen eine Darre aus Flechtwerk.

ES BRÖCKELT!

Luftverschmutzung greift die Zeugen der Vergangenheit an. Chemikalien aus Industrie und Haushalten zerstören viele jahrtausendealte Bauwerke. So sind Autoabgase der größte Feind des Parthenon in Athen.

Dieser Ausgräber rettet wichtige Informationen über die Wikingerzeit.

LANGSAMER UNTERGANG

Straßen, Gebäude, tiefes Pflügen und Torfstechen zerstören Reste früherer Zeiten. In vielen Ländern versucht man mit Gesetzen, die Zeugnisse der Vergangenheit zu bewahren. Bei einzelnen Fundstätten ist das relativ leicht machbar, bei ganzen Landschaften ist es schon schwieriger. Sie werden durch die moderne Landwirtschaft zerstört.

Ausgrabung von Resten aus der Römer- und aus der Wikingerzeit in York/England

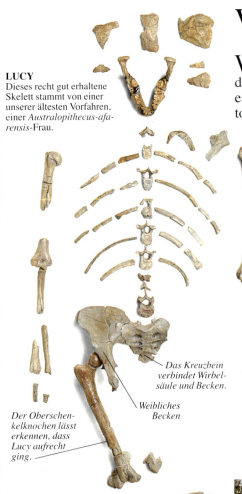

Vergangenheit verstehen

Was versteht man unter „Archäologie"? Das Wort kommt aus dem Griechischen und bedeutet „Altertumskunde". Dabei geht es um die Geschichte der Menschen. Paläontologen und Historiker, die sich ebenfalls mit Vergangenem beschäftigen, setzen andere Schwerpunkte: Die Paläontologen untersuchen Fossilien, d.h. versteinerte Reste von Lebewesen, und die Historiker durchleuchten schriftliche Zeugnisse aus der Vergangenheit. Für Archäologen sind Fossilien und alte Schriften nur zwei von vielen Informationsquellen. Sie befassen sich vor allem mit Gegenständen, die aus früherer Zeit erhalten sind – Zeugnissen, die zwar in rauen Mengen vorhanden, oft jedoch auch recht unvollständig und vieldeutig sind.

LUCY
Dieses recht gut erhaltene Skelett stammt von einer unserer ältesten Vorfahren, einer *Australopithecus-afarensis*-Frau.

Das Kreuzbein verbindet Wirbelsäule und Becken.

Weibliches Becken

Der Oberschenkelknochen lässt erkennen, dass Lucy aufrecht ging.

WIE ALT IST DIE MENSCHHEIT?
Seit Charles Darwin mit seinem Buch *Die Entstehung der Arten* (1859) die Evolutionstheorie begründete, wird diese Frage immer aufs Neue gestellt. Um Spuren unserer frühen Vorfahren zu finden, braucht man viel Glück. Funde von Hominiden (Menschenahnen) wie Lucy sind nicht sehr häufig. Meist legen erst Naturkatastrophen wie Vulkanausbrüche und Erdbeben oder Erosion die versteinerten Überreste frei.

GRABBEIGABEN
In vielen alten Kulturen glaubte man, dass man Dinge aus dieser Welt in die nächste mitnehmen könne, und legte den Toten Beigaben ins Grab. Diese byzantinische Silberschale aus einem Grab in Sutton Hoo/England ist ein gutes Beispiel dafür. Sie wurde im östlichen Mittelmeerraum hergestellt, kam dann nach England und diente schließlich bei der Schiffsbestattung eines Königs als Grabbeigabe. Solch wertvolle Gegenstände geben uns Aufschluss über Bräuche, Wohlstand und Glauben alter Kulturen.

HINEINGEFALLEN
Toiletten wie diese aus der Wikingerzeit des englischen York können über Ernährung und Gesundheit der Menschen ihrer Zeit Aufschluss geben. In Toiletten verschwanden viele Gegenstände für immer. Hinweise auf frühere Lebensgewohnheiten findet man auch in alten Abfallgruben.

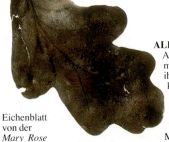

ALLTAG FRÜHER
Archäologen versuchen sich ein Bild davon zu machen, wie die Menschen früher lebten und wie ihre Umwelt aussah. Pflanzenreste, wie Getreidekörner, Blütenpollen oder dieses Eichenblatt von der *Mary Rose*, geben ebenso Aufschluss über die frühere Vegetation wie Schnecken und andere Kleintiere. So erfahren wir nicht nur, wie die Welt früher aussah, sondern auch, was die Menschen aus ihr gemacht haben.

Eichenblatt von der *Mary Rose*

Die Schale ist nicht sehr sorgfältig gearbeitet: Der Kopf befindet sich nicht in der Mitte.

KINDERSPIELZEUG

Der Zauber der Vergangenheit liegt in ihrer großen Vielfalt. Es ist aber auch faszinierend, wie ähnlich sich die Menschen unterschiedlicher Kulturen und Zeiten sind. Zwischen diesen Puppen liegen 2000 Jahre, doch die Kinder, denen sie gehörten, spielten mit ihnen sicher ähnliche Spiele.

Stoffpuppe aus dem von Rom besetzten Ägypten (um 100 n.Chr.)

Stoffpuppe „Columbia" aus den USA (um 1890)

Ledersandalen (Britannien, 2.Jh.n.Chr.)

Silberschale – eine kostbare Grabbeigabe für den englischen König Raedwald (um 625 n.Chr.)

EIN SCHRITT ZURÜCK

Grabmäler und Monumente waren für die Ewigkeit bestimmt. Doch meist sind die Gegenstände, die Archäologen finden, nur durch Zufall erhalten. So blieb z.B. in einem eingestürzten Haus alles an seinem Platz. Oft finden Archäologen jedoch nur noch die Grundmauern von Häusern und verstreute Artefakte. Anorganische Materialien (Töpferwaren und Steinwerkzeuge) sind am häufigsten erhalten, manchmal aber auch organische Überreste wie diese Sandalen.

STEHENDE STEINE

Unübersehbare Zeugnisse der Vergangenheit sind Monumente wie Stonehenge in England (links) oder die kolossalen Steinköpfe der Olmeken in Mexiko. Doch wie und warum wurden sie errichtet? Auch wenn wir herausfinden, wie sie aufgestellt wurden, bleiben die Motive vielleicht immer ein Rätsel.

Archäologie

Archäologie ist der einzige Weg zum Studium der ganz frühen Völker, denn schriftliche Zeugnisse liegen nur für einen kleinen Abschnitt der Menschheitsgeschichte vor. Die moderne archäologische Forschung hat nichts mit der Suche nach legendären Reichtümern in versunkenen Städten zu tun, die früher das Bild der Archäologie geprägt hat. Heute arbeiten Archäologen mit den neuesten wissenschaftlichen Methoden, um alte Kulturen zu entdecken, auszugraben und die Funde zu untersuchen. Jede Tonscherbe, jedes Insekt, Pflanzen und Tiere sind dabei wichtige Funde, die wertvolle Informationen über die alte Gesellschaft geben können. Archäologie bedeutet nicht nur Ausgraben. Untersuchung und Auswertung des gefundenen Materials und seine Vorbereitung zur Publikation nehmen sehr viel Zeit in Anspruch. Nach der Veröffentlichung werden Notizen und Funde in einem Museum ausgestellt oder aufbewahrt.

AUSGRABUNGSSTÄTTE
Im Gegensatz zu Schatzsuchern legen die Archäologen heute bei den Ausgrabungen wie dieser Fundstätte früher Hominiden bei Sterkfontain in Südafrika auf ein genaues Protokoll aller Funde in vertikaler und horizontaler Anordnung Wert.

MASSSTÄBE
Fotografische Protokolle sind wichtige Hilfsmittel bei Ausgrabungen. Die Maßstäbe dienen zum Einschätzen der Größe von fotografierten Gegenständen.

DAS WERK VON TAUSENDEN
Giovanni Belzoni war einer der Ersten, die ägyptische Altertümer in den Westen brachten. Als rücksichtsloser Schatzsucher zerstörte er dabei interessantes Material.

Kelle

Kleine, massive Grabfläche aus Stahl

Farbpinsel

Zahnbürste

Baumwollhandschuhe

Maßstäbe

REINIGEN
Die Fundgegenstände werden an Ort und Stelle mit den verschiedensten Pinseln und Bürsten gereinigt.

KELLE UND HANDSCHUHE
Die Kelle ist das wichtigste Werkzeug für Ausgrabungen. Handschuhe dienen zum Umgang mit zarten Gegenständen.

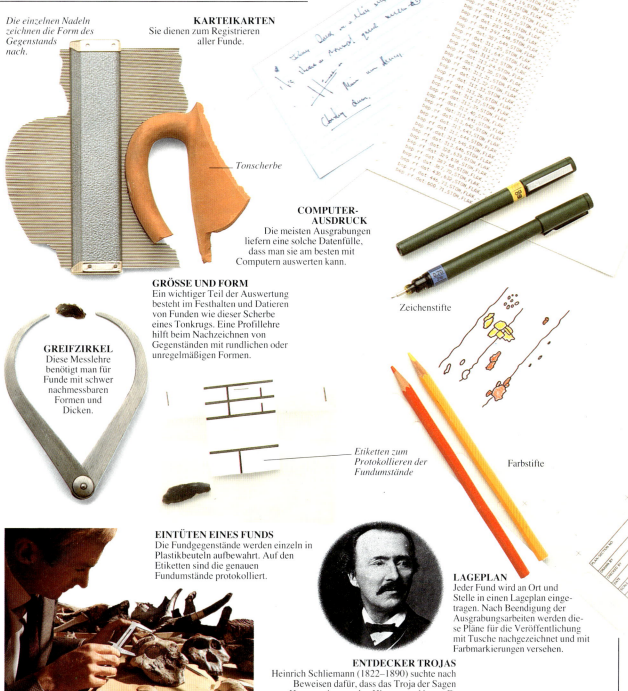

Die einzelnen Nadeln zeichnen die Form des Gegenstands nach.

KARTEIKARTEN
Sie dienen zum Registrieren aller Funde.

Tonscherbe

COMPUTER-AUSDRUCK
Die meisten Ausgrabungen liefern eine solche Datenfülle, dass man sie am besten mit Computern auswerten kann.

Zeichenstifte

GRÖSSE UND FORM
Ein wichtiger Teil der Auswertung besteht im Festhalten und Datieren von Funden wie dieser Scherbe eines Tonkrugs. Eine Profillehre hilft beim Nachzeichnen von Gegenständen mit rundlichen oder unregelmäßigen Formen.

GREIFZIRKEL
Diese Messlehre benötigt man für Funde mit schwer nachmessbaren Formen und Dicken.

Etiketten zum Protokollieren der Fundumstände

Farbstifte

EINTÜTEN EINES FUNDS
Die Fundgegenstände werden einzeln in Plastikbeuteln aufbewahrt. Auf den Etiketten sind die genauen Fundumstände protokolliert.

LAGEPLAN
Jeder Fund wird an Ort und Stelle in einen Lageplan eingetragen. Nach Beendigung der Ausgrabungsarbeiten werden diese Pläne für die Veröffentlichung mit Tusche nachgezeichnet und mit Farbmarkierungen versehen.

ENTDECKER TROJAS
Heinrich Schliemann (1822–1890) suchte nach Beweisen dafür, dass das Troja der Sagen Homers einen realen Hintergrund hatte. Er fand allerdings grub er zuerst durch die entsprechenden Schichten hindurch und entdeckte die Reste noch älterer Städte.

AUSMESSEN
Genaues Ausmessen ist in der Archäologie sehr wichtig. Hier misst ein Anthropologe den Schädel eines frühen Hominiden, des *Australopithecus boisei*, aus. Die kleinsten Unterschiede in der Schädelform können Aufschluss über eine Stellung im Evolutionsprozess geben.

MASSBAND
Das Bandmaß ist eines der vielen Messgeräte, die moderne Archäologen verwenden.

Fundzusammenhänge

Wie lebten die Menschen früherer Zeiten? Erzeugnisse von damals geben Aufschluss darüber, wie sie hergestellt wurden, welche Fertigkeiten ihr Hersteller hatte und vielleicht auch noch, wozu sie gebraucht wurden. Gebäude verraten, wie sie errichtet wurden, und die Ablagerungen in, über und unter den Fundstücken zeigen, wie sich die Bodenschichten gebildet haben. Trägt man all diese Informationen zusammen, erhält man eine fast unendliche Datenfülle. Die Untersuchung von Zusammenhängen gehört zu den wichtigsten Aufgaben archäologischer Forschung. Das erklärt auch, warum Archäologen sich so sehr über Plünderungen ärgern. Dabei werden nämlich Gegenstände aus dem Zusammenhang gerissen und somit wichtige Informationsquellen zerstört.

WAS WAR HIER LOS?
Funde geben uns Aufschluss über die Vorgänge, die sich in den Räumen ausgegrabener Gebäude abspielten. Spätere Ablagerungen zeigen uns, was danach geschah.

Mauer aus Lehmziegeln

Krüge an der Wand

Alle Fundstücke und ihr Fundort werden genau ins Grabungstagebuch eingetragen.

FUNDPROTOKOLL
Viele Fundobjekte wurden in aufgegebenen Gebäuden zurückgelassen. Aus ihrer Lage kann man schließen, welchen Zweck einzelne Räume und Gebäude einst erfüllten. Eine genaue Protokollierung aller Fundstücke ist Voraussetzung für eine fruchtbare Auswertung der Ausgrabungsergebnisse.

GEBÄUDENUTZUNG
Findet man Dinge an einem Ort zusammen, lässt dies auf bestimmte Tätigkeiten schließen. Wo unzählige Feuersteinstückchen verstreut liegen, befand sich einst eine Werkstatt für Feuersteinwerkzeuge. Eine Häufung von Tierknochen und Schneidewerkzeugen verrät eine Fleischerei. Knochen mit Fleischresten desselben Tiers zeigen dagegen Essplätze an. Die Verteilung der Aktivitäten in einer Siedlung liefert Hinweise auf die gesellschaftliche Organisation (oben).

GEBALLTE INFORMATION
Der Zufall spielt eine große Rolle dabei, ob Objekte in ihrer ursprünglichen Lage erhalten bleiben. Etwas ganz Besonderes sind Grabstätten, da sie mit bestimmten Absichten angelegt wurden. Daher kann man gerade aus Grabfunden Rückschlüsse auf die Denkweisen früherer Gesellschaften ziehen.

Die Kauerstellung Verstorbener in Einzel- oder Doppelurnen symbolisiert die Rückkehr in den Mutterleib.

Doppelurnenbestattung in Tell es-Sa'idiyeh/ Jordanien

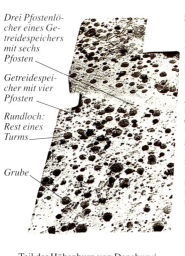

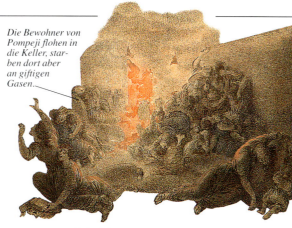

*Drei Pfostenlö-
cher eines Ge-
treidespeichers
mit sechs
Pfosten*

*Getreidespei-
cher mit vier
Pfosten*

*Rundloch:
Rest eines
Turms*

Grube

SPIEL MIT LÖCHERN

Bodenschichten zeigen die
Nutzungsabfolge. Was wissen
wir aber von Stätten, wie der
Höhenburg von Danebury in
England, wo die frühere Oberfläche nicht mehr vorhanden
ist? Danebury war über 500
Jahre lang bewohnt. Heute sind
noch 4500 Vorratsgruben und
etwa 18.000 Pfostenlöcher
vorhanden. Doch Überreste
geschichteter Ablagerungen
von Töpferwaren und Getreidespeichern lüften das Geheimnis.
Mithilfe des Materials, das
sich in den Löchern angesam-
melt hat, können diese datiert
und identifiziert werden.

*Die Bewohner von
Pompeji flohen in
die Keller, star-
ben dort aber
an giftigen
Gasen.*

Teil der Höhenburg von Danebury/
England mit verschiedenen Gruben
und Pfostenlöchern

KEIN ENTRINNEN!

Im 19. Jh. sahen Besucher von Herculaneum und Pompeji in Italien zum ersten Mal die verheerenden Auswirkungen des Vesuvausbruchs von 79 n.Chr. Dieser Anblick
inspirierte Künstler zu dramatischen Darstellungen der
Naturkatastrophe. Dieses Bild zeigt eine Szene im Wein-
keller einer pompejanischen Villa, in dem 17 Menschen starben.

*Alltägliche Dinge wie die-
ser Topf wurden von den
Flüchtenden zurückgelas-
sen. Sie geben uns heute
wertvolle Hinweise
auf das Alltags-
leben.*

IM AUGENBLICK
DES TODES

Die meisten archäologi-
schen Fundstücke wurden
einst von ihren Eigentü-
mern verloren, aufgegeben
oder weggeworfen – wie
Haarnadeln oder Münzen,
die zufällig herunterfielen,
Abfall, kaputte Gegenstände oder Dinge, die zu groß
waren, um sie auf Reisen
mitzunehmen. Derartige
Fundstücke sind sehr auf-
schlussreich, ergeben aber
noch lange kein vollstän-
diges Bild von der Wirk-
lichkeit. Grabbeigaben,
Hortfunde und Opfergaben
wurden zwar absichtlich
hinterlassen, geben aber
nur über einen Teil des Lebens Auskunft. Plötzliche
Katastrophen jedoch, wie
der Erstickungstod der Bewohner von Herkulaneum
(links) durch heiße Asche
und Gas, geben sehr viel
mehr Aufschluss, da sie die
Zeit des Vulkanausbruchs
„eingefroren" haben und
alle Facetten des Alltags
in diesem einen Moment
eingefangen sind.

Mit der Zeit wird diese
Ausgrabungsstätte von
Herkulaneum durch Pflan-
zenbewuchs zerstört.

Datierung

Bis vor etwa 50 Jahren ermöglichten nur die Stratigrafie (Beschreibung der Aufeinanderfolge von Kulturschichten) und die Typologie (Einordnung von Artefakten nach Material und Stil) eine ungefähre Datierung archäologischer Funde. 1949 gelang mit der Erfindung der Radiokarbonmethode (unten) ein Durchbruch. Nun ließen sich organische Reste relativ genau datieren, und somit auch die Stätten, an denen sie gefunden wurden. Bei der Radiokarbondatierung mit Massenspektroskopie werden heute vorhandene Kohlenstoff-Isotope in winzigen Mengen gemessen. Die Werte, die man dadurch erhält, erlauben Altersbestimmungen bis 100.000 v.Chr. Bei den meisten modernen Datierungsmethoden misst man, wie stark die natürliche Radioaktivität der Stoffe abgenommen hat, und errechnet daraus deren Alter. Die Datierung unserer frühen Vorfahren wie *Homo habilis* beruht auf mehreren Methoden, so dem Kalium-Argon-Verfahren, der Radiokarbonmethode, der Magnetostratigrafie und der Biostratigrafie.

Die Dicke der jährlichen Wachstumsringe variiert bei manchen Bäumen, z.B. bei Eichen, je nach Umwelteinflüssen von Jahr zu Jahr.

RINGDATEN

Schwankungen der C-14-Konzentration in der Atmosphäre bewirken, dass Radiokarbondatierungen, die weiter als 1000 v.Chr. zurückreichen, ungenau sind. Dieses Problem konnte durch die Dendrochronologie (Baumringdatierung) behoben werden. Wissenschaftler können das Alter von Holz anhand der Jahresringe bis etwa 7500 v.Chr. datieren. Dank einer Skala, die aufgrund verlässlicher dendrochronologischer Daten geeicht wurde, lassen sich heute auch Radiokarbondaten korrigieren.

REVOLUTIONÄR

Für die Entwicklung der Radiokarbonmethode erhielt der amerikanische Chemiker Willard Frank Libby 1960 den Nobelpreis. Als sein Verfahren zur Altersbestimmung organischer Stoffe 1949 veröffentlicht wurde, konnte man endlich Funde unabhängig von der Schichtenfolge datieren.

Benzol aus dem Umwandlungsprozess zur Messung des C-14-Gehalts

RADIOKARBONDATIERUNG

In den oberen Schichten der Atmosphäre werden durch die Strahlung aus dem Weltraum Stickstoffatome in das radioaktive Kohlenstoff-Isotop C-14 umgewandelt. Als radioaktives Kohlendioxid gelangt es durch die Fotosynthese der Pflanzen über die Nahrungskette in Tiere und Menschen. Wenn die Lebewesen sterben, bricht die C-14-Zufuhr ab, und das Isotop verschwindet allmählich – nach 5730 Jahren ist die Hälfte zerfallen. In einem lebenden Organismus kommt ein C-14-Isotop unter einer Billion Kohlenstoffatomen vor. Zur Messung müssen die Proben daher aufgearbeitet werden. Dazu extrahiert man z.B. aus einem Knochen die Eiweiße (oben) und wandelt sie in Benzol um (rechts).

Das in Benzol verwandelte Material war einmal lebendes Gewebe.

Teil eines Destillationsgeräts, das Proben in Benzol umwandelt

WIE ALT IST DIE MENSCHHEIT?

Die Überreste der ersten Menschen sind so alt, dass sie mit der Radiokarbonmethode nicht datiert werden können. Allerdings kann man mit dem Kalium-Argon-Verfahren das Alter der Gesteinsschichten bestimmen, in denen die Fundstücke lagen. Bei der Biostratigrafie schließt man anhand von Tierfossilien auf das Alter anderer Funde.

Schädel eines *Homo habilis*

BEWEGTE ELEKTRONEN

In Tonwaren sind winzige Mengen radioaktiver Materie enthalten. Radioaktiver Zerfall verändert die Elektronenverteilung. Die Elektronen bleiben jedoch in einem Kristallgitter gefangen, bis der Ton auf über 500 °C erhitzt wird. Als der Ton bei hohen Temperaturen gebrannt wurde, stellte sich die radiometrische „Uhr" auf null. Mit der Thermolumineszenzmethode kann man messen, inwieweit die Elektronen rekombiniert sind, und so den Zeitpunkt des Brennens errechnen.

Photomultiplier (misst und verstärkt Fotoeffekte)

Diese Terrakotta-Figur wurde mit einer echten Gussform der Zapoteken erstellt, ist jedoch eine moderne Fälschung.

ES LEUCHTET!

Dem Tongefäß wurde eine Probe entnommen. Diese wurde zerstoßen und gesiebt, um die Quarzkristalle zu erhalten, die man auf einer Heizplatte (oben) in einen Photomultiplier setzt. Wenn die Elektronen an ihren Platz zurückspringen, wird Licht abgestrahlt. Die abgestrahlte Lichtmenge erlaubt die Datierung des Brennzeitpunkts.

Bohrloch in der Terrakotta-Statue, aus dem Material zur Datierung entnommen wurde

IST DAS STÜCK ECHT?

Tonwaren sind die häufigsten Funde in archäologischen Stätten. Das Thermolumineszenzverfahren ist eine neue Datierungsmethode, die sich speziell für Ton eignet. Mit ihrer Hilfe können auch Fälschungen erkannt werden. So hat z.B. die Fülle an zapotekischen Terrakotta-Figuren Aufsehen erregt. Mithilfe dieser Methode konnten viele Stücke als Fälschungen entlarvt werden, so auch dieser sitzende Gott.

Vielfältige Dokumente

Jedes Zeichen steht für ein Wort.

Schriftliche Dokumente, ob Inschriften, Münzen oder Briefe, sind ein wichtiger Schlüssel zum Verständnis der Vergangenheit. Sie liefern Informationen, die sonst nirgendwo zu finden sind, und geben uns direkten Einblick in die Denkweisen der Menschen früherer Zeiten. Doch die schriftlichen Zeugnisse sind oft Meinungsbilder und selten objektiv. Neben Schriftstücken gibt es auch noch andere Dokumente, z.B. Landkarten. Auch in Sagen ist manchmal wichtiges historisches Material verborgen, und selbst Ortsnamen und sprachliche Wendungen können wertvolle Hinweise liefern.

EIN TRAUM WURDE WAHR
Sagen sind oft sehr aufschlussreich. Im 8.Jh.v.Chr. beschrieb Homer in seiner *Ilias* eine längst vergangene, aber in Sagen lebendige Welt. Homers Schilderungen veranlassten Heinrich Schliemann 1868, Troja zu suchen – und er fand es (oben).

Diese Inschrift ist für eine Entzifferung zu kurz.

Siegel

Abdruck

Abdruck

Siegel

Bullensiegel

Bullenabdruck

Infrarotaufnahmen enthüllen Inschrift.

RÄTSEL DER INDUSKULTUR
Schriften sagen viel aus – wenn man sie lesen kann! Die frühesten Schriften aus Indien und Pakistan werden vielleicht nie entschlüsselt, obwohl Experten die zugrunde liegende Sprache schon identifizieren konnten. Mit solchen Siegeln wurden z.B. Kaufverträge unterzeichnet.

BLICK IN DIE ZUKUNFT
Zwei Wege führten zur Schrift: die Buchführung von Kaufleuten wie in Sumer (heute Irak) und Aufzeichnungen der Priester. In China wurden Fragen an die Götter auf Knochen geschrieben. Diese wurden erhitzt, und aus den dabei entstehenden Sprüngen las man die Zukunft.

Karte von Konstantinopel (1450)

NICHT VERLAUFEN!
Archäologische Studien von Städten und Ländern beginnen mit Karten. Ortsnamen geben viel von der Geschichte preis. Hecken- oder Straßenbiegungen zeigen, wo Hindernisse umgangen wurden. Auf alten Karten sieht man vieles, was schon lange verschwunden ist. Doch auch Karten können fehlerhaft sein. Oft wird das, was unwichtig erscheint, nicht aufgezeichnet. Daher muss man bei der Interpretation von Karten sehr vorsichtig sein.

SCHREIBKUNST

Die Beherrschung der Schrift ist ein wichtiges Werkzeug der Macht und war daher in vielen alten Kulturen das Privileg einer Minderheit. Die ersten Schriftkundigen waren Religionsführer, die ihre Kunst als Geheimnis hüteten. Die Schreiber im alten Ägypten waren eine mächtige und angesehene Klasse.

Sitzender Schreiber aus Abydos/Ägypten (um 1400 v.Chr.)

Frühe Steininschriften

Bilderschrift-Zeichen

DIE ÄLTESTE SCHRIFT DER WELT

Die Entwicklung der Schrift begann vor rund 5000 Jahren in Sumer, als offizielle Geschäftsaufzeichnungen notwendig wurden. Die ersten Zeichen waren erkennbare Bilder (ein gehörnter Kopf bedeutete z.B. „Ochse"). Doch schon bald wurden keilförmige Linien hinzugefügt, und die Keilschrift entstand.

Die Buchstaben wurden mit Tinte aus Holzkohle auf dünne Holzbrettchen gemalt.

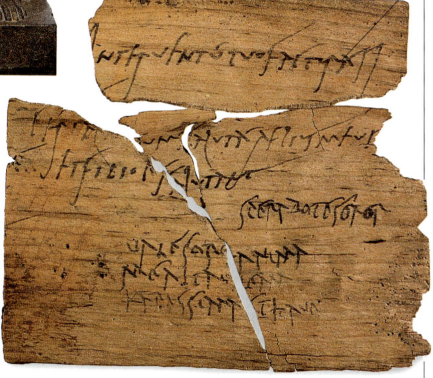

MAYA-KODEX

Die Maya (um 300 – 900 n.Chr.) waren große Mathematiker und Astronomen. Sie führten sehr genaue Aufzeichnungen. Ihre Zeitrechnung, die am 13. August 3113 v.Chr. begann, zählte die Tage in immer wiederkehrenden 52-Jahres-Zyklen. Maya-Kodizes wie der abgebildete hatten oft religiösen Inhalt, Texte auf Stelen berichteten über politische Ereignisse und kriegerische Handlungen der Herrscher.

KLEIDSAM

In einigen Kulturen, z.B. in Griechenland und Rom, konnten viele Menschen lesen und schreiben. Das beweisen u.a. Briefe aus dem römischen Lager in Vindolanda/Nordengland. Hier fand man neben offiziellen auch private Schreiben. In einem ist die Kleidung aufgelistet, die einem frierenden Soldaten zugeschickt wurde: zwei Paar Sandalen, Wollsocken und zwei Unterhosen!

Die ersten Menschen und die Steinzeit

Im Jahre 1856 fanden Steinbrucharbeiter im Neandertal bei Düsseldorf Skelettteile eines ziemlich grobschlächtigen, aber deutlich menschenartigen Wesens und lösten damit eine erregte Diskussion darüber aus, ob der „Neandertaler" nicht ein Glied in der Kette einer Entwicklung vom Affen zum Menschen darstellte. Die Diskussion war umso heftiger, als der Engländer Charles Darwin gerade in diesen Jahren sein Buch über *Die Entstehung der Arten* veröffentlichte, das die religiöse Vorstellung widerlegte, Gott habe alle Arten für sich erschaffen. Darwin wies nach, dass Arten von Tieren oder Pflanzen sich aus anderen Arten entwickeln. Seit Darwin und der Entdeckung des Neandertalers wurden immer mehr Fossilien gefunden, die die Evolutionstheorie Darwins bestätigten, indem sie zeigten, dass die Menschen tatsächlich affenartige Vorfahren hatten und sich erst über viele Hunderttausende von Jahren zum modernen Menschen, dem Homo sapiens, entwickelten. Etwa hundert Jahre nach der Entdeckung des Neandertalers fanden Forscher im Tal von Olduvai in Ostafrika neben Fossilien des Australopithecus, eines noch sehr wenig menschlichen Vorläufers unserer Art, primitive Steinwerkzeuge, deren Gebrauch niemand dem Australopithecus zugetraut hatte. Das Rätsel klärte sich, als wenig später in Olduvai auch Skelettteile von sehr viel menschenartigeren Wesen entdeckt wurden, die Zeitgenossen des Australopithecus gewesen sein müssen. Wenn man Menschsein durch den Gebrauch und die Herstellung von Werkzeugen bestimmt, waren dies die ersten Menschen. Homo habilis, geschickter Mensch, hat man diesen frühesten Werkzeug gebrauchenden Menschen genannt. Der Beginn der Steinzeit, also der Zeit steinerner Werkzeuge, musste mit der Entdeckung von Olduvai auf die Zeit vor ca. 1,8 Millionen Jahren zurückdatiert werden; das ergab die chemische Untersuchung der Fundschicht.

Schädel des
Australopithecus

Die ersten scharfkantigen, später zu Klingen zugespitzten Steine erschlossen den frühesten Menschen eine ganz neue Nahrungsquelle; mit ihnen konnten sie nämlich die Haut von Großwild durchdringen, um an das Fleisch zu gelangen, was für sie allein mit den Zähnen und Fingernägeln unmöglich gewesen wäre. Von der Fähigkeit, große Tiere zu zerlegen, war es nur ein Schritt, diese Tiere mit Waffen aus Stein und raffinierten Fallen auch zu jagen. So ist der Mensch der nächsten „Generation", der Homo erectus, vor allem Großwildjäger und breitet sich in den Gebieten der Alten Welt aus, wo Büffel, Elefanten, Nashörner und Mammuts leben: in den Savannengebieten Afrikas, aber auch in den kühlen Steppengebieten Nordeuropas und Nordasiens.

Der Mensch der frühen Altsteinzeit, des Altpaläolithikums, lebte in Horden, denn das erlegte Großwild ernährte auch größere Gruppen. Und innerhalb solcher Gruppen können Erfahrungen weitergegeben werden. Die Entwicklung der Kultur beginnt.

In Europa lässt sich diese Entwicklung besonders gut verfolgen, denn der Wechsel von Eiszeiten und Zwischeneiszeiten, die jeweils unterscheidbare Ablagerungen und damit Fundschichten hinterlassen haben, lässt hier eine ziemlich genaue Rekonstruktion der Abfolge von Kulturstufen zu.

Zu Beginn der letzten Eiszeit, vor ca. 70.000 Jahren, treten Menschen vom Typ des Neandertalers auf. Sie sehen vielleicht noch etwas anders aus als der moderne Mensch, aber sie haben bereits viel mit uns gemein: Sie leben in großen Gruppen auf dorfähnlichen Lagerplätzen mit Hütten, die ihnen Schutz vor dem rauen Klima des eiszeitlichen Nordens gewähren, sie tragen Kleidung aus Tierfellen, sie verstehen es, Feuer zu machen und Vorräte anzulegen, indem sie Fleisch braten oder räuchern, und sie bestatten die Verstorbenen ihrer Gruppe sorgfältig: Ihr Bewusstsein reicht also über die jeweilige Gegenwart hinaus, da sie das Gedächtnis der Toten bewahren, sie bilden Traditionen, haben so etwas wie einen Sinn für Geschichte. Wahrscheinlich haben sie auch schon eine Art von Sprache. Wegen des verfeinerten Steingeräts nennt man die Zeit der Neandertaler, auch zur Unterscheidung vom Altpaläolithikum, Mittelpaläolithikum, also mittlere Altsteinzeit.

Etwa in der Mitte der letzten Eiszeit, vor ungefähr 35.000 Jahren, müssen die ersten modernen Menschen gelebt haben, Menschen vom Typ des Homo sapiens. Man hat ihre Skelette neben denen von Neandertalern gefunden, und so rätselte man lange, ob der Homo sapiens vom Neandertaler abstammt oder ob er eine eigene Entwicklungslinie hat; erst jüngste genetische Untersuchungen legen nahe, dass es keine direkte Verwandschaft zwischen Neandertalern und Homo sapiens gibt.

Die Kultur des Jungpaläolithikums

Mit dem Auftreten des Homo sapiens und seiner Ausbreitung auch nach Amerika und Australien beginnt die jüngere Altsteinzeit, das Jungpaläolithikum. Die Menschen des Jungpaläolithikums verwenden hoch spezialisierte Werkzeuge und Waffen aus Stein: Messer, Stichel, Bohrer, Beile und Spitzen für Speere und Pfeile. Sie treiben bereits weiträumigen Handel, um an den als Werkmaterial begehrten Feuerstein oder gar an Obsidian zu gelangen, ein vulkanisches Glas, aus dem sich besonders scharfe Klingen herstellen lassen. Auch Edelsteine für Schmuck werden gehandelt, denn diese Menschen sind eitel wie wir. Und sie sind Künstler: Ihnen verdanken wir die berühmten Höhlenmalereien von Altamira in Spanien oder Lascaux in Frankreich, die ganz lebensecht die Großtiere – Büffel, Mammuts, Pferde – wiedergeben, deren Jagd die Lebensgrundlage dieser Menschen war. Manche der Bilder zeigen auch, dass die Menschen des Jungpaläolithikums es gelernt hatten, die Wiedergabe eines Tiers auf wenige charakteristische Merkmale zu beschränken, wie bei den Zeichen einer Bilderschrift. Wir können deshalb auch davon ausgehen, dass sie

„Venus" von Willendorf, Österreich, Abdruck einer Steinfigurine aus der Altsteinzeit, um 23.000 v.Chr.

über eine begriffliche Sprache verfügten, in der Wort-„Zeichen", Namen, für Gegenstände, Lebewesen und Ereignisse stehen.

Das Mesolithikum: Sammler und Jäger

Um das Jahr 8000 v.Chr. endet die letzte Eiszeit. Das Klima wird wärmer und feuchter, der Lebensraum für die Großtiere der nördlichen Steppe wird enger, und im Norden Europas und Nordamerikas entstehen die Wälder, die für die gemäßigte Klimazone bis heute charakteristisch sind.

Die Menschen müssen sich nun umstellen: Sie jagen die Kleintiere des Walds, fangen Fische und sammeln Schnecken, Muscheln, Beeren und Grassamen. Für Nordeuropa bedeutet dies eher einen zivilisatorischen Rückschritt, denn die Menschen können nicht mehr in so großen Gruppen zusammenleben wie zur Zeit der Großwildjagd. Die Kultur der mittleren Steinzeit, des Mesolithikums, hat deshalb hier weniger interessante Spuren zurückgelassen als die des Jungpaläolithikums. Anders im vorderen Orient: in Syrien und Palästina, im Nordirak und in der Südosttürkei, dem Gebiet des „fruchtbaren Halbmonds". Auch hier lebten Sammler und Jäger, aber sie verstanden es, den Reichtum der Natur so intensiv zu nutzen, dass sie nicht durch die Wälder zu ziehen brauchten, sondern schon bald nach 9000 v.Chr. in festen, dorfähnlichen Siedlungen wie dem ältesten Jericho jahrein jahraus zu Hunderten zusammenleben konnten.

Dafür mussten sie die Jagd so klug beschränken, dass sie das Wild in ihrer Umgebung nicht ausrotteten. Und irgendwann müssen sie begonnen haben, sich darum zu kümmern, dass die Tiere zu allen Jahreszeiten genug zu fressen hatten und sich unter günstigen Bedingungen vermehrten. Aus Jägern wurden Tierzüchter.

Und aus Sammlern wurden allmählich Bauern, indem sie die Samen der ergiebigsten Grasarten und der wild vorkommenden Hülsenfrüchte oder Obstsorten an besonders fruchtbaren Stellen neu aussäten und so den Ertrag des Sammelns vervielfachten.

Die Jungsteinzeit und die „neolithische Revolution"

Der Übergang zu Ackerbau und Viehzucht war vielleicht das umwälzendste Ereignis in der Geschichte der Menschheit überhaupt, eine wirkliche Revolution. Er ermöglichte immer mehr Menschen, sesshaft zu werden und in festen Dörfern zusammenzuleben; die Menschheit vermehrte sich um ein Vielfaches, und die Menschen hatten mehr Zeit als jemals zuvor, sich um andere Dinge als die Nahrungsbeschaffung zu kümmern. Außerdem konnte sich jetzt eine gesellschaftliche Arbeitsteilung herausbilden, da die Bauern einen Nahrungsüberschuss erwirtschafteten, mit dem sie Priester, Krieger und spezialisierte Handwerker ernährten.

Das erste Handwerk war wahrscheinlich die Töpferei, denn Gefäße aus gebranntem Ton waren von großer Bedeutung für die Vorratshaltung. In ihnen konnten die geernteten Feldfrüchte aufbewahrt und kühl gehalten werden, in ihnen konnte Wasser transportiert und konnten Flüssigkeiten wie Öl, Wein und Bier aufbewahrt werden. Die Sorgfalt, mit der die Menschen der Jungsteinzeit, des Neolithikums, ihre Keramik schmückten, zeigt, wie wertvoll die Töpferware für sie war.

Das älteste bekannte neolithische Bauerndorf, Djarmo im Norden des heutigen Irak, wurde nach der C-14-Methode auf 6750 v.Chr. datiert. Um 6200 v.Chr. erreichte die neolithische Revolution den Balkan, in den nächsten Jahrhunderten auch Zypern, Kreta, Ägypten und den Sudan. Unabhängig davon entstand wenig später auch in China eine neolithische Kultur, und im 3. Jahrtausend v.Chr. gibt es auch in Mittelamerika feste Dörfer, und der Ackerbau erreicht die Täler des Andengebiets.

Die „Metallzeiten"

Ungefähr gleichzeitig mit der Keramik entstand auch die Kunst der Metallverarbeitung, zuerst die des Kupfers. Die Kulturstufe der Jungsteinzeit, die bereits die Kupferverarbeitung kennt,

wird auch Kupfersteinzeit oder Chalkolithikum genannt. Bevor aus Kupfer Waffen und Geräte wie Beile hergestellt wurden, gab es Kupferdraht, aus dem Schmuck hergestellt wurde. Die erste Verwendung von Metall ist also nicht die für Waffen! In den altamerikanischen Hochkulturen blieb die Metallverarbeitung sogar bis zur Ankunft der Spanier auf die Herstellung von Schmuck und Kultgegenständen beschränkt.

Ein Mensch des Chalkolithikums war „Ötzi", der 1991 entdeckte Mann aus dem Eis eines Gletschers oberhalb des Tiroler Ötztals. Er führte ein kupfernes Beil mit sich, aber sein Messer war aus Stein, denn eine Steinklinge ist härter als eine aus Kupfer. Ansonsten war er mit praktischer Kleidung, Vorräten und nützlichen Geräten versehen, die bei einem mittelalterlichen Händler auf dem Weg von Süddeutschland nach Italien nicht viel anders ausgesehen hätte. Als Trinkgefäß hatte er einen Becher aus verpichter Birkenrinde bei sich, sein Proviant bestand aus Getreidekörnern, und mithilfe von Pfeil und Bogen konnte er seine Nahrung mit frisch erlegtem Wild ergänzen. „Ötzi" ist übrigens anscheinend einem Mordanschlag zum Opfer gefallen: Vielleicht war er ein wohlhabender Händler, der auf den Alpenhöhen Depots von wertvollen Waren wie Kupferwerkzeugen besaß und so die Besitzgier seiner Zeitgenossen erregte.

Hinsichtlich der Vor- und Frühgeschichte Nord- und Mitteleuropas oder auch Afrikas, also der Zeit ohne schriftliche Quellen, spricht man von den „Metallzeiten", die auf die Steinzeit folgten: von der Bronzezeit und der Eisenzeit. Entwickelt wurde die Bronze- und Eisenmetallurgie allerdings in den Hochkulturen des Vorderen Orients, also in der geschichtlichen Zeit, für die es bereits eine schriftliche Überlieferung gibt. Die Geschichte Westeuropas hinkte damals vor allem hinter der Mesopotamiens und Ägyptens um Jahrhunderte hinterher, wo es bereits belebte Städte mit großen Tempelanlagen gab und wo die Pyramiden erbaut wurden, als im Norden und Westen die Aufrichtung von Menhiren und die Anlage von „Hünengräbern" noch die höchsten Kulturleistungen waren.

Stonehenge

Und als im Orient hoch organisierte Armeen mit Bronze- und später Eisenwaffen gegeneinander antraten, war der Besitz von bronzenen oder eisernen Geräten im größten Teil Europas noch das Privileg von Fürsten oder Angehörigen einer Adelsschicht. Die Vorgeschichte dauerte in manchen Weltgegenden länger als in anderen, und es waren die frühen Hochkulturen, die die zivilisatorische Entwicklung der Menschheit beschleunigten.

Chronik

vor ca. 7,5 Mio. Jahren	Die Entwicklungslinien von Affen und Menschen trennen sich.
vor ca. 1,8 Mio. Jahren	Homo habilis von Olduvai
vor ca. 1,6 Mio. Jahren	Beginn der Ausbreitung des Homo erectus; Altpaläolithikum; Großwildjagd, Nutzung des Feuers; Besiedlung der Steppen- und Savannengebiete Afrikas, Asiens und Europas
vor ca. 70.000 Jahren	Auftreten des Neandertalers; Mittelpaläolithikum, Beginn der letzten Eiszeit
vor ca. 35.000 Jahren	Homo sapiens; Jungpaläolithikum; Großwildjagd, spezialisiertes Steinwerkzeug; Höhlenmalerei; Besiedlung von Amerika und Australien
um 8000– 4500 v.Chr.	Mesolithikum in Europa; Kleintierjäger und Sammler
um 9000 v.Chr.	Älteste bekannte Dauersiedlungen mit festen Häusern
um 9000– 4500 v.Chr.	Mesolithikum in Vorderasien; feste Siedlungen, Beginn der Entwicklung von Ackerbau und Viehzucht
um 7000 v.Chr.	Beginn der Entwicklung des Ackerbaus in Mexiko
um 6750 v.Chr.	Erste Bauerndörfer in Vorderasien; Beginn des Neolithikums
um 6200 v.Chr.	Die neolithische Revolution erreicht den Balkan.
um 5500 v.Chr.	Ausbreitung der Keramik und der Kupfermetallurgie in Vorderasien; Chalkolithikum
um 5000 v.Chr.	Keramisches Neolithikum in Ägypten
um 4500 v.Chr.	Beginn des Neolithikums in Mitteleuropa
um 3500 v.Chr.	Beginn der Bronzezeit in Vorderasien, einhergehend mit der Entwicklung einer städtischen Hochkultur
um 3000 v.Chr.	Dörfliche Bauernkulturen in Mexiko
um 1800 v.Chr.	Beginn der Bronzezeit in Mitteleuropa
um 1500 v.Chr	Beginn der Ausbreitung der Eisentechnologie von Vorderasien aus
um 700 v.Chr.	Beginn der Eisenzeit in Mitteleuropa

Affen und Vormenschen

Menschen unterscheiden sich von Tieren durch ihren aufrechten Gang, ihre Wortsprache, den Gebrauch komplizierter Werkzeuge und des Feuers sowie durch ihre Intelligenz. Körperliche Merkmale deuten darauf hin, dass die in Gruppen lebenden und Werkzeuge benutzenden Schimpansen unsere nächsten Verwandten sind. Zusammen mit Gorillas und Schimpansen gehören die Menschen zur Familie der *Hominidae*. Zusammen mit 200 weiteren Affen- und Halbaffenarten bilden sie die Säugerordnung der Herrentiere (Primaten). Das bedeutet nicht, dass wir von Gorillas und Schimpansen abstammen, aber wir haben denselben frühen Vorfahren wie sie. Zwar hat man von ihm keine Fossilien gefunden, doch man nimmt an, dass er vor etwa 7,5 Millionen Jahren in Afrika lebte. Seither haben sich die Entwicklungslinien von Menschen und Menschenaffen getrennt. Anhand von Fossilien versucht man, die Verzweigungen des Stammbaums zu rekonstruieren.

Kein Über-
augenwulst

Große Augen-
höhle

AEGYPTOPITHECUS
Die in der oberägyptischen Oase Fayum entdeckten Fossilien von *Aegyptopithecus* sind 32 Mio. Jahre alt; damals wuchs dort tropischer Regenwald. *Aegyptopithecus* ist ein urtümlicher Primat und könnte Vorfahr der Affen und der Menschenaffen sein.

PROCONSUL
Proconsul vereinigt als urtümliche, unspezialisierte Art Affen- und Menschenaffenmerkmale. Ellbogen, Schultergelenke und Füße sind denen der Schimpansen sehr ähnlich, Schädel und Handgelenke ähneln eher denen eines Affen. Wahrscheinlich konnte sich *Proconsul* auf dem Boden und in den Bäumen fortbewegen. Es gab mehrere *Proconsul*-Arten. Der abgebildete *Proconsul africanus* lebte im Gebiet des heutigen Kenia.

Teil des Schädels von *Sivapithecus indicus*; vor 10,5–8 Mio. Jahren, Pakistan

Großer Gesichts-
schädel und vor-
springende Kiefer

Knochen-
verdickung
am Unter-
kiefer

Kleine seitliche
Schneidezähne
wie beim Orang-
Utan

VORFAHRE DES ORANG
Oft ist es schwierig, eine Verbindung zwischen heutigen Menschenaffen und Fossilien herzustellen. Lediglich der Ursprung des Orang-Utans ist gut dokumentiert. *Sivapithecus* wurde in 13–8 Mio. Jahre altem Gestein aus dem Miozän gefunden und zeigt das lange Gesicht, die vorspringenden Kiefer und die flachen Backenknochen des Orang. Gorilla und Schimpanse zweigten später vom Stammbaum des Menschen ab. *Sivapithecus* erhielt seinen Namen nach dem indischen Gott Siva. Er wurde in Indien, Pakistan und der Türkei gefunden und ist somit der älteste Hominide (Gruppe der Menschenaffen und Menschen) außerhalb Afrikas. *Sivapithecus* scheint sich in den baumbestandenen Savannen des Miozän hauptsächlich auf dem Boden aufgehalten zu haben.

Zähne mit dicker
Schmelzschicht wie
beim Orang-Utan

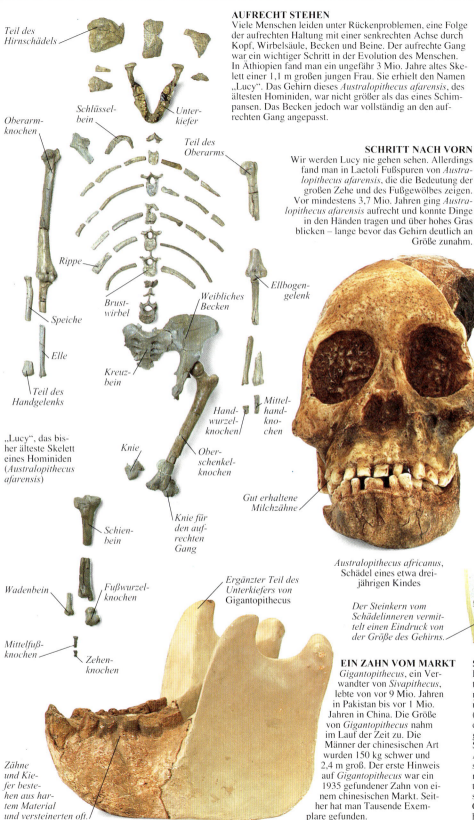

AUFRECHT STEHEN

Viele Menschen leiden unter Rückenproblemen, eine Folge der aufrechten Haltung mit einer senkrechten Achse durch Kopf, Wirbelsäule, Becken und Beine. Der aufrechte Gang war ein wichtiger Schritt in der Evolution des Menschen. In Äthiopien fand man ein ungefähr 3 Mio. Jahre altes Skelett einer 1,1 m großen jungen Frau. Sie erhielt den Namen „Lucy". Das Gehirn dieses *Australopithecus afarensis*, des ältesten Hominiden, war nicht größer als das eines Schimpansen. Das Becken jedoch war vollständig an den aufrechten Gang angepasst.

Mary Leakey begutachtet bei Laetoli im Norden Tansanias zwei Fußspuren.

SCHRITT NACH VORN

Wir werden Lucy nie gehen sehen. Allerdings fand man in Laetoli Fußspuren von *Australopithecus afarensis*, die die Bedeutung der großen Zehe und des Fußgewölbes zeigen. Vor mindestens 3,7 Mio. Jahren ging *Australopithecus afarensis* aufrecht und konnte Dinge in den Händen tragen und über hohes Gras blicken – lange bevor das Gehirn deutlich an Größe zunahm.

Teil des Hirnschädels

Oberarm-knochen

Schlüssel-bein

Unter-kiefer

Teil des Oberarms

Rippe

Brust-wirbel

Weibliches Becken

Ellbogen-gelenk

Speiche

Elle

Teil des Handgelenks

Kreuz-bein

Hand-wurzel-knochen

Mittel-hand-kno-chen

„Lucy", das bisher älteste Skelett eines Hominiden (*Australopithecus afarensis*)

Knie

Ober-schenkel-knochen

Gut erhaltene Milchzähne

Schien-bein

Knie für den auf-rechten Gang

Wadenbein

Fußwurzel-knochen

Mittelfuß-knochen

Zehen-knochen

VERSTEINERTES KIND

Australopithecus afarensis ist der älteste bekannte Hominide, hat aber immer noch affenähnliche Züge. Dieses Mosaik von Affen- und Menschenmerkmalen entdeckte man mit dem ersten Fund von *Australopithecus africanus*, dem Schädel von Taung. Dieser Vormensch (2,2–2 Mio. Jahre alt) ist mit einem flacheren Gesicht, kleineren Eckzähnen und einer aufrechteren Kopfhaltung menschenähnlicher als *A. afarensis*. Er wurde bis 1,2 m groß und ungefähr 35 kg schwer.

Australopithecus africanus, Schädel eines etwa drei-jährigen Kindes

Der Steinkern vom Schädelinneren vermittelt einen Eindruck von der Größe des Gehirns.

Ergänzter Teil des Unterkiefers von Gigantopithecus

Zähne und Kiefer bestehen aus hartem Material und versteinern oft.

EIN ZAHN VOM MARKT

Gigantopithecus, ein Verwandter von *Sivapithecus*, lebte von vor 9 Mio. Jahren in Pakistan bis vor 1 Mio. Jahren in China. Die Größe von *Gigantopithecus* nahm im Lauf der Zeit zu. Die Männer der chinesischen Art wurden 150 kg schwer und 2,4 m groß. Der erste Hinweis auf *Gigantopithecus* war ein 1935 gefundener Zahn von einem chinesischen Markt. Seither hat man Tausende Exemplare gefunden.

SENSATIONELLER FUND

Raymond Dart, Professor für Anatomie in Witwatersrand/Südafrika, nannte 1925 den Schädel von Taung *Australopithecus africanus* („Südaffe aus Afrika"). Der Schädel war in einem Steinbruch freigelegt worden. Darts Deutung des Schädels als Bindeglied zwischen Affe und Mensch war eine Sensation. Es dauerte 20 Jahre, bis man in der Wissenschaft akzeptierte, dass der Mensch aus Afrika stammt und dass sich der aufrechte Gang lange vor dem großen Gehirn entwickelte.

Der geschickte Mensch

Vor etwa zwei Millionen Jahren entwickelte sich aus einem Australopithecinen-Vorfahren der Vertreter einer neuen Gattung, der Gattung *Homo*. Im Vergleich zum *Australopithecus* besaß *Homo* ein größeres Gehirn, ein menschenähnlicheres Gesicht und ein Becken, das sowohl besser an den aufrechten Gang angepasst war, als auch daran, Kinder mit größerem Kopfumfang zu gebären. Die ersten Vertreter der Gattung *Homo* konnten Werkzeuge herstellen und wurden deshalb *Homo habilis* („geschickter Mensch") genannt. Die Werkzeugherstellung erfordert Erinnerungsvermögen, Vorausplanung und abstraktes Denken; sie markiert den Beginn der kulturellen Evolution und zeigt die einzigartige Fähigkeit des Menschen, sich aktiv an seine Umwelt anzupassen. Wahrscheinlich verfügte der *Homo habilis* auch über einfache Kommunikationsformen, mit deren Hilfe er sein Wissen weitergeben konnte. Die Werkzeuge wurden zum Schneiden von Fleisch und zum Zerschlagen von Knochen benutzt, um an das Knochenmark zu gelangen. Vielleicht jagte der *Homo habilis* schon, wahrscheinlicher aber ernährte er sich von Aas, in der Hauptsache aber von Pflanzen. Es gibt Hinweise dafür, dass er kleine Rundhütten baute, die ersten Gebäude der Erde. Er lebte in Ostafrika, verwandte Gruppen vielleicht auch in Südafrika und Südostasien.

STEINWERKZEUG
Gebrauch und Herstellung eines Werkzeugs sind zwei völlig verschiedene Dinge. Schimpansen können bestimmte Gegenstände als Werkzeuge benutzen und sie auch abwandeln, doch nur der Mensch kann mithilfe von Werkzeugen andere Werkzeuge herstellen. Dieses Steinwerkzeug stammt aus der Olduvai-Schlucht in Tansania.

Die Piltdown-Fälschung

Anfang des Jahrhunderts suchten Paläanthropologen nach dem „missing link", dem fehlenden Verbindungsglied zwischen Affen und Menschen. Zwischen 1912 und 1915 fanden der Amateur-Anthropologe Charles Darwin und später Sir Arthur Smith Woodward vom Britischen Museum in einer Kiesgrube bei Piltdown in Sussex einen Menschenschädel mit Affenkiefer. Jahrzehntelang wurde der „Piltdown-Mensch" als echt angesehen, bis er sich 1953 als Fälschung entpuppte, deren Urheber bis heute unbekannt ist.

DIE LEAKEYS
Mehr als 60 Jahre haben die Leakeys in Ostafrika geforscht. 1960 war die beharrliche Suche von Louis Leakey und seiner Frau Mary erfolgreich, als sie den ersten *Homo habilis* fanden und benannten. Ihr Sohn Richard (Foto), einer der bekanntesten Paläanthropologen, setzte ihre Arbeit in Äthiopien fort und fand noch viele Hominidenreste.

Diese alte Zeichnung eines Orang-Utans unterstreicht seine menschlichen Züge.

So stellte man sich einen vollständigen Piltdownschädel vor.

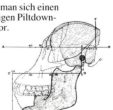

Orang-Utan-Schädel

PILTDOWN-REKONSTRUKTION
Die Wissenschaftler waren so erpicht darauf, endlich das „missing link" zu finden, dass die Echtheit des Piltdown-Menschen sofort akzeptiert und Rekonstruktionen angefertigt wurden.

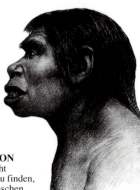

Sir Arthur Smith Woodward vom Britischen Museum

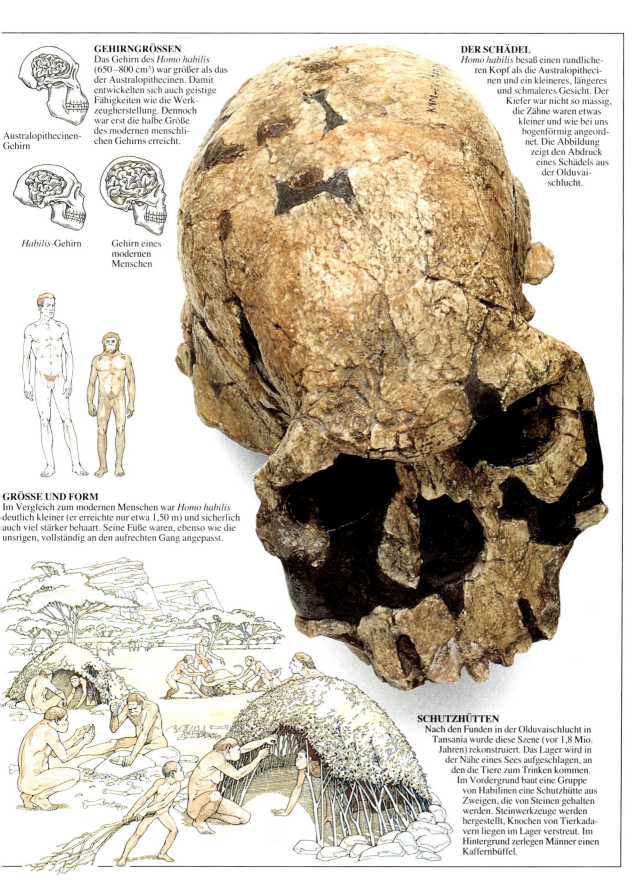

GEHIRNGRÖSSEN

Das Gehirn des *Homo habilis* (650–800 cm³) war größer als das der Australopithecinen. Damit entwickelten sich auch geistige Fähigkeiten wie die Werkzeugherstellung. Dennoch war erst die halbe Größe des modernen menschlichen Gehirns erreicht.

Australopithecinen-Gehirn

Habilis-Gehirn

Gehirn eines modernen Menschen

GRÖSSE UND FORM

Im Vergleich zum modernen Menschen war *Homo habilis* deutlich kleiner (er erreichte nur etwa 1,50 m) und sicherlich auch viel stärker behaart. Seine Füße waren, ebenso wie die unsrigen, vollständig an den aufrechten Gang angepasst.

DER SCHÄDEL

Homo habilis besaß einen rundlicheren Kopf als die Australopithecinen und ein kleineres, längeres und schmaleres Gesicht. Der Kiefer war nicht so massig, die Zähne waren etwas kleiner und wie bei uns bogenförmig angeordnet. Die Abbildung zeigt den Abdruck eines Schädels aus der Olduvaischlucht.

SCHUTZHÜTTEN

Nach den Funden in der Olduvaischlucht in Tansania wurde diese Szene (vor 1,8 Mio. Jahren) rekonstruiert. Das Lager wird in der Nähe eines Sees aufgeschlagen, an den die Tiere zum Trinken kommen. Im Vordergrund baut eine Gruppe von Habilinen eine Schutzhütte aus Zweigen, die von Steinen gehalten werden. Steinwerkzeuge werden hergestellt, Knochen von Tierkadavern liegen im Lager verstreut. Im Hintergrund zerlegen Männer einen Kaffernbüffel.

Ausbreitung nach Norden

Vor etwa 1,6 Millionen bis vor 200.000 Jahren lebte der *Homo erectus*. Mit einem größeren Gehirn und kräftigerem Körperbau als der *Homo habilis* (manche *Erectus*-Menschen waren so groß und so schwer wie wir) war er in mehrfacher Hinsicht fortschrittlicher als die *Habilis*-Menschen: Er fertigte und benutzte mehr verschiedene Werkzeuge und machte sich das Feuer nutzbar. Das Feuer spielte eine zentrale Rolle im Familienleben, es wärmte die Menschen und ermöglichte das Kochen der Nahrung, es hielt Raubtiere ab und wurde zur Jagd benutzt: Mit Feuer konnte man Tiere in eine Falle treiben. Diese Fähigkeiten und die sie bedingende größere Verstandesleistung ermöglichten den *Erectus*-Menschen, sich neue Lebensräume zu erschließen. Sie waren die ersten Menschen, die nicht nur in Afrika, sondern auch in Asien und Europa vorkamen. Dort hat man die meisten Fossilien gefunden. Unter den neuen Umweltbedingungen – die härtesten herrschten im eiszeitlichen Europa – erfolgte eine langsame Anpassung an regionale Gegebenheiten. Über Millionen von Jahren entstanden unterschiedliche Formen des *Homo erectus* in den verschiedenen Regionen der Erde.

DIE AUSBREITUNG VON *HOMO ERECTUS*
Die Ursprünge des *Homo erectus* liegen wohl in Afrika. Doch man fand auch Fossilien weit entfernt davon, in China und Java. Die Besiedlung dieser Gebiete erfolgte in kleinen Schritten, indem jede neue Generation sich etwas weiter von der Heimat der Väter entfernte.

WOLLNASHORN
Der *Homo erectus* lebte bis weit in die Eiszeit hinein. In Europa wechselten damals in Abständen von Jahrtausenden Kalt- und Warmzeiten. Das Wollnashorn war ein an kaltes Klima angepasster Großsäuger und wahrscheinlich ein Beutetier des *Homo erectus*.

Der Stock wird in der Hand gehalten.

FEUERPFLUG
Die ersten Hominiden haben sich wahrscheinlich nur gelegentlich des Feuers bedient, wenn es durch Blitzschlag entstanden war; erst der *Homo erectus* hat es selbst (mit einem einfachen Werkzeug wie dem abgebildeten) entzündet und gezielt genutzt.

Rinne für den Stock

Feuerpflug

FEUERMACHER
Die Zeichnung zeigt eine Gruppe von *Homo-erectus*-Menschen vor einer Höhle, die ihnen als Unterschlupf dient. Auf der rechten Seite stellt ein Mann einen Faustkeil her, indem er mit einem Steinhammer Splitter von einem Feuersteinbrocken abschlägt. Die Frau vorn links schürt ein Feuer, das mit Steinen als Windschutz umgeben ist. Die Menschen im Hintergrund zerlegen mit Faustkeilen ein Tier, das sie erlegt haben. Die Fleischstücke sollen über dem offenen Feuer gebraten werden.

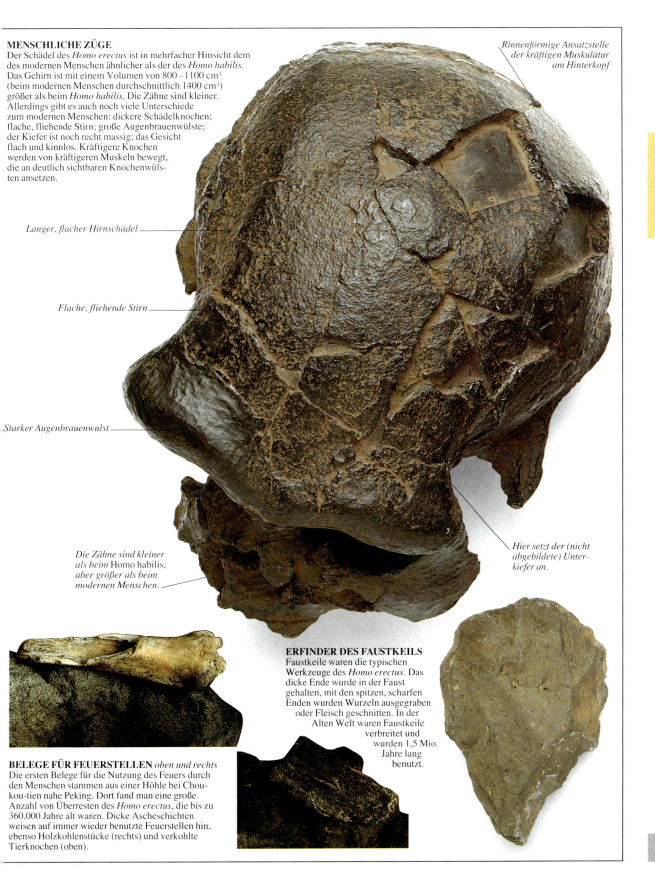

MENSCHLICHE ZÜGE
Der Schädel des *Homo erectus* ist in mehrfacher Hinsicht dem des modernen Menschen ähnlicher als der des *Homo habilis*. Das Gehirn ist mit einem Volumen von 800–1100 cm³ (beim modernen Menschen durchschnittlich 1400 cm³) größer als beim *Homo habilis*. Die Zähne sind kleiner. Allerdings gibt es auch noch viele Unterschiede zum modernen Menschen: dickere Schädelknochen; flache, fliehende Stirn; große Augenbrauenwülste; der Kiefer ist noch recht massig; das Gesicht flach und kinnlos. Kräftigere Knochen werden von kräftigeren Muskeln bewegt, die an deutlich sichtbaren Knochenwülsten ansetzen.

Rinnenförmige Ansatzstelle der kräftigen Muskulatur am Hinterkopf

Langer, flacher Hirnschädel

Flache, fliehende Stirn

Starker Augenbrauenwulst

Hier setzt der (nicht abgebildete) Unterkiefer an.

Die Zähne sind kleiner als beim Homo habilis, *aber größer als beim modernen Menschen.*

ERFINDER DES FAUSTKEILS
Faustkeile waren die typischen Werkzeuge des *Homo erectus*. Das dicke Ende wurde in der Faust gehalten, mit den spitzen, scharfen Enden wurden Wurzeln ausgegraben oder Fleisch geschnitten. In der Alten Welt waren Faustkeile verbreitet und wurden 1,5 Mio. Jahre lang benutzt.

BELEGE FÜR FEUERSTELLEN *oben und rechts*
Die ersten Belege für die Nutzung des Feuers durch den Menschen stammen aus einer Höhle bei Chou-kou-tien nahe Peking. Dort fand man eine große Anzahl von Überresten des *Homo erectus*, die bis zu 360.000 Jahre alt waren. Dicke Ascheschichten weisen auf immer wieder benutzte Feuerstellen hin, ebenso Holzkohlenstücke (rechts) und verkohlte Tierknochen (oben).

Leben in der Eiszeit

In der „Eiszeit" wechselten sich mehrere Kalt- und Warmzeiten ab, von denen jede mehrere Zehntausend Jahre dauerte. Während mancher dieser Wärmeperioden war es wärmer als heute, und Nordeuropa war nur zeitweilig – während der Kaltzeiten – von Gletschern bedeckt. Die *Homo-erectus*-Menschen waren die ersten, die bis ins nördliche Europa vordrangen, wahrscheinlich aber nur in den Warmzeiten. Vor etwa 250.000 Jahren begann der langsame Anpassungsprozess an kältere Klimazonen, und etwa 150.000 Jahre später trat als Unterart des modernen Menschen der *Homo sapiens neanderthalensis* auf. Er ähnelte dem heutigen Menschen schon sehr stark, und ein Neandertaler in moderner Kleidung würde heute wohl kaum auffallen. Er wäre nur etwas kleiner, kräftiger und untersetzter als der heutige Durchschnittsmensch. Die Neandertaler aus dem Mittelmeergebiet sahen sogar noch neuzeitlicher aus. Bei den Neandertalern finden wir zuerst das, was man „menschliche Regungen" nennt: Sie sorgten für Kranke und Schwache, bestatteten ihre Toten und hatten wahrscheinlich auch eine Art von Religion. Vor etwa 35.000 Jahren wurde der Neandertaler ganz plötzlich vom Menschen in seiner heutigen Gestalt, vom *Homo sapiens sapiens*, abgelöst, der sich inzwischen im wärmeren afrikanischen Klima entwickelt hatte. Er besiedelte weite Teile der Erde, darunter auch das endeiszeitliche Europa und sogar Australien.

EISZEIT UND NEANDERTALER

Diese Karte zeigt die größte Ausdehnung der eiszeitlichen Gletscher (blau), das durch das damit verbundene Absinken des Meeresspiegels frei liegende Land sowie die Verbreitung des Neandertalers über 60.000 Jahre. Der rote Punkt markiert die erste (1856) Fundstelle eines Neandertalers, das Neandertal bei Düsseldorf.

HÜTTEN IN DER TUNDRA

Als *Homo sapiens sapiens* die russische Tundra besiedelte, baute er ähnliche Hütten wie der Neandertaler. Diese Rekonstruktion zeigt eine bei Pushkari ausgegrabene Behausung. Sie bestand aus zusammengenähten Häuten, die über einen Rahmen aus Pfählen gespannt und mit Mammutknochen beschwert waren.

MAMMUT-KNOCHENHÜTTEN

In Russland, in der Ukraine, fand man aufsehenerregende Spuren von Neandertalerhütten. Sie bestanden aus Tierhäuten auf einem Gerüst aus Ästen und Mammutknochen. Die Außenseite war mit weiteren Mammutknochen beschwert.

NEANDERTALERGARDEROBE

Die Neandertaler waren wahrscheinlich die ersten Menschen, die die meiste Zeit des Jahres Kleidung zum Schutz vor Kälte trugen. Zur Herstellung der Kleidung wurden Tierhäute ausgebreitet und mit Faustkeilen von Fett und Sehnen befreit. Nach dem Trocknen wurde aus den Fellen das entsprechende Kleidungsstück genäht.

WERKZEUGHERSTELLUNG

Die vielfältigen feinen Werkzeuge der Neandertaler sind weitaus fortschrittlicher als die des *Homo erectus* und erfüllten die unterschiedlichsten Aufgaben. Als Material dienten Knochen und Geweih sowie Feuerstein.

LEBEN IN DER KÄLTE

Die Neandertaler waren gut an das Leben im kalten Klima angepasst. Ihre Lebensweise mag ähnlich wie die mancher Eskimos gewesen sein. Sie lebten wahrscheinlich in Großfamilien zusammen, jedem Familienmitglied kamen bestimmte Aufgaben zu. Die dargestellte Szene zeigt den vielfältigen Alltag dieser ersten echten Menschen.

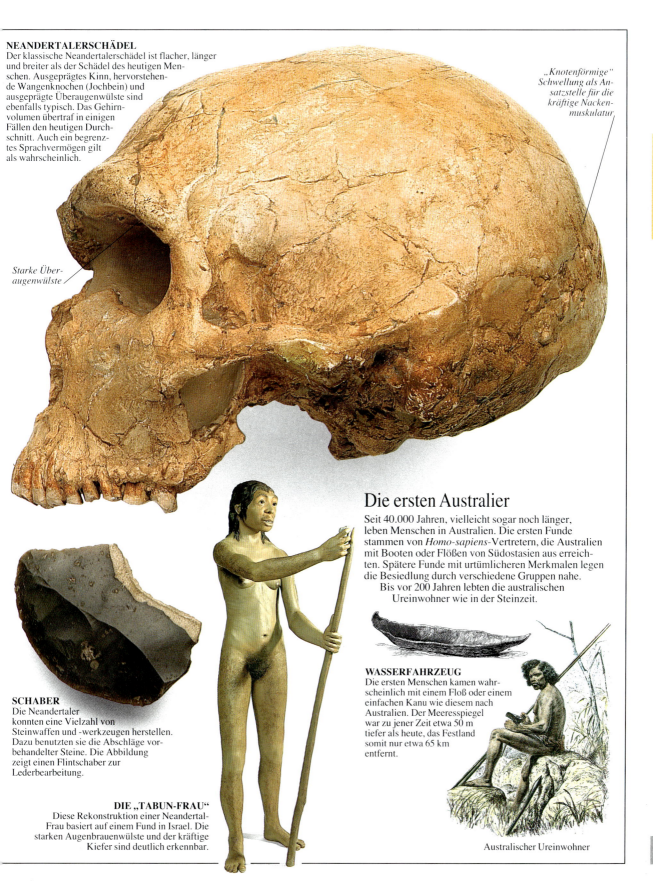

NEANDERTALERSCHÄDEL

Der klassische Neandertalerschädel ist flacher, länger und breiter als der Schädel des heutigen Menschen. Ausgeprägtes Kinn, hervorstehende Wangenknochen (Jochbein) und ausgeprägte Überaugenwülste sind ebenfalls typisch. Das Gehirnvolumen übertraf in einigen Fällen den heutigen Durchschnitt. Auch ein begrenztes Sprachvermögen gilt als wahrscheinlich.

„Knotenförmige"
Schwellung als An-
satzstelle für die
kräftige Nacken-
muskulatur

Die ersten Menschen und die Steinzeit

Starke Über-
augenwülste

SCHABER

Die Neandertaler konnten eine Vielzahl von Steinwaffen und -werkzeugen herstellen. Dazu benutzten sie die Abschläge vorbehandelter Steine. Die Abbildung zeigt einen Flintschaber zur Lederbearbeitung.

DIE „TABUN-FRAU"

Diese Rekonstruktion einer Neandertal-Frau basiert auf einem Fund in Israel. Die starken Augenbrauenwülste und der kräftige Kiefer sind deutlich erkennbar.

Die ersten Australier

Seit 40.000 Jahren, vielleicht sogar noch länger, leben Menschen in Australien. Die ersten Funde stammen von *Homo-sapiens*-Vertretern, die Australien mit Booten oder Flößen von Südostasien aus erreichten. Spätere Funde mit urtümlicheren Merkmalen legen die Besiedlung durch verschiedene Gruppen nahe. Bis vor 200 Jahren lebten die australischen Ureinwohner wie in der Steinzeit.

WASSERFAHRZEUG

Die ersten Menschen kamen wahrscheinlich mit einem Floß oder einem einfachen Kanu wie diesem nach Australien. Der Meeresspiegel war zu jener Zeit etwa 50 m tiefer als heute, das Festland somit nur etwa 65 km entfernt.

Australischer Ureinwohner

Werkzeug aus Stein

Feuerstein hat einen muscheligen Bruch, bildet scharfe Kanten und ist relativ weit verbreitet. Aus diesen Gründen wurde er von den Menschen der Steinzeit zur Herstellung scharfer Werkzeuge benutzt. Es begann mit groben Faustkeilen, aber nach und nach entwickelten sich daraus verfeinerte Waffen und Werkzeuge wie Schaber und Messer.

Rohe Feuerstein-
knolle aus
Kreidegestein

*Ein Lederriemen verbindet Klinge
und Fassung mit dem Griff.*

WERKZEUGE AUS FEUERSTEIN

Feuersteinwerkzeuge wurden durch Abschlagen von Splittern aus einer Knolle herausgearbeitet. Der verbleibende Kern wurde schrittweise exakter und feiner geformt.

Scharfkantiges Werkzeug zum Enthäuten und Schneiden

STEIN AUF STEIN

Der Feuerstein wurde mit einem zweiten Stein, einem Hammerstein, behauen. Die abgeschlagenen Splitter hinterließen scharfe, schartige Kanten.

ABSCHUPPUNG DURCH DRUCK

Scharfe Schnittkanten und feinere Klingen ließen sich durch Druck mit einem spitzen Gegenstand, z.B. aus Horn, herstellen.

Solche Schaber wurden im Neolithikum zur Herstellung von Kleidung aus Tierfellen verwendet.

Feuerstein-
abschläge

Großer, scharfkantiger Faustkeil

Schneide

Hellfarbiger Faustkeil

Kleiner, angeschärfter Faustkeil

Steinzeitmenschen bei der Arbeit mit Faustkeilen

Früher, primitiver Schaber

Grobe Schnittkante

FAUSTKEILE

Faustkeile wurden während der Altsteinzeit zum Zerschlagen von Knochen, zum Enthäuten erlegter Tiere, zum Bearbeiten von Holz und zum Schneiden benutzt. Diese beiden gut geformten dunklen Faustkeile sind 70.000–300.000 Jahre alt. Der hellere Faustkeil stammt aus der Zeit zwischen 70.000 und 35.000 v.Chr.

Scharfe Schnittkante

...erbeil aus der
...Mittelsteinzeit

*Fassung aus
Geweihknochen*

Gestielte Querbeile wurden
zum Aushöhlen von Baum-
stämmen verwendet; solche
Einbäume waren
die ersten
Boote.

GESTIELTE QUERBEILE
Querbeile sind an ihrer asymmetrischen Schneide zu erkennen,
die nicht parallel, sondern quer zum Griff befestigt ist. Diese
Stücke stammen aus der Mittelsteinzeit (10.000–4000 v.Chr.).

Direkt in den Griff eingepasstes Querbeil

*Asymmetrische Schneide aus
Feuerstein*

*Der Holzgriff
ist eine
Nachbildung.*

SICHEL
Feuersteinsicheln lassen auf den Anbau von Getreide
schließen. Die lange, leicht gekrümmte Klinge diente
zum Mähen bei der Ernte. Manche Sichelschneiden
haben durch häufigen Gebrauch eine Art Glanz angenommen. Diese in einen nachgebildeten Holzgriff
eingepasste Sichel stammt aus der Jungsteinzeit (4000
–2300 v.Chr.).

Mexikanische Obsidianaxt
aus dem 9. Jh. n.Chr.

*Holzgriff
(moderne
Nachbildung)*

Speerspitze mit Obsidian-
klinge von den Admiralitäts-
inseln vor Papua-Neuguinea

OBSIDIAN
Aus Obsidian, der wie Feuerstein scharfe
Bruchkanten bildet, wurden ebenfalls schon
früh Werkzeuge hergestellt. Man kennt auch
primitive Spiegel aus Obsidian.

AXT UND DOLCH AUS DÄNEMARK
Die Form dieser in
der Themse in Eng-
land gefundenen
Axt aus der frühen
Bronzezeit lässt er-
kennen, dass sie von
außerhalb einge-
führt wurde. Diese
Tatsache und die
sorgfältige Polie-
rung der Schneide
deuten darauf hin,
dass es sich um ein
wertvolles Objekt
handelte. Das gilt
auch für den früh-
bronzezeitlichen
Feuersteindolch
(2300 bis 1200
v.Chr.).

Axt

Feuerstein-
dolch

PFEILSPITZEN
Pfeil und Bogen waren schon in der Mittelsteinzeit erfunden worden; sie wurden
auch in der Jungsteinzeit benutzt. Man
verwendete blattförmige Pfeilspitzen.
Für die folgende Glockenbecher-Kultur
(2750–1800 v.Chr.) sind Pfeilspitzen
mit Widerhaken charakteristisch. Es war
eine Zeit des Wandels, in der die Metallverarbeitung begann.

Blattförmige
Pfeilspitzen
aus der
Jung-
steinzeit

Pfeilspitzen der Glockenbecher-Kultur

FEUERSTEINDOLCHE
Diese beiden Dolche wurden ebenfalls
von Glockenbecher-Leuten angefertigt. Ihre Seltenheit und die Sorgfalt
ihrer Bearbeitung lassen vermuten,
dass sie eher Statussym-
bole als Gebrauchswaf-
fen waren.

Zähmung des Feuers

Eine der wichtigsten Errungenschaften der Frühmenschen war der Umgang mit dem Feuer. Es spendete nicht nur Wärme bei Temperaturen, die im Durchschnitt wesentlich tiefer waren als heute, sondern hielt auch wilde Tiere ab, diente zur Nahrungszubereitung, zum Abbrennen von Wäldern zur Gewinnung von Ackerflächen und zum Härten hölzerner Speerspitzen. Bevor die Menschen selbst Feuer machen konnten, nutzten sie wahrscheinlich natürliche, z.B. durch Blitzschlag entstandene Feuer. Als sie das Feuermachen – vermutlich, indem sie durch Aneinanderreiben zweier Stöcke Funken und damit Feuer erzeugten – entdeckten, war dies ein großer Schritt vorwärts. Man weiß nicht sicher, wann das Feuermachen aufkam, aber Funde aus Frankreich und China geben klare Hinweise auf einen Zeitraum von vor 400.000 Jahren. Weil das Feuermachen so schwierig war, bemühte man sich, die Glut nicht verlöschen zu lassen.

FEUER IN DER EISZEIT
Feueranzünden in der Eiszeit, vor etwa 200.000 Jahren: Ein Feuerquirl wird mit der Hand schnell gedreht, bis sich das Bohrmehl im Reibebrett entzündet. Der Funke springt auf das trockene Feuerholz über.

Hölzernes Mundstück

Quirl

Holzquirl

Lederbogen

Trockenes Heu

Reibholz

BOGENFEUER-BOHRER
Der Lederbogen dieser Rekonstruktion erleichtert das schnelle Drehen des Quirls. Durch die Reibung entsteht Hitze zum Entzünden des Feuers.

Benutzung eines Bogenfeuerbohrers

Reibholz

Bohrlöcher

REIBHOLZ
Dieses einfache Reibholz aus Akamba/Kenia zeigt die Funktionsweise. Durch schnelles Drehen des Quirls fängt das Holzmehl im Bohrloch an zu glühen und zu brennen.

Drehen des Quirls

RUND UMS FEUER
Bei den Feuerstellen der ersten Feuermacher wurde der mit dem Reibholz entzündete Zunder auf einen Haufen aus Heu und trockenen Zweigen gelegt. Größere Holzstücke wurden zugelegt, wenn das Feuer brannte. Ein Steinring umgrenzte die Feuerstelle.

ZWEI TROCKENE STÖCKE
In der Steinzeit entfachte man Feuer mittels Reisig und dem Funkenschlag, der entstand, indem ein Feuerstein auf Eisenpyrit geschlagen wurde. Vielleicht wurde diese Methode durch Zufall bei der Herstellung von Steinwerkzeugen entdeckt. Sie war bedeutend bequemer als die hier gezeigte.

Wenn das Feuer brannte, wurde Holz nachgelegt.

Die heißen Steine konnten zum Wasserkochen verwandt werden.

AFRIKANISCHE FEUERMACHER
Noch bis zum Beginn des 20. Jh.s benutzten einige afrikanische Völker das Reibholz. Aus Untersuchungen bei diesen Völkern stammt viel von unserem Wissen über die Kunst des Feuermachens.

43

Die ersten Künstler

Die ersten Kunstwerke entstanden vor etwa 30.000 Jahren, während der letzten Eiszeit. Da nur Menschen zur künstlerischen Gestaltung fähig sind, können wir sagen, dass um diese Zeit mit den Schöpfern dieser Werke nun richtige Menschen lebten. Die bekanntesten Kunstwerke sind die Malereien auf Decken und Wänden von Höhlen wie der von Lascaux in Frankreich und der von Altamira in Spanien. Weniger bekannt, aber keineswegs weniger beeindruckend, sind die kleinen Skulpturen und Reliefschnitzereien von Tieren und Frauengestalten. Zum Teil fand man solche Statuetten auch in Höhlen, den weitaus größten Teil aber an anderen Stellen, vor allem in Osteuropa. Mit der Erfindung der Keramik eröffneten sich weitere Möglichkeiten für die künstlerische Gestaltung.

HÖHLENMALEREI
Diese meisterhafte Höhlenmalerei befindet sich in Font de Gaume/Frankreich.

Aus der Höhle von Mas d'Azil/Frankreich

PFERDEKÖPFE
Die Genauigkeit dieser Gravierungen lässt vermuten, dass der Künstler die Tiere sehr genau beobachtet hat.

GESCHNITZTES MAMMUT
Dieses stilisierte Mammut mit langen, um den Kopf gebogenen Stoßzähnen wurde mit großem Geschick aus dem Schulterblatt eines Tieres geschnitzt. Das Mammut war bis zum Ende der Eiszeit häufig.

VERFOLGUNGS-JAGD *rechts*
Die ersten Künstler stellten die Tiere dar, die sie zum Nahrungserwerb jagten. Auf diesem Knochen ist ein Wisent zu sehen, das von einem Menschen verfolgt wird. Fundort ist Laugerie Basse/Frankreich.

BEUTETIERE
In diesen Knochen sind fünf Gämsen geritzt. Diese Tiere kommen auch heute noch in europäischen Hochgebirgen vor.

GLÜCKSBRINGER
Auf dieser alten Radierung ritzt ein Mann einen Tierkopf als Jagdtalisman in ein Geweihstück.

PFERDEKOPF
Dieser in Knochen geritzte Pferdekopf stammt aus der Höhle von Laugerie Basse/Frankreich.

HERSTELLUNG DER FARBEN
Diese Rekonstruktion zeigt einen Künstler beim Zermahlen des Farbstoffs zum Anrühren der Farbe. Die Höhlenmaler benutzten Erdpigmente wie Ocker und andere natürliche Mineralpigmente.

ORNAMENTPLATTE
Diese gravierte Schieferplatte entstand mehr als 4000 Jahre nach der Zeit der Höhlenmalereien. Sie zeigt ganz andersartige, abstrakte, geometrische Muster. Gefunden wurde sie in einem großen Steingrab bei Alentejo/Portugal, und datiert aus der Jungsteinzeit (um 4000 v.Chr.).

KÜNSTLER BEI DER ARBEIT
Der Künstler malt die Tiere, die er zu jagen beabsichtigt. Das Malen war wohl Teil eines religiösen Rituals. Die Beleuchtung der dunklen Höhle erfolgte durch Öllampen.

Marmorstatuette aus Melos/Griechenland um 2500–2000 v.Chr.

BEMALTE KERAMIK
Tongefäße waren nicht nur nützlich, sondern zum Teil auch herrlich bemalt oder graviert. Diese Scherbe aus Rumänien ist etwa 6000 Jahre alt.

WISENT
Eine weitere Malerei aus der berühmten Höhle von Altamira/Spanien

Fund aus Lespugue/Frankreich

TÖPFERKUNST
Viele der alten Gefäße wurden durch Einritzungen in den frischen Ton verziert.

RÄTSELHAFTE FIGUREN
Solche „Venus-Statuetten" wurden in Europa, von Spanien bis Russland, gefunden und auf 25.000–15.000 v.Chr. datiert. Gesichtslos und hochschwanger stellen sie wahrscheinlich Fruchtbarkeitsgöttinnen dar und verdeutlichen die große Bedeutung der Fruchtbarkeit für die frühen Menschen.

Aus Brno/Tschechische Republik

Sammler und Jäger

Pflanzensammeln und Jagd waren 99% der Zeit, die Menschen auf der Erde leben, ihre Ernährungsgrundlage. Während der Eiszeit jagten europäische Jäger wahrscheinlich sogar Großwild wie das Wollnashorn. Vor etwa 75.000 Jahren jagten Menschen an der südafrikanischen Küste Robben und Pinguine, und vor 25.000 Jahren jagten die ersten Australier heute ausgestorbene Riesenkängurus. Der Großteil der Nahrung in prähistorischer Zeit aber bestand aus Pflanzen, Nüssen und Früchten sowie Muscheln, Schnecken u.Ä., weil man diese leicht sammeln konnte. Reste dieser Art von Nahrung sind nicht so haltbar wie Knochen, sodass sie bei archäologischen Ausgrabungen nur selten gefunden werden. Das Sammeln wurde nach dem Ende der letzten Eiszeit vor ca. 8000 Jahren besonders wichtig, weil das Großwild weitgehend ausgestorben war.

STEINZEITLICHE JÄGER
Die Menschen in der Steinzeit jagten zum Nahrungserwerb mit Speeren, Pfeil und Bogen.

„Teller" aus Baumrinde

Brombeeren

OBST UND NÜSSE
Reste dieser nährstoffreichen Pflanzennahrung wurden in 12.000 Jahre alten Jägerlagern gefunden.

Haselnüsse

HARPUNENSPITZE
Diese Harpunenspitze aus Geweih ist etwa 10.000 Jahre alt.

Geweih lässt sich gut zu solchen Harpunenspitzen verarbeiten.

Mit Garn zusammengebunden

FISCHSPEER *oben*
Von einer Sandbank am Themseufer aus wurden mit dieser in der Nähe von London gefundenen Harpune Fische gefangen. Der Speer stammt aus der Zeit um 8000 v.Chr.

EINFACH, ABER TÖDLICH
Obere und untere Hälfte eines nachgebildeten Pfeils aus der Mittleren Steinzeit. Mit Pfeil und Bogen konnten die scheuen Waldtiere aus einiger Entfernung erlegt werden.

Entenfedern

Feuergehärtete Spitze

FEUERSTEINPFEIL
Solche Pfeile wurden vor etwa 8000 Jahren benutzt. Die Flintspitze wurde mit Birkenharz angeklebt.

Der Holzschaft ist eine Nachbildung.

Die Flintspitze ist in eine ins Holz geschnittene Rinne geklebt.

Der Pfeilschaft ist eine Nachbildung.

Geweihtülle

Andere Art der Wicklung

TÜLLENAXT
Bei dieser Axt ist die Axtspitze in eine Tülle aus Geweih eingepasst und mit einem Lederband am Schaft festgebunden. Sie diente vielleicht zum Ausgraben essbarer Wurzeln oder zur Holzbearbeitung.

GRAB-WERKZEUG
Zum Graben nach Nahrung benutzten die prähistorischen Sammler und Jäger einen mit einem Gewicht beschwerten Stock.

Keil zum Festklemmen

Holztülle

Spitze von 10.000–4000 v.Chr.

Durch-löcherter Quarzitstein

FEINARBEIT
In der frühen Bronzezeit entstanden verschiedene fein gearbeitete, z.T. verzierte Pfeilspitzen aus Feuerstein.

Traditionelle Form

Ohne Schaft

ngekehrt herzförmig

Die Stiele sind Nach-bildungen.

FLINTBEIL
Eine Axt besitzt asymmetrische Schnittflächen und ist rechtwinklig am Stiel befestigt. Zum Holzhacken wird sie abwärts geschlagen, oft zwischen den Beinen. Diese Axtspitze ist mit Knochenleim oder Harz in einer hölzernen Tülle befestigt.

BEUTETIER
Die etwa 20.000 Jahre alten Höhlenmalereien zeigen meist Jagdwild jener Zeit wie diesen Hirsch (Dordogne/Frankreich).

Pyrit

Feuerstein

FEUERANZÜNDEN
Beim Anschlagen von Pyrit mit Feuerstein entstehen Funken. Lässt man diese Funken auf Zunder fallen, kann man durch An-blasen ein Feuer entfachen.

Dieses Rentier wird mit einer Steinaxt zerlegt.

Neuer Holzstab

Die neolithische Revolution

Die frühesten Spuren der neolithischen (jungsteinzeitlichen) Revolution stammen aus Palästina, der südöstli-
chen Türkei und dem Nordirak. Eine besonders ergiebige
Fundstätte ist Jericho (heute Tell es-Sultan), unweit der
Nordspitze des Toten Meers. Hier sind vor 10.000 Jahren
die ersten mittelsteinzeitlichen Jäger sesshaft geworden.
Zuerst lebten sie in zeltartigen Unterkünften aus Stöcken
und Fellen. Später bauten sie stabile Häuser aus luftgetrock-
neten Lehmziegeln. Die Sesshaftwerdung war der erste
Schritt zur Zivilisation. Weitere Schritte waren Anbau und
Züchtung von Feldfrüchten und die Domestikation von
Haustieren. Jericho war kein Einzelfall. In den folgenden
3000 Jahren entstanden überall in den genannten Gegenden
kleine Bauerndörfer. In der mittleren Steinzeit oder Mesolithikum, die in
Vorderasien um 6750 v.Chr. beginnt, benutzte man Werkzeuge aus Stein,
Feuerstein und Obsidian (einem glasartigen Vulkangestein). Schon vor der
Erfindung der Töpferkunst beherrschten die Menschen verschiedene Hand-
werke: Weben, Korbflechten, Tischlern und die Steinmetzkunst. Die ersten
Tonwaren entstanden um 5500 v.Chr. Nicht lange später konnte man Kupfer
schmelzen und daraus Werkzeuge
herstellen. Diese Zeit nennt man
Kupfersteinzeit (oder nach
den griechischen Wörtern
für Kupfer und Stein:
Chalkolithikum).

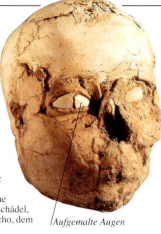

MASKERADE
In der Jung-
steinzeit nahm
man mancherorts
Totenschädel und
formte über ihnen
ein Gesicht aus
Gips. Die Haare
malte man schwarz
oder rot auf. Viel-
leicht dienten solche
übermodellierten Schädel,
wie dieser aus Jericho, dem
Ahnenkult.

Aufgemalte Augen

DIE MAUERN VON JERICHO
In der Jungsteinzeit wuchs Jericho zur
ersten Stadt der Welt. Im Gegensatz zu
den übrigen Siedlungen der Region
war es von dicken, hohen Mauern umgeben. Hier sieht man die Überreste
eines großen, steinernen Turms.

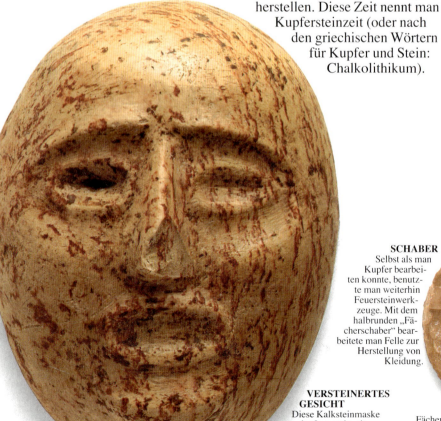

SCHABER
Selbst als man
Kupfer bearbei-
ten konnte, benutz-
te man weiterhin
Feuersteinwerk-
zeuge. Mit dem
halbrunden „Fä-
cherschaber" bear-
beitete man Felle zur
Herstellung von
Kleidung.

**VERSTEINERTES
GESICHT**
Diese Kalksteinmaske
aus der Jungsteinzeit
stammt aus Rama (heute
er-Ram) bei Jerusalem.

Fächerschaber

Schaber

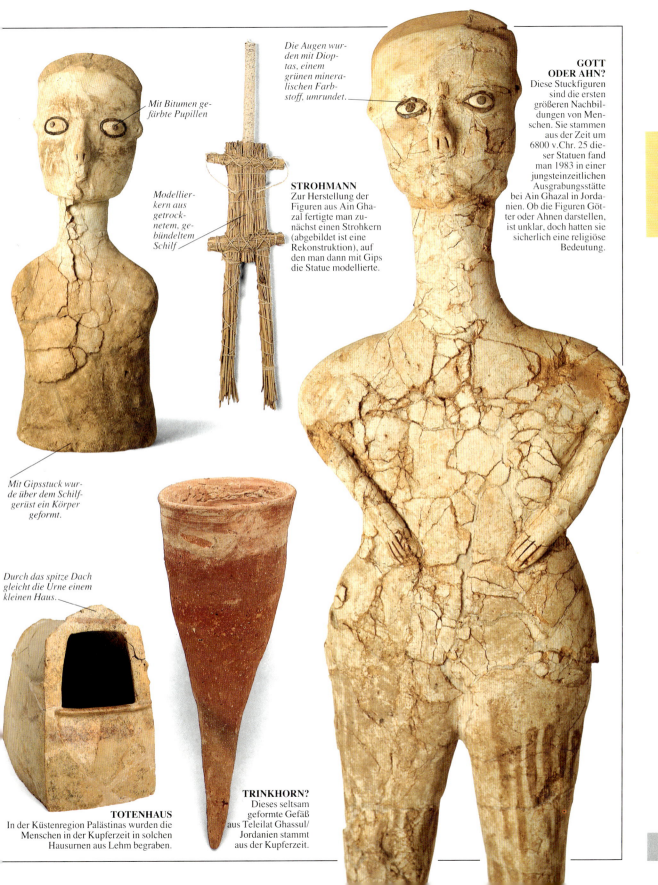

Mit Bitumen gefärbte Pupillen

Die Augen wurden mit Dioptas, einem grünen mineralischen Farbstoff, umrundet.

Modellierkern aus getrocknetem, gebündeltem Schilf

STROHMANN
Zur Herstellung der Figuren aus Ain Ghazal fertigte man zunächst einen Strohkern (abgebildet ist eine Rekonstruktion), auf den man dann mit Gips die Statue modellierte.

GOTT ODER AHN?
Diese Stuckfiguren sind die ersten größeren Nachbildungen von Menschen. Sie stammen aus der Zeit um 6800 v.Chr. 25 dieser Statuen fand man 1983 in einer jungsteinzeitlichen Ausgrabungsstätte bei Ain Ghazal in Jordanien. Ob die Figuren Götter oder Ahnen darstellen, ist unklar, doch hatten sie sicherlich eine religiöse Bedeutung.

Mit Gipsstuck wurde über dem Schilfgerüst ein Körper geformt.

Durch das spitze Dach gleicht die Urne einem kleinen Haus.

TOTENHAUS
In der Küstenregion Palästinas wurden die Menschen in der Kupferzeit in solchen Hausurnen aus Lehm begraben.

TRINKHORN?
Dieses seltsam geformte Gefäß aus Teleilat Ghassul/ Jordanien stammt aus der Kupferzeit.

Ackerbau und Viehzucht

Als der Mensch vor etwa 10.000 Jahren, zuerst im Nahen Osten, begann, Ackerbau zu treiben und Tiere zu halten, stellte dies den bis dahin größten Fortschritt dar. In den nächsten 6000 Jahren drang die Landwirtschaft in alle Teile Europas vor und entwickelte sich unabhängig davon z.B. auch in Amerika und im Fernen Osten. Ackerbau und Viehzucht bedeuteten eine sicherere Nahrungsversorgung als Pflanzen sammeln und Tiere jagen. Durch Landwirtschaft konnte man nun auch das ganze Jahr über an einem Ort bleiben und eine größere Anzahl von Menschen ernähren. Dadurch nahm die Bevölkerungsdichte zu, und Städte entstanden.

Feuersteinklinge (um 4000– 2300 v.Chr.) in einem nachgebildeten Griff

Bronzesichel

Nachgebildeter Stiel

Eisensichel

DRESCHEN
In der Eisenzeit drosch man die Körner mit Knüppeln aus den Ähren.

Garbe

RODEN
In den Wäldern Europas rodeten die ersten Bauern mit solchen Äxten gewaltige Landflächen für ihre Felder.

DIE ERSTE ERNTE
Einkorn, eine Weizensorte aus der Türkei und dem Iran, wurde dort zuerst kultiviert.

KNOCHENARBEIT
Getreide wurde bis zur Erfindung der Mähmaschinen und Mähdrescher in diesem Jahrhundert mit Sensen und Sicheln geerntet. Diese Sicheln repräsentieren drei Zeitalter: Steinzeit, Bronzezeit und Eisenzeit.

Lederbänder

*Die Löcher dienten wahrschein-
lich der Durchlüftung.*

TONPLATTEN
Platten aus gebranntem Ton wie
diese von um 1000 v.Chr.
könnten zur Durchlüftung von
Backöfen gedient haben.

Sandstein zum Mahlen

TÄGLICH BROT
Solches ungesäuertes
Brot wurde in der
Steinzeit hergestellt.

*Mahlfertiges
Korn*

VOM KORN ZUM MEHL
Vor etwa 4000–6000 Jahren
benutzte man solche Mahlsteine.
Das Getreide wird auf den flachen Stein gelegt
und mit dem runden „Reibstein" zu Mehl vermahlen.

MEHL MAHLEN
In der Bronzezeit benutzte
man zwei große, flache Steine
jeglicher Art zum Mahlen.

51

Kleidung

Kleidung wurde wahrscheinlich zum ersten Mal während der Eiszeit getragen. Ihre Behaarung reichte den damaligen Menschen nicht mehr aus, um bei den zeitweise recht niedrigen Temperaturen nicht zu erfrieren. So stellten sie Kleidung aus den Häuten und Fellen der Tiere her, die sie zum Nahrungserwerb jagten. Gespannte und getrocknete Felle wärmten sehr gut und wurden nicht nur für Kleidung, sondern auch als Zeltplanen benutzt. Die ersten Wollstoffe wurden wahrscheinlich im Nahen Osten hergestellt, wo man in der Jungsteinzeit mit der Schafzucht begann. Spinnen und Weben wurden zunehmend bekannter. In der Eisenzeit wurden schon feine Gewebe mit hoch entwickelten Webrahmen hergestellt. Seit der Steinzeit verwandte man Farben. Bunte Kleidung und Schmuck ermöglichten den Menschen schon damals, mit ihrem Äußeren Aufsehen zu erregen.

Kämme aus Geweih

SCHABER
Das abgezogene Fell wurde mit einem Schaber von Fett- und Geweberesten befreit.

FLINTMESSER
Diese scheibenförmigen Messer wurden zum Abhäuten und zum Schneiden der Häute benutzt.

LEDERHERSTELLUNG
Das Herstellen von Leder erfordert drei Arbeitsgänge. Das Fell wird zuerst gereinigt und durch Kämmen (oben) enthaart, dann gegerbt, um es haltbar zu machen, und schließlich verziert und behandelt, damit es die richtige Dicke hat und nicht austrocknet.

AHLE
Das vorbehandelte, gegerbte Leder wird zugeschnitten. Mit Ahlen oder Pfriemen (links) werden Löcher entlang der Lederränder gestanzt, damit sie zusammengenäht werden können.

STRECKEN UND SCHABEN
Der erste Schritt zum fertigen Leder ist das Aufspannen auf einen Rahmen, damit das Leder nicht schrumpft und sich verzieht. Mit Flintschabern wird dann die Innenseite des Fells von Geweberesten gereinigt und geschmeidig gemacht. Dieser viktorianische Stich zeigt zwei Höhlenmenschen beim Schaben eines aufgespannten Bärenfells.

ROHWOLLE
Anfangs wurde die Wolle vom Schafrücken gesammelt, wenn die Tiere ihr Fell wechselten.

Gesponnene Wolle

SPINDEL
Die Rohwolle wird auf eine Spindel gedreht, sodass man einen Einzelfaden erhält. Der irdene Spinnwirtel am einen Ende erleichtert durch sein Gewicht die Drehbewegung.

Spinnwirtel

SPINNEN UND WEBEN
Dieser alte Stich zeigt die zwei Hauptarbeitsgänge der Tuchherstellung. Die Frau im Vordergrund spinnt die Rohwolle am Baum zu einem Faden, indem sie die Spindel in ihrer linken Hand dreht. Der Mann im Hintergrund webt auf einem Webrahmen die Wolle zu Stoff.

Saflorgelb

Saflorrot

WOLLFARBEN
Die Färberdistel (Saflor) wird seit 2000 v.Chr. verwendet.

ALTERTÜMLICHE WOLLE
Diese Wolle stammt von Wildschafen, die heute nur noch auf der Hebrideninsel Soay (vor der schottischen Küste) vorkommen. So etwa mag die Wolle in frühgeschichtlicher Zeit ausgesehen haben. Braun ist ihre natürliche Farbe. Diese Wolle ist zu einem Faden versponnen und kann gestrickt oder gewebt werden.

Gewebe aus der Jungsteinzeit

Loch zum Durchfädeln

WEBRAHMEN
Der Webrahmen wurde in der Steinzeit erfunden und ermöglichte nun zum ersten Mal die Tuchherstellung. Der Rahmen spannt die senkrechten Wollfäden, mit einem Schiffchen werden die waagerechten Fäden dazwischengewoben.

Neuzeitlicher indianischer Webrahmen

Knochenschiffchen

Gewicht aus Ton zum Spannen der Fäden

Der Mann aus dem Eis

An einem Herbsttag vor über 5300 Jahren überraschte ein plötzlicher Schneesturm hoch in den Ötztaler Alpen einen erschöpften Wanderer. Er suchte in einer Schlucht Schutz, aber der Sturm war zu stark, und der Mann erfror. Schnee bedeckte seinen Körper und fror ihn im Gletscher ein. Jahrhunderte vergingen, die Reiche der Ägypter, der Griechen und der Römer zerfielen, von Europa gingen zwei Weltkriege aus, aber der Tote lag gefroren und unversehrt im Eis, bis eine ungewöhnliche Wetterlage ihn im Sommer 1991 freilegte. Mithilfe der Radiokarbonmethode fand man heraus, dass der „Ötzi", wie er nach seinem Fundort Ötztaler Alpen genannt wird, zwischen 3350 und 3300 v.Chr. starb. Damit ist er die älteste erhaltene Mumie der Welt. Die über 70 Gegenstände, die er bei sich hatte, wurden nun ebenso untersucht wie Körper, Kleidung, Werkzeuge und Waffen. Botaniker untersuchten das Pflanzenmaterial, das an seinem Körper gefunden wurde, um festzustellen, woher er kam. Blut, Knochen, Organe und DNS geben über seinen Gesundheitszustand Aufschluss. Man nimmt heute an, dass Ötzi ein reisender Händler war und möglicherweise einem Gewaltverbrechen zum Opfer fiel.

DIE ENTDECKUNG

Am 19. September 1991 entdeckten deutsche Wanderer nahe der österreichisch-italienischen Grenze auf einem Gletscher in 3000 m Höhe einen gefrorenen Körper. Im März hatte ein Saharasturm Staubwolken über die Alpen auf diesen Gletscher geblasen und den Körper teilweise freigelegt: Der dunkle Staub absorbierte das Sonnenlicht und ließ das Eis verstärkt schmelzen. Die dortige Polizei erfasste zunächst das hohe Alter der Leiche nicht. Man hackte sie aus dem Eis (oben) und flog sie im Hubschrauber nach Innsbruck/Österreich. Österreich wurde auch das Zentrum der Erforschung des Ötzi. Später fand man heraus, dass er eigentlich „Italiener" war: Sein Körper hatte im italienischen Teil der Alpen gelegen.

RADIOKARBONMESSUNG

Robert Hedges von der Universität Oxford entwickelte eine neue Methode der Radiokarbondatierung, mit der er u.a. das Turiner Leichentuch (ganz rechts) als Fälschung entlarvte. Die Radiokarbondatierung beruht darauf, dass Lebewesen das Kohlenstoff-Isotop C-14 enthalten. Da dies vom Zeitpunkt des Todes an konstant abnimmt, lässt sich anhand des C-14-Anteils das Alter einer organischen Substanz bestimmen. Hedges datierte den Ötzi aufgrund einer kleinen Knochenprobe. Seine Resultate verblüfften die Experten, die vermutet hatten, „der Mann aus dem Eis" sei um 2000 v.Chr. gestorben.

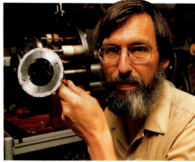

DAS TURINER LEICHENTUCH

Es galt als Leichentuch Christi. Radiokarbontests datieren es aber auf das Mittelalter.

Leder-köcher

Holzaxt mit Kupferblatt

Teil des gras-gefütterten Lederschuhs

WAFFEN DES ÖTZI

Der Ötzi hatte einige ungewöhnliche Dinge bei sich, z.B. einen Bogen und einen Lederköcher mit zwölf halb fertigen Pfeilen. Seine Axt gleicht bronzezeitlichen Modellen (um 2000 v.Chr.), war aber aus Kupfer. Sie ist viel älter und doch moderner gestaltet als andere bisher gefundene Kupferäxte – eine erstaunliche Waffe.

WIEDER AUF EIS GELEGT

Als Ötzi aus dem Gletscher befreit war, begann er aufzutauen und drohte zu zerfallen. Ein Pilz hatte sich auf seinem Körper ausgebreitet, den österreichische Mediziner sorgsam entfernten. Dann froren sie Ötzi bei -6 °C wieder ein.

FALSCHE ERNÄHRUNG

Die Untersuchung der Zähne bewies, dass Ötzi Ende zwanzig war, als er starb. Seine Zähne sind stark abgenutzt, wahrscheinlich hat er sein Leben lang grobe Getreidekost gegessen.

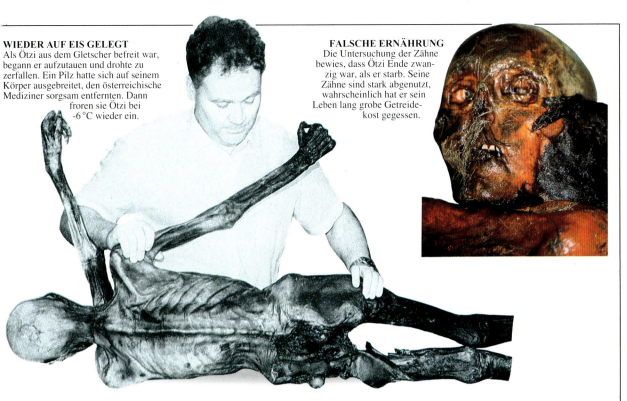

NOCH VIELE FRAGEN

Wer war nun der Ötzi? Er war mindestens 1,57 m groß, hatte mehrere merkwürdige Tätowierungen und war für die Gebirgstour gut ausgerüstet: Er trug Lederkleidung und Schuhe, die zum zusätzlichen Schutz vor Kälte mit Gras gefüttert waren. Außer Axt, Bogen und Pfeilen trug er einen Feuersteinschaber (als „Feueranzünder") in einem Lederbeutel. Was hatte er mit dieser Ausrüstung so hoch in den Alpen vor? Er könnte ein Jäger oder Händler aus einem Bauerndorf gewesen sein, aber es ist nicht klar, in welche Richtung er die Alpen überquerte. Stammte er aus einem der bekannten Orte im heutigen Italien, Österreich oder Süddeutschland?

Metallverarbeitung

Gold und Silber kommen als reine Metalle in der Natur vor. Schon in frühester Zeit fanden die Menschen Stücke dieser Metalle und verarbeiteten sie zu einfachen Schmuckstücken. Das erste Gebrauchsmetall war Kupfer, man musste es allerdings erst aus Erzen gewinnen, und es war recht weich. Einen großen Fortschritt bedeutete die Herstellung von Bronze, einer Legierung aus den Metallen Kupfer und Zinn. Bronze war hart, rostete nicht und war einfach zu bearbeiten. Man konnte sie leicht schmelzen, in Formen gießen und von Schwertern bis hin zum Schmuck alles Mögliche daraus herstellen. Um 1500 v.Chr. begann man mit der Eisengewinnung. Man erhitzte das Eisenerz mithilfe von Holzkohle. Auf diese Weise erhielt man das Metall nur in unreiner Form. Eisen war reichlich vorhanden, aber schwer zu schmelzen. Es wurde zunächst häufiger durch Schmieden als durch Gießen verarbeitet.

Römischer Eisennagel (um 88 n.Chr.)

Luppe

Eisenerz

Ausgeschmiedete Luppe

METALLGUSS – LETZTES STADIUM
Nach Abkühlung wurde die Form aufgebrochen und der gegossene Gegenstand herausgenommen. Bronze ist viel härter als Kupfer und kann durch Hämmern weiterverarbeitet werden. Deshalb war das Metall weit verbreitet.

LUPPE
Die ersten Öfen waren nicht heiß genug, um Eisen zu schmelzen. Man konnte das Metall nur als sprödes Roheisen gewinnen, das rot glühend geschmiedet werden musste.

METALLGUSS – ERSTES STADIUM
Zur Bronzeherstellung mussten Kupfer und Zinn in einem großen Tiegel oder einem einfachen Schmelzofen erhitzt werden. Bronze lässt sich leichter schmelzen als reines Kupfer.

METALLGUSS – ZWEITES STADIUM
Die flüssige Bronze wurde in eine Form gegossen, wo sie abkühlte und erstarrte. In Europa wurde die Bronzeverarbeitung um 3000 v.Chr. bekannt, in China erst ein paar Jahrhunderte später.

DAMASZENERKLINGEN
Im 1.Jh.n.Chr. stellte man vor allem in Damaskus Schwerter durch Damaszieren her, d.h. man schmiedete mehrere schmale Eisenstangen schraubenartig zusammen.

KLEIN UND GROSS
Aus Bronze konnte man sowohl äußerst kleine Gegenstände wie diese Nadeln herstellen als auch sehr große wie Glocken und Statuen.

RÖMISCHE NÄGEL
Diese Eisennägel wurden bei Ausgrabungen in London und Schottland gefunden.

Dies ist eine Frühform des Hufeisens aus Schmiedeeisen. Es wurde mit Riemen am Huf befestigt.

GESCHMIEDET ODER GEGOSSEN?
Zähflüssige Klumpen von Schmiedeeisen konnte man in einfachen Öfen gewinnen und dann mit einem Hammer schmieden. Erst mit der Erfindung des Hochofens im 14. Jh. wurde es möglich, Eisen zu schmelzen.

Öse für den Riemen

AFRIKANISCHES EISEN
Noch in den 1930er-Jahren wandte man in einigen Teilen Afrikas primitive Techniken der Eisengewinnung an. So wurde etwa im Sudan Schmiedeeisen in Tonöfen hergestellt.

Sohle

Seltsam geformte Hacke aus Schmiedeeisen

Spitze mit Widerhaken

AUF DIE SPITZE GETRIEBEN
Viele eiserne Waffen waren kunstvoll verziert. Diese Speerspitze saß auf einem hölzernen Schaft.

BRONZESCHMUCK
Bronzene Armbänder waren oft mit kunstvollen Mustern verziert. Haarnadeln besaßen häufig große, reich verzierte Köpfe.

Armband *Haarnadel*

EISENHAMMER *rechts*
Seit vielen Jahrhunderten werden aus Eisen Werkzeuge hergestellt. Dieser einfache Hammer wurde um 1930 im Sudan gefertigt.

Die Eisenstäbe werden schraubenförmig gewunden.

Die Spitze besteht aus mehreren zusammengeschmiedeten Teilen.

SCHMUCKVOLLE SCHWERTER
Damaszenerschwerter waren sehr hart und sehr scharf. Die zusammengefügten Eisenstreifen bildeten ein dekoratives Muster entlang der Klinge.

Fertiges Schwert

FÜR KLEINE HÄNDE *oben*
Griff und Parierstange der Bronzeschwerter waren oft reich verziert. Aus heutiger Sicht erscheinen die Griffe viel zu klein für eine Hand.

Die ersten Hochkulturen

Um 5500 v.Chr. begann die Besiedlung der Mündungsebene von Euphrat und Tigris im Zweistromland (oder Mesopotamien, dem heutigen Irak). In dieser Gegend herrschte ein trocken-heißes Wüstenklima; aber wo es gelang, die beiden Ströme für die Bewässerung nutzbar zu machen, entstanden bald außerordentlich fruchtbare Oasen. Hier wuchsen immer ertragreichere Getreidesorten, und in Gärten wurden Hülsenfrüchte angebaut. Dattelpalmen spendeten Schatten, und ihre Früchte warfen eine reiche Ernte ab.

Als Haustier taucht in den Dörfern dieser Oasen neben Schaf, Ziege, Rind und Hund erstmals der Esel auf. Auch wurde Flachs für gewebte Textilien aus Leinen angebaut.

Mit der Zeit wurden die Dörfer größer und regelmäßiger gebaut. Die Häuser aus ungebrannten Tonziegeln boten Kühlung in der Hitze des Sommers und schützten an kühlen Wintertagen. In der Mitte eines Dorfs erhob sich auf einer Terrasse – Vorläufer des typisch babylonischen Stufentempels oder Zikkurats – das Heiligtum der Dorfgottheit.

Die Archäologen unterscheiden in der Entwicklung der Kulturgeschichte des frühesten, vorhochkulturellen Mesopotamien verschiedene Stufen. Die letzte davon, die nach der ältesten Grabungsschicht in der Stadt Uruk „Uruk-Stufe" genannt wird, begann um 4100 v.Chr. und weist bereits einige Züge auf, die über neolithische Dorfwirtschaften hinausweisen.

Um 3200 v.Chr. wurde der Wohlstand des südmesopotamischen Fruchtlands auch für benachbarte Völker interessant; um diese Zeit kam es zur Einwanderung des Volks der *Sumerer*. Seit etwa 3000 v.Chr. gibt es auch schriftliche Zeugnisse von dieser ältesten Hochkultur der Menschheit; damit beginnt hier die geschichtliche Zeit im Unterschied zur schriftlosen vorgeschichtlichen Zeit.

Wir wissen nicht, woher die Sumerer kamen; gewiss ist jedoch, dass sie zu einer Beschleunigung der Entwicklung beitrugen. Bereits um 3100 v.Chr. waren aus einer Anzahl der schon in der Uruk-Stufe erstaunlich volkreichen Dörfer Städte mit Tausenden von Einwohnern geworden. Die Tempel dieser Städte waren jeweils der Mittelpunkt für ein Umland mit einer ganzen Reihe von Dörfern. Die Dorfoasen um diese Städte waren zu einem einzigen großen Fruchtland zusammengewachsen, dessen Bewässerung mit einem System von Kanälen und Deichen durch die gemeinsame Arbeit der Bewohner des gesamten Gebiets möglich geworden war.

Die Bewässerungswirtschaft steht nicht nur in Mesopotamien am Anfang der ersten staatsähnlich verfassten Gesellschaften, d.h. solcher Gesellschaften, die nicht mehr wie die Familien-„Clans" der alten Dorfgemeinschaften allein durch Verwandtschaftsverhältnisse organisiert waren.

Das gilt übrigens nicht nur für Mesopotamien, sondern auch für Altmexiko, wo die weiträumige Bewässerung der Trockensteppe am Anfang der Hochkultur stand, für Ägypten, wo das Fruchtland nach jeder Nilüberschwemmung neu aufgeteilt werden musste, oder für China, wo nur große Gemeinschaftsanstrengungen im Deichbau es erlaubten, dem Boden des Hoanghobeckens reiche Ernten abzuringen.

Wie aber war es möglich, Tausende von Menschen zu einer abgestimmten Zusammenarbeit zu bewegen? Darüber haben wir im Fall von Mesopotamien verhältnismäßig gute, nämlich schriftliche Quellen. Die Einwohner des unteren Zweistromlands waren zur Zeit der ersten Städte die Sumerer, deren Sprache wir kennen und deren Schrift wir entziffern können, weil es seit der Zeit der Sumerer eine ununterbrochene schriftliche Überlieferung gibt: Die Babylonier, die eine ganz andere Sprache sprachen als die Sumerer, lernten das Sumerische als Bildungssprache wie die Europäer im Mittelalter Latein, und es sind regelrechte Schulfibeln überliefert, die die Übersetzung vom Sumerischen ins Babylonische lehren. Das Babylonische wiederum kennen wir dank zahlreicher Übersetzungen babylonischer Texte ins Aramäische, die älteste bis heute lebendige Schriftsprache der Welt. Die sumerischen Schriftquellen berichten von Götter- und Heldengeschichten sowie von den Taten großer Könige, aber die ältesten unter ihnen sind Tontäfelchen, die einfache Verwaltungsvorgänge verzeichnen: wie viel Weizen ein Bauer zu liefern hatte, wie viel Stück Vieh für die beim Bau eines Tempels beschäftigten Arbeiter bereitgestellt zu werden hatten usw. Die Schrift der Sumerer – die älteste, die wir lesen können – ist raffinierter als die einfache Piktogramm-

Keilschrift-Tafel mit
sumerischem Text

schrift anderer Kulturen. Sie bildet nicht jedes Wort
mit einem anderen Symbol ab, sondern benutzt die
Zeichen für einsilbige Wörter, um Silben von ganz
anderen Wörtern zu kennzeichnen. So lässt sich mit
wenigen Hundert Zeichen die fast unbegrenzte Zahl
von Wörtern einer Sprache schreiben. Das Sumerische war eine Silbenschrift. Ähnlich „funktionierte"
auch die Hieroglyphenschrift der alten Ägypter und
die Schrift der Chinesen. Auch das moderne Japanisch
wird mit einer solchen Silbenschrift geschrieben.
Die Sumerer erfanden auch ein sehr rationelles
Schreibverfahren: die Keilschrift. Sie vereinfachten
die alten Piktogrammzeichen zu Kombinationen von
keilförmigen Abdrücken auf dem für sie am einfachsten zu erreichenden Schreibmaterial, dem Ton. Die
Tontäfelchen, auf denen fast alle sumerischen und
später babylonischen Dokumente verzeichnet sind,
blieben für eine Weile haltbar, wenn sie einfach in der
Sonne getrocknet wurden. Wollte man sie länger auf-
heben, brannte man sie, und dann waren sie haltbar
wie Stein.
Für andere Schreibmaterialien wurden in anderen
Ländern wieder andere vereinfachte Schreibverfahren
erfunden: In Ägypten, wo das am besten zugängliche
Schreibmaterial der Papyrus war, entwickelte man aus
den Hieroglyphen eine Schreibschrift, die sich viel
schneller mit Papyrusstängeln auf den Papyrus über-
tragen ließ: die demotische Schrift; in China passte

man die Schriftzeichen der Methode an, mit einem
Pinsel auf Papier zu schreiben.
Bei den Sumerern waren es Priester und Priesterinnen, die die Keilschriftarchive führten und mit deren
Hilfe die Wirtschaft der Stadtstaaten lenkten. Das war
nur folgerichtig, denn die Städte der Sumerer wurden
anfangs weder von Königen beherrscht noch von
einer Versammlung von Großgrundbesitzern. Allein
der Göttin oder dem Gott der Stadt stand die Herrschaft zu, und die Priesterinnen und Priester waren
die Stellvertreter der Gottheit. Der fruchtbare Boden
gehörte der Gottheit – und damit praktisch allen Menschen gemeinsam. Die Göttin oder der Gott war so
etwas wie das Familienoberhaupt, das seinen Kindern,
den Menschen, in deren Mitte es wohnte, über seine
Priester mitteilte, was sie zu tun oder zu lassen hatten.
Nur so war es möglich, dass eine vieltausendköpfige
Menschengesellschaft wie eine Familie an den gemeinsamen Aufgaben arbeitete: den Bewässerungsanlagen und dem Bau des Tempels für die Gottheit.
Ähnlich wie bei den Sumerern war es auch bei den
Ägyptern. Auch hier hatte jede Stadt ihre Gottheit
mit ihrer Priesterschaft; die Ägypter hatten allerdings
zunächst keine Mutter- oder Vatergottheiten, sondern
Tiergötter, die daran erinnern, dass die Familienclans,
aus deren Siedlungen diese Städte hervorgegangen
waren, jeweils ihre „Totem"-Tiere hatten, in denen
sich ihre Zusammengehörigkeit verkörperte (der
Ausdruck „Totem" kommt von den Indianern Nordamerikas).
Die Idee, dass die Menschen eines ganzen Volks so
etwas wie eine Familie mit einem göttlichen Vater
oder einer göttlichen Mutter sind, findet sich in vielen
Religionen, ebenso wie die, dass für die Angehörigen
einer Gemeinschaft jeweils dasselbe Tier heilig ist.
Im alten Mesopotamien sehen wir, wie solche Religionen entstanden sind und welche lebenswichtige
Funktion sie für das Überleben der Gesellschaft
hatten.
Man kann die ersten Städte als religiöse Gemeinschaften ansehen, ähnlich wie mittelalterliche Klöster,
in denen auch alles allen gehörte, weil alles Gottes
Eigentum war. Man kann sie aber auch als die ersten
Staaten betrachten, als Herrschaftssysteme, in denen
eine führende Schicht, nämlich die Priester, die übrige Bevölkerung durch ihr überlegenes Wissen, die
Kenntnis der Schrift, nach ihrem Willen lenkte. Wenn
man „Staat" als über die Grenzen von Verwandt-

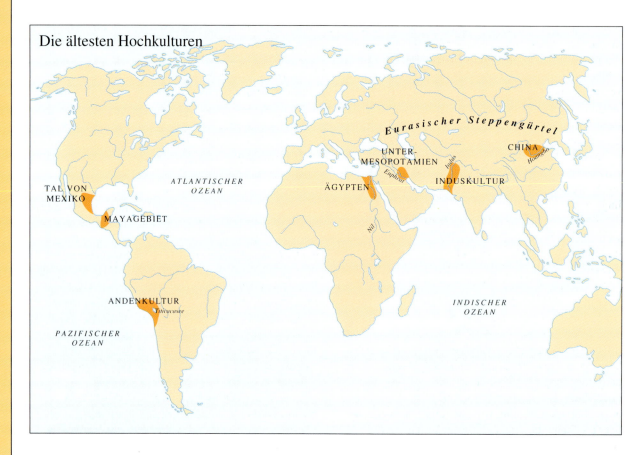

Die ältesten Hochkulturen

schaftsbeziehungen hinaus organisiertes Gemeinwesen definiert, so waren die sumerischen Städte die ersten Staaten der Geschichte. Festzuhalten ist, dass Staat und Religion auf dieser Stufe noch nicht zu unterscheiden sind.

Ganz ähnlich wie die sumerischen Tempelstädte scheinen die Städte der nur wenig jüngeren Induskultur wie Harappa im Pandschab (dem „Fünfstromland" in Nordwestindien und im Norden des heutigen Pakistan) und Mohendscho-Daro am mittleren Indus organisiert gewesen zu sein. Dort hat man große Vorratsspeicher gefunden, die beweisen, dass es eine zentral gelenkte Wirtschaft gegeben haben muss. Für die zivilisatorischen Errungenschaften der Induskultur spricht auch, dass man in Mohendscho-Daro eine große Badeanlage mit ausgetüftelter Kanalisation gefunden hat.

Dass die Menschen der Induskultur Handelsbeziehungen mit den Sumerern unterhielten, steht durch die Funde von sumerischem Kunsthandwerk fest, die man bei Ausgrabungen in diesem Gebiet gemacht hat. (Auch in Ägypten hat man übrigens Waren aus dem

Land der Sumerer gefunden.) Leider sind unsere Informationen über die Induskultur beschränkt, weil es bis heute nicht gelungen ist, ihre in vielen Rollsiegelabdrücken auf Ton erhaltene Hieroglyphenschrift zu entziffern.

Krieg, Königsherrschaft und Eigentum, Bauern und Nomaden: Staatsgründungen der frühen semitischen Völker

Die frühen sumerischen Städte waren offene Städte ohne Mauern und ohne befestigte Zitadellen, ebenso wie etwa die ältesten Tempelstädte Altmexikos. Die Bewohner dieser Städte mussten sich nicht verteidigen und hatten auch nicht die Absicht, fremde Gebiete zu erobern.

Doch es gab Menschen, die den Bewohnern der Bewässerungslandschaften ihren Wohlstand neideten: die Nomadenvölker der Steppen und Halbwüsten des Umlands. Um 2750 v.Chr. drangen Massen von beutehungrigen Beduinen, die semitische Dialekte sprachen (Sprachen, die dem modernen Hebräisch und Arabisch nahe standen), in das Gebiet der sumerischen Städte ein. Für die Sumerer war dies eine Katastrophe, die sie mit einer großen Flutwelle verglichen: Die biblische Geschichte von der „Sintflut" leitet sich von der sumerischen Überlieferung dieser Völkersintflut her. Es dauerte viele Jahrzehnte, bis sich die sumerische Kultur von dieser Invasion erholte, und als sie zu einer neuen Blüte gelangte, hatte sie sich grundlegend gewandelt.

An der Spitze der Städte standen nun semitische Dialekte sprechende Könige, die Nachfolger der Häuptlinge und Heerführer der nomadischen Eroberer. Aber diese hatten von den Sumerern gelernt: Ihre Paläste waren ebensolche Zentren bürokratischer Organisation mit denselben Tontäfelchenarchiven geworden wie die Tempel, deren Wirtschaften nach wie vor existierten. Es gab Königsland und Tempelland; neben der religiösen Organisation der Gesellschaft gab es eine politische. Und es gab jetzt auch privaten Landbesitz der Clanchefs und Familienoberhäupter, die die wichtigsten Gefolgsleute des Königs waren. Die Könige bekriegten einander und versuchten die Nomaden in der Umgebung ihres Gebiets zu unterwerfen – auch um sicherzugehen, dass die Beduinen keine Raubzüge gegen die reichen – nun von starken Mauern umgebenen – Städte unternahmen. Die spezialisierten städtischen Handwerker verstanden es besser als die Nomaden, Bronzewaffen herzustellen, und dieser technische Vorsprung reichte zumeist, um die Barbaren aus der Steppe in Schach zu halten. Manchen Königen gelang es, mehrere Städte und ihr Gebiet zu einem einzigen Reich zu vereinen und die von den Sumerern begründete Zivilisation auf neue Gebiete auszuweiten. Palastwirtschaften entstanden nun auch im Norden Mesopotamiens, in Syrien und sogar auf der weit von der syrischen Küste entfernten Insel Kreta. Die Götter der verschiedenen Städte eines solchen Reichs wurden mit den Gottheiten, die die nomadischen Invasoren aus ihrer Steppenheimat mitgebracht hatten, zu einer Götterfamilie verschmolzen. Es entstand ein „Pantheon" verschiedenster Gottheiten. Ähnlich wie im Zweistromland verschmolzen auch im alten Ägypten und in Altamerika die Tempelkulturen mit ihrer hoch organisierten Land- und Bewässerungswirtschaft und das Kriegerkönigtum miteinander. Auch hier gelang es großen Herrschern, eine Vielzahl von Städten im Abwehrkampf gegen nomadische Barbaren zu vereinen – bis diese dann doch einmal wieder die Oberhand gewannen und neue mächtige Reiche gründeten.

Bronze, Pferde, Streitwagennomaden und Völkerwanderungen: indoeuropäische Völker und Chinesen

Der eurasiatische Steppengürtel, der sich von Ungarn bis Nordchina hinzieht, war die Heimat einer Vielzahl von Nomadenvölkern, die erstaunlich beweglich waren. In der Zeit um 2000 v.Chr. wanderte eine Gruppe von solchen kriegerischen Nomadenvölkern nach Europa ein, während verwandte Völker in den Iran eindrangen und von dort später nach Indien vorstießen. Diese indoeuropäische Völkerwanderung muss umfangreicher als viele der anderen Völkerwanderungen in der Geschichte gewesen sein, denn sie führte dazu, dass von Spanien bis Indien die Völker bis heute mehr oder weniger verwandte – so genannte indoeuropäische – Sprachen sprechen. Aus anderen Gruppen der eurasiatischen Nomadenvölker gingen im Lauf der Geschichte die türkische und mongolische Sprachen sprechenden Nationen hervor. Die Nomaden der nördlichen Steppen hatten eines gemeinsam: Schon seit dem 5. Jahrtausend v.Chr. züchteten sie Pferde. Die Kenntnis der Pferdezucht wurde zu einem unschätzbaren militärischen Machtfaktor, als die Pferdenomaden von den Bewohnern des Zweistromlands die Bronzetechnologie übernahmen, die es erlaubte, ebenso stabile wie leichte Wagen zu bauen. Die Sumerer hatten bereits Eselskarren als Kriegswaffe benutzt, aber erst der leichte, von speziell für diesen Zweck gezüchteten schnellen Pferden gezogene Streitwagen war allen Fußkämpfern überlegen.

Etwa um 1600 v.Chr. fallen Streitwagenkrieger wie die Hurriter im Zweistromland ein. Andere Streitwagenkrieger breiten sich in Kleinasien aus und gründen das mächtige Reich der Hethiter. Wieder andere schaffen die mykenische Kultur in Griechenland und dringen bis Ägypten vor. Die alten Staaten des Zweistromlands und Ägyptens sind daraufhin gezwungen, ebenfalls Pferde zu züchten und mit Streitwagen in den Kampf zu ziehen.

Um 1500 v.Chr. gründen Streitwagenkrieger aus den östlichen Steppen Innerasiens in China das erste historisch fassbare Staatswesen; um 1400 v.Chr. fallen andere in Indien ein, vernichten die Induskultur und unterwerfen nach und nach ganz Nordindien.

Das Eisen und der Aufstieg der Bauernvölker

Vom 14. Jahrhundert v.Chr. an verbreitet sich von Kleinasien aus die Kunst der Eisenverhüttung, wiederum mit einschneidenden Folgen. Eisen ist ein häufiger vorkommendes, billigeres Metall als Kupfer und Zinn, aus denen die Bronze geschmolzen wird. Eiserne Waffen und Geräte waren deshalb nicht nur der adligen Oberschicht eines Volks, wie die Streitwagenkrieger es waren, zugänglich. Auch Bauern konnten sie sich leisten. Mit eisernen Pflügen konnten auch schlechtere Böden in gebirgigen Gegenden urbar gemacht werden, wie in Griechenland oder Palästina, wo aus Nomaden Bauernvölker wurden. Die mit eisernen Waffen ausgerüsteten Fußheere von Bauern konnten es auch mit Streitwagen aufnehmen, zumal wenn sie von einer Reiterei unterstützt wurden. Etwa von 1000 v.Chr. an sind es Völker von bäuerlichen Kriegern mit eisernen Waffen, die den Gang der Geschichte in Europa und Asien bestimmen: die Israeliten in Palästina, die Perser, die Griechen und schließlich die Römer. (Bei den Griechen und Römern des klassischen Altertums sind die schnellen, leichten zweirädrigen Wagen nur noch an eine alte Zeit erinnernde Sportgeräte, wie es heute Säbel und Degen sind.)

Die Kenntnis der Eisenmetallurgie allein macht noch keine Hochkultur aus; entscheidend für diese ist stets die Kenntnis der Schrift und ein hoher Grad staatlicher Organisation und gesellschaftlicher Arbeitsteilung. So haben uns weder die Völker des südlichen Afrika, unter denen sich seit 600 v.Chr. die Kunst der Eisenverhüttung verbreitete, noch die des frühgeschichtlichen Mitteleuropa, wo die Eisenzeit um 400 v.Chr. begann, auch nur annähernd so eindrucksvolle Denkmäler ihrer Zivilisation hinterlassen wie die altamerikanischen Hochkulturen, die weder das Pferd noch bronzene oder eiserne Waffen kannten.

Diese prächtigen Bronzepferde gelten als das Werk des griechischen Bildhauers Lysippos (4.Jh.v.Chr.).

Chronik

um 5000 v.Chr. Besiedlung des Schwemmlands von Euphrat und Tigris: Entstehung reicher Oasendörfer

Erfindung der Keramik

um 4750 v.Chr. Beginn der Staatenbildung; Auflösung der mutterrechtlichen Stammesorganisation

um 4500 v.Chr. Beginn der Oasen- und Bewässerungswirtschaft in Ägypten

um 4100 v.Chr. Uruk-Stufe der Kulturgeschichte Südmesopotamiens: Übergang von der dörflichen zur städtischen Kultur

Ausbildung der Arbeitsteilung zwischen Bauern, Handwerkern und Priesterbürokraten in Mesopotamien und bald darauf auch in Ägypten

um 4000 v.Chr. Domestikation des Pferds in den eurasiatischen Steppen;

In Vorderasien kommt die Töpferscheibe auf: von Spezialisten gefertigte kunstvolle Keramik

um 3900 v.Chr. Beginn der Metallverarbeitung in Mesopotamien und Ägypten (Kupfersteinzeit/Chalkolithikum)

um 3700 v.Chr. Erste Stufenterrassen in Mesopotamien, Vorläufer der Tempelzikkurate

um 3200 v.Chr. Späte vordynastische Zeit in Ägypten; Kampf nördlicher und südlicher Stadtkönige um das gesamte Land

um 3300/3200 v.Chr. Sumerische Einwanderung im südlichen Mesopotamien

Frühe sumerische Bilderschrift, die sich schnell zur Silbenschrift entwickelt

Weinbau in Mesopotamien

Leinwandweberei in Ägypten

um 3100 v.Chr. Städtische Kultur der Sumerer im unteren Zweistromland; Tempelwirtschaften

um 3000 v.Chr. Einigung Ägyptens durch die ersten Pharaonen; stadtähnliche Siedlungen mit Tempelwirtschaften

Blüte der Stadt Uruk in Untermesopotamien

Ausgebildete Stadtreligionen in Mesopotamien und Ägypten

Hoch entwickelte jungsteinzeitliche Ackerbaukultur in China

um 2900 v.Chr. Beginn des Alten Reichs in Ägypten

um 2750 v.Chr. Invasion semitischer Nomaden in das Gebiet der sumerischen Städte („Sintflut")

Uruk ist die größte Stadt Mesopotamiens mit möglicherweise 50.000 Einwohnern.

um 2700 v.Chr. Erste ägyptische Papyrustexte

um 2600 v.Chr. In Ur herrscht der erste historisch greifbare Stadtkönig Mesopotamiens.

Hoch entwickeltes sumerisches Zahlensystem

um 2500 v.Chr. Pyramidenbau in Ägypten: Zeugnis hoch entwickelter bürokratischer Staatsorganisation

In Mesopotamien etablieren sich allenthalben Königsherrschaften.

Verbreitung der Bronzetechnologie in Vorderasien und Ägypten

Entwicklung der Astronomie in Mesopotamien Um dieselbe Zeit blühen die Städte der Induskultur, die enge Beziehungen zu den sumerischen Städten Mesopotamiens unterhalten.

Im Andenhochland und an der Pazifikküste Südamerikas entstehen stadtähnliche Siedlungen.

um 2200 v.Chr. Anfänge staatlicher Organisation in China

um 2000 v.Chr. Indoeuropäische Völkerwanderung: Vordringen indoeuropäischer Reiterkrieger in den Iran, anf den Balkan, nach Italien und Mitteleuropa

In Syrien und auf Kreta entstehen Palastkulturen nach sumerisch-babylonischem Vorbild.

um 1500 v.Chr. Die Entwicklung der Keramik bezeichnet den Eintritt Mexikos ins hochkulturelle Zeitalter.

In La Venta in Südmexiko entsteht eine städtische Kultur.

um 1600 v.Chr. Streitwagenkrieger mit Bronzetechnologie dringen im Zweistromland (Hurriter, Mitanni), in Kleinasien (Hethiter), in Griechenland (Mykener) und Ägypten (Hyksos) vor.

um 1500 v.Chr. Bronzezeitliche Streitwagenkrieger begründen ein Reich in China.

um 1400 v.Chr. Streitwagenkrieger dringen nach Indien vor und zerstören die Induskultur; Ausbreitung der Eisentechnologie von Kleinasien aus

um 1000 v.Chr. Der eiserne Pflug erlaubt die Urbarmachung auch steiniger Gebirgsgegenden wie in Griechenland und Palästina – aus nomadischen Viehzüchtern werden Bauern; Bauernkrieger mit eisernen Waffen erweisen sich in Griechenland und Vorderasien als den Streitwagenkriegern überlegen.

Entwicklung von Kalender und Schrift in den Tempelkulturen Mesoamerikas

In Chavín entsteht die erste Hochkultur des Andengebiets.

um 600 v.Chr. Verbreitung der Eisentechnologie im südlichen Afrika

um 400 v.Chr. Beginn der Eisenzeit im nach wie vor stadt- und schriftlosen Mitteleuropa

HÖHLENMALEREI
Menschen der Vorzeit malten figürliche, aber auch abstrakte Zeichen auf Höhlenwände. Das obige Bild könnte bei der Jagd getötete Lebewesen darstellen. Die Felsmalereien gelten als Vorform der Bilderschriften.

Die ersten Schriften

Die ältesten Schriften waren Bilderschriften mit Zeichen für Menschen, Tiere und Gegenstände. Solche Bildsymbole nennt man Piktogramme. Die älteste bekannte Bilderschrift stammt von etwa 3500 v.Chr. Um diese Art Schrift lesen zu können, muss man nicht die gleiche Sprache sprechen wie der Schreiber, man muss nur die Symbole deuten können; Fehlinterpretationen sind allerdings leicht möglich. Zur Darstellung komplizierterer Sachverhalte wurden Ideogramme entwickelt – Zeichen für abstrakte Begriffe, z.B. laufende Beine für „gehen" oder ein Sternenhimmel für „Nacht", „dunkel" oder „schwarz". Bei den Bildern kann es sich um ausgeführte oder nur angedeutete Nachbildungen der Gegenstände oder Begriffe handeln.

Die Striche geben die Zahl der Menschen im Kanu an.

HÄUPTLING AUF REISEN
Diese nordamerikanische Felsinschrift erzählt davon, dass sich der Häuptling Myengun mit fünf Kanus auf eine dreitägige Reise (drei Sonnen unter gewölbtem Himmel) begab. Der Adler symbolisiert Mut, die anderen Wesen stehen für Tiergeister, die den Häuptling beschützen sollten.

INDIANISCHE ROLLE
Nordamerikanische Indianerstämme wie die Ojibwa aus dem Gebiet südlich der Großen Seen erzählten auf Schriftrollen Geschichten in Bildsymbolen. Diese Rolle gehörte dem Häuptling Bad Boy.

RÄTSELHAFT
links und rechts
Die Induskultur (Nordindien und Pakistan) entwickelte vor über 4000 Jahren eine Schrift, die wir bis heute nicht entziffern können. Sie scheint aus an die 400 Zeichen zu bestehen, die man auf solchen Siegeln findet. Dabei handelt es sich größtenteils um Piktogramme, z.T. aber wohl auch um Orts- und Personennamen.

Siegel der Induskultur

Stier

Zeichen

UNTERSCHRIFTSSIEGEL *unten*
In Mesopotamien (dem heutigen Irak) kennzeichneten Menschen ihr Eigentum mithilfe von Walzensiegeln, die sie in feuchtem Ton abrollten. Die Siegelabdrücke galten als Unterschrift. Siegel wurden auch von Händlern verwendet, um Verträge rechtskräftig zu machen. Die mesopotamische Schrift dagegen war kompliziert und wurde fast nur von professionellen Schreibern beherrscht.

Siegelabdruck   *Ziege*

Gipssiegel

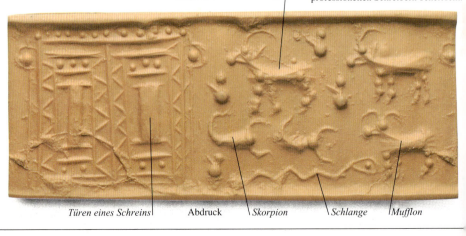

Türen eines Schreins   Abdruck   *Skorpion*   *Schlange*   *Mufflon*

TONTÄFELCHEN

Dieses Täfelchen zeigt eine Frühform der mesopotamischen Schrift (mind. 4000 Jahre alt): ein Tierpiktogramm mit einer Zahl darüber. Es diente wahrscheinlich Buchhaltungszwecken.

KEILSCHRIFT

Die Sumerer gelten als Erfinder der Keilschrift (um 2900 v.Chr.). Die ursprünglichen Bildsymbole wurden allmählich vereinfacht und bildeten schließlich Gruppen keilförmiger Striche.

Vogel   Vogel   Vogel

Wasser   Wasser   Wasser

Ochse   Ochse   Ochse

Diese Beispiele veranschaulichen die Entwicklung von der Bilderschrift zur stilisierten Keilschrift.

Rohrgriffel

TAFEL UND STYLUS *rechts*

Mit solchen Rohrgriffeln drückten die alten Völker des Nahen Ostens Zeichen in weiche Tontafeln. Der Zuschnitt des Rohrendes bestimmte die Form der Zeichen. Beim Trocknen in der Sonne wurde der Ton hart und die Schrift haltbar.

Tontäfelchen

Viereckiges Ende für dreieckige Zeichen

TERRAKOTTAVASE

Die Keilschrift hatte anfangs ungefähr 2000 Zeichen, später reduzierte man sie auf etwa 800, von denen 200 bis 300 ständig benutzt wurden. Die Anordnung der Zeichen in Spalten wurde später zugunsten von Zeilen aufgegeben, die von links nach rechts geschrieben wurden. Der Text auf dieser Vase berichtet von der Dauerfehde zwischen den Städten Lagasch und Umma vor über 4000 Jahren.

VIELSEITIG

Die Keilschrift (hier ein Auszug aus einem sumerischen Text) wurde von Völkern unterschiedlicher Sprachen verwandt, z.B. von den Akkadern, den Persern und den Elamitern. Der Unterschied bestand in der Anordnung der Zeichen.

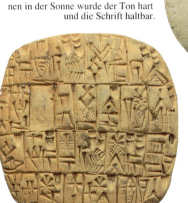

Zeichen für Bier

STEREOTYP

Auf dieser Tafel ist das Bildsymbol für Bier ein nach unten schmaler werdender Krug. Da es schwierig war, mit einem Rohrstylus gebogene Zeichen in Ton zu ritzen, entwickelten sich die Zeichen zu Keilen oder Dreiecken mit kurzen, geraden Seiten.

Fortsetzung auf der nächsten Seite

Die ersten Hochkulturen

Die erste bekannte Schrift entstand in Mesopotamien (im heutigen Irak). Zum Auflisten verkaufter Gegenstände wurden diese auf Täfelchen gemalt; später benutzte man Symbole, auch zur Darstellung abstrakter Gedanken. Etwa um 3500 v.Chr. schrieb man Schriftzeichen für einzelne Silben oder Wörter der gesprochenen Sprache mit einem Griffel auf Tontafeln. Aus dieser Schrift entwickelte sich die Keilschrift. Die Idee, Dinge aufzuschreiben, verbreitete sich über die ganze Welt. Um 1000 v.Chr. hatten die Phönizier ein Alphabet entwickelt. Auch in anderen Kontinenten entstanden unabhängig davon Schriftsprachen. Die ersten chinesischen Niederschriften befinden sich auf Knochen und protokollieren militärische Unternehmungen und die Taten von Königen. In Mittelamerika benutzten die Maya Hieroglyphen, von denen die meisten noch gar nicht lange entziffert sind, um den Gang der Gestirne und königliche Dynastien zu protokollieren. In allen archaischen Gesellschaften waren Schriftbeherrschung und damit verbunden Macht und Wissen das Vorrecht einer kleinen Elite.

KEILSCHRIFTTAFEL
Die älteste bekannte Schriftform, die Keilschrift, wurde mit einem Griffel mit keilförmigem Ende in noch feuchten Ton gepresst. Diese Tafel aus Mesopotamien datiert von 3400 v.Chr.

Abdruck

Siegel

GRUNDSTEIN
Dieser 4000 Jahre alte konische Ziegelstein aus der berühmten sumerischen Stadt Ur war als Grundstein eines Gebäudes in eine Lehmziegelmauer eingebaut.

Siegel

ZYLINDRISCHES SIEGEL
Mit solchen Siegeln, die den Namen des Besitzers trugen, wurden im alten Mesopotamien Dokumente unterzeichnet. Über den feuchten Ton einer Dokumententafel gerollt, hinterließen sie einen charakteristischen Abdruck. Dieses Siegel ist über 5000 Jahre alt.

Abdruck

KEILERSIEGEL *links*
Siegel wurden aus den verschiedensten Steinen hergestellt, auch aus Edelsteinen. Die Formen waren ebenfalls sehr unterschiedlich. Dieses Siegel von etwa 3400 v.Chr. hat die Form eines Keilers.

STIERSIEGEL *rechts*
Die Induskultur im nördlichen Indien und Pakistan hatte ihren Höhepunkt zwischen 2300 und 1750 v.Chr. Wie die Sumerer besaßen auch die Menschen vom Indus eine Schriftsprache und verwendeten Siegel. Dieses Siegel mit einem Stier ist typisch für diese Periode.

Siegel   Abdruck

Die Keilschrift wurde mit einem Keilgriffel geschrieben.

Mayaschrift
auf Tonwaren

In Knochen
geritzte
Mayaschrift

Aufge-
malte
Maya-
schrift

MAYASCHRIFT
Über Generationen war die Bilderschrift der Maya den Gelehrten ein Rätsel. Die ersten einfachen Kalenderzeichen wurden 1880 entschlüsselt, doch beinahe ein Jahrhundert lang glaubte man, dass die Maya nur den Kalender und astronomische Berechnungen schriftlich niedergelegt hatten. In den 1960er-Jahren aber entdeckte man, dass einige Zeichen sich auf Könige und deren Unternehmungen bezogen. Heute sind etwa 80% der Hieroglyphen entschlüsselt, und man erhielt Einblicke in die Geschichte der Maya.

Mayaschriftzeichen

MAYAGRABSTEIN *oben*
Nach der Schrift auf diesem Steinrelief ist hier ein Herrscher „Schildjaguar" abgebildet. Vor ihm kniet seine Gemahlin Xoc und vollzieht die rituelle Blutentnahme von ihrer Zunge.

Ägyptische Schrift
Die Schrift kam aus Westasien nach Ägypten, wo sich die eigentliche ägyptische Schrift entwickelte. Die Ägypter verwandten drei Grundformen: Offizielle Inschriften wurden in Hieroglyphen geschrieben; die Priester schrieben hieratische Schrift mit Federn auf Papyrus; im täglichen Leben wurde die einfachere demotische Schrift benutzt.

SCHREIBEN *oben*
Das komplizierte ägyptische Staatswesen ruhte auf den Schultern ganzer Heere von Schreibern. Sie führten Protokolle, schrieben Geschäftsverträge und verwalteten die Steuern.

HIEROGLYPHEN *links*
Hieroglyphen symbolisieren bestimmte Wortelemente. Sie entstanden um 3000 v.Chr. und wurden im Gegensatz zur Keilschrift zur Geschichtsschreibung, vor allem in Tempeln und Grabmälern, verwandt.

PAPYRUS *oben*
Das Gras zur Herstellung der alten Schriftrollen

Mensch

Zwei

Auf

Reich

CHINESISCHE SCHRIFTZEICHEN *oben*
Die chinesische ist die älteste der heutigen Schriftsprachen. Die Schrift der Shang-Periode (seit 1300 v.Chr., Bronzezeit) zeigt eine erkennbare Verwandtschaft zum modernen Chinesisch. 221 v.Chr. führte der Qin-Staat eine Standardschrift ein, die alle regionalen Varianten ersetzen sollte. Dies ist die immer noch gebräuchliche chinesische Schrift.

Krieg und Waffen

Dieses Relief aus Tell Halaf, dem biblischen Gozan, zeigt einen aramäischen Reitersoldaten aus dem 9.Jh.v.Chr.

Seit Urzeiten benutzt der Mensch Waffen bei der Jagd und im Krieg. Ehe man um 4000 v.Chr. die Kupferschmiedekunst beherrschte, stellten die Menschen Waffen aus Holz, Stein und Bein her. Als die Städtekulturen der Frühen Bronzezeit sich entwickelten, entstanden Armeen. Die Kunst der Kriegsführung wurde verbessert. Die fortgeschrittene Metallverarbeitung belieferte die Soldaten mit Schwertern, Speeren und Kriegsäxten, die in Massenproduktion hergestellt wurden. Zuerst bestanden die Waffen aus Kupfer, später aus Bronze. In der Bronzezeit setzte man auch Reiterei und Streitwagen ein. Städte mit Verteidigungsanlagen wurden mit spezieller Belagerungsausrüstung angegriffen. Um 1200 v.Chr. erfanden die Hethiter die Eisenschmiedekunst. Die Eisenwaffen hatten durchschlagenden Erfolg und setzten sich überall durch.

RIESENTÖTER
Eine der ältesten Waffen war die Schleuder, bei entsprechender Handhabung treffsicher und tödlich. Da sie aus Leder oder Stoff gefertigt wurde, sind kaum Exemplare erhalten. Doch „Geschosse", Steine oder Tonkugeln, findet man häufig. Die Bibel berichtet, wie David den riesenhaften Philister Goliath mit einer Schleuder tötete.

Helme
aus der
Perserzeit

GUT ZIELEN IST WICHTIG
Schleuderkämpfer auf einem Relief aus dem Königspalast von Gozan (9.Jh.v.Chr.)

GRIFFIG
Der Schaft dieses Dolchs aus der Späten Bronzezeit (Tell Atschana/Alalach) war einst von einem Griff aus Holz oder Bein umgeben.

Breite Schneide

Hier war ein Griff aus Holz oder Bein mit Kupfernieten befestigt.

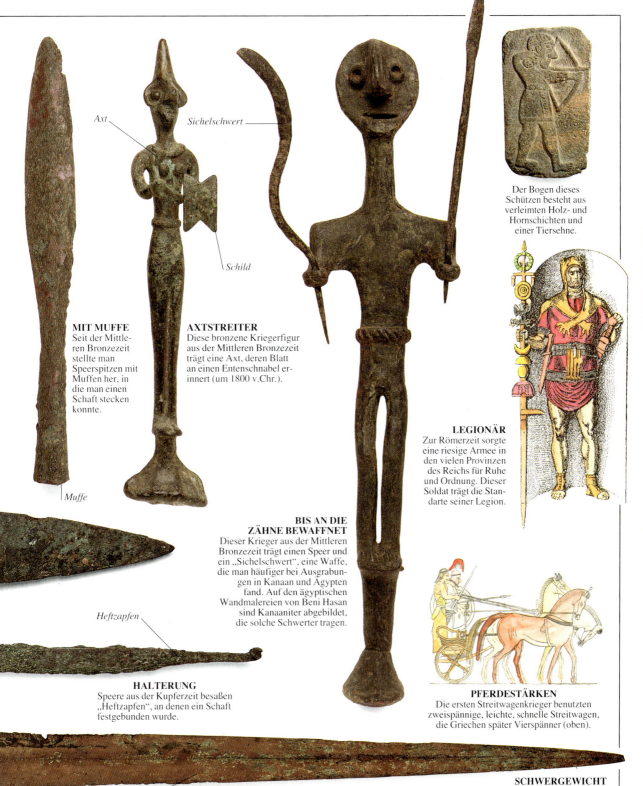

Axt

Sichelschwert

Schild

Der Bogen dieses
Schützen besteht aus
verleimten Holz- und
Hornschichten und
einer Tiersehne.

MIT MUFFE
Seit der Mittle-
ren Bronzezeit
stellte man
Speerspitzen mit
Muffen her, in
die man einen
Schaft stecken
konnte.

Muffe

AXTSTREITER
Diese bronzene Kriegerfigur
aus der Mittleren Bronzezeit
trägt eine Axt, deren Blatt
an einen Entenschnabel erinnert (um 1800 v.Chr.).

**BIS AN DIE
ZÄHNE BEWAFFNET**
Dieser Krieger aus der Mittleren
Bronzezeit trägt einen Speer und
ein „Sichelschwert", eine Waffe,
die man häufiger bei Ausgrabungen in Kanaan und Ägypten
fand. Auf den ägyptischen
Wandmalereien von Beni Hasan
sind Kanaaniter abgebildet,
die solche Schwerter tragen.

LEGIONÄR
Zur Römerzeit sorgte
eine riesige Armee in
den vielen Provinzen
des Reichs für Ruhe
und Ordnung. Dieser
Soldat trägt die Stan-
darte seiner Legion.

Heftzapfen

HALTERUNG
Speere aus der Kupferzeit besaßen
„Heftzapfen", an denen ein Schaft
festgebunden wurde.

PFERDESTÄRKEN
Die ersten Streitwagenkrieger benutzten
zweispännige, leichte, schnelle Streitwagen,
die Griechen später Vierspänner (oben).

SCHWERGEWICHT
Gegen Ende der Bronzezeit verloren die Städtekulturen im
Vorderen Orient an Bedeutung, und die Bevölkerung zog aufs Land.
Die Metallwaffen wurden den härteren Lebensbedingungen ent-
sprechend schwerer und größer. Dieses Schwert aus Beit Dagin bei
Tel-Aviv ist eine der größten aus dieser Zeit bekannten Waffen.

Das schmale, spitze Blatt
lässt die Stichwaffe
erkennen.

69

Das Pferd

Die ersten verlässlichen Zeugnisse über die Domestikation (Haustierwerdung) des Pferds stammen aus der Ukraine. Dort hielten die Menschen schon vor 6000 Jahren Pferde- und Rinderherden, mit denen sie durch die Steppe zogen. Etwa zur gleichen Zeit wurde in Ägypten und Arabien der Afrikanische Wildesel domestiziert. Anfangs dienten Esel und Pferde hauptsächlich als Zugtiere für Lastkarren oder Streitwagen. Bald wurde der Streitwagen zum Statussymbol für Könige. Sie fuhren damit in die Schlacht und auf die Jagd und hielten in ihnen Paraden ab. Zur Zeit des griechischen Dichters Homer (8. Jh. v. Chr.) reiste man üblicherweise auf Pferde- oder Eselsrücken. Zur Kriegsführung waren aber immer noch Streitwagen in Gebrauch. Im klassischen Altertum bauten Griechen und Römer Rennbahnen für Wagenrennen, die ein beliebtes Spektakel für alle Gesellschaftsschichten waren.

ENDE EINES SCHWEREN TAGS
Einem griechischen Mythos zufolge zieht ein Pferdegespann jeden Tag den Sonnenwagen vom einen Ende der Erde zum anderen. Die Züge dieses marmornen Pferdekopfs (Parthenon, Athen, 5. Jh. v. Chr.) spiegeln die Erschöpfung des Tiers.

STANDARTE VON UR
Diese frühe Darstellung eines vierrädrigen Eselskarrens ist eine der farbenprächtigen Einlegearbeiten der „Mosaikstandarte" aus den Königsgräbern von Ur (um 2500 v. Chr.).

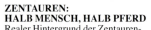

FLIEGENDES PFERD
Nach einer griechischen Sage entsprang das geflügelte Pferd Pegasus dem Blut der Medusa, als Perseus, ein Sohn des Göttervaters Zeus, dem Ungeheuer den Kopf abschlug. Pegasus flog zu den Göttern, wo er von Athene, der Göttin der Weisheit, gefangen und mit einem goldenen Zaum gezähmt wurde. Diese Pegasus-Gravur ziert eine bronzene Schminkdose, die um 300 v. Chr. von Etruskern angefertigt wurde.

REITER
Dieses zypriotische Terrakottamodell (7. Jh. v. Chr.) stellt wahrscheinlich einen assyrischen Krieger dar. Er trägt einen Schild, sein Pferd einen Brustharnisch und einen Kampfhelm.

**ZENTAUREN:
HALB MENSCH, HALB PFERD**
Realer Hintergrund der Zentaurensagen könnten thessalische Reiter gewesen sein. Den alten Griechen waren Menschen auf Pferderücken unbekannt, sie hielten Reiter und Pferd deshalb für ein fremdartiges Lebewesen. Diese Skulptur vom Parthenon (Athen, 5. Jh. v. Chr.) zeigt eine Szene aus der Schlacht zwischen den wilden Zentauren und den Lapithen, ebenfalls mythischen Bewohnern Thessaliens.

WEIT GEREIST

Diese prächtigen Bronzepferde gelten als Werk des griechischen Bildhauers Lysippus (4. Jh. v. Chr.). Von Rom kamen sie nach Konstantinopel, im Jahr 1204 von dort nach Venedig in den Markusdom. 1797 brachte Napoleon das Standbild nach Paris. 1815 kehrten die Pferde nach Venedig zurück.

GEBRANDMARKT

Brandzeichen benutzt man seit über 2000 Jahren, um den Besitzer (heute meist das Gestüt) eines Pferdes zu kennzeichnen. Die Jagdszene oben stammt aus einem Mosaikfußboden (um 500 v. Chr.), den man in Karthago (im heutigen Tunesien) entdeckt hat. Jagen war eine Lieblingsbeschäftigung der Reichen im damaligen Nordafrika.

FINTE

Als die Griechen um 1184 v. Chr. Troja nicht einnehmen konnten, bauten sie ein riesiges, hohles Holzpferd und zogen sich scheinbar zurück. Die Trojaner holten das Pferd in die Stadt. In dessen Bauch aber waren Griechen verborgen, die nachts ihre Streitmacht in die Stadt ließen.

CHINESISCHE KOSTBARKEIT

Die Chinesen erwiesen ihren Pferden immer großen Respekt. In der Tang-Dynastie (618–907 n. Chr.) entstanden viele solcher Keramikpferde, die heute kostbare Kunstschätze darstellen. Die blaue Kobaltglasur wurde nur selten verwendet, da Kobalt nur in geringen Mengen eingeführt wurde und sehr teuer war. Diese Tonfigur wurde wahrscheinlich in mehreren Teilen geformt und dann zusammengesetzt.

Bronzeverarbeitung

Bronze ist eine Legierung aus Kupfer und Zinn. Um 2000 v.Chr. war Bronze ein weit verbreitetes Gebrauchsmetall. Kupfergeräte wurden schon vor dieser Zeit hergestellt, doch meist nur als Zierrat, da sowohl Kupfer als auch Zinn für Werkzeuge und Waffen zu weich sind. Durch die Zugabe von 10 % Zinn zum Kupfer erhielt man eine weitaus härtere Legierung, die zudem noch in verschiedenartigste Formen gegossen werden konnte. Bronzeklingen konnten geschärft oder, wenn sie zu abgenutzt waren, eingeschmolzen und neu gegossen werden. Das alles war sehr vorteilhaft. Die meisten Bronzegegenstände, von Schwertern über Broschen und Messer bis zu Nadeln, stellte man her, indem man das geschmolzene Metall in eine Form goss, in der es dann abkühlte. Flache Gegenstände wie Schilde wurden gehämmert. Steine gibt es überall, aber Kupfererz ist in Europa nicht sehr häufig, Zinnerze sind sogar noch seltener. So führte der Gebrauch der Bronze auch zu gesellschaftlichen Veränderungen. Die Berufe des Schürfers und Bergarbeiters entstanden, ein Fernhandel mit Metallbarren entwickelte sich, Handelszentren entstanden. Die Kontrolle der Handelswege war ein wichtiger Machtfaktor. Große Ansiedlungen mit mächtigen Befestigungsanlagen wurden gebaut, sie beherrschten die Handelsrouten und waren Handwerkszentren.

ERZSCHMELZE

Kupfer- und Zinnerze müssen bergmännisch abgebaut werden. Das Erz wird dann mit Kohle stark erhitzt, und man erhält das flüssige Metall, das nach eventuellen weiteren Reinigungsschritten in Barren gegossen wird. Bei der Bronzeherstellung werden Kupfer- und Zinnbarren zusammengeschmolzen. Das Mischprodukt, die Bronze, wird ebenfalls in Barren gegossen, die man dann wiederum schmelzen und in Formen gießen kann.

WERTVOLLES METALL

Mit dem flüssigen Metall musste man beim Gießen vorsichtig umgehen. Mit einem langstieligen Tiegel wurde es in die Formen gegossen. Die für diesen Beruf notwendigen handwerklichen Fertigkeiten, die Vielzahl der erforderlichen Werkzeuge und nicht zuletzt die mühsame Beschaffung der Rohstoffe machten Bronze recht wertvoll. Erworben wurden Bronzegegenstände im Tauschhandel gegen andere Waren.

BRONZEABFÄLLE

Wenn Kupfer- und Zinnerze zusammengeschmolzen werden, setzt sich die entstehende Legierung am Grund des Schmelztiegels als schüsselförmiger Barren ab. Bei dem linken Bronzebrocken sieht man zum Teil noch die Umrisse der Form.

Lange Klinge zum „Dreinhauen"

Ursprüngliche goldene Farbe

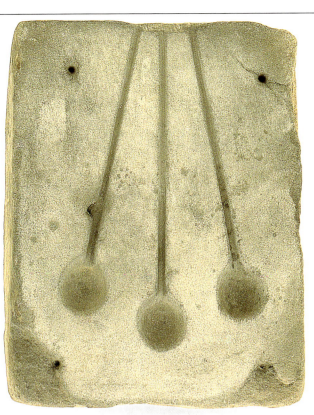

STEINFORM
Dies ist eine Hälfte einer zwei-
teiligen Form zum Gießen von
Stecknadeln mit Kugelköpfen.
Die beiden Hälften der Form
wurden aufeinander gelegt und
das flüssige Metall an den
offenen Enden, bei den
Nadelspitzen, eingefüllt. Die
Form (um 1000 v.Chr.)
stammt aus Möringen in der
Schweiz.

STECKNADELN
Bronzegießer konnten sehr
fein verzierte Gegenstände
herstellen, wie diese Stecknadeln aus der Schweiz zeigen.
Die unterschiedlichen Mustertypen
auf solchen Nadeln geben den Archäologen Aufschluss über Herkunft
und Hersteller solcher Gegenstände.

FERTIGE NADEL
Solch eine Nadel
wäre mit der abge-
bildeten Form
entstanden.

DER AUGENBLICK
DER WAHRHEIT
Diese Bronzegießer
stellen Schwerter mit
ähnlichen Griffen wie
bei dem unten abgebilde-
ten her. Der Mann im
Vordergrund prüft ein
Schwert auf Fehlerfreiheit.
Die hier benutzte Form
besitzt einen zusätzlichen
Gang zum Einfüllen der
flüssigen Bronze. Nach
Auskühlen der Bronze wurde
die Form geöffnet, das über-
schüssige Metall entfernt. Auch die
„Nähte", an denen die beiden Form-
hälften aufeinander stießen, wurden abgeschlagen oder abgeschliffen.

WIEDERAUFBEREITUNG
Diese Äxte von 750 v.Chr.
sind nicht mehr benutzbar. Sie
könnten zum Rohstofflager
eines Bronzegießers gehört
haben, der sie einschmolz und
neue Dinge daraus formte.

ZWEI SCHWERTER
Das obere dieser beiden nach dem
beschriebenen Verfahren herge-
stellten Schwerter stammt aus
Avignon/Frankreich, das untere
aus Dänemark. Das dänische
Schwert wurde poliert und zeigt
die ursprüngliche Goldfärbung, das fran-
zösische dagegen zeigt die dumpfe grün-
liche Farbe, die Bronzegegenstände mit
der Zeit an der Luft annehmen.

Verzierter Griff

73

Krieger der Bronzezeit

In der Bronzezeit (zwischen 2200 und 700 v.Chr.) kam es, vermutlich aufgrund der zunehmenden Bevölkerungsdichte, vermehrt zu kriegerischen Auseinandersetzungen. Entsprechend gewann alles, was mit Krieg und Kampf zu tun hatte, an Bedeutung. Die Krieger besaßen bei vielen Völkern ein hohes gesellschaftliches Ansehen, und aus dieser Zeit stammen die ersten Belege für Zweikämpfe – Mann gegen Mann. Als Waffen dienten Speere zum Angreifen des Feinds aus einiger Entfernung sowie Schwerter und Äxte für den Nahkampf. Die hohe soziale Stellung der bronzezeitlichen Krieger spiegelt sich in ihrem reichen Schmuck, u.a. Armreifen, kunstvollen Nadeln und Fibeln, sowie in der reichen Verzierung ihrer Waffen wider.

ARMREIF
Diese geriefte Armspange (um 1200 v.Chr.) stammt aus Auvernier in der Schweiz.

Nadeln aus der Schweiz um 1000 v.Chr.

NADEL STATT KNOPF
Bevor Knöpfe erfunden wurden, benutzte man solche Nadeln zum Befestigen der Kleidung.

ERSTE RITTER
Pferde als Reittiere und Schlagschwerter als Waffen wurden in der Bronzezeit gebräuchlich.

TAFELBRONZE
Kleine Messer wie dieses aus der Schweiz wurden wohl eher zum Schneiden der Nahrung als im Kampf benutzt.

STATUSSYMBOL
Speere waren als Zeichen des Kriegers in der Bronzezeit oft sehr kunstvoll gearbeitet.

LEICHTER SPEER
Diese kleine Speerspitze aus Amiens in Frankreich gehört zu einem Wurfspieß, der auf Feinde geschleudert wurde.

Muffe für Holzstiel

ZEREMONIENSPEER
Zusammen mit dem hölzernen Stiel ergab diese ungarische Bronzespeerspitze mit massivem Stielansatz eine Waffe von über 2 m Länge. Sie wurde wohl eher bei Zeremonien als im Kampf eingesetzt.

STREITAXT
Diese eindrucksvolle Streitaxt aus Ungarn war wohl ebenso sehr ein Schauobjekt wie eine Waffe. Der hölzerne Stiel wurde durch die vertikale Muffe geschoben.

Muffe für den langen Holzstiel

Röhre für den Holzstiel

WERKZEUGAXT
Diese praktischer gestaltete Axt aus dem 2. Jt.v.Chr. wurde in Ungarn gefunden.

BACKENSTÜCK
Dieses Backenstück, ein Teil des Zaumzeugs, mit dem das Gebiss befestigt ist, wurde aus Geweih hergestellt. Es stammt aus Corcelettes am Neuenburger See in der Schweiz.

Loch für Zügel

AUF IN DEN KAMPF
Ein Krieger der Bronzezeit war mit einem Speer und einem Schwert wie dem ganz unten auf der Seite abgebildeten ausgerüstet. Helm, Schild und feste Lederkleidung stellten einen gewissen Schutz vor den Hieben und Stichen des Feinds dar.

FEST AM ZÜGEL
Dieser Zügelring aus der Schweiz wurde an der Wagendeichsel befestigt, alle Zügel wurden durchgezogen. Das erleichterte das Lenken des Wagens.

Ansatz für den Holzstiel

Schwerter waren sehr spitz, obwohl sie in der Regel nicht zum Stechen benutzt wurden.

DIE „BRAUT" DES KRIEGERS
Von der Bronzezeit an war das Schwert lange Zeit die wichtigste Waffe. Dieses dänische Schwert wurde wohl einst in einer Scheide aus Leder oder Holz getragen. Seine Oberfläche glänzte damals noch golden.

Leben in der Eisenzeit

Die ersten guten Eisenwerkzeuge wurden von den Hethitern hergestellt, die im heutigen Anatolien lebten. Sie perfektionierten um 1500 v.Chr. die Techniken der Eisenschmelze und Eisenschmiede. Die Hethiter hüteten die Geheimnisse der Eisenverarbeitung sehr gut, doch nach dem Untergang ihres Reichs um 1200 v.Chr. verbreitete sich ihr Wissen in Vorderasien und Europa. Um 400 v.Chr. herrschte in Mittel- und Westeuropa eine eisenzeitliche Kultur, die der der Hethiter sehr ähnlich war. Die Menschen lebten in bäuerlichen Dorfgemeinschaften. Die Gesellschaft wurde von einer adligen Kriegerschicht beherrscht, das Leben der meisten Menschen jedoch bestand aus nie enden wollender, seit Generationen unveränderter gebliebener Arbeit auf dem Feld oder dem Hof. Die Großfamilie war noch immer der Kern der Gemeinschaft, und auch kleine Kinder hatten ihre Aufgaben bei der täglichen Arbeit. Aus dieser Zeit sind viele Eisengeräte, vor allem Werkzeuge, erhalten, ebenso Tonwaren und Zierrat aus Bronze.

MOORLEICHEN
Unter Luftabschluss in den europäischen Mooren erhalten gebliebene Leichen erlauben uns Einblicke in das Leben der Eisenzeit. Der Mann von Tollund wurde in Dänemark entdeckt. Er war seit etwa 210 v.Chr. im Moor begraben.

STEMPELMUSTER
Mit Prägestempeln verzierten sächsische Töpfer später ihre Gefäße mit ähnlichen Mustern wie in der Eisenzeit.

Stempel für Kreuzmuster

Stempel für Kreismuster

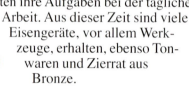

BRONZESCHALE
In der Eisenzeit bestanden viele Kunstgegenstände, Symbole eines hohen sozialen Status, aus Bronze, jenem glänzenden Metall, das gut mit kunstvollen Mustern verziert werden konnte. Bei vielen adligen Familien Nordeuropas war Bronzegeschirr sehr begehrt. Es wurde aus dem Mittelmeerraum eingeführt, dessen Gebräuche als Vorbild dienten.

Eingravierte Verzierungen

STATUSSYMBOL?
In den letzten 100 Jahren vor der Besetzung durch die Römer waren feine Tonwaren bei reichen Briten sehr beliebt. Solche Becher wurden in großer Zahl vom europäischen Festland eingeführt.

Dieser kleine verzierte Topf wurde in einem britischen Grab aus der Eisenzeit gefunden.

Die Form entsteht durch Hämmern.

EISENWERKZEUGE
Mit dem Eisen kam ein idealer Werkstoff für robuste Werkzeuge und Waffen nach Europa. Eisenerz war außerdem häufiger als das für die Bronze benötigte Kupfer und Zinn. Allerdings rostet Eisen sehr schnell, sodass die noch erhaltenen Gegenstände in einem schlechteren Zustand sind als Bronzegegenstände aus der gleichen Zeit.

Eisenklinge

Eisenklinge

Gesägte Klinge

Geweihgriff

MESSER
Bei diesem Messer mit Eisenklinge und einem Griff aus Hirschgeweih ist die Klinge schon stark verrostet, der Griff aber aufgrund der günstigen Bodenverhältnisse gut erhalten.

Griff aus Geweih

SICHEL
Dieses Gerät zum Kornschneiden besitzt die gleiche Sichelform wie Geräte aus prähistorischer Zeit, die zur Heu- oder Getreideernte benutzt wurden. Diese Sichel hat einen Geweihgriff.

Löcher zum Anbringen eines Holzgriffs

SÄGE
Mit Holzgriff ähnelt diese Säge aus Eisen durchaus einem modernen Fuchsschwanz.

EISENSCHMIEDE
Dieser alte Stich zeigt eine Schmiedewerkstatt. Ein glühendes Eisenstück wird durch Hämmern geformt. Im Hintergrund wird Eisen in einem Schmelzofen erhitzt.

ZANGE
Eisen wurde bearbeitet, indem man es im rot glühenden Zustand in Form hämmerte. Zum Festhalten benutzte man Zangen wie diese aus Norfolk/England.

Altamerika

Die spanischen Abenteurer, die zu Beginn des 16. Jahrhunderts n.Chr. unter Hernando Cortez das Aztekenreich in Mexiko und unter Francisco Pizarro das Inkareich in Peru zerstörten, bereiteten damit den Boden für einen der schlimmsten Völkermorde der Geschichte: Spanische Siedler teilten die fruchtbarsten Ländereien Süd- und Mittelamerikas unter sich auf und hielten die Ureinwohner als Arbeitssklaven. Indios, die Widerstand leisteten, wurden brutal abgeschlachtet; ihre Frauen waren Freiwild für die Kolonisatoren, sodass die Bevölkerung mancher Landstriche durch die vielen Kinder der wenigen Eroberer auch genetisch europäisiert wurde. Die christlichen Missionare taten ein Übriges dafür, die „heidnische" Überlieferung der Indios zu zerstören.

Dennoch ist das Erbe der „vorkolumbianischen" Kulturen noch immer lebendig: Die Landbevölkerung Zentralmexikos spricht bis heute in vielen Regionen Nahuadialekte, dieselbe Sprache, wie sie die Azteken und die von ihnen abhängigen Völker sprachen; in Südmexiko und Guatemala ist die Sprache der *Maya* noch lebendig, und im Andengebiet ist das Quechua, die Sprache der Inka, bis heute allenthalben zu hören. Mit der Sprache haben sich zumindest Bruchteile der alten Weltbilder und viele alte Bräuche erhalten, die heute oft äußerlich ein christliches Gewand tragen. Manche Mythen und historischen Überlieferungen der Indios sind von christlichen Mönchen aufgeschrieben worden, die gegen den Völkermord ankämpften. Der berühmteste unter ihnen war Bartolomeo de las Casas, der am Hof Karls V. mutig, aber vergebens für die Rechte der angestammten Bewohner Amerikas stritt. Es gab auch Angehörige der alten Oberschicht der Inka und Azteken, die das Andenken ihrer Vorfahren in schriftlichen Aufzeichnungen bewahrten, obwohl sie längst Christen und loyale Untertanen des spanischen Königs waren.

Die Kenntnis der Sprachen und wenigstens von Bruchteilen der Überlieferung haben es im 20. Jahrhundert ermöglicht, die altmesoamerikanischen Bild-Symbolschriften – so genannte Glyphen – zu entziffern, in denen nicht nur die Bildinschriften auf Tempeln und Kultgegenständen, sondern auch ganze Bücher – Kodizes – abgefasst sind.

Die auf uns gekommenen mythischen und historischen Berichte gaben bereits im 19. Jahrhundert den Anstoß zu systematischen archäologischen Forschungen. In Mexiko hatten diese Forschungen vor allem ein Ziel: die sagenhafte Stadt Tula zu finden, in der nach der Überlieferung der Gott Quetzalcoatl als König herrschte und deren Bewohner die „großen Kunsthandwerker" waren, denen das mexikanische Hochland seine Kultur verdankte. Obwohl es in Mexiko auch ein Tula gibt, hält man heute allgemein Teotihuacan in der Nähe von Mexiko-Stadt für das sagenhafte Tula.

Eine ähnliche Rolle wie Tula/Teotihuacan und der König Quetzalcoatl in den Sagen der Azteken spielte das in der Nähe des Titicacasees in den Anden gelegene Tiahuanaco in der Überlieferung der Inka: Ein Riese namens Tiahuanaco soll der ganzen Region die Segnungen der Kultur gebracht haben.

Grabungen in Teotihuacan und Tiahuanaco haben den Nachweis für die Richtigkeit dieser Überlieferungen ergeben, die in die Zeit vor tausend Jahren zurückweisen, in der die beiden kulturellen Zentren ihre Blüte erlebten.

Zentralmexiko

So alt die Überlieferung der Indios auch ist, die archäologischen Befunde weisen in noch weit frühere Zeiten zurück. Die älteste bekannte städtische Kultur Amerikas ist die von La Venta in Mexiko. Es lag dort, wo sich später die Kultursphären von Maya und Nahuavölkern überschnitten. Die La-Venta-Kultur entstand gegen Ende des 2. Jahrtausends v.Chr. aus einer neolithischen Bauernkultur. In den Steinreliefs von La Venta begegnen uns Ornamente und Symbolfiguren, die – wie die stilisierte Gestalt des Jaguars – allen alten Kulturen Altamerikas gemeinsam sind. La Venta – dessen Bewohner nach der mexikanischen Überlieferung Olmeken waren – scheint die Wiege aller amerikanischen Hochkulturen gewesen zu sein. Als die Kultur von La Venta in der Zeit von 800 bis 400 v.Chr. ihre Blüte erreichte, entstanden auch auf der zentralmexikanischen Hochebene (in der Gegend des heutigen Mexiko-Stadt) die ersten städtischen Zivilisationen. Aus Stein erbaute Tempelpyramiden waren Kultzentren für die Bauerndörfer der Umge-

Himmels- oder Mondgott aus Peru

bung, und um sie herum entstanden Städte. Um das Jahr 300 v.Chr. beginnt das „klassische" Zeitalter der zentralmexikanischen Kultur mit Teotihuacan als Mittelpunkt. Diese Stadt zählte in ihrer Blütezeit etwa 150.000 Einwohner – so viel wie die größten Städte in der Alten Welt zur selben Zeit.

Im Zentrum von Teotihuacan erhoben sich die Stufenpyramiden für die Götter der Sonne und des Monds und in ihrer Nähe der Palast der Priester. Wie bei den Sumerern waren es auch hier die Priester, die dafür sorgten, dass die vielen Menschen in geordneter Weise zusammenwirkten, um den Steppenboden fruchtbar zu machen und Seen und Sümpfe zu ertragreichen Oasen zu machen. Mais und Bohnen, bis heute die Grundnahrungsmittel der Mexikaner, wuchsen hier so reichlich, dass die Bauern auch zahlreiche Handwerker mit ernähren konnten.

Aber nicht anders als im Alten Orient weckte auch in Mexiko der Wohlstand der von Priestern organisierten theokratischen (von Göttern regierten) Staaten den Neid nomadischer Nachbarn. Um 650 n.Chr. beginnt die gewaltsame Einwanderung von Nahua sprechenden Völkern aus den Steppengebieten Nordwestmexikos nach Zentralmexiko. Das erste bekannte dieser Völker sind die Tolteken, die um 1100 n.Chr. hier herrschten.

In derselben Zeit übernimmt in dem Gebiet einer anderen alten Hochkultur, der der Zapoteken von Monte Alban im Tal von Oaxaca im südlichen Mexiko, das Volk der Mixteken die Herrschaft. Das letzte dieser Eroberervölker sind die Azteken, die 1375 n.Chr. an der Stelle des modernen Mexiko-Stadt ihre Hauptstadt Tenochtitlan gründen und bis zur Ankunft der Spanier im Jahr 1519 den größten Teil Mexikos unterwerfen.

Wie im Alten Orient halten sich auch in Mexiko die nomadischen Eroberer nicht an den alten Grundsatz, dass das Land allein den Göttern und damit allen gehört. Sie führen das käufliche Privateigentum ein und sorgen damit für ein Aufblühen des Handels. Wie in der alten Welt führen sie auch hier patriarchalische Familienstrukturen ein, die es vorher anscheinend nicht gegeben hat, und neben den alten Fruchtbarkeits- und Vegetationsgottheiten setzen sie ihre eigenen ein: Gestirnsgottheiten, die sie bei ihren Wanderungen durch die Steppe geführt hatten, voran den blutdürstigen Kriegsgott Huitzilopochtli (der in Europa als „Vitzliputzli" bekannt wurde). Die Verehrung für den Gott Quetzalcoatl, der einst als König mit dem alten Tula/Teotihuacan untergegangen, dann aber wiederauferstanden sein sollte, zeigt den Respekt, den die aztekischen Eroberer für die Kultur empfanden, die sie zuerst zerstörten, dann aber weitgehend übernahmen.

Eine andere Sage, die sich um Quetzalcoatl rankt, ist die, dass der König von Tula nach dem Fall seiner Stadt nach Osten gewandert sei, um dort ein neues Reich zu errichten. Tatsächlich treten um das Jahr 1000 n.Chr. – die Zeit, in der Teotihuacan zerstört wurde – im äußersten Südosten Mexikos, im Gebiet der Maya, toltekische Einwanderer und Eroberer auf, offenbar Krieger, die bei den Wanderungen der Nahuavölker aus Zentralmexiko vertrieben worden sind.

Die Maya

Die Mayakultur bildete sich unter dem Einfluss der uralten Kultur von La Venta zuerst im Bergland nahe der südmexikanischen und guatemaltekischen Pazifikküste aus. Ihre frühe Blüte erreichte sie um 300 v.Chr., als die Maya sich nach Osten bis auf die Halbinsel

Yucatan ausbreiteten und dort begannen, den tropischen Urwald zu roden und ihre Tempelstädte anzulegen. Auch bei den Maya herrschten Priester als Stellvertreter der Götter. Die Mayapriester ordneten die landwirtschaftlichen Arbeiten nach einem Kalender, der noch genauer war als der der Babylonier oder des antiken Mittelmeerraums. Die kunstvollen Observatorien, mit deren Hilfe sie den Lauf der Gestirne beobachteten, haben sich z.T. bis heute erhalten. Die präzisen Datumsangaben nach dem Mayakalender erlauben es z.B., die Gründung der Stadt Chichen Itza, von der noch eindrucksvolle Ruinen stehen, exakt auf das Jahr 534 n.Chr. zu datieren.

Um 1000 n.Chr. erobern Tolteken die alte Mayastadt Chichen Itza und herrschen dort als kriegerische Oberschicht, die allerdings die Mayakultur angenommen hat. Um dieselbe Zeit wird auch das übrige Mayagebiet von kriegerischen Unruhen geschüttelt. Kriegerclans entmachten die Priester und übernehmen die Herrschaft in den Städten, die sich nun mit Mauern schützen müssen; die Qualität der künstlerischen Produktion lässt nach, und der Lebensstandard der Bevölkerung sinkt.

Trotz der politischen Zersplitterung ihres Gebiets sind es die Maya, die den spanischen Eroberern am längsten Widerstand leisten. Erst 1697, fast zweihundert Jahre nach Beginn der spanischen Landnahme, wird die letzte Mayastadt von den Spaniern eingenommen.

Das Andengebiet

Als die Spanier 1531 bis 1534 in einem einzigen brutalen Raubzug das Reich der Inka vernichteten, das vom heutigen Kolumbien im Norden über Peru bis nach Chile reichte, war dieses gerade erst hundert Jahre alt. Wie die Spanier waren auch die Inka ein Eroberervolk gewesen, und wie diese versuchten sie den Anschein zu erwecken, dass die Geschichte der Kultur in ihrem Reich erst mit ihrer Herrschaft begonnen habe. Über die Zeit davor zu berichten fanden sie unwichtig. Deshalb bleibt es weitgehend der Archäologie überlassen, die über zweitausendjährige Geschichte der Hochkultur im Andengebiet zu rekonstruieren, die der Inkakultur vorausgeht. Die älteste bekannte städtische Kultur der Region ist die von Chavin am oberen Marañon, einem Quellfluss des Amazonas. Die Bewohner dieser Stadt, deren Anfänge auf die Zeit um 800 v.Chr. datiert werden,

bauten, oft auf aufwändig angelegten Terrassen, Mais, Maniok und Kürbisse an, hielten Hunde und Schafe als Haustiere und webten aus Baumwolle kunstvoll dekorierte Textilien. Sie verarbeiteten Gold und Kupfer zu Schmuck und verfertigten eine Töpferware, die der Mexikos nicht unähnlich war und daher auf gemeinsame Wurzeln der altamerikanischen Kulturen hinweist.

Möglicherweise noch älter als die Kultur von Chavin sind die Gräber an der Pazifikküste Nordperus, in denen sich nicht nur kunstvolle Keramik, sondern auch – dank des trockenen Wüstenklimas – Textilien von außerordentlicher Qualität erhalten haben. Diese Kunstgegenstände dürften kaum in ärmlichen Fischerdörfern entstanden sein, wie sie heute die einzigen Ansiedlungen in dieser Gegend sind, sondern in den Oasenstädten, die in dieser Region für die Zeit seit etwa 300 v.Chr. nachweisbar sind.

Seit ungefähr 200 v.Chr. entwickelte sich Tiahuanaco zum kulturellen und wahrscheinlich auch politischen Zentrum des Andenhochlands. Im Mythos der Inka ist Tiahuanaco der Name eines Riesen, dem die Indios die Kenntnis des Anbaus von Kartoffeln, Mais und Baumwolle zu verdanken haben. In dieser Sage hat sich die Erinnerung an den kulturellen Einfluss dieser Stadt erhalten, der sich zu ihrer Blütezeit um 1000 n.Chr. nicht nur auf die Andenregion erstreckte, sondern auch auf die Küste. In dieser Zeit ist in Peru der Bronzeguss bekannt, und das gezähmte Lama ist als Haustier unverzichtbar geworden. Der Sonnenkult von Tiahuanaco breitet sich im ganzen Hochland aus. Hundert Jahre später, nach dem Untergang von Tiahuanaco, entstehen an der Küste wieder große Städte, darunter Chan-Chan, das Zentrum des mächtigen Reichs der Chimu. Die weitläufigen Ruinen von Chan-Chan zeugen bis heute von der Größe dieser Stadt. In derselben Zeit, in der das Reich der Chimu entstand, begann im Hochland die Ausbreitung der Inka von der Gegend um ihre alte Hauptstadt Cuzco aus.

Die Inka sind nicht nur gefürchtete Krieger, sondern auch erfolgreiche Organisatoren. In allen eroberten Gebieten besetzen sie die Schlüsselpositionen der Verwaltung, belassen ansonsten aber die Angehörigen der jeweiligen lokalen Oberschicht in ihren Ämtern. Sie bauen Burgen und Straßen, auf denen die Kuriere des „obersten Inka" in wenigen Tagen die entferntesten Teile des Reichs erreichen können. Sie setzen ihre

Sprache, das Quechua, als einheitliche Verwaltungssprache durch. Den Sonnenkult von Tiahuanaco funktionieren sie für ihre Zwecke um, indem sie den obersten Inka zum „Sohn der Sonne" erklären. Diesem irdischen Vertreter der obersten Gottheit gehört ein Teil der Ernte; alle Untertanen der Inka müssen deshalb Steuern in Form von Feldfrüchten zahlen, die in staatlichen Lagerhallen gehortet werden. Zusätzliche Einnahmen hat der Staat durch sein Monopol auf Gold, Silber und Kupfer sowie auf das begehrteste Genuss- und Rauschmittel: Coca. Zur Staatswirtschaft der Inka gehören auch staatliche Werkstätten, die neben den privaten Handwerksbetrieben existieren. Erstaunlich ist, dass die hoch organisierte Verwaltung der Inka ohne eine Schrift im eigentlichen Sinn auskam. Doch die Beamten des obersten Inka verfügten über ein anderes Hilfsmittel: die Knotenschnüre oder *quipus*. Mit ihrer Hilfe konnten sie Zahlen „notieren" und sie verschiedenen Sorten von Gütern zuordnen – eine Art Schrift, die nur „im Verbund" mit dem Gedächtnis des Anwenders die für die Verwaltung nötigen Informationen lieferte und doch genauso effizient war wie die Tontäfelchen der Sumerer.

Chronik

um 1500 v.Chr	Beginn der städtischen Hochkultur von La Venta an der mexikanischen Golfküste; Träger dieser Kultur sind der Überlieferung nach die Olmeken.
um 1000 v.Chr.	Erste Städte mit Tempelpyramiden in Zentralmexiko
um 800 v.Chr.	Beginn der Kultur von Chavin, der ersten städtischen Kultur des Andengebiets
um 300 v.Chr.	Anfänge der Kultur von Teotihuacan in Zentralmexiko
	Herausbildung der Mayakultur im Bereich der mexikanisch-guatemaltekischen Pazifikküste
um 300 v.Chr.	Blüte der Kultur von Teotihuacan: Klassische Periode der altmexikanischen Kultur
	Beginn der klassischen Phase der Mayakultur
	Monte Alban im Tal von Oaxaca, wo seit 600 v.Chr. eine städtische Kultur existiert, ist das Zentrum der Zapoteken.
	Flussoasenkulturen an der peruanischen Küste
um 650	Beginn der Einwanderung von Nahuavölkern nach Zentralmexiko; Zerstörung von Teotihuacan, wahrscheinlich durch Tolteken
	In der Mayakultur beginnen Krieger eine Rolle zu spielen.
um 1000	Die Mixteken lösen die Zapoteken als Herrenschicht im Tal von Oaxaca ab.
	Die Maya besiedeln Yucatan und bauen dort ihre Städte; Tolteken dringen in das Gebiet der Maya vor und werden in Städten wie Chichen Itza zur Herrenschicht.
	Blüte der Kultur von Tiahuanaco am Titicacasee
um 1100	Ende des klassischen Tiahuanaco; die in der Gegend von Cuzco lebenden Inka übernehmen weitgehend die Kultur von Tiahuanaco.
	Blüte der peruanischen Küstenkulturen, vor allem des Reichs der Chimu mit der Hauptstadt Chan-Chan.
1168	Zusammenbruch des Toltekenreichs unter dem Druck der Chichimeken; Ende der klassischen Kulturphase Mexikos; von Nordwesten aus beginnen die Azteken die Chichimekenherrschaft herauszufordern.
um 1200	Kriegerclans herrschen in den inzwischen befestigten Mayastädten; Rückgang der Priestermacht
1375	Gründung von Tenochtitlan als Aztekenhauptstadt
1438	Beginn der historisch gesicherten Überlieferung bei den Inka
1471–1493	Unter dem obersten Inka Tupac Yupanqui erobern die Inka das Reich von Chimu und dehnen ihre Herrschaft von Ecuador bis Chile aus.
1502–1520	Höhepunkt der aztekischen Machtentfaltung
1520	Eroberung des Aztekenreichs durch die Spanier unter Hernando Cortez
1531–1534	Eroberung des Inkareichs durch die Spanier unter Francisco Pizarro
1697	Die Spanier erobern die letzte Mayastadt in Yucatan.

DIE MAYA

Das Mayareich entstand im
1. Jt.v.Chr. und wurde 1697
von spanischen Erobe-
rern endgültig zerstört.
Die Maya hatten eine
gemeinsame Religion, aber
keinen gemeinsamen
Herrscher. Vielmehr gab es
unabhängige Stadtstaaten, an
deren Spitze jeweils ein adliger
Führer stand. Figuren wie diese
von der Insel Jaina geben
Einblick in das
Leben der Maya.

Azteken, Maya und Inka

Als die Spanier im 16. Jahrhundert die Neue Welt „entdeckten", trafen sie in Mittelamerika auf die Hochkulturen der Maya und Azteken und in Südamerika auf die der Inka. Diese hatten herrliche Kunstwerke und imposante Städte geschaffen. Ihr Weltbild war fas-ziniered und unterschied sich stark von dem der Alten Welt. Die großen Reiche der Maya, Azteken und Inka umfassten verschiedene Völker und Stämme, deren Wirtschafts- und Gesellschaftsordnungen auf denen früherer Kulturen fußten. Leider zerstörten die Kon-quistadoren in ihrer Habgier und ihrem fanatischen Glauben, der alles Fremde für Teufelswerk hielt, viele unersetz-liche Zeugnisse dieser Kulturen.

*Prächtige
Halskette*

*Große, schwere
Ohrpflöcke*

Die Tonfigur
stellt einen
hochrangigen
Mann dar.

Die Maya
waren
klein und
stämmig.
Sie hatten
dunkle
Mandelaugen
und glatte,
schwarze
Haare.

ATLANTISCHER
OZEAN

PAZIFISCHER
OZEAN

- Azteken
- Maya
- Inka

DREI REICHE

Das Aztekenreich mit der Hauptstadt Tenochtitlan umfasste den mittleren Teil des heutigen Mexiko von der Pazifik- bis zur Atlantikküste. Südöstlich davon war der Siedlungsraum der Maya. Das Inkareich erstreckte sich über 4000 km entlang der Westküste Südamerikas.

GELEHRTE MAYA

Die Rechenkunst der Maya war hoch entwickelt, ebenso ihre Hieroglyphen-schrift. In den vier noch erhaltenen Mayakodizes (Bü-chern) geht es um Rituale, Astrono-mie und Kalender.

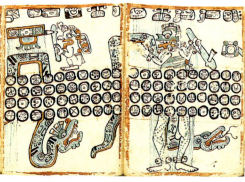

Mayakodex

DIE GRÜNDUNG TENOCHTITLANS

Nach der Mythologie der Azteken befahl der Gott Huitzilopochtli seinem Volk, dort die Hauptstadt Tenochtitlan zu errichten, wo ein Adler mit einer Schlange im Schnabel auf einem Kaktus saß. Die erste Seite des Codex Mendoza (ein Buch über die Geschichte der Azteken) zeigt die Gründung Tenochtitlans im Jahr 1325 oder 1345 (links). Am gleichen Ort steht heute Mexiko-Stadt.

INKAGOLD

Die Inka stellten herrliche Kunstwerke aus Silber, Kupfer und Gold her. Frauenfiguren wie diese waren Opfergaben für die Götter.

Dieser hölzerne Becher (kero) zeigt einen Inka mit Speer und Schild.

DIE AZTEKEN

Die Azteken zogen einst als Wandervolk umher im Vertrauen auf das Versprechen ihres Gottes Huitzilopochtli, sie würden einmal ins „Gelobte Land" kommen. Dann bauten sie auf befestigten Laguneninseln mitten im Texcocosee Tenochtitlan. Der Ort wurde Hauptstadt eines mächtigen Reichs. Viele Nachbarstämme wurden unterworfen und mussten Abgaben zahlen.

Die Azteken hatten braune Haut und dickes, schwarzes Haar.

DIE ANDENVÖLKER

Als die Inka 1438 die Stadt Cuzco eroberten und sie zu ihrer Hauptstadt machten, wurde ihr Reich zum bedeutendsten Staat der Andenregion. Sie unterwarfen die umliegenden Gebiete und vergrößerten so ihr Reich. Ein gut funktionierender Verwaltungsapparat ermöglichte die Kontrolle über das große Reich. Die Menschen der Andenregion waren meist klein und hatten glattes, schwarzes Haar.

Mandelaugen

Hohe Wangenknochen

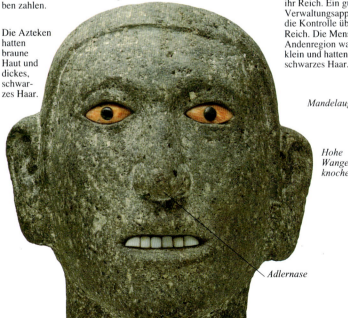

Adlernase

Steinskulptur eines Aztekenkopfs

Mochicatongefäß in Form eines Männerkopfs

Mesoamerika

Mesoamerika nennen die Archäologen das Gebiet von Mexiko im Norden bis Panama im Süden, wenn sie von den alten Kulturen dieser Region sprechen. Als 1519 die Spanier kamen, trafen sie auf hoch entwickelte Stadtstaaten, die mit Pyramiden und Tempeln architektonische Meisterwerke geschaffen hatten, riesige Märkte besaßen, kultische Ballspiele veranstalteten, einen heiligen Kalender und eine Hieroglyphenschrift kannten und ihren vielen Göttern Menschenopfer darbrachten. Was die Spanier sahen, war der Höhepunkt einer langen Entwicklung, in der viele Kulturen aufgestiegen und untergegangen waren. Die Kulturgeschichte Mesoamerikas lässt sich in drei Hauptperioden unterteilen (von etwa 2000 v.Chr. bis zur spanischen Eroberung): Präklassik, Klassik und Postklassik. Die präklassische Periode wurde von den Olmeken geprägt. In der klassischen Zeit erlebten die Maya und die Kultur von Teotihuacan ihre Blüte. Die Postklassik gehörte kriegerischen Eroberern wie den Tolteken und den Azteken.

AZTEKEN-KRIEGER
In der Blütezeit des Aztekenreichs übte die Armee die Kontrolle über viele unterworfene Völker aus. Diese Abbildung zeigt einen aztekischen Feldherrn.

MAYARITUAL
Die Religion bestimmte das Leben eines jeden Maya. Zu den größten Errungenschaften der Maya gehörten die stattlichen, reliefverzierten Tempel, die sie zu Ehren ihrer Götter errichteten. Dieser Türsturz zeigt die Göttin Xoc bei einer rituellen Blutentnahme aus ihrer Zunge. Solche Opfer waren in ganz Mesoamerika üblich.

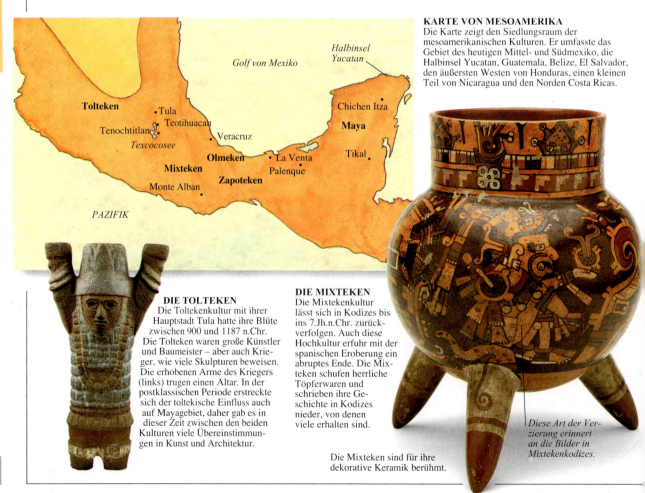

KARTE VON MESOAMERIKA
Die Karte zeigt den Siedlungsraum der mesoamerikanischen Kulturen. Er umfasste das Gebiet des heutigen Mittel- und Südmexiko, die Halbinsel Yucatan, Guatemala, Belize, El Salvador, den äußersten Westen von Honduras, einen kleinen Teil von Nicaragua und den Norden Costa Ricas.

Golf von Mexiko

Halbinsel Yucatan

Tolteken
•Tula
Teotihuacan
Tenochtitlan
Texcocosee
•Veracruz
Mixteken
Olmeken
•La Venta
Palenque
Monte Alban
Zapoteken
Chichen Itza
Maya
Tikal

PAZIFIK

DIE TOLTEKEN
Die Toltekenkultur mit ihrer Hauptstadt Tula hatte ihre Blüte zwischen 900 und 1187 n.Chr. Die Tolteken waren große Künstler und Baumeister – aber auch Krieger, wie viele Skulpturen beweisen. Die erhobenen Arme des Kriegers (links) trugen einen Altar. In der postklassischen Periode erstreckte sich der toltekische Einfluss auch auf Mayagebiet, daher gab es in dieser Zeit zwischen den beiden Kulturen viele Übereinstimmungen in Kunst und Architektur.

DIE MIXTEKEN
Die Mixtekenkultur lässt sich in Kodizes bis ins 7.Jh.n.Chr. zurückverfolgen. Auch diese Hochkultur erfuhr mit der spanischen Eroberung ein abruptes Ende. Die Mixteken schufen herrliche Töpferwaren und schrieben ihre Geschichte in Kodizes nieder, von denen viele erhalten sind.

Die Mixteken sind für ihre dekorative Keramik berühmt.

Diese Art der Verzierung erinnert an die Bilder in Mixtekenkodizes.

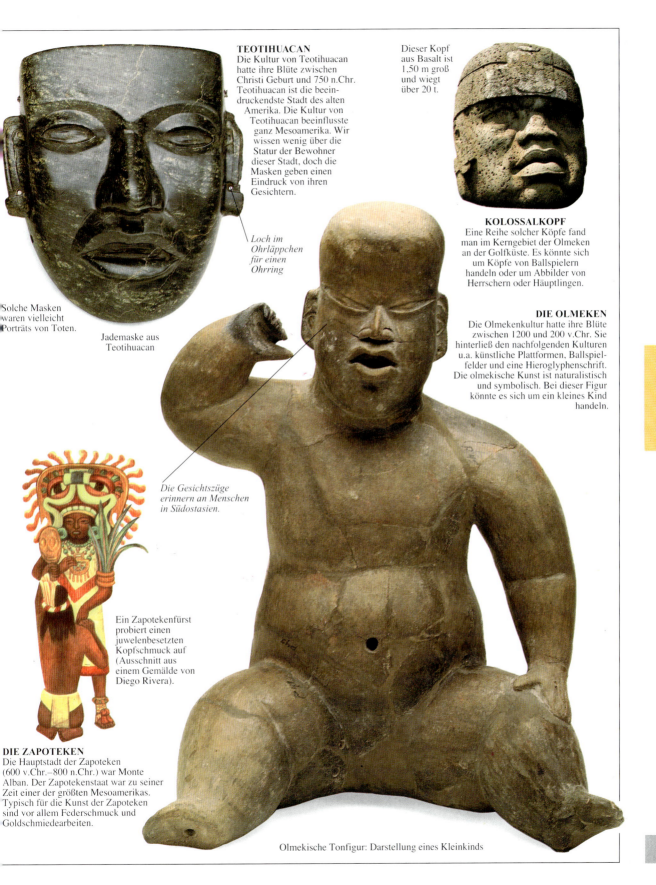

TEOTIHUACAN
Die Kultur von Teotihuacan hatte ihre Blüte zwischen Christi Geburt und 750 n.Chr. Teotihuacan ist die beeindruckendste Stadt des alten Amerika. Die Kultur von Teotihuacan beeinflusste ganz Mesoamerika. Wir wissen wenig über die Statur der Bewohner dieser Stadt, doch die Masken geben einen Eindruck von ihren Gesichtern.

Loch im Ohrläppchen für einen Ohrring

Solche Masken waren vielleicht Porträts von Toten.

Jademaske aus Teotihuacan

Dieser Kopf aus Basalt ist 1,50 m groß und wiegt über 20 t.

KOLOSSALKOPF
Eine Reihe solcher Köpfe fand man im Kerngebiet der Olmeken an der Golfküste. Es könnte sich um Köpfe von Ballspielern handeln oder um Abbilder von Herrschern oder Häuptlingen.

DIE OLMEKEN
Die Olmekenkultur hatte ihre Blüte zwischen 1200 und 200 v.Chr. Sie hinterließ den nachfolgenden Kulturen u.a. künstliche Plattformen, Ballspielfelder und eine Hieroglyphenschrift. Die olmekische Kunst ist naturalistisch und symbolisch. Bei dieser Figur könnte es sich um ein kleines Kind handeln.

Die Gesichtszüge erinnern an Menschen in Südostasien.

Ein Zapotekenfürst probiert einen juwelenbesetzten Kopfschmuck auf (Ausschnitt aus einem Gemälde von Diego Rivera).

DIE ZAPOTEKEN
Die Hauptstadt der Zapoteken (600 v.Chr.–800 n.Chr.) war Monte Alban. Der Zapotekenstaat war zu seiner Zeit einer der größten Mesoamerikas. Typisch für die Kunst der Zapoteken sind vor allem Federschmuck und Goldschmiedearbeiten.

Olmekische Tonfigur: Darstellung eines Kleinkinds

Altperuanische Kulturen

Wenn man vom alten Peru spricht, denkt man an die Inka. Ihr Reich erstreckte sich zur Zeit der spanischen Eroberung über mehr als 4000 km, vom 2. Grad nördlicher Breite bis zum 37. Grad südlicher Breite. Doch das Inkareich war nur eine von vielen Hochkulturen, die sich im Lauf der Jahrhunderte in der Andenregion entwickelt haben. Eine löste die andere ab; der Staat der Inka war die letzte große Macht, die im westlichen Teil Südamerikas großartige bauliche und künstlerische Schöpfungen hervorgebracht hat. Schriftliche Zeugnisse ihrer Geschichte hinterließen diese Kulturen nicht. Doch anhand von Grabfunden, Töpferwaren („keramische Bilderbücher") und Bauwerken kann man eine schrittweise Höherentwicklung bis zur Stufe der Inka verfolgen. Im wüstenartigen Flachland zwischen Meer und Anden lebten die Nasca, die Mochica und die Chimu. In der Sierra gab es die Kulturen der Huari und die von Tiahuanaco. Zwischen 1438 und 1534 n.Chr. verbanden sich Elemente all dieser Kulturen im Inkareich zu einer neuen Hochkultur.

NASCA
Die Nasca bewohnten zwischen 300 v.Chr. und 600 n.Chr. die südlichen Küstentäler Perus. Charakteristisch für die Kultur der Nasca ist eine farbenprächtig mit Alltagsszenen, Bildern aus der Mythologie und geometrischen Mustern bemalte Keramik.

ADLIGER INKA
Die Szenen auf Gefäßen und anderen Kunstobjekten erzählen vom Leben der alten Kulturvölker. So hatten z.B. adlige Inka meist eine Lanze bei sich, wie diese Darstellung auf einem Holzbecher (*kero*) zeigt.

TIAHUANACO
Das Tiahuanaco-Reich des peruanischen Hochlands hatte seine Blüte zwischen 500 und 650 n.Chr. Es hinterließ eine der beeindruckendsten Kultstätten des alten Amerika.

Hochrangiger Mochica mit einem Jaguarstirnband und großen Ohrpflöcken

MOCHICA
In den Oasentälern der nordperuanischen Küstenregion lebten zwischen Christi Geburt und 600 n.Chr. die Mochica, kunstfertige Goldschmiede, Weber und Töpfer. Ihre Darstellungen von Menschen, Pflanzen, Tieren und Göttern bei verschiedenen Tätigkeiten geben uns heute einen Einblick in das Leben dieses Volks.

Keramikjaguar aus Tiahuanaco

HUARI
Die Huari (500–900 n.Chr.), Nachbarn von Tiahuanaco, hatten ein hoch entwickeltes Staatswesen, ein fortschrittliches Bewässerungssystem und einen charakteristischen Baustil. Andere Andenvölker übernahmen von den Huari Handwerkstechniken, z.B. in der Töpferei. Typisch für die Kunst der Huari sind solche geflügelten „Engel"-Figuren.

Die Kunst von Tiahuanaco und die der Huari hat einige gemeinsame Motive, u.a. Katzen.

DIE CHANCAY

Das kleine Königreich Chancay erlebte seine Glanzzeit zwischen 900 und 1475 n.Chr. Benannt ist die
Kultur nach einer Stadt an der mittelperuanischen
Küste. Die Chancay hatten einen einzigartigen Stil in
der Architektur sowie in der Web- und Töpferkunst.
Typisch für Chancaykeramik ist die Frauenfigur mit
ausgestreckten Armen (rechts).

*Geschminkte
Augen*

Quito

Mochica
Chimu •Cajamarca

Chan-Chan

• Chavín

Chancay

Huari • Machu Picchu
Cuzco•
Titicacasee
Nasca ☩Tiahuanaco

*PAZIFISCHER
OZEAN*

DAS INKAREICH (TAHUANTINSUYU)

Das Inkareich mit der Hauptstadt Cuzco umfasste im
15. Jh. und im ersten Viertel des 16. Jh.s große Teile
Südamerikas. Es erstreckte sich etwa 4000 km entlang der
Westküste Südamerikas – über Wüsten, Hochgebirge und
Dschungel – und umfasste den größten Teil des heutigen
Peru, Teile von Ecuador und Bolivien, Nordwest-
argentinien und weite Teile Chiles.

Goldener Ohrschmuck
der Chimu mit Halb-
edelsteinen

*Ein Chimukrieger mit
dem Kopf eines Opfers
in der Hand*

DIE CHIMU

Chan-Chan, die Hauptstadt des riesigen Chimureichs
(1000–1470 n.Chr.), lag in dem Gebiet, das vormals
die Mochica bewohnt hatten. Die Chimu wurden
schließlich von den Inka unterworfen. Dieser goldene
Ohrschmuck ist ein Beispiel für die Handwerkskunst
der Chimu-Goldschmiede.

Chancayfigur
mit ausgebrei-
teten Armen

Ackerbau

FRUCHTBARKEITSGÖTTIN
In solchen Räuchergefäßen wurde Weihrauchharz (*copal*) verbrannt. Der Kessel zeigt eine Fruchtbarkeitsgöttin, die mit einem Faltpapierfächer geschmückt ist.

ANLAGE EINER *CHINAMPA* *unten*
Die Bauern bauten zunächst rechteckige Flöße aus Flechtwerk und Schilf. Auf diese häuften sie etwa 1 m hoch Erde. Hierauf legten sie wieder eine Schicht Flechtwerk und Schilf, dann wieder Schlamm und Erde und so fort, bis die Flöße eine Höhe von 3 bis 5 m erreicht hatten. Die Ränder der Inseln wurden mit Weidenhecken befestigt. Die Kanäle zwischen den *chinampas* konnte man mit Kanus befahren.

Eine wesentliche Voraussetzung für die erstaunliche Entfaltung der präkolumbianischen Städtekulturen war eine hoch entwickelte Landwirtschaft. Durch Pflanzenzucht und ausgeklügelte Bewässerungssysteme waren die alten Amerikaner zur Zeit der spanischen Eroberung die fortschrittlichsten und erfolgreichsten Ackerbauern der Welt. Ihnen verdanken wir den Mais und die Kartoffel. Alle Arbeiten wurden mit einfachen Geräten und praktisch nur mit menschlicher Muskelkraft verrichtet. Last- und Zugtiere gab es in Mesoamerika nicht. Die Andenvölker nutzten nur das Lama als Lasttier. Je nach Klima und Landschaft unterschied sich die Art der Bodenbewirtschaftung. Die Azteken erzielten z.B. die besten Erträge auf den *chinampas*, künstlichen Inseln in den Sümpfen.

FRUCHTBARE GÄRTEN
Auf den schwimmenden Inseln wurden Mais und Gemüse, Heilpflanzen und Küchenkräuter angebaut.

Fruchtbarer Schlamm vom Grund der Sümpfe diente als Dünger.

Mais

Langes, breites Blatt

ACKERGERÄT
Der Grabstock (*uictli*) war das wichtigste Werkzeug der Bauern. Damit lockerten sie den Boden auf und gruben Pflanzlöcher.

GRABSTOCK
Grabstöcke wurde aus besonders hartem, widerstandsfähigem Holz hergestellt.

ERNTEZEIT
Aussaat, Wachstum und Ernte der Feldfrüchte (z.B. Mais) bestimmten das Leben der Menschen in Meso-amerika und in den Anden.

MAISAUSSAAT
Diese Illustration aus dem Codex Florentino zeigt einen aztekischen Bauern, der mithilfe eines Grab-stocks Mais sät.

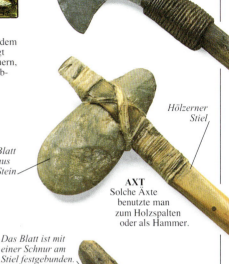

Hölzerner Stiel

Blatt aus Stein

MAIS
Noch heute ist Mais in Amerika die wichtigste Feldfrucht.

AXT
Solche Äxte benutzte man zum Holzspalten oder als Hammer.

Dieses Nascagefäß zeigt einen Bauern mit Pflanzen in den Händen.

MAISKOLBENGEFÄSS
Die Keramik der Anden stellt oft Feldfrüchte dar. Mais stammt aus Meso-amerika, war aber bald in ganz Amerika weit verbreitet.

Das Blatt ist mit einer Schnur am Stiel festgebunden.

HACKE
Mit solchen Hacken wurde der Boden aufge-lockert und umgegraben.

TERRASSENANBAU AM MACHU PICCHU
Auf bewässerten Terrassenfeldern an den Hängen der Andenberge bauten die Inka Mais und Gemüse an. Durch die Terrassen ver-größerten sie die Anbaufläche und beugten der Erosion durch Wind und Regen vor.

BODENBEARBEITUNG
Die Bauern der Anden bebauten und pflegten ihre Felder mit einfachsten Werkzeugen: mit Grab-stöcken und mit Hacken aus Holz und Stein.

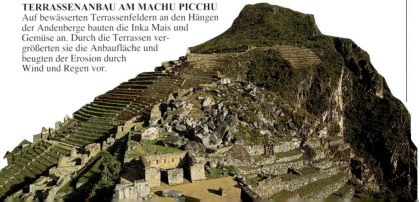

Rechnen und Schreiben

Im alten Amerika kannte man verschiedene Arten der Aufzeichnung. Die mesoamerikanischen Kulturen hielten Ereignisse aus ihrer Geschichte und ihrem Gesellschaftsleben in Bilderschriften fest. Die alten Peruaner kannten keine Schrift, dokumentierten aber z.B. Tributzahlungen mittels *quipu*, einer Art „Knotenstatistik". Die mesoamerikanischen Bilder (Glyphen) waren Piktogramme: Ein Gegenstand oder eine Idee wurde bildlich dargestellt. So symbolisierten beispielsweise Keule und Schild den Krieg. Diese Schrift wurde in sog. Kodizes (Büchern) geschrieben, auf Wände oder Vasen gemalt, in Stein gehauen und in Jade geschnitzt. Rechenkunst und Zeitmessung waren in Mesoamerika hoch entwickelt. Die Azteken und die Maya hatten ein vigesimales (auf der Zahl 20 beruhendes) Zahlensystem und zwei Kalender, den Sonnenkalender und den heiligen Almanach (Wahrsagekalender).

ALTE GÖTTER

Nach der Mythologie der Azteken gab es in sehr alten Zeiten ein Schöpfergötterpaar, Verkörperungen des Feuers und der Erde.

Mit *quipus* wurden Steuerlisten und Statistiken erstellt.

GEBILDETER ADEL

Nur eine kleine Schicht hoch gestellter Mesoamerikaner konnte lesen und schreiben. Diese Frau liest in einem Buch, das auf ihren Knien liegt.

AZTEKISCHE TAGE

Das Sonnenjahr der Azteken hatte 365 Tage: 18 Monate mit je 20 Tagen plus fünf „Unglückstage". Hier sind vier der 20 Glyphen für die Tagesnamen abgebildet: Feuerstein, Regen, Blume und Krokodil.

MAYABILDERBUCH

Rechts ist der Codex Tro-Cortesianus abgebildet, einer der vier noch erhaltenen Mayakodizes. In ihm sind horoskopartige Weissagungen und priesterliche Rituale aufgezeichnet. Die Hieroglyphen wurden mit feinen Pinseln auf lange, mit einer dünnen Kalkschicht überzogene Rindenpapierstreifen gemalt, die ziehharmonikaartig zusammengefaltet wurden. Als Schreibmaterialien benutzte man auch Agavenpapier und Leder.

Unterschiedliche Knotenformen standen für verschiedene Zahlen.

Faksimile des Codex Tro-Cortesianus

INKA-RECHENHILFE

Eine *quipu* bestand aus einer Hauptschnur, von der Schnüre von unterschiedlicher Länge und Farbe herabhingen. Die Information ergab sich aus der Länge der Hauptschnur, der Farbe und Position der Schnüre sowie der Art und der Zahl der Knoten.

INKASCHATZMEISTER

Für die „Buchführung" waren Schatzmeister zuständig. Sie kannten die *quipu* und konnten damit Statistiken festhalten und lesen.

Antlitz des Sonnengottes

Eine der untergegangenen Welten

Dieser Kreis zeigt die 20 Tage des Monats.

AZTEKISCHER KALENDERSTEIN

Mit einem Durchmesser von 4 m ist diese steinerne Scheibe die größte bekannte Aztekenskulptur. Die Mitte zeigt das Gesicht des Sonnengottes. Die ihn umgebenden Ringe stellen die Weltzeitalter dar. Nach dem Glauben der Azteken war die Welt viermal erschaffen worden und wieder untergegangen. Sie lebten im fünften Weltzeitalter und erwarteten den baldigen Weltuntergang. Außer den vorgeschichtlichen Weltperioden sind die 20 Tageszeichen und zwei Türkisschlangen, Symbole des Tageshimmels, abgebildet.

Die Datumsglyphe bedeutet „Tag eins Tod".

MAYAGLYPHEN

1827 begann man mit der Untersuchung der Mayaschrift, um 1950 waren Götter- und Tiernamen entziffert. 1960 erkannten die Forscher, dass es sich bei den Aufzeichnungen hauptsächlich um Geschichtswerke handelt. Sie erzählen von Geburt, Thronbesteigung, Kriegen, Tod und Heirat von Mayakönigen. Diesen Fenstersturz datiert eine Glyphe auf das 6.Jh.

ZEITBÜNDEL

Die Azteken teilten die Zeit in „Jahrhunderte" von 52 Jahren ein. An der Wende von einem Jahrhundert zum nächsten zelebrierten die Azteken den Ritus des „Zeitanbindens". In Skulpturen steht jeweils ein Rohrbündel mit Datumsglyphe für einen Zyklus. Dieses Bündel symbolisiert den Tod eines Aztekenjahrhunderts.

Striche und Punkte symbolisierten bei den Maya Zahlen.

Diesen Kodex las man von oben nach unten und von links nach rechts.

Diese Glyphen stellen fünf Götter dar.

Die Glyphen sind auf eine dünne Gipsschicht gemalt.

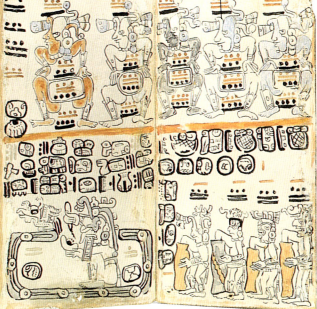

Kodexillustration:
ein Aztekentempel
in Tenochtitlan

Religion

Die Religion bestimmte das gesamte Leben der Inka und der mesoamerikanischen Völker. Erhalten sind bis heute Reste großartiger Tempel, die den Göttern geweiht waren. In der Andenregion verehrte man eine Vielzahl von Heiligtümern und Gegenständen (*huacas*), die die Naturgewalten repräsentierten. Auch die Azteken hatten imposante Kultstätten. In der Staatsreligion der Inka wurde die Sonne als Hauptgottheit verehrt. Als große Naturgewalt war sie ein Symbol der Macht und Stärke. Auch bei den Azteken spielte der Sonnenkult eine große Rolle. Sie glaubten, dass sie im Zeitalter der fünften Sonne lebten und dass die Welt eines Tages plötzlich untergehen würde. Um diesen Zeitpunkt in eine möglichst ferne Zukunft zu verschieben, brachten sie Menschenopfer dar. Mit den Herzen und dem Blut der Opfer glaubten sie, die Sonne am Leben zu erhalten und dafür zu sorgen, dass sie jeden Tag erneut am Horizont erschien.

TEMPEL DES GROSSEN JAGUAR
Zu Ehren ihrer Götter bauten die Maya großartige Kultzentren. Dieser majestätische Tempel in Tikal, eine gewaltige Pyramide mit neun abfallenden Terrassen, steht im Zentrum eines solchen Kultbezirks. Einschließlich des Ziergiebels auf dem Tempel ist die Pyramide 50 m hoch.

Intihuatana bedeutet „Sonnenständer".

DER SONNENSTEIN
Überall im Inkareich ließ die Regierung Sonnentempel errichten. Der *intihuatana* in Machu Picchu war eine Art Sonnenuhr, mit deren Hilfe die Priester die Wintersonnenwende (21. Juni) berechnen konnten, das Hauptfest des Sonnengottes.

Priester bei der Feuererneuerungszeremonie

DAS FEST DER FEUER-ERNEUERUNG
Alle 52 Jahre entzündeten Priester auf der Brust eines vornehmen Gefangenen mit einem Feuerbohrer das „neue Feuer". Wenn die Sonne aufging, begann ein neues „mexikanisches Jahrhundert".

Nach der Opferung wurden die Leichen die Stufen der Pyramide hinabgeworfen.

MODELL DES GROSSEN *TEOCALLI*
Im Herzen von Tenochtitlan befand sich ein ummauerter Bezirk. Dort thronten auf einer hohen Pyramide der Tempel des Regengottes Tlaloc und der des Kriegsgottes Huitzilopochtli, des besonderen Schutzgottes der Azteken. Der Große Tempel war der symbolische Mittelpunkt der aztekischen Welt. Dort opferte man den Göttern. Jeder neue Aztekenherrscher wollte einen größeren und schöneren Tempel bauen. Dieses Modell zeigt die vielen Tempel, die so übereinander gebaut wurden. Im ältesten, dem inneren Tempel, befinden sich links ein Aufnahmegefäß für Blut und Herzen der Menschenopfer und rechts ein Opferstein. Ausgrabungen förderten über 6000 Opfergaben für Tlaloc und Huitzilopochtli zutage.

Heiligtum des
Regengottes
Tlaloc

Heiligtum des Kriegsgottes Huitzilopochtli

Chacmool

Opferstein

SCHÄDELMAUER
Außerhalb der Tempel
wurden auf „Schädel-
gerüsten" (*tzompantli*)
Schädel ausgestellt. Sie
stammten meist von
den Menschen, deren
Herz und Blut den
Göttern geopfert
worden waren.

Schale für Herz und Blut
der Menschenopfer

BLUTAUFFÄNGER
Diese Figur fand man am Eingang des Tlaloc-
Heiligtums auf dem Großen Tempel von Tenochtitlan. Solche halb liegenden Steinplastiken nennt
man *chacmool*. Sie waren in Mesoamerika weit
verbreitet und dienten als Opferschalen.

Aus der Wand
ragende Schlangenköpfe

93

Götter und Göttinnen

Aztekengott
aus dem Codex
Florentino

Die Religionen der Völker Mittel- und Südamerikas hatten viele Gemeinsamkeiten. Verehrt wurden viele Götter, vor allem Naturgottheiten, denen man das Wachsen und Gedeihen der Feldfrüchte zuschrieb. Die Götternamen und die Symbole der einzelnen Gottheiten unterschieden sich jedoch. Der Hauptgott der Inka war der Schöpfergott Viracocha. Ihm standen die Gottheiten der Sonne, des Mondes und der Sterne, des Donners, der Erde und des Meeres zur Seite. Da Ackerbau die Lebensgrundlage der alten Kulturen bildete, war die „Mutter Erde" oder die Erdgöttin von besonderer Bedeutung. Die Azteken übernahmen viele Götter von anderen Kulturen. Wie die Inka verbanden auch sie jede Naturgewalt mit einer Gottheit.

Der Frühlingsgott wird mit übergezogener Menschenhaut dargestellt.

REGENGOTT
Viele mesoamerikanische Gefäße und Skulpturen zeigen Tlaloc, den Gott des Regens und der Fruchtbarkeit. So ist wahrscheinlich auch das Gesicht auf dieser Wasserflasche das des Regengottes. Schließlich enthielt sie das kostbare, Wachstum bringende Nass.

Tlaloc hatte hervortretende Augen.

FRÜHLINGSGOTT
Xipe Totec („unser Herr, der Geschundene") war bei den Azteken Gott der Aussaat und Patron der Goldschmiede. Bei Festen zu Ehren des Gottes kleideten sich die Priester in die abgezogene Haut geopferter Sklaven. Die Menschenhaut, die der Priester überzog, stand für das neue Pflanzenkleid, das die Erde im Frühling nach dem ersten Regen anlegt.

Xipe Totec, der Gott der Aussaat und des Frühlings

Quetzalcoatl, die „gefiederte Schlange"

Regengott Tlaloc

Rekonstruktion des Quetzalcoatl-Tempels in Teotihuacan

GOTT DER NATUR
Quetzalcoatl, dessen Name „gefiederte Schlange" bedeutet, war ein Naturgott – der Gott der Luft und der Erde. Seinen Tempel in Teotihuacan zierten riesige Skulpturen gefiederter Schlangen.

Chicomecoatl trug einen viereckigen Papierkopfschmuck mit Rosetten.

AZTEKISCHE MAISGÖTTIN

Es gab drei Göttinnen, die mit Mais in Verbindung gebracht wurden. Diese Statue links zeigt Chicomecoatl, die Göttin des reifen Maises (Saatmais). Es gab auch eine Göttin des jungen Maises und eine, die die Maispflanze symbolisierte.

Doppelte Maiskolben

KRIEGSGOTT

Huitzilopochtli („südlicher Kolibri") ist auf dieser Zeichnung mit Feuerschlange und Schild bewaffnet.

TOTENGOTT

Wer eines natürlichen Todes starb, kam nach *mictlan*, in die düstere Unterwelt des Totengottes Mictlantecutli und seiner Gemahlin Mictecaciuatl.

Die Inka verehrten Sonne und Mond.

SEPTEMBERFEST

Bei den Inka hatte jeder Monat sein religiöses Fest. Hier sehen wir die Feierlichkeiten im Monat September, der weiblichen Gottheiten geweiht war. Das Fest stand unter der Schutzherrschaft der Sonne und des Monds.

SONNENANBETER

Die Inka verehrten *inti*, die Sonne. Viele Bauernkulturen beteten Sonne und Regen als für die Ernte wichtige Gottheiten an. Im Königreich der Inka war die Sonne eine Hauptgottheit. Die Inkakönige hielten sich für Nachkommen des Sonnengottes.

Goldscheibe

MONDGOTT

Der Griff dieses peruanischen Zeremonienmessers ist mit dem Bildnis eines Himmels- oder Mondgottes geschmückt. Die Arme des Gottes sind weit ausgebreitet, in den Händen hält er zwei Scheiben. In den filigranen Kopfschmuck sind Türkise eingearbeitet.

Türkise schmücken Augen, Halsband, Ohrpflöcke und Kleidung.

Chac hält in der rechten Hand ein Gefäß und in der linken eine Weihrauchkugel.

MAYAREGENGOTT

Der Regengott der Maya hieß Chac. Um ihn wohlgesonnen zu stimmen, wurden Kinder in Brunnen ertränkt. In manchen Gebieten des Mayareichs war der Gott so bedeutend, dass Gebäudefassaden mit Chac-Masken verziert wurden.

Stoffpuppe aus einem Grab der Chancay

Das Leben nach dem Tod

Die Menschen im alten Amerika glaubten, dass sie nach dem Tod in einer anderen Welt weiterleben würden. Daher begrub man die Toten mit Dingen, die im nächsten Leben von Nutzen sein sollten. Grabfunde, alte Kodizes und frühe Schriften aus der spanischen Kolonialzeit vermitteln ein grobes Bild von den Jenseitsvorstellungen der alten Kulturen. Bei den Azteken war die Todesart ausschlaggebend für das Leben nach dem Tod. Wer eines natürlichen Todes starb, kam nach *mictlan*, in das trostlose Reich des Todesgottes. Krieger aber, die im Kampf fielen, und Opfer der Götter wurden zu „Gefährten des Adlers" und zogen als „Begleiter der Sonne" in das Sonnenreich ein. Das Paradies der Muttergöttinnen im Westen war Frauen vorbehalten, die im Kindbett starben.

PUPPENGESELLSCHAFT
Solche bunten Puppen sollten toten Chancay als Diener im Jenseits zur Seite stehen.

Begräbnisurne der Maya

KÖNIGSMUMIE
In den Andenkulturen suchten die Lebenden in wichtigen Angelegenheiten oft Rat bei Mumien. Bei besonderen Festen wurden die Mumien der toten Herrscher durch die Straßen getragen.

EINGEWICKELT
In der Andenregion fand man viele solcher Mumienbündel. Der Leichnam wurde in Kauerstellung mit Seilen zusammengebunden. Anschließend wickelte man ihn in Tücher und setzte ihn aufrecht. Im Grab umgab man die Mumie mit den verschiedensten Gütern.

ARM UND REICH
Je mehr Grabbeigaben, desto reicher war die tote Person. Holzfiguren wie die männliche Figur rechts fand man in vielen Andengräbern. Doch Goldfunde in manchen Gräbern und unterschiedlich sorgfältige Mumifizierung zeigen, dass auch im Tod Unterschiede gemacht wurden.

MAYABEGRÄBNIS
Die Maya begruben ihre Toten meist unter dem Boden von Häusern oder in der Erde. Manchmal verbrannten sie sie auch und bestatteten sie Urne an Urne in unterirdischen Gewölben. Die besseren Kreise leisteten sich prächtige Gräber. Tote Kinder wurden meist in eine große Urne gelegt und diese mit einem Dreifußteller oder einer Tonscherbe verschlossen.

Altamerika

96

Die Mumie ist in
Schilfmatten gehüllt.

GUT GEWICKELT
Je nach gesellschaftlicher Stellung
waren die Mumien besser oder
schlechter gekleidet. Vornehme
Personen waren oft in herrliche
Tücher gewickelt.

Peruanisches Mumien-
bündel aus Ancon

MIXTEKEN-MUMIENBÜNDEL
Die mesoamerikanischen Mumien
waren ähnlich gewickelt wie die in
Südamerika. Das Gesicht war mit
einer Maske bedeckt, die meist
aus Stein, manchmal aber
auch aus Holz war. Man
glaubte, diese Masken
schützten ihre Träger vor
den Gefahren des Lebens
im Jenseits.

Steinerne Maske

TOTENRITEN
Diese Kodexillustration zeigt
ein aztekisches Ritual, bei
dem die Glieder eines
Menschenopfers vom
„Spender" des Opfers
verspeist werden.
Dabei ist eine
Mumie an-
wesend.

MUMIENTUCH
Dank des trockenen
Klimas der nördlichen
Küstenregion Perus
sind nicht nur die
Mumien, sondern auch
alle Grabbeigaben bis
heute oft sehr gut er-
halten. Auf diesem
wollenen Mumientuch
sieht man eine Götter-
figur mit ausgebrei-
teten Armen.

*Das Mumienbündel ist
mit Seilen verschnürt.*

*Schale als
Grabbeigabe*

Der Krieger

Krieg gehörte im alten Amerika zum Alltag. Es gab zahlreiche Fehden zwischen den Stadtstaaten. In Mesoamerika mussten alle jungen Männer im Alter von 17 Jahren eine militärische Ausbildung absolvieren. Bei den Azteken war Tapferkeit im Krieg ein Mittel des sozialen Aufstiegs, und wer im Krieg fiel, so glaubten die Azteken, dem war im Jenseits ein paradiesisches Leben sicher. In den Kriegen ging es vor allem darum, Gefangene zu machen, die man den Göttern opfern konnte. Aztekenkrieger führten ständig „heilige Kriege", weil sie glaubten, nur durch Menschenopfer könnte der Lauf der Sonne in Gang gehalten werden. Die Inka und die Azteken gliederten die eroberten Gebiete in ihr Reich ein. Mit zunehmender Macht und wachsendem Wohlstand wuchs die Gier nach immer neuen Eroberungen, die das Ansehen des Staats und den Ruhm des Herrschers mehren sollten.

Schleudern dienten als Kriegswaffen. Diese Chancayschleuder ist aus Wolle und Baumwolle gewebt. Als Geschosse benutzten die Krieger Steine.

TOLTEKENKRIEGER
Diese Statue stellt einen Krieger mit Federkopfschmuck, Ohrpflöcken und Brustpanzer in Schmetterlingsform dar. In einer Hand hält er einen *atlatl* (Speerschleuder), in der anderen einen Köcher mit Wurfpfeilen.

GEFANGENNAHME
Aztekenkrieger, die Gefangene gemacht hatten, wurden ausgezeichnet, z.B. mit Jaguaranzügen und -mänteln. Je mehr Gefangene sie machten, desto prunkvollere Trachten durften sie tragen.

Keule

AZTEKENWAFFEN
Ein Krieger war in der Regel mit Holzspeeren bewaffnet, deren Spitzen eine Obsidian- oder Feuersteinklinge hatten. Außerdem trug er eine etwa 75 cm lange hölzerne Kriegskeule (*maquahuitl*), in die scharfe Obsidianklingen eingelegt waren. Federgeschmückte Schilde schützten den Körper. Feuerstein- und Obsidianmesser (links) wurden auch für Menschenopfer benutzt.

Feuersteinmesser mit gesägter Klinge

Rasiermesserscharfes langes Obsidianmesser

SCHARFE KEULE *unten*
Eine der gefährlichsten Waffen der Azteken war die *maquahuitl*, eine zweischneidige, mit rasiermesserscharfen Splittern aus Obsidian (vulkanisches Glas) besetzte Schwertkeule.

TOPFFIGUR
Gefäße der Mochicakultur von der Nordküste Perus stellen oft Krieger dar. Der Abgebildete trägt eine Keule. Die Schilde waren oft um das Handgelenk gebunden.

OBSIDIANSPEER
Der Krieger trug meist ein oder zwei Wurfspeere aus Holz. Die Speerspitzen waren mit Obsidiansplittern besetzt und konnten tiefe Wunden verursachen.

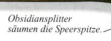

Obsidiansplitter säumen die Speerspitze.

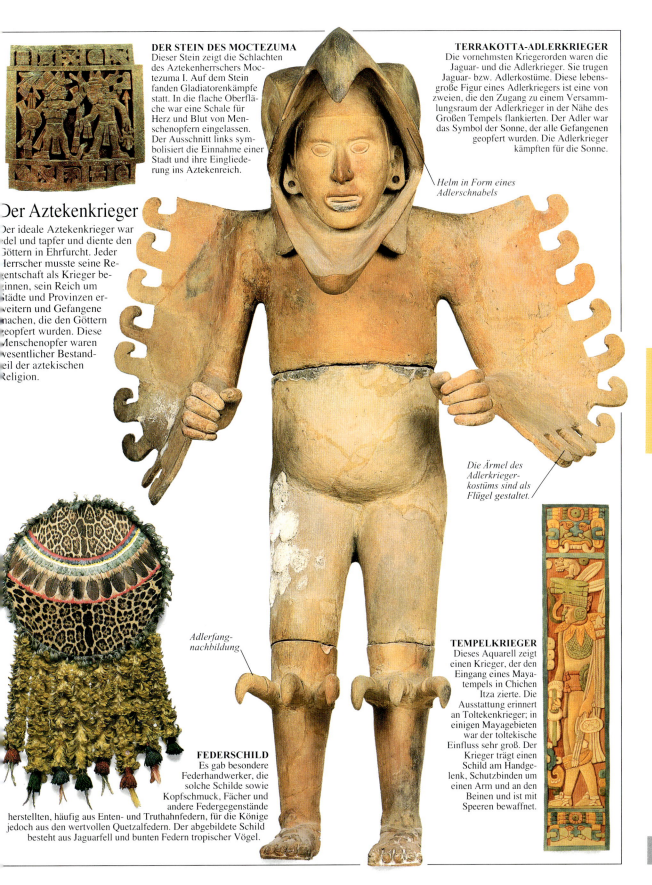

DER STEIN DES MOCTEZUMA
Dieser Stein zeigt die Schlachten des Aztekenherrschers Moctezuma I. Auf dem Stein fanden Gladiatorenkämpfe statt. In die flache Oberfläche war eine Schale für Herz und Blut von Menschenopfern eingelassen. Der Ausschnitt links symbolisiert die Einnahme einer Stadt und ihre Eingliederung ins Aztekenreich.

TERRAKOTTA-ADLERKRIEGER
Die vornehmsten Kriegerorden waren die Jaguar- und die Adlerkrieger. Sie trugen Jaguar- bzw. Adlerkostüme. Diese lebensgroße Figur eines Adlerkriegers ist eine von zweien, die den Zugang zu einem Versammlungsraum der Adlerkrieger in der Nähe des Großen Tempels flankierten. Der Adler war das Symbol der Sonne, der alle Gefangenen geopfert wurden. Die Adlerkrieger kämpften für die Sonne.

Helm in Form eines Adlerschnabels

Der Aztekenkrieger
Der ideale Aztekenkrieger war edel und tapfer und diente den Göttern in Ehrfurcht. Jeder Herrscher musste seine Regentschaft als Krieger beginnen, sein Reich um Städte und Provinzen erweitern und Gefangene machen, die den Göttern geopfert wurden. Diese Menschenopfer waren wesentlicher Bestandteil der aztekischen Religion.

Die Ärmel des Adlerkriegerkostüms sind als Flügel gestaltet.

Adlerfangnachbildung

TEMPELKRIEGER
Dieses Aquarell zeigt einen Krieger, der den Eingang eines Mayatempels in Chichen Itza zierte. Die Ausstattung erinnert an Toltekenkrieger; in einigen Mayagebieten war der toltekische Einfluss sehr groß. Der Krieger trägt einen Schild am Handgelenk, Schutzbinden um einen Arm und an den Beinen und ist mit Speeren bewaffnet.

FEDERSCHILD
Es gab besondere Federhandwerker, die solche Schilde sowie Kopfschmuck, Fächer und andere Federgegenstände herstellten, häufig aus Enten- und Truthahnfedern, für die Könige jedoch aus den wertvollen Quetzalfedern. Der abgebildete Schild besteht aus Jaguarfell und bunten Federn tropischer Vögel.

Handel und Abgaben

In Mesoamerika und in der Andenregion trugen vor allem die einfachen Leute den Staat. Nur sie zahlten Steuern. Adlige waren davon ebenso ausgenommen wie Kranke und Behinderte. Im Inkagebiet musste jede Provinz einen bestimmten Tribut an die Regierung leisten. Die Bewohner der Aztekenhauptstadt Tenochtitlan gehörten Siedlungsgemeinschaften (*calpulli*) an. Jeder der etwa 20 *calpulli* hatte einen Führer (*calpullec*), der u.a. dafür sorgte, dass die Mitglieder ihre Steuern zahlten. Im alten Amerika gab es einen regen Tauschhandel. Die Waren wurden auf riesigen Märkten feilgeboten. Aztekenhändler unternahmen oft weite Reisen – meist in riesigen, bewaffneten Karawanen – um Federn, Gold, Edelsteine und Jaguarfelle zu erwerben.

BUCHFÜHRUNG
Die Tributleistungen an die Aztekenherrscher wurden in Büchern wie dem Codex Mendoza aufgelistet.

Keramikschüssel

Einfache Baumwolldecken

Reich verzierte Baumwolldecken

Weihrauchharzbündel

Töpfe mit Honig

Jaguarkopfschmuck

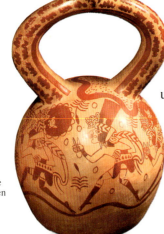

EILBOTE
Dieser Mochicatopf zeigt einen *chasqui*, einen Eilboten. Das gut ausgebaute Wegesystem der Inka erlaubte nicht nur schnelle Nachrichtenübermittlung und Handel, sondern sicherte auch Ruhe und Ordnung.

MAISHANDEL
Aus den Wandgemälden des Diego Rivera (1886–1957) kann man einiges über das Leben im alten Mexiko erfahren. Der mexikanische Maler war Fachmann auf dem Gebiet der Kultur Tenochtitlans. Dieser Ausschnitt aus einer belebten Marktszene zeigt Frauen, die verschiedene Maissorten verkaufen.

Fass mit Mais- und Quinoakörnern

Anzug eines Jaguarkriegers

Federschild

KRIEGERANZUG UND -SCHILD
Dies waren sehr hochwertige Tributleistungen. Die Anzüge bestanden aus federbedecktem Stoff oder aus Tierfellen. Der Jaguarhelm (links) diente den Kriegern als Kennzeichen und Schutz. Dem Codex Mendoza zufolge musste eine derartige Tributleistung einmal im Jahr erbracht werden.

Ozelotfell

PELZHANDEL
Auf dem Markt von Tlatelolco wurden Pelze gehandelt. Die Maya schätzten vor allem das Fell des Pumas, da sie die helle Färbung mit der Sonne verbanden. Auch Jaguarfelle waren begehrt; die schwarzen Flecken symbolisierten den Nachthimmel. Jaguarfelle lagen auf den Herrscherthronen. Pelze dienten auch als Buchhüllen oder Mäntel.

Pumafell

Jaguarfell

DER MARKT VON TLATELOLCO
Als die Spanier in Mexiko landeten, stellten sie fest, dass der Markt von Tlatelolco (die Schwesterstadt von Tenochtitlan) größer und besser sortiert war als jeder Markt in Spanien. Die Preise wurden von Aufsehern überwacht. Bei Diebstählen oder Streitigkeiten waren sofort Richter zur Stelle. Die meisten Güter wechselten ihre Besitzer durch Tauschhandel. Gelegentlich aber dienten Kupferäxte oder Kakaobohnen als Geld.

Ein Inkaschatzmeister macht *quipu*-Aufstellungen von Vorräten.

Kakaobohnen

Melonenkerne

Quetzalfeder

Axtblätter

Jadeperlen

Feder eines Tropenvogels

HANDEL
Kakaobohnen und Federn waren meist rar, da sie in größeren Mengen als Tributleistungen erbracht werden mussten. Die Händler von Tenochtitlan und den größeren Nachbarstädten handelten mit Luxusgütern, die aus importierten Rohstoffen oder Tributen hergestellt wurden. Im Tausch erhielten sie dafür Federn tropischer Vögel (besonders Quetzalfedern), Kakaobohnen, Pelze und Gold.

Lagerung landwirtschaftlicher Erzeugnisse in einem Regierungsspeicher

INKASPEICHER *links*
Die Inkaregierung hatte große Lagerhäuser. Aus diesen Beständen bedienten sich die Adligen und wurden die Kranken versorgt. In Notzeiten erhielten alle je nach Bedarf Waffen, Kleidung, Wolle, Kartoffeln und Mais.

Alle Töpferstände befanden sich im selben Marktbezirk.

Schlichte Töpferware für den täglichen Gebrauch

Einfache Tonschale

Auf dem Markt wurden Waren und Neuigkeiten ausgetauscht.

UMARMUNG

Die Frau war im alten Amerika dem Mann untergeordnet. So sind Frauen oft in einer passiven Rolle dargestellt, die Männer eher in einer aktiven. Diese Mayastatue zeigt einen Mann, der eine Frau im Arm hält. Beide tragen vornehme Kopfbedeckungen, Ohrpflöcke und Halsketten, was darauf schließen lässt, dass es sich um ein wohlhabendes Paar handelt.

Familienleben

Der mesoamerikanische Mann war als Ehemann und Vater für das Wohl seiner Familie verantwortlich. Man erwartete von ihm, dass er seine Familie und den Staat durch Arbeit und Steuerzahlungen unterhielt. Die Frau widmete sich als Ehefrau und Mutter der Haushaltsführung und den Kindern. Mädchen lernten bei ihr Hausarbeiten wie Weben und Kochen, die Söhne übernahmen vom Vater das Handwerk. Für den Priester- und den Kriegernachwuchs gab es besondere Schulen. In den Anden verlief das Familienleben ähnlich. Der Vater arbeitete, um die Familie ernähren und Steuern zahlen zu können; die Mutter arbeitete im Haus, half ihrem Mann bei der Arbeit und sorgte für die Kinder. Die Erziehung ihrer Kinder mussten die einfachen Inka selbst in die Hand nehmen.

Aztekenpaar bei der Hochzeits-zeremonie

VERBUNDEN

Ein aztekisches Brautpaar musste siebenmal den Herd seines Hauses umschreiten. Dann setzten sich Braut und Bräutigam auf eine Matte, und ein Priester verknotete die Zipfel ihrer Gewänder.

FRUCHTBARKEITSSEGEN

Sowohl die Mesoamerikaner als auch die Inka hielten Kinder für die Erfüllung einer jeden Ehe. Die Azteken verehrten Fruchtbarkeitsgöttinnen. Bei dieser Aztekenskulptur einer barbusigen jungen Frau könnte es sich um eine Fruchtbarkeitsgöttin handeln.

Augen und Zähne der Figur sind aus Muschelschalen.

FEIER

Wenn ein Aztekenkind geboren war, gab es ein großes Fest. Es dauerte mehrere Tage, in deren Verlauf Astrologen den besten Tag für die Namensgebung bestimmten.

Steigbügelhenkel

Zwei Frauen helfen einer dritten bei der Geburt eines Kindes.

GEBURTSSZENE

In den Anden halfen Frauen, die Zwillinge geboren hatten, und Nachbarinnen bei der Geburt. Ausgebildete Hebammen gab es nicht. Nach der Geburt badeten Mutter und Kind im Fluss. Die Nabelschnur wurde nicht weggeworfen, sondern zu Hause aufbewahrt.

KINDERERZIEHUNG

In der aztekischen Kunst sind Frauen bei verschiedenen Tätigkeiten ein häufiges Motiv. Diese Frau hat in jedem Arm ein Kind. Eine der wichtigsten Aufgaben der Aztekin war es, für ihre Kinder zu sorgen, bis sie heirateten und das Haus verließen.

Indem man Wasser auf die Wände des Badehauses schüttete, wurde Dampf erzeugt.

Feuer zum Heizen des Dampfbads

DAMPFBÄDER

Das tägliche Bad diente bei den Azteken der Reinigung des Körpers und der Seele. Zu fast jedem Haus gehörte ein Dampfbad, ein kleines Gebäude, das durch ein offenes Feuer geheizt wurde. Wenn man Wasser auf die heißen Innenwände goss, füllte sich der Raum mit Dampf.

DIE LAST DES ALLTAGS

Die Pflichten einer Frau in den Andenkulturen waren abhängig von ihrem gesellschaftlichen Rang. Die Frau, die dieses Mochicagefäß darstellt, war wahrscheinlich eine einfache Frau, die auch schwere Lasten tragen musste. Die Lasten wurden mithilfe von Stirnriemen, wie sie noch heute von Indios benutzt werden, auf dem Rücken getragen.

Stirnriemen

BESTRAFUNG

Gehorsam galt bei den Azteken als wichtige Tugend. Ein Vater bestrafte ungehorsame Kinder z.B. dadurch, dass er sie über ein Feuer hielt, in dem Pfefferschoten einen beißenden Qualm entwickelten.

KINDERSPIELZEUG

Bis sie alt genug waren, um ihren Eltern bei der täglichen Arbeit zu helfen, spielten die Kinder im Haus oder in dessen näherer Umgebung. Dieser „Spielzeughund" aus Ton läuft auf Rädern. Er beweist, dass die Mesoamerikaner das Rad kannten. Doch sie benutzten es nur für solche „Spielzeuge" und für Dekorationszwecke. Wagen zum Transport von Lasten kannten sie nicht. Solche Figuren auf Rädern fand man vor allem in Gräbern am Golf von Mexiko. Hundefiguren sollten vielleicht der Seele der Toten bei der Suche nach einem Ruheplatz im Jenseits helfen. Ob Lebende mit solchen Figuren spielten, weiß man nicht.

Halsband

Die Räder drehen sich um einen Bolzen.

Städte der Anden

Das Sonnentor von Tiahuanaco

Die Völker der Andenregion siedelten im Hochland und an der Küste. Mit den am Ort zur Verfügung stehenden Materialien bauten sie Städte, die der Landschaft angepasst waren. Bergstädte wie Machu Picchu konnten nicht nach einem strengen Reißbrettplan gebaut werden wie Küstenstädte (z.B. Chan-Chan). Das typische Haus der Sierra hatte ein Ziegeldach und aus Stein gemauerte Wände. An der Küste errichtete man Flachdachbauten aus Lehmziegeln, die man mit Lehmputz überzog. Die ältesten Wohnhäuser stammen aus dem vierten vorchristlichen Jahrhundert. Öffentliche Bauwerke wie Regierungspaläste, Lagerhäuser, Brücken und Kanäle wurden im Frondienst errichtet, zu dem jede Dorfgemeinschaft verpflichtet war. Die Materialien stellte der Staat.

INKAMAURER
Für fugenlose Mauern wurden Steine mit einem Steinhammer behauen und mit Sand glatt geschliffen. Die Steine wurden so passgenau gearbeitet, dass die Bauwerke ohne Mörtel hielten.

TIAHUANACO
Tiahuanaco liegt fast 4000 m über dem Meeresspiegel auf einer Hochebene und ist umrahmt von hohen Andenbergen. Das bekannteste Monument der Stadt ist das Sonnentor, das aus einem einzigen Steinblock von etwa 10 t Gewicht gehauen ist. Die Ostseite ziert ein Flachrelief, dessen Zentralfigur den Schöpfergott Viracocha darstellt.

OLLANTAYTAMBO
Die Inkastadt Ollantaytambo weist gewaltige Festungsanlagen aus riesigen behauenen Porphyrblöcken auf. Dieses Tor ist aus solchen Blöcken fugenlos zusammengefügt.

Vogelmotiv auf einer Lehmziegelwand in Chan-Chan

Königlicher Bezirk von Chan-Chan, der Hauptstadt des Chimureichs

LEHMDEKORATION
Die Chimu verzierten ihre Häuserwände mit aus Lehm modellierten Meermotiven, z.B. Vögeln und Fischen oder Menschen in Booten.

CHAN-CHAN
Ein gutes Beispiel für die imposanten Städte der Chimu ist Chan-Chan. Das gesamte Stadtgebiet umfasste etwa 18 km² und war von einer gewaltigen Stadtmauer umgeben. Innerhalb der Mauer gab es wiederum durch Lehmmauern abgetrennte Bezirke. Man nimmt an, dass es sich dabei um die Residenzen verschiedener Fürstengeschlechter und um Verwaltungszentren der Chimukönige handelte. Jeder König hatte seinen eigenen Bezirk, in dem er auch begraben wurde.

Europäische
Karte von
Cuzco

Die riesigen
Mauern der
Festung
Sacsahuaman

CUZCO

Das religiöse und politische Zentrum des Inkareichs liegt, umgeben von hohen Bergen, mitten in den Anden. Schmale Pflasterwege unterteilten die Stadt in Bezirke, die die vier Teile des Inkareichs symbolisierten. Es gab Kultplätze, Paläste und Tempel. Im Stadtzentrum lebten nur Adlige. Diese europäische Zeichnung stellt Cuzco fälschlich als ummauerte Stadt dar. Die Spanier zerstörten weite Teile von Cuzco und errichteten auf den Trümmern ihre eigene Stadt.

DIE FESTUNG SACSAHUAMAN

Die Festung Sacsahuaman wurde zum Schutz Cuzcos in etwa 20 km Entfernung an einem strategisch günstigen Berghang errichtet. Sie besteht aus drei Mauern, deren fugenlos aufeinander sitzende riesige Steinblöcke terrassenförmig übereinander gebaut sind.

INKABÄDER

Inkapaläste hatten oft steinerne Bäder, in denen sich die Könige reinigen und entspannen konnten. Über Kanäle wurde das Wasser in die Bäder geleitet. Die Bäder von Tampu Machay bei Cuzco wurden an einer heiligen Quelle erbaut.

Machu Picchu

Inkabad in
Tampu Machay

MACHU PICCHU

An strategisch günstiger Stelle an der Grenze des Inkareichs wurde wahrscheinlich Ende des 15. Jh.s Machu Picchu erbaut. Durch seine Abgeschiedenheit entging dieser Ort der Entdeckung durch die Spanier. Erst 1911 stieß man auf dieses hervorragende Beispiel der Inkabaukunst: eine von Steilhängen geschützte, von hohen Bergen umgebene und nur von einer Seite zugängliche natürliche Festung. Von den 143 Granitbauten waren 80 Wohnhäuser, die übrigen waren Kultstätten. In Machu Picchu fand man viele Mumien, vor allem von Frauen.

Mesoamerikanische Städte

Hochgebirge, tiefer Dschungel, Sumpfland oder Küste – die mesoamerikanischen Kultur-völker legten ihre Städte in ganz unterschiedlichen geografischen und klimatischen Lagen an. Die Olmeken besiedelten tropische Gebiete, die Menschen von Teotihuacan, die Tolteken und die Azteken das Hochland. Die Maya bauten Städte in den Bergen und im Tiefland. Die geografischen Unterschiede beeinflussten die jeweilige Architektur. Mit der Zeit wurden die Städte immer größer. Die Olmeken (1200 v.Chr.) lebten in kleineren Städten, die Tolteken-hauptstadt Teotihuacan (200 n.Chr.) hatte dagegen wahrscheinlich über 150.000 Einwohner. Die Stadtzentren waren kultischen und öffentlichen Gebäuden sowie den Palästen der Herrscher und der Oberschicht vorbehalten. Das einfache Volk lebte in den Außenbezirken.

CHICHEN ITZA
Die Mayastadt Chichen Itza, an strategisch günstiger Stelle mitten auf der Halbinsel Yucatan er-baut, entwickelte sich zu einem wichtigen Handelszentrum. Ende des 10.Jh. erlebte die Stadt durch toltekische Einwanderer eine neue Blüte.

Die Tempelpyramide El Castillo in Chichen Itza

TRIBUTSTÄDTE
Der Codex Mendoza nennt die Städte, die an Tenochtitlan Abgaben zahlten, und die Art der Tributleistungen. Jede Hieroglyphe (links) steht für eine abgaben-pflichtige Stadt.

PALENQUE
Dieser Mayatempel steht in Palenque mitten im tropischen Urwald. Die Pyramide barg die Grabkammer des Priesterkönigs Pacal, der nach 68 Jahren Regie-rungszeit im Jahr 683 n.Chr. hier begraben wurde. In sei-nem Sarg fand man beson-ders kunstvolle Gegen-stände aus Jade.

Heiligtum des Regen-gottes Tlaloc

Der sog. Tempel der Inschriften in Palenque

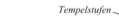

Der Große Tempel der Azteken

Tempelstufen

Mondpyramide

Toten-weg

Sonnen-pyramide

Rio de San Juan

PYRAMIDEN

Viele Bauwerke in Teotihuacan sind im gleichen Stil erbaut: als Pyramiden mit rechteckiger Gipfelplattform. Dieser Baustil findet sich auch in einigen Mayazentren wie z.B. in Tikal/Guatemala.

TEOTIHUACAN

Dieser Plan zeigt das Kultzentrum von Teotihuacan mit der Hauptstraße („Toten-weg") und den beeindruckenden Pyramiden der Sonne und des Mondes. Alle Gebäude in Teotihuacan wiesen Malereien auf, oft Szenen aus der Mythologie.

TOLTEKENKRIEGER

Auf der Pyramide des Windgottes Quetzalcoatl trugen Säulen in Gestalt von Kriegern ein Dach. Der abgebildete Krieger trägt eine Speerschleuder und eine charakteristische Brustplatte in Schmetterlingsform.

Der Tempel des Windgottes Quetzalcoatl („Gefiederte Schlange")

TULA

Die Toltekenhauptstadt Tula spiegelt die Anfänge eines Zeitalters großer militärischer Auseinandersetzungen wider. Obwohl die Stadt dem Gott Quetzalcoatl geweiht war, der Krieg und Menschenopfer ablehnte, findet man in ihr überall in Stein gehauene Krieger – auch auf der Tempelpyramide.

Heiligtum des Kriegsgottes Huitzilopochtli

Karte von Tenochtitlan

Schädel geopferter Menschen

Kohlebecken

TENOCHTITLAN

Diese europäische Karte von Tenochtitlan, dem Herzen des Aztekenreichs (links), zeigt eine Stadt, die auf einem See erbaut ist und von vier großen Straßen durchzogen wird. Mittelpunkt der Stadt war der Große Tempel der Azteken. Das Modell (unten) zeigt den heiligen Tempelbezirk. Die große Doppelpyramide war dem Regengott Tlaloc und dem Kriegsgott Huitzilopochtli, dem Hauptgott der Azteken, geweiht. Zum Tempelbezirk gehörten außerdem die Heiligtümer anderer Götter, Militärakademien, Bäder und ein Ballspielplatz.

Mayapyramiden

STADTKÖNIGREICH
Die Maya hatten nicht nur eine Hauptstadt und einen König, sondern jede Stadt hatte ihren eigenen Herrscher. Chichen Itza auf der Halbinsel Yucatan war ein bedeutendes Kult- und Verwaltungszentrum mit berühmten Gebäuden wie der Tempelpyramide El Castillo. Die Steinpfeiler zeigen den Einfluss der Tolteken, einer benachbarten Kultur. In einem Opferbrunnen stieß man Menschen in die Tiefe.

Zwischen dem 3. und 9. Jahrhundert n.Chr. errichteten die Maya im Osten Mexikos und im heutigen Belize, Guatemala, Honduras und El Salvador überall Pyramiden. Diese waren viel steiler als die der Ägypter und bestanden aus mit Kalkmörtel gemauerten Steinblöcken. Manchmal ließen nach oben schmaler werdende Treppenstufen die Bauten noch höher und steiler erscheinen. So lenkte man die Aufmerksamkeit auf die Rituale, die in der Tempelkammer auf der Pyramide stattfanden. Das Volk versammelte sich am Fuß der Pyramide, nur die Priester stiegen zu den Heiligtümern auf. Die Maya verfügten über gute Kenntnisse in der Astronomie und richteten ihre Pyramiden nach Sonne, Mond und Sternen aus. Sie entwickelten auch einen Jahreskalender und einen heiligen Wahrsagekalender, ein Rechensystem und eine Bilderschrift, deren Glyphen bis heute noch nicht vollständig entziffert sind.

TANZENDE GÖTTER
Diese Zeichnungen zeigen zwei Götter, die die meisten Mesoamerikaner verehrten. Der Sonnengott wurde auf seiner nächtlichen Reise zum Jaguargott der Unterwelt. Die schwarzen Fellflecken symbolisierten die Sterne. Die gefiederte Schlange Quetzalcoatl war ein Windgott. Aus dem Schlangenmaul ragt ein Menschenkopf – ein Zeichen der Verbundenheit des göttlichen Wesens mit der Welt der Menschen.

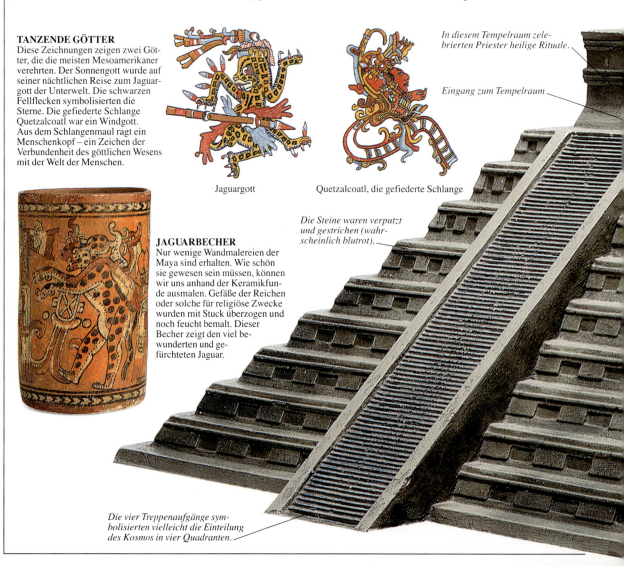

Jaguargott

Quetzalcoatl, die gefiederte Schlange

In diesem Tempelraum zelebrierten Priester heilige Rituale.

Eingang zum Tempelraum

Die Steine waren verputzt und gestrichen (wahrscheinlich blutrot).

JAGUARBECHER
Nur wenige Wandmalereien der Maya sind erhalten. Wie schön sie gewesen sein müssen, können wir uns anhand der Keramikfunde ausmalen. Gefäße der Reichen oder solche für religiöse Zwecke wurden mit Stuck überzogen und noch feucht bemalt. Dieser Becher zeigt den viel bewunderten und gefürchteten Jaguar.

Die vier Treppenaufgänge symbolisierten vielleicht die Einteilung des Kosmos in vier Quadranten.

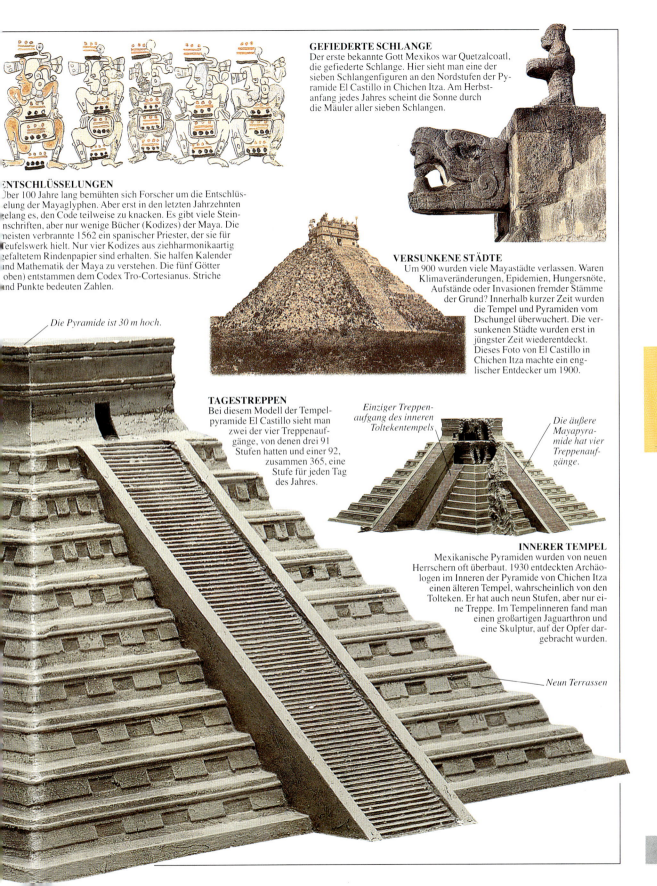

GEFIEDERTE SCHLANGE

Der erste bekannte Gott Mexikos war Quetzalcoatl, die gefiederte Schlange. Hier sieht man eine der sieben Schlangenfiguren an den Nordstufen der Pyramide El Castillo in Chichen Itza. Am Herbstanfang jedes Jahres scheint die Sonne durch die Mäuler aller sieben Schlangen.

ENTSCHLÜSSELUNGEN

Über 100 Jahre lang bemühten sich Forscher um die Entschlüsselung der Mayaglyphen. Aber erst in den letzten Jahrzehnten gelang es, den Code teilweise zu knacken. Es gibt viele Steininschriften, aber nur wenige Bücher (Kodizes) der Maya. Die meisten verbrannte 1562 ein spanischer Priester, der sie für Teufelswerk hielt. Nur vier Kodizes aus ziehharmonikaartig gefaltetem Rindenpapier sind erhalten. Sie halfen Kalender und Mathematik der Maya zu verstehen. Die fünf Götter (oben) entstammen dem Codex Tro-Cortesianus. Striche und Punkte bedeuten Zahlen.

VERSUNKENE STÄDTE

Um 900 wurden viele Mayastädte verlassen. Waren Klimaveränderungen, Epidemien, Hungersnöte, Aufstände oder Invasionen fremder Stämme der Grund? Innerhalb kurzer Zeit wurden die Tempel und Pyramiden vom Dschungel überwuchert. Die versunkenen Städte wurden erst in jüngster Zeit wiederentdeckt. Dieses Foto von El Castillo in Chichen Itza machte ein englischer Entdecker um 1900.

Die Pyramide ist 30 m hoch.

TAGESTREPPEN

Bei diesem Modell der Tempelpyramide El Castillo sieht man zwei der vier Treppenaufgänge, von denen drei 91 Stufen hatten und einer 92, zusammen 365, eine Stufe für jeden Tag des Jahres.

Einziger Treppenaufgang des inneren Toltekentempels

Die äußere Mayapyramide hat vier Treppenaufgänge.

INNERER TEMPEL

Mexikanische Pyramiden wurden von neuen Herrschern oft überbaut. 1930 entdeckten Archäologen im Inneren der Pyramide von Chichen Itza einen älteren Tempel, wahrscheinlich von den Tolteken. Er hat auch neun Stufen, aber nur eine Treppe. Im Tempelinneren fand man einen großartigen Jaguarthron und eine Skulptur, auf der Opfer dargebracht wurden.

Neun Terrassen

Pyramiden in Mexiko

Als die Europäer nach Mittelamerika gelangten, fanden sie dort verschiedene Völker und Stadtstaaten mit hoch entwickelten Kulturen vor. Im Lauf der Jahrhunderte hatten diese Völker Tausende von Pyramiden errichtet – meist Tempel, die zusammen mit anderen Heiligtümern oft große heilige Bezirke bildeten. Stufen führten zu Gipfelplattformen. Dort waren Altäre errichtet, auf denen die Priester heilige Riten zelebrierten und sogar Menschenopfer darbrachten. Einige der Pyramiden bargen auch Gräber. Zu den prächtigsten Heiligtümern gehören die der Maya, die zwischen dem 3. und 9. Jahrhundert v.Chr. in Südmexiko entstanden. Die großen aztekischen Pyramiden wurden von den spanischen Konquistadoren (Eroberern) zerstört, als diese 1519 Mexiko eroberten.

IN SÜD-AMERIKA
An der Nordküste Perus errichtete die Mochekultur zwei große Lehmziegelpyramiden, das Sonnenheiligtum Huaca del Sol und das Mondheiligtum Huaca del Luna. Die zwei- bis dreistufigen Pyramiden waren verputzt und mit bunten Malereien verziert. Wie diese Soldatenfigur zeigt, waren die Moche auch meisterhafte Töpfer.

Karte:
Golf von Mexiko
▲ Chichen Itza
▲ Uxmal
▲ Teotihuacan
▲ Tenochtitlan
▲ Sayil
El Tajin ▲
Halbinsel Yucatan
Xpuhil ▲
MEXIKO
BELIZE
Palenque ▲
Tikal ▲
▲ Monte Alban
PAZIFISCHER OZEAN
GUATEMALA
HONDURAS
▲ Copan
EL SALVADOR
▲ Pyramidenfeld

NACH-DENKLICH?
Die erste Hochkultur im alten Mexiko war die der Olmeken. Sie waren kunstfertige Steinmetzen und bauten schon 1000 v.Chr. in La Venta gewaltige Lehmpyramidenhügel. Bekannt sind u.a. ihre Steinmasken – Opfergaben für die Götter. Die Religion der Olmeken beeinflusste später die Maya und die Zapoteken.

DIE GROSSEN
In diesem relativ kleinen Gebiet mit tiefen, kühlen Tälern und feuchtwarmen Tieflandregenwäldern liegen bekannte mittelamerikanische Pyramiden, einige aber wurden nie ausgegraben. So sind Hunderte von kleinen Pyramiden im Dschungel von Belize und auf Yucatan verborgen.

GRÖSSENVERGLEICH
Das Fundament des Sonnenheiligtums in Teotihuacan und das der Cheopspyramide in Ägypten haben annähernd die gleiche Größe. Aber die mexikanische Pyramide ist nur halb so hoch und besteht aus 2,5 Mio. t Steinen und Erde, die Cheopspyramide aus 6,5 Mio. t Steinen.

STADT DER GÖTTER
Teotihuacan, die beeindruckendste Stadt des alten Amerika, mag einst 250.000 Menschen beherbergt haben. Die vielen Gebäude und Pyramiden wirken wie auf dem Reißbrett geplant. Sonnen- und Mondpyramide verbindet eine Hauptstraße: der Totenweg. Hier sieht man die um 150 n.Chr. gebaute Sonnenpyramide mit rechteckiger Gipfelplattform. Überraschenderweise liegt innen eine Höhle. Wer baute diese große Stadt? Als die Spanier die Azteken dies fragten, erhielten sie zur Antwort: „Die Götter."

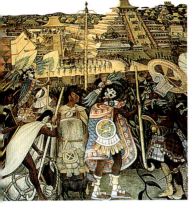

REGENSTADT

Zwischen 300 und 900 n.Chr. war El Tajin die bedeutendste Stadt an der mexikanischen Golfküste. Sie lag in einem fruchtbaren Mais-, Kakao- und Baumwollanbaugebiet. Tajin bedeutet „Blitz" und war eine Bezeichnung für den Regengott. Dieses Bild des mexikanischen Künstlers Diego Rivera zeigt zwei Pyramiden, rechts die Nischenpyramide.

Ausschnitt aus dem Fresko *Früchte, Tabak, Kakao und Vanille für den Kaiser* von Diego Rivera (1950)

EINE NISCHE FÜR JEDEN TAG

Das berühmteste Bauwerk von El Tajin ist die Nischenpyramide mit sechs Stufen, die durch insgesamt 365 Nischen gegliedert sind, eine für jeden Tag des Jahres. In die Nischen stellte man vielleicht Opfergaben.

ZAPOTEKENGOTTHEIT

Die Hauptstadt der Zapoteken lag auf dem Monte Alban im Oaxacagebiet. Zwischen 600 v.Chr. und 800 n.Chr. errichteten sie dort ein bemerkenswertes religiöses Zentrum mit Pyramidentempeln und Gräbern. In den Nischen der Gräber fand man Tonurnen. Diese Urne stellt den Regengott Cocijo dar.

Typisch zapoteischer Federkopfschmuck

Die Urne wurde aus Lehmplättchen geformt.

Der Regengott Cocijo trägt Ohrpflöcke und streckt seine gespaltene Zunge heraus.

In der Urne war ein zylindrischer Behälter für Speiseopfer oder Asche.

China

Um 100 v.Chr. begannen die Gelehrten des chinesischen Kaiserreichs die Geschichte der Kaiser und der Institutionen des Reichs aufzuschreiben. Dabei ging es ihnen vor allem darum, hervorzuheben, wie altehrwürdig der chinesische Staat sei. So kamen sie dazu, die Anfänge des Kaisertums auf den Anfang des 3. Jahrtausends v.Chr. zurückzudatieren, obwohl es zu dieser Zeit, wie wir heute wissen, weder Kaiser noch überhaupt Chinesen gab, sondern lediglich eine hoch entwickelte neolithische Bauernkultur im Kerngebiet des späteren China, den fruchtbaren Lössebenen des Huanghobeckens. Diese Bauern bauten Hirse, Weizen und bald auch schon Reis an, hielten Schweine, Hunde, Schafe und Geflügel als Haustiere und produzierten eine reiche Keramik.

Obwohl die chinesische Geschichtsschreibung für die Frühzeit Chinas so gar nicht mit den archäologischen Befunden übereinstimmt, sind durch sie sehr interessante alte Überlieferungen festgehalten worden. So wird von dem sagenhaften Gründer einer ebenso sagenhaften ersten Kaiserdynastie, dem Großen Yü, erzählt, dass er ein heroischer Flutbändiger gewesen sei. Dies erinnert daran, dass der Bau von Deichen und Kanälen am Anfang der staatlichen Organisation in China gestanden haben muss – ebenso wie in Mesopotamien und in anderen alten Kulturen.

Von der mittleren und unteren Huanghogegend mit ihrer sesshaften und durch den intensiven Bewässerungsbau verhältnismäßig wohlhabenden Bevölkerung muss auch die Entstehung des chinesischen Volks ausgegangen sein: Mehr und mehr Völkerschaften des nördlichen China wurden ebenfalls sesshaft, nahmen die Kultur der Bewohner des Huanghobeckens an und wuchsen mit ihnen zu einem Volk zusammen.

Zu Beginn der historischen Zeit Chinas in der Mitte des 2. Jahrtausends v.Chr. bewohnten Chinesen bereits das ganze große Gebiet zwischen der nördlichen Ebene (um das heutige Peking) und dem Jangtsefluss im Süden. Um dieselbe Zeit begann auch die Besiedlung Südchinas jenseits des Jangtsekiang durch Chinesen und das Chinesisch-Werden der dort siedelnden Völker. In der chinesischen Kaiserzeit bedeutete Chinesisch-Sein dann dasselbe, wie der zivilisierten Menschheit anzugehören: Außer Chinesen gab es für die Untertanen des Kaisers nur noch ein paar Barbarenvölker. Ähnlich arrogant waren in der Geschichte sonst nur noch die Bewohner des Römischen Reichs und die christlichen Europäer.

Politische Verhältnisse und Kultur in der Vorkaiserzeit (um 1650–221 v.Chr.)

Zu einer politischen Einheit wurde China durch eine Invasion von außen: Streitwagenkrieger drangen aus den Steppen des Nordwestens ein und begründeten die Dynastie der Shang. Die Shang waren Heerkönige, die ersten unter den adligen Streitwagenbesitzern, die das Land eroberten, Platz für ihre Pferdezuchten beanspruchten und die Bauern zwangen, die Bronzeschmiede und andere Handwerker mitzuernähren, deren Arbeit sie ihre kriegerische Überlegenheit verdankten.

Aus der Zeit der Shang stammen die ersten Zeugnisse der chinesischen Schrift auf Orakelknochen, die die Priester ins Feuer warfen, um danach anhand der Risse, die sich in den Knochen gebildet hatten, die Zukunft vorauszusagen. Durch diese Orakelknochen wissen wir, was die Chinesen damals bewegte: Sie wollten den richtigen Zeitpunkt für Aussaat und Ernte, für Reisen und kriegerische Unternehmungen erfahren. Noch wurde die Schrift nicht für die Verwaltung benutzt, denn es gab keine Bürokratie.

Im Lauf der Zeit wurden manche Angehörige des Kriegeradels immer mächtiger, machten kleinere Adlige zu ihren Vasallen und schufen regelrechte Fürstentümer. Diese großen Herren waren stolz auf ihre Herkunft und taten dies kund, indem sie das Andenken ihrer Ahnen pflegten. Dieser Prozess erinnert sehr an die Verhältnisse im mittelalterlichen Europa, weshalb man auch von „feudalen" Strukturen im alten China spricht. Während sich jedoch die europäischen Adligen nur aus Gründen der politischen Machterhaltung viel auf ihren Stammbaum zugute hielten, nahm in China der Ahnenkult schon früh religiöse Züge an und verbreitete sich auch im Volk.

Gegen Ende des 11. Jahrhunderts v.Chr. war die mächtigste der Adelsfamilien, die Zhou, mächtiger geworden als die Shang und begründete ihre eigene Königsdynastie. Aber auch die Zhou waren unter den regionalen Fürsten nur Erste unter Gleichen. Die zi-

Eine Prüfung für Beamtenanwärter

vilisatorische Entwicklung Chinas schritt unter den Zhou kräftig voran. Vor allem die Einführung des von Zugtieren gezogenen eisernen Pflugs um 600 v.Chr. ermöglichte die Produktion landwirtschaftlicher Überschüsse, durch die nun die Bevölkerung großer Städte mit ihren Handwerkern, Verwaltungsfachleuten und Gelehrten ernährt werden konnte. Die Verbreitung von Kupfergeld erleichterte dabei den Umlauf der Waren: Die Abgaben für den Fürsten wurden großenteils in Form von Geld erhoben, die Fürsten gaben das Geld an ihre Bediensteten weiter, und diese kauften dafür auf dem Markt die Produkte der abgabepflichtigen Bauern.

Von den frühen Städten Chinas, die aus Lehmziegeln erbaut waren, ist kaum etwas erhalten; als unvergänglich dagegen hat sich das Werk mancher Gelehrter erwiesen, die in ihren Mauern lebten, vor allem das des Konfuzius (551–479 v.Chr.). Konfuzius war eigentlich nicht der Stifter einer Religion, als der er heute meistens angesehen wird, sondern ein politischer Denker. Er lebte in einer Zeit, als die Herrschaft der Zhou, die China ein Stück politischer Stabilität gegeben hatte, in einen fortwährenden Kampf der großen Fürsten um die Vorherrschaft überging, die „Zeit der Kämpfenden Reiche". Dies war eine Übergangszeit, in der es einerseits zwar keine einheitliche Herrschaft im Reich mehr gab, in der aber andererseits die fürstliche Gewalt innerhalb der chinesischen Teilstaaten durch den Aufbau einer Verwaltung der Adelswillkür

Grenzen auferlegte. Die Lehre des Konfuzius sollte dazu beitragen, diese neue Entwicklung für ganz China zu stärken.

„Meister Kong Fuzi" – wie Konfuzius auf Chinesisch heißt – lehrt die Ehrfurcht vor der Tradition, vor den Ahnen und Vorgesetzten, vor der Natur und vor jedem einzelnen Menschen. Die Menschen sollen die durch die Tradition geheiligte Herrschaft anerkennen, die Herrschenden sollen aber auch Respekt vor der Würde der Beherrschten haben. Nur wenn der Einzelne sich gegenüber der Gemeinschaft zurücknimmt, ist diese so stark, dass sie für das Wohlleben des Einzelnen sorgen kann. Dieser Antiindividualismus hat die chinesische Kultur weit mehr geprägt als ganz ähnliche Lehren im Christentum die Kultur Europas. Im philosophischen Sinn war die Lehre des Konfuzius revolutionär, denn sie kommt ganz ohne Götter und magische Praktiken aus. Himmel und Erde, die von den Chinesen von jeher als göttlich verehrt wurden, sind für Konfuzius nur noch die Grundelemente der Natur, aber sie verdienen für ihn ebenso Respekt wie der Glaube der einfachen Leute an ihre Göttlichkeit. Politisch war der Konfuzianismus jedoch konservativ, denn er hält alle Menschen an, die bestehende Herrschaftsordnung anzuerkennen. Deshalb wurde er auch meist von den Beamten des kaiserlichen China vertreten.

Ganz anders die Lehre des Me Ti, der kurz nach Konfuzius lebte: Me Ti spricht von der Liebe des göttlichen Himmels, die gleichermaßen allen Menschen gilt. Diese Lehre von der Gleichheit aller hörten gerade die Bauern, die in China am meisten ausgebeutet wurden, gern. Deshalb diente der Mohismus, die Lehre Me Tis, immer wieder als Anregung für die Bauernaufstände, die die chinesische Gesellschaft periodisch erschütterten.

Viel deutlicher eine Religion als Konfuzianismus und Mohismus ist der Taoismus, die Lehre des Laotse. Laotse spricht von dem Tao als der magischen Kraft, die die Welt zusammenhält. Das Tao drückt sich in immer wechselnden Kombinationen des Gegensatzes von Yin und Yang aus: männlich und weiblich, Herr und Knecht, Himmel und Erde, Sommer und Winter. Die Weisheit besteht für den Taoismus darin, sich auf die Betrachtung dieses wunderbaren ewigen Wandels in der Natur zu konzentrieren und dabei die Menschenwelt zu vergessen. Dieser Aufmerksamkeit des Taoismus für das Wechselspiel und die Schönheit der

Natur haben wir einige der schönsten Zeugnisse der chinesischen Kunst zu verdanken. Die Lehre Laotses bereitete der Aufnahme der aus Indien nach China gelangten Religion Buddhas den Boden, die ähnlich von der Nichtigkeit der Menschenwelt kündete. Konfuzianismus, Taoismus und Buddhismus galten in der späteren Kaiserzeit als die „drei Wege" zum richtigen Leben, die sich gegenseitig überhaupt nicht ausschlossen.

Das frühe Kaiserreich

Im Jahr 221 v.Chr. setzten sich die Qin-Fürsten im Bürgerkrieg der Kämpfenden Reiche durch. Der erste Qin-Herrscher nannte sich „Kaiser" (wörtlich „der göttliche Erhabene" – genauso, wie auch die Amtsbezeichnung des ersten römischen Kaisers, Augustus, lautete) und begann einen zentralen Verwaltungsstaat mit entsprechendem Beamtenapparat aufzubauen. Dabei wurden alle regionalen Traditionen und Selbstständigkeitsbestrebungen radikal unterdrückt. Das führte im Jahr 207 v.Chr. zu einer Revolte gegen die Qin. Der Heerführer, der den Aufstand anführte, ließ sich zum Kaiser ausrufen und begründete die Dynastie der Han. Die Han-Kaiser führten den von den Qin begonnenen Aufbau der zentralen Staatsverwaltung fort. Unter ihnen entstand das typisch chinesische Beamtentum. Dabei erwies sich die Lehre des Konfuzius als außerordentlich nützlich: Sie wurde zu einer Art Staatsreligion. Unter den Han wurden Verbesserungen in der Landwirtschaft eingeführt, Wissenschaft und Künste erlebten eine Blütezeit. Um Christi Geburt war China mit über 50 Millionen Einwohnern ein Reich, das fast ebenso groß war wie das der Römer.

Ein so großes Reich zusammenzuhalten erwies sich auf die Dauer als zu schwere Aufgabe für den Kaiser und seine Hofbeamten. Nach und nach ertrotzten sich die lokalen Machthaber, deren Vorfahren einmal vom Kaiser als Beamte eingesetzt worden waren, immer

Die 7.500 Krieger dieser lebensgroßen Terrakottaarmee bewachten das Grab des ersten Kaisers.

mehr Selbstständigkeit. Und als die Macht des Kaisers im 3. Jahrhundert n.Chr. sich nur noch auf einige Provinzen erstreckte, hatten die Steppenvölker Innerasiens, Vorfahren der Hunnen und der Turkvölker, leichtes Spiel, sich zu Herren großer Teile Nordchinas zu machen, zumal es chinesische Fürsten gab, die sie als Verbündete ins Land riefen.

Das chinesische Mittelalter oder die Zeit der Teilungen

„Zeit der Teilungen" haben die Chinesen die Epoche von 221 bis 589 n.Chr. genannt, weil das Land in einzelne Fürstentümer und Fremdherrschaften geteilt war, deren mächtigste Herren sich zuweilen gleichzeitig Kaiser nannten. Die Europäer haben diese Epoche auch „chinesisches Mittelalter" genannt, weil sie sie an ihr eigenes Mittelalter erinnerte, in dem Fürsten, zu denen kleinere Adlige wiederum in einem feudalen Abhängigkeitsverhältnis standen, fortwährend darum kämpften, wer der mächtigste unter ihnen sein sollte. Wie in Europa war auch in China das Mittelalter eine Zeit des Aufstiegs der Städte; anders als in Europa aber gelang es in China der städtischen Oberschicht nirgends, die Vorherrschaft der Fürsten und des Landadels abzuschütteln. Wie im europäischen Mittelalter wandten sich auch in China zu dieser Zeit viele Menschen von der Idee einer Ethik der staatlichen Ordnung – wie sie der Konfuzianismus darstellte – ab und einer individuellen Religiosität zu, die sie im kirchenartig organisierten Taoismus und im Buddhismus fanden.

Der geografische Schwerpunkt der chinesischen Kultur verlagerte sich in dieser Zeit nach Süden, der von Fremdherrschaften weitgehend frei blieb. Die europäischen Historiker lassen das Mittelalter Chinas bereits mit der erneuten Reichseinigung durch die Sui-Dynastie am Ende des 6. Jahrhunderts n.Chr. enden.

Chronik

um 1500 v.Chr. Unter der halbmythischen Shang-Dynastie entsteht die chinesische Hochkultur, zuerst am mittleren Huangho. Die Anziehungskraft dieser Kultur auf die benachbarten Völker führt zur Ausweitung der chinesischen Kultur und damit zur Schaffung eines einheitlichen chinesischen Volks zwischen Huangho und Jangtse. Wichtigste Triebkraft der Staatenbildung ist die Notwendigkeit zu einer weiträumigen Zusammenarbeit für die Nutzbarmachung der Flüsse, d.h. für den Bau von Deichen und Bewässerungsanlagen. Aus den nördlichen Steppen eingefallene Streitwagenkrieger tragen zur politischen Vereinigung großer Gebiete bei. Bronzetechnologie, Entwicklung der chinesischen Schrift (Orakelknochen)

um 1122–221 v.Chr. Zhou-Dynastie. Entwicklung eines feudalen Systems, in dem der Zhou-König (von einem Kaisertum kann man noch nicht sprechen) die Rolle eines obersten Lehnsherrn spielt, aber nicht mehr als der traditionell einflussreichste Feudalfürst ist. Die Vorherrschaft der Zhou bleibt jedoch nicht unangefochten.

722–481 v.Chr. „Frühling-und-Herbst"-Periode, die durch eine Zentralisierung in den einzelnen Fürstentümern geprägt ist; Beginn zentraler Verwaltungspraktiken, zunehmende Distanz des Adels vom Volk

um 551–479 v.Chr. Konfuzius wirkt an verschiedenen Fürstenhöfen als Berater und lehrt den Respekt vor der „richtigen" Tradition. Er lehnt neu angeeignete Vorrechte des Adels ab und wird dadurch zum Vorreiter eines auf die Verdienste des Einzelnen für den Staat bauenden Beamtenstaats.

481–249 v.Chr. Zeit der Kämpfenden Reiche. Die Fürstentümer Chinas streiten um die Hegemonie im chinesischen Kulturbereich. Vielfach machen sie den Zhou den Titel eines obersten Königs streitig.

Wirtschaftlicher Aufschwung, Privateigentum an Grund und Boden, Geldwirtschaft, Geldsteuern; Besiedlung Südchinas durch Chinesen

An die Stelle von Streitwagenkriegern treten Fußtruppen und Kavallerie.

Große Zeit der nachkonfuzianischen chinesischen Philosophie

Deklassierung des kleinen Adels: aus Lehnsherrn werden Offiziere und Schreiber im Dienst des Fürsten.

479–381 v.Chr. Me Ti predigt die Gleichheit aller Menschen vor dem Himmel und gibt damit einer Reihe von Bauernaufständen das ideologische Rüstzeug.

4.Jh.v.Chr. Verbreitung der Yin-Yang-Lehre von der Harmonie der Widersprüche. Ihr wichtigster Vertreter wird Laotse.

371–289 v.Chr. Meng-Tzu (Mencius) erneuert den Konfuzianismus mit der Lehre vom Sittengesetz, das im Staat ebenso wie in der Familie zu herrschen hat und vor dem alle gleich sind, auch wenn das Sittengesetz die Herrschaft des Familienoberhaupts wie des Fürsten fordert. Daneben spielt der „Legalismus" eine wichtige Rolle, d.h. die Lehre, dass alle Menschen sich an die bestehenden Gesetze zu halten haben. Zweck der Gesetze ist hier allein die Stärkung des Staats.

249 v.Chr. Absetzung des letzten Zhou-Herrschers. Sein Fürstentum war zum unbedeutendsten der chinesischen Teilreiche geworden. Am mächtigsten sind jetzt die Qin aus dem Nordwesten des Reichs, die ihre militärische Stärke in den Abwehrkämpfen gegen die nördlichen Nomaden gewonnen haben. In langen Kämpfen setzen die Qin ihre Herrschaft in ganz China durch.

221 v.Chr. Reichseinigung unter dem Qin-Fürsten Cheng, der sich nun „Kaiser" nennt. Das Zentrum des Reichs ist Chang-an in der Nähe des heutigen Peking. Der Kaiser schafft einen zentralen Beamtenstaat; die alten feudalen Abhängigkeitsverhältnisse werden beseitigt. Ältere Traditionen werden rigoros verfolgt.

ab 208 v.Chr. Aufstandsbewegung gegen die Neuordnung Chinas; sie wird von dem Emporkömmling Liu Pang angeführt.

206 v.Chr. Liu Pang setzt sich durch und gründet die Han-Dynastie, die das Reichseinigungswerk der Zhin fortsetzt.

206–208 v.Chr. Han-Dynastie: Festigung des zentralen Staats Abwehrkämpfe gegen die Hsiung-nu-Nomaden (Hunnen?) im Norden

Aufkommen einer halbfeudalen Grundbesitzerschicht Expeditionen in den nördlichen Steppen führen zum Kontakt mit den hellenisierten Gebieten Innerasiens (Seidenhandel).

Endgültige Unterwerfung Südchinas

1–23 n.Chr. Herrschaft des Wang-mang, der vergeblich versucht, gegen den Adel ein absolutistisches Regime durchzusetzen.

1.Jh.n.Chr. Ausbreitung des Buddhismus mit seinen Klöstern; dadurch Berührung mit der Kultur Indiens.

18–36 Hungersnot, Bauernaufstände und Bürgerkrieg; Restaurierung der Han-Dynastie durch Kuang-wu, Rückgang der Kaisermacht

15–220 „Östliche" Han-Dynastie. Erholung der Wirtschaft, weiterer Aufstieg der feudalen Grundbesitzer. Verschlechterung der Lage der Bauern

184–185 Der Bauernaufstand der „Gelben Turbane" wird niedergeschlagen. In den Bürgerkriegswirren der folgenden Zeit steigen einzelne Heerführer auf.

um 200–600 „Chinesisches Mittelalter": Zeit von Feudal- und Fremdherrschaften

280–316 Unter den Jin-Herrschern ist der größte Teil des Reichs vereint.

317–419 Vorherrschaft der „östlichen Jin"

420–588 „Zeit der staatlichen Zerrissenheit"; feudale Kleinstaaten, im Norden meist unter der Fremdherrschaft nomadischer Barbaren, im Süden unter chinesischen Adelsfamilien

um 600 Die Sui stellen die Einheit des Reichs wieder her.

Das älteste Weltreich

China hat die längste Kulturgeschichte der Welt. Von 221 v.Chr. bis 1912 n.Chr. war es ein einziges großes Reich. Das alte China blieb lange von Einflüssen der übrigen Welt unberührt. Weite Wüstengebiete und hohe Gebirge schnitten das Land von den Kulturen Indiens, Westasiens und Europas ab, und es vergingen Jahrhunderte, ehe die Chinesen 126 v.Chr. feststellten, dass es noch andere Kulturen gab. Eine Schlüsselrolle bei der Erhaltung der staatlichen Stabilität und Einheit Chinas spielten die gesellschaftlichen Strukturen. Das vom ersten Han-Kaiser ins Leben gerufene Beamtentum sorgte Dynastie um Dynastie für die effektive und weise Verwaltung des riesigen Reichs. Aber auch die chinesischen Philosophen leisteten ihren Beitrag zum sozialen Frieden. Große Denker wie Konfuzius mahnten zu einem Leben nach festen Regeln, in dessen Mittelpunkt die Familie stand.

VEREINTES CHINA
Im Jahr 221 v.Chr. wurden die vielen Fürstentümer Chinas zu einem Staat geeint. Die Karte zeigt die Grenzen des Reichs. Durch Verbindung mehrerer alter Grenzwälle entstand 214 v.Chr. die Chinesische Mauer.

Rituelles Wassergefäß aus Bronze (Zhou-Dynastie)

Rituelles Weingefäß aus Bronze (Shang-Dynastie)

Bronzene Speerspitzen (Periode der Kämpfenden Reiche)

Terrakottakrieger (Qin-Dynastie)

China

SHANG
Die Shang-Dynastie ist die erste quellenmäßig gesicherte Dynastie Chinas. Bekannt ist diese bronzezeitliche Kultur vor allem für ihre kunstvollen Bronzearbeiten und die ersten Inschriften. Die Shang-Könige und eine adlige Oberschicht herrschten von befestigten Städten aus über ein Bauernvolk.

Um 1650–1027 v.Chr.

ZHOU
Für Konfuzius war die frühe Zhou-Dynastie ein goldenes Zeitalter. Die Zhou-Könige übernahmen den Ahnenkult der Shang. Adlige herrschten von größeren Landsitzen aus über die bäuerliche Bevölkerung.

1027–256 v.Chr.

KÄMPFENDE REICHE
Als die Zhou an Macht verloren, kämpften mehrere Könige mit gewaltigen Armeen um die Herrschaft. Hunderttausende fielen. In dieser Periode der Kämpfenden Reiche riefen Konfuzius, Laotse und andere Philosophen zum Frieden auf, doch ihre Lehren fanden erst in späterer Zeit Beachtung.

481–221 v.Chr.

QIN
221 v.Chr. vereinte der erste Kaiser China unter der Qin- oder Chin-Dynastie. Um sein Reich vor Übergriffen der Nomadenvölker aus dem Norden zu schützen, ließ er die Große Mauer bauen. Er vereinheitlichte Schrift, Münzwesen, Maße und Gewichte. Das Kaisertum hielt sich als Regierungsform bis in unser Jahrhundert.

221–207 v.Chr.

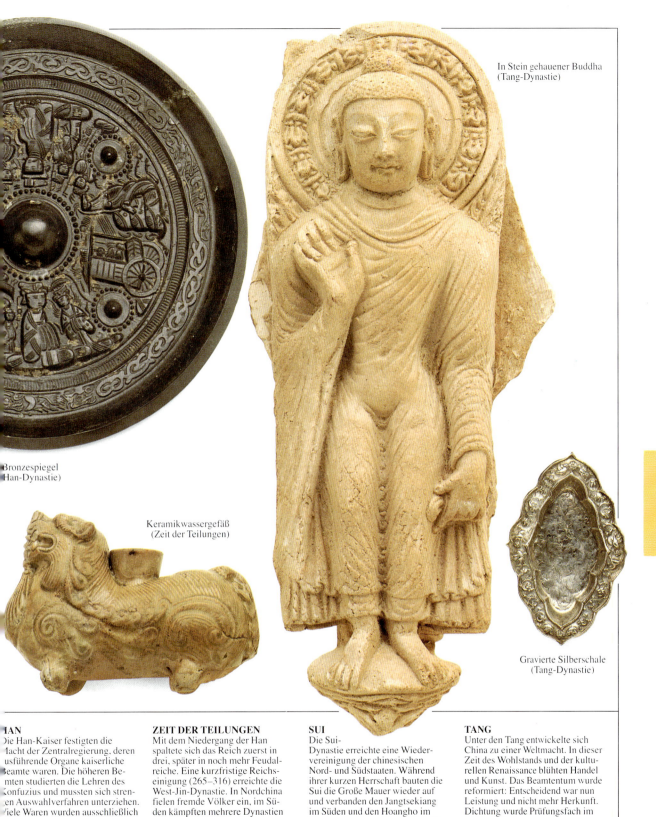

In Stein gehauener Buddha
(Tang-Dynastie)

Bronzespiegel
(Han-Dynastie)

Keramikwassergefäß
(Zeit der Teilungen)

Gravierte Silberschale
(Tang-Dynastie)

HAN

Die Han-Kaiser festigten die
Macht der Zentralregierung, deren
ausführende Organe kaiserliche
Beamte waren. Die höheren Beamten studierten die Lehren des
Konfuzius und mussten sich strengen Auswahlverfahren unterziehen.
Viele Waren wurden ausschließlich
in staatlichen Manufakturen hergestellt.

107 v.Chr.–220 n.Chr.

ZEIT DER TEILUNGEN

Mit dem Niedergang der Han
spaltete sich das Reich zuerst in
drei, später in noch mehr Feudal-
reiche. Eine kurzfristige Reichseinigung (265–316) erreichte die
West-Jin-Dynastie. In Nordchina
fielen fremde Völker ein, im Süden kämpften mehrere Dynastien
um die Macht. Der Buddhismus
breitete sich aus.

221–589

SUI

Die Sui-
Dynastie erreichte eine Wieder-
vereinigung der chinesischen
Nord- und Südstaaten. Während
ihrer kurzen Herrschaft bauten die
Sui die Große Mauer wieder auf
und verbanden den Jangtsekiang
im Süden und den Hoangho im
Norden durch den Großen Kanal
oder Kaiserkanal.

589–618

TANG

Unter den Tang entwickelte sich
China zu einer Weltmacht. In dieser
Zeit des Wohlstands und der kultu-
rellen Renaissance blühten Handel
und Kunst. Das Beamtentum wurde
reformiert: Entscheidend war nun
Leistung und nicht mehr Herkunft.
Dichtung wurde Prüfungsfach im
Staatsexamen.

618–906

Erdsymbol *cong*
(Jade, um 2500 v.Chr.)

Jadeaxt
(Ostchina, um
4500–2500 v.Chr.)

URALTE JADE
Die beiden alten Jadestücke spielten
wahrscheinlich in steinzeitlichen
Begräbnisritualen eine Rolle.

Die Anfänge Chinas

Die erste historisch belegte Dynastie Chinas ist die der Shang. Die Shang-Könige herrschten zwischen etwa 1650 und 1027 v.Chr. über weite Teile Nordchinas. Der König war gleichzeitig oberster Priester und Schamane. Man nannte ihn „Sohn des Himmels", glaubte, dass er mit aller irdischen Macht ausgestattet sei, und erwartete von ihm, dass er gute Beziehungen zum Himmel pflegte. Nach ihrem Ableben wurden die Könige zu Gottheiten, die man bei wichtigen Entscheidungen um Rat anrief. Nur der König konnte den Segen der Götterahnen erbitten und ihren Fluch abwehren. Zwar hatten die Shang-Herrscher viele Sklaven, doch vor allem waren sie auf die Arbeit der überwiegend bäuerlichen Bevölkerung angewiesen. Diese bearbeiteten nicht nur das Land, sie nahmen auch als Treiber an königlichen Jagden teil und dienten im Krieg als Fußsoldaten.

*Eine Bronzekling
ließ sich leich
gießen und wa
eine tödlich
Waffe*

TÖDLICHE WAFFE
Von der Shang-Zeit an war die Hellebarde mit dolchartiger Klinge eine bevorzugte Kampfwaffe, mit der man u.a. vom fahrenden Streitwagen herab zuschlug. Der abgebildete verzierte Streitpickel fand aber wohl eher bei Ritualen Verwendung.

*Die Klinge wurde im
rechten Winkel an einem
Stiel befestigt.*

*Hellbraune Jade
mit zartgrauer
Marmorierung*

*Ohr ode
Hor*

*Monster
köpfe* (taotie)
*ein beliebte
Motiv de
Shang-Zei*

Auge

Maul

HIMMELSSYMBOL
Solche Jadescheiben nennt man *bi*. Man fand sie zusammen mit *cong*-Jaden und Äxten in großer Zahl in chinesischen Gräbern aus der Jungsteinzeit. Diese wertvollen Gegenstände umrahmten die Gebeine der Toten; die runde *bi* stellte wahrscheinlich den Himmel dar. Nach dem Glauben der Shang schenkte der Gott des Himmels, Shangti, dem Herrscher gute Ernten, Siege auf dem Schlachtfeld und kräftige Söhne. In allen wichtigen Fragen wurden die königlichen Ahnen angerufen, ehe man eine Entscheidung fällte.

RITUALKESSEL
Die Shang brachten ihren Ahnen Speise- und Trankopfer dar. Dabei wurden die Speisen für die Toten genauso zubereitet wie für die Lebenden. Auch dieses reich verzierte Bronzebecken (*ding*) fand im Ahnenkult Verwendung.

Bronzeäxte
(12./11.Jh.v.Chr.)

Taotie-Motiv

Weinschalen gehörten zu den häufigsten Spendegefäßen.

Aus solchen Orakelinschriften entwickelte sich die chinesische Schrift.

Riss

ÄXTE

Diese Streitäxte gehörten möglicherweise Soldaten der königlichen Garde. Sie wurden in Kriegszeiten von bäuerlichen Hilfstruppen unterstützt. Der König rief die Adligen in den Krieg, und diese rekrutierten ihre Bauern.

Gießer

WEINBECHER

Die Shang kannten etwa 20 verschiedene Spendegefäße für den Ahnenkult. Zu den eigenartigsten gehört diese *jue*. Aus dem schnabelähnlichen Gießer ließ man Wein für die Ahnen fließen.

Feine Gravuren

Taotie-Motiv

BRONZEZIER

Wie diese Stabbekrönung zeigt, war die Kunstfertigkeit der Shang-Bronzeschmiede unübertroffen. Es ist jedoch unwahrscheinlich, dass sich die einfachen Bauern Bronzewerkzeuge und -waffen leisten konnten. Die Metallverarbeitung war königliches Monopol.

ORAKELKNOCHEN

Die Shang-Könige benutzten bei der Befragung der Ahnen Orakelknochen. Ein Ochsenknochen oder ein Schildkrötenpanzer wurde mit einem heißen Bronzestäbchen erhitzt. Aus den dabei entstehenden Rissen las man dann die Antwort auf die Orakelfrage. Frage und Antwort wurden oft auf dem Knochen vermerkt.

SAKRALGEFÄSS

Aus diesem langen, schlanken Gefäß mit kelchförmiger Öffnung (Typ *gu*) wurde Wein getrunken und den Ahnen dargebracht. Nahezu alle Sakralgefäße hatten Alltagskeramik zum Vorbild. Der König und die Adligen benutzten reich verzierte bronzene Opfergefäße, die ärmeren Leute in der Regel einfachere Ausführungen aus Ton.

Die Lehren des Konfuzius

Die Lehren des Konfuzius prägten die chinesische Staatsphilosophie und das chinesische Denken über Jahrtausende.

Für Kong Fuzi, d.h. „Meister Kong" (von den Jesuiten später lateinisch Konfuzius genannt), war die frühe Zhou-Dynastie eine Epoche gesellschaftlicher Harmonie. Er selbst lebte 551–479 v.Chr., zu einer Zeit politischer Wirren. Der König war kaum mehr als eine Repräsentationsfigur, ehrgeizige Feudalherren kämpften um die Macht. Vor diesem Hintergrund sah Konfuzius die Rettung in der Rückbesinnung auf alte Werte. Eine ideale Gesellschaft gründete für ihn auf Güte und gegenseitigen Respekt. Als Kern des Staats sah er die Familie an, deren Mitglieder einander in Liebe, Ehrerbietung und Gerechtigkeit begegnen sollten.

Ein guter Herrscher musste ein Beispiel geben und seine Untertanen gerecht behandeln; Gewalt durfte nur ein Mittel für den Notfall sein. Die Untertanen wiederum schuldeten dem König Respekt und Gehorsam. Konfuzius' Philosophie prägte das chinesische Denken: Das Reich wurde zu einer großen Familie; der Kaiser, der „Sohn des Himmels", war der wohlwollende Vater, seine Untertanen die Kinder. In die chinesische Familie waren nicht nur die Lebenden, sondern auch die toten Vorfahren und die noch nicht geborenen Nachkommen einbezogen. Noch heute spielen Familie und Ahnenkult im chinesischen Leben eine besondere Rolle.

An einer Schlinge aufgehängt, konnte die Glocke schwingen.

Große Bronzeglocke (6./5.Jh.v.Chr.)

GLOCKEN
Die Chinesen glaubten, dass Glockenklänge den Geist beruhigen und gute Gedanken fördern. Rituelle Musik soll Konfuzius veranlasst haben, drei Monate nur von Wasser und Reis zu leben.

Die klöppellose Glocke wurde von außen angeschlagen.

Ohr

Spitzes Horn

Pferdegesicht

ÜBERNOMMENE SITTEN
Konfuzius sah die frühen Zhou-Könige u.a. deshalb als ideale Herrscher an, weil der siegreiche Zhou-König Wu 1027 v.Chr. den unterlegenen Shang Respekt erwies, indem er an der Ahnenverehrung festhielt. Dieses Opfergefäß vom Typ *gui* wurde in der frühen Zhou-Zeit im Ahnenkult verwandt.

Seitenansicht

Sakralbronze *gui* (Früh-Zhou, 11.Jh.v.Chr.)

Zur Datierung nennt die Inschrift dieser gui Angriffe des Zhou-Königs auf die Reste des besiegten Shang-Reichs.

Griff in Form eines Sagentiers

BOTSCHAFT AN DIE AHNEN
Die Inschrift im Opfergefäß stellt einen Lehensvertrag dar. Sie bestätigt die Übergabe von Land oder einem Amt an einen Freund des Fürsten Kang, eines Bruders des Zhou-Königs Wu. So hielt man in der Zhou-Zeit Verträge und Lehensgaben fest. Die Ahnen sollten dann beim Opfer durch die Inschriften von den Errungenschaften ihrer Nachkommen erfahren.

Aus den Piktogrammen der Sakralgefäß-Inschriften entstand eine der berühmtesten Formen früher chinesischer Schrift.

Blick von oben auf das Gefäß

BERÜHMTER AHN

Der Ahnenkult entwickelte sich in China zu einer festen religiösen Tradition. Einmal im Jahr brachte man den Ahnen beim Qingming-Fest Opfer dar. Diese Schrifttafel aus Ton stand vor dem Grab des Wang Yuanzhi, eines hohen Beamten, der 571 n.Chr. starb. Sie sollte seine Nachkommen an die hervorragende gesellschaftliche Stellung ihres Ahnherrn erinnern.

FURCHTERREGENDER WÄCHTER

Die Verwandten brachten ihre jährlichen Ahnenopfer am Eingang zur Gruft ihrer Vorfahren dar. Seit der Han-Dynastie ließen sich die Reichen unterirdische Backsteingrüfte mit Bildziegeln oder Malereien verzieren. Die Gräber waren von einem Hügel gekrönt und von einer geheiligten Zone umgeben. Die Beter näherten sich über eine lange Geisterstraße, die von steinernen Tieren oder Menschenfiguren gesäumt war.

Grabwächter
(Tang-Dynastie)

Schriftzeichen: in Ton geritzt und rot eingefärbt

Aufgemalte Mähne

FABELTIER IM GRAB

Konfuzius wandte sich gegen Sklaverei sowie Tier- und Menschenopfer. Unter dem Einfluss seiner Lehren wurde es üblich, hoch gestellten Verstorbenen statt Sklaven, Kriegsgefangenen oder Tieren Tonfiguren ins Grab zu legen. Dieses Fabeltier aus einem Grab (4.Jh.n.Chr.) sollte wohl böse Mächte abwehren.

Schlangenartiger Schwanz

Kuhkörper

Pferdehuf

Die drei Wege

Im kaiserlichen China gab es drei „Glaubenswege": den Konfuzianismus, den Taoismus und den Buddhismus. In der langen Geschichte Chinas herrschte meist religiöse Toleranz; Glaubensverfolgungen waren, anders als in Europa, die Ausnahme. Konfuzianismus und Taoismus entstanden in der Zeit der Kämpfenden Reiche. Als Gegenbewegungen zu den ständigen kriegerischen Auseinandersetzungen predigten ihre Anhänger ein friedliches Miteinander. Der Mahajana-Buddhismus – eine Form des Buddhismus, in der Götteranbetung, Orakel und andere volkstümliche Formen der Frömmigkeit eine große Rolle spielen – kam im 1. Jahrhundert n.Chr. aus Indien nach China. Seine sanften Lehren fanden in den unruhigen Zeiten nach dem Ende der Han-Dynastie viele Anhänger, und die buddhistischen Wandermönche bildeten im zerspaltenen Reich einen Faktor der Einheit. Die Rückkehr zu einer starken Regierung unter den Tang-Kaisern (618–906) ließ den Konfuzianismus neu erstarken. Die beliebteste Religion blieb jedoch der Buddhismus.

Laotse wird immer als alter Mann dargestellt.

LAOTSE
Der Weisheitslehrer Laotse (Lao Zi, geb. 604 v.Chr.) lehrte, dass der Mensch in Einklang mit der Natur leben müsse. Ihm wird das *Daodejing* zugeschrieben, das klassische Buch über die Ideen des Taoismus. Laotse ging es um die Harmonie der Menschen untereinander, die nur zu erreichen sei durch das Wirkenlassen der himmlischen Harmonie in der Natur. Menschengemachte Regeln lehnte er ab. Symbol des Taoismus ist das Yin-Yang-Zeichen.

China

Heilige Schriftrolle

Zhongli Quan, der oberste der acht Unsterblichen, konnte mit einem Wink seines Fächers Tote erwecken.

Schildkröte: Symbol des Glücks und der Weisheit

Flöte

Fächer

PAGODE
Pagoden sind meist prachtvoll verzierte buddhistische Tempeltürme mit drei bis 15 Stockwerken. Die Chinesen glaubten, dass Pagoden der umliegenden Gegend Glück brächten.

GNADENGÖTTIN
Avalokiteswara, der indische Bodhisattwa des Lichts, wurde in China schrittweise zur Gnadengöttin Kuanyin umgeformt. Ihr Name bedeutet „die Gebete Erhörende". Die Göttin wird oft als Schutzpatronin der Kinder dargestellt und war die höchste Göttin des chinesischen Buddhismus.

Zhang Guolao, ein Unsterblicher, der sich unsichtbar machen konnte

DIE ACHT UNSTERBLICHEN
hatten nach dem Glauben der Taoisten das höchste Ziel erreicht. Die geheimnisvollen Unsterblichen oder *xian* lebten auf einem abgelegenen Berg. Man verehrte sie und schrieb ihnen übernatürliche Kräfte zu. So konnten sie Dinge in Gold verwandeln, sich unsichtbar machen, Pflanzen augenblicklich zum Blühen bringen und Tote erwecken.

Han Xiangzi, Schutzpatron der Musiker, konnte Blumen zum Blühen bringen

Elfenbeinfiguren aus der Ming-Dynastie (16./17. Jh.)

SCHUTZGEIST

Bodhisattwa war ursprünglich ein „Buddha-Anwärter" auf dem Weg zur Erleuchtung. Später wurden daraus „Heilige", die freiwillig auf den Eingang ins Nirwana verzichteten, um anderen auf dem Weg zur Erlösung zu helfen. Am bedeutendsten war Kuanyin, doch die Chinesen beteten zu vielen solcher Nothelfer.

Kopf eines Bodhisattwas (Gipsstuck, 8./9.Jh.n.Chr.)

Krone

MEISTER KONG

Der Moralphilosoph Konfuzius lehrte gegenseitigen Respekt: Ein guter Herrscher sollte seine Untertanen lieben und diese ihm mit Ehrfurcht begegnen. Respekt innerhalb der Familie war für Konfuzius wichtig, weil die Familie das Rückgrat der Gesellschaft bilde. Dem widersprachen die Taoisten. Konfuzius sagte zu seiner Verteidigung: „Sie lehnen mich ab, weil ich die Gesellschaft verändern möchte, aber wenn wir nicht mit unseren Mitmenschen leben sollen, mit wem dann? Wir können nicht mit Tieren zusammenleben. Wenn die Gesellschaft so wäre, wie sie sein sollte, würde ich sie nicht verändern wollen."

Neueres Buddha-Bildnis für die häusliche Anbetung

Aura (Heiligenschein) verdeutlicht die göttliche Ausstrahlung des Buddhas.

Buddha auf Heiligem Lotos

BUDDHA

Buddhisten folgen den Lehren des nordindischen Prinzen Gautama Siddhartha (geb. um 560 v.Chr.), der sein Leben der Suche nach innerem Frieden widmete. Der bekanntere Name „Buddha" ist ein Ehrentitel und bedeutet „der Erleuchtete" oder „der Erwachte". Die Inder glauben, dass man nach dem Tod wiedergeboren wird. Wer böse war, wird z.B. als Insekt oder anderes Tier wiedergeboren. Buddha glaubte, dass man durch Verzicht auf weltliche Genüsse den Kreislauf ständiger Wiedergeburten durchbrechen und ins Nirwana eingehen könne, einen Zustand der völligen Leere, des Freiseins von allem Leid der Welt.

Der Kopf weist männliche und weibliche Züge auf.

Kriegskunst

Drei Jahrhunderte voll grausamer Kriege kennzeichnen den Niedergang der Zhou-Dynastie. Die Zhou konnten die Streitigkeiten unter den mächtigen Feudalherren nicht mehr unter Kontrolle bringen, und um 481 v.Chr. hatte sich China in sieben verfeindete Staaten gespalten. Es kam zu Gefechten mit einem gewaltigen Aufgebot an Fußsoldaten, Armbrustschützen, Reitern und Streitwagen. Tausende fielen oder wurden verwundet. Allein in der Schlacht von Chang Ping (260 v.Chr.) starben mindestens eine halbe Millionen Männer. Damals schrieb der Heerführer Sun Zi ein Buch über Kriegstaktik, das älteste militärische Handbuch der Welt. Schließlich siegten die Herren des Staates Qin (Chin) aus dem Norden. Sie einten 221 v.Chr. das Reich wieder unter einem Kaiser und zentraler Verwaltung. Später verlor das Militär an Gewicht, und das Staatsbeamtentum gewann an Bedeutung.

Als Gott des Krieges dargestellt: Guan Di, ein berühmter Krieger aus der Periode der Drei Reiche (221–265 n.Chr.)

Goldene Zaumzier mit *taotie* (7./8.Jh.v.Chr.)

Die Zaumzier lag auf den Wangen des Pferdes auf.

PFERDESCHMUCK
Solche Stücke zierten das Geschirr der Kavalleriepferde. Zwar wurden Schlachten vor allem mit einem gewaltigen Aufgebot an Fußsoldaten geschlagen, doch Reiter führten zusätzlich Blitzangriffe und verteidigten die Flanken der Infanterie.

Taotie- oder Monstermaske

Dolchscheide und Dolch (7./6.Jh.v.Chr.)

STICHWAFFEN
Militärischen Erfolg zeigte man mit solchen Prunkwaffen. Doch sie erreichten nie die Bedeutung, die das Schwert für die europäischen Ritter des Mittelalters hatte. Im chinesischen Adelskodex spielten die Ideale des Konfuzianismus eine größere Rolle.

Bronzene Trense (Han-Dynastie)

Bronzenes Nasenstück eines Streitwagenpferds

BEEINDRUCKEND
Dieses Nasenstück schmückte Stirn und Nase eines Streitrosses. Streitwagen und Pferdegeschirr waren prunkvoll verziert, um den Feind zu beeindrucken und den Status ihres Besitzers zu zeigen. Die Wagenbesatzung trug prächtige Rüstungen.

Bronzene Radnabenkappe eines Streitwagens

PFERDESTÄRKEN
Trense eines Kavalleriepferdes der Han-Dynastie. Die chinesischen Reiter ritten kleine mongolische Ponys, bis der Han-Kaiser Wu Di 101 v.Chr. aus Innerasien eine größere Rasse einführte und dadurch die Streitkraft der Reiterei verbesserte. Die größeren Pferde waren schneller und konnten schwer gepanzerte Männer tragen.

RADKAPPEN
Chinesische Streitwagen waren aus Holz, hatten große Räder, wurden von je vier Pferden gezogen und trugen meist drei Mann: einen Wagenlenker, einen Bogenschützen und einen Speerkämpfer. Jeder Adlige musste einen Streitwagen führen können.

Schwert (4.Jh.v.Chr.)

RÜSTUNG
Diese Lederplättchen gehörten zu einer Rüstung. In der Zeit der Kämpfenden Reiche bestand der Panzer in der Regel aus kleinen Eisenplättchen. Waffen waren jedoch aus Bronze, weil die Verarbeitung dieses Metalls billiger war.

Lackversteifte Lederplättchen

Stierkopf-Dekoration von einem Streitwagen (4.Jh.v.Chr.)

WAGENSCHMUCK
Der prächtige Stierkopf zierte die Deichsel eines Streitwagens. Zwar wurden Streitwagen in den Jahren vor der Reichseinigung 221 v.Chr. kaum noch im Kampf eingesetzt, doch sie blieben noch lange als Prunkfahrzeug in Mode.

Der Bolzen wurde mit großer Kraft abgeschossen.

TÖDLICHE BOLZEN
Um 450 v.Chr. erfanden die Chinesen die Armbrust, die sich bald zu einer der gefährlichsten Kriegswaffen entwickelte. Ehe die Fußsoldaten vorrückten, brachen die Armbrustschützen die Reihen der Feinde mit einem Pfeilhagel auf. Die Armbrust machte den Streitwagen schließlich überflüssig, denn nun konnte man Bolzen aus sicherer Entfernung abfeuern. Streitwagen dienten fortan nur noch der Repräsentation.

Bronzener Stierkopf mit Gold- und Silbereinlegearbeit

VOGELHELLEBARDE
Die Hauptwaffe der Fußsoldaten war die Hellebarde – eine Bronzeklinge, die wie das Blatt einer Sense an einer langen Stange befestigt war. Sie war gefährlich und hielt den Gegner auf Distanz. In jedem Streitwagen fuhr ein Mann mit einer Hellebarde mit, um die Pferde vor der Infanterie der Feinde zu schützen.

Die Klinge steckte auf einer Stange.

Bronzeklinge

AXT
Die meisten Schlachten wurden im Mann-zu-Mann-Kampf entschieden. Die Soldaten der Qin, die den ersten Kaiser auf den Thron brachten, waren für ihre Furchtlosigkeit berühmt und berüchtigt. War der Kampf in vollem Gang, warfen die Fußsoldaten ihre Rüstung ab, damit sie mehr Bewegungsfreiheit hatten.

Dekoration aus verschlungenen Drachen

Streitaxt (6./5.Jh.v.Chr.)

Bronzehellebarde und Schaftschuh (4./3.Jh.v.Chr.)

Der Schuh wurde unten am Holzschaft befestigt.

Der erste Kaiser von China

Der Drache (hier Zierstücke aus Jade) wurde zum Symbol des ersten Kaisers.

Im Jahr 221 v.Chr. entstand das chinesische Kaiserreich. In jenem Jahr besiegten die Krieger der Qin ihren letzten Gegner und vereinten die Kämpfenden Reiche unter einem Regenten, König Zheng. Um seine überragende Stellung zu verdeutlichen, nannte sich Zheng fortan Qin Shi Huangdi, was so viel heißt wie „des Anfangs erhabener Kaiser der Qin-Dynastie". Der Name der Dynastie (Qin, in anderer Schreibung „Chin") gab ganz China den Namen. Der erste Kaiser muss sich für unsterblich gehalten haben, denn er ließ sich ein gewaltiges Grabmal errichten, das von einer ganzen Armee lebensgroßer Terrakottasoldaten bewacht wurde. Seine kurze Regentschaft auf Erden (221–207 v.Chr.) war hart. Er zwang seine Untertanen zum Bau der Großen Mauer und unterdrückte jeden Widerspruch. Seit dieser Zeit gilt Einmütigkeit bei den Chinesen als selbstverständlich.

HIMMELSSOHN?
Die kurze Regentschaft des ersten Kaisers hinterließ einen bleibenden Eindruck, wenngleich die Dynastie schon drei Jahre nach seinem Tod durch einen Bauernaufstand (207 v.Chr.) gestürzt wurde.

TERRAKOTTAARMEE
Lebensgroße Krieger nebst Pferden und Streitwagen aus Ton bewachten das Grab des Qin Shi Huangdi. Jeder der 7500 Krieger hat ein individuelles Gesicht und ist wahrscheinlich Abbild eines Soldaten der Qin-Armee. Die Tonsoldaten trugen echte Waffen, die jedoch Grabräubern zum Opfer gefallen sind.

VIELSAGEND
Die Inschrift preist die Vereinigung Chinas durch den ersten Kaiser. Das oberste Schriftzeichen, Teil des Titels des ersten Kaisers, drückt Göttlichkeit oder göttliche Gunst aus.

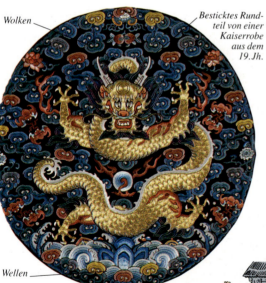

Wolken

Wellen

Besticktes Rundteil von einer Kaiserrobe aus dem 19. Jh.

BÜCHERVERBRENNUNG
Die Schriften der Gelehrten, die mit seiner Politik nicht übereinstimmten, ließ der Kaiser verbrennen. Wer Widerstand leistete, wurde hingerichtet. Vor allem die Schüler des Konfuzius waren dem Kaiser mit ihrer Verherrlichung der Vergangenheit und der Kritik an seiner Politik ein Dorn im Auge. Nur Bücher über Landwirtschaft, Medizin und Orakel entgingen den Flammen.

DRACHENKÖNIG
Qin Shi Huangdi wählte den Drachen als Wappentier, weil dieser als göttlicher Herr des Wassers galt und Wasser das Glückselement der Qin war. Seither ist der Drache das Zeichen der chinesischen Kaiser.

GROSSE BAUWERKE
Qin Shi Huangdis Untertanen mussten als Zwangsarbeiter große Bauwerke errichten, u.a. die Chinesische Mauer, Straßen und Kanäle. Die Qualen, die die Zwangsarbeiter beim Bau der Großen Mauer erlitten, werden noch heute in chinesischen Volksliedern besungen. Zur Finanzierung der Baumaßnahmen erhob der Kaiser hohe Steuern.

DIE CHINESISCHE MAUER
Die größte Errungenschaft Qin Shi Huangdis war die Verbindung mehrerer alter Wälle und Mauern zur Großen Mauer (um 214 v.Chr.). Das gewaltige Bollwerk gegen die Hunnen ist das längste Bauwerk der Erde.

DER CHINESISCHE DRACHE
Der chinesische Drache hat einen Kamel-
kopf, ein Hirschgeweih, Dämonenaugen,
Fischschuppen, Adlerfänge, Tigerpran-
ken, Stierohren und die langen Tast-
haare einer Katze. Er kann sich
klein machen wie eine Seiden-
raupe oder so groß, dass er
die ganze Welt über-
schattet.

Wolken

Schuppenhaut

Geweih

Glühende
Augen

Lange
Tast-
haare

KAISERDRACHE
Es erscheint wider-
sprüchlich, dass Qin Shi
Huangdi ein gütiges Tier als
Schutzgottheit wählte. Der chinesische Drache ist nämlich kein
Ungeheuer, sondern vereinigt Weisheit, Kraft und Güte. Vor allem aber verkörpert er das Leben spendende Element Wasser. Die alten Chinesen glaubten, dass Drachen
in jedem Fluss, See und Meer und auch in den
Regenwolken leben.

Perle
der
Weisheit

*Der fünfklauige
Drache war das
Wappentier des
Kaisers.*

Kaiserliches Siegel mit
einem von Wolken um-
gebenen Drachen, der
die Perle der Weisheit
bewacht (14. Jh.)

China

127

Im Dienst des Reichs

Die ersten Staatsbeamten rekrutierte Gaozu (206–195 v.Chr.), der erste Han-Kaiser. Gaozu führte eine der Bauernarmeen an, die im Jahr 207 v.Chr. die Qin-Dynastie besiegten. Wenngleich er selbst als Mann aus dem Volk nicht über eine große Bildung verfügte, erkannte er, dass das Reich geschulte Verwaltungsbeamte brauchte. Den Vorzug erhielten mehr und mehr Beamtenanwärter mit konfuzianischer Bildung. Seit jener Zeit wurde das chinesische Reich über 2000 Jahre von kaiserlichen Beamten verwaltet. Im Jahr 124 v.Chr. führte der Han-Kaiser Wu Di Eingangsprüfungen für Beamtenanwärter ein und gründete eine staatliche Universität, an der die Kandidaten die Klassiker des Konfuzianismus studierten. Später konnten auch begabte junge Männer vom Lande zu höheren Beamten aufsteigen. Wer das höchste Palastexamen bestand, konnte sogar Minister werden und eine Prinzessin heiraten.

KLAUSUR
Provinzbeamte bei einem Staatsexamen. Auf jeder Verwaltungsebene bestanden nur wenige Kandidaten die Prüfung. Sie mussten Fragen zu den konfuzianischen Klassikern beantworten, deren 431.286 Wörter sie auswendig lernten. Der Lehrplan änderte sich im Lauf der Jahrhunderte kaum.

Langer Bart: Zeichen von Alter und Weisheit

PRÜFUNGSARBEIT
Diese Antworten eines Prüflings mit Anmerkungen des Prüfers stammen aus dem 19. Jh. Das Beamtenstudium kostete viel Zeit und Mühe. Doch wer es meisterte, hatte die besten Chancen. Worte eines erfolgreichen Kandidaten aus dem 8. Jh.: „Die Plackerei von gestern ist vergessen. Heute sind die Aussichten unermesslich, und mein Herz ist von Freude erfüllt!"

RATGEBER *oben*
Der Rat des Ming-Beamten Qiu Jun, die Große Mauer gegen die Mandschuren zu verstärken, war weise. 1644 eroberten die Mandschuren China dennoch.

Beamter (18.Jh.) im Hofstaat

Kreise: Lob für Schönschrift

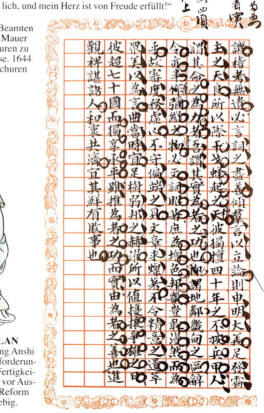

FEIERLICHE VERLEIHUNG
Die besondere Dokumententafel, die dieser Hofbeamte in Händen hält, hatte man u.a. bei der Überreichung der Examensurkunden bei sich. Die besten Kandidaten erhielten ihre Urkunden im Palast und erwiesen dem Kaiser ihre Ehrerbietung.

NEUER LEHRPLAN
Der Song-Minister Wang Anshi änderte die Prüfungsanforderungen für Staatsbeamte: Fertigkeiten hatten jetzt Vorrang vor Auswendiglernen. Diese Reform war aber nur kurzlebig.

Das Abzeichen wurde auf Staatsroben genäht.

RANGABZEICHEN
Diese prachtvolle goldene Plakette zeigt den fünf-klauigen kaiserlichen Drachen und ist mit Halbedelsteinen verziert. Solch ein teures Abzeichen trug wahrscheinlich ein kaiserlicher Minister oder ein Prinz der Ming-Dynastie.

GEFÄHRLICHE TÄUSCHUNG
Dieses Taschentuch ist mit Modellantworten auf die Examensfragen beschrieben. Doch „Spicken" in Staatsprüfungen war nicht nur schwierig, sondern auch gefährlich. Die Kandidaten saßen einzeln in abgeschlossenen Zellen, deren Tür offen blieb. Wachsoldaten sorgten dafür, dass keine Notizen auf das Prüfungsgelände geschmuggelt wurden. Als Kaiser Xian Feng 1859 von Täuschungen bei den Hofbeamtenprüfungen erfuhr, ließ er die verantwortlichen Prüfer enthaupten, verbannte die heimlichen Helfer und entzog den Schuldigen sämtliche Titel und Würden.

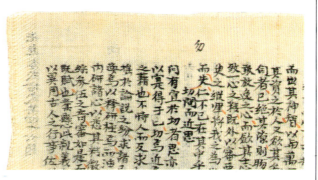

Fortsetzung auf der nächsten Seite

Eine Beamtenlaufbahn

Examinierte Beamte hatten sichere, gut bezahlte Stellungen und waren sehr angesehen. Sie übernahmen Ämter in der Kommunal-, Provinz- oder Palastverwaltung. Der Andrang auf die begehrten Stellen wurde in den letzten Jahrhunderten der Kaiserherrschaft so groß, dass bei den Palastexamina nur einer von 3000 Kandidaten bestand.

EIN PRÄFEKT HÄLT GERICHT

Die meiste Verwaltungsarbeit wurde von den Präfekten der Kommunen erledigt. Ein Präfekt (*ling*) war für eine Stadt und die umliegenden Dörfer und Ländereien zuständig. Er sorgte für Recht und Ordnung, erfasste Personen und Besitz, trieb Steuern ein, legte Getreidespeicher für Notzeiten an, war für die Durchführung öffentlicher Baumaßnahmen verantwortlich, hatte die Schulaufsicht inne und sprach Recht.

Himmlische Wolken

Hoher Beamter

Diese Ming-Seidenmalerei zeigt die im 15. Jh. erbaute Verbotene Stadt.

Ein Beamter begrüßt vor den Toren der Verbotenen Stadt andere Beamte.

HOFKETTE

Kleidung und Schmuck der Beamten waren Rangabzeichen und daher strengen Vorschriften unterworfen. Diese Art Kette trugen nur Angehörige der obersten fünf Ränge der Qing-Dynastie. Sie ähnelt einem buddhistischen Rosenkranz.

Seitenstrang mit zehn Perlen

Große Perlen (Buddhaköpfe genannt) teilen die kleineren Perlen in Gruppen von je 27.

Elfenbeinerne Hofbeamtenkette (frühes 20. Jh.)

Mütze aus schwarzem Samt

Bronzespitze

TOR DER AUSERWÄHLTEN

Diese Seidenmalerei zeigt die Verbotene Stadt, die vom Ming-Kaiser Yong Le erbaute Palaststadt im Herzen von Peking. Durch die drei Tore auf dem Nord-Süd-Meridian durften nur die kaiserlichen Hofbeamten und Minister eintreten. Den höchsten Beamten nannte man „Großer Lehrer".

RANGABZEICHEN

Den Dienstgrad (vierter Rang) zeigt der aufgestickte Tiger vorn auf dem Mantel (*pufu*) dieses Militärbeamten aus der Qing-Dynastie.

BEAMTENHUT

In der Qing-Dynastie wurde der schwarze Ming-Hut durch die Mandschurenmütze ersetzt. Sie hatte eine Spitze, deren Material – Bronze, Glas, Kristall, Koralle oder Jade – den Rang des Trägers anzeigte.

BEAMTENHEER

Die Zahl der Beamten ist nicht für alle Dynastien bekannt. In der Han-Zeit gab es jedenfalls 135.285 kaiserliche Beamte, in der Ming-Dynastie 180.000. Bei Versammlungen konnte man oft kaum erkennen, welchen Rang ein Beamter innehatte. Daher wurde der Dienstgrad von der Ming-Zeit an durch ein großes Abzeichen verdeutlicht, das auf der Brust des Überrocks aufgenäht war. Jeden der neun zivilen Ränge symbolisierte ein Vogel. Diese beiden Abzeichen stammen aus der Qing-Dynastie. Der weiße Kranich (oben) war das Zeichen des ersten Rangs, der Reiher (rechts) kennzeichnete den sechsten Rang.

BESIEGELT

Offizielle Dokumente wurden mit Siegel unterzeichnet. Dieses Bronzesiegel aus dem 18. Jh. gehörte dem Wasserversorgungsamt der Hauptstadt Peking. Es ist in chinesischer und mandschurischer Schrift beschrieben, was an die fremdländische Herkunft des letzten Kaiserhauses, der Mandschu- oder Qing-Dynastie, erinnert.

Das Leben der Bauern

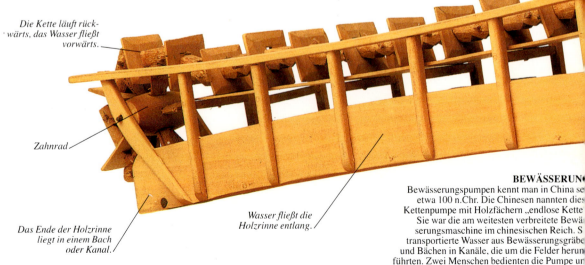

Chinesische Darstellung der „endlosen Kette"

Die meisten Menschen im kaiserlichen China waren Bauern. Das Leben im ganzen Reich beruhte auf der harten Arbeit der Landbevölkerung. Die Mehrheit der Kleinbauern lebte auf gepflegten kleinen Familienhöfen. Sie waren zwar nicht an einen Herrn gebunden, mussten jedoch Steuern zahlen, Kriegsdienst leisten und eine bestimmte Anzahl von Tagen jährlich Arbeitsdienst für öffentliche Baumaßnahmen wie Straßen und Kanäle verrichten. Nach dem Bauernaufstand, der im Jahr 207 v.Chr. die Qin-Dynastie stürzte, achteten die meisten Kaiser darauf, die Bauern nicht über Gebühr zu belasten. Dennoch war das Leben auf dem Land hart. Die meisten Arbeiten mussten mit der Hand verrichtet werden, vom Hacken des Bodens bis zum Verteilen von Mist. Eine der wichtigsten Arbeiten war die Versorgung der Äcker mit Wasser. Transportiert wurde das Wasser mit Eimern oder mit handbetriebenen Bewässerungsmaschinen. Im gebirgigen Nordchina betrieb man Ackerbau auf Terrassen, die man an den Berghängen angelegt hatte. Mit menschlicher Muskelkraft betriebene Pumpen wie die hier abgebildete „endlose Kette" förderten Wasser aus Brunnen und Kanälen auf die hoch gelegenen Terrassen. In den Reisanbaugebieten Südchinas schufen ausgeklügelte Bewässerungssysteme eine Flickenlandschaft aus überfluteten Feldern.

Die Bauern unterhielten sich bei ihrer eintönigen Arbeit.

Die Männer stützen sich auf einen Holzbalken.

Die endlose Kette hölzerner Sperrklappen förderte Wasser bergan.

Die Kette läuft rückwärts, das Wasser fließt vorwärts.

Zahnrad

Das Ende der Holzrinne liegt in einem Bach oder Kanal.

Wasser fließt die Holzrinne entlang.

BEWÄSSERUN(

Bewässerungspumpen kennt man in China se etwa 100 n.Chr. Die Chinesen nannten dies Kettenpumpe mit Holzfächern „endlose Kette Sie war die am weitesten verbreitete Bewä serungsmaschine im chinesischen Reich. S transportierte Wasser aus Bewässerungsgräbe und Bächen in Kanäle, die um die Felder herun führten. Zwei Menschen bedienten die Pumpe un bewässerten damit Hunderte von Ackerparzelle

Traditionelle Haar-
tracht: der Dutt

Meist spendete
ein kleines Sonnen-
dach den Arbeitern
Schatten.

NAHRUNG FÜR EIN RIESENREICH

Das nordchinesische Bergland ist von
fruchtbarem gelbem Lössboden
geprägt, der vor langer Zeit aus der
mongolischen Wüste dorthin geblasen wurde. Um das fruchtbare Land
möglichst effektiv zu nutzen, legten die Bauern an den Berghängen
Terrassen an, auf denen sie Hirse
und Weizen anbauten. In Südchina wurde in den wasserreichen
Tälern des Jangtse Reis angebaut.
Seit der Tang-Dynastie sind diese
beiden Regionen die Getreide-
kammern Chinas.

Dreschen

Worfeln

Transport des
Getreides

Die Pedale drehen
ein Zahnrad, das
die Kette mit den
quadratischen
Holzriegeln bewegt.

Das Zahnrad
dreht sich
rückwärts.

ERFOLGSZWANG
Vor allem bei der
Ernte arbeitete die
ganze Familie hart.
Viele Bauern muss-
ten einen Großteil
ihrer Erträge an
einen Gutsherrn
abgeben und
außerdem Steuern
zahlen. War die
Ernte schlecht,
geriet die Familie
in Schulden und
lief Gefahr, ihr
Land zu ver-
lieren.

China

Das Wasser läuft
aus der Holzrinne
in einen höher ge-
legenen Bewässe-
rungsgraben.

133

Fortsetzung auf der nächsten Seite

Ackerbau

Jahrtausendelang betrieben die Chinesen Landwirtschaft mit einfachsten Geräten. Säen, Ernten, Bewässern und Kornmahlen – alles war Handarbeit. In der Han-Dynastie bauten reiche Bauern dann größere Maschinen, die mit Wasserkraft oder von Tieren betrieben wurden. Von Ochsen gezogene eiserne Pflugscharen, neue Bewässerungspumpen und Wassermühlen erhöhten die Produktivität. Doch die Kleinbauern waren noch immer auf menschliche Arbeitskraft angewiesen. Die Züchtung schnell wachsender Reissorten und ausgefeilte Düngemethoden ermöglichten den südchinesischen Bauern aber schon in der Song-Zeit, zwei Ernten im Jahr einzubringen.

WORFELN
Eine handbetriebene Worfelmaschine trennte die Spelzen vom Korn. Hatte man keine solche Maschine, füllte man das gedroschene Getreide in ein großes Sieb und warf es in die Luft. Das Korn fiel zurück, die Spreu wurde vom Wind fortgeweht.

HAMMERWERK
Das Getreide wurde mit einem Kipphammer geschrotet. Ein Mann brachte den schweren Hammer durch Gewichtsverlagerung zum Wippen. In der Nähe größerer Städte gab es große wasserbetriebene Schrotmühlen.

REIS PFLANZEN
Hier pflanzen Bauern Reissetzlinge im Schlamm eines überfluteten Feldes aus. Ursprünglich gab es nur solchen Nassreis-Anbau, später auch Trockensorten, die bei ausreichend Regen ohne Überflutung der Felder wuchsen.

ALLE MÜSSEN ANPACKEN
Das Gemälde aus der Yüan-Zeit zeigt Bauern bei der Reisernte. In ländlichen Gemeinden musste alle bei der Ernte mithelfen. Bauernmädchen wickelte man nicht wie den reichen Chinesinnen die Füße, denn mit „Lilienfüßen" wären sie zur Feldarbeit nicht in der Lage gewesen.

PFLÜGEN
In der Han-Zeit begannen staatliche Eisenhütten mit der Herstellung eiserner Pflugscharen – für große Pflüge, die von Ochsen gezogen wurden, bis zu kleinen, die ein Mann schieben konnte. Eine alte chinesische Bauernregel besagt, dass man das Land immer nach einem Regen pflügen soll, damit die Feuchtigkeit im Boden bleibt. Mit den neuen Eisengeräten war das Aufbrechen des Bodens leichter als zuvor.

Hacke

Pflug

Der Kittel war wahrscheinlich aus Hanf gewebt.

NACHBARSCHAFTSHILFE
Diese Figuren aus dem 19. Jh. stellen Bauern auf dem Weg zu ihren Feldern dar. Zwar musste jede Bauernfamilie sich selbst versorgen, aber sie musste auch Abgaben leisten, und ohne gegenseitige Hilfe zwischen Freunden und Nachbarn ging es nicht. Die Bewässerungsanlagen wurden von der Dorfgemeinschaft unterhalten, und auch die Pflege der Pflanzterrassen war Gemeinschaftssache. Im Jahr 111 v.Chr. sagte der Han-Kaiser Wu Ti: „Landwirtschaft ist die Grundlage der Welt. Keine Pflicht ist größer." Deshalb waren größere Baumaßnahmen wie Kanäle und Dämme zum Schutz der Felder Sache der Regierung.

Wasser oder Tee zur Erfrischung

China

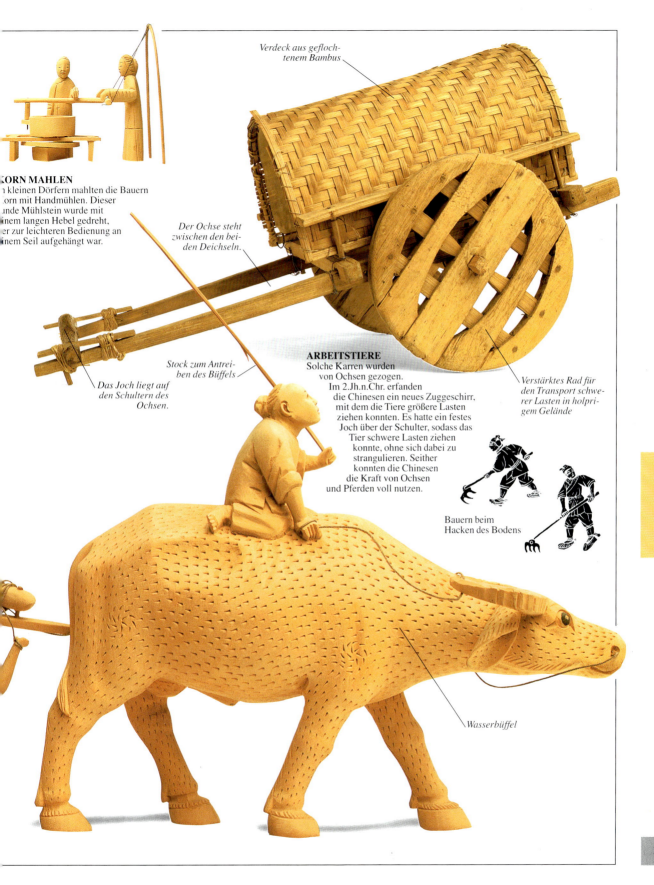

*Verdeck aus gefloch-
tenem Bambus*

KORN MAHLEN

In kleinen Dörfern mahlten die Bauern
Korn mit Handmühlen. Dieser
runde Mühlstein wurde mit
einem langen Hebel gedreht,
der zur leichteren Bedienung an
einem Seil aufgehängt war.

*Der Ochse steht
zwischen den bei-
den Deichseln.*

*Stock zum Antrei-
ben des Büffels*

*Das Joch liegt auf
den Schultern des
Ochsen.*

ARBEITSTIERE
Solche Karren wurden
von Ochsen gezogen.
Im 2.Jh.n.Chr. erfanden
die Chinesen ein neues Zuggeschirr,
mit dem die Tiere größere Lasten
ziehen konnten. Es hatte ein festes
Joch über der Schulter, sodass das
Tier schwere Lasten ziehen
konnte, ohne sich dabei zu
strangulieren. Seither
konnten die Chinesen
die Kraft von Ochsen
und Pferden voll nutzen.

*Verstärktes Rad für
den Transport schwe-
rer Lasten in holpri-
gem Gelände*

Bauern beim
Hacken des Bodens

Wasserbüffel

Auf Wasserstraßen

URKRAFT

Der altchinesischen Philosophie zufolge gibt es zwei Urkräfte: Yin und Yang. In der Natur befinden sich diese Kräfte in einem empfindlichen Gleichgewicht, dessen Beeinträchtigung verheerende Folgen wie z.B. Überschwemmungen haben kann. Daher achteten die chinesischen Ingenieure darauf, den natürlichen Lauf der Flüsse nicht zu stören. Auf dem Bild lernt ein Junge das Prinzip des Yin und Yang kennen, das durch das Kreissymbol auf der Rolle dargestellt wird.

Zwei große Ströme durchziehen China: der Gelbe Fluss (Hoangho) im Norden und der Blaue Fluss (Jangtsekiang, Yangzijiang) im Süden. Der Gelbe Fluss fließt durch fruchtbare Lössgebiete und trägt den guten gelben Boden in seine Überschwemmungsebenen. Dort entstanden die ersten chinesischen Kulturlandschaften. Im Lauf der Geschichte ist der Gelbe Fluss häufig über die Ufer getreten, und es kam zu verheerenden Überschwemmungen. Das trug ihm den Beinamen „Chinas Sorge" ein. Der Jangtse versorgte die Reisfelder im warmen Süden mit Wasser, sein Delta entwickelte sich zur wichtigsten Reisanbauregion Chinas. Im 6. Jahrhundert verband man den Gelben und den Blauen Fluss durch den Großen Kanal oder Kaiserkanal, eigentlich ein Kanalnetz, das sich durch das gesamte chinesische Reich erstreckte. Auf diesem Wasserweg transportierte man u.a. Reis aus dem Jangtsedelta nach Nordchina, wo die Hauptstadt des Reichs lag.

Der kräftige Schnabel eignet sich gut zum Fischfang.

Der lange Schlangenhals wird unter Wasser ausgestreckt.

Kormorane

STADTVERKEHR

Viele Städte in Südchina waren von einem Netz von Kanälen durchzogen, auf denen sich Sampans und Dschunken tummelten. Manche Familien verbrachten ihr ganzes Leben auf einem Boot. Wassertaxis beförderten Passagiere von einem Stadtteil zum anderen, und die Reichen fuhren oft in prunkvoll verzierten eigenen Booten umher.

Modell eines Wassertaxis aus dem 19. Jh.

Das Ruder wird durch Seitwärtsbewegungen bedient.

Auge („damit das Boot sehen konnte")

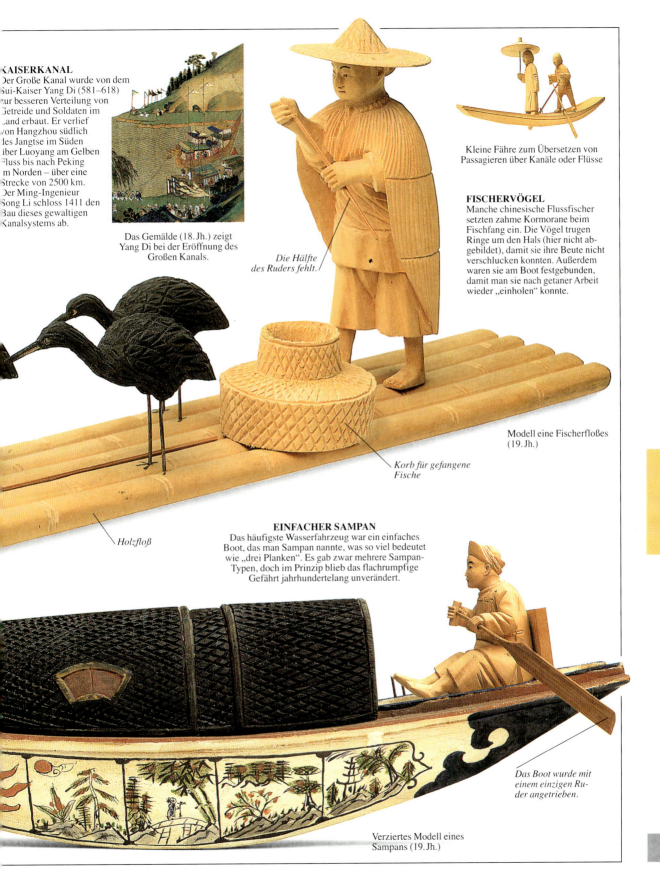

KAISERKANAL

Der Große Kanal wurde von dem Sui-Kaiser Yang Di (581–618) zur besseren Verteilung von Getreide und Soldaten im Land erbaut. Er verlief von Hangzhou südlich des Jangtse im Süden über Luoyang am Gelben Fluss bis nach Peking im Norden – über eine Strecke von 2500 km. Der Ming-Ingenieur Song Li schloss 1411 den Bau dieses gewaltigen Kanalsystems ab.

Das Gemälde (18. Jh.) zeigt Yang Di bei der Eröffnung des Großen Kanals.

Die Hälfte des Ruders fehlt.

Kleine Fähre zum Übersetzen von Passagieren über Kanäle oder Flüsse

FISCHERVÖGEL

Manche chinesische Flussfischer setzten zahme Kormorane beim Fischfang ein. Die Vögel trugen Ringe um den Hals (hier nicht abgebildet), damit sie ihre Beute nicht verschlucken konnten. Außerdem waren sie am Boot festgebunden, damit man sie nach getaner Arbeit wieder „einholen" konnte.

Modell eine Fischerfloßes (19. Jh.)

Korb für gefangene Fische

Holzfloß

EINFACHER SAMPAN

Das häufigste Wasserfahrzeug war ein einfaches Boot, das man Sampan nannte, was so viel bedeutet wie „drei Planken". Es gab zwar mehrere Sampan-Typen, doch im Prinzip blieb das flachrumpfige Gefährt jahrhundertelang unverändert.

Das Boot wurde mit einem einzigen Ruder angetrieben.

Verziertes Modell eines Sampans (19. Jh.)

Indien

Um 1400 v.Chr. dringen indoeuropäische Rindernomaden, die von Streitwagenkriegern angeführt werden, von Nordwesten nach Indien ein. Sie zerstören die hoch entwickelten Städte der Induskultur im Pandschab (dem „Fünfstromland" im Norden des heutigen Pakistan und im Nordwesten des modernen Indien), wandern dann weiter in den Doab, das „Zweistromland" zwischen Ganges und Yamuna, und gelangen schließlich bis zum Unterlauf des Ganges. In den Ebenen Nordindiens unterwerfen sie die alteingesessenen Bewohner der Bauerndörfer.

Seit etwa 1300 v.Chr. entstehen die ersten Texte der mythisch-epischen Überlieferung Indiens, die Veden. Sie werden mündlich überliefert, denn die Schriftkultur des ältesten Indien ist durch die Eroberer zerstört worden. Die Veden sind Heldenlieder, die von den Abenteuern der Landnahme und den Schicksalen der Götter künden, die die Einwanderer, die sich selbst Arier, d.h. „Edle", nennen und nach ihrer ältesten Überlieferung vedische Arier genannt werden, aus den Steppen mitgebracht haben. Der beliebteste dieser Götter ist der Himmels- und Kriegsgott Indra, der auch im alten Iran zu Hause ist und den die Hurriter schon vor langer Zeit mit nach Mesopotamien gebracht hatten. Es sind die Brahmanen, die Priester des Einwanderervolks, die die Veden überliefert haben. Neben den Brahmanen gibt es den von regionalen Königen geführten Kriegeradel der Streitwagenbesitzer, die freien Bauern – die zumeist auch zu den Einwanderern gehören – und die Armen, die Angehörigen der von den vedischen Ariern unterworfenen Urbevölkerung. Aus diesen vier Ständen haben sich im Lauf der Zeit die zahlreichen, streng nach Rang gegliederten Kasten Indiens entwickelt. Die Kasten sollten sich untereinander nicht mischen; die hellhäutigen Eroberer wollten unter sich bleiben und die Macht nicht mit den dunkelhäutigeren angestammten Bewohnern Indiens teilen – das indische Wort für Kaste bedeutet eigentlich „Farbe".

Die Weisheit der Brahmanen

Bei vielen Völkern gibt es den Glauben an eine enge Verbindung des einzelnen Menschen mit einem bestimmten Tier oder einer bestimmten Pflanze, auch die Vorstellung, dass die Seelen der Verstorbenen in „ihre" Tiere oder Pflanzen übergehen. Die Inder fügten der Idee der Seelenwanderung die des ewigen Kreislaufs hinzu: Jeder Mensch wird nach seinem Tod wiedergeboren, als Pflanze oder Tier, vielleicht aber auch als reicher Adliger oder weiser Brahmane statt als armer Bauer, und an dieses nächste Leben schließen sich immer weitere Wiedergeburten an. Die Brahmanen gaben diesen Vorstellungen dadurch einen Sinn, dass sie lehrten, wie ein jeder darauf Einfluss nehmen könne, ob er als höheres oder als niedrigeres Wesen wiedergeboren wird: nämlich durch die Einhaltung oder Nichteinhaltung der Vorschriften. Wer auf die richtige Weise seine Opfer darbrachte, wer die Ordnung der Kasten beachtete, die Höhergestellten ehrte und mit den Armen Mitleid hatte, konnte damit rechnen, im nächsten Leben reich und mächtig zu sein. Durch diese auf der Lehre der Seelenwanderung fußende Ethik trug die brahmanische Religion zur Stabilisierung des sozialen Gefüges in Indien entscheidend bei. Dies war umso wichtiger, als es vor dem 6. Jahrhundert v.Chr. auf dem Subkontinent noch keine starken Staaten gab, die die Einhaltung einer gesetzlichen Ordnung hätten erzwingen können.

Die Brahmanen waren daher eine besonders hoch geachtete Kaste. Als Spezialisten für rituelle Handlungen waren sie von großer Bedeutung und brauchten sich um ihren Lebensunterhalt keine Sorgen zu machen. So konnten sie sich ganz dem Studium der Weisheit widmen.

Sie entwickelten asketische Techniken wie die Yoga-Lehre, um die Bedürfnisse des Leibes abzutöten und die Seele so aus dem Kreislauf der körperlichen Wiedergeburten zu befreien. Vor allem aber schufen sie eine philosophische Religion, in der sie die endgültige Befreiung der Seele als Vereinigung der Einzelseele mit der Weltseele zu denken versuchten. In den um 800–600 v.Chr. entstandenen Texten der *Upanischaden* wird der Gedanke der Einheit von Atman, der universellen Kraft, die in jedem Einzelnen wohnt, und Brahman, dem schöpferischen Gesetz der Welt, immer wieder durchgespielt. Jenseits von Raum und Zeit, jenseits der verschiedenen Elemente der Natur und der Vielfalt der Götter, jenseits der Trennung von Einzelmensch und Welt, so lautet der Kern der Lehre, ist alles eins. Und die Erlösung des Einzelnen beginnt mit der Einsicht in die Einheit des Alls oder, mehr noch, mit ihrer mystischen Erfahrung in einem Moment der „Erleuchtung". Doch zur Erkenntnis der All-Einheit gehört auch das Wissen um den Weg des Erkennens, des Stufenbaus der natürlichen Welt und der Etappen, die die Seele hinter sich bringen muss, bevor sie dieser Welt ganz entsagen kann. Daher finden wir bei den Brahmanen Indiens nicht nur mystische Versenkung in den Gedanken der All-Einheit, sondern auch eine Wissen-

Die wilde Göttin Durga

schaft der Natur, die an regelrechten Universitäten gelehrt wurde.

Die Weisheit der Brahmanen konnte auf die Dauer nicht das exklusive Eigentum einer Kaste berufsmäßiger Priester bleiben. Einzelne Weise sammelten als Lehrer – Gurus – Jünger aus allen Volksschichten um sich, die ihnen lauschten, um sich dann zur Meditation in die Einsamkeit zurückzuziehen und schließlich in Gruppen durchs Land zu wandern. Auf ihrem Weg verbreiteten sie ihr Wissen und nahmen dafür die Spenden der Bauern entgegen. Aus den Gemeinschaften solcher Guru-Jünger entstanden die ersten Mönchsorden, von denen wir wissen, und aus den Winterquartieren, in denen sich die Mönche nach der Wander-„Saison" trafen, die ersten Klöster. Die ältesten dieser Ordensgemeinschaften müssen schon vor dem 6. Jahrhundert v.Chr. entstanden sein, denn von Mahavira, einem Zeitgenossen Buddhas, wissen wir, dass er einen schon seit langer Zeit bestehenden Orden reformiert hat. Die Lehre Mahaviras, der Jainismus, knüpft wie die Buddhas an die brahmanischen Lehren seiner Zeit an. Sie ist bis heute in Indien lebendig geblieben.

Der Buddhismus

Weit erfolgreicher als der Jainismus war die Lehre des Gautama Buddha, des „Erleuchteten". Dies hängt nicht nur mit ihrem Gehalt zusammen, sondern auch mit der politischen Konstellation in Nordindien zur Zeit Buddhas: Gautama wurde um 560 v.Chr. in einer Adelsrepublik im heutigen Grenzgebiet von Indien und Nepal als Sohn eines reichen Grundbesitzers

geboren. Doch die Zeit für solche nur wenig organisierten Staatsgebilde, wie sie damals in Indien noch verbreitet waren, war abgelaufen. Südlich des unteren Ganges formierte sich nämlich das Königreich von Magadha, die Keimzelle der antiken Reichsbildungen in Indien. Buddha selbst wurde durch den König von Magadha eifrig gefördert, und dessen Nachfolger bemühten sich auch weiterhin, die Lehre des Erleuchteten zu verbreiten. Zweieinhalb Jahrhunderte nach Buddhas Tod (um 493 v.Chr.) erlebte die buddhistische Kultur unter den Herrschern der Mauriya-Dynastie von Magadha ihre größte Blütezeit. Ashoka (um 268–232 v.Chr.), der bedeutendste unter den Mauriya-Herrschern, der den gesamten indischen Subkontinent unter seiner Herrschaft vereinigte, ließ die mittlerweile als offizielle Lehre geltenden buddhistischen Texte aufzeichnen, unterstützte die Klöster, die die buddhistische Gelehrsamkeit pflegten und verbreiteten, und gründete viele neue.

Was aber machte die Lehre Buddhas für seine Zeitgenossen in Indien und für die politischen Herrscher eines großen Reichs so attraktiv?

Zunächst einmal war sie eine Lehre des Mitleids und der Menschenliebe: Buddha, so heißt es in der Legende, die sich schon früh um ihn rankte, sei als Prinz von fürstlichem Geblüt von den Widrigkeiten der Welt fern gehalten worden. Nur durch Zufall habe er entdeckt, dass es Arme und Kranke gab; deren Anblick habe ihn aber sogleich dazu bewogen, das väterliche Gut zu verlassen und in die Welt zu ziehen, um den Menschen zu helfen. Indem der Buddhismus die Zuwendung zu allen Menschen, ja, allen Lebewesen lehrt, wendet er sich gegen ein erstarrtes Kastensystem, in dem die Menschen verschiedener Herkunft einander zuweilen nicht einmal berühren dürfen. Er stellt die Ungleichheit unter den Menschen für das Diesseits nicht in Frage, aber er sieht in ihr nicht das höchste Gesetz.

Deshalb kam die buddhistische Lehre Herrschern wie Ashoka entgegen, die, zuweilen selbst Usurpatoren, sich anschickten, die alte Ordnung der indischen Gesellschaft zu verändern – nicht radikal, aber doch so, wie es den Ansprüchen ihrer zentral verwalteten Staaten entsprach.

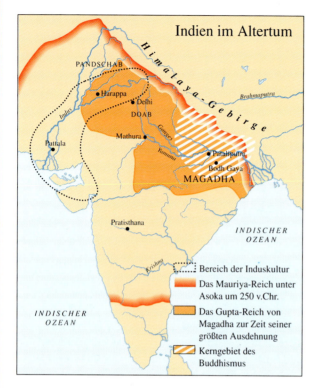

Indien im Altertum

PANDSCHAB

Himalaya-Gebirge

Harappa
Delhi
DOAB
Mathura
Pattala
Pataliputra
Bodh Gaya
MAGADHA

Brahmaputra
Ganges
Yamuna
Indus

Pratisthana

INDISCHER OZEAN

INDISCHER OZEAN

Krishna

⋯⋯ Bereich der Induskultur

■ Das Mauriya-Reich unter Asoka um 250 v.Chr.

■ Das Gupta-Reich von Magadha zur Zeit seiner größten Ausdehnung

▨ Kerngebiet des Buddhismus

Weiterhin war der Buddhismus eine Religion der Toleranz und – anders als die der asketischen Sekten – der Offenheit zur Welt. Buddha selbst soll den Weg der strengsten Askese zu gehen versucht haben, ohne dadurch zur Erleuchtung zu gelangen. Es gibt, folgert daraus die buddhistische Lehre, nicht den einen Königsweg zur Erlösung. Der Buddhismus war also eine Religion für alle: für die Mönche, die sich in die Natur oder ins Kloster zurückzogen, ebenso wie für die Menschen, die ihrer Arbeit nachgingen, aber die Mönche unterstützten und sich von ihnen unterrichten ließen.

Schließlich aber blieb der Buddhismus eine Lebensauffassung, deren letztes Ziel außerhalb der sinnlich erfahrbaren Welt lag. Die Erkenntnis der Nichtigkeit des Daseins war das Ziel der religiösen Praxis. Die Verbesserung der irdischen Ordnung war also nicht das Hauptanliegen des Buddhismus. Auch das brachte ihm das Wohlwollen der Herrscher ein, die nicht an einer Religion interessiert waren, die sich in ihre Politik einmischte. Allerdings mussten es die Mächtigen sich gefallen lassen, dass auch sie gefragt wurden, ob sie sich an die Gebote von Sanftmut, Liebe und Toleranz hielten. So ist von Ashoka, dem Inbegriff eines

buddhistischen Herrschers, überliefert, wie ihn die Reue über seine Gewalttaten ankam, als er sein riesiges Reich gefestigt hatte. Von da an unterstützte er die Klöster, half den Armen und kümmerte sich sogar um den Tierschutz.

Die Lehre Buddhas wurde nach seinem Tod von seinen Jüngern verbreitet, die in ganz Indien Mönchsgemeinschaften bildeten. Auch Frauen taten sich zu solchen Gemeinschaften zusammen und gründeten Nonnenklöster, um von dort aus die Lehre des Erleuchteten weiterzutragen. Die Ausbreitung des Buddhismus verlief auf eine in der Geschichte der Religionen fast einmalig friedliche Weise, denn die Lehre des Gautama schloss jedes militante Vorgehen gegen Angehörige anderer Glaubensgemeinschaften aus. Und weil der Buddhismus die unterschiedlichsten Wege zur Erleuchtung zulässt, konnte er sich mit traditionellen Kulten in vielfältiger Weise verbinden. So lebte in Indien die Volksreligion mit ihrer bunten Götterwelt, die man heute Hinduismus nennt, auch unter buddhistischen Vorzeichen fort.

Bei aller Toleranz gegenüber Andersgläubigen beinhaltet das Mitleidsgebot des Buddhismus jedoch auch die Aufforderung zur Mission. Besonders Ashoka trug zur Verbreitung der Lehre Buddhas bei. Er einigte – wenn auch nur für kurze Zeit – den ganzen Subkontinent; und die buddhistische Staatsreligion trug dazu bei, dass die Kultur Indiens trotz aller regionalen Besonderheiten viele gemeinsame Züge erhielt. Zu Ashokas Zeit wurde auch die Insel Ceylon – das heutige Sri Lanka – zum Buddhismus bekehrt, und in derselben Epoche begann die Ausbreitung der Lehre Buddhas nach Südostasien. Bald erreichten buddhistische Missionare über das hellenistische Persien auch Syrien und Palästina. (Eine der spannenden Fragen der Religionsgeschichte ist deshalb die, ob bestimmte christliche Ideen wie die Verkündung einer radikalen Nächstenliebe, das „Liebe deine Feinde", auf buddhistische Einflüsse zurückgehen.) Ihren vielleicht größten Erfolg hatte die buddhistische Mission seit dem zweiten nachchristlichen Jahrhundert in China.

Indische Reiche und Fremdherrschaften

Das Mauriya-Reich von Magadha, das unter Ashoka den Höhepunkt seiner Macht erlebte, war ein durchorganisiertes Staatswesen mit Beamten, Geldwirtschaft, Steuersystem und schriftlicher Verwaltung. Es wurde von der Hauptstadt Pataliputra, dem heutigen Patna, aus gelenkt. Wichtige Anregungen für die Staatsorganisation hatten die Inder von den Persern empfangen, die gegen Ende des 6. Jahrhunderts v.Chr. bis zum Indus vorgestoßen waren. Dem in Aramäisch, der Verkehrssprache des Perserreichs, abgefassten diplomatischen Schriftverkehr und der Handelskorrespondenz verdanken die Inder ihre Schriften, die auf der aramäischen Alphabetschrift beruhen.

Nachdem Alexander der Große bis in den Pandschab vorgedrungen war und seine hellenistischen Nachfolger in Persien immer wieder ihren Einfluss nach Nordwestindien auszudehnen versuchten, machte sich auch griechischer Einfluss bemerkbar. So entstanden die ersten Buddhastatuen im heutigen Afghanistan nach dem Vorbild hellenistischer Kunst. Aus griechischen Quellen stammen auch viele wichtige Informationen über das Reich von Magadha. Nach dem Zerfall des Mauriya-Reichs um 180 v.Chr. gelang es griechisch-hellenistischen Königen aus dem Osten Persiens sogar, bis Pataliputra vorzustoßen.

Als um Christi Geburt die *Parther* die griechischen Herrscher in Persien abgelöst haben, dringen auch sie nach Nordindien ein. Auf die Parther folgen weitere Fremdherrscher aus Innerasien, die jedoch keine Veränderung der Gesellschaftsordnung in Indien herbeiführen.

Im 3. Jahrhundert n.Chr. wird das Land Magadha unter der *Gupta-Dynastie* wiederum das Zentrum eines mächtigen indischen Staats, der um 400 n.Chr. ganz Nordindien umfasst. Mit der politischen Stabilität dieser Zeit geht eine kulturelle Blüte einher: Prächtige Tempelbauten werden mit sinnenfreudigen Skulpturen geschmückt, es entstehen die wichtigsten Werke der indischen Literatur, und die indischen Mathematiker erfinden die Null und schaffen damit das moderne Zahlensystem, das durch die Vermittlung der Araber fast ein Jahrtausend später Europa erreicht. Als das Gupta-Reich um 500 n.Chr. zerfällt, gelingt es den Hunnen, eine drückende Fremdherrschaft zu errichten. Nach hundert Jahren werden die Hunnen vertrieben, und die indische Kultur blüht für weitere Jahrhunderte – in der Zeit des europäischen Mittelalters.

Chronik

um 2500–1400 v.Chr.	Induskultur
um 1400 v.Chr.	Invasion indoeuropäischer Streitwagenkrieger (Arier) in den Pandschab, Zerstörung der Induskultur
um 1300–1000 v.Chr.	Entstehung der ältesten Texte der Veda
um 1000–600 v.Chr.	Spätvedische Zeit; Vordringen der vedischen Arier in den Doab und bis zum unteren Ganges; Entstehung des Kastensystems
um 800–600 v.Chr.	Brahmanische Mystik der Upanischaden
518 v.Chr.	Der Perser Dareios (Darius) I. dringt zum Indus vor.
um 563–493 v.Chr.	Buddha; seine Lehre wird durch den König von Magadha gefördert.
um 477 v.Chr.	Tod des Begründers des Jainismus, Mahavira
327 v.Chr.	Alexander der Große dringt bis in den Pandschab vor.
um 320–180 v.Chr.	Mauriya-Reich von Magadha; der Buddhismus wird Staatsreligion.
um 268–232 v.Chr.	Der Mauriya-Herrscher Ashoka vereinigt ganz Indien. Blüte des Buddhismus
2.–1.Jh. v.Chr.	Hellenistischer Einfluss in Nordwestindien
seit dem 1.Jh.v.Chr.	Ausbreitung des Buddhismus über Tibet nach China; von dort aus erreicht er Korea und Japan.
1.–4.Jh. n.Chr.	Die Parther dringen in Nordwestindien ein; ihnen folgen weitere Invasoren aus Persien und Innerasien.
4.Jh.	Aufstieg der Gupta-Dynastie von Magadha; Gupta-Reich in ganz Nordindien
4.–9.Jh.	Klassische Zeit der indischen Kultur: Tempelbauten, Plastik, Dichtung, Wissenschaft
um 500	Ende der Gupta-Dynastie; Einfall der Hunnen
um 600	Vertreibung der Hunnen; in einer Anzahl indischer Staaten blüht eine einheitliche indische Kultur, die vor allem nach Südostasien ausstrahlt.

Die ältesten Kulturen Indiens

Bis 1920 hielt man die arische Kultur, deren Anfänge auf 1500 v.Chr. datiert werden, für die älteste Indiens. 1921 jedoch gruben Archäologen am Ufer des Indus in Ostindien die Ruinen einer Stadt aus, die sich als viel älter erwies: Harappa, eine der größten Städte einer Zivilisation, die von 2600 v.Chr. bis 1900 v.Chr. im Tal des Indus blühte. Heute liegen Harappa und ihre Schwesterstadt Mohendscho Daro in Pakistan.

Die Bewohner dieser Städte waren kulturell ebenso hoch entwickelt wie die alten Ägypter. Als in Ägypten die Pyramiden errichtet wurden, baute man am Indus prachtvolle Städte mit Abwassersystem, öffentlichen Bädern, Lagerhäusern, Getreidespeichern und Kultstätten. Die Menschen der Harappakultur trieben Handel mit den Völkern am Persischen Golf und Sumerern, die im Gebiet des heutigen Irak lebten.

TANZENDES MÄDCHEN
Diese Bronzestatuette eines tanzenden Mädchens fand man in Mohendscho Daro. Halskette, Haartracht und die bis zum Oberarm reichenden Armbänder geben einige Hinweise auf die Mode von damals.

Eingravierter Einhornbulle

INDUSTALSIEGEL
Flache, quadratische Siegel wie diese wurden wahrscheinlich von Kaufleuten als Warenzeichen benutzt. Die eigenartigen Symbole oben auf den Siegeln sind eine sehr alte Schrift. Man fand Tausende solcher Täfelchen aus gebranntem Ton oder Speckstein.

Zwei Hirsche kämpfen mit verhaktem Geweih.

Am Oberarm getragenes Amulett

GUT FRISIERT
In den Ruinen der Induskultur fand man zahllose Haarnadeln. Mit Haarnadeln aus Kupfer wie dieser steckten die Frauen von Harappa ihre langen Haare hoch.

DER BÄRTIGE
Diese Büste fand man in einem kleinen Haus in der Unterstadt von Mohendscho Daro. Das Diadem, das Kultgewand und der vergeistigte Gesichtsausdruck lassen vermuten, dass es sich um einen Priester oder Gott handelt. Auch Funde vieler Tonfiguren, die Muttergottheiten darstellen, lassen auf die Verehrung von Götterstatuen (Idolen) schließen.

Diadem (juwelenbesetzter Reif)

Für den Bart wurden flache Rillen in den Stein gemeißelt.

KLEINER TONWAGEN
Dieses Spielzeug könnte ein verkleinertes Modell der Wagen sein, die von Ochsen und Büffeln durch die Straßen von Mohendscho Daro gezogen wurden.

Das Joch wurde den Zugtieren aufgelegt.

ALTER SCHMUCK
Die Menschen der Induskultur putzten sich gern heraus. Archäologische Funde legen nahe, dass sowohl Männer als auch Frauen Schmuck trugen. Armbänder und Halsketten wurden aus Muscheln und Glasperlen, aber auch aus Edelmetallen wie Gold und Silber gefertigt. Diese Kette könnte einem vornehmen Mann oder einer vornehmen Frau gehört haben.

Perlen aus Muschelschalen, Schneckengehäusen und Knochen

Ein tönerner Vogel blickt aus seinem urnenförmigen Käfig.

Knöpfchenförmige Erhebungen sollen Schuppenplatten darstellen.

Schuppentier aus Terrakotta

Pflanzen- und Vogelmotive

TONSPIELEREI
Viele Gegenstände – von Urnen und Gebrauchsgegenständen bis zu Kinderspielzeug – bestanden aus unglasiertem, gebranntem Ton (Terrakotta). Im Industal wurden Spielzeugwagen, Puppen, Pfeifen in Vogelform und Tierfiguren ausgegraben.

Teller aus dem Gangestal (um 800 v.Chr.)

BEGRÄBNISURNE
Die in Harappa ausgegrabenen glasierten Keramikurnen könnten einst sterbliche Überreste aufgenommen haben. In dieser 1,20 m hohen Urne war möglicherweise ein Kind bestattet.

Glänzend polierte, glasierte Oberfläche

Die vedische Zeit

Der Hochkultur von Harappa folgte eine Einwanderungswelle nomadischer Stämme. Die Arier, wie diese Stämme genannt wurden, kamen aus Mittelasien und ließen sich in den Ebenen entlang des Indus und Ganges nieder. Von dieser Kultur wissen wir aus den Veden, einer Sammlung von Hymnen, die vom Leben der Menschen und ihrer Götter und von der Entstehung des Kastensystems erzählen. Die Veden wurden in Sanskrit verfasst und werden noch heute von den Brahmanen (Priestern) in Hinduzeremonien gesungen. Nach diesen Veden heißt die Zeit der Arier auch vedische Zeit (um 1500–500 v.Chr.).

Die heilige Schnur tragen nur Brahmanen (Priesterkaste).

Dieses Kastenzeichen kennzeichnet Vishnuiten, Anhänger des Gottes Vishnu.

DIE VEDEN LERNEN
In der vedischen Zeit entstand eine strikte Trennung der Gesellschaft in vier Kasten – Brahmanen (Priester), Kshatriyas (Krieger und Herrscher), Vaishyas (Händler und Bauern) und Shudras (Dienende). Nur brahmanische Jungen lernten die Veden von Gurus (Lehrern) in einem Ashram (eine Art Kloster).

Götter und Helden

In den Schriften der Hindus finden sich die Abenteuer zahlreicher Götter und Helden. Die Veden erzählen von Agni, dem Gott des Feuers und des Opfers, Indra, dem Gott des Himmels und des Krieges, und Varuna, dem Erhalter der kosmischen Ordnung. Die beiden großen Hinduepen *Mahabharata* und *Ramayana* enthalten Mythen, Legenden und Fabeln von Krishna und Rama, die als beliebte Inkarnationen Vishnus gelten. Teil des *Mahabharata* ist die *Bhagavadgita*, das wohl bekannteste heilige Buch Indiens. Dieses Gedicht hat die Form eines Dialogs zwischen dem Krieger Arjuna und seinem Wagenlenker Krishna. Die beiden kämpfen zusammen in der Schlacht zwischen Gut und Böse, symbolisiert durch die verwandten Familien Pandava und Kaurava.

GEBET IM GANGES
Aus ganz Indien kommen Pilger, um in den heiligen Wassern des Ganges (Symbol des ewigen Lebens) zu baden. Die heiligste Stadt Indiens ist das an diesem Fluss gelegene Varanasi (Benares). Hier zu sterben ist der Wunsch eines jeden Hindu.

Krishnas Haut ist blau – wie der Himmel und das Meer.

Die Flöte ist das Instrument der Kuhhirten, bei denen Krishna seine frühen Jahre verbrachte.

Krishna steht auf einer Lotosblume. Sie gilt als Reinheits- und Fruchtbarkeitssymbol.

Matsya, der Fisch (1. Avatara), warnte die Menschen vor der großen Flut.

Nara-Simha, der Mann-Löwe (4. Avatara), besiegte böse Dämonen.

Kalki (10. Avatara) wird erst noch erscheinen.

KRISHNA
Um Krishna, die achte Inkarnation (Avatara) des Gottes Vishnu, ranken sich viele Legenden. Sie alle findet man im *Mahabharata*, dem längsten Gedicht der Weltliteratur. Vishnu kam als Krishna auf die Welt, um den Dämonensohn Kansa zu töten. Als Krishna geboren werden sollte, wollte der Dämon ihn töten. Doch Krishnas Vater brachte seinen Sohn zu einer Ziehmutter, der armen Yashoda, bei der Krishna in Sicherheit aufwuchs. Die Mythen erzählen u.a. von seinen kindlichen Schelmenstreichen, jugendlichen Tändeleien und seinem Sieg über Kansa.

Jede der Waffen in den zehn Händen der Göttin ist ein Zeichen göttlicher Macht.

Diese Elfenbeinschnitzerei zeigt Durga beim Töten des Büffeldämons Mahisha

DIE GÖTTIN DURGA
Shakti, die Große Muttergöttin, stellt die weibliche Seite Shivas dar. Sie wird als wilde Durga oder Kali oder als milde Parvati oder Uma verehrt. Ihr zu Ehren feiern die Hindus eines ihrer größten Feste, Dasera.

uf diesem Bild sitzen
ama und Sita neben-
inander. Hinter
nen steht Ramas
reuer Bruder
akshmana.

RAMA
Rama, die siebte Inkarnation Vishnus,
ist ein edler Kämpfer gegen das Böse
in der Welt. Er und seine Frau Sita sind
der Inbegriff des liebenden Ehemanns
und der treuen Gattin. Rama wird als
tugendhafter Gottkönig verehrt. Die
Legende erzählt, dass der Dämon Ra-
vana Sita entführte und dass es Rama
mithilfe des Affengottes Hanuman
und seiner Affenarmee gelang,
Sita zu befreien und den
Dämon zu besiegen.

„Als Anfang, Mitte, Ziel der Welt,
O Arjuna, erkenne mich.
Als Weisheit, die vom
höchsten Selbst,
Im Redestreit der Satz bin ich."

KRISHNA IN DER *BHAGAVADGITA* 10, 32

Hanuman, der Affengott:
ein treuer Verbün-
deter Ramas

Der halbe Nimbus ist ein
Zeichen von Göttlichkeit.

Die Krone ist Zeichen
des Königtums.

Schlinge zum
Einfangen des
Irrglaubens

Zepter

Die großen Ohren un-
terscheiden Wichtiges
von Unwichtigem.

Ganesha schreibt mit sei-
nem abgebrochenen Stoß-
zahn das Mahabharata.

Schale
mit Sü-
ßigkeiten

GANESHA
Von Ganesha, dem erstgeborenen
Sohn von Shiva und seiner schö-
en Frau Parvati, erzählt ein My-
hos, dass Shiva, als er nach einer
angen Reise nach Hause zurück-
ehrte, einen Fremden an seiner
ür sah und ihm den Kopf ab-
chlug. Als er erfuhr, dass der
unge Mann sein eigener Sohn
var, wollte er seinen Fehler
viedergutmachen. Also trenn-
e er einem vorbeikommenden
Elefanten den Kopf ab und
etzte diesen seinem Sohn auf
ie Schultern. Ganesha ist der
Gott der Weisheit, des Lernens
nd der Politik; außerdem be-
eitigt er Hindernisse. Die
Hindus beten zu ihm um Für-
prache bei Shiva, um Sieg,
rfolg und Fruchtbarkeit.

Das Land des Buddha

Die Nomaden der vedischen Zeit wurden sesshaft, und es entstanden Städte. Die neue Zeit sah den Aufstieg zweier bemerkenswerter Prediger. Beide stammten aus adligen Familien und gaben ihren Reichtum für ein einfaches, der geistigen Erkenntnis gewidmetes Leben auf. Der eine war ein Prinz namens Siddharta Gautama vom Stamm der Shakya. Er verließ das väterliche Schloss und wanderte sechs Jahre umher, bis er schließlich die Erleuchtung fand. Bekannt wurde er unter dem Namen Buddha, d.h. „der Erleuchtete". Der andere war Vardhamana, der unter dem Namen Mahavira („großer Held") bekannt wurde und dessen Jünger Jaina heißen. Buddhisten wie Jaina lehnten das starre Kastensystem der arischen Hindus ab. Dadurch und durch ihren Glauben an Gewaltlosigkeit und soziale Gerechtigkeit fanden sie viele Anhänger.

HEILIGE STÄTTE
Das höchste buddhistische Heiligtum in Indien ist dieser große Stupa (Grabbau) bei Sanchi in Zentralindien. Er wurde im 3.Jh.v.Chr. von dem großen Kaiser Ashoka erbaut, der sein Reich nach buddhistischen Grundsätzen regierte.

Prinz Siddharta gibt Pferd, Kleidung und Schmuck auf.

Prinz Siddharta verlässt seinen Harem.

DER GROSSE AUFBRUCH
Dieser Ausschnitt aus einem Fries des Amaravati-Stupa in Südindien zeigt, wie Prinz Siddharta sein luxuriöses Leben im Palast aufgibt, um sich auf die Suche nach der Wahrheit über den Ursprung menschlichen Leids zu begeben.

Heimlich verlässt Prinz Siddharta auf seinem Pferd Kanthaka den Palast.

Schlafende Frau

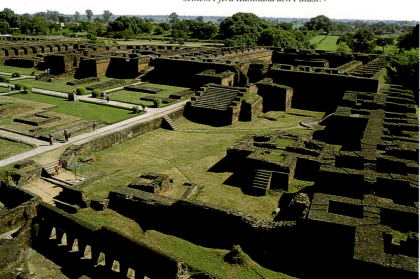

Mönchszellen

Die Kleidung buddhistischer Mönche ist in der Regel safrangelb oder orange wie die aufgehende Sonne.

ZENTRUM DER GELEHRSAMKEIT
Eine der ältesten Universitäten der Welt, Nalanda in Ostindien (5.Jh.n.Chr.), wurde an einem von Buddha besuchten Wallfahrtsort gegründet. Von seinen Nachfolgern überall im Land gegründete Klöster wurden zu Zentren der Gelehrsamkeit, Kultur und Kunst.

Die Ende des 19. Jh.s entdeckte Stätte war unter einem gewaltigen Erdhügel begraben.

LERNEN UND LEHREN
Viele Familien gaben ihren ältesten Sohn in ein Kloster. Hier sorgten Mönche für ihn und lehrten ihn das buddhistische Leben.

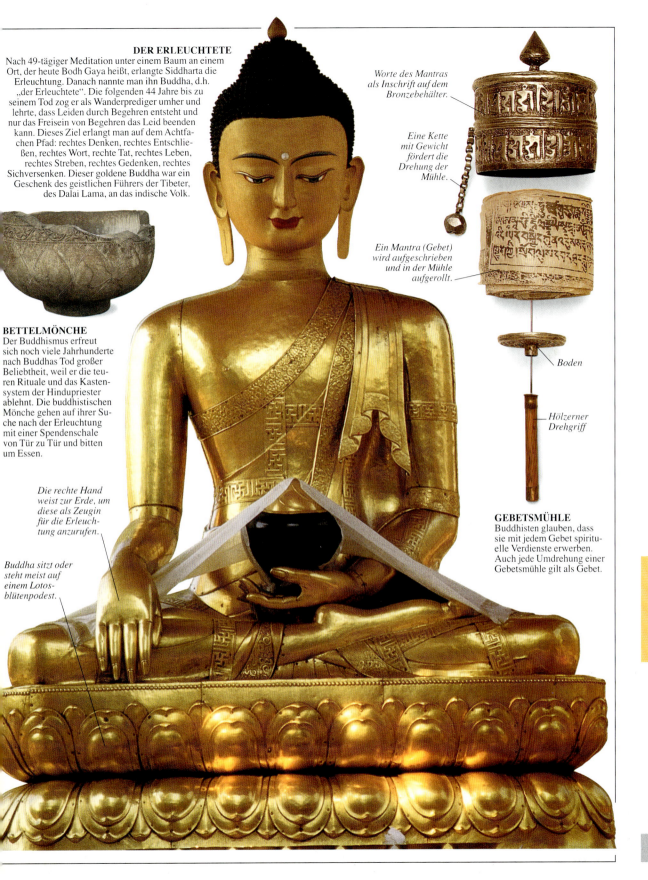

DER ERLEUCHTETE

Nach 49-tägiger Meditation unter einem Baum an einem Ort, der heute Bodh Gaya heißt, erlangte Siddharta die Erleuchtung. Danach nannte man ihn Buddha, d.h. „der Erleuchtete". Die folgenden 44 Jahre bis zu seinem Tod zog er als Wanderprediger umher und lehrte, dass Leiden durch Begehren entsteht und nur das Freisein von Begehren das Leid beenden kann. Dieses Ziel erlangt man auf dem Achtfachen Pfad: rechtes Denken, rechtes Entschließen, rechtes Wort, rechte Tat, rechtes Leben, rechtes Streben, rechtes Gedenken, rechtes Sichversenken. Dieser goldene Buddha war ein Geschenk des geistlichen Führers der Tibeter, des Dalai Lama, an das indische Volk.

Worte des Mantras als Inschrift auf dem Bronzebehälter.

Eine Kette mit Gewicht fördert die Drehung der Mühle.

Ein Mantra (Gebet) wird aufgeschrieben und in der Mühle aufgerollt.

Boden

BETTELMÖNCHE
Der Buddhismus erfreut sich noch viele Jahrhunderte nach Buddhas Tod großer Beliebtheit, weil er die teuren Rituale und das Kastensystem der Hindupriester ablehnt. Die buddhistischen Mönche gehen auf ihrer Suche nach der Erleuchtung mit einer Spendenschale von Tür zu Tür und bitten um Essen.

Hölzerner Drehgriff

Die rechte Hand weist zur Erde, um diese als Zeugin für die Erleuchtung anzurufen.

Buddha sitzt oder steht meist auf einem Lotosblütenpodest.

GEBETSMÜHLE
Buddhisten glauben, dass sie mit jedem Gebet spirituelle Verdienste erwerben. Auch jede Umdrehung einer Gebetsmühle gilt als Gebet.

Zwei alte Reiche

Königreiche stiegen auf und gingen unter, doch zwei große Imperien des alten Indien – das der Maurya und das der Guptas – hinterließen bleibende Spuren. Das Maurya-Reich (322–185 v.Chr.) wurde von Chandragupta Maurya, einem Kriegerkönig, begründet. Nachdem er die Generäle Alexanders des Großen besiegt hatte, erstreckte sich sein Reich vom Osten bis in den Nordwesten des Subkontinents. Chandraguptas Enkel Ashoka war der größte aller Maurya-Kaiser. Er war stark von den Ideen des Buddhismus beeinflusst und ließ Erlasse als Inschriften auf Säulen im ganzen Land in Stein hauen, in denen er seinen Untertanen die Bedeutung von Gewaltlosigkeit und richtigem ethischem Verhalten nahe legte. Das Maurya-Reich zerfiel in kleinere Reiche, bis im vierten nachchristlichen Jahrhundert der Hindukönig Chandragupta I. mit dem Gupta-Reich ein 200 Jahre dauerndes „Goldenes Zeitalter" anbrechen ließ.

Maurya-Reich

Gupta-Reich

ALEXANDER DER GROSSE
326 v.Chr. marschierte Griechenkönig Alexander als Herrscher eines der größten Weltreiche im nordindischen Pandschab ein. Nach seinem Tod drei Jahre später wurden seine Generäle von Chandragupta Maurya besiegt.

In den Stein gehauene Buchstaben

IN STEIN GEMEISSELT
Ashokas Erlasse wurden vorwiegend in Pali verfasst, einer Sprache, die das einfache Volk besser verstand als das Sanskrit der Brahmanen. Ashoka ernannte Beamte, die für die Befolgung der buddhistischen Regeln (Dharma) sorgen sollten.

Das 24-speichige Chakra (Rad) symbolisiert das buddhistische Rad des Gesetzes.

ASHOKAKAPITELL
Einige von Ashokas Erlassen (die sog. „Säulenedikte") sind in polierte Sandsteinsäulen gemeißelt, die von Tierkapitellen gekrönt werden. Dieses Löwenkapitell aus Sarnath in Nordindien wurde als Wappen Indiens übernommen und findet sich auf indischen Münzen und Banknoten.

Indien

Die Gandhara-
kunst zeigt griechi-
sche Züge, z.B.
gelockte Haare.

GANDHARA-SKULPTUR
Diese Buddhaköpfe aus
dem 1.Jh.n.Chr. stammen
aus der nordwestindischen
Provinz Gandhara und zei-
gen klassisch-griechische
Einflüsse – ein Erbe der Nachkommen von Alexanders Ge-
nerälen, die sich dort niederließen.

Der Kaiser
musiziert.

Goldmünzen
Samudraguptas

REICHTUM DER GUPTAS
Chandragupta I., Samudragupta und
Chandragupta II., die drei großen Könige der Gupta-Dynastie, förderten Kunst
und Kultur. Ihre Goldmünzen künden
von einem Zeitalter des Wohlstands.

Die langen Ohr-
läppchen findet
man auch
bei Buddha-
darstellungen.

HINDUDREIFALTIGKEIT
Die Gupta-Zeit gilt als „Goldenes Zeitalter", weil
in ihr Kunst und Wirtschaft blühten. Diese Stein-
skulptur aus dieser Zeit zeigt die drei wichtigsten
Hindugötter: den Schöpfer Brahma, den Erhalter
Vishnu und den Zerstörer Shiva.

Das Gewölbe
ist in den Fel-
sen gehauen.

HÖHLEN-TEMPEL
Die buddhistischen
Höhlentempel von
Ajanta und Ellora
sind berühmt für die
aus dem Felsen ge-
hauenen Decken-
gewölbe der Gebets-
hallen.

FRESKO AUS AJANTA
Das Höhlenkloster von Ajanta in Mittelindien
(2.Jh.v.Chr.) zieren berühmte Fresken. Die
Wandbilder erzählen vom letzten und von früheren Leben Buddhas. Die Künstler, gefördert von
Gönnern aus dem Königshaus, verputzten die
Höhlenwände mit Lehm und Kalk und malten
mit natürlichen Mineralfarben wie gelbem und
orangefarbenem Ocker in den feuchten Putz. Das
Bild links zeigt eine Szene bei Hofe. Nach einem
über 1000-jährigen Dornröschenschlaf wurden
die Fresken im 19. Jh. wieder entdeckt.

Ägypten

Wie im Schwemmland von Euphrat und Tigris, so steht auch in Ägypten am Anfang der Staatsbildung die Möglichkeit, durch die Zusammenarbeit der Bewohner ganzer Landstriche Wüstenland in fruchtbare Oasen zu verwandeln. Jahr für Jahr galt es, nach der Regenperiode im Inneren Ostafrikas, die den Nil in Ägypten von August bis Oktober über die Ufer treten ließ, die von fruchtbarem Schlamm bedeckten Felder am Rand des Stroms neu aufzuteilen und möglichst rasch zu bestellen. Wollte man die fruchtbare Periode verlängern, so mussten Rückhaltebecken geschaffen und an dafür geeigneten Orten, wie im Delta, Bewässerungskanäle gegraben werden. Vorräte mussten angelegt werden, um die immer wieder auftretenden „mageren Jahre" mit geringerer Nilüberschwemmung – wie sie aus der Josephsgeschichte der Bibel bekannt sind – zu überbrücken: Schon in sehr früher Zeit finden wir daher in Ägypten Getreidesilos, die in die kühlende Erde eingelassen sind. Von den ersten Städten der Ägypter wissen wir nur aus der Überlieferung späterer Zeiten, denn sie waren aus vergänglichen Materialien, Lehmziegeln vor allem, gebaut und sind in den Überschwemmungen des Nils untergegangen. So sind wir – wie für weite Strecken der ägyptischen Geschichte überhaupt – auf die Gräber der wohlhabenden Ägypter verwiesen, wenn wir uns ein Bild der Zivilisation des ältesten Ägypten machen wollen. Diese Gräber bilden oft ganze Totenstädte – Nekropolen – am felsigen Rand der Wüsten, die das Niltal im Westen wie im Osten begrenzen. Seit ältester Zeit ähneln die Gräber den Häusern und sind mit all den Gebrauchsgegenständen und Lebensmitteln versehen, die die Verstorbenen nach Meinung der Ägypter für das Weiterleben nach dem Tod brauchten, zuweilen auch mit den Luxusgegenständen, die das Leben verschönern und den Rang ihrer Besitzer hervorheben.

So finden sich bereits in den Gräbern der „vordynastischen Zeit" – der Epoche zwischen dem ägyptischen Neolithikum und der Einigung des Nillands durch die ersten Pharaonen um 3000 v.Chr. – neben Keramik und den Steingefäßen, deren Herstellung die Ägypter zu einer besonderen Kunst gemacht hatten, auch Schmuck aus Gold, Kupfer und Elfenbein, aber auch Kämme aus Elfenbein, Parfümlöffelchen und

Schminkpaletten für das Mischen von Lidschatten. Diese Schminkpaletten haben insofern eine besondere Bedeutung, als auf ihnen die ältesten ägyptischen Schriftzeichen gefunden worden sind. Die Hieroglyphen sind zunächst keinem praktischen Zweck zuzuordnen wie die Schriftzeichen auf den Tontäfelchen der sumerischen Tempelverwaltungen, sondern scheinen allein eine magisch-religiöse Bedeutung gehabt zu haben (wie übrigens auch die ersten chinesischen Schriftzeichen). Wenig später tauchen sie aber auch auf urkundenartigen Inschriften auf und werden für die Verwaltungspraxis wichtig.

Wie kein anderes Volk pflegten die Ägypter – und nicht nur die Pharaonen – sich schon zu Lebzeiten der Ausschmückung ihrer Grabkammer zu widmen. Die Gesellschaft der Lebenden arbeitete fortwährend dafür, dass die Toten mit dem ihrem Rang und ihrer Würde angemessenen Luxus fortleben konnten. Starb jemand vor der Vollendung des eigenen Grabmals, so sorgten seine Kinder dafür, dass es fertig gestellt wurde. Diese andauernde Gegenwart der Toten in ihrer jeweiligen gesellschaftlichen Stellung – als Pharao, Priester, Beamter oder Handwerker – ist sicher einer der Gründe für die ungewöhnliche Stabilität der ägyptischen Gesellschaft, die ihren Zusammenhalt trotz aller Katastrophen über Jahrtausende nicht verloren und deren Aufbau sich während dieser ganzen Zeit nur unwesentlich verändert hat.

Diese gesellschaftliche Ordnung war im ältesten Ägypten die von Dörfern und ländlichen Städten, an deren Spitze ein tiergestaltiger Stadtgott stand, mitsamt dem Priester, der Priesterin oder dem König, die ihn vertraten.

Die Reichseinigung

Gegen Ende der vordynastischen Zeit erlangt der Kult des Falkengottes Horus aus der Stadt Behedet in Unterägypten weite Verbreitung – anscheinend hat sich die Horusstadt zur Hauptstadt eines ganzen Gebiets gemacht. Und Horus wieder kämpft im ägyptischen Mythos mit (dem anscheinend zunächst wildeselköpfigen) Seth, dem mächtigsten Gott des Südens, und siegt über ihn. In dieser Sage ist die Erinnerung an eine frühe Einigung des ganzen Lands erhalten. Ein andermal wird in derselben mythischen Form von einem Sieg des Südens über den Norden berichtet, und die Pharaonen werden in ihren Titeln stets aufführen, dass sie Stellvertreter der Gottheiten der Hauptstädte sowohl des Südens als auch des Nordens sind. So ist die Vereinigung von Unter- und Oberägypten zu einem einzigen Reich, die die Überlieferung Menes, dem Begründer der ersten Pharaonendynastie, zuschreibt, bereits in vordynastischer Zeit vorbereitet gewesen. Wir wissen nicht, ob dieser Menes mit einem König namens Narmer identisch ist, dessen Name sich auf einer Schminkpalette befindet, auf der der Pharao zum ersten Mal – wie hinfort üblich – mit der Doppelkrone Unter- und Oberägyptens abgebildet ist. Denkbar ist dies, denn häufig tragen die Pharaonen mit ihren vielen Titeln auch unterschiedliche Namen.

Kniender Priester
im Leopardenfell

Und diese Namen stimmen nicht immer mit denen der Königsliste überein, welche der Gelehrte Manetho in der ptolemäischen Spätzeit Ägyptens zusammengestellt hat. Diese Königsliste stellt jedoch noch heute das Gerüst für die Chronologie des alten Ägypten dar, und da Manetho nicht nur die Abfolge, sondern auch die Regierungszeiten der Pharaonen angibt, ist sie eines der wichtigsten Hilfsmittel für die Bestimmung historischer Daten in der Alten Welt, zumal auch die Chronologie Altbabyloniens von Eckdaten abhängt, die die ägyptische Geschichte liefert. Freilich lässt die Genauigkeit der von Manetho gesammelten Daten zu wünschen übrig; doch es gibt Methoden, seine Angaben zu überprüfen und zu korrigieren.

Die ersten beiden der 31 Pharaonendynastien (nach Manethos bis heute üblicher Einteilung) stammen der Überlieferung nach aus Thinis in Oberägypten. Man spricht deshalb von dieser frühgeschichtlichen Periode als der Thinitenzeit (um 3000–2700 v.Chr.). Es ist die Zeit, in der die Voraussetzungen für die Zivilisation des Alten Reichs, die klassische Periode der ägyptischen Geschichte, gelegt werden. Die thinitischen Herrscher stammen zwar vermutlich aus Oberägypten, ihre Hauptstadt wird jedoch das nördliche Memphis – und Memphis wird für die längste Zeit der ägyptischen Geschichte Hauptstadt bleiben. Hier entwickelt sich das kultische Zeremoniell um den Pharao, der sich jährlich von den Gottheiten aller Reichsteile – wie zuerst bei seiner Krönung – bestätigen lässt, dass er ihr irdischer Sachwalter und dass seine Herrschaft die der Götter ist. Die Macht der Götter macht den König zum unangefochtenen Heerführer, der in der Trockenzeit die waffenfähigen Männer im ganzen Land zu Strafexpeditionen gegen die Beduinen der arabischen Wüste – rechts des Niltals – oder der libyschen Wüste – links des Niltals – sammelt, um diese Stämme gründlich vor Überfällen auf das fruchtbare Land abzuschrecken, oder zu Raubzügen ins goldreiche Nubien (den heutigen Sudan). Im Namen der Götter verwaltet der Pharao das Land und sorgt für die Fruchtbarkeit der Felder: Er setzt die Gaufürsten ein, deren ägyptischer Name das Wichtigste über ihre Funktion sagt: „die die Kanäle graben", und er sorgt dafür, dass die Tempel und die königliche Verwaltung ihren Anteil vom Ertrag der Äcker erhalten. Er steht an der Spitze der Bürokratie, deren Schreiber und Feldmesser die Wasserbaumaßnahmen, die Zuweisung des Ackerlands und die Verteilung der Lebensmittel organisieren. Der Pharao ist es auch, der sich um den Handel mit Syrien und Palästina kümmert, von wo manche Luxusgüter kommen, vor allem aber das Bauholz, dessen Import für das baumlose Ägypten ebenso wichtig ist wie für Babylonien.

Unter der Herrschaft der ersten Pharaonen, die Krieg und Unruhe im Inneren des Lands eindämmen und die durch ihr Amt verpflichtet sind, den Ertrag der Felder zu mehren, wächst der Reichtum Ägyptens. Und mit dem Wohlstand entsteht die Kultur, von der die Kunst der Gräber ein Abbild ist: In den Gräbern der thinitischen Epoche tritt uns eine hoch entwickelte Kunst der Metallbearbeitung und eine fast schon vollendete Bildhauerei entgegen. Hier finden sich auch die ersten ägyptischen Wandmalereien. Das Frappierendste an der Kunst bereits dieser Epoche ist das Bild vom Menschen, das sie zeigt: Zum ersten Mal in der Geschichte der Kunst werden Menschen nicht mehr als bloßes Zeichen für „Mensch" und nicht mehr nur als Träger bestimmter Funktionen dargestellt, sondern als Körper, deren Schönheit es festzuhalten und vor dem Verfall zu retten gilt.

Das Alte Reich

Die eindrucksvollsten Zeugnisse, die uns das Alte
Reich (um 2700–2300 v.Chr.) hinterlassen hat, sind
die Pyramiden. Um eine Pyramide zu errichten, mussten Zigtausende Menschen planvoll zusammenarbei-
ten. Sie mussten ernährt, gekleidet und untergebracht
werden, und ihre Werkzeuge mussten rechtzeitig be-
schafft sein. Vom Baumeister und seinem Stab von
Ingenieuren bis zu Tausenden von Vorarbeitern, von
den für das Eintreiben des Staatsanteils an der Ernte
in den Provinzen zuständigen Gouverneuren bis zu
den Verwaltern der Vorräte an der Baustelle und hin-
unter zu den Kantinenwirten war eine riesige Anzahl
von Funktionsträgern mit dem Projekt befasst. Die
wichtigsten unter ihnen mussten für ihre Arbeit
schriftliche Akten führen und Briefe austauschen.
Sie waren „Schreiber" – dies ist der ägyptische Ausdruck für Beamte. Die Schreiber am Hof des Pharaos
und an dem der Provinzgouverneure oder „Gaufürsten" registrieren, wie viel Getreide für die Grundnahrungsmittel Brot und Bier (Bier wird aus vergo-
renem Getreidebrei hergestellt) geerntet worden ist
und wie viel Flachs für das Leinen, in das die Ägypter
sich kleiden. Und sie lassen den Anteil des Pharaos,
den der Priester und den der Provinzverwaltung in
Silos und Speichern einlagern. Von dort aus werden
die Lebensmittel nicht nur an die Beamten und Handwerker verteilt, sondern auch an die Bauern selbst,
die während der Trockenzeiten dafür öffentliche
Arbeiten – wie den Pyramidenbau – ausführen oder
Kriegsdienst leisten müssen.
So ist alles von Staats wegen organisiert, nur die
Verteilung von Obst und Gemüse sowie der Produkte
der Hirten und Viehzüchter, die ihre Herden auf
Brachfeldern, Deichen und Steppenböden weiden
lassen, bleibt dem örtlichen Tauschhandel überlassen.
Geld ist unter diesen Umständen überflüssig.
Der oberste Beamte ist der Wesir des Pharaos. Er ist
auch der oberste Richter im Land, Priester der Maat,
der Göttin der Gerechtigkeit. Auch kleine Leute,
denen von einem Mächtigen Unrecht getan worden
ist, können sich an ihn wenden. Gerechtigkeit, er-
fahren die Menschen auf diese Weise, ist ein höheres
Gut als die pure Macht.
Der erste Wesir, den wir namentlich kennen, ist
Imhotep, der oberste Beamte Djosers, des zweiten
Königs im Alten Reich. Imhotep war der Architekt
der ersten großen Pyramide, der Stufenpyramide von
Sakkara, und ihm wurden zahlreiche bautechnische
Neuerungen zugeschrieben.
Die Aufgabe der Nachfolger Imhoteps war nicht
leicht, denn die Herren einzelner Gebiete und die
Priester der großen Tempel führten nur widerwillig
einen großen Teil des landwirtschaftlichen Ertrags
in ihrem Gebiet an den Pharao ab. Die leiseste Nach-
lässigkeit in der Kontrolle durch die Bürokratie des
Pharaonenhofs führte dazu, dass sie ihre Selbstständigkeit ausbauten und so die Macht des Königs unter-
gruben.
So kam es auch, dass nach der Zeit des Baus der
großen Pyramiden die Pharaonen nur noch in der
Gegend um ihre Hauptstadt Memphis uneingeschränkt herrschten, während anderswo, vor allem
in Oberägypten, neue Machtzentren entstanden. Ins
Nildelta drangen Beduinenstämme vor, die den Pharao nicht als ihren Herrn ansahen. So kam es zum
Ende des Alten Reichs und zur Ersten Zwischenzeit,
einer Zeit der Bürgerkriegswirren und der Verarmung
des Lands.
In dieser Zeit sehnten die Menschen sich nach Ordnung und Gerechtigkeit zurück. Wenn auf der Welt
das Recht schon nicht mehr herrschte, dann sollte
es doch wenigstens im Jenseits, im Reich der Toten,
gewährleistet sein. So entstand die Vorstellung von
einem Totengericht, in dem die guten und schlechten
Taten der Menschen gegeneinander abgewogen werden. Mit dem Gedanken an eine Vergeltung im Jenseits bekam die Religion eine neue praktische Funktion für das Diesseits, weil sie die Menschen dazu
anhielt, so zu handeln, dass sie das Gericht gut würden überstehen können.
Da im Jenseits ein besseres Leben möglich erschien,
versuchten nun alle Ägypter – nicht nur die reichen –
für ihr Weiterleben nach dem Tod zu sorgen: Dafür
war es wichtig, dass der mumifizierte Leichnam oder
eine kleine Statue die Seele der Verstorbenen aufnahm.

Die Verehrung der Götter verband sich mit dem Totenkult. Darüber wurde aus lokalen Kulten eine einzige Götterreligion für ganz Ägypten: Der Sonnengott Re, der täglich wieder auferstand, stammte ursprünglich aus Mittelägypten; vom *Mittleren Reich* an war er der Gott, mit dem sich der Pharao am liebsten verglich. Das Götterpaar Isis und Osiris aus dem Delta wurde in ganz Ägypten beliebt, weil Osiris mit Isis' Hilfe von den Toten auferstanden war.

Das Mittlere Reich und die Zweite Zwischenzeit

Um das Jahr 2000 v.Chr. gelang es den Fürsten des oberägyptischen Theben, nach und nach ganz Ägypten wieder zu vereinigen, die fremden Völkerschaften aus dem Nildelta zu vertreiben und sich selbst zu Pharaonen zu machen. Unter ihrer Herrschaft kehrte der Wohlstand nach Ägypten zurück. Charakteristisch für diese Zeit sind die zwar nicht monumentalen, aber mit raffiniertem Geschmack ausgestatteten Gräber, die zeigen, wie gut es einer ziemlich breiten Mittelschicht ging. Gut zweihundert Jahre nach Gründung des Mittleren Reichs kam es zu Thronwirren und einem erneuten Zerfall der Pharaonenmacht. Dies machten sich wiederum landhungrige Nomaden zunutze, die semitischen Hyksos, die um 1720 v.Chr. Memphis eroberten und einen ihrer Anführer zum Pharao ausriefen.

Das Neue Reich

Wiederum waren es die Fürsten von Theben, die die Eindringlinge vertrieben und die Pharaonenwürde übernahmen. Sie machten ihre Heimatstadt zur Hauptstadt des Reichs. Von ihrer Pracht zeugen noch heute die Tempelruinen von Luxor und Karnak und die Pharaonen- und Beamtengräber im Tal der Könige bei Theben.

Die neuen Pharaonen waren darauf bedacht, künftige Invasionen von vornherein zu verhindern, indem sie in Palästina, dem Land, aus dem die größte Gefahr drohte, dauerhaft militärische Garnisonen einrichteten. Die Ägypter drangen sogar bis Syrien vor und trafen dort auf die Großmächte Vorderasiens: die Babylonier, Assyrer und Hethiter. Die Ägypter konnten sich nun nicht mehr auf ihre inneren Angelegenheiten allein konzentrieren, sondern waren gezwungen, mit militärischen und diplomatischen Mitteln Außenpolitik zu betreiben.

Unter Thutmosis III. (um 1468–1438 v.Chr.), der bis zum Euphrat vorstieß, erreichte die militärische Expansion Ägyptens ihren Höhepunkt. (Thutmosis war übrigens der Neffe und Nachfolger der umstrittenen Königin Hatschepsut. Da die Ägypter nicht akzeptieren wollten, dass eine Frau Pharao gewesen sein sollte, ließ Thutmosis alle Inschriften ausmeißeln, die auf seine Tante hinwiesen). Die Armeen des Thutmosis waren keine Bauernarmeen mehr wie die Armeen vorhergehender Epochen. Sie wurden vielmehr von gut ausgerüsteten und ausgebildeten Streitwagenkriegern angeführt, die nun eine eigene Offizierskaste darstellten. Diese Militärs nahmen zunehmend Einfluss auch auf die ägyptische Innenpolitik.

Die wichtigsten Verbündeten der ägyptischen Militärmacht in Asien waren die phönizischen Städte. Die Schiffe der Phönizier waren unverzichtbar für den Transport des Nachschubs für die ägyptischen Truppen. Phönizische Händler verschafften den reichen Ägyptern die Luxusgüter des ganzen Orients und vermittelten ihnen auch manche intellektuelle Anregung.

So wundert es nicht, dass zeitgleich mit der Entstehung einer neuen Religiosität in Babylon zur Zeit der chaldäischen Fremdherrschaft auch in Ägypten der Versuch gemacht wurde, mit dem Wirrwarr der verschiedenen Gottheiten aufzuräumen und einen einheitlichen Kult zu stiften, nämlich den des Aton, der göttlichen Sonne. Der Pharao Amenophis IV. (um 1364–1347 v.Chr.), der sich nach dem Sonnengott Echnaton nannte, machte sich zum ersten Verkünder dieser neuen Religion. Dabei verfolgte er zwar auch ein politisches Interesse, nämlich die allzu mächtig gewordene Priesterschaft des Amun von Theben zu entmachten, doch die verfeinerte Kunst seines Hofs in Amarna zeigt deutlich, dass hier wirklich auch ein kultureller Neuanfang probiert wurde. Es gelang Echnaton jedoch nicht, die philosophische Sonnenreligion volkstümlich zu machen. So scheiterte seine Kulturrevolution gleich nach seinem Tod am Widerstand der Priesterschaften der traditionellen Götter und der Militärkaste, die in allzu vergeistigten Herrschern ein Sicherheitsrisiko sahen.

Die Katzengöttin Bastet,
Tochter des Sonnengottes Re

Die Priester und die Militärs brachten zuerst den blutjungen Prinzen Tutanchamun auf den Thron; nach dessen Tod übernahm ein General die Macht, Ramses I., der Begründer der Ramessiden-Dynastie. Unter den Ramessiden, vor allem während der langen Regierungszeit Ramses' II. (um 1290–1224 v.Chr.) erlebt Ägypten eine neue Glanzzeit. Ägypten ist auch nach dem Tod Ramses' II. stark genug, den Ansturm der „Seevölker" um 1200 v.Chr. abzuwehren, während die Staaten des mykenischen Griechenlands und der Hethiter in den Völkerwanderungen dieser Zeit untergehen. Zu den Wanderungsbewegungen dieser Epoche gehört auch die des Volks der Israeliten, das um diese Zeit erstmals in ägyptischen Quellen erwähnt wird. Die späteren Todfeinde der Israeliten, die Philister, eines der Seevölker, werden zur selben Zeit von den Ägyptern in Palästina angesiedelt.

Die nächste Invasionswelle überlebt das innerlich durch Machtkämpfe zwischen dem Pharao und einzelnen Militärführern zerrissene Neue Reich nicht mehr: Es endet mit einer Invasion libyscher Nomaden im Jahr 935 v.Chr. Damit beginnt die Dritte Zwischenzeit (bis 664 v.Chr.), eine dunkle Epoche, über die wir nur wenig wissen.

Die Spätzeit

Libysche Fürsten und solche aus dem Land Kusch im fernen Süden (dem heutigen Sudan und Äthiopien) streiten sich um die Macht in Ägypten, als die *Assyrer* 671 v.Chr. am Nil erscheinen. Diese setzen einen einheimischen Fürsten aus der Stadt Sais im Delta, Necho, als Pharao von assyrischen Gnaden ein. Sie nehmen ihn gefangen, als er seine eigenen Interessen zu verfolgen beginnt, schicken ihn zur Umerziehung ins assyrische Ninive und setzen ihn erneut am Nil ein. Als Necho fällt, wird sein Sohn Psammetich I.

Goldene Grabmaske
des Tutanchamun

(664–610 v.Chr.) sein Nachfolger. Psammetich kann sich in ganz Ägypten dank assyrischer Hilfe durchsetzen. Doch als der Assyrerkönig Assurbanipal zu Hause unter Druck gerät, kündigt Psammetich ihm sogleich die Gefolgschaft. Damit beginnt die letzte hundertjährige Blütezeit eines unabhängigen Ägypten, die (nach dem Herkunftsort der Pharaonendynastie so genannte) saitische Renaissance. Dies ist eine Zeit nicht nur der Erholung der alten Kultur, sondern auch erheblicher Neuerungen, denn griechische, phönizische und jüdische Händler ziehen durch das Land und bringen Geld in Umlauf.

Da nun alles gegen Geld zu haben ist, kann der reiche Pharao sich Söldner mieten – meist Griechen –, dank derer er unabhängig ist von den traditionellen Kräften im Land. Auch der kulturelle Einfluss der Griechen wächst. Doch die Mehrheit der Bevölkerung schottet sich von allen neuen Ideen ab.

Das jedenfalls in militärischer Hinsicht rückständig gewordene Ägypten wird daher bald zum Spielball fremder Mächte, zuerst der Perser, die 526 v.Chr. das Land am Nil ohne Mühe erobern, weil die griechischen Söldner des Pharao zu ihnen überlaufen, dann der Griechen unter Alexander dem Großen. Alexanders General Ptolemaios gründet das Ptolemäerreich, dessen Hauptstadt Alexandria bald zum Zentrum der griechischen Kultur wird. Nachdem der römische Kaiser Augustus die Ptolemäerin Kleopatra zum Selbstmord getrieben hat, wird Ägypten römische Provinz. In dieser ganzen Zeit ändert sich für die große Mehrheit der Bevölkerung Ägyptens nur wenig gegenüber der Zeit der Pharaonen. Eine einschneidendere Veränderung als die Fremdherrschaft der Griechen und Römer bedeutete für die Ägypter zuerst die Verbreitung des Christentums im 3. Jahrhundert und dann die Eroberung durch die Araber und die Islamisierung zu Anfang des 8. Jahrhunderts.

Chronik

um 3000 v.Chr.	Beginn der hochkulturellen Zeit; erste Schriftdenkmäler; in ihren Grundzügen ist die ägyptische Zivilisation fertig ausgebildet.
um 3000–2800 v.Chr.	Zeit der ersten Könige Gesamtägyptens (Thiniten). Menes ist der noch halb sagenhafte erste Pharao. Memphis wird Reichshauptstadt.
um 2700–2300 v.Chr.	Altes Reich. Zeit des Pyramidenbaus. Ausbau des zentralen Beamtenstaats. Bekannte Pharaonen sind Djoser, Cheops und Chephren.
um 2200–2040 v.Chr.	Erste Zwischenzeit. Einsickern von Nomaden im Nildelta, Machtkampf verschiedener regionaler Fürsten
um 1878–1843 v.Chr.	Blütezeit des Mittleren Reichs unter der Regierung Sesostris' III.
um 1785–1570 v.Chr.	Zweite Zwischenzeit. Fremdherrschaft der Hyksos im Delta und in Unterägypten
um 1550 v.Chr.	Neues Reich. Die Fürsten von Theben nehmen den Kampf gegen die Hyksos auf. Ahmose vertreibt sie endgültig und dringt nach Palästina vor. Er gilt als Gründerpharao des Neuen Reichs.
um 1468–1438 v.Chr.	Thutmosis III. stützt sich erstmals auf ein stehendes Heer von Streitwagenkriegern. Die Offizierskaste steigt zum wichtigen Machtfaktor auf. Die Ägypter dringen in Asien bis zum Euphrat vor. Bündnis mit den phönizischen Seestädten
um 1364–1438 v.Chr.	Amarnazeit: Amenophis IV., der sich Echnaton nennt, versucht von seiner Residenz in Amarna aus den Kult der göttlichen Sonne für das ganze Reich verbindlich zu machen.
um 1309–1180 v.Chr.	Herrschaft der zuerst durch einen Militärputsch an die Macht gelangten Ramessiden. Höhepunkt der Pharaonenmacht unter Ramses II. (1290–1224 v.Chr.).
um 1200 v.Chr.	Abwehr der „Seevölker"; danach wächst die Bedrohung durch libysche Nomaden, die regelmäßig im Delta einfallen; allmähliche Schwächung der Pharaonenherrschaft
935–664 v.Chr.	Dritte Zwischenzeit. Herrschaft libyscher Stämme im Norden; von Süden her dringen „Äthiopier" aus dem Reich Kusch im heutigen Sudan nach Unterägypten vor.
971–666 v.Chr.	Die Assyrer dringen in Ägypten ein und drängen die Libyer und Äthiopier zurück.
664–525 v.Chr.	Saitische Renaissance. Die von den Assyrern eingesetzte saitische Dynastie bringt Frieden und Wohlstand zurück. Psammetich I. (664–610 v.Chr.) gelingt es, die Unabhängigkeit wiederherzustellen. Starker Einfluss griechischer Söldner und Kaufleute
526–332 v.Chr.	Die Perser unter Kyros erobern Ägypten und halten es mit kurzen Unterbrechungen besetzt.
332 v.Chr.	Alexander der Große erobert Ägypten.
305–30 v.Chr.	Herrschaft der griechischen Ptolemäer; Alexandria, ihre Hauptstadt, ist Zentrum der hellenistischen Welt.
30 v.Chr.	Kaiser Augustus macht Ägypten zur römischen Provinz.
3.–4. Jh. n.Chr.	Christianisierung Ägyptens; Bibelübersetzung ins Ägyptische; eigene ägyptische (koptische) Kirche
639–641	Eroberung Ägyptens durch die Araber

An den Ufern des Nils

Wüste bedeckt mehr als 90% der Fläche Ägyptens. Das „Rote Land" erlaubte nur kleine Siedlungen in Wadis oder Oasen. Die Ägypter lebten deshalb an den Ufern des Nils oder an Kanälen, die vom Fluss abzweigten.

Man nannte Ägypten wegen des dunklen Nilschlamms Kemet, das Schwarze Land. Ohne dessen Fruchtbarkeit gäbe es keine ägyptische Kultur. Bis in die jüngste Zeit wurde das Leben in Ägypten vom Ackerbau bestimmt. Die heutige Bevölkerungsexplosion, das Städtewachstum und der Bau großer Industrieanlagen änderten den Lebensstil. Früher begann das bäuerliche Jahr mit der Nilflut, wenn der Fluss riesige Mengen an Schlamm mit sich führte und in Ägypten ablagerte. Er wird vom Blauen und Weißen Nil gespeist, die nördlich von Khartum im Sudan aufeinander treffen. Sank der Nil, dann säten die Bauern Gerste und Emmer, und man hatte gewöhnlich eine gute Sommerernte. Als in den 1960er Jahren der Staudamm bei Assuan fertig gestellt war, veränderte sich der Wasserhaushalt Ägyptens grundlegend.

HUNGERSNOT
In einem solch extremen Klima erreichte man nicht immer eine gute Ernte, und Hunger plagte das Volk. Die Bettlerstatue erinnert daran.

EIN VOLK AM FLUSS
Die Ägypter lebten in einem Streifen Land zu beiden Seiten des Nils, wo die Flut die Äcker fruchtbar machte. Das Überschwemmungsgebiet ist auf dieser Karte grün gekennzeichnet.

Ein Schreiber mit seiner Palette

Mit einem Stock treibt ein Hirte das Vieh an.

SICHEL
Die Bauern
benutzten einfache
Geräte wie diese Sichel
aus Holz. Ernteszenen zeigen
mehrere Männer, die mit ähnlichen
Sicheln Korn schneiden. Die stehen
gelassenen Halme wurden wahrscheinlich später gesammelt, um
Matten oder Körbe daraus zu flechten.

*Schneide aus
Feuerstein*

*Meketre, der
Viehbesitzer*

WORFELHOLZ
Nachdem Esel den
Weizen zur Tenne
gebracht hatten,
benutzte man zwei
Worfelhölzer, um die
Körner von der Spreu
zu trennen.

Meketres Sohn

WORFELN
Die Männer kehren Körner und Spreu zusammen und werfen sie in
die Luft. Der Wind weht die leichtere Spreu weg, während die
Körner auf den Boden fallen. Die Worfler tragen Leinenkopftücher,
um ihr Haar vor der Spreu zu schützen.

GUTE IDEE
Wasser wurde immer gebraucht,
wenn die Nilflut sank. In Kanälen
floss es zu den entfernteren Feldern.
Um das Wasser in die Kanäle zu
leiten, benutzte man wie heute einen
Schaduf. Er besteht aus einem
hölzernen Hebebaum mit einem
Wasserschöpfer an der einen und
einem Gegengewicht an der anderen
Seite. Er konnte von einem Mann
bedient werden, der den Eimer in
den Fluss tauchte und ihn mithilfe
des Gewichtes hochhob.

VIEHZÄHLUNG
Ein wichtiges Indiz für Reichtum
war die Zahl der Rinder, die man
besaß. Dieses alte Modell zeigt
Meketre, der um 2000 v.Chr. in
Theben lebte. Hier wird das Vieh
gezählt und an dem Besitzer und
seinen Beamten und Schreibern
vorbeigetrieben. Das Ergeb-
nis der Zählung wurde
zu Steuerzwecken
aufbewahrt.

KEULENKOPF

Dies war eine Kriegswaffe, mit der man einem verwundeten Krieger einen tödlichen Schlag versetzen konnte. Aber die glatte Oberfläche und die prächtige Schnitzerei weisen auch darauf hin, dass sie ein Herrscher oder Häuptling bei festlichen Anlässen getragen haben könnte.

Die Zeit nach 3000 v.Chr., in der Pharaonen das Land regierten, nennen wir das Alte Ägypten. Wer lebte aber in Ägypten, bevor es Pharaonen gab? In der frühen Steinzeit wohnten die Menschen vom Nildelta bis nach Assuan in Gebieten, die von der Nilüberschwemmung nicht erreicht wurden. Dann strömten ab 5000 v.Chr. Siedler nach Ägypten: aus Palästina und Syrien, aus Nubien im Süden und aus dem libyschen Gebiet im Westen. Kurz vor 3000 v.Chr. segelten auch Händler vom südlichen Irak nach Ägypten. Einige blieben, weil ihnen das fruchtbare Land gefiel. Bald begannen sie Gerste zu pflanzen und Vieh zu züchten, und sie bauten Lehmhütten in Dörfern, die zwar im Niltal lagen, aber vor der jährlichen Überschwemmung sicher waren. Aus der Zeit vor 3000 v.Chr. hat man wundervolle Elfenbeinschnitzereien, Schieferpaletten und feine Töpferware in Ziegelgräbern gefunden.

KAMM UND FREUNDIN

Die Jäger der afrikanischen Elefanten und Nilpferde versorgten die frühen Handwerker mit viel Elfenbein. Der Kamm ist am oberen Ende mit einer Gazellengestalt verziert, wohl weil sein Besitzer dieses Wild gern jagte. Das Figürchen mit den leuchtenden Augen wurde in ein Grab gelegt und sollte im Jenseits dem Mann eine Gefährtin sein.

EIN URALTER KÖRPER

Bevor es die Mumifizierung gab, legte man den toten Körper in eine "Schlafstellung" mit angezogenen Ellenbogen und Knien. Der Körper wurde zusammen mit einigen Beigaben in einer Grube mit Sand bedeckt. Der Sand sog alle Flüssigkeit aus dem Leib, trocknete ihn aus und konservierte ihn. Man glaubte, so könnte der "Geist des Toten" ihn wiedererkennen und in ihm wohnen. Dieser Mann starb vor 5000 Jahren. Als man ihn fand, dachte man, er verdiene einen Namen, da er so "lebendig" aussah. Man nannte ihn "Ginger" (Ingwer) – wegen seines roten Haars.

Vorratsgefäße für das Jenseits

Die Haut ist gut erhalten, da der Körper durch den Sand austrocknete.

Rotes Haar

Halsketten

STEINVASE
Diese Vase wurde mit einfachen Feuerstein- oder Kupferwerkzeugen aus geflecktem Brekzienstein geschnitten. Mit Quarz polierte man die Oberfläche.

Feldspat

Karneol

Geglättete Oberfläche

LUXUS MUSS SEIN
Damals verwendeten die Juweliere Halbedelsteine, vor allem grünen Feldspat und orangefarbenen Karneol. Luxuswaren wie diese Halsketten beweisen, dass schon vor der Pharaonenherrschaft nicht jedermann Bauer oder Jäger war. Handwerker waren geschätzte und gut entlohnte Mitglieder der Gesellschaft.

Ein Auge Elfenbein

TÖPFERWARE
Nilschlamm und Ton aus dem Flusstal bildeten das Material der Töpfer. Das nach unten spitz zulaufende Gefäß musste in einen Ständer oder in den weichen Erdboden gesteckt werden. Die Spiralen sollten den Eindruck wecken, die Vase sei aus Stein gefertigt.

Das Spiralmuster

NICHT NUR NÜTZLICH
Schminkpaletten gehören zu den frühesten erhaltenen ägyptischen Objekten. Sie konnten rechteckig oder tiergestaltig (Nilpferd, Schildkröte, Falke oder, wie hier, Widder) geschnitten sein. Auf der breiten Fläche zerrieb man Minerale für das Augenmakeup.

Die eigenen vier Wände

Häuser wurden oft aus Nilschlammziegeln gebaut. Man sammelte den Schlamm in Ledereimern und schaffte ihn zum Bauplatz. Dort fügten Arbeiter Stroh und Kiesel zur Verstärkung hinzu und gossen das Gemisch in Holzformen. Die Ziegel wurden dann in der Sonne getrocknet. Beim Hausbau verputzte man die Wände und bemalte häufig die Räume. Innen waren die Häuser kühl, da die kleinen Fenster nur wenig Licht einließen. Reiche Familien besaßen große Häuser, in denen man vom Flur aus die Schlafzimmer, Privaträume und Treppen zum Dach erreichen konnte. Die Küche lag etwas abseits, damit die Gerüche nicht störten. Die bei Jung und Alt beliebten Feste wurden zu Hause gefeiert.

NICHT FÜR JEDERMANN
Ein Teich mit Lotosblumen und Fischen war häufig das Zentrum im Garten einer reichen Familie. Das Wasser wurde regelmäßig erneuert, um es frisch zu halten. Sykomoren, Dattelpalmen, Akazien und andere Bäume und Sträucher wuchsen am Rand.

WOHNKOMFORT
Dies ist ein typisches Schlammziegelhaus, das einem erfolgreichen Beamten, dem Kronsekretär Nacht, gehörte. Die Wände waren mit Kalksteinputz versehen. Gitterfenster im Obergeschoss ließen nur wenig Sonnenschein und Staub hinein, während sich der kühle Nordwind dort fing. Vorn war ein Garten mit Teich und Bäumen, in dem sich die Familie erholen konnte.

SEELENHAUS
Dieses Modell zeigt das Haus einer ärmeren Familie. Das Modell wurde seinem Besitzer mit ins Grab gegeben, damit er im Jenseits darin wohnen könne. Deshalb nennt man es „Seelenhäuschen". Zu sehen sind ein niedriger Torbogen, ein Fenster, das wenig Licht hereinlässt, und eine Treppe, die zum Dach führt, wo man den kühlen Nordwind genießen konnte. Lebensmittel wurden im ummauerten Nordhof gelagert.

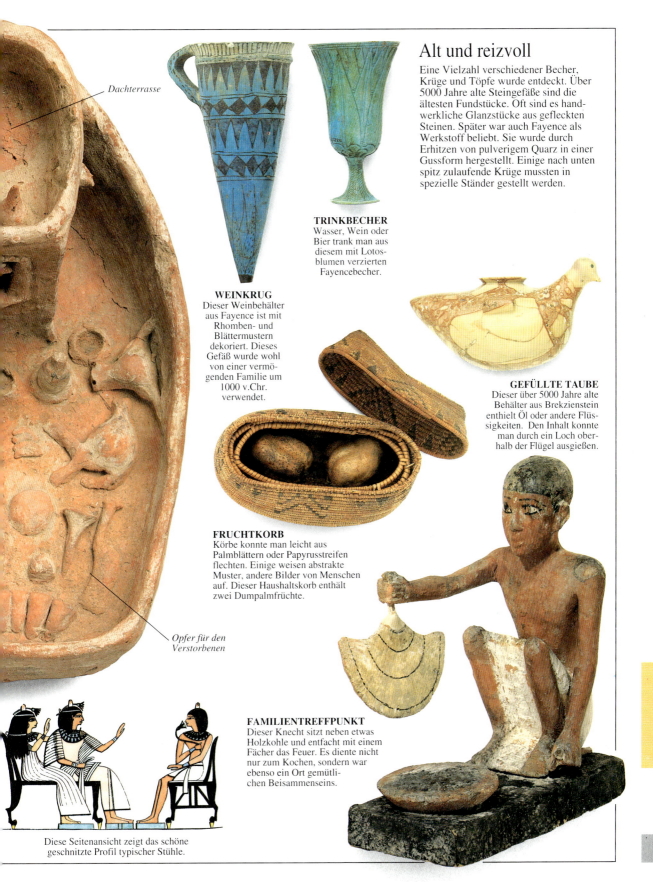

Dachterrasse

Alt und reizvoll

Eine Vielzahl verschiedener Becher, Krüge und Töpfe wurde entdeckt. Über 5000 Jahre alte Steingefäße sind die ältesten Fundstücke. Oft sind es handwerkliche Glanzstücke aus gefleckten Steinen. Später war auch Fayence als Werkstoff beliebt. Sie wurde durch Erhitzen von pulverigem Quarz in einer Gussform hergestellt. Einige nach unten spitz zulaufende Krüge mussten in spezielle Ständer gestellt werden.

TRINKBECHER
Wasser, Wein oder Bier trank man aus diesem mit Lotosblumen verzierten Fayencebecher.

WEINKRUG
Dieser Weinbehälter aus Fayence ist mit Rhomben- und Blättermustern dekoriert. Dieses Gefäß wurde wohl von einer vermögenden Familie um 1000 v.Chr. verwendet.

GEFÜLLTE TAUBE
Dieser über 5000 Jahre alte Behälter aus Brekzienstein enthielt Öl oder andere Flüssigkeiten. Den Inhalt konnte man durch ein Loch oberhalb der Flügel ausgießen.

FRUCHTKORB
Körbe konnte man leicht aus Palmblättern oder Papyrusstreifen flechten. Einige weisen abstrakte Muster, andere Bilder von Menschen auf. Dieser Haushaltskorb enthält zwei Dumpalmfrüchte.

Opfer für den Verstorbenen

FAMILIENTREFFPUNKT
Dieser Knecht sitzt neben etwas Holzkohle und entfacht mit einem Fächer das Feuer. Es diente nicht nur zum Kochen, sondern war ebenso ein Ort gemütlichen Beisammenseins.

Diese Seitenansicht zeigt das schöne geschnitzte Profil typischer Stühle.

Die Pharaonen von Giseh

Der Pharao hatte uneingeschränkte Befehlsgewalt über seine Untertanen, die ihn als Gott verehrten. Diese absolute Macht war Voraussetzung für den Bau der Pyramiden. Das Wort „Pharao" bedeutet „großes Haus" und bezog sich ursprünglich auf den Palast, weniger auf den König selbst. Die Pharaonen Chufu, Chafre und Menkaure, bekannter unter den griechischen Namen Cheops, Chephren und Mykerinos, hatten ihre Paläste in Memphis. Von dort konnten sie die Errichtung ihrer riesigen Grabstätten im nahen Giseh verfolgen. Der Bau dauerte Jahre – wenn der Pharao Glück hatte, wurde die Pyramide vor seinem Tod fertig. Für die ägyptische Wirtschaft waren die riesigen Bauprojekte eine große Belastung.

Nach Fertigstellung gab man ihnen Namen, die die Großartigkeit ihres Auftraggebers priesen. Die Große Pyramide bekam den Beinamen „Cheops gehört zum Horizont", die anderen beiden „Groß ist Chephren" und „Mykerinos ist göttlich".

EINSAMER ZEUGE
Obwohl Cheops als einer der mächtigsten ägyptischen Pharaonen gilt, ist als einzige Figur von ihm diese winzige Elfenbeinstatuette erhalten. Als man sie fand, fehlte der Kopf. Der Archäologe Flinders Petrie durchsuchte Schichten von Schutt, bis er ihn endlich entdeckte.

LÖWENTHRON
Zu den schönsten ägyptischen Statuen zählt diese des Pharaos Chephren, Nachfolger des Cheops und wahrscheinlich sein Sohn (vielleicht auch sein Bruder). Die überlebensgroße Statue besteht aus Diorit, einem glänzenden, gesprenkelten Gestein, und zeigt den König auf einem Löwenthron sitzend. Fundort war ein tiefes Loch im Taltempel der Chephrenpyramide. Vielleicht hatte man sie dort vor Grabräubern versteckt.

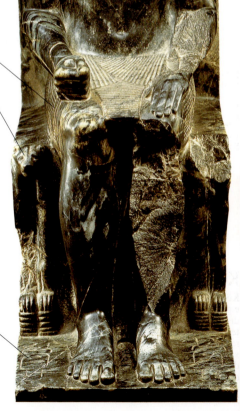

neme
Kopftuc

Königsba

Faltenschurz

Löwen-kopf

FALKENMACHT
Auf Chephrens Thron sitzt der Falkengott Horus und hält schützend seine Flügel über den Pharao. Die ägyptischen Könige galten als Verkörperung dieses Gottes.

KOPF IM SAND
Die Große Sphinx steht vor der Chephrenpyramide. Die Gesichtszüge scheinen die des Pharaos Chephren zu sein. Die meiste Zeit war die Sphinx größtenteils unter Wüstensand begraben.

KÖNIGSRING
Hier sieht man in sog. Kartuschen die Namen der drei Pharaonen von Giseh in Hieroglyphen. Ein Rahmen in Form einer unten geknoteten Schnur umgab den Namen als magischer Schutzring. Durch den Namen in der Kartusche erhoffte sich der Pharao Unsterblichkeit.

Chephrens Kartusche

Cheops

Chephren

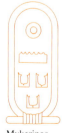
Mykerinos

WER WAR DEIN VATER?
2000 Jahre nach dem Bau der Pyramiden behaupteten griechische Historiker, dass Mykerinos (links) Cheops' Sohn war. Aber er ähnelt eher dem Chephren, und so nehmen Fachleute heute an, dass Chephren sein Vater war.

LIEBENDE GATTEN
Die meisten Pharaonen hatten mehrere Frauen, von denen aber nur zwei oder drei auch Königinnen waren. Diese älteste Darstellung eines Königspaars zeigt Mykerinos und seine Lieblingsfrau Chamerernebty, die ihren Mann zärtlich umfasst hält. Die Darstellung inniger Gefühle ist in der ägyptischen Kunst selten. Es gibt zwar keine Aufzeichnungen aus der Regierungszeit des Mykerinos, aber griechische Historiker halten ihn für einen guten und gerechten Pharao. Cheops und Chephren galten dagegen als Tyrannen, die das Volk knechteten und zum Pyramidenbau zwangen.

Kartusche des Mykerinos

Die feine Struktur der Grauwacke gibt der Skulptur eine glatte Oberfläche.

ERSATZ
In Mykerinos' Pyramide fand man Reste eines Holzsargs. Nach Machart und Inschriften zu urteilen, muss er 2000 Jahre nach dem Tod des Pharaos entstanden sein. Wahrscheinlich haben spätere Dynastien den zerfallenen ersten Sarg des Königs ersetzt.

Königinnenpyramiden
König Mykerinos ließ südlich von seiner eigenen drei kleinere Pyramiden errichten, die alle nicht vollendet wurden. In der größten wurde wahrscheinlich Königin Chamerernebty begraben. Viele Pyramidenkomplexe weisen solche Königinnenpyramiden auf, doch nicht immer wurden dort die Ehefrauen der Pharaonen begraben. Oft dienten sie als Grabstätte für die Königinmutter, für Königskinder oder als Kultstätten.

Alles für den König

Die Ägypter hielten ihren Pharao für einen lebenden Gott. Er führte die Armee in den Krieg, sprach Recht und verwaltete den Staatsschatz. Außerdem verkörperte er die Einheit Ägyptens; seine Aufgabe war es, die beiden Landesteile Ober- und Unterägypten zusammenzuhalten. Durch seine Zentralregierung standen dem Pharao die Mittel des gesamten Landes zur Verfügung. So konnte er Pyramiden bauen und dafür jahrelang die besten Bildhauer, Maurer, Ingenieure und Tausende von Arbeitern beschäftigen. Die Transportkolonnen bestanden nicht etwa aus Sklaven, sondern aus Bauern. Diese hofften sich durch ihre Arbeit für das ewige Leben des Pharaos seiner Unterstützung im Jenseits versichern zu können.

Stab

BEAMTENSTAB
Dem obersten Minister (Wesir) standen ein großer Beamtenapparat und gut ausgebildete Schreiber zur Verfügung. Hohe Beamte bauten ihre Gräber oft in der Nähe königlicher Pyramiden. Diese Statue (2250 v.Chr.) zeigt einen Beamten mit einem Stab als Symbol seines hohen Rangs.

Um die Hüfte gebundener Leinenschurz

PYRAMIDENSTÄTTEN
Die über 80 ägyptischen Pyramiden liegen alle am Westufer des Nils – da, wo die Sonne untergeht. Im Alten Reich konzentrierten sie sich um die damalige Hauptstadt Memphis. Als man im Mittleren Reich die Hauptstadt flussaufwärts nach Lischt verlegte, entstanden auch die meisten Pyramiden weiter südlich.

Kairo

Abu Roasch ▲

Giseh ▲ ▲▲
Sauijet el-Arijan ▲ ▲▲
Abusir ▲▲▲▲

Sakkara ▲▲▲▲▲▲
▲▲▲▲▲

Dahschur ▲▲▲▲
▲▲

Masghuna ▲ ▲▲

ZEICHENERKLÄRUNG
▲ (echte) Pyramide
▲ Knickpyramide
▲ Stufenpyramide

Lischt ▲ ▲

Nil

Medum ▲
Seila ▲

Hawara ▲
El-Lahun ▲

DIE SOZIALE PYRAMIDE

Pharao

Adlige und Königsfamilie, hohe Beamte, Soldaten, Schreiber

Handwerker, Maler, Bildhauer, Aufseher, Kaufleute

Kleinbauern, Feldarbeiter, Hausangestellte (Sklaven gab es nur wenige)

Unter dem Pharao standen die königliche Familie, Adlige, Priester, Soldaten und Beamte. Kaufleute und Handwerker bildeten die Mittelklasse. Die meisten Ägypter waren in der Landwirtschaft tätig.

SOHN DES SONNENGOTTES

Das Wort „Pharao" leitet sich vom ägyptischen *Per'o* („großes Haus") ab. Einer der Titel des Pharaos war „Sohn des Re". Diesen riesigen Kopf des Königs Djedefre mit Königskopftuch nemes und Uräus, der alle Feinde vernichtenden Königskobra, an der Stirn fand man in der Nähe seiner Pyramide in Abu Roasch. Djedefre regierte nur acht Jahre zwischen Cheops und Chephren, den Erbauern der großen Pyramiden von Giseh. Seine Pyramide ist verfallen.

Die Frauen trugen Lasten auf dem Kopf.

DIENERINNEN

Viele junge Frauen arbeiteten als Dienerinnen. Wie sie aussahen, verraten uns die Dienerstatuen als Grabbeigaben. Sie sollten ihren Herrinnen und Herren auch im Jenseits dienen.

PERFEKTES PAAR

Während Pharaonen meist sehr schön dargestellt wurden, wirken die normalen Sterblichen etwas realistischer. Der Hofbeamte Katepi erscheint sonnengebräunt, während die blasse Hautfarbe seiner Frau Hetepheres andeutet, dass sie sich vorwiegend im Haus aufhielt. Fundort dieser Statue war Katepis Grab in Giseh.

Hetepheres hat den Arm um ihren Mann gelegt.

Katepi lebte um 2500 v.Chr.

Perücke

Ihre Haut ist hell.

Seine Haut ist rötlich.

Ägyptische Schriften

Vor etwa 5000 Jahren entwickelten die Ägypter eine Schrift mit Zeichen, die man Hieroglyphen nennt. Dieses Wort leitet sich aus dem Griechischen ab und bedeutet so viel wie „heilige Einmeißelungen" („heilig", weil man sie vor allem in Tempeln und Grabstätten fand). Auf den ersten Blick wirken die Hieroglyphen wie einfache bildliche Darstellungen. Doch die Hieroglyphenschrift entwickelte sich zu einem komplexen System, in dem eine Hieroglyphe für ein ganzes Wort oder auch nur für einen Laut stehen konnte (Phonogramm). Manche Hieroglyphen sind daher mit den Buchstaben des Alphabets vergleichbar. Da das Schreiben der Hieroglyphen umständlich war, entwickelten die Ägypter die einfachere hieratische Schrift. Seit dem 7. Jahrhundert v.Chr. gab es eine weitere Variante, die demotische Schrift. Als dann die Griechen Ägypten beherrschten, übernahmen die Ägypter die Buchstaben des griechischen Alphabets.

ROSETTASTEIN
Dank dieser Basaltplatte, auf der in Hieroglyphen (oben), in Demotisch (Mitte) und in Griechisch (unten) eine Verordnung aus dem 2.Jh.v.Chr. eingeritzt ist, konnte der Franzose J.-F. Champollion 1822 die Hieroglyphen entschlüsseln. Ausgehend vom Griechischen verglich er die königlichen Namen in allen drei Schriften und entzifferte so die Zeichen.

PROFESSIONELL
In der ägyptischen Verwaltung spielten die Schreiber eine wichtige Rolle. Sie waren gut ausgebildet, genossen hohes Ansehen und hatten viele Privilegien wie z.B. Steuerbefreiung. Diese Abbildung zeigt einen Schreiber bei der Arbeit.

MUMIEN-ETIKETT
Holzschilder wie dieses in demotischer Schrift hängte man Mumien als „Pass" um den Hals. Demotisch wird von rechts nach links geschrieben. Obwohl diese Schrift aus den Hieroglyphen entstanden ist, besteht keine Ähnlichkeit.

Tintenschale mit schwarzer Tinte

Papyrusrolle

HANDWERKSZEUG
Die Schreiber bewahrten ihre Pinsel und Federn in Holzkästchen auf, die sie mit auf Reisen nehmen konnten. Die schwarze Tinte wurde aus Holzkohle oder Ruß hergestellt. Für farbige Tuschen (rot, grün oder blau) zerrieb man Mineralien von entsprechender Farbe und mischte sie mit Wasser.

HERRSCHERNAMEN

Die Namen von Herrschern waren – wenn sie in Hieroglyphen geschrieben waren – immer mit ovalen Einfassungen (Kartuschen) versehen.

Hieratischer Text

Kartusche

Hieroglyphen

ENTENKRITZELEI

Schreiberlehrlinge ritzten Hieroglyphen in Ton- oder Kalksteinscherben. Das war billiger, als auf Papyrus zu schreiben. Manchmal kritzelten auch geübte Schreiber aus Spaß in ihrer Freizeit besonders komplizierte Hieroglyphen auf Scherben. Das hier abgebildete Entenküken war das Zeichen für „Premierminister".

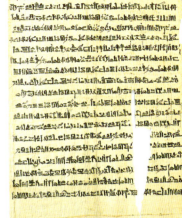

Hieroglyphen sind wie dieser Schakal oft direkt in den Stein der Tempelwände gemeißelt.

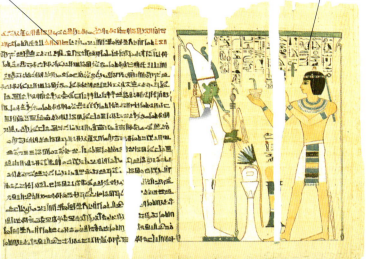

VON DEN HIEROGLYPHEN ZUM HIERATISCHEN

Da sich die Hieroglyphen im täglichen Gebrauch als sehr umständlich erwiesen, entwickelten die Ägypter eine einfachere Gebrauchsschrift, das Hieratische, das von rechts nach links geschrieben wurde. Auf dieser Abbildung ist der Text links in hieratischer Schrift geschrieben, die Überschrift zum Bild rechts (ein Hoher Priester überreicht dem Gott Osiris eine Opfergabe) in Hieroglyphen.

Adler

Rohr

Arm

Doppel-rohr

Küken

Bein

Fenster-laden

Schnecke

Eule

Wasser

Mund

Löwe

ROHR-FEDERN

Auf Papyrus schrieben die Schreiber mit dünnen Rohrpinseln oder Rohrfedern (eine griechische Erfindung). Das Rohr wurde geschnitten und zum Aufnehmen der Tinte an der Spitze gespalten. Die Hieroglyphen an Tempelwänden oder Statuen wurden entweder eingemeißelt oder mit dicken Pinseln aus Papyrusfasern aufgetragen.

VIELSEITIG

Hieroglyphen konnten Wort- oder Lautzeichen sein. So stand die Hieroglyphe für „Mund" auch für den Konsonanten „r", und das Symbol für „Bein" bedeutete auch „b".

Die große Stufenpyramide

Die erste Pyramide – wahrscheinlich das erste große Steingebäude der Menschheitsgeschichte überhaupt – war das um 2650 v.Chr. bei Sakkara erbaute Grabmal des Pharaos Djoser. Ihr Architekt Imhotep wurde berühmter als der Pharao und gilt als Erfinder des Steinbaus. Die Pyramide besteht aus sechs stufenförmig aufeinander gebauten rechteckigen Mastabas. Tief im darunter liegenden Fels befinden sich die Grabkammern von Djoser und elf Mitgliedern seiner Familie. Die Königskammer aus Rosengranit mit blau gekachelten Wänden war mit einem 3 t schweren Granitstein verschlossen. Dennoch wurde sie geplündert. Die Archäologen fanden nichts als einen mumifizierten Fuß.

IM SCHATTEN DER STUFENPYRAMIDE
In den folgenden Jahrhunderten bauten viele Würdenträger ihre Gräber in der Nähe der Stufenpyramide. Die Wände der Mastabas zieren Darstellungen von Göttern, rituellen Handlungen und Alltagsszenen. Dieses Opferrelief fand man im Grab des Wesirs Mereruka (um 2300 v.Chr.).

BAUSKIZZE
Diese alte Bauzeichnung wurde wahrscheinlich von Baumeistern der Stufenpyramide erstellt. Die senkrechten Linien ermöglichten eine genaue Berechnung des Neigungswinkels.

STUFENWEISE
Die Stufenpyramide wurde um einen Kalksteinkern errichtet. Während der Bauzeit änderte Imhotep fünfmal seinen Plan. Zweimal vergrößerte er die unterste Mastaba, ehe er darauf eine vierstufige Pyramide baute, auf die unter nochmaliger Grundrissvergrößerung zwei weitere Stufen gesetzt wurden. Zum Schluss erhielt die Pyramide eine Fassade aus poliertem Kalkstein.

Der Pyramidenkörper besteht aus kleinen Steinblöcken, die wie Ziegel gemauert sind.

Imhotep

Über 2000 Jahre nach seinem Tod, in griechischer Zeit, wurde der große Baumeister, Arzt und Schriftsteller Imhotep von den Ägyptern als Gott der Heilkunst und der Weisheit verehrt. Er gilt als Erfinder des Steinbaus. Als Schutzpatron der Schreiber wird er oft mit einer auf den Knien ausgebreiteten Papyrusrolle dargestellt. Außerdem wurde er als Sohn des Gottes Ptah angesehen, durch dessen magische Kraft er Kranke heilte.

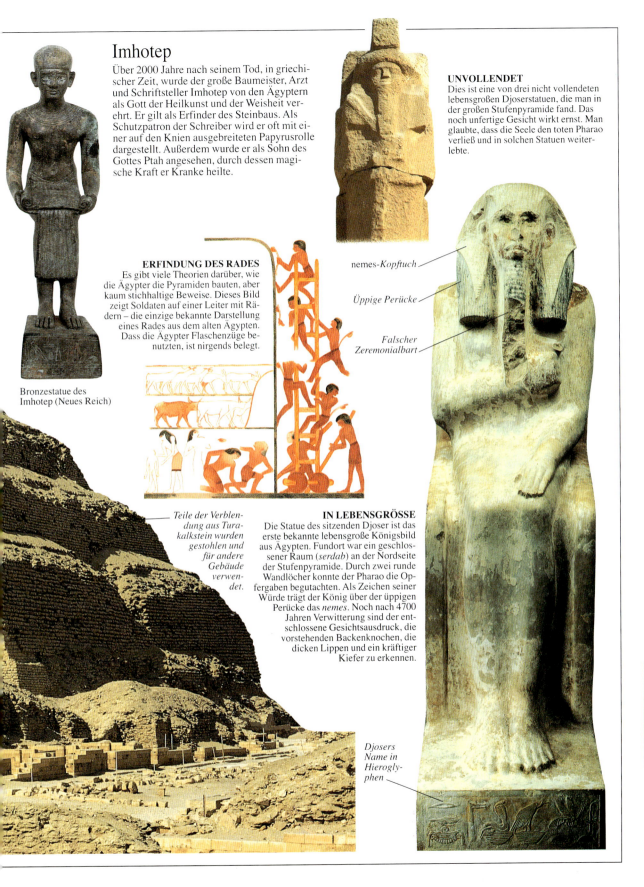

Bronzestatue des Imhotep (Neues Reich)

UNVOLLENDET

Dies ist eine von drei nicht vollendeten lebensgroßen Djoserstatuen, die man in der großen Stufenpyramide fand. Das noch unfertige Gesicht wirkt ernst. Man glaubte, dass die Seele den toten Pharao verließ und in solchen Statuen weiterlebte.

ERFINDUNG DES RADES

Es gibt viele Theorien darüber, wie die Ägypter die Pyramiden bauten, aber kaum stichhaltige Beweise. Dieses Bild zeigt Soldaten auf einer Leiter mit Rädern – die einzige bekannte Darstellung eines Rades aus dem alten Ägypten. Dass die Ägypter Flaschenzüge benutzten, ist nirgends belegt.

nemes-*Kopftuch*

Üppige Perücke

Falscher Zeremonialbart

Teile der Verblendung aus Turakalkstein wurden gestohlen und für andere Gebäude verwendet.

IN LEBENSGRÖSSE

Die Statue des sitzenden Djoser ist das erste bekannte lebensgroße Königsbild aus Ägypten. Fundort war ein geschlossener Raum (*serdab*) an der Nordseite der Stufenpyramide. Durch zwei runde Wandlöcher konnte der Pharao die Opfergaben begutachten. Als Zeichen seiner Würde trägt der König über der üppigen Perücke das *nemes*. Noch nach 4700 Jahren Verwitterung sind der entschlossene Gesichtsausdruck, die vorstehenden Backenknochen, die dicken Lippen und ein kräftiger Kiefer zu erkennen.

Djosers Name in Hieroglyphen

Djosers Kultstadt

Die Stufenpyramide von Sakkara bildete zusammen mit einer Vielzahl von Höfen, Festgebäuden und Tempeln einen riesigen Komplex aus den wahrscheinlich ersten großen Steingebäuden der Menschheit. Obwohl aus Stein, sind viele Gebäude geformt und verziert wie frühere, die aus Lehmziegeln, Schilfrohr, Binsen oder Holz bestanden. Sie wirken wie echte Gebäude, waren aber meist nur Scheinbauten. In einem Hof wurde das Sed-Fest gefeiert, ein Jubiläum zu Ehren des Pharaos. Aus ganz Ägypten strömten die Menschen herbei, um anlässlich der Krönungsjubiläen dem Kultlauf des Djoser im Sed-Hof beizuwohnen. Dieser Lauf machte die Stufenpyramide zur ersten Sportarena der Welt. Indem Djoser ihn durchstand, bewies er, dass er gesund und kräftig genug war, weiter zu regieren. Danach wurde er in der Nähe des Sed-Hofs auf zwei Thronen erneut zum König von Ober- und Unterägypten gekrönt.

ZWEITGRAB
Im Süden fand man diese unterirdische Grabkammer, die wohl als königliches Zweitgrab oder als Kanopenkammer diente. Die wunderschönen blauen Fayencekacheln sind vermutlich eine Nachbildung aus Djosers Palast.

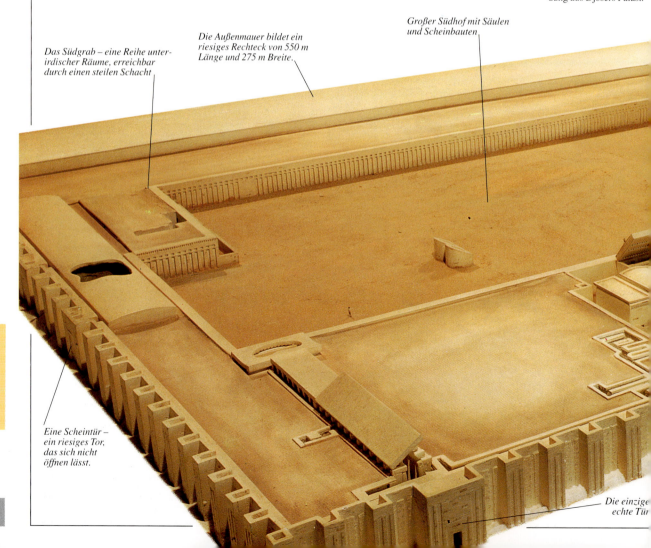

Großer Südhof mit Säulen und Scheinbauten

Die Außenmauer bildet ein riesiges Rechteck von 550 m Länge und 275 m Breite.

Das Südgrab – eine Reihe unterirdischer Räume, erreichbar durch einen steilen Schacht

Eine Scheintür – ein riesiges Tor, das sich nicht öffnen lässt.

Die einzige echte Tür

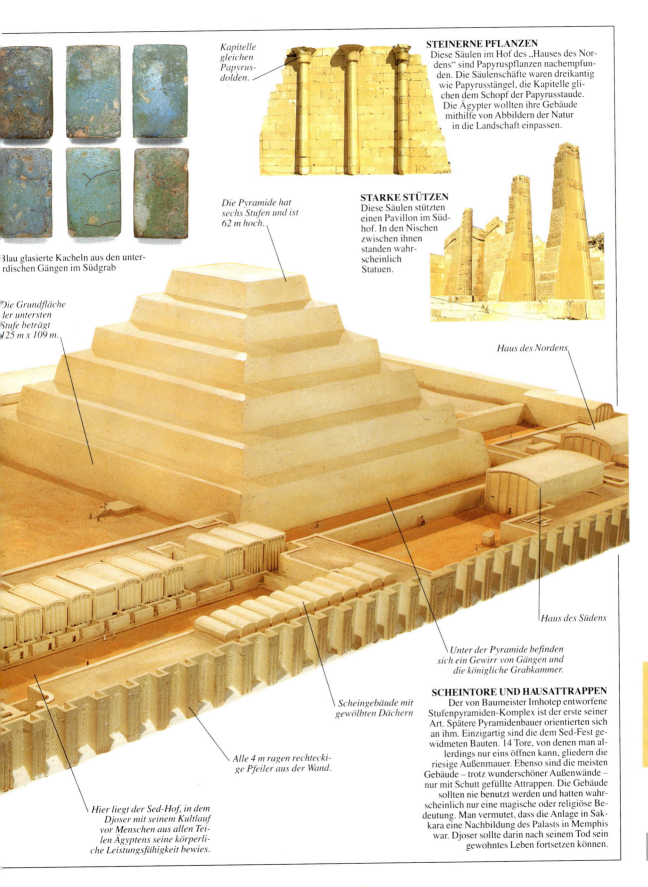

STEINERNE PFLANZEN
Diese Säulen im Hof des „Hauses des Nordens" sind Papyruspflanzen nachempfunden. Die Säulenschäfte waren dreikantig wie Papyrusstängel, die Kapitelle glichen dem Schopf der Papyrusstaude. Die Ägypter wollten ihre Gebäude mithilfe von Abbildern der Natur in die Landschaft einpassen.

Kapitelle gleichen Papyrusdolden.

STARKE STÜTZEN
Diese Säulen stützten einen Pavillon im Südhof. In den Nischen zwischen ihnen standen wahrscheinlich Statuen.

Blau glasierte Kacheln aus den unterirdischen Gängen im Südgrab

Die Pyramide hat sechs Stufen und ist 62 m hoch.

Die Grundfläche der untersten Stufe beträgt 125 m x 109 m.

Haus des Nordens

Haus des Südens

Unter der Pyramide befinden sich ein Gewirr von Gängen und die königliche Grabkammer.

Scheingebäude mit gewölbten Dächern

Alle 4 m ragen rechteckige Pfeiler aus der Wand.

Hier liegt der Sed-Hof, in dem Djoser mit seinem Kultlauf vor Menschen aus allen Teilen Ägyptens seine körperliche Leistungsfähigkeit bewies.

SCHEINTORE UND HAUSATTRAPPEN
Der von Baumeister Imhotep entworfene Stufenpyramiden-Komplex ist der erste seiner Art. Spätere Pyramidenbauer orientierten sich an ihm. Einzigartig sind die dem Sed-Fest gewidmeten Bauten. 14 Tore, von denen man allerdings nur eins öffnen kann, gliedern die riesige Außenmauer. Ebenso sind die meisten Gebäude – trotz wunderschöner Außenwände – nur mit Schutt gefüllte Attrappen. Die Gebäude sollten nie benutzt werden und hatten wahrscheinlich nur eine magische oder religiöse Bedeutung. Man vermutet, dass die Anlage in Sakkara eine Nachbildung des Palasts in Memphis war. Djoser sollte darin nach seinem Tod sein gewohntes Leben fortsetzen können.

Echte Pyramiden

Djosers Nachfolger ließen sich ebenfalls Stufenpyramiden bauen. Die bekannte glatte Pyramidenform entwickelte sich erst unter König Snofru. In den 24 Jahren seiner Herrschaft (2613–2589 v.Chr.) führte er siegreiche Kriege gegen die Libyer und die Nubier und baute viele neue Tempel, Festungen und Paläste. Snofru ließ außerdem mindestens drei – vielleicht sogar vier – Pyramiden errichten. Die erste, in Medum, zeigt deutlich die Weiterentwicklung des Steinbaus. Die Innenkonstruktion und der Pyramidenmantel ähneln denen der Stufenpyramide. Doch die Erbauer hatten große Fortschritte in der Steinbearbeitung gemacht. So bestanden die Kernmauern nicht mehr aus kleinen Blöcken, sondern aus riesigen Felsplatten. Außerdem hatte man ein Verfahren zur besseren Gewichtsverteilung über der Grabkammer und verbesserte Methoden zur Sicherung des Eingangs gegen Grabräuber entwickelt. All diese Erkenntnisse nutzte Snofrus Sohn Cheops, der die Große Pyramide in Giseh erbauen ließ. Die vier Pyramiden des Snofru waren zusammengenommen allerdings ein noch größeres Bauprojekt als die Cheopspyramide.

PYRAMIDENFORSCHER
Der englische Archäologe W. M. Flinders Petrie (1853–1942) gilt als Begründer der wissenschaftlichen Ausgrabungsmethoden in Ägypten. Während seiner über 40-jährigen Ausgrabungsarbeiten schrieb er über 1000 Werke, darunter die ersten detaillierten Studien über die Pyramiden von Giseh (1881/82) und von Medum.

DIE PYRAMIDEN VON DAHSCHUR
In Dahschur baute Snofru zwei große Pyramiden, die man bis vor wenigen Jahren nicht besichtigen konnte, da sie sich in militärischem Sperrgebiet befanden. Hier sieht man die Knickpyramide, von den Ägyptern „die südliche glänzende Pyramide" genannt. Bei keiner anderen Pyramide ist so viel von der Steinfassade erhalten. Bis in 45 m Höhe steigen die Seitenwände um 54° steil an. Danach reduzierte man den Winkel auf 43,5°, wohl weil Risse auftraten. Ungewöhnlich sind auch die zwei Eingänge und die beiden leeren Grabkammern. Weiter nördlich entstand später eine zweite Pyramide mit flacherem Neigungswinkel.

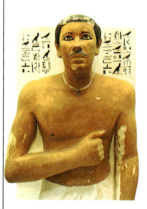

PRINZ ...
Im Grab des Snofru-Sohns Rahotep fand man diese Statuen von Rahotep und seiner Frau Nofret.

... UND PRINZESSIN
Die Statuen mit den Glasaugen wirken so lebendig, dass die Arbeiter erschrocken davonliefen, als sie sie zum ersten Mal sahen.

KRIEGERISCH
Snofru war der erste Pharao der 4. Dynastie. Er war sehr ehrgeizig. Dieses Relief verherrlicht einen Überfall auf die Türkisminen in Maghara auf der Sinaihalbinsel. Es zeigt Snofru, wie er einen Feind tötet. Die Inschrift nennt ihn einen großen Gott, der fremde Länder erobert.

NILGÄNSE

Nefermaat, der älteste Sohn des Snofru, wurde mit seiner Frau Itet in einem farbenprächtig ausgemalten Grab nahe der Medumpyramide beigesetzt. Dieser berühmte Ausschnitt zeigt Gänse, die gebraten als Delikatesse galten.

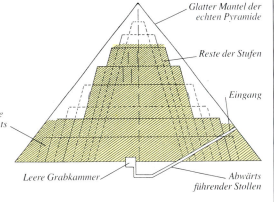

Glatter Mantel der echten Pyramide

Reste der Stufen

Eingang

Sand und Reste des Fundaments

Leere Grabkammer

Abwärts führender Stollen

Die Medumpyramide steht zwischen grünen Feldern, dem Land der Lebenden, und der Wüste, dem Land der Toten.

INNENLEBEN EINER PYRAMIDE

Von außen kann man den Aufbau einer Pyramide gewöhnlich nur schwer erkennen. Die Pyramide von Medum aber enthüllt durch ihren Einsturz viel von ihrem inneren Aufbau. Die ursprünglich siebenstufige Pyramide wurde um eine weitere Stufe ergänzt, ehe man alle Stufen ausfüllte und dem Ganzen mit einer Verkleidung die Form einer echten Pyramide gab.

WÜSTENTURM

Hier sieht man den Weg zum Eingang der Pyramide von Medum, der ersten des Snofru. Von ihr ist nur der von einem Schutthügel umgebene innere Teil erhalten. Wie ein Turm ragt sie in die Wüstenlandschaft. Vielleicht entschied sich Snofru, die von seinem Vorgänger Huni begonnene Stufenpyramide zu einer echten Pyramide umzubauen, als die Knickpyramide Risse bekam. Die Grabkammer wurde nie fertig. Daher könnte die Pyramide auch ein Kenotaph (symbolisches Grab oder Totenkultstätte) sein.

Oberer Teil der sechsten Stufe

Die fünfte Stufe hat eine Verkleidung aus glattem Kalkstein.

Darunter eine Schicht gröberer Steine

Schutthalde am Fuß der Pyramide

Bauplanung

Abs4ecken des Grundrisses

Aus religiösen Gründen kam für Pyramiden nur ein Bauplatz am Westufer des Nils infrage – im Land der Toten und des Sonnenuntergangs. Die Flussnähe war wichtig, weil die Steine per Schiff angeliefert wurden. Damit die Nilflut keine Schäden anrichten konnte, musste der Standort allerdings hoch genug liegen. Außerdem musste er einen festen Felsuntergrund haben, der nicht unter dem gewaltigen Gewicht des Bauwerks nachgab. Hatte man einen geeigneten Platz gefunden, planierte man den Untergrund und bestimmte die Nordostrichtung – möglicherweise mithilfe der Sterne, da die Ägypter den Kompass noch nicht kannten. Sie hatten aber Konstruktionshilfsmittel wie Winkeleisen und das *merchet*.

GÖTTLICHE PROPORTIONEN
Wie die Malerei oder Bildhauerei folgte auch der Pyramidenbau einem festen Proportionsschema. Wie an diesem Modell erkennbar, versuchten die Ägypter mithilfe von Quadrat-Gitternetzen „göttliche Proportionen" zu schaffen. Für die Planung großer Objekte fertigten sie kleine Modelle oder Zeichnungen. Man fand zwei kleine Pyramidenmodelle aus Stein, weiß aber nicht, ob sie vor oder nach dem Bau der Pyramiden entstanden.

ERSTAUNLICH GENAU
Mit solchen Holzpflöcken und Bindfäden steckte man den Grundriss ab. Dann zog man Gräben, füllte diese mit Wasser und markierte den Wasserspiegel. Nach Ablaufen des Wassers wurde alles, was über die Markierungslinien ragte, weggehauen. So erhielt man eine ebene Fläche. Die Methode ist erstaunlich genau: Die Südostecke der Großen Pyramide steht nur 1,3 cm höher als die Nordwestecke.

Holzpflock

Bindfaden aus Flachs

GLATTE KANTEN
Ein solches Nivelliergerät diente zum Beseitigen von Unebenheiten an Steinen. Die Szene aus dem Grab des Rechmire (um 1450 v.Chr.) zeigt seine Verwendung. Die Steinmetzen hielten das Holz rechtwinklig so an den Stein, dass der Faden straff war, und meißelten Unebenheiten ab.

Nivelliergerät

ÄGYPTISCHER ZOLLSTOCK
Das wichtigste Längenmaß war die Elle (etwa 52,4 cm), abgeleitet von der Länge des Unterarms. Der Holzstab (unten) zeigt Einteilungen nach Elle, Handbreite und Fingern. Vier Finger waren eine Handbreite, sieben Handbreiten eine Elle. Bei Pyramiden-Grundsteinlegungen vergruben die Ägypter solche Holzlängenmaße.

Fragment eines zeremoniellen Schiefer-Ellenmaßes

BERECHNUNGEN
Dieses Stück des Papyrus Rhind (um 1550 v.Chr.) enthält Aufzeichnungen über das Verhältnis zwischen dem Pyramidenwinkel und den Gesamtdimensionen der Pyramide. Den Neigungswinkel nannte man seched. Er ergab sich aus der halben Pyramidenbreite geteilt durch Pyramidenhöhe mal sieben.

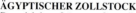

Ägypten

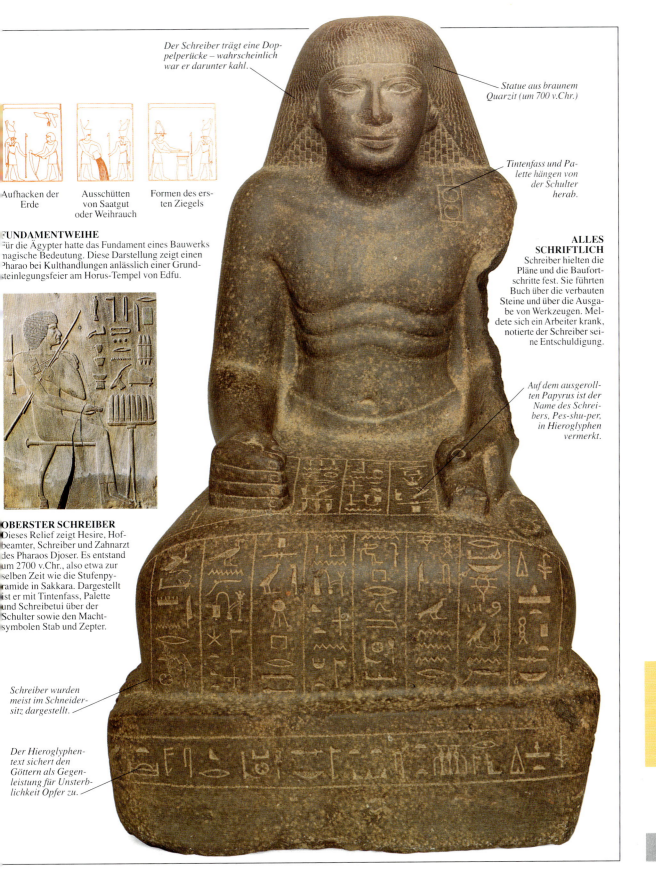

Der Schreiber trägt eine Dop-
pelperücke – wahrscheinlich
war er darunter kahl.

Statue aus braunem
Quarzit (um 700 v.Chr.)

Tintenfass und Pa-
lette hängen von
der Schulter
herab.

Aufhacken der
Erde

Ausschütten
von Saatgut
oder Weihrauch

Formen des ers-
ten Ziegels

FUNDAMENTWEIHE
Für die Ägypter hatte das Fundament eines Bauwerks
magische Bedeutung. Diese Darstellung zeigt einen
Pharao bei Kulthandlungen anlässlich einer Grund-
steinlegungsfeier am Horus-Tempel von Edfu.

**ALLES
SCHRIFTLICH**
Schreiber hielten die
Pläne und die Baufort-
schritte fest. Sie führten
Buch über die verbauten
Steine und über die Ausgabe von Werkzeugen. Mel-
dete sich ein Arbeiter krank,
notierte der Schreiber seine Entschuldigung.

Auf dem ausgeroll-
ten Papyrus ist der
Name des Schrei-
bers, Pes-shu-per,
in Hieroglyphen
vermerkt.

OBERSTER SCHREIBER
Dieses Relief zeigt Hesire, Hof-
beamter, Schreiber und Zahnarzt
des Pharaos Djoser. Es entstand
um 2700 v.Chr., also etwa zur
selben Zeit wie die Stufenpyramide in Sakkara. Dargestellt
ist er mit Tintenfass, Palette
und Schreibetui über der
Schulter sowie den Macht-
symbolen Stab und Zepter.

Schreiber wurden
meist im Schneider-
sitz dargestellt.

Der Hieroglyphen-
text sichert den
Göttern als Gegen-
leistung für Unsterb-
lichkeit Opfer zu.

Die Pyramide wächst

Unterlagen über den Bau der Pyramiden gibt es nicht. Der einzige antike Bericht wurde 2000 Jahre später von dem griechischen Geschichtsschreiber Herodot verfasst und ist nicht sehr zuverlässig. Herodot behauptete, an der Großen Pyramide hätten 100.000 Arbeiter 20 Jahre lang gebaut. Heute geht man von 4000 ausgebildeten Handwerkern aus, die das ganze Jahr über dort arbeiteten und von Tausenden von Bauern unterstützt wurden, die während der dreimonatigen jährlichen Nilflut (*achet*) ihre überfluteten Felder verließen und beim Pyramidenbau halfen. Es gibt viele Theorien darüber, wie die riesigen Steinblöcke nach oben befördert wurden. Herodot schreibt, dass man dazu Hebemaschinen benutzte, aber dafür gibt es keine Beweise. Wahrscheinlicher ist der Einsatz von Rampen, die mit zunehmender Pyramidenhöhe weiter aufgeschüttet wurden.

ZIEGELRAMPE
Neben einigen Pyramiden fand man Überreste von Rampen. Diese genaue Zeichnung aus dem Grab des Rechmire (etwa 1000 Jahre nach der Cheopspyramide) zeigt einen Steinblock auf einer Rampe.

Der polierte Pyramidenmantel war wahrscheinlich weiß.

KEINE EINBAHNSTRASSE
Die Rampen waren wahrscheinlich in Aufwärts- und Abwärtsspuren unterteilt. Bei diesem Modell ist die Bahn ganz links etwas erhöht und für den Transport gesperrt.

BAU EINER ECHTEN PYRAMIDE
Dieses Modell illustriert die am häufigsten vertretene Theorie des Pyramidenbaus: Danach benutzte man eine lange Transportrampe, die der Pyramidenhöhe entsprechend mitwuchs. Lage für Lage wurden die Steine aufgeschichtet. Hier wird jede Lage Steine sofort mit dem Außenmantel umgeben. Einige Experten meinen allerdings, dass man erst den ganzen Pyramidenkern erstellte und dann die Verblendung anbrachte. Das Boot liefert Holz für Rampen, Rollklötze und Gerüste an.

Erhöhte Seite der Rampe

Steine werden nach oben befördert.

Leere Schlitten werden heruntergebracht.

Stapel von Steinblöcken liegen zum Transport auf die Pyramide bereit.

Die Rampe war schmal und nicht sehr steil.

Mindestens 30 Mann pro Schlitten zogen Steine die Rampe hoch.

Ägypten

GROSSER HOLZSCHLITTEN

Kufenschlitten waren das beste Transportmittel für schwere Lasten. In der ägyptischen Kunst gibt es viele Abbildungen von Schlitten, man fand aber auch einige echte. Diese Papyrusmalerei (um 1000 v.Chr.) stellt eine Begräbnisprozession dar. Männer ziehen den Sarg, der unter einem Baldachin auf einem Schlitten ruht. Beim Steintransport legten die Arbeiter wahrscheinlich Balken über die Rampe, damit sich die schweren Schlitten nicht im Schlamm festfuhren.

HOCHGESCHRAUBT

Einige Experten meinen, dass die Steine über ein System spiralförmig um die Pyramide gewundener Rampen nach oben transportiert wurden. Doch es wäre fast unmöglich, die Steinblöcke um die Ecken zu ziehen. Spiralrampen hätten außerdem die Pyramide stark beschattet und damit die Messungen beeinträchtigt. Damit alle vier Pyramidenseiten genau an der Spitze zusammenliefen, waren nämlich ständige Messungen notwendig.

DIE PEITSCHE GESCHWUNGEN?

Manche Bilder und Filme zeigen Sklaven, die von Aufsehern mit Peitschen angetrieben werden. Das war aber wohl nicht nötig. Die harte Arbeit leisteten u.a. Bauern, die ihren Pharao als Gott verehrten und sich als Lohn das ewige Leben versprachen.

Eine Gruppe Arbeiter erreicht mit ihrem Steinblock die Pyramiden- plattform.

Sonnensegel für Vorarbeiter und Nahrungsmittel

Feiner, weißer Turakalkstein für die Außen- hülle

Gröberer Kalk- stein für den Py- ramidenkern

Arbeiter er- höhen die Rampe.

Ein Trupp Arbeiter baut ein Gerüst zum Anbrin- gen der Außenhülle.

Arbeiten am Eingang zu inneren Gängen an der Nordseite

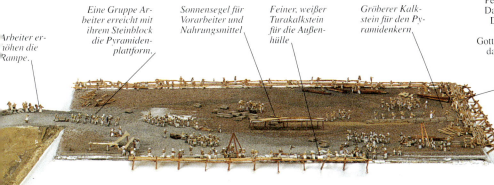

Wenn die Mauer höher wird, werden Holzgerüste errichtet.

Arbeitskolonnen bauen die Umfassungsmauer, die rund um die Pyramide verläuft.

Die Pyramiden von Giseh

GRÄBER AM NIL
Wie alle größeren Gräber im alten Ägypten liegen auch die Pyramiden von Giseh am Westufer des Nils, im Land der Toten. Nach der ägyptischen Mythologie taucht die Sonne, wenn sie im Westen untergeht, in die Welt, in der die toten Könige weiterleben.

„Vierzig Jahrhunderte blicken auf euch herab." Dieser bekannte Ausspruch Napoleons an die Adresse seiner Soldaten im Juli 1798 zollt den großen Pyramiden von Giseh Respekt, die vor mehr als 4500 Jahren auf einem Hochplateau am Nil errichtet wurden. Zur Zeit Tutanchamuns waren sie schon über 1000 Jahre alt, und sogar die Ägypter selbst hielten sie für Wunder aus der Vorzeit. Im klassischen Altertum zählten sie zu den Sieben Weltwundern, und den Arabern, die 639 n.Chr. Ägypten eroberten, erschienen sie unvorstellbar alt. Von weitem bieten die Pyramiden einen majestätischen Anblick, aus der Nähe aber wirken sie einfach gewaltig. Die größte der drei, die Cheopspyramide, auch Große Pyramide genannt, entstand um 2550 v.Chr. Sie ist 147 m hoch und hat eine Seitenlänge von 230 m. Sie besteht aus etwa 2,3 Millionen Steinblöcken, von denen jeder durchschnittlich 2,5 t wiegt. Die 2589 errichtete Chephrenpyramide ist 3 m niedriger. Die kleinste der drei ist die „nur" 66 m hohe Mykerinospyramide.

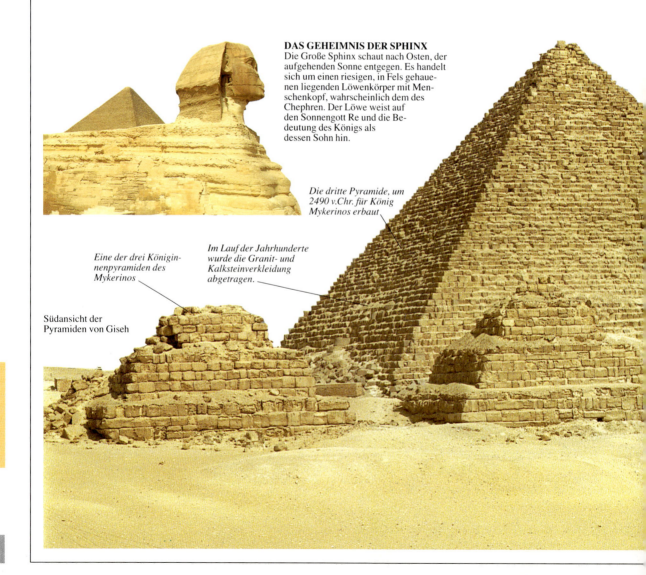

DAS GEHEIMNIS DER SPHINX
Die Große Sphinx schaut nach Osten, der aufgehenden Sonne entgegen. Es handelt sich um einen riesigen, in Fels gehauenen liegenden Löwenkörper mit Menschenkopf, wahrscheinlich dem des Chephren. Der Löwe weist auf den Sonnengott Re und die Bedeutung des Königs als dessen Sohn hin.

Die dritte Pyramide, um 2490 v.Chr. für König Mykerinos erbaut

Eine der drei Königinnenpyramiden des Mykerinos

Im Lauf der Jahrhunderte wurde die Granit- und Kalksteinverkleidung abgetragen.

Südansicht der Pyramiden von Giseh

AUF KAMELRÜCKEN
Seit 4500 Jahren besuchen Menschen die
großen Pharaonengräber. Heute kommen
jährlich Tausende von Touristen aus aller
Welt, um die Pyramidenwunder zu
bestaunen.

HERRLICHER BLICK
Den besten Blick auf den Giseh-
komplex hat man von der Großen
Pyramide. Auf dieser Illustration
aus einem Buch des italienischen
Abenteurers Luigi Mayer von 1804
genießen europäische Touristen die
Aussicht vom Pyramidengipfel. Sie
tragen Kaftane, die damals übliche
Reisekleidung.

Große Pyramide des Cheops

Königinnen
pyramiden
des Cheops

Chephrenpyramide

Mykerinospyramide

Königinnen-
pyramiden

Sphinx

*Die zweite Pyramide wurde
um 2530 v.Chr. für König
Chephren errichtet.*

*An der Pyramidenspitze
sind Reste der glatten
Turakalkstein-Ver-
blendung erhalten.*

*An der Spitze
fehlen 10 m.*

GESAMTANSICHT
Ein Luftbild der Gisehpyramiden:
Insgesamt sind es zehn, da jeder
Pharao noch mindestens eine Köni-
ginnenpyramide errichten ließ. Der
Name täuscht. Nur selten wurden
hier die Königinnen bestattet,
häufiger die Pharaonenkinder.

*Die größte der drei Pyrami-
den wurde um 2589 v.Chr.
für Pharao Cheops
gebaut.*

Tempel und Opfer

MASTABA DES TI
Dies ist die Statue des Ti, in die der Geist des Toten nach dessen Ableben fahren sollte. Ti war Verwalter der königlichen Totentempel in Abusir. Die Statue wurde in einem kleinen, dunklen Raum, dem sog. *serdab* (arab. „Keller"), in seiner *mastaba*, seinem Grabbau, gefunden. Durch ein Loch in Augenhöhe konnte die Statue „hinausschauen".

Zu einem typischen Pyramidenkomplex gehörten zwei durch einen langen, erhöhten Aufweg verbundene Tempel. Der tote König wurde über den Nil zum Fluss- oder Taltempel gerudert. Dort mumifizierte man ihn, d.h. die Leiche wurde einbalsamiert und mit Leinentüchern umwickelt. Die Einbalsamierung dauerte 70 Tage, erst danach fand die Beerdigung statt. In einer langen, von Priestern und Klageweibern angeführten Prozession wurde der König über den Aufweg zum Toten- oder Opfertempel in der Nähe der Pyramide gebracht. Dort zelebrierte man die Beerdigungsriten über der Mumie, ehe man sie in der Pyramide beisetzte. Die Ägypter glaubten, dass der Geist des Pharaos auch nach dem Tod Speisen und Getränke brauche, und so wurden täglich auf einem Altar im Totentempel Speiseopfer dargebracht. Schon zu Lebzeiten teilte der Pharao einer Gruppe von Priestern Land zu, die dafür den Tempeldienst verrichteten und dem Pharao noch lange nach seinem Tod Opfer darbrachten.

IM SCHATTEN DER CHEOPSPYRAMIDE
Die Cheopspyramide war von einigen kleineren Gebäuden umgeben. Der Totentempel des Cheops stand an der Ostseite, an der jeden Tag die Sonne „wiedergeboren" wurde. Ebenso hoffte auch der tote Pharao, wiedergeboren zu werden. Im Zentrum des Tempels befand sich ein rechteckiger Hof mit 50 Säulen. Der Kontrast zwischen den weißen Kalksteinwänden, dem schwarzen Basaltboden und den roten Säulen muss herrlich gewesen sein. Leider ist der Tempel seit langem zerstört. Dieses Bild zeigt das Familiengrab des Sechemnefer. Wie viele bedeutende Ägypter wählte er seine Grabstätte in der Nähe der Cheopspyramide.

Vorbau des Sechemnefer-Grabs

Sitzstatuen des Sechemnefer

LAND, WO MILCH UND HONIG FLIESST
Der Geist der Toten musste sich auch im Jenseits ernähren. Grabbilder stellen oft Brot, Bier, Obst und Geflügel dar. Die Ägypter glaubten, dass sich die Tote durch Aufsagen daneben stehender Formeln ein herrliches Festmahl aus den Bildern bereiten konnte.

MAGISCHE TÜR

Darstellungen von Speisen schmücken die Scheinstele des Prinzen Merib. Blieben die Opfergaben aus, konnte der Tote die Bilder durch magische Sprüche „beleben".

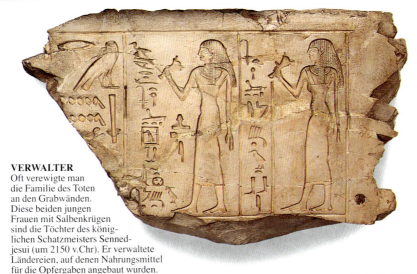

VERWALTER

Oft verewigte man die Familie des Toten an den Grabwänden. Diese beiden jungen Frauen mit Salbenkrügen sind die Töchter des königlichen Schatzmeisters Sennedjesui (um 2150 v.Chr). Er verwaltete Ländereien, auf denen Nahrungsmittel für die Opfergaben angebaut wurden.

BUCHFÜHRUNG

Im Pyramidentempel des Neferirkare machten Schreiber eine genaue Aufstellung aller Opfergaben. Diese gehört zu den ältesten bekannten Schriftstücken auf Papyrus.

Scheintürstelen

Ihre Opfergaben legten die Menschen vor Scheintürstelen im Totentempel nieder. Die Stele war eine Steinplatte, eine Art Grabstein, mit eingravierten Namen und Titeln des Toten. Im Alten Reich hatte sie oft die Form einer Tür, die sich öffnen ließ. Diese Scheintür stellte eine Verbindung der Welt der Lebenden mit der der Toten dar. Man glaubte, dass der *ka*, die Lebensenergie des Toten, durch die Tür das Grab verlassen und ein Mahl im Tempel einnehmen könne.

Magische Hieroglyphen

Die Falken stehen für gute Stoffqualität.

Diese Stele hatte ihren Platz an der östlichen Vorderseite von Nefert-iabets Grab.

Kleid aus Leopardenfell

TÄGLICHES BROT

Prinzessin Nefert-iabet wurde in Giseh begraben. Wahrscheinlich war sie die Tochter eines der Pharaonen, die dort die Pyramiden errichten ließen. Ihre Stele zeigt sie im Leopardengewand, das sie als Priesterin ausweist. Auf dem Tisch vor ihr steht heiliges Brot. Darüber schweben eine Bratenkeule und eine Gans. Rechts ist wertvolles Leinen aufgelistet, in das sich die Prinzessin kleiden konnte.

Langsamer Verfall

Die Könige der 5. und 6. Dynastie setzten die Tradition des Pyramidenbaus fort. Ihre Pyramiden waren jedoch kleiner und nicht so solide gebaut. Die größte, die von König Neferirkare in Abusir, war etwa so groß wie die Mykerinospyramide, die kleinste der drei Pyramiden von Giseh. Die Verkleidung bestand auch hier aus Turakalkstein, aber der Kern war aus kleinen Steinen schlecht gemauert und brach nach und nach zusammen, sodass fast nur Trümmerberge übrig blieben. In dieser Periode gewann der Kult um den Sonnengott Re an Bedeutung, und überall entstanden Sonnentempel. Diese prächtigen Gebäude waren Orte der Anbetung und der Darbringung von Speiseopfern, die man mit dem Boot herbeischaffte und im benachbarten Pyramidentempel niederlegte.

ZUGÄNGLICH
Die Könige der 5. und 6. Dynastie unternahmen keine großen Anstrengungen, um die Eingänge zu ihren Pyramiden zu verbergen. Grabräuber konnten daher leicht eindringen. Diese Zeichnung aus Howard Vyses Buch über die Pyramiden von Giseh (1837) zeigt den Eingang der Pyramide des Niuserre in Abusir.

MAGISCHE ZEICHEN
Magische Formeln waren im Jenseits unentbehrlich. Diese Hieroglyphen aus dem Pyramidentempel des Sahure nennen seine vielen königlichen Titel.

Falke

Der göttliche Herrscherstab, eine Waffe und Symbol der Königswürde

PYRAMIDEN DER 5. DYNASTIE
Vier Könige bauten ihre Pyramiden in Abusir südlich von Giseh. Diese Rekonstruktion zeigt von links nach rechts die Pyramiden von Neferirkare, Niuserre und Sahure sowie rechts davon die Sonnentempel von Userkaf und Niuserre. Der Aufweg zu Niuserres Pyramide zeigt an einer Stelle einen starken Knick, weil Niuserre denjenigen zur Pyramide seines Vorgängers Neferirkare zu seinem eigenen Grabbau umleiten ließ. Der tote König wurde im Taltempel mumifiziert und von dort in einer feierlichen Prozession zum Pyramidentempel getragen, wo der Beerdigungsritus fortgesetzt wurde. Schließlich bestattete man ihn in der Pyramide.

NICHT KOPFLOS
Tschechische Archäologen identifizierten 1982 eine verfallene Pyramide in Abusir (um 2445 v.Chr.) als die des Pharaos Neferefre. Dieses Statuenfragment des Königs fand man in seinem Pyramidentempel. Der Falke auf der Schulter, Symbol des Gottes Horus und der Königswürde, hält in seinen Fängen den *schen*-Ring, Sinnbild der Ewigkeit. Die Beine der sitzenden Figur sind abgebrochen.

Statue aus rötlichem Kalkstein

Schurz

BELASTUNGSPROBE
Ihrer altägyptischen Bezeichnung „dauernde Stätte" zum Trotz ist diese Pyramide nur noch ein Trümmerhaufen.

Sowohl der Pharao als auch die Kriegsgöttin Neith trugen die rote Krone Unterägyptens.

Am angedeuteten Schnurrbart erkennt man, dass die dargestellte Person ein Mann ist.

Die Statue besteht aus Grauwacke, einem harten, glänzenden Gestein.

TOTENGABEN
Eine lange Prozession mit Opferträgern schmückt den Totentempel König Sahures. Sie erweisen dem toten Pharao die letzte Ehre und bringen Opfergaben dar.

Papyrus-schopfknospen

Zusammen-gebundene Papyrusstängel

Querschnitt einer Papyrussäule

Palmwedel

PAPYRUSSÄULE
Die 3,7 m hohen Säulen in Sahures Totentempel waren aus hartem Granit gehauen und glichen Bündeln von Papyrusstängeln. Die Kapitelle zeigen geschlossene Blatt- und Blütenschöpfe.

Sahures königliche Namen und Titel

PALMSÄULE
Sahures Taltempel hatte acht Säulen, die Palmen darstellten. Sie enthielten Inschriften mit grün hervorgehobenen Hieroglyphen.

GEHEIMNISVOLLES PORTRÄT
Einer Legende zufolge gebar die Frau eines Re-Priesters dem Sonnengott drei Söhne. Viele Gottheiten kamen zur Geburt der Kinder, und die Göttin Isis gab den drei „Söhnen des Re" Namen: Userkaf, Sahure und Neferirkare. Sie wurden die ersten drei Könige der 5. Dynastie. Userkaf baute seine Pyramide in Sakkara. Diese Statue fand man in den Trümmern seines Sonnentempels bei Abusir. Da die Statuen ägyptischer Pharaonen normalerweise Königs-bärte tragen, halten manche Experten diese für ein Bildnis der Göttin Neith. Aber der feine Oberlippenbart und der Fundort der Statue sprechen für ein Porträt des Userkaf.

ZURÜCK NACH SAKKARA
Pepi I., ein Pharao der 6. Dynastie, wurde durch eine ungewöhnliche, lebensgroße Kupferstatue bekannt, nach der Winifred Brunton dieses Porträt gestaltet hat. Wie die meisten Pharaonen der 5. und 6. Dynastie baute Pepi seine Pyramide in Sakkara. Der letzte Pharao der 6. Dynastie, Pepi II., regierte 94 Jahre, länger als jeder andere Pharao. Nach seinem Tod um 2184 v.Chr. kam es zum Zusammenbruch des Alten Reichs. Es vergingen 200 Jahre, ehe wieder eine echte Pyramide gebaut wurde.

Diesen Skarabäus
legte man auf das
Herz des Königs,
damit er ihm beim
Totengericht helfe.

Totenkult

Die Ägypter fürchteten den Gedanken, dass eines Tages die Welt nicht mehr existieren könne. Ihr Glaube an die Macht der Magie führte zu einem Totenkult, der ihr Überleben für immer sichern sollte. Dazu gehörte die Konservierung des Körpers. Die Balsamierer brachten den Leib zum „Schönen Haus", wo sie arbeiteten. Sie öffneten die linke Körperseite und entfernten Leber und Lungen, die sie in Kanopenkrüge legten.

Das Gehirn wurde gleichfalls entfernt, doch blieb das Herz im Körper, damit es im Jenseits gewogen werden könnte. Dann bedeckte man den Leib mit Natron, um den Verwesungsprozess zu verhindern, stopfte trockenes Material wie Blätter oder Sägemehl hinein und umwickelte ihn mit Leinenbinden.

ANUBIS
Der Gott Anubis galt als verantwortlic für das Balsamierungsritual. Sein Tite Imi-ut bezieht sich darauf. Hier legt er letzte Hand an den mumifizierten Körper.

peseschkaf

Kleines
Gefäß

WACHSTÄFELCHEN
Mit Täfelchen dieser Art bedeckte man Einschnitte im Fleisch des Leichnams. Das Horus-Auge symbolisiert die Gesundheit des Körpers, auf dem es liegt.

AN ALLES GEDACHT
Einer der wichtigsten Begräbnisriten hatte zum Ziel, einem Toten die Lebensfähigkeit zurückzugeben. Dazu gehörten Essen, Trinken und freie Beweglichkeit. Ägypter wollten nicht im Ausland sterben, da dort das Ritual für sie nicht ausgeführt werden konnte. Dieses Modellkästchen enthält einige Instrumente für das Mundöffnungsritual, dazu Gefäße für heilige Flüssigkeiten und ein seltsames Gerät, mit dem man den Mund der Mumie berührte – das *peseschkaf*.

TOTENRITUALE
Ein Priester mit einer Anubis-Maske hält den Leichnam aufrecht. Hinter der trauernden Witwe und der Tochter verspritzen Priester heiliges Wasser und berühren den Mund der Mumie mit Ritualgerä ten. Der älteste Sohn verbrennt Weihrauch.

KANOPENKRÜGE
Durch einen magischen Spruch, so glaubte man, konnte man jedes Körperteil verzaubern. Deshalb wurden Magen, Leber und Lunge zu ihrem Schutz getrocknet, in Leinen verpackt und in spezielle „Kanopenkrüge" gelegt.

MUMIENETIKETTEN
Kleine Schildchen aus Holz identifizierten den toten Körper und sollten magischen Schutz bieten. Eines zeigt Anubis. Seine Hautfarbe ist Schwarz, die Symbolfarbe des Lebens, des fruchtbaren Nilschlamms und des mumifizierten Körpers.

AUSGEPOLSTERT
Ein Röntgenbild der Mumie zeigt statt der Organe Füllmaterial.

NATRON
Zum Austrocknen des Leichnams wurden Natronkristalle um den Körper gelegt. Innerhalb von 40 Tagen trocknete der Körper aus, und die Fäulnis wurde damit aufgehalten. Danach konnte er in Leinenbinden eingewickelt werden.

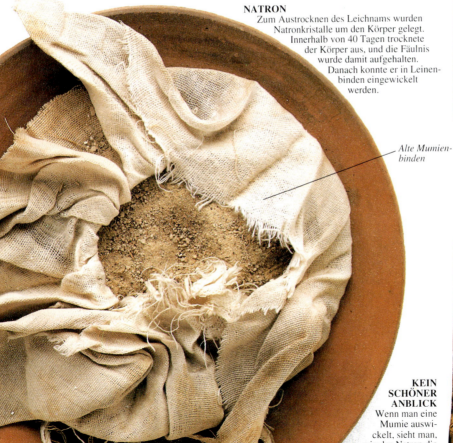

Alte Mumienbinden

KEIN SCHÖNER ANBLICK
Wenn man eine Mumie auswickelt, sieht man, wie das Natron die Fäulnis verhindert hat. Der Körper ist hervorragend erhalten, bis hin zu den Finger- und Fußnägeln.

Körper für die Ewigkeit

Nach der Einbalsamierung legte man die Mumie in den Sarg. Ein Reicher konnte sich aufwändige Rituale leisten. Der Körper würde dann, so nahm man an, nie vergehen. Man dachte, nach dem normalen Tod würden seelenähnliche Wesen weiterleben. Das wichtigste war der *ka*, ein Doppelgänger des Körpers, der den Toten zum Leben erwecken sollte. Ein anderer war der *ba* mit dem Kopf des Verstorbenen und dem Körper eines Falken. Man glaubte auch, dass der Schatten und der Name des Menschen ein ewiges Dasein hätten. Die Mumifizierung sollte einen niemals vergehenden Körper aus dem Leichnam machen und für den *ba* eine Bleibe im Jenseits schaffen. Die gut erhaltenen Mumien aus ägyptischen Gräbern beweisen, wie erfolgreich die Balsamierer waren.

Hand und Arm einer Mumie, erkennbar sind die Hautreste und die Fingernägel.

ZUM GRUSELN
Der Körper von Ramses III., der Ägypten im 12.Jh.v.Chr. regierte, sieht aus, als ob er Krummstab und Geißel als Zeichen seiner Königswürde in den Händen hielte.

MUMIENSARG
Die Mumie lag nun in Leinenstreifen eingewickelt im Sarg. Sie war geschützt vor Zerfall, aber die Familie des Toten konnte nicht mehr sehen, ob die Balsamierer sorgfältig gearbeitet hatten. Einige Fehler sind durch Röntgenaufnahmen zutage getreten. Die Innenseiten des Sargs waren meist reich mit Darstellungen von Göttern der Unterwelt dekoriert, während die mit farbigen Hieroglyphen bemalten Außenseiten Sprüche trugen, die dem Toten im Reich des Osiris helfen sollten.

Rote Bänder weisen gewöhnlich auf ein Mitglied der Priesterschaft hin.

Idealisiertes Porträt des Toten

Sonnenscheibe

Himmelsgöttin Nut

Falke

Das Leinentuch schützt den Körper.

In Hieroglyphen geschriebene Sprüche

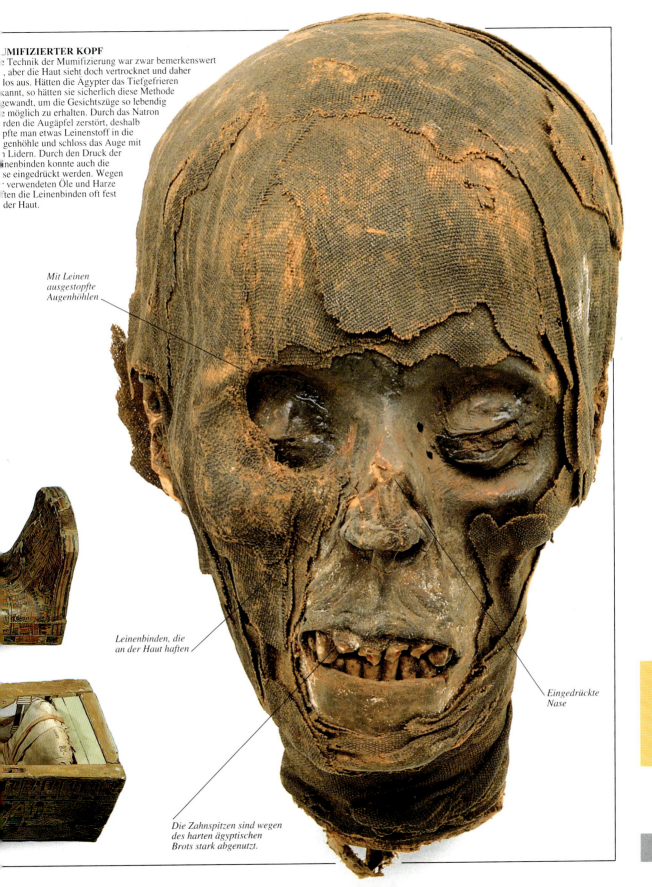

MUMIFIZIERTER KOPF

Die Technik der Mumifizierung war zwar bemerkenswert ..., aber die Haut sieht doch vertrocknet und daher ...los aus. Hätten die Ägypter das Tiefgefrieren ...kannt, so hätten sie sicherlich diese Methode ...gewandt, um die Gesichtszüge so lebendig ...e möglich zu erhalten. Durch das Natron ...rden die Augäpfel zerstört, deshalb ...pfte man etwas Leinenstoff in die ...genhöhle und schloss das Auge mit ...n Lidern. Durch den Druck der ...nenbinden konnte auch die ...se eingedrückt werden. Wegen ... verwendeten Öle und Harze ...ten die Leinenbinden oft fest ... der Haut.

Mit Leinen
ausgestopfte
Augenhöhlen

Leinenbinden, die
an der Haut haften

Eingedrückte
Nase

Die Zahnspitzen sind wegen
des harten ägyptischen
Brots stark abgenutzt.

Götter und Göttinnen

Die Ägypter verehrten Hunderte von verschiedenen Göttern und Göttinnen, und es ist manchmal schwierig, sie voneinander zu unterscheiden. Viele Götter werden durch Tiere verkörpert. Z.B. konnte sich ein Pavian für Thot, den Gott der Weisheit, in einem Tempel befinden und für den Mondgott Chons die gleiche Figur in einem anderen. Jeder der 42 Gaue hatte seinen eigenen Gott, und daneben gab es viele andere. Fast überall in Ägypten war der Sonnengott die wichtigste Gottheit, obwohl er verschiedene Formen

DIE GÖTTER UND IHRE BILDHAUER
Dieser Ausschnitt von einem Bild aus dem 19. Jh. zeigt, wie sich der Maler einen ägyptischen Betrieb vorstellte, in dem Götterfiguren gefertigt wurden. Die Katze steht Modell für die Göttin Bastet.

annehmen konnte. Am Morgen konnte er Skarabäus Chepri sein, der die Sonnenscheibe über den östlichen Horizont rollt. Zur Mittagszeit wurde die Sonne zu Re-Harachte, dem großen, im Himmel schwebenden Falken. Er war verantwortlich für die Schöpfung der Menschen und Tiere, für die Fruchtbarkeit des Bodens und ebenso für die Fahrt des Königs durch die Unterwelt. Als Amun-Re war er König der Götter und Schützer des Pharaos, wenn dieser einen Feldzug führte. Pharao Echnaton verehrte den Sonnengott als Sonnenscheibe, dessen Strahlenenden wie Hände gebildet waren, die der königlichen Familie das Lebenszeichen präsentierten. Während seiner Regierungszeit wurden alle anderen Götter vernachlässigt, aber Tutanchamun kehrte zum alten Glauben zurück.

Udschat-Auge

Udschat-Auge

Skarabäus

Ibis

Geflügelter Skarabäus

AMULETTE
Das Udschat-Auge symbolisiert das rächende Auge des Sonnengottes, aber auch das Auge des Horus, das von Seth im Streit herausgerissen und mit magischen Mitteln wiederhergestellt wird. Der Skarabäus symbolisiert den Sonnengott Chepri. Der richtige Käfer rollt eine Mistkugel, und die Ägypter stellten sich vor, dass die Sonne ähnlich bewegt würde. Der Ibis ist das Tier des Thot, des Gottes der Weisheit und Heilkunst.

VERANTWORTUNGSVOLLER POSTEN
Schakale suchten früher die Friedhöfe heim, deshalb brachte man sie mit Begräbnissen in Verbindung. Man glaubte, der Schakalgott würde das Land der Toten beschützen. Anubis überwachte auch die Einbalsamierung und den Ort, an dem die Mumifizierung stattfand.

GÖTTER DES WOHLSTANDS
Diese Götter binden Lotos und Papyrus, die Pflanzen von Ober- und Unterägypten, an ein Schriftzeichen, das „Vereinigung" bedeutet. Oft werden sie „Nilgötter" genannt. Sie gelten als Symbolfiguren der Fruchtbarkeit, die die Überflutung des Nils jährlich mitbringt.

AMUN-RE *rechts*
Amun-Re wurde im Neuen Reich zum Hauptgott. Er überreichte den großen Kriegsherren wie Thutmosis das Krummschwert des Sieges. Man nahm an, sein Wesen sei geheimnisvoll, selbst für die anderen Götter.

THOT *unten*
Der gekrümmte Schnabel des Ibis ist wie der Halbmond geformt, deshalb wurde der Vogel zum Symbol des Mondgottes Thot. Er brachte den Ägyptern die Kenntnis des Schreibens, der Medizin und Mathematik und galt als Schutzgott der Schreiber.

AUGE IN AUGE
Der König Ägyptens galt als Verkörperung des Gottes Horus und war daher selber ein Gott. Dieses Relief zeigt Thutmosis III. vor Horus. Der falkenköpfige Gott war auch eine Sonnengottheit, ein Falke hoch am Himmel, dessen Augen man als Sonne und Mond verstand.

GESTATTEN ...
ICH HEISSE BASTET
Die Katzengöttin Bastet war die Tochter des Sonnengottes Re. Viele bronzene Katzenfigürchen wurden ihr im heute zerstörten Tempel im nordöstlichen Delta geweiht.

EMPFANGSCHEF
Osiris wurde auch „Erster der Westlichen" genannt, denn im Westen lag der Eingang zur Unterwelt. Das Königreich des Osiris unter der Erde ähnelte Ägypten.

Silbernes Halsband mit Udschat-Auge

Krummstab und Geißel sind die Herrschaftszeichen von Osiris, dem König der Unterwelt.

Krone mit Straußenfedern

Skarabäus

GROSSER GEBIETER
Der widderköpfige Gott Chnum hat Gewalt über die gefährlichen Stromschnellen des Nils. Auf sein Wort hin erhob sich der Nilgott Hapi und überflutete das Land.

Rote
Krone
Unter-
ägyptens

Das Standbild besteht
aus 16 sorgfältig
zusammengefügten
Zedernholzteilen.

Langes Zepter
in Form eines
Hirtenstabs

Kurzer Schurz

Das Mittlere Reich

Nach langen Jahren gesellschaftlicher Umwälzungen,
innerer Unruhen und Aufstände, die den Zerfall des Reichs
in Gaufürstentümer zur Folge hatten, kam es um 2055 v.Chr.
zu einer neuen Reichseinigung Ägyptens. In der folgenden
Periode, Mittleres Reich genannt, eroberten starke Könige
neue Gebiete, und die Tradition des Pyramidenbaus lebte
wieder auf. In Anlehnung an den Stil der Pyramiden des
Alten Reichs entstanden in deren Nähe neue Grabmäler,
die aber nicht die Erhabenheit und Monumentalität ihrer
Vorbilder erreichten. Gewöhnlich wurden sie um einen
Kern aus Lehmziegeln errichtet, der im Lauf der Zeit in
sich zusammenfiel. Die Pharaonen des Mittleren Reichs
setzten viel daran, durch komplizierte Vorrichtungen und
falsche Gänge Diebe von ihren Grabkammern fern zu hal
ten. Aber die ungeheuren Grabschätze machten auch
die Räuber erfinderisch. So waren trotz sorgfältigster
Schutzmaßnahmen schon um 1650 v.Chr. sämtliche
Pyramiden ausgeplündert.

SESOSTRIS II.
Auf diesem farbenprächtigen Gold-
schmuckstück findet man die Kartusche mit dem Hieroglyphennamen
von Sesostris II. Es war Teil eines
Schmuckfunds im Grab seiner Tochter, Prinzessin Sit-Hathor-Junet, in
Dahschur. Seine Pyramide baute Sesostris II. in El Lahun in der Nähe
der Fayumoase.

**SCHREITENDER
KÖNIG**
Amenemhet I. errichtete
als erster König des Mittleren Reichs wieder eine
echte Pyramide, „die hohe
und schöne Pyramide" in
Lischt. Auch sein Sohn
Sesostris I. baute sein
Grabmal in Lischt. Dies
ist eine der zwei in Pyra-
midennähe gefundenen
Figuren von Sesostris I.,
auf der er die rote Krone
Unterägyptens trägt. Die
andere Statue zeigt ihn
mit der oberägyptischen
weißen Krone. Seine Py-
ramide ist von kleinen
Pyramiden seiner Lieb-
lingsfrauen und -töchter
umgeben.

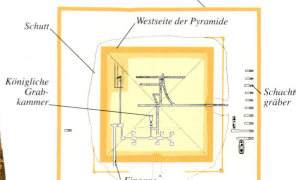

Eine Wand der Umfassungsmauer

Westseite der Pyramide

Schutt

Königliche
Grab-
kammer

Schacht
gräber

Eingang

GEHEIMER EINGANG
Der Plan zeigt die erste Pyramide Amenemhets III.
Sie hatte einen geheimen Eingang und ein Labyrinth
von Gängen und Scheintüren. Neuere Ausgrabungen brachten weitere Räume zutage.

Totentempel des Mentuhotep

Der erste Pharao des Mittleren Reichs, Nebhepetre Mentuhotep II., erwies sich in seinen 51 Regierungsjahren als einer der größten Herrscher Ägyptens. Unter ihm erlebten Kunst und Architektur eine Blüte. Seinen Totentempel, das erste Terrassenbauwerk Ägyptens, baute er in einem Felsenkessel in Deir el-Bahari bei Theben. Die Terrassenrückwand bildete eine Pfeilerhalle. Die zur Terrasse führende Rampe war gesäumt von Sykomoren und Tamarisken. In der Terrassenwestwand befanden sich sechs Statuenschreine mit Gängen zu den Gräbern königlicher Gemahlinnen und Töchter. Unter dem Tempel entdeckte man zwei weitere Gräber, aber Mentuhoteps Mumie oder Sarg fand man nirgends.

HEILIG
Zu Lebzeiten war Hatschepsut berühmt für ihre atemberaubende Schönheit. Ihr Totentempel Djeser djeseru beeindruckt durch vollendete Harmonie von Natur und Architektur.

PYRAMIDE ODER *MASTABA*?
Hatte man auf den Tempel des Mentuhotep eine Pyramide gesetzt? Bis vor kurzem glaubten die Archäologen das. Doch jüngste Studien gehen von einer flachen *mastaba*, d. h. einem Grabbau, aus.

BÄRTIGE KÖNIGIN
Hatschepsut war eine der wenigen weiblichen Pharaonen. Um ihren Thronanspruch zu unterstreichen, ließ sie sich als Tochter des Gottes Amun darstellen. Diese Szene aus dem Tempel von Karnak zeigt sie beim *sed*-Lauf mit dem Zeremonialbart als Zeichen des Königtums.

Rote Krone Unterägyptens

Die Königskobras sollten Feinde des Pharaos abwehren.

Bei Zeremonien trug der Pharao als Herrschaftszeichen den falschen Bart.

IN GÖTTLICHER UMARMUNG
Mentuhotep II. regierte von 2055 bis 2004 v.Chr. Als junger König vereinigte er Ober- und Unterägypten und errang einige Siege über Nubien und den Libanon. Aber anders als die Pharaonen im Alten Reich wählte er nicht Memphis als Hauptstadt, sondern Theben. Diese Darstellung aus Deir el-Bahari zeigt ihn von den Händen einer Göttin umfasst.

VERSTREUT
Die Wände des Mentuhotep-Tempels waren mit farbigen Reliefs geschmückt, deren Bruchstücke man zu Tausenden in den Ruinen fand. Sie sind heute in Museen auf der ganzen Welt zu bewundern. Dieses Fragment aus dem Bolton Museum in England zeigt einen Opferträger.

Sesostris III.

Sesostris war ein bedeutender Pharao. Er regierte von 1878 bis 1842 v.Chr. Er begründete eine starke Zentralregierung und eroberte Nubien. Seine Pyramide in Dahschur zeigt Parallelen zur 800 Jahre früher entstandenen Stufenpyramide des Djoser.

FALKENANHÄNGER
Dieser Anhänger, eine Einlegearbeit aus roten Karneolen mit Gold, gehört zu prächtigen Schmuckfunden aus der Umgebung der Pyramiden des Mittleren Reichs bei Dahschur und El Lahun.

DIE SCHWARZE PYRAMIDE
Sesostris III. und sein Nachfolger Amenemhet III. bauten ihre Pyramiden in Dahschur südlich von Sakkara. Hier abgebildet ist die Pyramide Amenemhets III., oft Schwarze Pyramide genannt. Wie bei den meisten Pyramiden des Mittleren Reichs blieb von ihr nur ein Schuttberg. Der Kern aus Lehmziegeln sackte zusammen, und die Fassadensteine wurden gestohlen und für neue Bauprojekte verwendet. Gänge und Kammern im Pyramideninneren reichten bis in 12 m Tiefe, darunter waren noch Gräber von mindestens drei Königinnen. Die Königskammer mit ihrem schönen Granitsarkophag aber hat nie als Grab gedient.

LEBENSECHT
So könnte Sesostris III. ausgesehen haben. Winifred Brunton versuchte nach sorgfältigem Studium alter Statuen, berühmte Ägypter möglichst naturgetreu darzustellen.

Die Geiergöttin Nechbet

Kartusche Sesostris' III.

REALISTISCH
Sesostris III. blickt auf dieser Statue aus schwarzem Granit ernst und nachdenklich. Dieser neue, realistischere Porträtstil wurde während seiner Regentschaft eingeführt.

SCHATZ EINER PRINZESSIN
Dieses Schmuckstück fand man im Grab der Prinzessin Mereret nahe der Pyramide Sesostris' III. Die Nubier in Schach haltende Sphingen symbolisieren den Sieg des Königs über die Nubier.

Große Ohren wie bei vielen Standbildern dieser Periode

nemes-Kopftuch

Gürtelschnalle mit Kartusche von Sesostris III.

Faltenschurz

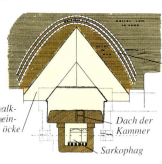
Ziegel-
bogen

Dach der
Kammer

Sarkophag

IE ZWEITE PYRAMIDE

m Grabräuber zu täuschen, legte
an bei der zweiten Pyramide Ame-
emhets III. in Hawara tiefe Brunnen,
indgänge, geheime Falltüren so-
ie mit riesigen Felsblöcken ver-
errte Gänge an. Oben sieht man
e mit 50 t schweren Kalkstein-
öcken verschlossene Grab-
ammer. Trotz allem wurde
e geplündert und die Mumie
es Pharaos verbrannt.

Bildnis Amenemhets III.
von Winifred Brunton
(um 1920)

AUGENLOS
Diesem Kopf Amenemhets III.
fehlen die Augen. Von der Ganz-
körperstatue aus schwarzem Granit ist nur der Kopf erhalten.

Amenemhet III.

Amenemhet III., der Enkel von Sesostris III., gehörte
zu den mächtigsten Pharaonen. Er baute zwei Pyramiden
und ein prächtiges Labyrinth mit angeblich 3000 Räumen.
Auch schreibt man ihm den Bau beeindruckender Dämme,
Kanäle und Schleusenanlagen zu, mit deren Hilfe man den
Wasserstand des Nils kontrollierte – ein „antiker Vorläufer"
des Assuandamms.

SCHLUSSSTEIN
In den Trümmern um die Dah-
schurpyramide fand man einen
granitenen Schlussstein mit den
Königstiteln Amenemhets III.
und Gebeten zum Sonnengott.
Die Hieroglypheninschrift bedeutet „die Schönheit des Re
schauend". Warum begrub man
Amenemhet nicht in der Dah-
schurpyramide? Vielleicht hat
er sie als Kenotaph gebaut, vielleicht hielt er sie auch für nicht
grabräubersicher genug.

HERR ALLER LÄNDER
Ein anderes Schmuckstück aus dem Grab-
schatz der Prinzessin Mereret zeigt Amenemhet III., wie er mit Dolch und Wurfholz
Beduinen tötet.

Priester und Tempel

Eigentlich sollte der Pharao die Pflichten eines Oberpriesters in allen Tempeln übernehmen, aber sein Platz wurde gewöhnlich vom jeweiligen Hoher Priester eingenommen. In solchen Tempeln wie dem in Karnak (Theben), der dem Amun-Re, König der Götter, geweiht war, hatte der Hoher Priester großen Einfluss. Er kontrollierte den riesigen Besitz an Ländereien und Schätzen des Tempels. Oft war das Priesteramt erblich. Die Priester kannten eine Rangordnung im Tempel; sie nannten sich „Gottesdiener" und unterschieden in der Rangfolge vom „Ersten" bis zum „Vierten". Priester der unteren Klassen nannte man „Gottesväter" oder *wab* („die Reinen"). Sie mussten im Tempel monatsweise Dienst tun, sorgten für das Tempeleigentum und führten Verwaltungsakten.

MAHLZEIT!
Der Ibis wurde verehrt, weil er dem Gott Thot heilig war. Dieser Ausschnitt aus einem fantasievollen Gemälde des 19. Jh.s zeigt eine Priesterin, die Ibisse füttert.

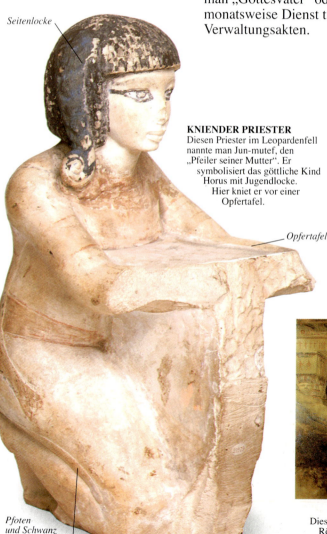

Seitenlocke

KNIENDER PRIESTER
Diesen Priester im Leopardenfell nannte man Jun-mutef, den „Pfeiler seiner Mutter". Er symbolisiert das göttliche Kind Horus mit Jugendlocke. Hier kniet er vor einer Opfertafel.

Opfertafel

Pfoten und Schwanz eines Leoparden

KEIN EINGANG
Hofbeamte besaßen Grabkapellen mit Scheintüren, die die Verbindung zwische Grab- und Opferstel herstellten. „Seelenpriester" stellten Spe und Trank davor. Au dieser Scheintür werden Opferträger gezeigt, die Fleisch, Geflügel und Brot in Grab tragen.

DER TEMPEL VON DENDERA
Dieser Tempel der Göttin Hathor stammt aus der Zeit, als Griechen und Römer in Ägypten herrschten. Auf einer Rückwand ist die Königin Kleopatra zu sehen, die Köpfe der Säulen gehören aber zu Hathor.

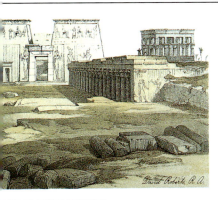

DER LETZTE TEMPEL

Diese Malerei von David Roberts, der im 19. Jh.
Ägypten bereiste, zeigt den Isis-Tempel auf der
Insel Philae. Das war der letzte Tempel, der an die
Christen fiel. Der römische Kaiser Justinian ließ ihn
im 6. Jh. schließen und bestimmte die Umwandlung
in eine Kirche.

KOLOSSAL!

Nahe der zweiten Nilstromschnelle bei Abu Simbel
in Nubien ließ Ramses II. zwei Tempel in den
Sandsteinfelsen meißeln. Diesen Tempel errichtete
er für die drei Hauptgötter – Amun, Re-Harachte
und Ptah – und sich selbst. Vier riesige Statuen
flankieren den Eingang.

Obelisken

Die Ägypter errichteten Steinobelisken, auf
denen königliche Titel und Weihschriften
standen. Die Spitze des Obelisken verkörpert
den Hügel, auf dem der Sonnengott stand, als
er das Universum schuf.

TÜR-
PFOSTEN?

Dieser Obelisk
war einer von
zweien, die vor
dem Eingang des
Luxortempels
standen. Der
andere wurde
dem König von
Frankreich über-
lassen und steht
heute in Paris.

DER DENKER

Der Priester scheint einen bekümmerten Gesichtsausdruck zu haben. Doch sollten Stirnfalten und
Tränensäcke andeuten, dass er ein meditatives,
sinnendes Leben führe. Er hat eine Glatze, denn die
meisten Priester mussten ihr Haar scheren.

*Geflügelte
Himmels-
göttin*

*Der Sohn
des Horus,
der sich um
die Mumie
einer
Priesterin
kümmert.*

EDLES
STÜCK

Das ist der
Sarg einer Priesterin, die dem Gott Amun
diente und zu seinen Ehren sang. Sie hatte drei
Särge, aber dieser aus vergoldetem Holz ist der
schönste. Ihr Gesicht ist so modelliert, wie sie
für die Ewigkeit ausschauen wollte.

Ägypten, Vorderasien und das Neue Reich

Zu Beginn der Bronzezeit ermöglichten neue Handelswege nach Ägypten einen wirtschaftlichen Aufschwung der Städte Kanaans. Um 1700 Semiten ins Nildelta vor und begründeten im Osten des Deltas die Herrschaft der Hyksos (ägyptisch für „fremde Herrscher"), von wo aus sie bald über ganz Ägypten und Palästina regierten. Erst in der ausgehenden Bronzezeit, um 1550 v.Chr., vertrieben mächtigere Fürsten aus der Gegend um Theben die Hyksos und begründeten damit das Neue Reich, dessen Einfluss sich auch auf Palästina erstreckte. Unter Ramses II. (1290–1224 v.Chr.) erreichte das Neue Reich den Höhepunkt seiner Macht. Ramses führte Krieg gegen die Hethiter und sicherte so seinen Einfluss in Asien. Aus seiner Zeit stammen auch die ältesten Nachrichten von den Hebräern (Hapiru).

MOSE
Die Tochter des Pharaos fand Mose im Schilf und zog ihn am Königshof auf (Exodus 2).

ÄGYPTEN UND KANAAN
In der späten Bronzezeit kam Kanaan unter ägyptische Herrschaft. Manche kanaanitischen Städte erlebten unter den ägyptischen Pharaonen eine Blüte, so z.B. Gaza.

ZEICHEN DER MACHT
Diese ägyptische Zeremonienaxt hat ein kunstvoll gearbeitetes Blatt.

EIN BRIEF AN DEN PHARAO
Die Amarnatafeln enthalten Berichte von Vasallenfürsten an den Pharao Amenophis III. Einige erwähnen Schwierigkeiten mit gesetzlosen Banden von Hapiru, heimatlosen Halbnomaden am Rand der Städte. Die Hapiru entsprechen den biblischen Hebräern.

FESTUNG
Bet-Schan war eines der bedeutenderen ägyptischen Verwaltungszentren in Palästina. Unter Ramses II. wurde die Garnison zu einer gewaltigen Festung ausgebaut.

HEBRÄISCHE SKLAVEN
Die Bibel und ein ägyptisches Papyrusdokument berichten, dass Hapiru an den Monumentalbauten Ramses II. arbeiteten. Wie auf diesem Gemälde von Edward Poynter (19. Jh.) sieht man auch auf ägyptischen Grabmalereien semitische Sklaven bei Frondiensten.

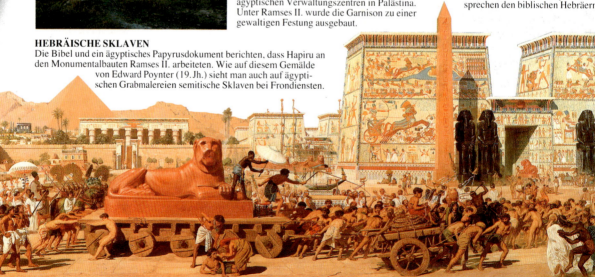

PHILISTERGESICHT
Die Philister bestatteten ihre Toten, wie einige andere Seevölker auch, in „pantoffelförmigen" Särgen. Die Sargdeckel zeigen groteske Gesichter.

Die Philister

Unter Ramses III. (1198–1166 v.Chr.) drangen indoeuropäische Völker in den vorderen Orient ein. Diese „Seevölker", unter ihnen die Philister, stürzten das Hethiterreich und drangen auch nach Ägypten vor. In einer gewaltigen Seeschlacht schlug Ramses sie zurück, konnte aber nicht verhindern, dass sie sich an der Südküste Kanaans niederließen.

FEDERSCHMUCK
Die Krieger der Philister trugen federgeschmückte Helme.

ERFOLGREICHER PHARAO
Ramses II. beendete den langjährigen Krieg mit den Hethitern, die sich von Anatolien her ausbreiteten. Nach der Schlacht von Kadesch (1196 v.Chr.) schlossen beide Seiten einen „Bund ewiger Freundschaft", der durch die Vermählung des Pharaos mit einer hethitischen Prinzessin besiegelt wurde.

Die gestreifte Kopfbedeckung ist ein Zeichen der Königswürde.

Die Reichsordnung Ramses II. ließ in Judäa unzählige Bergdörfer aus dem Boden wachsen.

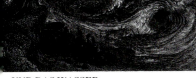

... UND DAS WASSER SPALTETE SICH
Archäologisch lässt sich der Auszug aus Ägypten durchs Rote Meer (Exodus) nicht belegen. Doch es ist durchaus möglich, dass unter Ramses II. eine Gruppe von Hapiru von Ägypten ins Judagebirge zog und dabei ein Schilfmeer (vielleicht den Golf von Suez, vielleicht die anschließenden Bitterseen oder das Rote Meer) durchquerte.

Pharaonen des Neuen Reichs

Der König war nicht nur die mächtigste und wichtigste Person in Ägypten, man hielt ihn sogar für einen Gott. Die Bezeichnung Pharao lässt sich auf eine respektvolle Anrede des Königs als „Großer Palast" (*per'o*) zurückführen. Die

Einen ovalen Ring in der Hieroglyphenschrift nennt man Kartusche. Er enthält königliche Namen, hier z.B. Thutmosis III.

Königin wurde ebenfalls als Göttin betrachtet und bekam den Titel „Große Königliche Gemahlin". Sehr selten regierten Frauen alleine das Land. Es gab nur eine Ausbildung der Prinzen, die sie auf die Königswürde vorbereiten sollte. Manchmal ernannte der regierende König seinen Erben zum Mitregenten, damit die Machtübernahme nach seinem Tode problemlos vonstatten ging. Pepi II. hält vermutlich den Rekord der längsten Regierungsdauer eines Monarchen. Er soll mit sechs Jahren auf den Thron gekommen und im Alter von 100 Jahren noch König gewesen sein. Es ist bemerkenswert, dass in Ägyptens langer Geschichte nur wenige Mordanschläge auf Pharaonen bekannt geworden sind, wahrscheinlich weil häufig Prinzen, die nicht als Thronfolger vorgesehen waren, zum König ernannt wurden.

ARME KÖNIGIN
Diese Statue zeigt eine Königin, die um 700 v. Chr. lebte. Die Arme der Statue waren separat angefügt, gingen aber wie die Federkrone verloren.

Osiris, Gott der Unterwelt

Echnaton

Nofretete

HATSCHEPSUT
Diese energische Frau regierte Ägypten 20 Jahre lang (um 1490–1468 v. Chr.). Sie sollte eigentlich Regentin für ihren jungen Stiefsohn sein, übernahm aber selbst die Regierungsinsignien, die Pharaonenkrone und den Königsbart. Die Skulptur zeigt sie mit der oberägyptischen Krone mit einer Königskobra.

ECHNATON UND NOFRETETE
In Echnatons Regierungszeit (um 1364–1347 v.Chr.) wurden die traditionellen ägyptischen Götter vernachlässigt, nur der Sonnengott sollte verehrt werden. Echnaton gründete eine neue Hauptstadt und schloss die Tempel anderer Götter. Die Königin Nofretete half ihrem Gemahl, den Kult des Sonnengottes Aton einzurichten. Nach dem Tod der beiden kehrten Tutanchamun und seine Nachfolger zum alten Glauben zurück. Die Namen Echnaton und Nofretete wurden aus den Inschriften entfernt und ihre Tempel niedergerissen.

Das Geheimnis der Sphinx

Im griechischen Mythos vom König Ödipus ist die Sphinx ein grausames weibliches Wesen, das Menschen tötet, die ein aufgegebenes Rätsel nicht lösen. Die Ägypter aber verbanden mit dieser Figur positive Eigenschaften. Ihr Kopf stellte den Pharao dar, der Löwenkörper wies auf den Sonnengott Re und die Bedeutung des Königs als dessen Sohn hin. Die Stärke des Löwen sollte zugleich die Macht des Herrschers demonstrieren. Manchmal wurden bei den Sphingen noch andere Elemente kombiniert, z.B. Kopf und Flügel des Falken, der den Gott Horus verkörpert.

SPHINX BEI GISEH

Diese Sphinx wurde vor rund 4500 Jahren für König Chephren gemeißelt. Sie bewachte den Aufweg zur Pyramide.

SPHINX UND GEFANGENER

Wie eine Sphinx die Macht des Pharaos repräsentiert, zeigt diese Elfenbeinstatuette, die vor 3600 Jahren geschnitzt wurde.

Königsbart

Uräus, die Königskobra

Kopftuch

RAMSES DER GROSSE

Im 13.Jh.v. Chr. regierte Ramses II. in Ägypten 67 Jahre lang (1290–1224). Er baute mehr Denkmäler und stellte mehr Statuen auf als jeder andere Pharao. Zu seinen Bauten gehört auch der Totentempel, „Ramesseum" genannt, aus dem diese Statue stammt. Das königliche Kopftuch nennt man *nemes*, darüber erkennt man eine Schlangenkrone.

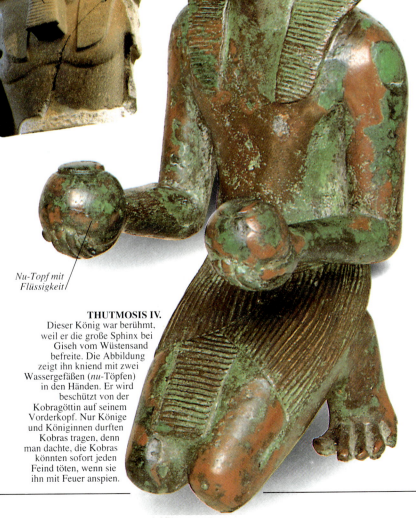

Nu-Topf mit Flüssigkeit

TUTANCHAMUN

Dieser Herrscher kam mit nur neun Jahren auf den Thron. Er wurde offensichtlich von hohen Beamten beraten, war aber wohl entschlossen, die Kulte der alten Götter wieder einzuführen, die Echnaton vernachlässigt hatte. Diese berühmte goldene Maske wurde in seinem Grab entdeckt.

THUTMOSIS IV.

Dieser König war berühmt, weil er die große Sphinx bei Giseh vom Wüstensand befreite. Die Abbildung zeigt ihn kniend mit zwei Wassergefäßen (*nu*-Töpfen) in den Händen. Er wird beschützt von der Kobragöttin auf seinem Vorderkopf. Nur Könige und Königinnen durften Kobras tragen, denn man dachte, die Kobras könnten sofort jeden Feind töten, wenn sie ihn mit Feuer anspien.

Kriegswaffen

Soldaten tragen Speere, Schilde und Streitäxte.

Soldaten spielten in Ägypten erstmals um 3000 v.Chr. eine bedeutende Rolle. Während des Neuen Reichs unternahmen die Pharaonen Feldzüge nach Palästina, Syrien und Nubien. Die ägyptische Armee war gut organisiert, vom Pharao als Feldherrn bis zum Offizier für 50 Soldaten. Der Armeeschreiber schrieb Befehle und Kriegsberichte. Es gab Infanterie und Wagenkämpfer. Der Streitwagen aus Holz wurde von zwei Pferden gezogen und war mit zwei Soldaten bemannt. Von dieser beweglichen Plattform aus konnten die Bogenschützen die Feinde angreifen. In Friedenszeiten wurden die Soldaten für andere Aufgaben eingesetzt, um z.B. Bewässerungsgräben auszuheben oder Steine zu transportieren.

Zeremonialaxt in Durchbruchsarbeit

Lange Schneide

Streitaxt

Axt mit Silberschaft

LEICHT ÜBERTRIEBEN
Diese Szene auf einem Kasten aus dem Grab Tutanchamuns zeigt den König, wie er Nubier angreift. Er fährt allein auf dem Wagen, den zwei Pferde ziehen. In Wirklichkeit müsste ein Wagenlenker für ihn die Pferde führen.

KOMM MIR NICHT ZU NAHE!
Die Axt wurde überall im Mittleren Osten als Waffe eingesetzt. Die Axt mit dem Silbergriff hat eine lange Schneide. Die Axt mit Durchbruchsarbeit wurde bei Festen getragen, aber vielleicht auch im Kampf, so wie die Waffe daneben.

Silbernagel

Feuer-
steinspitzen

INGERHUT
ogenschützen
ogen die Bogenseh-
en beinahe bis ans
hr. Dieser Finger-
chutz aus Knochen
erhinderte, dass
e straffe Tiersehne
eim Spannen des
ogens ins Fleisch
chnitt.

KLEIN, ABER TÖDLICH
Die ersten Pfeilspitzen
waren aus Feuerstein oder
Ebenholz. Später wurde
Bronze verwendet. Die
hufeisenförmigen Spitzen
sollten verwunden, die
scharfen dreieckigen sollten
sofort töten.

Bronze-
spitzen

NICHT VERWECHSELN
Schwerter waren mit
längeren Griffen versehen als
Dolche. Man konnte sie
fester greifen, und auch ihre
Klinge war länger.

**JAGD- ODER
KRIEGSPFEIL?**
Mit seiner stumpfen
Spitze und dem Rohr-
schaft könnte dieser
Pfeil eine Waffe des
Jägers sein, aber die
Länge weist auf ein
Kriegsgerät hin.

Dolch

ORDEN
Fliegen aus
Gold wurden
großartigen
Kämpfern als Orden
überreicht. Man dachte,
die Helden umschwirrten
die Feinde wie Fliegen.

DOLCH
Traditionelle Dolche haben
feine, schmale Kupferklin-
gen, die mit Streifen
dekoriert sind. Das Oberteil
der Schneide ist an den
Griff genietet. Der Knauf
aus Elfenbein oder Knochen
am Griffende passte gut in
die Handfläche. Dolche trug
man entweder offen im
Gürtel oder in einer Holz-
scheide mit Goldüberzug.

IM GLEICHSCHRITT – MARSCH!
Neben Schutz bietenden großen Holzschilden
sind diese Infanteriesoldaten mit Streitäxten
und Speeren bewaffnet.

*Tutanchamun trägt einen
Handgelenkschutz*

Kurz-
schwert

Lang-
schwert

HANDGELENKSCHUTZ
Ein Bogenschütze trug diesen Schutz an seinem
linken Handgelenk, um sich vor dem Vorschnellen
der Sehne zu schützen, wenn sie losgelassen wurde. Der
zungenförmige Ansatz reichte bis in die Handfläche.

TAUSCHHANDEL
Im Tausch konnte man ein Sandalenpaar für einen schönen Spazierstock oder ein Leinengewand für zahlreiche Lebensmittel einhandeln. Diese Männer hier tragen verkäufliche Waren wie einen schweren Krug Wein und zwei Enten.

Handel

Ägypten war das reichste Land der Alten Welt. Es konnte sogar Gold aus den Minen der östlichen Wüste und Nubien als diplomatische Geschenke an ausländische Herrscher senden. Dem Pharao wurden im Austausch Prinzessinnen und Fertigwaren geschickt. Die Prinzen von Nubien importierten zentralafrikanische Produkte. Ein wichtiger Handelsort war Kerma an den dritten Nilstromschnellen. Ägyptische Händler erwarben Panterfelle, Windhunde, Giraffenschwänze für Fliegenwedel, Elfenbein und Tiere wie Paviane und Löwen.

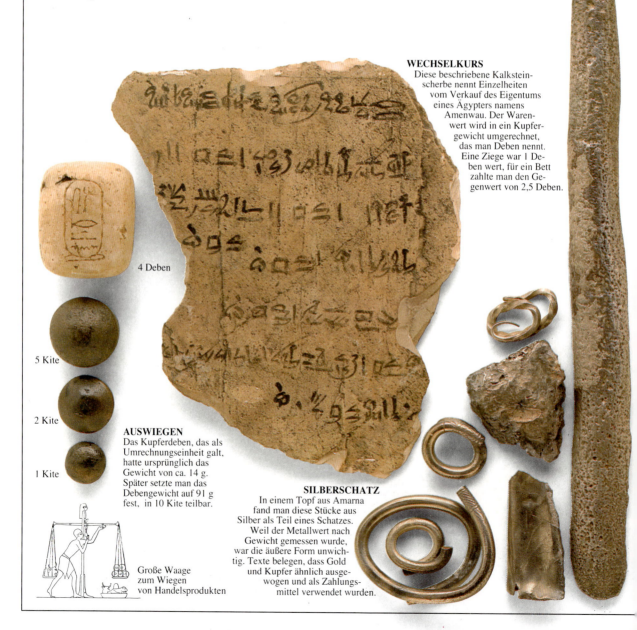

WECHSELKURS
Diese beschriebene Kalksteinscherbe nennt Einzelheiten vom Verkauf des Eigentums eines Ägypters namens Amenwau. Der Warenwert wird in ein Kupfergewicht umgerechnet, das man Deben nennt. Eine Ziege war 1 Deben wert, für ein Bett zahlte man den Gegenwert von 2,5 Deben.

4 Deben

5 Kite

2 Kite

1 Kite

AUSWIEGEN
Das Kupferdeben, das als Umrechnungseinheit galt, hatte ursprünglich das Gewicht von ca. 14 g. Später setzte man das Debengewicht auf 91 g fest, in 10 Kite teilbar.

Große Waage zum Wiegen von Handelsprodukten

SILBERSCHATZ
In einem Topf aus Amarna fand man diese Stücke aus Silber als Teil eines Schatzes. Weil der Metallwert nach Gewicht gemessen wurde, war die äußere Form unwichtig. Texte belegen, dass Gold und Kupfer ähnlich ausgewogen und als Zahlungsmittel verwendet wurden.

Hier werden aus dem Nilboot eines hohen Beamten große Weinkrüge entladen.

ELFENBEIN
Elefantenzähne kamen durch Handel nach Ägypten und wurden zu Luxusartikeln, wie z.B. diesem Kosmetiklöffel, verarbeitet. Wenn der Nachschub an Elfenbein nachließ, nahm man stattdessen die Zähne der Nilpferde. Dieser Löffel zeigt Hathor, die Göttin der Schönheit und der fremden Länder.

KASSIA
Diese trockene Rinde einer Lorbeerbaumart wurde aus Indien importiert. Die Ägypter verwendeten sie für Parfüm und Weihrauch.

Elfenbein

Ebenholzgriff

Göttin Hathor mit Ohren einer Kuh, ihrem heiligen Tier

Das Land Punt

Die Ägypter dachten bei dem Land Punt an einen exotischen, entlegenen Ort. Wir wissen nicht genau, wo es ist, aber die am häufigsten benutzte Route dorthin schien entlang der Küste des Roten Meers und dann landeinwärts am Nilnebenfluss Atbara zu gehen. Im 15.Jh. v.Chr. schickte Königin Hatschepsut fünf Schiffe nach Punt. Die Schiffe landeten in einem Hafen an der östlichen Sudanküste. Dann ging die Expedition landeinwärts, wo sie Eingeborene traf, die in Pfahlbauten lebten. Weihrauch war das wichtigste Produkt, das sie mitnahm.

WEIHRAUCH
Im östlichen Sudan, in Äthiopien, Somalia und Jemen wuchsen Bäume, die dieses duftende Harz absonderten.

MITBRINGSEL
Diese syrischen Prinzen huldigen dem Pharao. Sie tragen Vasen und Kosmetikbehälter aus Gold, Lapislazuli und Elfenbein. Ein Prinz bringt sogar seine Tochter, damit sie am Hof erzogen wird.

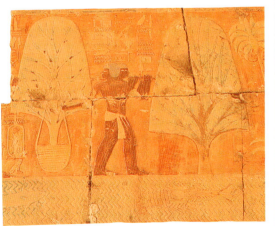

FLIEGENWEDEL
Ebenholz, aus dem dieser Fliegenwedel gearbeitet ist, war ein wichtiger Importartikel aus Zentralafrika. Höflinge trugen Fliegenwedel, und so wurden diese zu einem Statussymbol.

Stier aus Lapislazuli, in Gold gefasst

LAPISLAZULI
Händler aus Afghanistan brachten diesen kostbaren Stein zu den Handelszentren wie z.B. Byblos im Libanon. Die Ägypter glaubten, das Haar des Sonnengottes sei aus diesem Edelstein.

Unbearbeiteter Lapislazuli

HEILIGE WARE
Myrrhe und Weihrauch, die die Ägypter aus Punt einführten, könnten sogar aus noch südlicheren Regionen stammen. Die Ägypter holten sich nicht nur das Harz, sondern ganze Bäume, um sie vor Hatschepsuts Tempel anzupflanzen.

Segeln auf dem Nil

Der Nil war die Hauptverkehrsachse Ägyptens. Die ersten Boote fertigte man aus Papyrusstängeln, aber bald waren Werften damit beschäftigt, Boote aus Holz zu zimmern. Der beste Beweis für die Geschicklichkeit der Schiffsbauer ist ein Boot von 40 m Länge, da vor 4500 Jahren für König Cheops gebaut und neben der Großen Pyramide in einer Grube vergraben wurde. Es war eine kiellose Barke mit einer Kabine für den König und sollte Cheops wahrscheinlich ins Jenseits bringen. Tempelreliefs zeigen andere große Schiffe, die riesige Pfeiler und Granitobelisken von dem weit entfernten Assuan transportieren. Sowohl kleine Transportschiffe für Getreide wie Staatsschiffe des Königs oder der Beamten vervollständigen unser Bild von der Nilschifffahrt. Die Ägypter gaben den Schiffen Namen, wie wir es tun. Z.B. war ein Schiffer erst Kapitän eines Bootes namens „Norden" und wurde später zum Kapitän des Schiffes „In Memphis erscheinen".

DIE *RA*-EXPEDITION
Die ersten Boote waren aus zusammengebundenen Papyrusstängeln gefertigt. Der Abenteurer Thor Heyerdahl segelte in seinem Papyrusboot *Ra* von Ägypten nach Amerika. Er bewies nicht, dass die Ägypter das Gleiche getan hatten, aber er zeigte, dass sie es gekonnt hätten.

FRISCHE FISCHE
Diese beiden Papyrusnachen werden von jeweils zwei Ruderern vorwärtsgetrieben. Zwischen den Booten hängt ein Schleppnetz, in dem schon Fische gefangen sind. Schwimmer sind am Netzrand befestigt. Die Fischer ziehen gerade das Netz mit dem Fang ein.

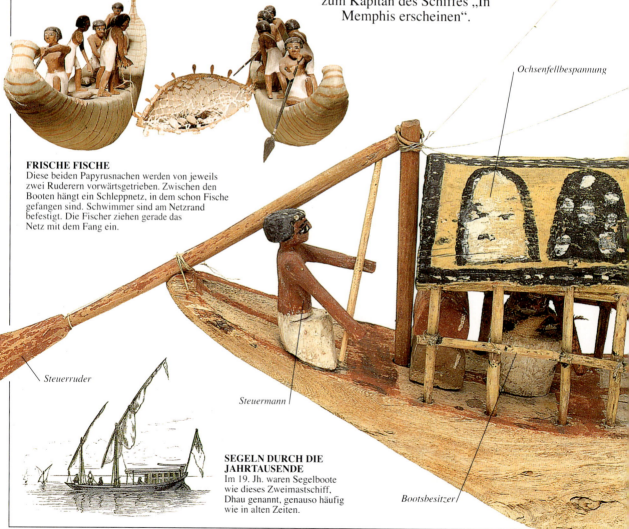

Ochsenfellbespannung

Steuerruder

Steuermann

Bootsbesitzer

SEGELN DURCH DIE JAHRTAUSENDE
Im 19. Jh. waren Segelboote wie dieses Zweimastschiff, Dhau genannt, genauso häufig wie in alten Zeiten.

Ägypten

204

IN ARBEIT
Ein kleines Boot wird von Balken gestützt, während Arbeiter Nägel einschlagen und die Steuerruderhalterung befestigen. Andere Zimmerleute biegen die Planken, damit sie passend am Rumpf anliegen. Durch Festzerren der Seile mithilfe von Stöcken erreichen sie, dass die Planken sich biegen.

Viereckiges Segel

ZEDERN VOM LIBANON
Auf den Hügeln im Libanon und in Syrien wuchsen die für den Schiffbau wertvollen Zedern und Wacholder. Schon König Snofru sandte 40 Boote nach Byblos, um Zedernholz zu holen. Eine Zeder war zwischen 20 und 33 m hoch, mit weit ausladendem Astwerk. Zedern gaben das beste Holz für große Schiffe.

ALLE AN BORD
Reichtum wurde am Viehbesitz gemessen. Die Kühe wurden mit Brandzeichen versehen, um den Viehdieben die Arbeit zu erschweren. Ein Viehtransport über den Nil oder einen Kanal konnte schwierig sein, wenn das Wasser zu tief war. So wurden spezielle Viehfähren gebaut. Hier kann man Rinder sehen, die scheinbar auf dem Dach eines Stalls liegen. In Wirklichkeit lagen sie im Stall, doch wollte der Künstler zeigen, was innen vor sich geht, und malte sie darüber.

Einige Männer richten das Segel aus.

Das Boot wird von der Sandbank abgestoßen.

SCHIFFSREISE IM JENSEITS
Modellboote wurden den Toten mit ins Grab gegeben, damit ihnen auch im Jenseits ein Transportmittel zur Verfügung stand. Dieses Modell zeigt uns die roten Planken auf dem Deck. Einige Männer richten die Takelage, andere drücken auf Stangen, um das Boot von der Sandbank abzustoßen. Am Bug prüft ein Matrose die Tiefe des Wassers mit einem Lot, während ein anderer am Heck das Steuerruder bedient. Das Kajütendach ist mit Schilden bewehrt; darunter sitzt der Bootsbesitzer mit seinem Reisegepäck.

Lot zum Messen der Wassertiefe

KEINE VEGETARIER
Beim Schlachten fesselte man drei
Beine des Rinds, brachte es zu Fall und
schnitt ihm die Kehle durch. Das vierte
Bein schnitt man ab und opferte es.

Essen und Trinken

Der fruchtbare Schlamm der jährlichen Nilflut ermöglichte den
Bauern, ihre Hauptnahrungsmittel Gerste und Emmer anzupflanzen.
Erst wurde das Getreide in Scheunen gelagert, anschließend machte
man Brot oder Bier daraus. An Gemüsesorten kannte man vor allem
Zwiebeln, Knoblauch, Lauch, Bohnen, Linsen und Salat. Es
gab auch Kürbisse, Datteln, Feigen, Gurken und Melonen, aber
keine Zitrusfrüchte. Bäcker buken alle Arten von Kuchen, die
mit Datteln oder Honig gesüßt wurden. Für Wein und Rosinen
kamen Trauben aus dem Delta oder den Oasen. Die ärmeren
Leute aßen selten Fleisch und Geflügel, eher Fisch. Beim
Festessen servierte man Ente, Gans, Rind, sogar Oryx-
antilope und Gazelle. Es gab auch Schweine, Schafe
und Ziegen, deren Fleisch man kochte oder briet.

WEINLES
Zwei Männer pflücken Trauben von de
Weinstöcken. Oft übernahmen ausländ
sche Siedler oder Gefangene aus dem
Osten oder Nubien diese Arbeit. Danac
presste man die Trauben mit den Füße

BROT
Dieses
3000 Jahre
alte Brot
wurde aus
Gerstenteig ge-
backen. Das Mehl
enthielt oft Steinchen,
die beim Mahlen in den
Teig kamen. Studien an
Mumien haben gezeigt, wie das
grobe Brot die Zähne abgewetzt hat.

FILTER
Dieser
hölzerne Saug-
heber mit einem
durchlöcherten
Mundstück machte das
Bier schmackhafter. Bier
war wegen des angerühr-
ten, zerdrückten Gersten-
brotlaibes dickflüssig und
musste mit einem Sieb oder
Saugheber gefiltert werden.

Löcher zum Filtern

TRAUBE
Die Ägypte
pflanzten ihren Wein
wie heute noch, im
Norden an. Rote und
grüne Trauben lieferten de
veredelten Saft. Man impor
tierte auch Wein aus Syrien
und Griechenland

Ein syrischer Soldat des Königs Echnaton trinkt
Bier durch ein Trinkrohr.

KÖSTLICHE DATTELN
Datteln konnte man zur Erntezeit im August frisch essen oder durch Trocknen oder Pressen lange Zeit haltbar machen. Man kannte auch Dattelwein.

MITESSER UNERWÜNSCHT
Die Sykomorenfeige wurde früher hoch geschätzt. Auch Paviane lieben Feigen und bedienen sich auf Abbildungen häufig selbst.

Heutige Feigen

PALMFRÜCHTE
Dieses Dumpalmenobst stammt aus einem 3000 Jahre alten Grabopfer. Die Frucht hat einen Ingwergeschmack. Die äußere Schale des Kerns ist so hart, dass sie als Spitze eines Bohrers verwendet werden könnte.

Großer Granatapfel von heute

FESTMAHL
Schreiber und Beamte hatten eine große Auswahl an Fleisch, Geflügel und Früchten. Diese reichhaltige und farbenfrohe Speisetafel bot sich einem Essensgast in Theben. Weinkrüge hängen in Gestellen und sind mit Blättergirlanden geschmückt. Das Menü besteht aus Kuchen, Feigen und Weintrauben, einem Kalbskopf, Herz und Bein eines Rinds, einer gerupften Gans und einem Zwiebelbund.

GRANATÄPFEL
Granatäpfel wurden aus dem Mittleren Osten eingeführt und waren bald ein beliebtes Obst. In der abgebildeten Schale liegen Granatäpfel, die zu einem Grabopfer gehörten. Ihre Form diente oft als Vorbild für Schmuck und Trinkbecher. Die Schale benutzte man vielleicht als gelbes Färbemittel.

Alte Frucht

Musik und Tanz

Eine Schnur hält die Becken zusammen.

Auch die Ägypter genossen das Leben. Festszenen auf Grabwänden, Lieder auf Papyri und erhaltene Musikinstrumente zeigen, wie viel Musik und Poesie ihnen bedeuteten. Sie hatten große öffentliche Feste, bei denen Tausende von Menschen mit Gesang und Musik von Flöten, Harfen und Kastagnetten unterhalten wurden. Viel Wein gehörte dazu. Musik spielte auch bei gewöhnlichen Anlässen eine Rolle: Winzer pressten Trauben, während andere Männer Rhythmusstöcke gegeneinander schlugen. Bauern sangen ihren Rindern vor, wenn diese das Korn mit ihren Hufen droschen. Eine Prinzessin spielte Harfe, während der Prinz sich auf dem Diwan entspannte. Tänzer schlugen Salti. Wir wissen nicht genau, wie sich ägyptische Musik anhörte, aber kleine Orchester konnten Saiten-, Blas- und Schlaginstrumente haben.

Doppelkrone von Ober- und Unterägypten

Tänzerinnen bewegen sich zum Rhythmus der Musik.

MÄDCHENBAND
Diese Grabmalerei zeigt eine Tanzgruppe und ein Frauenorchester spielt eine Naturweise. Die Frontalansicht ist sehr selten in der ägyptischen Kunst.

FÜNFSAITIGE HARFE
Es gab Harfen in verschiedenen Größen. Manche waren sogar größer als die Spieler. Zwischen vier und 20 Saiten waren möglich. Der Königskopf könnte andeuten, dass die Harfe einem Hofmusiker gehörte.

Königskopf mit gestreiftem Kopftuch

Holzkörper

Lotosblumenmuster

RHYTHMISCHER KRACH
Bronzebecken konnten den Rhythmus mit scharfem, metallischem Klang betonen. Zusammen mit Trommeln und Tamburinen ging dann von der Musik eine mitreißende Wirkung aus.

Falkenkopf

Eine Priesterin hält das Sistrum.

Scheiben, die beim Schütteln rasseln

Wirbel

Darmsaiten

FLÖTE
Die Flöte oder Pfeife ist eines der ältesten Musikinstrumente. Sie wurde aus Rohr oder Holz geschnitzt. Das Holzinstrument wurde direkt durch das verstärkte Mundstück geblasen.

Hathor-Kopf

HEILIGE RASSEL
Das Sistrum wurde von Edelfrauen und Priesterinnen bei Festen getragen. Sie benutzten es zusammen mit dem heiligen Halsband *menat*. Es wurde im Kult der Göttin Hathor gebraucht.

KLAPPERN
Diese Klappern wurden wohl mit einer Papyrusschnur zusammengehalten. Man hielt sie in einer Hand und spielte sie wie moderne Kastagnetten.

Udschat-augen-Tätowierung

EWIGER HARFENKLANG
Dieses Mädchen spielt eine Harfe, die es gegen den Körper nt. In Wirklichkeit müsste die Harfe gestützt werden, wenn man sie zupft. Die Figur sollte im Jenseits für Musik sorgen.

Lyra und Doppelflöte auf einer Malerei in Theben

Stoffe und Kleidung

Seit frühester Zeit verarbeitete man Flachs zu Leinenstoffen für jederman Das älteste Bild eines ägyptischen Webstuhls fand man auf einer Tonschal die auf 3000 v.Chr. datiert wird. Ein Pharao kleidete sich mit außergewöhn lich feinem Leinen, während Arbeiter Schurze aus grobem Stoff trugen. Man vermied auf geschickte Weise ein Abnutzen der Kleidung: Die Soldat verstärkten das Gesäßteil ihrer Schurze mit Leder, und die Hausdien trugen Netze aus billigen, aber bunten Perlen über ihren Kleidern. De normale Schurz der Höflinge bestand aus Leinentuch, das um die Hüfte gewickelt und oft mit einem besonderen Knoten befestigt war. Nach und nach benutzte man auch leichte Überwürfe. Frauen trugen lange Kleider und oft schöne, plissierte Umhänge. Man weiß immer noch nicht genau, wie die Kleiderfalten gepresst wurden. Vielleicht übertrieb man auch die Faltenzahl auf vie- len Statuen. Die Ägypter übernahmen die Technik des Stofffärbens aus dem Nahen Osten, doch war sie nie weit verbreitet.

MANN UND FRAU
Dieser Arbeiter im Königs-
dienst trägt einen langen
Schurz, seine Frau
hingegen einen
Umhang.

Verstärkter Rand

LEDERSANDALEN
Die Rindslederstreifen dieser
Sandalen sind mit Papyrus-
schnur zusammengenäht.
Leder war ein Material für
Fußbekleidung.

RIEDSANDALEN
Die meisten Sandalen
bestanden aus Papyrus un
anderen Rohrpflanzen. Dies
Material gab es reichlich und
konnte daher von allen Bevölke
rungsschichten verwendet werden,
besonders von Priestern, die kein
anderes Schuhwerk tragen durften.

**FALSCHE
PRACHT**
Diese Beamten auf
einem memphiti-
schen Relief tragen
typische Perücken und
Gewänder mit weiten
Ärmeln. Die Perücken
bestanden aus Menschen-
haar, und Bienenwachs
sorgte für den richtigen Halt.

*Den Riemen
sichernde Schnur*

PRINZESSIN ODER KÖNIGIN?
Diese Statue ist eine jener rätselhaften
Arbeiten, die aus der Zeit von Echnaton
stammen. Sie zeigt entweder die Königin
Nofretete oder eine ihrer Töchter. Das abge-
bildete, sehr feine Gewand bestand wohl aus
Königsleinen. Die Zahl der Falten ist viel-
leicht übertrieben, doch dürfte das richtige
Gewand stark plissiert gewesen sein.

RÄTSELHAFTES BRETT
Dieses Brett mit geriffelter
Oberfläche könnte zum
Pressen von Falten (Plis-
sieren) verwendet worden
sein, wenn das Gewand
noch feucht war.

RIFFELKAMM
Bei der Leinenherstellung wurden
zunächst die Flachssamenkapseln mit
einem Riffelkamm von den Stängeln
getrennt. Anschließend wässerte und
schlug man die Stängel, bevor
man sie mit einem Flachshechel-
kamm auskämmte, um Einzel-
fasern zu erhalten.

LEINENTUCH
Die Qualität des Leinens
reichte vom groben, all-
täglichen Material bis
zur feinsten Gaze, die
Könige und Köni-
ginnen trugen.

SPINDEL
Die Flachsfasern wurden um
Stöcke oder Spindeln
gesponnen, an denen ein
schwerer, runder Wirtel (ein
Schwunggewicht) am Ende
befestigt ist. Wirtel sind
schon aus frühdynastischer
Zeit bekannt.

SPINNERIN
Dieses Mädchen ar-
beitet mit zwei Fäden,
die sie aus zwei Gefäßen
zieht. In der einen Hand
hält sie eine Spindel, mit der
anderen verzwirnt sie offensichtlich die beiden Fäden.
Eine weitere Spindel hängt
herab.

Griechen und Römer in Ägypten

Schon vor der Eroberung des Landes durch Alexander den Großen im Jahr 332 v.Chr. lebten viele Griechen in Ägypten. Wie später die Römer, die ab 30 v.Chr. einwanderten, übernahmen die Griechen den ägyptischen Brauch der Mumifizierung. Mit großer Sorgfalt umwickelten sie ihre Toten in aufwändigen geometrischen Mustern. Die Mumien selbst waren allerdings meist schlecht konserviert. Statt in Gräbern bestattete man sie in Familiengrüften. Einige der interessantesten Mumien der römischen Zeit entdeckte man in einer Begräbnisstätte des Fayum. Statt idealisierter Gesichter, wie man sie bei den ägyptischen Masken findet, tragen die griechischen und römischen Masken Porträts der Verstorbenen. Manchmal formte man Stuckmasken, doch meist wurden die Gesichter auf Holztafeln oder auf das Mumientuch selbst gemalt.

RÖMISCHE KATZE
Die in Ägypten lebenden Griechen und Römer mumifizierten die verschiedensten Tiere. Diese Katzenmumie trägt eine bemalte Stuckmaske. Leinenbinden in zwei Farben sind zu einem komplizierten Fenstermuster gewickelt.

LEBENDE TOTE
Diese Mumienporträts sind in enkaustischer Technik (mit Wachs) auf Holztafeln gemalt. Sie sind vielleicht noch zu Lebzeiten der Personen entstanden. Haarmode, Schmuck und Kleidung geben Aufschluss über den Alltag im römisch besetzten Ägypten um Christi Geburt.

Vergoldete Beschläge

EWIGE JUGEND
Eine Röntgenaufnahme zeigt, dass dieser römische Junge mit zehn bis zwölf Jahren starb. Die Wicklung ist mit Goldknöpfen verziert.

GIPSMASKE
Einige griechische Mumien tragen Stuckmasken. Sie erwecken den Eindruck, dass die Toten aufgerichtet im Sarg liegen. Viele sind mit Gold verziert und haben eingelegte Augen aus Stein oder Glasfluss.

Bemalter Fußbelag

GOLDKIND
Dieses acht- oder neunjährige römische Mädchen balsamierte man nicht nach althergebrachter Kunst ein, aber man machte die Haut durch Flüssigharz widerstandsfähig und wasserabweisend. Um eine Verbindung zum goldenen Sonnengott herzustellen, wurde der Körper dann mit Goldplättchen belegt.

Goldene Augenscheiben

Goldene Zungenscheibe

Goldplättchen für die Brustwarzen

Osiris

MUMIENPASS
Damit die vielen Mumien im Balsamierzelt nicht durcheinander gerieten, band man jeder Mumie ein hölzernes Schild um den Hals. Außer dem Namen schrieb man oft auch das Alter, den Beruf, die Namen der Eltern, ja sogar Todesdatum und Begräbnisort darauf. Auf Schildern, die die Verwandten statt eines Grabsteins kauften, steht außerdem ein Gebet für die Seele des oder der Verstorbenen.

GOLDPLÄTTCHEN
Die Römer legten den Mumien Goldplättchen auf wichtige Körperstellen. Die Zungenscheibe sollte ihnen das Sprechen ermöglichen.

Eine Seitenansicht vom Kopf des Mädchens zeigt die Goldplättchen auf dem Gesicht.

Goldplättchen

KÖNIGLICHER VOGEL
Falken fliegen hoch am Himmel. Daher verknüpften die Ägypter sie mit dem Himmelsgott Horus, der in Gestalt des Pharaos auf Erden regierte. In griechisch-römischer Zeit wurden Tausende von Falken mumifiziert und in Katakomben bestattet.

TOD DER KLEOPATRA
Kleopatra, die letzte griechische Herrscherin Ägyptens, starb 30 v.Chr. Römischen Historikern zufolge beging sie Selbstmord, indem sie sich von einer Giftschlange beißen ließ. Obwohl es keinen Beweis für die Richtigkeit dieser Geschichte gibt, wurde sie oft gemalt und erzählt. Kleopatras Körper wurde sicherlich mumifiziert und prunkvoll beigesetzt (wahrscheinlich neben ihrem Geliebten Mark Anton). Ihr Grab hat man bisher nicht gefunden.

Ägypten

Hochkulturen Schwarzafrikas

Schwarzafrika ist ein Sammelbegriff für das von dunkelhäutigen Völkern bewohnte Afrika südlich der Sahara. Während das nördliche Afrika von Marokko bis Ägypten stets in die Geschichte des Mittelmeerraums eingebunden war, ist die Geschichte Schwarzafrikas bis zur Kolonialisierung weitgehend unabhängig von der Europas und des vorderen Orients verlaufen. Die Geschichte der vielfältigen schwarzafrikanischen Kulturen mit ihren ganz unterschiedlichen Herrrschaftsformen ist nicht leicht zu rekonstruieren, weil es nur wenige schriftliche Quellen gibt. Dennoch hat die Auswertung der schriftlichen und mündlichen Überlieferungen Schwarzafrikas sowie der Berichte antiker und mittelalterlicher Reisender, schließlich der archäologischen Funde, gezeigt, dass die hochkulturellen Leistungen Schwarzafrikas den Vergleich mit denen anderer Weltgegenden nicht zu scheuen brauchen. Dies ist von nicht zu unterschätzender Bedeutung für das Selbstbewusstsein der jungen nachkolonialen Nationen Schwarzafrikas. Einige von ihnen haben sich deshalb Namen gegeben, die an die alten Hochkulturen erinnern sollen: Aus der Kolonie Goldküste wurde Ghana (obwohl das historische Ghana woanders lag), aus Südrhodesien Zimbabwe und aus Südafrika Azania.

Zur Zeit der frühen Hochkulturen des Vorderen Orients und der antiken Mittelmeerkulturen lebten die meisten Menschen Schwarzafrikas in neolithischen Ackerbaukulturen. Z.T. aufgrund der Anregungen aus anderen Kulturen wie der Ägyptens, z.T. aber auch ohne Einwirkung von außen erlangten manche dieser Ackerbaukulturen zu verschiedenen Zeiten das zivilisatorische Niveau von Hochkulturen, vor allem im von Ägypten geprägten Sudan und in Äthiopien, in Westafrika und ganz im Süden Afrikas. Nur die von tropischen Wäldern bedeckten Gebiete waren, wie in anderen Weltgegenden auch, Rückzugsgebiete relativ archaischer Jäger- und Sammlervölker.

Sudan und Äthiopien

Am Oberlauf des Nils und im äthiopischen Hochland berühren sich die kulturellen Welten Schwarzafrikas, des Mittelmeerraums und Vorderasiens. Schon zur

Bronzekopf aus Ife

Zeit des Alten Reichs waren die Ägypter den Nil aufwärts weit nach Innerafrika vorgestoßen, um Gold und Weihrauch, später auch schwarze Sklaven zu erwerben.

Zur Zeit Ramses' II. waren die Grenzen Ägyptens bis weit in die Gegend vorgeschoben, die in der Antike Nubien hieß, was dem heutigen Sudan entspricht. Nach dem Ende des Neuen Reichs machten sich die Nubier von Ägypten selbstständig und gründeten ein eigenes Königreich Kusch mit der Hauptstadt Meroe am Nil. Die kuschitische Kultur war stark durch die ägyptische geprägt, und für eine kurze Zeit waren die Kuschiten die Herren fast ganz Ägyptens. Auch in der Folgezeit, als Ägypten unter griechischer und römischer Herrschaft stand, blieb Kusch unabhängig.

Als Ägypten im 2. und 3. Jahrhundert christianisiert wurde, nahm auch Nubien das ägyptische ("koptische") Christentum an. Wenig später zerbrach das Königreich in einzelne Teilreiche, als es sowohl von Nomadenstämmen als auch durch das äthiopische Königreich von Aksum bedrängt wurde. Die koptische Kultur Nubiens hielt sich jedoch bis ins 14. Jahrhundert. Erst von da an ist der Sudan islamisch.

Das im Süden des Sudan gelegene Äthiopien war kulturell durch semitische Einwanderer geprägt worden, die im 1. Jahrtausend v.Chr. über das Rote Meer aus dem Süden der arabischen Halbinsel gekommen waren. So ist die Schrift der Äthiopier arabischer Herkunft, und zeitweilig herrschten die äthiopischen Fürsten auch über den Jemen in Südarabien. Sie leiteten ihr Geschlecht von Salomo und der Königin von Saba her. (Die Königin von Saba im Jemen soll nach der biblischen Überlieferung den jüdischen König Salomo besucht und sich in ihn verliebt haben.) Aber auch ägyptische und hellenistische Einflüsse erreichten das Reich der Stadt Aksum, wo die äthiopischen Könige residierten. Im 5. Jahrhundert erreichte das koptische Christentum Äthiopien, und die Herrscher von Aksum pflegten in der Folgezeit freundschaftliche Beziehungen zum christlichen Kaiser in Byzanz. Als die Araber am Ende des 7. Jahrhunderts Ägypten eroberten, war Äthiopien von der übrigen christlichen Welt abgeschnitten.

Westafrika

Vielleicht waren Einwanderer aus Nubien um 300 n.Chr. bei der Gründung des Reichs von Ghana am Südrand der Sahara in Westafrika beteiligt. Die Herrscher dieses Lands gelangten zu großem Reichtum durch den Tausch von Salz, das in ihrem Herrschaftsbereich gewonnen wurde, gegen das Gold, das die Völker im Süden ihres Gebiets schürften. Bis zur Entdeckung Amerikas stammte der größte Teil des in Europa gehandelten Golds aus dieser Gegend. Zu Beginn des 11. Jahrhunderts zerstörten arabische Krieger aus Marokko das Reich von Ghana und bereiteten damit den bereits islamisierten Herrschern von *Mali* den Boden, die den lukrativen Handel von Gold gegen Salz übernahmen. Im 14. Jahrhundert erreichte Mali seine größte Ausdehnung: Es umfasste fast das ganze Westafrika südlich der Sahara. Danach wurde Mali von den *Songhai* unterworfen, die seit dem 11. Jahrhundert um ihre Hauptstadt Gao am mittleren Niger einen fest gefügten Staat gebildet hatten, der bis zum 17. Jahrhundert bestand.

Weiter südlich in Westafrika, am Rand des tropischen Regenwalds, entstand im Lauf des 1. Jahrtausends die erste rein schwarze städtische Kultur: die der Yoruba. Die wichtigsten Stadtstaaten der Yoruba waren Ife und Benin. Hier blühte zur Zeit der Aufnahme diplomatischer Kontakte mit den Portugiesen am Ende des 15. Jahrhunderts eine großartige Kunst des Bronzegusses: Diese Plastiken sind vielleicht das Beste, was die Kunst des alten Schwarzafrika hervorgebracht hat.

Ost- und Südostafrika

Während des Mittelalters wurden in den Häfen der ostafrikanischen Küste wie Mombasa oder Daressalam von arabischen und indischen Händlern Gold und andere Güter gegen Stoffe aus Indien und Porzellan aus China getauscht. Aus arabischsprachigen Quellen wissen wir ein wenig von den Handelspartnern im Landesinneren, vor allem von dem mächtigen Reich des Monomotapa (d.h. Tributeinnehmer). Der Monomotapa war Herr der Stadt Zimbabwe, von der noch eindrucksvolle Ruinen stehen. Zimbabwe wurde schon im 6. Jahrhundert gegründet und war reich geworden durch eine hoch entwickelte Landwirtschaft mit Terrassenbau und Anlagen für künstliche Bewässerung sowie durch die Erzgruben der Gegend. Ähnlich hoch entwickelt wie die Kultur von Zimbabwe war die der benachbarten Azaner.

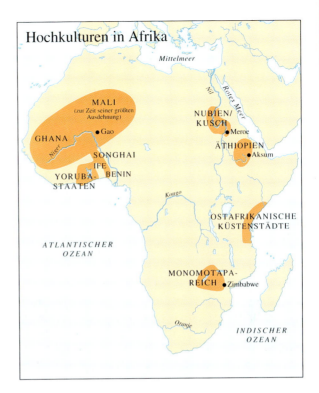

Hochkulturen in Afrika

Chronik

8. Jh.v.Chr.– **4. Jh.n.Chr.**	Reich Kusch in Nubien, kulturell durch Ägypten geprägt, seit dem 3. Jh. christianisiert
1. Jt.v.Chr.	Einwanderung südarabischer Stämme nach Äthiopien
1. Jh.n.Chr.	Aksum als Hauptstadt Äthiopiens erwähnt
um 300	Einwanderer aus dem Osten (Nubien?) gründen das Reich Ghana.
um 450	Christianisierung Äthiopiens
7. Jh.	Vordringen des Islam; Äthiopien wird vom christlichen Europa abgeschnitten.
um 600	Entstehung der Stadt Zimbabwe; eisenzeitliche Kultur und hoch organisierte Landwirtschaft im südlichen Afrika.
	Erste Stadtgründungen der Yoruba
11. Jh.	Marokkanische Araber zerstören das Reich von Ghana. Mali tritt dessen Nachfolge an. Aufstieg des Reichs der Songhai
14. Jh.	Blütezeit des äthiopischen Reichs in Ost- und des Malireichs in Westafrika sowie des Monomotapareichs in Südafrika; Nubien wird islamisiert.
15. Jh.	Die Portugiesen nehmen Beziehungen zu den Staaten Westafrikas auf und versuchen den Handel zwischen Ostafrika und Asien zu kontrollieren.

Hochkulturen

Seit Urzeiten lebten die afrikanischen Völker südlich der Sahara in weit verstreuten Sippen. Zum Fischen, Jagen und Ernten benutzten sie Werkzeuge aus Holz, Knochen oder Stein. Im 1. Jahrtausend v.Chr. führten zwei große Neuerungen diese Völker aus der Steinzeit heraus. Den ersten Entwicklungsschub brachten Ackerbau und Viehzucht. Sie bewirkten, dass die Menschen sesshaft wurden und das Land urbar machten – Voraussetzungen für die Entstehung von Kunst und Handwerk. Der zweite große Fortschritt war die Herstellung von Werkzeugen und Waffen aus Metall. Um 400 n.Chr. hatten viele Menschen erkannt, dass der Besitz von Metallen wie Gold und Eisen Macht verleiht.

STEINZEITKUNST
Die Völker der Frühzeit lebten im Einklang mit Tieren, Pflanzen sowie den Regen- und Trockenzeiten und brachten das in wunderschönen Felszeichnungen zum Ausdruck. Sie bildeten nicht nur sich selber ab, sondern auch die Tiere, die sie hüteten und jagten. Die meisten frühen Höhlenbilder zeigen Wildtiere – Elefanten, Giraffen, Nashörner und Strauße.

Riesige Samenkörner aus vergoldetem Holz als Symbole für Fruchtbarkeit oder Wohlstand

Zeremonienschwert aus dem Schatz des Aschantikönigs Kofi Kalkalli (1867–1875), gefunden in Ghana

Nicht für den Kampf gedachte stumpfe Eisenklinge

DAS GOLDENE ASCHANTIREICH

Ihre Kenntnisse im Metallschürfen und in der Metallverarbeitung sowie der Handel mit Metallen sorgten im 18.Jh. für die Vormachtstellung der westafrikanischen Aschanti an der Goldküste. Sie erkannten schnell, wie einträglich der Handel mit anderen Ländern war, und entwickelten sich zu den wichtigsten Exporteuren von Sklaven nach Amerika.

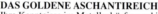

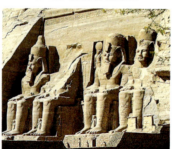

DAS REICH VON KUSCH

Nubien (im heutigen Sudan) hieß in der Antike „Kusch". Die Kuschiten errichteten um 800 v.Chr. ein von Ägypten unabhängiges Königreich. Sie kontrollierten die Handelsrouten nach Süden und waren gute Krieger. Die Felsentempel von Ramses II. (1290–1224 v.Chr.) in Abu Simbel (oben) wurden vorbildlich für die Monumentalbauweise dieser Kultur. Nach etwa 1000 Jahren kam es zum langsamen Verfall, bis Kusch 550 n.Chr. schließlich von den Aksumiten (im heutigen Äthiopien) erobert wurde.

Statue des Himmelsgottes Horus

Die Frau des Verstorbenen betet und bringt Opfergaben

DAS ALTE ÄGYPTEN

Ab 3000 v.Chr. blühte im Niltal eine der größten Kulturen der Welt – das von den Pharaonen beherrschte Ägypten. Auf dem fruchtbaren Nilschlamm konnten die Ägypter genügend Nahrung anbauen. Außerdem bot der Nil günstige Transportmöglichkeiten und diente als Handelsstraße für Gold und Kupfer aus der östlichen Wüste. Die Kunst der Ziegelherstellung gelangte, ebenfalls auf dem Wasserweg, aus Asien nach Ägypten.

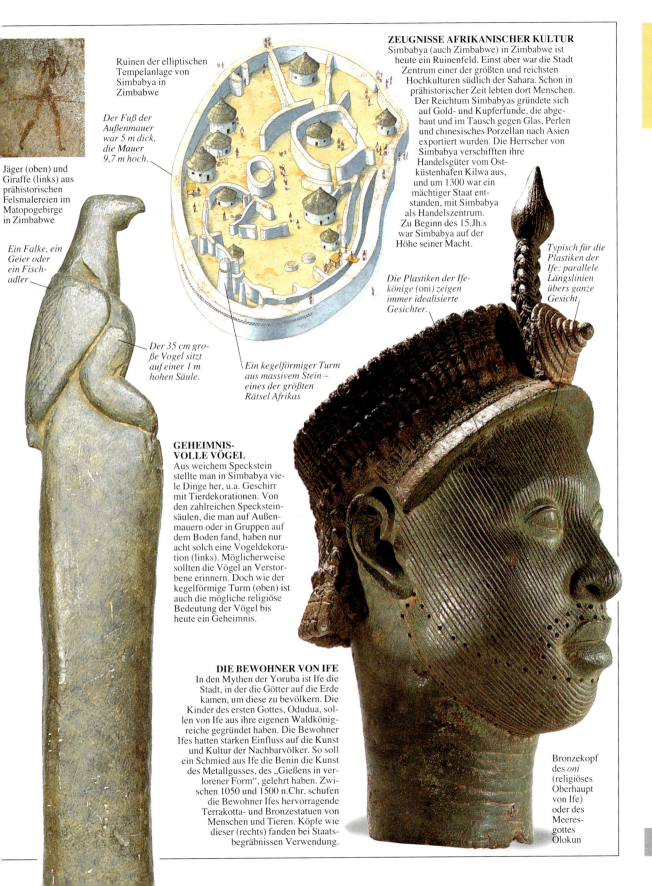

Jäger (oben) und Giraffe (links) aus prähistorischen Felsmalereien im Matopogebirge in Zimbabwe

Ruinen der elliptischen Tempelanlage von Simbabya in Zimbabwe

Der Fuß der Außenmauer war 5 m dick, die Mauer 9,7 m hoch.

ZEUGNISSE AFRIKANISCHER KULTUR

Simbabya (auch Zimbabwe) in Zimbabwe ist heute ein Ruinenfeld. Einst aber war die Stadt Zentrum einer der größten und reichsten Hochkulturen südlich der Sahara. Schon in prähistorischer Zeit lebten dort Menschen. Der Reichtum Simbabyas gründete sich auf Gold- und Kupferfunde, die abgebaut und im Tausch gegen Glas, Perlen und chinesisches Porzellan nach Asien exportiert wurden. Die Herrscher von Simbabya verschifften ihre Handelsgüter vom Ostküstenhafen Kilwa aus, und um 1300 war ein mächtiger Staat entstanden, mit Simbabya als Handelszentrum. Zu Beginn des 15.Jh.s war Simbabya auf der Höhe seiner Macht.

Ein Falke, ein Geier oder ein Fischadler

Der 35 cm große Vogel sitzt auf einer 1 m hohen Säule.

Ein kegelförmiger Turm aus massivem Stein – eines der größten Rätsel Afrikas

Die Plastiken der Ifekönige (oni) zeigen immer idealisierte Gesichter.

Typisch für die Plastiken der Ife: parallele Längslinien übers ganze Gesicht

GEHEIMNIS-VOLLE VÖGEL

Aus weichem Speckstein stellte man in Simbabya viele Dinge her, u.a. Geschirr mit Tierdekorationen. Von den zahlreichen Specksteinsäulen, die man auf Außenmauern oder in Gruppen auf dem Boden fand, haben nur acht solch eine Vogeldekoration (links). Möglicherweise sollten die Vögel an Verstorbene erinnern. Doch wie der kegelförmige Turm (oben) ist auch die mögliche religiöse Bedeutung der Vögel bis heute ein Geheimnis.

DIE BEWOHNER VON IFE

In den Mythen der Yoruba ist Ife die Stadt, in der die Götter auf die Erde kamen, um diese zu bevölkern. Die Kinder des ersten Gottes, Odudua, sollen von Ife aus ihre eigenen Waldkönigreiche gegründet haben. Die Bewohner Ifes hatten starken Einfluss auf die Kunst und Kultur der Nachbarvölker. So soll ein Schmied aus Ife die Benin die Kunst des Metallgusses, des „Gießens in verlorener Form", gelehrt haben. Zwischen 1050 und 1500 n.Chr. schufen die Bewohner Ifes hervorragende Terrakotta- und Bronzestatuen von Menschen und Tieren. Köpfe wie dieser (rechts) fanden bei Staatsbegräbnissen Verwendung.

Bronzekopf des *oni* (religiöses Oberhaupt von Ife) oder des Meeresgottes Olokun

Bauernleben

In vielen Gegenden Afrikas leben die Familiengruppen in sog. *compounds*. Diese bäuerlichen Siedlungen haben sich in Jahrtausenden nur wenig verändert. Mit Durchgängen versehene Palisadenzäune gliedern den oft runden *compound* in einzelne Bereiche, in denen strohgedeckte Hütten stehen. In der Mitte des Ganzen liegt ein Versammlungsplatz. Das Familienoberhaupt und jede seiner Ehefrauen bewohnt einen abgegrenzten Bezirk mit einem Schlafhaus, das auch die persönliche Habe birgt, einer Küche, einem Kornspeicher und einem Lagerhaus, in dem Geräte für die Feldarbeit sowie Haushaltsutensilien, Trockennahrung und Milch aufbewahrt werden. In der abgebildeten Anlage wohnte in den 1930er Jahren etwa zehn Jahre lang eine Bauernfamilie vom Stamm der Kuanyama in Angola.

FRAUENARBEIT
Kindererziehung, Feldarbeit, Fischen und Kochen sind Frauensache. Diese Frau aus einer Habilasiedlung im Sudan zerkleinert Bohnen, um daraus einen Brei zu kochen. Frauen schaffen außerdem auf oft langen, beschwerlichen Wegen das Wasser und das Feuerholz heran. Auch sind sie für ihren Bezirk im *compound* verantwortlich. Bei manchen Stämmen, so bei den Kuanyama, stellen die Frauen ihre Töpferwaren selbst her.

ALLTAG IM *COMPOUND*
Das Leben der Kuanyama wird von den Jahreszeiten bestimmt. Die *compounds* entstehen immer in der Nähe einer Wasserstelle. Um das Familiendorf gruppieren sich die Felder, auf denen die Kuanyama Kolben- und Mohrenhirse anbauen. Außerdem gibt es Viehpferche für die Regen- und die Trockenzeit. Der Reichtum eines Familienoberhaupts bemisst sich nach der Zahl seiner Frauen, der Ausstattung seines *compound* und seinen Herden.

Das Familienoberhaupt hat zwei Kornspeicher.

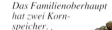

Gästehaus

Viehpferch für die Regenzeit

Bezirk des Familienoberhaupts

In diesem Bereich wird die Hirse gestampft.

Schlafhütte

Die Kornspeicher des Familienoberhaupts waren immer größer als die seiner Ehefrauen.

Hier hielt man Vieh, wenn es nicht nahe bei der Wasserstelle sein musste.

Zaun aus 3 m langen Pfählen

VIEHWIRTSCHAFT
In den wasserärmeren Gebieten Afrikas bildet Vieh die Hauptnahrung. Das Hüten der Tiere ist Männersache. Das Vieh liefert Fleisch, Milch und Kleidung; die Häute werden gegerbt und zu Lederkleidung und Schuhen verarbeitet. Da einige Stämme ihr Vieh auf Wildflächen weiden lassen, müssen sie ständig auf der Suche nach Wasser umherziehen. An jedem Weideplatz schlagen sie kurzzeitig ein Lager auf. Dieses Vieh gehört einem Stamm im Sudan.

Modell einer Kuanyama-
siedlung in Angola/West-
afrika aus den 1930er Jahren

Viehpferch für die
Trockenzeit in der
Nähe der Wasserstelle

GETREIDESPEICHER
Heute wie vor Jahrtausenden zeigen in Afrika
Vorratshäuser und Kornspeicher den Status
eines Familienoberhaupts an. Je mehr
Speicher er hat, desto reicher und mäch-
tiger ist er. Zum Schutz vor Ratten und
Mäusen errichtet man Speicher oft
auf „Stelzen".

Kälberpferch

Molkerei

Hühnerhof

Lagerhaus mit
Holzregalen

Schlaf-
hütte
mit Bett

Bezirk der
ersten Ehefrau

Versamm-
lungsplatz
im Zentrum

Bezirk der zweiten
Frau (die Dächer
der Gebäude wur-
den entfernt)

Kleinerer
Speicher der
Zweitfrau

Küchenhaus mit
offenem Feuer

Entlang dem
Außenzaun
verläuft ein
Wegenetz.

Haus, in dem
sich die Kinder
am Tag auf-
halten können

KOCHEN IM FREIEN
Hier mahlt ein junges Mädchen in einem
compound in Zimbabwe mit rhythmischen
Bewegungen mit Holzmörser und Steinstö-
ßel Mais zu feinem Mehl. Danach gibt sie
kochendes Wasser dazu, um den Brei zu
bereiten, der die Hauptnahrung der Familie darstellt. Wie die Unterkünfte in dem
compound der Kuanyama, sind die Häuser
hier rund, bestehen aus Lehm und haben
Strohdächer. In der Trockenperiode wird
die Nahrung draußen zubereitet. Und während der Regenzeit nutzen alle das Küchenhaus, das es in vielen *compounds* gibt.

Geschnitzter Elefantenstoß- zahn aus Benin City

In Stoßzähne ritzte man Sagen und Mythen.

Solche Stoß- zähne steckte man auf Gedenk- figuren (Mitte).

Herrschaftsformen

In Afrika existierten früher im Wesentlichen drei Formen der Regentschaft. Die alten Reiche, bei- spielsweise die von Mali und Songhai, waren lo- ckere Verbünde von Einzelstaaten, die jeweils von eigenständigen Emiren regiert wurden. Die Urwaldreiche West- und Zentralafrikas – Ghana und Benin bzw. Dahomey – wurden dagegen zen- tral von allmächtigen Königen mit einem straff organisierten Beamtenapparat regiert. Die dritte Herrschaftsform war vor allem in Ostafrika, etwa bei den Massai, vertre- ten. Dort wählten die Stämme demo- kratisch einen Ältestenrat.

SAVANNENREICHE
Im 13. Jh. gab es in Afrika eine Reihe von Staaten wie Mali und Songhai, die von Handel und Krieg lebten. Zwei ihrer Herrscher (oben und oben rechts) wurden im 16. Jh. von portugiesischen Kartografen gemalt.

FRISCH UND FLIEGENFRE
Solche Wedel waren nicht nur praktische Gegenstände, um sich lästiger Fliegen zu erwehren und sich Luft zuzufächeln. Reich verzierte Fliegenwedel zeig ten auch die Autorität eine Person an und wurden da her von Häuptlin gen getragen

Halsringe stehen für das Korallen- collier, das nur ein oba (König von Benin) tra- gen durfte.

Fliegenwedel aus Kuhhaar

Holzgriff

ZUM GEDENKEN
Die Könige hatten als religiöses und politi- sches Oberhaupt absolute Macht. Die Über- nahme der Königsherrschaft war mit Zeremo- nien verbunden, durch die der König sich von der Masse der Menschen abhob. Zur Erinne- rung daran gossen die Benin Porträtköpfe ihrer Könige, denen sie in beson- deren Schreinen opferten.

Die Schirmspitzen hatter oft die Form eines Halb- mondes, eines Vogels oder einer Waffe

DEKORATIVE STATUSSYMBOLE
Der *asantehene*, König der Aschanti (Ghana), und seine ranghöchsten Gefolgsleute zeigen sich immer mit großen, bunten Schirmen mit herabhängendem Saum. Schirme sind bei den Aschanti Symbole der Autorität und werden von Spezialisten angefertigt. Während der König am Volk vorbeischreitet, dreht sein Schirmträger den Schirm im Rhythmus der Musik und singt dabei Lobeshymnen auf ihn.

Wahrscheinlich das Abbild eines Königs

Die Königin benutzt ihren Diener als Sitzgelegenheit.

Gewehr als zweitwichtigstes Machtsymbol

Messer als wichtigstes Machtsymbol

Die Yoruba glaubten, ihre Kronen enthielten das Wissen von Generationen von Königen.

Gesicht einer königlichen Ahnengottheit

Spazierstöcke der Umbundu (Angola)

KÖNIGLICHE AUDIENZ

Die weiblichen Angehörigen des Königs – Frauen, Mutter und Schwestern – vertraten den Herrscher oft. Hier trifft Königin Nzinga von Natamba/Angola portugiesische Händler. Da ihr keine Sitzgelegenheit angeboten wurde, benutzte sie ihren Diener als Stuhl. Denn ein Mitglied der Königsfamilie musste während einer Unterredung sitzen.

RENOMMIERSTÖCKE

Einen dieser Stöcke trug der König der Ovimbundu aus Angola (im 19.Jh. ein bedeutendes Händlervolk) wahrscheinlich in Anlehnung an europäische Sitten. Bei den Ovimbundu führte nicht der König die Regierungsgeschäfte, sondern Häuptlinge, die mit ihm verwandt waren.

ÄLTESTENRAT

In manchen kleineren Gemeinschaften trifft ein demokratisch gewählter Ältestenrat die Entscheidungen. Die Ratsmitglieder treffen sich, um Probleme zu diskutieren und möglichst einstimmige Lösungen zu finden. Hier überlegt ein Ältestenrat der Berbera in Somalia, wie der Hungersnot in dieser Region beizukommen ist.

PERLENKRONE

Die Könige der Yoruba (Nigeria) gelten als Nachkommen von Odudua, dem ersten Yorubakönig. Sie haben gottgleiche Macht und dürfen Perlenkronen tragen. Dies ist auch den Priestern und den Medizinmännern erlaubt. Fliegenwedel, Stäbe und Fußbänkchen mit Perlenverzierung aber sind dem König vorbehalten. Königskronen haben oft einen Perlenschleier, der das königliche Antlitz verbirgt. Das betont den rituellen Charakter des Königtums.

Der Alte Orient

Die semitischen Krieger, die um 2750 v.Chr. in das Land der *Sumerer* im unteren Mesopotamien eingedrungen waren, gründeten dort die Stadtkönigtümer der so genannten altdynastischen Zeit. Eine der Quellen für diese Zeit ist das *Gilgameschepos*, das in der Tontafel-Bibliothek des Assyrerkönigs Assurbanipal gefunden wurde, der im 7. Jahrhundert v.Chr. in Ninive herrschte. Das Gilgameschepos ist die älteste bekannte Heldensage der Menschheit. Sie handelt von dem Stadtkönig Gilgamesch, dessen ärgster Feind Enkidu ist, ein grobschlächtiger Sohn der Steppe. Gilgamesch und Enkidu bekämpfen einander, werden dann aber Freunde. Diese Geschichte spiegelt die Tatsache wider, dass aus der ursprünglichen Gegnerschaft zwischen Sumerern und semitischen Einwanderern eine fruchtbare Gemeinschaft wurde. Die Sprache und das Recht beider Völker, die Tempelwirtschaften der Sumerer und die Palastwirtschaften der neuen Könige bestanden nebeneinander, und beide Kulturen befruchteten einander.

Die Kultur und Sprache der eingewanderten Bevölkerung nennt man akkadisch im Unterschied zu der Bildungssprache sumerisch und zur Kultur der Sumerer. Der Name „akkadisch" rührt daher, dass Sargon I., dem es um 2340 v.Chr. gelang, alle Städte des sumerischen Kulturbereichs unter seiner Herrschaft zu vereinigen, aus der Stadt Akkade stammte. Sargon eroberte auch das mittlere Mesopotamien und das Gebiet der Elamiter, das östlich der Mündung der beiden Ströme im heutigen Persien lag. Er setzte Gouverneure in den eroberten Städten ein und verlangte Tribute von den unterworfenen Völkern. Seine Herrschaft wurde zum Vorbild für alle späteren Großmachtbildungen in Vorderasien, er selbst zu einer mythischen Gestalt, deren Ruhm über Jahrtausende lebendig blieb.

Die akkadisch-sumerische Kultur strahlte auch in Gebiete aus, die Sargon nicht unterworfen hatte, nach Nordmesopotamien, Syrien und Palästina. Sogar die Palastwirtschaften des alten Kreta eiferten denen der syrischen Mittelmeerküste nach, die ihrerseits die Abbilder der mesopotamischen Herrschaftsform waren.

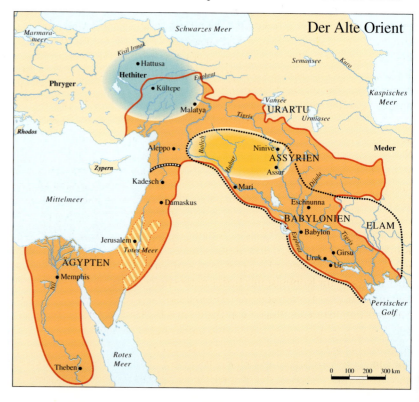

Der Alte Orient

Das Assyrerreich zur Zeit seiner größten Ausdehnung im 7.Jh.v.Chr.

Kerngebiet der Hethiter

Kerngebiet der Assyrer

Reich des Hammurabi von Babylon

Davidsreich in Palästina

Weitest vorgeschobene Nordgrenze Ägyptens um 1200 v.Chr.

Der gesamte „fruchtbare Halbmond" wurde zu einem kulturell ziemlich einheitlichen Gebiet, das durch die sumerische Bildung verfeinerte Akkadische zur überall verstandenen Verkehrssprache.

Babylonien

Das Reich Sargons I. hatte etwa hundert Jahre Bestand, dann begann in Mesopotamien erneut der Machtkampf der einzelnen Städte. Um 1764 v.Chr. gelingt es Hammurabi, dem Herrscher der Stadt Babylon, erneut Unter- und Mittelmesopotamien zu einigen. Hammurabi nennt sich zwar in der Tradition Sargons noch „König von Sumer und Akkade", doch seit seiner Zeit wird das Gebiet, wo er herrschte, Babylonien genannt. Das in Keilschrift geschriebene Akkadisch bezeichnet man von nun an als Babylonisch (das Sumerische ist ab da nur noch eine Bildungssprache, vergleichbar mit dem Latein im europäischen Mittelalter). Die wichtigste Quelle der Hammurabizeit ist der *Codex Hammurabi*, eine Stele mit Gesetzestexten, die im Pariser Louvre aufbewahrt wird. Das Interessanteste an diesem Gesetzestext ist die Erwähnung der Todesstrafe auf Mord. Dies bedeutet nicht, dass Hammurabis Herrschaft besonders blutrünstig gewesen wäre. Im Gegenteil: Der Staat hatte den Familien die Blutrache abgenommen. Der Staat behielt sich, modern ausgedrückt, das Gewaltmonopol vor. Immer dann in der Geschichte der alten Kulturen, wenn der Staat dieses Gewaltmonopol verlor, wenn Familien, Clans und Stämme ungehindert ihre Fehden und Privatkriege verfolgten, führte dies zu allgemeiner Unsicherheit und zu kulturellem Niedergang.
Und dieser Niedergang ließ nach der Glanzzeit unter der Herrschaft Hammurabis nicht lange auf sich warten: Um 1594 v.Chr. zerstören die Hethiter in einem Raubzug Babylon; danach übernimmt eine Gruppe von Streitwagenkriegern, die Kassiten, die Macht über Babylon. Ihr König ist nur Erster unter Gleichen, und die Clans des kassitischen Kriegeradels fechten blutige Kämpfe um den Besitz von Grund und Boden aus. Verträge und Besitzurkunden sind nichts mehr wert, weil es keinen Staat mehr gibt, der sie garantieren kann. Unsicherheit und Gewalt herrschen in dem verarmten Land, während die Erinnerung an bessere

Gesetzesstele
des Hammurabi
von Babylon

Zeiten noch überall gegenwärtig ist. Die Menschen fragen sich, warum die Götter die allgemeine Unordnung zulassen können, und überlegen sich, ob sie selbst nicht ihre Strafe heraufbeschworen haben. Dabei wenden sie sich mehr und mehr an einen einzigen Gott: Marduk, den Stadtgott Babylons, der anderenorts mit dem semitischen Hauptgott Bel oder Baal gleichgesetzt wird. Mit der Frage nach der Gerechtigkeit Gottes wird die Religion mehr als nur die öffentliche Ausübung festgelegter Rituale; sie ist nun auch eine Sache, die jeder Einzelne in seinem Inneren mit sich selbst ausmacht, und damit schon weitgehend das, was wir heute unter Religion verstehen. Zur Religion gehört auch eine geschichtliche Sicht auf die Welt: Die Erschaffung der Ordnung durch Gott ist der Beginn der Welt. Deshalb ist es kein Zufall, dass der babylonische Schöpfungsbericht in dieser Zeit niedergeschrieben wird. Im Babylonien der Kassitenzeit finden wir die Religion der jüdischen Propheten vorgeprägt.

Die Hethiter

Die Streitwagenkrieger der Hethiter, die etwa 1594 v.Chr. das mächtige Babylon zerstörten, waren nicht die ersten Eindringlinge aus dem Norden. Schon um 2000 v.Chr. hatte sich das rätselhafte Volk der Hurriter im Norden Mesopotamiens und in Syrien angesiedelt, das wahrscheinlich im Verlauf der indoeuropäischen Völkerwanderung seine früheren Wohnsitze verlassen hatte. Um 1600 v.Chr., als auch in Griechenland und Kleinasien Streitwagenkrieger ihre Herrschaften errichteten, wurden die Hurriter von den indoeuropäischen Streitwagenkämpfern der Mitanni unterworfen, die von nun an die Adelsschicht der Hurriter stellten. Unter den Mitanni dehnten die Hurriter ihren Herrschaftsbereich weit nach Süden aus.
Um dieselbe Zeit hatten die Hethiter bereits weite Teile Kleinasiens unterworfen, wo sie ihre Hauptstadt Hattussa (in der Nähe des heutigen Ankara) hatten, und begannen ihrerseits nach Syrien und Nordmesopotamien zu drängen. Zunächst führten sie nur Raubzüge wie den nach Babylon durch, aber mit der Zeit fanden sie es einträglicher, eroberte Gebiete nicht nur zu plündern, sondern dauerhaft zu unterwerfen und mit Abgaben zu belegen. Dafür aber mussten sie eine zentrale Verwaltung aufbauen, die für die Versorgung der Garnisonen in den unterworfenen Ländern sorgte

und Buch führte über den Eingang und die Verteilung der Einkünfte. Um 1500 v.Chr. gelang es den Hethiterkönigen, den Adelsrat, der bis dahin das wichtigste Machtzentrum bei den Hethitern war, weitgehend zu entmachten und in ihrem Palast in Hattussa eine zentrale Verwaltung nach babylonischem Vorbild einzurichten. Die Hethiter entwickelten nun eine eigene Schrift für ihre indoeuropäische Sprache, führten ihre Archive aber parallel auch in babylonischer Keilschrift. Der so erneuerte Staat wurde zum hethitischen Großreich, das in der Zeit von etwa 1450 bis 1200 v.Chr. neben dem Ägypten des Neuen Reichs die wichtigste Militärmacht des Vorderen Orients war: Als Ramses II. um 1270 v.Chr. mit dem größten ägyptischen Heer, das je aufgeboten worden war, gegen die Hethiter nach Syrien zog, kam es bei Kadesch zu einer der größten Schlachten der Alten Welt. Sie ging unentschieden aus, was sich daraus ersehen lässt, dass sowohl der Pharao als auch der Hethiterkönig sich zu Siegern erklärten und beide bald darauf einen Friedensvertrag schlossen.

Die Herrschaft der Hethiter war immer nur die einer zahlenmäßig dünnen Herrenschicht über eine Vielzahl unterworfener Völker. Anders ist es nicht zu erklären, dass ihr Reich um 1200 v.Chr. sang- und klanglos aus der Geschichte verschwand, als während der Völkerwanderung, die in den ägyptischen Urkunden als der Sturm der „Seevölker" dokumentiert ist, fremde Völkerschaften in Kleinasien eindrangen.

Das wichtigste Verdienst, das die Hethiter für die Geschichte der Zivilisation haben, ist die Verbreitung der Eisentechnologie, die die Geschichte der gesamten Alten Welt nachhaltig beeinflusst hat.

Assur

Um 2000 v.Chr., als die Hurriter in Mesopotamien auftauchten, trafen sie am mittleren Tigris auf eine mächtige Stadt, die zwar die Kultur Altbabyloniens übernommen hatte, aber unabhängig war und sich sogar in die Auseinandersetzungen um die Vorherrschaft in Babylonien einmischte: Assur. Die Handelsbeziehungen Assurs in dieser altassyrischen Periode reichten bis nach Anatolien. Als die Hurriter vierhundert Jahre später unter der Herrschaft der Mitanni-Krieger zur bedeutendsten Macht im Norden des Zweistromlands wurden, geriet auch Assur in Abhängigkeit. Im 14. Jahrhundert v.Chr. nutzten die *Assyrer* die Schwächung der Hurriter durch die Ägypter und

Hethiter, um ihre Oberherrschaft abzuschütteln. Bald gingen sie zum Gegenangriff über und vernichteten das Hurriterreich.

Damit verschwanden die Hurriter jedoch nicht aus der Geschichte. Sie setzten sich vielmehr in die Gebirge nördlich des oberen Mesopotamien ab und gründeten am Van-See in der heutigen Osttürkei den Staat Urartu, der vor allem durch seine blühende Eisenindustrie berühmt wurde. Die Urartäer fielen immer wieder in die nordmesopotamische Ebene ein und machten den Assyrern damit erheblich zu schaffen.

Mit der Eroberung des hurritischen Mitannireichs beginnt der Aufstieg des mittelassyrischen Reichs, das in der zweiten Hälfte des 13. Jahrhunderts v.Chr. auf dem Höhepunkt seiner Macht steht. Der Euphrat bildet nun die Grenze zum Hethiterreich, die Gebirgsvölker des Nordens und Ostens werden durch viele Kriegszüge in Schach gehalten, und im Süden ziehen die Assyrer bis nach Babylon, das sie plündern. Sie entführen sogar die Statue des Stadtgottes Marduk aus Babylon, was die Babylonier zu Vergeltungsangriffen veranlasst, bis die Assyrer den Marduk wieder herausgeben. Assyrien ist seit dieser Zeit ein sehr kriegerischer Staat, von dessen Feldzügen immer wieder große Grausamkeiten berichtet werden. Der König ist zugleich der oberste Priester des Stadtgottes Assur, und Assur ist der Kriegsgott der Assyrer. Die Assyrer haben wegen ihrer vielen grausamen Kriege keinen guten Leumund in der Geschichtsschreibung; allerdings war der Militarismus der Assyrer wahrscheinlich die einzige Überlebenschance für ihren ringsum von Feinden umgebenen Staat.

Der mächtigste König der mittelassyrischen Epoche ist Tiglatpileser I. (1117–1077 v.Chr.). Er nützte das durch den Zusammenbruch des Hethiterstaats um 1200 v.Chr. entstandene Machtvakuum, um den assyrischen Machtbereich bis zur Mittelmeerküste zu erweitern, und er versuchte Babylonien dauerhaft zu unterwerfen. Er war auch ein bedeutender Gesetzgeber, durch dessen Erlasse wir z.B. wissen, dass die Stellung der Frau in Assyrien etwa dieselbe war wie im Orient bis in die jüngste Zeit: Sie war nach außen zwar rechtsfähig, konnte Verträge schließen und für Vergehen belangt werden; innerhalb des Hauses jedoch unterlag sie vollkommen dem Willen des Vaters oder des Ehemanns. Auch ist die Ordnung des königlichen Harems durch Tiglatpileser bekannt.

Der Harem hatte die Funktion, die Großen des Lands, deren Töchter den Harem bevölkerten, zu Verwandten des Herrschers zu machen und damit an ihn zu binden. Auch auswärtige Fürsten wurden durch den Austausch von Prinzessinnen zu Verbündeten gemacht. Die Völkerwanderungen der Zeit um 1200 v.Chr. hatten für Assyrien eine wichtige Folge. Durch sie war das semitische Steppenvolk der Aramäer in Bewegung gesetzt worden, das in kurzer Zeit die Städte Syriens und – zusammen mit dem verwandten Volk der Chaldäer – Babylonien eroberte. Den Assyrerkönigen gelang es zwar, die bewaffneten Angriffe der Aramäer zurückzuschlagen, aber sie konnten nicht verhindern, dass sie allmählich in Assyrien einsickerten. Zur Zeit des neuassyrischen Reichs (seit dem frühen 9. Jahrhundert v.Chr.) ist Aramäisch zur vorherrschenden Sprache im assyrischen Reich geworden, und bald löst es das Babylonische als allgemeine Verkehrssprache des Orients ab. Der Erfolg der Aramäischen Sprache erkärt sich auch daraus, dass sie mit einer Alphabetschrift geschrieben wurde, die mit zwanzig Buchstaben auskam und dadurch für jedermann leicht erlernbar war. Sie war die Schrift der Händler, die viel herumkamen und die Kenntnis der Schrift weitergaben. So stammen von der aramäischen Schrift fast alle Schriften des Orients wie die hebräische und die arabische ab, auch die indischen Schriften, die bis nach Südostasien verbreitet waren. Doch die älteste Alphabetschrift ist nicht die der Aramäer, sondern die der Phönizier.

Die Phönizier

Die Anfänge der alphabetischen Lautschrift lassen sich bis ins 13. Jahrhundert v.Chr. zurückverfolgen, als phönizische Hafenstädte wie Byblos, Sidon und Ugarit bereits die Drehscheibe des internationalen Handels zwischen Mesopotamien, Syrien und Palästina auf der einen Seite, Ägypten und der Ägäis mit den großen Inseln Zypern und Kreta auf der anderen Seite waren. Um 1200 v.Chr. wurde Ugarit ein Opfer des Sturms der „Seevölker", wovon wir erschütternde Nachrichten haben, denn die Tontäfelchen, auf denen die Bedrohung angekündigt wurde, haben sich noch in dem Ofen gefunden, wo sie gerade gebrannt werden sollten, als die Katastrophe hereinbrach. Nach 1200 erholten sich die phönizischen Städte schnell von dem Angriff der „Seevölker". Am mächtigsten wurde nun das neu gegründete Tyros, das si-

cher auf einer Insel vor der Küste lag. Phönizische Seefahrer beherrschten das ganze Mittelmeer und gründeten – wie wenig später die Griechen – Kolonien. Tanger in Marokko und Cádiz an der spanischen Atlantikküste sind phönizische Gründungen. Am bedeutendsten unter den phönizischen Tochterstädten am westlichen Mittelmeer aber wurde das von Tyros gegründete Karthago.

Nicht nur als Seehändler – manchmal auch Seeräuber – und Koloniengründer hatten die Phönizier vieles mit den Griechen der archaischen Zeit gemein, auch die innere Verfassung der Städte ähnelte der griechischer Städte. Wie wir am besten aus der karthagischen Geschichte wissen, wurden die phönizischen Städte nicht von einem allmächtigen König wie in Assyrien oder Ägypten und auch nicht von einer Kriegerversammlung wie bei den frühen Hethitern beherrscht; die Macht hatte vielmehr der Rat der reichen Handelsherren und Großgrundbesitzer, der in wichtigen Angelegenheiten die Unterstützung der Volksversammlung suchte.

Die Phönizier versuchten stets, gute Beziehungen zu ihren mächtigen Nachbarn zu unterhalten, und stellten den großen Landmächten – den Ägyptern, den Hethitern und später den Assyrern und Persern – gegen angemessene Bezahlung gern ihre Flotten zur Verfügung.

Seit dem 8. Jahrhundert v.Chr. erwuchs der phönizischen Seeherrschaft in den Seefahrerstaaten der Griechen eine mächtige Konkurrenz. Dabei waren es zunächst die Griechen, die von den Phöniziern lernten. So stammt auch das griechische – und damit letztendlich auch unser lateinisches – Alphabet von dem der Phönizier ab.

Die Israeliten

Weit mehr noch als die Kultur Griechenlands ist die der *Israeliten* von phönizischen Einflüssen geprägt worden. Seit dem 12. Jahrhundert v.Chr. blühten die phönizischen Städte, weil sie keinem politischen Druck von außen unterlagen: Das Hethiterreich war zusammengebrochen, die Ägypter hatten sich aus Vorderasien zurückgezogen, und die Macht Assyriens reichte noch nicht bis zum Mittelmeer. In dieser Situation konnte sich auch das Königtum Davids und Salomons entfalten.

Die Geschichte des Volks Israel bis zu diesem Zeitpunkt war durch den Übergang vom Nomadentum zur sesshaften Bauerngesellschaft geprägt. Im Zusammenhang mit den von den „Seevölkern" ausgelösten Völkerwanderungen taucht der Name des Volks Israel erstmals in ägyptischen Quellen auf. Seit dem 13. Jahrhundert v.Chr. werden die Israeliten im Land Kanaan, dem gebirgigen Teil Palästinas, sesshaft. Dabei sind sie fortwährend in Kämpfe mit der alteingesessenen Bevölkerung der Kanaaniter und bald auch mit den Philistern verwickelt, die zur selben Zeit wie sie nach Palästina gelangt sind. Es ist die von den Hethitern übernommene Eisentechnologie, die es den Israeliten ermöglicht, sich gegen ihre Hauptfeinde, die Philister, durchzusetzen. Die Bewirtschaftung der steinigen Böden des Berglands mit eisernen Ackergeräten verbessert die Versorgung und führt zu einem Wachstum der Bevölkerung; und die mit eisernen Waffen ausgerüsteten israelitischen Bauernkrieger erweisen sich als den Streitwagenkriegern der Philister überlegen. Anfangs vereinigen nur in Kriegszeiten mehrere Stämme der Israeliten ihre Kräfte unter der Führung einer hervorragenden Persönlichkeit – eines Richters, wie diese Feldherren in der Bibel genannt werden. Einer dieser Feldherren, Saul, ist der erste, der den Titel eines Königs führt.

Aber erst sein Nachfolger David (seit 1005 v.Chr.) macht sich daran, eine Verwaltung nach dem Vorbild der alten Staaten des Orients aufzubauen. Dabei helfen ihm Fachleute aus den Nachbarländern: Ingenieure aus Phönizien und Militärexperten aus den Nachfolgestaaten des Hethiterreichs. David ist es auch, der die Kanaaniterfestung Jerusalem erobert, die zwischen dem südlichen und dem nördlichen Siedlungsgebiet der Israeliten liegt. Er lässt dort seinen Palast bauen und sorgt dafür, dass die Bundeslade dort ihren endgültigen Standort findet. Die Bundeslade enthielt die Gebote Jahwes, des allen Israeliten gemeinsamen Gottes. Bis zu Davids Zeiten war sie von Ort zu Ort herumgetragen worden, und es war ein äußeres Zeichen für die Sesshaftwerdung der Israeliten, dass sie nun stets am selben Ort aufgestellt blieb. Als Davids Sohn Salomo um die Bundeslade einen prächtigen Tempel errichten ließ, bedeutete dies die Bekräftigung der staatlichen Einheit Israels.

Diese erwies sich jedoch als wenig stabil: Um 930 v.Chr., bald nach Salomos Tod, wird das Reich in den nördlichen Staat Israel und den südlichen Staat Juda mit der Hauptstadt Jerusalem geteilt.

Das neuassyrische Reich

935 v.Chr., im selben Jahr, als das Neue Reich in Ägypten zur Beute nomadischer Barbaren wird, besteigt in Assyrien mit Assurdan II. ein König den Thron, der die Grundlagen für den Aufstieg seines Lands zur Weltmacht legt. Assurdan baut die während der unruhigen Zeiten der aramäischen Wanderung weitgehend zusammengebrochene Verwaltung wieder auf und sorgt dafür, dass die kunstvollen Bewässerungssysteme, das wirtschaftliche Rückgrat der assyrischen Macht, im assyrischen Kernland wieder funktionieren.

Auf dieser Grundlage errichtet Assurnasirpal (884–858 v.Chr.) ein Reich, das etwas ganz anderes ist als die bisherigen Stadtstaaten Mesopotamiens, nämlich ein von den Beamten des Königs zentral verwalteter Vielvölkerstaat. Dass Assurnasirpal nicht mehr bloß der König von Assur ist, macht er deutlich, indem er seine Residenz von Assur nach Ninive verlegt. Das von allen Völkern des Reichs verstandene Aramäische wird zur Verwaltungssprache. Völkerschaften, die sich nicht als Bürger Assyriens verstehen wollen, werden umgesiedelt, damit sie ihre eigenen Traditionen verlieren. So wird mit Gewalt ein Staatsvolk gebildet, das allein durch seine Größe Assyrien allen Nachbarn überlegen macht. Diese Art der Reichsorganisation wurde später von den Persern, von den hellenistischen Herrschern auf dem Boden des alten Perserreichs und schließlich von den Römern übernommen.

In dem einheitlichen und im Inneren befriedeten Raum, den das assyrische Reich bildete, blühte der Handel. Eine neue Erfindung erleichterte dabei den Güteraustausch über weite Strecken hinweg: das Geld. Die Phönizier waren zuerst auf die Idee gekommen, Metallbarren in Umlauf zu bringen, auf denen ein Stempel eingeprägt war, mit dem eine Stadt oder ein mächtiger Handelsherr Gewicht und Reinheit des Metalls garantierte. Wer solches Geld besaß, konnte Waren kaufen, ohne eine andere Ware zum Tausch anbieten zu müssen, die der Verkäufer gerade gebrauchen konnte. Dieser nahm vielmehr das Geld und kaufte damit anderenorts, was er haben wollte. Die Möglichkeiten des Austauschs vervielfältigten sich so. Erst nach dem Ende des Assyrerreichs allerdings wurde im westkleinasiatischen Lydien des sagenhaft reichen Königs Kroisos (Krösus) das sehr viel handlichere Münzgeld aus Edelmetall erfunden.

Tiglatpileser III. (746–727 v.Chr.) brachte die Aramäerstädte Syriens und den größten Teil Palästinas einschließlich des Reichs Israel unter assyrische Oberhoheit und marschierte dann nach Babylon, wo er von den Priestern freudig begrüßt wurde, weil sie die Schutzherrschaft der Assyrer als angenehmer empfanden als die Herrschaft der in ihren Augen wenig zivilisierten Chaldäer. Und Tiglatpileser war klug genug, die Traditionen Babylons zu respektieren. Die Assyrer wussten, dass ihre Kultur auf der uralten Zivilisation Babyloniens fußte. Allerdings besaßen nicht alle Nachfolger Tiglatpilesers dieselbe politische Klugheit, sondern entfachten durch rücksichtslose Unterdrückungsmaßnahmen religiös-nationalistische Leidenschaften bei den Babyloniern.

Unter Tiglatpileser fand auch eine Militärreform statt, mit der die Streitwagentaktik durch den Kampf eisenbewaffneter und von einer Reiterei unterstützter Fußtruppen abgelöst wurde. Diese Reform war unabdingbar geworden, nachdem sich das alte Militärsystem als untauglich zur dauerhaften Abwehr von Bergvölkern wie den iranischen Medern erwiesen hatte. Unter Assurbanipal (669–um 627 v.Chr.) erreicht das neuassyrische Reich äußerlich den Höhepunkt seiner Macht. Die Assyrer mischen sich in die innerägyptischen Machtkämpfe ein, zwingen die gefährlich gewordenen Meder im Iran, ihre Oberhoheit anzuerkennen, und werden selbst im Westen Kleinasiens als einzige Großmacht der bekannten Welt respektiert. Assurbanipal führt in den letzten zwanzig Jahren seiner Regierungszeit keine Kriege mehr und widmet sich lieber der prächtigen Ausgestaltung seiner Residenzen in Ninive und Nimrud und seiner riesigen Bibliothek, in der das ganze literarische Erbe des Alten Orients versammelt ist.

Vielleicht ist das Land von den vielen Kriegen, die es hat führen müssen, erschöpft, jedenfalls stellt sich nach Assurbanipals Tod heraus, dass Assyrien zuletzt ein Koloss auf tönernen Füßen war. Babylon sagt sich unter dem tatkräftigen Chaldäerfürsten Nabupolassar von Assyrien los. Zugleich marschieren die Meder auf Assur, das sie 614 v.Chr. einnehmen. Zwei Jahre später fällt auch Ninive. Damit verschwindet das Reich der Assyrer aus der Geschichte.

Das neubabylonische Reich

Zunächst sah es so aus, als könnten sich die Babylonier den Löwenanteil der assyrischen Konkursmasse sichern. Nabupolassar zieht 609 v.Chr. nach Syrien, um zu verhindern, dass sich die Ägypter wieder in dieser Region festsetzen. Als er auf diesem Feldzug stirbt, setzt sein Sohn Nebukadnezar II. (605–562 v.Chr.) die Kampagne fort und zieht weiter nach Palästina. Die Juden, die gehofft hatten, mit ägyptischer Hilfe wieder ein unabhängiges Reich errichten zu können, werden auf grausame Weise eines Besseren belehrt. 597 und noch einmal, nach anderthalbjähriger Belagerung, 587 v.Chr. erobern die Babylonier Jerusalem und verschleppen Tausende von Juden nach Babylon. Die Juden sollten ihre kulturelle Identität verlieren und Babylonier werden. In diesem Fall erreichte die von den Assyrern übernommene Deportationspolitik jedoch nicht ihr Ziel. Die geistigen Führer der Juden, vor allem die Propheten Hesekiel und Jeremia, deuteten die babylonische Gefangenschaft als göttliche Prüfung, die die Gemeinschaft der „Auserwählten" nur stärken konnte.

Babylon wurde in der langen Regierungszeit Nebukadnezars zur damals wohl prächtigsten Stadt der Welt ausgebaut. Das größte Bauwerk Babylons allerdings war die gewaltige Stadtmauer, die noch der griechische Historiker und Weltreisende Herodot voller Bewunderung beschreibt. Sicher fühlten sich die Babylonier also keineswegs. Denn die iranischen Krieger, die schon Assyrien zerstört hatten, wurden immer mächtiger.

Die Perser

Die iranischen Meder hatten 590 v.Chr. das Reich von Urartu zerstört, das wie ein Riegel zwischen dem iranischen Hochland und den Steppengebieten

Kamelkarawane von einer Stele des Assyrerkönigs Salmanassar III.

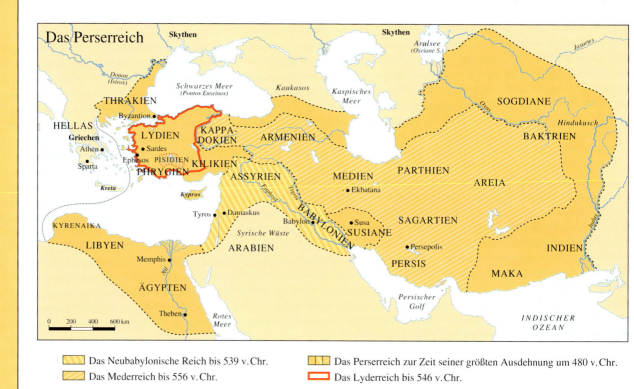

Das Perserreich

- Skythen
- Aralsee *(Oxeiane S.)*
- Jaxartes
- Donau *(Istros)*
- Schwarzes Meer *(Pontos Euxeinos)*
- Kaukasos
- Kaspisches Meer
- SOGDIANE
- THRAKIEN
- Byzantion
- LYDIEN
- KAPPA-DOKIEN
- ARMENIEN
- Oxus
- Hindukusch
- HELLAS
- Griechen
- Sardes
- BAKTRIEN
- Athen
- Ephesos PISIDIEN
- KILIKIEN
- MEDIEN
- PARTHIEN
- AREIA
- Sparta
- PHRYGIEN
- ASSYRIEN
- Ekbatana
- Indus
- Kreta
- Kypros
- Euphrat
- Tigris
- BABYLONIEN
- SAGARTIEN
- KYRENAIKA
- Tyros
- Damaskus
- Babylon
- Susa SUSIANE
- INDIEN
- LIBYEN
- Syrische Wüste
- ARABIEN
- Persepolis
- MAKA
- Memphis
- PERSIS
- ÄGYPTEN
- Persischer Golf
- INDISCHER OZEAN
- Theben
- Rotes Meer
- Nil

0 200 400 600 km

Das Neubabylonische Reich bis 539 v. Chr.

Das Perserreich zur Zeit seiner größten Ausdehnung um 480 v. Chr.

Das Mederreich bis 556 v. Chr.

Das Lyderreich bis 546 v. Chr.

Anatoliens lag. Damit war für sie der Weg frei bis ins westliche Kleinasien, wo damals das Lyderreich die Vorherrschaft hatte. Der Lyderkönig Kroisos, der intensive Beziehungen zu den Griechenstädten an der kleinasiatischen Küste pflegte, die teils von ihm abhängig und teils seine Handelspartner waren, soll laut Herodot das Orakel von Delphi befragt haben, bevor er 547 v. Chr. gegen die Iraner ins Feld zog. „Du wirst ein mächtiges Reich zerstören", lautete die Antwort des Orakels, die Kroisos zu Unrecht als Ermutigung auffasste – denn es war sein eigenes Reich, das er zerstörte, indem er sich von den Iranern überrumpeln ließ. Der Sieger über Kroisos war Kyros I. aus dem Fürstenhaus der Achämeniden. Er hatte 550 v. Chr. erfolgreich gegen den Großkönig der Iraner geputscht, der bis dahin vom Stamm der Meder gestellt wurde. Die Achämeniden entstammten dagegen der Landschaft Parsa (heute Fars) im Südwesten Irans, sie waren *Perser*. Seit Kyros wurden die Iraner nach der Herkunft ihrer Herrscher Perser genannt.

Nach dem Sieg über Kyros unterstellten sich auch die Griechenstädte Kleinasiens der persischen Oberherrschaft. Danach unterwarf Kyros den iranischen

Osten bis an die Grenzen Indiens. 539 v. Chr. öffnen die Priester Babylons freiwillig dem Heer des Kyros die Tore ihrer Stadt, denn sie empfinden die Herrschaft der Chaldäer wie zur Zeit des Assyrerkönigs Tiglatpileser als Fremdherrschaft. Kyros dankt es ihnen, indem er die Religion und die Institutionen Babylons unangetastet lässt. Den Juden gestattet er, in ihre Heimat zurückzukehren.

Auch die Juden dürfen ihre Religion frei ausüben; die Perser achten aber diskret darauf, dass kein neuer religiöser Nationalismus entsteht, der die persische Oberherrschaft in Frage stellen könnte. So beschäftigten sich die Juden unter der Perserherrschaft vor allem mit religiösen Fragen, etwa der, ob Juden auch Frauen der Nachbarvölker heiraten dürfen, was stets eine Gefahr für die Reinheit der jüdischen Kultur und des Jahwe-Kults bedeutete. In dieser Zeit setzt sich auch die Auffassung durch, dass Jahwe nicht nur der einzige Gott der Juden, sondern überhaupt der einzige wirkliche Gott sei. In diesem Punkt waren die Juden wohl von den Persern beeinflusst, die seit dem Auftreten ihres Religionsstifters Zarathustra (um 600 v. Chr.) nur einen einzigen Gott als Herrn der Welt verehren: Ahuramazda.

Nachdem Kyros' Sohn Kambyses auch Ägypten unterworfen hatte, umfasste das Perserreich bis auf das europäische Griechenland die ganze damals bekannte zivilisierte Welt.

Es war Kambyses' Nachfolger Dareios (Darius) I. (522–486 v.Chr.), der dieses Riesenreich im Inneren so organisierte, dass es fast zweihundert Jahre Bestand hatte. Ähnlich wie seinerzeit bei den Hethitern ging es darum, die Macht des Kriegeradels zu beschneiden und eine zentrale Reichsverwaltung einzurichten. Dabei konnte Dareios sich auf die Verwaltungserfahrungen des Assyrerreichs stützen. Bei der Ausdehnung des Reichs mussten die Provinzen jedoch ein hohes Maß an Autonomie besitzen. An deren Spitze standen Gouverneure – Satrapen – aus den ersten Familien Irans, die sich gerne selbst wie Könige gebärdeten, wenn die Aufmerksamkeit des Großkönigs einmal abgelenkt war. Wie unter den Assyrern war auch bei den Persern das Aramäische Reichssprache – außer im Westen, wo das Griechische sich als Verkehrssprache bereits durchgesetzt hatte. Eine große Erleichterung für den Handel war die Einführung einer einheitlichen Reichswährung. Mit dem Geld, das der Großkönig aus Steuern und Tributen einnahm, konnte er Söldnerheere finanzieren, die ihn vom iranischen Adel unabhängig machten. Viele der Söldner waren allerdings Griechen, denen die Verteidigung des Reichs anzuvertrauen sich als Leichtsinn erweisen sollte.

Die Perser selbst waren keine Seefahrer. Doch mithilfe der unterworfenen phönizischen Seestädte machten sie sich daran, auch die Seeherrschaft im Mittelmeer zu erringen. Dabei stießen sie auf den Widerstand der griechischen Seestädte, der alten Gegenspieler der Phönizier, voran Athen. Was für die Griechen des 5. Jahrhunderts v.Chr. das alles beherrschende politische Problem ist – der griechisch-persische Konflikt –, ist für die Perser jedoch nur ein Randproblem. Bis Alexander der Große zu seinem Persienzug aufbricht. Da die griechischen Söldner des Großkönigs massenhaft zu ihm überlaufen, hat er erstaunlich leichtes Spiel. 330 v.Chr. wird der letzte Großkönig auf der Flucht vor den Griechen ermordet.

Chronik

seit ca. 3100 v.Chr.	Städtische Hochkultur der Sumerer in Untermesopotamien
seit ca. 2750 v.Chr.	Einwanderung semitischer Nomaden in das Gebiet der Sumerer
um 2750– 2340 v.Chr.	Frühdynastische Periode in Sumerien: Herrschaft von Stadtkönigen semitischer Herkunft
um 2340– 2198 v.Chr.	Reich von Akkade, Blüte unter Sargon I. (2340–2284 v.Chr.)
um 2000 v.Chr.	Einwanderung der Hurriter nach Nordmesopotamien und Syrien
	Altassyrische Reichsbildung
um 2003– 1594 v.Chr.	Altbabylonische Periode: Babylon ist Vormacht in Untermesopotamien.
1792–1750 v.Chr.	Höhepunkt der altbabylonischen Geschichte unter der Herrschaft Hammurabis von Babylon
um 1600 v.Chr.	Die Mitanni unterwerfen die Hurriter; die hethitischen Streitwagenkrieger erlangen die Oberherrschaft in Kleinasien und dringen bis nach Syrien vor.
1594 v.Chr.	Die Hethiter plündern Babylon; danach herrschen die kassitischen Streitwagenkrieger über Babylonien.
um 1450– 1200 v.Chr.	Hethitisches Großreich, das fast ganz Kleinasien und Syrien umfasst; seit dem 14. Jh.v.Chr. kommt bei den Hethitern die Eisentechnologie auf.
1365–884 v.Chr.	Mittelassyrisches Reich; Glanzzeit unter Tiglatpileser I. (1117–1077 v.Chr.); danach Instabilität durch das Vordringen der Aramäer
1270 v.Chr.	Nach der Schlacht von Kadesch grenzen Ägypter und Hethiter ihre Interessensphären gegeneinander ab.
um 1200 v.Chr.	Wanderungen indoeuropäischer Völker („dorische Wanderung") führen zum Zusammenbruch des Hethiterreichs und zum Sturm der „Seevölker", dem u.a. das phönizische Ugarit zum Opfer fällt; die Wanderungen der Aramäer beginnen.
um 1000 v.Chr.	Reichsbildung der Israeliten unter David und Salomo; enge Beziehungen zu den phönizischen Städten
um 900–750 v.Chr.	Blütezeit des Reichs von Urartu
884–609 v.Chr.	Neuassyrisches Reich: zentral gelenkter Vielvölkerstaat; größte Ausdehnung unter Assurbanipal (669– um 627 v.Chr.)
814 v.Chr.	Phönizische Kolonisation: Neugründung Karthagos von Tyros aus
626–605 v.Chr.	Neubabylonisches Reich der Chaldäer; Ausdehnung nach Syrien und Palästina
614/612 v.Chr.	Die iranischen Meder erobern Assur und Ninive.
587 v.Chr.	Eroberung Jerusalems und Judas durch die Babylonier; babylonische Gefangenschaft der Juden (bis 539)
547 v.Chr.	Die Perser erobern das Lyderreich in Kleinasien.
539 v.Chr.	Der Perserkönig Kyros zieht in Babylon ein.
530–522 v.Chr.	Der Perserkönig Kambyses unterwirft Ägypten.
522–486 v.Chr.	Dareios I. ordnet das persische Großreich; Beginn der Kriege mit den Griechen
334–324 v.Chr.	Alexander erobert das Perserreich.

Diese goldene Muschel
wurde vor etwa 4000
Jahren in Ur als Kos-
metikbehälter benutzt.

PATRIARCHENPFADE
Wie die heutigen Beduinen
zog Abrahams Stamm mit
seinen Kleinviehherden von Ur
nach Haran. Mit seiner Familie
setzte Abraham den Weg nach
Kanaan fort.

Zu Abrahams Zeiten

Die Bibel ist eine wichtige Quelle zur Geschichte des Alten Orients. Die älteste
Schicht der biblischen Überlieferung sind die Geschichten von den „Urvätern",
von Abraham und seinen Söhnen. Man nimmt an, dass diese Menschen zwischen
2600 und 1800 v.Chr. lebten. Als Heimat Abrahams gibt die Bibel Ur in Chaldäa
an, eine alte sumerische Stadt. Die Überlieferung von der Wanderung, die den
Viehbesitzer Abraham von Ur ins „gelobte
Land" Kanaan, also nach Palästina, gebracht
haben soll, bezeugt die kulturelle Einheit des
Alten Orients von Mesopotamien über Syri-
en nach Palästina (wohin auch die altägyptische Kultur ausstrahlte) und ist ein wichtiger
Hinweis auf die Wechselbeziehung zwischen
sesshaften Städtern und wandernden Nomaden, die die Geschichte des Alten Orients geprägt hat.

UR-SPRÜNGLICHER REICHTUM
Als Abraham sich auf den Weg machte, war Ur eine blühende Stadt.
In vielen Gräbern, die Leonard Woolley in den 1920er und 1930er Jahren ausgrub, fand man wertvolle Gaben für ein Leben nach dem Tod wie
diesen mit Gold, Lapislazuli und Perlmutt verzierten Zeremonienstab.

TEMPELTURM
Eines der bedeutends-
ten Bauwerke Urs
war die Zikkurat. Sie
war mehrere Stockwer-
ke hoch und aus
Lehmziegeln gebaut.
Ganz oben befand sich
der Tempel. Der Turm
von Babel (Babylon)
war vermutlich ähnlich
gebaut.

**KÖNIG-
LICHES GOLD**
Die Funde aus
den Königsgrä-
bern von Ur, wie
dieser goldene
Kelch, vermitteln
einen Eindruck
vom ungeheuren
Reichtum der
Königsfamilie.

Einfacher
Bogen

Achtsaitige Leier – Reste
ähnlicher Instrumente
fand man in Ur.

Gewand aus
gefärbter,
bestickter
Wolle

Der Blasebalg legt
nahe, dass unter
den Besuchern
Schmiede waren.

Entenschnabelaxt

Der Esel war eines
der ersten Lasttiere.

Die Frauen tragen feste Schuhe
(die Männer Sandalen).

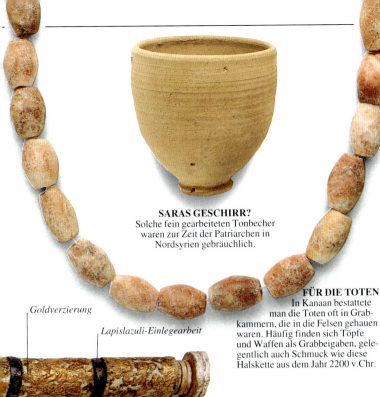

SARAS GESCHIRR?
Solche fein gearbeiteten Tonbecher
waren zur Zeit der Patriarchen in
Nordsyrien gebräuchlich.

Goldverzierung

Lapislazuli-Einlegearbeit

FÜR DIE TOTEN
In Kanaan bestattete
man die Toten oft in Grabkammern, die in die Felsen gehauen
waren. Häufig finden sich Töpfe
und Waffen als Grabbeigaben, gelegentlich auch Schmuck wie diese
Halskette aus dem Jahr 2200 v.Chr.

TRINKVERGNÜGEN
In dieser ungewöhnlichen Flasche aus Nord-
syrien konnte man Flüssigkeit durch Löcher im
Boden aufsteigen lassen. Verschloss man mit dem
Daumen den Mund, blieb die Flüssigkeit im
Gefäß, löste man den Druck, floss sie wieder
heraus.

ÖLFUNZEL
Zur Patriarchenzeit benutzte man in Kanaan
solche Lampen. Sie wurden mit Fischöl betrieben, das ein so schwaches Licht ergab,
dass man vier Dochte benötigte.

JOGURTBECHER
Jogurt ist in der Levante (im „Morgen-
land") von alters her ein wichtiges
Nahrungsmittel. Diese Gefäße aus
Jordanien könnten zur Jogurtherstellung
gedient haben.

**BESUCH AUS
KANAAN**
Die Geschichte von
Josef in Ägypten
könnte sich zwischen
2000 und 1800 v.Chr.
zugetragen haben. Es
ist belegt, dass in dieser
Zeit asiatische Stämme
nach Ägypten kamen.
Die Wandmalereien
aus dem Grab des
Chnumhotep zu Beni
Hasan zeigen wahr-
scheinlich Aramäer
aus Kanaan, die dem
Fürsten vorgestellt
werden.

Sichelschwert   *Wollener Lendenschurz*   *Der Führer der Gruppe ist durch den
Stab als Beduinenfürst gekennzeichnet.*   *Der Name des Fürsten
ist Ibscha (bibl. Abisai).*

Stadt auf Stadt

Elfenbeinporträt eines
Kanaaniters (Lachisch,
Späte Bronzezeit)

Städte gab es im Alten Orient seit der frühen Bronzezeit, vielleicht schon seit der Kupferzeit. Die Anfänge einer städtischen Kultur können auch in Syrien und Palästina bis ins 4. Jahrtausend v.Chr. zurückverfolgt werden. Um diese Zeit gab es in Ägypten, Syrien und Mesopotamien schon große Siedlungen und die ersten Schriftsysteme. Die Städte wurden häufig über Jahrtausende hinweg besiedelt. Generation um Generation baute ihre Ansiedlungen auf den Ruinen früherer Generationen. Daher hat der typische Überrest einer antiken Stadt im Nahen Osten die Gestalt eines quadratischen oder rechteckigen, flachrückigen, aber sehr steilen Hügels. Diese Ruinenhügel, in denen man bei Ausgrabungen auf immer ältere Siedlungen stößt, je tiefer man gräbt, nennt man Tell oder Tel. Solche Tells gibt es ebenso in der mesopotamischen Schwemmebene wie im syrisch-palästinensischen Hügelland.

Frühbronzezeitliche
Keramik aus Kanaan
wie dieser Krug ist
kunstvoll und stabil.

Ein Schnitt durch den Tell zeigt Mauern, Decken, Asche- und Schuttschichten, Gruben, Herde und andere Spuren menschlicher Siedlungen.

Die Zitadelle von Aleppo/Syrien ist ein Beispiel eines Tells, der von alters her bis vor relativ kurzer Zeit immer wieder besiedelt wurde.

TIEF IN DIE VERGANGENHEIT
Grabungen an einem Tell liefern wertvolle Aussagen über die Vergangenheit. Hauptsächlich findet man Lehmziegel, mit denen im Heiligen Land seit Jahrtausenden gebaut wird. Die einzelnen Schichten geben Aufschluss darüber, seit wann der Ort bewohnt wurde. Die Abbildung zeigt ein Modell des Tell Der'Alla in Jordanien, des biblischen Sukkot. Am Modell erkennt man die verschiedenen Vorgehensweisen, mit denen Archäologen die verwirrenden Verflechtungen der einzelnen Besiedlungsepochen zu entschlüsseln suchen.

LACHISCH
Die Ruinen von Lachisch lassen den typischen Aufbau eines Tell (Tel) erkennen. Das Modell zeigt die Stadt zur Zeit der Belagerung durch die Assyrer um 701 v.Chr.

BERGBURGEN
Je höher der Tell wuchs, desto instabiler wurde er. Man musste ihn seitlich abstützen. So baute man Stützmauern und pflasterte den Abhang. Das steile, schlüpfrige Glacis entstand, das eine gute Verteidigungsbarriere darstellte. Am oberen Ende des Glacis baute man ein Verteidigungsbollwerk, das von der eigentlichen Stadtmauer gekrönt wurde, an die sich Häuser lehnten. Die Stadt selbst war relativ klein, die Gassen schmal. Das untere Ende des Glacis wurde mit einer weiteren Mauer befestigt und mit einem Wallgraben umgeben. Gewöhnlich hatte die Anlage nur ein sehr starkes befestigtes Tor.

TEURER GESCHMACK
Die Kanaaniter liebten schöne Dinge. Dieser Fayencekrug stammt aus Ägypten. Man fand ihn in Lachisch.

Hochgezogener Henkelrand

GIESSER
Glänzend rot überfangener Ton kennzeichnet die frühbronzezeitliche Keramik. Typisch kanaanitisch sind die hochgezogenen Henkelränder. Dieses Gefäß hat eine Tülle zum Ausgießen von Flüssigkeiten.

Gebäude aus Lehmziegeln heben sich oft kaum vom sie umgebenden Boden ab.

Häuser mit Wandmalereien

Götter und Göttinnen

Nachdem semitische Einwanderer und Eroberer die Sumerer in Mesopotamien verdrängt hatten, herrschte im ganzen Vorderen Orient eine von den Sumerern befruchtete semitische Kultur, die sich auch in einer semitischen religiösen Welt ausdrückte. Für die verschiedenen Lebensbereiche wie Krieg, Wetter, Fruchtbarkeit, Ernte usw. kannte man auch verschiedene Götter. Die meisten Erkenntnisse über diese Götter verdanken wir einem ganzen Archiv von literarischen Texten, Epen und Mythen aus der späten Bronzezeit, in Keilschrift auf Tontafeln geschrieben, die bei Ras Schamra (Ugarit) in Syrien entdeckt wurden. Der höchste Gott El, der „Vater der Menschen", beherrschte die Himmel. Seine Frau Aschera regierte über die Meere. Zu ihren über 70 Kindern gehörten unter anderem der Fruchtbarkeits- und Sonnengott Baal und Astarte, die Liebes- und Fruchtbarkeitsgöttin.

ALTER GOTT?
Die Stuckfiguren aus Ain Ghazal hatten wahrscheinlich eine rituelle Funktion. Doch es ist nicht bekannt, ob sie Gottheiten oder deren Anhänger darstellen.

GOLDENE FRUCHTBARKEIT
Dieser Anhänger zeigt Astarte (Ischtar), die semitische Fruchtbarkeitsgöttin. Er stammt aus einem Goldschatz aus dem 16. Jh. v.Chr., den man bei Tell el-Addschul fand.

KRIEGSGOTT?
Diese silberverzierte Bronzefigur stammt aus der Späten Bronzezeit. Sie stellt einen Krieger mit erhobener Waffe dar.

BAALS-PROPHETEN
Der biblische König Ahab heiratete die phönizische Prinzessin Isebel, die den Baalskult in Israel förderte. Der Prophet Elija flehte Gott an, zum Zeichen seiner Überlegenheit ein Opferfeuer zu entzünden.

BELIEBTE GOTTHEIT
Der Kult um die Fruchtbarkeitsgöttin Astarte war weit verbreitet. Sogar die Israeliten beteten sie einst an. Diese Terrakottatafel aus Alalach/Syrien stellt die Göttin dar.

IM MONDENSCHEIN
Dieser kanaanitische Tempel, den man bei Hazor ausgrub, war dem Mondgott und seiner Gattin geweiht.

ÄGYPTISCHES AUG
Der Gott Horus wurde als Mensch und Falke dargestellt. Das „Auge des Horus" war einer der beliebtesten ägyptischer Glücksbringer. Es zeigt ein menschliches Auge mit Falkenfedern

WESSEN HAND?
Zwar hat man in Palästina viele kanaanitische Tempel und Heiligtümer ausgegraben, doch man weiß meist nicht, welche Gottheiten dort verehrt wurden. Diese Hand ist alles, was von der im Tempel zu Lachisch angebeteten Kultfigur erhalten ist.

Die Fassade des Tempels in Jerusalem auf einer Münze von Simon Bar Kochba

GOTT DES WEINS
Der Fruchtbarkeitsgott Duschara, Stammgott der Nabatäer, wurde unter griechisch-römischer Herrschaft dem Weingott Dionysos (lat. Bacchus) gleichgesetzt (Büste aus schwarzem Basalt aus Siah in der Landschaft Hauran im Ostjordanland).

ASTARTE LEBT WEITER
Auch bei den Israeliten wurde Astarte noch lange verehrt, auch als hier der Kult des einen Gottes Jahwe propagiert wurde.

ÄGYPTISCHE GÖTTER
Oft wurden in Palästina neben den kanaanitischen Gottheiten auch die der jeweiligen Besatzungsmacht verehrt. Als Kanaan unter ägptischer Herrschaft stand, tauchten ägyptische Amulette auf. Diese Glücksbringer aus dem 9. Jh. v.Chr. zeigen die Sphinx mit Katzenkörper und Frauenkopf und die Sonnengöttin Bast.

GRIECHISCHE GÖTTER
Als Griechenland nach 332 v.Chr. Syrien und Palästina beherrschte, brachte es auch seine Götter und Göttinnen mit. Viele wurden angestammten Gottheiten gleichgesetzt. So übernahm Aphrodite die Rolle der Astarte.

Bast   Bast   Sphinx   Bast

Kunst und Handwerk

Kunst und Handwerk im Vorderen Orient gehen auf die Sumerer zurück. Von Untermesopotamien, das nach dem Aufstieg Babylons auch Babylonien genannt wurde, wurden die hochkulturellen Errungenschaften nach Norden (Assyrien) und Westen (Syrien, Palästina) weitervermittelt. Von den phönizischen Städten an der Küste Syriens strahlte die vorderorientalische Kultur weit in den Mittelmeerraum aus. Vom 8. bis zum 7. Jahrhundert v. Chr. schufen die Assyrer aus dieser Tradition eine Reichskultur, die für den gesamten Vorderen Orient prägend wurde.

Eingeritzte alphabetische Schrift

NICHT ZUM HOLZHACKEN
Dieses bronzene Axtblatt ist sehr kunstvoll gestaltet. Es zeigt einen Löwen, der mit einem Hund kämpft. Wahrscheinlich diente die Axt zeremoniellen Zwecken (Mittlere Bronzezeit).

ALLTAG IN JERICHO
Gräber in Jericho enthielten Möbel. Die kanaanitischen Tischler besaßen schon verschiedene Werkzeuge. Die Möbel wurden durch saubere Zapfenverbindungen zusammengefügt und mit Schnitzereien verziert.

MUSIK UND TANZ
Musik und Tanz waren im Vorderen Orient schon immer ein beliebter Zeitvertreib. Leider sind nur wenige Musikinstrumente erhalten. Doch Schriftzeugnisse und Bilder belegen, dass man früher Harfen, Leiern, Flöten, Trompeten und verschiedene Schlaginstrumente kannte.

NIEDERSCHRIFT
In Syrien wurde das erste Alphabet erfunden. Eines der ersten alphabetischen Schriftzeugnisse findet sich auf diesem Bronzedolch aus dem 17. vorchristlichen Jh.

ELFENBEIN-KÖNIGINNEN
Die Kunsthandwerker des Vorderen Orients fertigten aus Elfenbein Verzierungen für Möbel. Buchstaben auf der Rückseite markieren, wo die Schnitzereien am Möbel befestigt werden sollten. Diese Schnitzerei (9. Jh.v.Chr.) aus der assyrischen Stadt Nimrud stellt zwei sitzende Königinnen im ägyptischen Stil dar und war mit blauem Glas und Blattgold verziert.

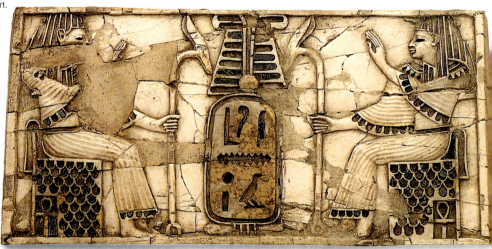

HARTE ARBEIT

Der Kampf zwischen einem Hund und einem Löwen scheint ein beliebtes Motiv der altorientalischen Kunst gewesen zu sein. Dieses Relief ist aus schwer zu bearbeitendem schwarzem Basalt gefertigt (Bet-Schan, 14. Jh.v.Chr.).

lattgoldauflage

Auf die gleiche Weise wie dieser ägyptische Dorftöpfer stellten die Menschen schon vor Jahrtausenden Tonwaren für den Haushalt her.

SYRISCH

Dieser elfenbeinerne Frauenkopf aus Nimrud ist nicht so kunstvoll gefertigt wie die links abgebildete phönizische Arbeit. Es könnte sich um das Werk eines syrischen Schnitzers handeln.

Winzige Goldkügelchen

KOMISCHES GESICHT

Die schönsten und hochwertigsten Tonwaren in Palästina fertigten die Kanaaniter. Die kanaanitischen Töpfer scheinen auch Sinn für Humor gehabt zu haben, wie diese Vase aus Jericho (6. Jh.v.Chr.) zeigt.

GOLDKÖRNER

Dieser Anhänger aus Tell el-Add-schul (16. Jh. v.Chr.) ist mit der Granulationstechnik gefertigt. Von Golddraht wurden winzige Kügelchen abgeschmolzen und dann auf eine Unterlage aufgelötet.

AUS STEIN

Gefäße aus Kalkstein und Alabaster waren in der Späten Bronzezeit und in der Eisenzeit als Behältnisse für Parfüm begehrt. Dieses stammt aus Tell es-Sa'idije.

TEMPELSCHATZ

Zur Zeit Davids und Salomos waren die Phönizier die führenden Kunsthandwerker der Region. So wandte sich König Salomo an den König von Tyrus, als er den Tempel in Jerusalem bauen ließ. Phönizische Handwerker fertigten die in der Bibel beschriebene Ausstattung des Tempels.

Die Babylonier

Hebräisches Siegel aus der Chaldäerzeit

In Mesopotamien, dem Zweistromland zwischen Euphrat und Tigris (heute Irak), entstand eine der frühesten Hochkulturen der Menschheit. Zu Beginn des 2. Jahrtausends v.Chr. gründeten die Amoriter in der Stadt Babylon (hebr. Babel) am Unterlauf des Euphrat eine neue Dynastie. Im 18. Jahrhundert v.Chr. erlangten die Babylonier unter König Hammurabi die Herrschaft über ganz Mesopotamien und begründeten ein Reich, das sich von Mari (am mittleren Euphrat) im Nordwesten bis zur Hochebene von Elam im Osten erstreckte. Unter Hammurabis Nachfolgern schrumpfte das Reich wieder auf das eigentliche Babylonien. 1594 v.Chr. legte der Hethiterkönig Mursili I. das noch immer sagenhaft reiche Babylon in Schutt und Asche. Erst im 7. Jahrhundert v.Chr. konnte ein fähiger Feldherr und begabter Politiker aus dem Aramäerstamm der Chaldäer den alten Glanz Babylons noch einmal erneuern: Nabupolassar begründete die Dynastie der Chaldäer.

Steinerne Amtsstab-knäufe wurden oft Göttern (hier Nergal, dem Gott der Krankheit) geweiht und in Tempeln aufbewahrt.

BAUHERR
Bronzefiguren, die einen Baumaterialien tragenden König darstellen, wurden als Gründungsfiguren in Tempelfundamente eingebaut. Die Inschrift nennt die Namen des Königs und des Tempelgottes.

ALTER WASSERMANN
Die Babylonier gelten als Erfinder der Sternzeichen. Dieser Wasserströme tragende Riese (links) ist der Vorläufer des Wassermanns.

NABUPOLASSARS REICH
612 v.Chr. eroberte Nabupolassar das Reich der Assyrer einschließlich Judas. 597 v.Chr. führte Nebukadnezar 10.000 Juden aus der Oberschicht ins babylonische Exil. Den Aufstand Zedekias bestrafte er durch die Zerstörung Jerusalems und eine zweite Deportationswelle (587 v.Chr.).

ISCHTAR-TOR
Nebukadnezar baute Babylon wieder auf. Durch das Ischtar-Tor, ein beeindruckendes Bauwerk, gelangte man über eine mit farbigen Platten gepflasterte Straße zum Marduk-Tempel.

TURM ODER TEMPEL?
Reale Grundlage der biblischen Erzählung des Turmbaus zu Babel (Darstellung von Pieter Bruegel dem Älteren, 1525–1569) ist die Zikkurat, ein 90 m hoher Turm, der auf der obersten Terrasse den Hochtempel Marduks, des höchsten babylonischen Gottes, trug.

.BGRENZUNG

. der ersten Blüte Babylons wurden
.ehen, die an eine Einzelperson oder
.ne Gemeinde vergeben wurden, auf
.ontafeln festgehalten. Zur öffent-
.chen Bekanntmachung wurden
.elehnungssteine angefertigt
.nd im Tempel oder im je-
.eiligen Gebiet aufgestellt.
.ie Symbole stellen Götter
.nd Göttinnen dar, die als
.eugen des Vertrags
.ngerufen wurden.

.er Planet Venus
.eht für die
.iebes- und
.ruchtbarkeits-
.öttin Ischtar.

.ie Himmels-
.ötter Enlil
.nd Anu wer-
.en als
.opfbe-
.eckungen
.argestellt.

Die Schlange war das Zei-
chen von Ischtaran, dem
Gott der Unterwelt.

Der Mond steht für
den Mondgott Sin.

Die Sonne weist auf
den Sonnengott
Schamasch hin.

Nabu, der Gott der
Schrift, wird als
Keilschriftzeichen
dargestellt.

Der Skor-
pion ist
das Sym-
bol der
Göttin
Ischhara.

Altäre
und
Schreine

Die Assyrer

Das Stammland der Assyrer lag im Norden des heutigen Irak. Einen assyrischen Staat gab es schon seit mindestens 2000 v.Chr. Im 9. Jahrhundert v.Chr. begannen die assyrischen Könige, neue Gebiete zu erobern, um die Grenzen zu sichern und die gewinnträchtige Kontrolle über wichtige Handelswege zu erlangen. Sie führten in den folgenden 200 Jahren erbarmungslose Feldzüge gegen Babylon, Syrien, Phönizien, Israel und Juda. Die Könige dieser Länder konnten durch Tributzahlungen den Untergang ihrer Reiche aufschieben. Doch sobald sie den steigenden Forderungen der Assyrer nicht mehr nachkommen konnten oder den Aufstand wagten, wurden ihr Staat zerstört und die eroberten Gebiete dem immer gewaltiger werdenden assyrischen Reich einverleibt. 722 v.Chr. wurde das jüdische Nordreich durch die Einnahme seiner Hauptstadt Samaria und die Verschleppung der Einwohner völlig zerstört. Das Südreich, Juda, konnte sich länger halten, allerdings nur unter der erdrückenden Last von Tributzahlungen an die Großmacht. Viele der Steinreliefs, die die assyrischen Königspaläste schmückten, berichten von dieser Ausbeutung.

HAUSGOTT
In den Fundamenten der assyrischen Häuser fand ma häufig Götterfiguren, die böse Geister vertreiben sollten.

HELDENHAFTER KAMPF
Die Assyrer waren harte Krieger, schätzten aber durchaus die schöne Kunst: Dieses assyrische Elfenbeinrelief zeigt einen Helden im Kampf mit einem Löwen.

RIESENREICH
Die größte Ausdehnung erreichte das Assyrerreich im 7.Jh.v.Chr.: Es erstreckte sich vom Gebiet des heutigen Iran bis Ägypten.

Flasche

Urartu
Assur
Ninive
Nimrud
Damaskus
Susa
Jerusalem
Ur
Memphis

KRIEGSGÖTTIN
Diese Bronzetafel zeigt Ischtar, die Hauptgöttin der Assyrer. Sie war die Göttin der Liebe und des Kampfes; in letzterer Eigenschaft ist sie hier mit Waffen auf ihrem Lieblingstier, dem Löwen, abgebildet.

FÜR HAUS UND PALAST
Diese beiden Gefäße bezeugen die Kunstfertigkeit der assyrischen Töpfer. Der dünnwandige Becher ist ein Beispiel assyrischen „Palastgeschirrs". Die Flasche oben ist mit einer bunten Glasur überzogen (8. oder 7.Jh.v.Chr.).

Becher

GÖTTIN DER LIEBE
Dieses blaue Tonrelief (9. Jh. v. Chr.) aus dem Tempel von Ninurta in Nimrud zeigt eine geflügelte Göttin, wahrscheinlich Ischtar in ihrer Eigenschaft als Göttin der Liebe.

Viele Schmuckkeramiken der Assyrer waren blau gefärbt.

TRIBUT AUS PHÖNIZIEN
Elfenbeinschnitzereien zierten oft Möbelstücke. Diese Platte aus der assyrischen Hauptstadt Nimrud zeigt eine Frau mit einer Perücke nach Art der Ägypter. Diese Arbeit eines phönizischen Elfenbeinschnitzers gelangte wahrscheinlich im 8. Jh. v. Chr. als Kriegsbeute oder Tributzahlung nach Nimrud.

UM DEM KÖNIG TRIBUT ZU ZOLLEN
Die Feldzüge des Assyrerkönigs Salmanassar III. (858–824 v. Chr.) sind auf dem Schwarzen Obelisken, einer steinernen Siegessäule in der Hauptstadt Nimrud, dokumentiert. Eine Bildfolge zeigt, wie König Jehu von Israel seinen Tribut anbietet. Es ist umstritten, ob es sich bei der knienden Gestalt mit der Zipfelmütze um König Jehu handelt.

MIT GEBRÜLL
Löwen waren Lieblingsobjekte der assyrischen Kunst. Dieser Löwenkopf könnte den Stiel eines Fächers geziert haben.

BRIEF UND SIEGEL
Kleine hohle Steinzylinder mit einem Relief wie das Kalzedonrollsiegel oben links (um 750 v. Chr.) wurden über Tontafeln oder die Siegel von Krügen und Paketen gerollt. Der Abdruck diente als Unterschrift und Eigentumskennzeichnung. Das Rollsiegelbild daneben zeigt einen Helden, der zwei Strauße am Hals ergreift.

UM STAAT ZU MACHEN
Die heute als blanker Stein erhaltenen Reliefs aus dem reich verzierten Thronsaal Assurbanipals II. zu Nimrud (hier in einer Rekonstruktion aus dem 19. Jh.) waren früher bunt bemalt.

Fortsetzung auf der nächsten Seite

Der Alte Orient

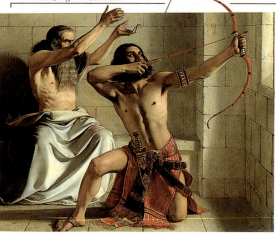

Assyrische Kriegstechnik

Als 722 v. Chr. die Assyrer Samaria einnahmen, war das das Ende des jüdischen Nordreichs. Das Reich Juda blieb bestehen, musste jedoch dem Assyrerkönig Sargon Tribut zahlen. Nach dessen Tod wagte der König von Juda, Hiskia (715–687/6 v.Chr.) den Aufstand. Dagegen ging Sargons Sohn Sanherib in einem großen Feldzug vor. Er zerstörte viele judäische Städte, darunter Lachisch. Belagerung und Einnahme der Stadt sind auf einer Reihe von Kalksteinreliefs aus Sanheribs Palast in Ninive dargestellt. Diese werfen ein gutes Licht auf die Kriegskunst der großen Militärmacht Assyriens.

Die Verteidiger bewerfen die Angreifer mit brennenden Fackeln.

GROSSER KRIEGER
Dieses Gemälde von William Dyce (19. Jh.) zeigt Joab, den Sohn des Zeruja, einen der besten Heerführer Davids.

PFEILSPITZEN
Nach 2000 v.Chr. benutzte man praktisch überall bronzene Pfeil- und Speerspitzen. Eisenspitzen gab es erst nach 1100 v.Chr.

Zerbrochene Leiter nach einem vereitelten Versuch, die Mauer zu übersteigen

REISST DIE MAUERN NIEDER!
Solche Rammböcke benutzte man wohl schon in der Mittleren Bronzezeit – bis ins Mittelalter, als man die ersten Sprengstoffe erfand.

Bronzene Pfeilspitzen

Der Soldat vorne gießt Wasser über den vorderen Teil des Rammbocks, damit dieser kein Feuer fängt.

Eiserne Pfeilspitze

DIE SCHILDKRÖTE
Auch die Römer waren Erben der assyrischen Kriegskunst. Ihre Schilde bildeten beim Angriff einen geschlossenen Schutzpanzer. Diese Formation nannte man *testudo* (Schildkröte).

...REITÄXTE
...egen Ende des 3.Jt.s
...Chr. entwickelte
...an Streitäxte mit
...uffen, in denen man
...n Stiel befestigen konn-
... Diese Waffen konnten
...elme – und Schädel –
...alten.

Axt mit Stiel

**ENTEN-
SCHNABEL**
In der Mittleren
Bronzezeit stellte
man längliche
Axtblätter, sog.
„Entenschnä-
bel", her.

*Brustwehr aus
runden Schilden auf
dem Torturm*

*Judäische Bogen-
und Schleuderschützen
verteidigen das
Stadttor.*

*Übermannshoher
Schild*

*Die assyrischen
Bogenschützen
trugen spitze
Helme, die einen
guten Schutz ge-
gen Pfeilhagel
von oben
bildeten.*

*Der assyrische
Speerkämpfer
trägt einen Helm
mit Helmzier.*

*Sturmrampen aus
angehäufter Erde,
über die Bohlen
gelegt wurden*

*Gefangene werden
ins assyrische Exil
geführt. Sie haben
einige Habselig-
keiten bei sich.*

Solche bronzenen Plat-
tenpanzer trugen die As-
syrer bei der Belagerung
von Lachisch.

Panzerhemd

Mit solchen „Wildesel" genannten römischen Katapulten konnte man Steine weit
schleudern.

243

Elfenbeinerne
Möbelverzierung aus
Samaria

Die Israeliten

Um 1150 v.Chr. hatten sich die Ägypter aus
Kanaan zurückgezogen und hinterließen ein Vaku-
um, das die Israeliten und die Philister ausfüllten.
Fast 100 Jahre lang lebten diese Völker in guter
Nachbarschaft, die Philister in der Küstenebene,
die Israeliten in den kargeren Bergregionen. Im
11. Jahrhundert aber versuchten die Philister, ihr
Gebiet auszudehnen. Unter dieser Bedrohung schlossen sich die
Stämme Israels zu einem Staat zusammen, zuerst unter der Führung
Sauls, dann Davids. Um 1000 v.Chr. nahm David Jerusalem ein und
wurde zum König Israels ausgerufen. Er schlug schließlich die Philis-
ter und dehnte das Gebiet Israels aus. Unter David und seinem
Sohn Salomo erlebte der Staat Israel eine Blüte. Das Handelswege-
netz wurde ausgebaut, der Tempel in Jerusalem errichtet. Nach
Salomos Tod im Jahr 928 kam es zu Spannungen zwischen dem
Nordreich und dem Südreich und
schließlich zur Spaltung in die Staaten
Israel im Norden und Juda mit der
Hauptstadt Jerusalem im Süden.

DER UNTERGANG
Dieser Stich aus dem 19. Jh. zeigt die Zerstörung des Tempels in Jerusalem durch
die Babylonier im Jahr 587 v.Chr.

DIE ZWEI REICHE
Diese Karte zeigt das davidische
Reich, das nach Salomo zerfiel:
Israel im Norden und Juda im
Süden.

ERSTMALS ERWÄHNT
Diese Stele des Pharaos Mernephta
(1235–1223 v.Chr.) dokumentiert die
Siege des Königs gegen die Libyer,
gegen Gezer, Askalon und Israel.
Letzteres wird hier nicht mit der
Hieroglyphe für „Land" ge-
nannt, sondern mit der für
„Volk". Israel war also
noch kein Staat.

PHÖNIZISCHER LÖWE
Dieses Bruchstück einer Elfenbein-
platte zeigt das Hinterteil eines
Löwen. Er stammt aus dem Palast
König Ahabs in Samaria und wurde von phönizischen Künstlern angefertigt. Israel und Phönizien unterhielten enge Handelsbeziehungen.

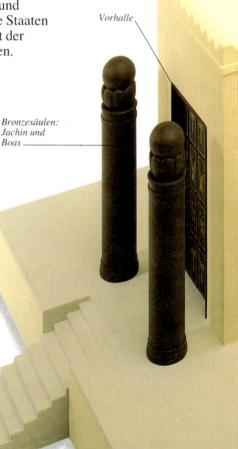

Vorhalle

*Bronzesäulen:
Jachin und
Boas*

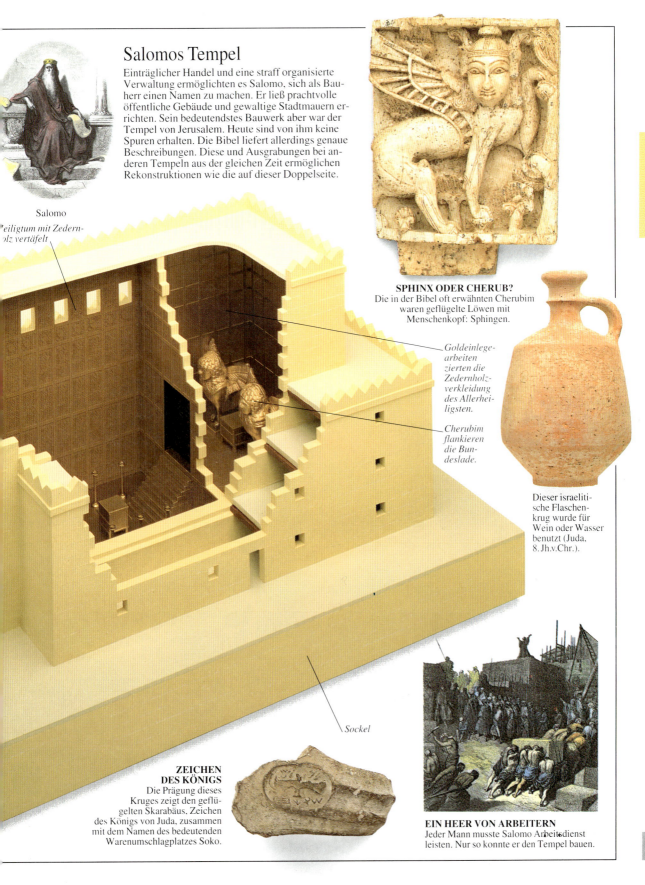

Salomos Tempel

Einträglicher Handel und eine straff organisierte Verwaltung ermöglichten es Salomo, sich als Bauherrn einen Namen zu machen. Er ließ prachtvolle öffentliche Gebäude und gewaltige Stadtmauern errichten. Sein bedeutendstes Bauwerk aber war der Tempel von Jerusalem. Heute sind von ihm keine Spuren erhalten. Die Bibel liefert allerdings genaue Beschreibungen. Diese und Ausgrabungen bei anderen Tempeln aus der gleichen Zeit ermöglichen Rekonstruktionen wie die auf dieser Doppelseite.

Salomo

Heiligtum mit Zedernholz vertäfelt

SPHINX ODER CHERUB?
Die in der Bibel oft erwähnten Cherubim waren geflügelte Löwen mit Menschenkopf: Sphingen.

Goldeinlegearbeiten zierten die Zedernholzverkleidung des Allerheiligsten.

Cherubim flankieren die Bundeslade.

Dieser israelitische Flaschenkrug wurde für Wein oder Wasser benutzt (Juda, 8. Jh.v.Chr.).

Sockel

ZEICHEN DES KÖNIGS
Die Prägung dieses Kruges zeigt den geflügelten Skarabäus, Zeichen des Königs von Juda, zusammen mit dem Namen des bedeutenden Warenumschlagplatzes Soko.

EIN HEER VON ARBEITERN
Jeder Mann musste Salomo Arbeitsdienst leisten. Nur so konnte er den Tempel bauen.

Die Phönizier

Im 2. Jahrtausend v.Chr. hatten die Israeliten den größten Teil Palästinas eingenommen. Nur der Küstenstreifen im Süden wurde von den Philistern behauptet. Im Norden kontrollierten die mächtigen aramäischen Königreiche Mittel- und Nordsyrien. Die syrische Küste aber wurde von den phönizischen Städten beherrscht. Der Name „Phönizier" leitet sich vom griechischen Wort für Purpur ab, denn die phönizischen Städte waren berühmt für ihre Purpurstoffe. Es gab kaum Ackerland in Phönizien, so verdienten die Menschen auf See ihr Brot. Sie wurden große Seefahrer und Händler – manchmal auch Seeräuber. Ihre wichtigsten Handelspartner waren die Staaten im syrisch-palästinensischen Hinterland bis nach Assyrien, Ägypten, Kreta und Griechenland.

Nach der phönizischen Inschrift gehörte dieses Siegel „Tamak-El, Sohn des Milkam".

DAS LAND DER PHÖNIZIER
Das Küstenland Phönizien ist hier rot eingezeichnet. Die wichtigsten Zentren waren Byblos, Sidon und Tyrus.

WEIT HERUM-GEKOMMEN
Gefäße wie dieser schöne Krug, in dem man wahrscheinlich Duftöl transportierte, wurden im ganzen östlichen Mittelmeergebiet gehandelt.

Sphinx

Geometrische Muster

STILMISCHUNG
Die weit gereisten Phönizier kombinierten verschiedene Stile. Auf dieser Bronzeschale sind ägyptische Sphingen mit nordsyrischen geometrischen Mustern kombiniert. Das Arrangement erinnert an die Kunst der Ägäis.

SCHNELLBOOTE
Dieses assyrische Relief zeigt ein phönizisches Schiff: Mit zwei Ruderreihen auf jeder Seite war diese Bireme schnell und wendig.

HANDELSSTÜTZPUNKT
Die Phönizier wurden als Seefahrer berühmt. Phönizische Händler gründeten Handelsniederlassungen rund ums Mittelmeer. Die berühmteste war Karthago, das 814 v.Chr. von Siedlern aus Tyrus gegründet wurde.

REICHE BEUTE
Diese Elfenbeinschnitzerei zierte wahrscheinlich ein Prunkmöbel. Sie wurde in der assyrischen Hauptstadt Nimrud gefunden, wohin sie wahrscheinlich als Tribut oder Kriegsbeute gelangte.

ZART UND ZERBRECHLICH
Ein bedeutender Erwerbszweig der Phönizier war die Glasherstellung. Sie mischten fein zermörserten Sand mit Soda und gaben verschiedene Farbstoffe zu. Bei hoher Temperatur verschmolz die Mischung zu farbigem Glas.

GUT GEFORMT
Das Glasblasen war bei den Phöniziern noch nicht bekannt. Solche Gefäße entstanden, indem die Glasschmelze über einen Tonkern geformt wurde.

Schilde

HÄFEN FÜR DEN HANDEL
Die Phönizier bauten als technische Meisterleistungen große Hafenanlagen, die den lebenswichtigen Schiffsverkehr bewältigen konnten. Das Foto zeigt das moderne Byblos, das einst ein wichtiger phönizischer Hafen war.

Doppelte Ruderreihen

Die Inschrift lautet „Pfeilspitze des Ada, Sohn des Ba'l'a".

DAS ABC DES WELTHANDELS
Das erste Alphabet erfanden wahrscheinlich die Kanaaniter in der Mittleren Bronzezeit. Doch die Phönizier vervollkommneten das System. Auf dieser Pfeilspitze erscheinen einige Schriftzeichen ihres 22-Buchstaben-Alphabets, das die Grundlage der griechischen und später der römischen Schrift bildete.

247

Abc

Das Alphabet (darunter versteht man eine begrenzte Anzahl von Buchstaben in festgelegter Reihenfolge) ist die Grundlage eines Schriftsystems, bei dem die Buchstaben die Laute einer Sprache repräsentieren. Durch Verbindung der Buchstaben werden Worte gebildet. Heute ist diese schnelle und effektive Form des Schreibens auf der Welt vorherrschend. Mit nur 26 Buchstaben kann man z.B. sämtliche Wörter der deutschen Sprache zu Papier bringen. Es ist einfacher, das Alphabet zu lernen als z.B. 800 Keilschriftzeichen oder mehrere Tausend chinesische Schriftzeichen. Wir wissen nicht genau, wie und wann das erste Alphabet entstand, wahrscheinlich vor etwa 3600 Jahren in Syrien und Palästina. Phönizische und aramäische Händler gaben die Idee an andere Völker weiter, die jeweils für ihre Sprache ein eigenes Alphabet entwickelten. So gibt es z.B. das griechische, das kyrillische und das lateinische Alphabet; Letzteres wird heute in allen westeuropäischen Ländern verwendet.

DIE BOTSCHAFT DER SPHINX

Die ältesten Vorläufer unseres Alphabets wurden von den semitischen Völkern des östlichen Mittelmeerraums entwickelt. Wahrscheinlich kannten sie die Schriften ihrer Nachbarländer, das Alphabet scheint aber ihre eigene Erfindung zu sein. Sie ordneten nur den Konsonanten Buchstaben zu, die Vokale blieben unberücksichtigt. Der Leser musste sie selbst hinzufügen. Diese über 3600 Jahre alte Sandsteinsphinx ist mit einer Inschrift in einem altsemitischen Alphabet versehen.

Name der Göttin Baalat

DAS ERSTE ABC

Die Bewohner von Ugarit im Norden Kanaans (heute Syrien) entwickelten ein Alphabet, mit dem sie die Laute ihrer Sprache wiedergaben, und schrieben es in Keilschrift nieder. Es bestand aus 30 Buchstaben und einem Zeichen zur Abgrenzung eines Worts vom nächsten. Ausgrabungen förderten 1929 über 3000 Jahre alte Zeugnisse zutage, so auch diese Tafel mit dem ältesten bekannten Abc.

PHÖNIZISCHE SCHRIFT

Die Phönizier lebten im Gebiet des heutigen Syrien und Libanon. Ihr Alphabet hatte 22 Buchstaben, und zwar nur Konsonanten. Vokale wurden – wie bei anderen semitischen Schriften – nicht aufgeschrieben. Das phönizische Abc beeinflusste die Entwicklung der Alphabete in den Ländern, mit denen die Phönizier Handel trieben.

GRIECHISCHES ALPHABET

Wahrscheinlich übernahmen die Griechen etwa im 8.Jh.v.Chr. das Abc der Phönizier, mit denen sie Handel trieben. Sie änderten die Form einiger Buchstaben, verwandelten ein paar phönizische Konsonanten, die im Griechischen nicht gebraucht wurden, in Vokale und fügten Buchstaben für Laute hinzu, die es in der phönizischen Sprache nicht gab.

ΑCΚΛΗ
ΠΙΩ
ΚΑΙ
ΥΓΕΙΑ
ΤΥΧΗ
ΕΥΧΑΡΙC
ΤΗΡΙΟΝ

Eingeritzte Buchstaben

IM KREIS HERUM

Anfangs schrieben die Griechen von rechts nach links, von links nach rechts oder beides abwechselnd (Furchenschrift) und sogar spiralförmig wie hier (von außen nach innen zu lesen). Die Form der Buchstaben ähnelt noch mehr dem phönizischen als dem späteren griechischen Alphabet. Bei der Weiterentwicklung des Alphabets legte man die Schreibrichtung von links nach rechts fest und führte Wortzwischenräume und Satzzeichen ein.

ΒΑΣΙΛΕΥΣΑΛΕΞΑΝΔΡΟΣ
ΑΝΕΘΗΚΕΤΟΝΝΑΟΝ
ΑΘΗΝΑΙΗΙΠΟΛΙΑΔΙ

TEMPELINSCHRIFT

Diese Tempelinschrift aus der griechischen Stadt Priene wurde sorgfältig in Stein gehauen. Viele Buchstaben enden in kleinen Abschlussstrichen, den sog. Serifen.

ETRUSKISCHE MÜNZE

Um 700 v.Chr. gelangte das Alphabet mit den Griechen nach Italien, wo es die Etrusker übernahmen und ihrer Sprache anpassten. Kurze etruskische Inschriften fand man auf Spiegeln, Broschen oder solchen Goldmünzen.

MENFRA

TURAN

DIE ETRUSKISCHE SCHRIFT

läuft von rechts nach links. Die Buchstaben ähneln unseren, doch die Bedeutung der Wörter kennen wir nicht.

HEBRÄISCH, QUADRATSCHRIFT

Diese Schrift ist seit fast 2400 Jahren mit nur kleinen Änderungen in Gebrauch. Jeder Buchstabe hat einen gedachten viereckigen Rahmen. Als das biblische Hebräisch als gesprochene Sprache ausstarb, befürchtete man, dass niemand mehr die Wörter richtig würde aussprechen können. Seither zeigen Punkte und Striche ober- oder unterhalb der Linien an, wo welcher Vokal einzufügen ist.

Geld und Handel

Der Handel im Alten Orient hat eine lange Tradition: Schon die Sumerer betrieben einen Seehandel, der sie bis Indien führte. Später organisierten die Phönizier den Seehandel zwischen Mesopotamien, Ägypten und dem gesamten östlichen Mittelmeerraum. Zur Zeit des assyrischen Großreichs und noch im Perserreich lag der Handel auf den Landwegen vor allem in den Händen der Aramäer. In der hellenistischen Periode nach dem Eroberungszug Alexanders des Großen nahm auch der Einfluss griechischer Händler zu; sie trugen entscheidend zur Verbreitung des Geldwesens bei. Palästina, auf dem Weg zwischen Ägypten und Syrien und Mesopotamien gelegen, spielte als Durchgangsstation des Handels stets eine besondere Rolle. Die hier gefundenen Waren dokumentieren fast alle Phasen der Entwicklung des Handels im Alten Orient.

Diese phönizische Glasflasche (Amathus/Zypern) enthielt möglicherweise Weihrauchharz.

AUSGEWOGEN
Ehe man Münzen prägte, bezahlte man Handelsgüter mit den verschiedensten Dingen. Oft wurden Metallbarren als Währung benutzt. Um ihren Wert zu bestimmen, musste man sie zunächst wiegen. Dazu benötigte man genaue Gewichte. Diese Löwengewichte wurden für den Assyrerkönig Salmanassar III. hergestellt und tragen seinen Namen.

Während des ersten Aufstands gegen die Römer (66 n.Chr.) prägten die Juden eigene Münzen.

PLANWAGEN
Dieses Tonmodell eines Planwagens aus Hama/Syrien zeigt den Wagentyp, den man im 3. Jt. v. Chr. benutzte. In solchen Wagen wurden Waren transportiert und reisten Handwerker von Ort zu Ort.

SCHEKEL
Die jüdische Standardmünze und gleichzeitig Gewicht war der Schekel. Diese Münze aus der Zeit des Judenaufstands trägt die Inschrift „Heiliges Jerusalem".

RAST AM SINAI
Dieser Ausschnitt aus einem Gemälde Edward Lears (1812–1888) zeigt eine Karawane, die am Fuß des Sinai rastet. Mit solchen Kamelkarawanen zogen die Händler durch den ganzen Orient.

RÖMER-GELD
Seit der Zeit Alexanders des Großen benutzte man im Heiligen Land Münzen. Römermünzen trugen das Bild des Kaisers (hier: Vespasian).

EIN ODER ZWEI HÖCKER?
Auf einer von dem Assyrerkönig Salmanassar III. aufgestellten Stele sind zweihöckrige Kamele abgebildet. Heute bevorzugt man im Nahen Osten die einhöckrigen Dromedare.

Münze aus dem Zweiten Judenaufstand (132–135 n.Chr.) mit dem Namen des Anführers Simeon

Wegen ihrer weiten Verbreitung dienten Münzen wie diese aus der Zeit des Zweiten Judenaufstands oft der Propaganda. Die erste trägt die Inschrift „Jahr der Befreiung Israels", die zweite den Namen des Anführers Simeon.

MANN DES VOLKS?
Diese Bronzemünzen mit Helm und Weintraube stammen aus der Zeit des Herodessohns Archelaus (4 v.Chr.–6 n.Chr.). Die griechische Inschrift lautet „Herodes, König des Volks".

DROGENAMPHOREN
Gegen Ende der Bronzezeit kamen solche kleinen Krüge, Bilbils, nach Kanaan. Eine Untersuchung des Inhalts ergab, dass in einigen von ihnen Opium aufbewahrt wurde. Der Krug erinnert an eine umgekehrte Mohnkapsel, aus der die Droge gewonnen wird.

Fortsetzung auf der nächsten Seite

Bronzemünze von Agrippa I. (37–44 n.Chr.), dem Enkel von Herodes dem Großen, mit Parasolpilz als Zeichen des Königs

STATT GELD
Edelmetallbarren dienten häufig als Währung. Dieser Silberbarren stammt aus Sendschirli dem alten Samal

VERTREIBUNG DER HÄNDLER
Jesus von Nazaret missfiel der Handel im „Haus des Gebets". Deshalb stieß er die Tische der Händler und Geldwechsler im Tempel um.

GEDENKMÜNZE
Diese Münze mit der Inschrift „Judaea Capta" erinnert an die Niederwerfung des Ersten Judenaufstands durch die Römer.

Aufgrund der Henkelform nennt man diese Kannen „Bügelkannen".

IMPORTWARE
Solche Bügelkannen aus Mykene wurden in der Späten Bronzezeit nach Kanaan eingeführt. Sie enthielten vielleicht Parfüm.

HANDELSSCHIFF DER FLOTTE SALOMOS
König Salomo baute mithilfe des Königs Hiram von Tyrus in Esjon Geber (am Golf von Elat) am Roten Meer einen großen Hafen. Dort war eine israelisch-phönizische Handelsflotte stationiert. Alle drei Jahre liefen Schiffe nach Ophir (vielleicht Somalia) aus, um Gold zu holen.

VORRATSKRUG
Im 12. Jh.v.Chr. war Tell es-Sa'idije ein ägyptisches Verwaltungs- und Handelszentrum. Dort wurden Waren von jenseits des Jordans auf Schiffe verladen, die sie nach Ägypten brachten. In einem Lagerraum fand man solche Krüge im ägyptischen Stil, in denen Wein aufbewahrt und transportiert wurde.

MEERESRÖSSER
Bauholz war schon immer eine begehrte Ware. Das teuerste und bes-
te Holz stammte von den „Zedern des Libanon". Dieses assyrische
Relief (8.Jh. v.Chr.) zeigt phönizische Handelsschiffe, die an der
syrischen Küste entlangrudern. Diese Schiffe nannte man *hippoi*
(Pferde); ihr Bug war mit Pferdeköpfen verziert.

8 Schekel

neseph,
fünf Sechstel
eines Schekel

beka, ein halber
Schekel

HOCHSEESCHIFF
Dieses römische Handelsschiff, eine *corbita*, hat
zwei Masten. Die Segel sind aus rechteckigen Stoff-
bahnen zusammengenäht und an den Ecken mit
Leder verstärkt. Die Römer
fuhren mit solchen Schiffen
quer übers Mittelmeer, nicht
nur an der Küste entlang.

WIE SCHWER?
Das Gewichtssystem Palästinas beruhte auf dem Schekel
(etwa 11,4 g), dem Mina (60 Schekel) und dem Kikkar oder
Talent (60 Minas). Diese Steingewichte sind auf Hebräisch
mit ihrem Wert beschriftet.

LEUCHTFEUER
Pharos, der Leuchtturm von
Alexandria (von Alexander
dem Großen als Hauptstadt
und Mittelmeerhafen Ägyp-
tens gegründet), war eines der
sieben Weltwunder.

KAISERLICHER
PURPUR
Zu den begehrtesten phönizischen Waren gehörten die
Purpurstoffe. Im Römi-
schen Reich standen sie
so hoch im Ansehen,
dass nur der Kaiser
sie tragen durfte.

FARBE BEKENNEN
Für ein Gramm Purpurfarbstoff musste
man etwa 10.000 Purpurschnecken töten
und ihre Purpurdrüsen herausschnei-
den. Die Drüsen wurden mit Salz
bestreut und mit Wasser und fau-
ligem Harn zehn Tage lang gekocht. Nach erneuter Zugabe
von Harn und Honig er-
hielt man das eigentliche
Färbebad. Für unter-
schiedliche Farbtöne
musste man die Drü-
sensekrete verschiede-
ner Purpurschnecken-
arten mischen.

Die Perser

Bedeutende Persönlich-
keiten ließen solchen
Schmuck an ihre
Kleidung nähen.

Die Perser, indoeuropäische Einwanderer, besiedelten um 1000 v.Chr. den westlichen Iran und
ließen sich in Parsa (heute Fars) nieder. Ihre Frühgeschichte ist eng mit der der Meder verknüpft.
Mit Babylonien unter Nabupolassar verbündet,
eroberten die Meder von 614 bis 598 v.Chr. das assyrische Reich. 550 v.Chr. stürzte Kyros aus dem Haus
der Achämeniden seinen medischen Oberherrn Astyges – und wurde
König der Meder, Perser und Elamiter. Das war der Beginn des persischen Weltreichs, das immer stärker wurde. Bald hatte Kyros weite Teile
Anatoliens seinem Reich einverleibt. 539 v.Chr. nahm er – kampflos –
Babylon ein und übernahm damit auch die Herrschaft über Syrien und
Palästina. Er erlaubte den Juden die Rückkehr nach Palästina. Auch die
phönizischen Städte und die grie-
chischen Städte Kleinasiens standen unter persischer Oberhoheit.

PALASTWACHE
Glasierte Ziegel aus Susa

DAS ACHÄMENIDEN-REICH
Unter Dareios (Darius) I. (522–486 v.Chr.)
hatte das Perserreich seine größte Ausdehnung: von Ägypten und Libyen im Westen
bis zum Indus im Osten.

**SCHRAUBEN-
ZIEGE**
Dieser silberne
Ziegenbock soll aus
Persepolis stammen
(5.Jh.v.Chr.).

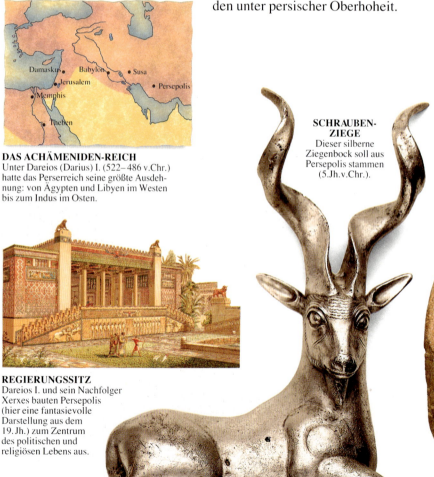

REGIERUNGSSITZ
Dareios I. und sein Nachfolger
Xerxes bauten Persepolis
(hier eine fantasievolle
Darstellung aus dem
19. Jh.) zum Zentrum
des politischen und
religiösen Lebens aus.

Keilschrift

Ahura Masda, der höchste Gott der Perser

EINE LÖWENJAGD
st das Motiv dieses Achatrollsiegels.
Die Inschrift lautet „Dareios, der große
König". Wahrscheinlich ist Dareios I.
(522–486 v.Chr.) gemeint.

FREMDER EINFLUSS
Die Perserkönige beschäftigten Künstler
und Handwerker aus vielen Ländern.
Ihre Kunstwerke zeigen daher oft fremdländische Einflüsse. Die Blattgold-
figuren auf dieser Silberschale zeigen
einen geflügelten Löwen mit dem
federgekrönten Kopf des ägyptischen
Zwergengottes Bes.

Schnabel für den Docht

ERLEUCHTET
Diese Bronzelampe
aus dem 6.Jh.v.Chr.
fand man im „Sonnen-
schrein" zu Lachisch, einem
kleinen Tempel, in dem man
die Sonne anbetete.

HOCHFEST
Diese Darstellung zeigt eine
Zeremonie, wie sie in
Persepolis stattge-
funden haben könnte.

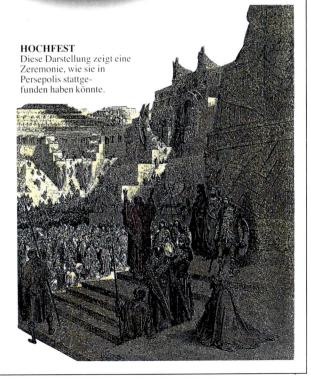

KYROSZYLINDER
Der Keilschrifttext auf diesem Tonzylinder
berichtet, dass Kyros den Gefangenen in Babylon die
Rückkehr in ihre Heimat gestattete. Die Juden
werden nicht erwähnt, doch auch sie konnten
aus dem Exil zurückkehren.

Griechen und Römer im Orient

Nach der Schlacht bei Issos (333 v.Chr.) fiel das riesige Perserreich an Alexander den Großen. Als Alexander zehn Jahre später starb, teilten seine Generäle und ihre Nachkommen, die sog. Diadochen, das Reich unter sich auf. Die größten und reichsten Gebiete fielen der Dynastie der Ptolemäer zu, die im ägyptischen Alexandria residierte, und der Dynastie der Seleukiden, die u.a. über Mesopotamien und Syrien herrschten. Palästina kam zuerst an die Ptolemäer und später an die Seleukiden. Unter den Diadochenkönigen verbreitete sich allenthalben die Kultur des Hellenismus, die griechisch geprägt, aber auch sehr anpassungsfähig gegenüber den jeweiligen örtlichen Traditionen war. Nur vereinzelt, wie bei den Juden Palästinas, gab es Widerstand gegen die hellenistische Einheitskultur und den Kult der hellenistischen Herrscher. Von der zweiten Hälfte des 2. Jahrhunderts v.Chr. an wurden die Römer zur Vormacht auch im östlichen Mittelmeerraum. Sie schufen ein Netz von Abhängigkeiten, so, als sie 40 v.Chr. ihren treuen Verbündeten Herodes zum König im Gebiet der Juden machten. Zur Zeit des Kaisers Augustus aber war bereits die gesamte Mittelmeerküste von römischen Provinzen gesäumt. Ein Aufstand der Juden wurde 70 n.Chr. brutal niedergeworfen.

ZEIT DES WANDELS
Durch den Einfluss des hellenistischen Gedankenguts kam es unter der Herrschaft Alexanders des Großen in Palästina zu einem Wandel in den alten Traditionen. Von da an gewannen griechische (und später römische) Kultur, Architektur, Religion und Sprache in Palästina immer mehr an Bedeutung.

VON GRIECHENLAND NACH ÄGYPTEN
Nach Alexanders Tod kämpften seine Feldherren um sein Erbe. Ptolemäus I., ein Mazedonier, riss Ägypten und Palästina an sich und begründete eine neue Dynastie mit Alexandria in Ägypten als Hauptstadt. Die Ptolemäer wurden oft wie altägyptische Herrscher porträtiert. Diese Kalksteinstele zeigt Ptolemäus II., der seinem Vater 283 v.Chr. auf dem Thron folgte.

DER SCHATTEN ROMS
Zur Regierungszeit des Titus stand das ganze Mittelmeergebiet unter römischer Herrschaft.

GÖTZENDIENST
Die Verehrung griechisch-römischer Gottheiten wurde von den Juden abgelehnt.

TRAGBARER ALTAR
Dieser bronzene Miniaturaltar aus der Römerzeit stammt aus Byblos. Die einst bedeutende phönizische Stadt spielte kaum noch eine Rolle.

DIE JÜDISCHEN AUFSTÄNDE

66 n.Chr. kam es in Judäa zum Aufstand von Priestern und Schriftgelehrten gegen die Römer, der von Kaiser Vespasian und seinem Sohn Titus 70 n.Chr. niedergeworfen wurde. Sie nahmen Jerusalem ein und zerstörten den Tempel. Die letzte Zuflucht der Juden war die Festung Masada, die 74 n.Chr. nach dem Massenselbstmord der Verteidiger in die Hände der Römer fiel. Eine zweite Revolte wurde 132 n.Chr. von Kaiser Hadrian niedergeschlagen.

Marmorbüste des römischen Kaisers Titus

TITUSBOGEN
Auf diesem Triumphbogen, den Kaiser Domitian zu Ehren seines Bruders Titus auf dem Forum Romanum errichten ließ, ist der Sieg über die aufständischen Juden 70 n.Chr. dargestellt.

KALVARIENBERG
Nach 6 n.Chr. war Judäa eine römische Provinz, die von römischen Statthaltern regiert wurde. Unter dem fünften Statthalter, Pilatus (27–30 n.Chr.), wurde Jesus gekreuzigt.

KREUZIGUNG
So könnte Jesus gekreuzigt worden sein.

Diese in einer Form gebrannte römische Gesichtsvase stammt aus dem 2.Jh. n.Chr.

ERSATZGÖTTER
Die Griechen und Römer führten ihre eigenen Gottheiten ein. In Phönizien, wo sich die kanaanitische Religion bis zu Alexander dem Großen gehalten hatte, konnten die neuen Götter die alten problemlos ersetzen. Die „neue" Göttin Aphrodite (Bronzestatue aus Byblos) entsprach der phönizischen Fruchtbarkeitsgöttin Astarte.

DOPPELT BEGRABEN
Die Römer bestatteten ihre Toten in zwei Schritten. Nach dem Tod wurde der Leichnam in Leinen gewickelt, parfümiert und in eine Grabkammer gelegt. Nach einiger Zeit, wenn das Fleisch verwest war, holten die Verwandten die Gebeine aus dem Grab und bestatteten sie in einem Ossuarium („Beinhaus").

Griechenland

Die frühe Geschichte Griechenlands lässt sich in zwei Hauptphasen einteilen: die Zeit der minoischen Kultur auf Kreta, die sich in der mykenischen Kultur des Festlands fortsetzt, und die Zeit der Erneuerung der Zivilisation nach der Zerstörung der mykenischen Kultur, die in der Klassik des 5. Jahrhunderts gipfelt. Beide Phasen haben nur wenig miteinander zu tun, weil die Kultur der ersten Phase fast vollkommen zerstört wurde. Dennoch umfasste die Überlieferung des klassischen Griechenlands immer auch die Erinnerung an eine längst vergangene kulturelle Blüte.

Die erste Hochkultur Europas

Erst um 2300 v.Chr. – viel später als auf dem griechischen Festland – verbreitet sich auf Kreta die Kenntnis der Bronzeverhüttung; doch schon um 2000 v.Chr. gibt es hier hoch entwickelte Palastwirtschaften nach mesopotamischem Vorbild. Diese schnelle Entwicklung ist nicht anders als dadurch zu erklären, dass kretische Seefahrer damals intensive Beziehungen zu den Städten der syrischen Küste hatten. Wie die kretische Kunst der frühen Zeit zeigt, muss es auch Handelskontakte nach Ägypten gegeben haben. Die kretische Kultur konnte also sowohl auf die Errungenschaften Vorderasiens als auch auf die Ägyptens zurückgreifen. Diese altkretische Kultur nennen wir minoisch (nach dem sagenhaften Kreterkönig Minos der griechischen Überlieferung).

Der Brite Arthur Evans hat zu Beginn des 20. Jahrhunderts den größten der kretischen Paläste, den von Knossos, ausgegraben und dort nicht nur eindrucksvolle Malereien und Keramiken gefunden, sondern auch ein Archiv von Tontäfelchen. Die Texte der älteren dieser Täfelchen, die in der sogenannten Linear-A-Schrift abgefasst sind, können wir leider nicht entziffern. Es ist jedoch höchst wahrscheinlich, dass sie im Wesentlichen dieselben Inhalte haben wie die aus einer späteren Phase stammenden Linear-B-Täfelchen. Das Linear B konnte entziffert werden, weil mit dieser Schrift eine bekannte Sprache geschrieben wurde, nämlich ein altertümliches Griechisch; Linear A, dessen Zeichen sich nicht wesentlich von Linear B unterscheiden, wurde dagegen für die Aufzeichnung einer unbekannten Sprache benutzt.

Die Linear-B-Täfelchen sind Verwaltungsurkunden von derselben Art wie die Tontäfelchen, die in babylonischen, assyrischen und syrischen Palästen gefunden wurden. Die Priester (vielleicht auch Priesterinnen) und Beamten des minoischen Kreta verwalteten die Landwirtschaft in der Region um einen Palast und kontrollierten den Seehandel. Wer damals geherrscht hat, wissen wir nicht; wir wissen nicht einmal, ob damals Könige oder Priester die Paläste beherrschten. Eines aber ist gewiss: Die minoische Kultur war ungewöhnlich lebensfroh und unkriegerisch. Denn man hat aus dieser Periode viele Abbildungen von festlich gekleideten oder Sport treibenden Menschen gefunden, aber weder Befestigungsanlagen noch Darstellungen von Kriegern.

Das ändert sich um die Mitte des 15. Jahrhunderts v.Chr. Seitdem sind die mykenischen Streitwagenkrieger, die bereits seit dem frühen 16. Jahrhundert über das griechische Festland herrschten, auch die Herren der kretischen Paläste.

Mykenisch nennen wir die Kultur, deren bedeutendste Denkmäler Heinrich Schliemann gegen Ende des 19. Jahrhunderts in Mykenä auf der Peloponnes ausgegraben hat. Träger dieser Kultur sind Krieger, die einen altertümlichen griechischen Dialekt sprechen und die ihre Kriegstechnik, die auf der Pferdezucht und der Verwendung von Streitwagen beruhte, anscheinend von den Hethitern gelernt haben. Den minoischen Kretern verdanken sie ihre Kenntnis der Verwaltung und ihre Kunst. Die mykenischen Paläste sind im Unterschied zu denen des alten Kreta allerdings nicht zum Umland hin offen, sondern – jedenfalls in der späteren Zeit – mit Mauern umgebene Burgen; aber sie sind ebenso wie die kretischen Paläste Verwaltungszentren mit Archiven von in Linear B abgefassten Tontäfelchen. Die Herrscher dieser Paläste sind mächtige Könige, deren Herrschaftsgebiete viel größer sind als die der meisten späteren griechischen Stadtstaaten.

Wahrscheinlich sind es die Kreter, die den mykenischen Griechen die Kunst des Schiffbaus und der Seefahrt vermittelten.

Die sog. Grabmaske des Königs Agamemnon aus Mykenä

Mykenische Seefahrer gründen Niederlassungen auf den Inseln Rhodos und Zypern ebenso wie in Sizilien und Süditalien. Die bekannteste der mykenischen Städte außerhalb Griechenlands ist das sagenhafte Troja im Nordwesten Kleinasiens.

Die griechische Frühzeit

Die *Ilias*, die Homer zugeschriebene Dichtung vom Kampf um Troja, ist nach 800 v.Chr. entstanden. Dass dieses Epos einen historischen Kern enthält, wies Heinrich Schliemann nach, als er aufgrund der Angaben Homers Troja fand und ausgrub. Allerdings liegen im Hügel von Troja mehrere Siedlungen aus verschiedenen Zeiten in verschiedenen Fundschichten übereinander begraben, und das homerische Troja kann nicht die reiche frühbronzezeitliche Siedlung gewesen sein, die Schliemann dafür hielt. Als das Troja Homers kommt auch nicht die mykenische Stadt in Frage, die durch ein Erdbeben vernichtet wurde, sondern nur die kleinere Siedlung, die um 1200 v.Chr. durch Menschengewalt zerstört wurde. Wir wissen nicht, ob es wirklich spätmykenische Kleinkönige waren, die Troja eroberten, wie Homer es nahelegt, oder vielmehr die sogenannten thrakophrygischen indoeuropäischen Kriegerstämme, die in dieser Zeit das Hethiterreich in Kleinasien vernichteten. Jedenfalls steht die Zerstörung Trojas in Zusammenhang mit der Zerstörung auch der anderen mykenischen Burgen durch Eindringlinge aus dem Norden. Diese kriegerischen Einwanderer verdrängten sowohl in Griechenland als auch in Kleinasien Teile der alteingesessenen Bevölkerung, die sich vielfach über See in Sicherheit zu bringen suchten. Dadurch kam es zur Invasion der wahrscheinlich meist aus Kleinasien stammenden Seevölker an der syrischen Küste und in Ägypten, z.B. der Philister, die eine ganz ähnliche Kultur hatten wie die Mykener.
In Griechenland wurde die ursprüngliche Bevölkerung durch die Invasoren in den abgelegenen Landesteilen zusammengedrängt, wie in Attika, der Landschaft um Athen, von wo wiederum zahlreiche Menschen an die Westküste Kleinasiens auswichen, um dort zu siedeln. Wir können diese Wanderungsbewegungen deshalb rekonstruieren, weil die Bewoh-

Archaische Statue eines Kouros

ner Attikas und der kleinasiatischen Küste in der klassischen Zeit einen griechischen Dialekt sprachen, das Ionische, der dem alten mykenischen Griechisch viel näher stand als die Dialekte der „dorischen" Gebiete, etwa Spartas, die eine Reihe offenkundig neuerer Merkmale aufwiesen. Weil die Einwanderer sich also vor allem in den Gebieten des dorischen Dialekts niederließen, nennt man die Völkerwanderung der Zeit um 1200 v.Chr. für Griechenland die dorische Wanderung.
Bis um 1100 v.Chr. hatten die dorischen Invasoren die mykenische Kultur fast restlos zerstört. An die Stelle der alten Königreiche trat nun ein Flickenteppich von kleinen und kleinsten Gebieten mit dörflicher Bevölkerung. Sie wurden zwar auch von „Königen" regiert, aber das griechische Wort für König (und später, in der römischen Zeit, auch für Kaiser), Basileus, war in mykenischer Zeit nur die Bezeichnung für einen Dorfschulzen gewesen. Das Sinken des zivilisatorischen Niveaus nach der „dorischen" Invasion lässt sich nicht nur am Fehlen von größeren Bauten oder reichen Grabbeigaben ablesen, sondern auch am Niedergang der keramischen Kunst: Die erst nur graue und später mit einfachen geometrischen Mustern verschönte Töpferware (man spricht vom geometrischen Stil) der nachmykenischen Periode kann sich nicht mit der mykenischen Keramik messen, die mit kunstvollen Tier- und Pflanzenornamenten geschmückt war. Eine wichtige Neuerung erreichte jedoch mit der dorischen Wanderung Griechenland: die Kunst der Eisenverhüttung, die für die weitere Entwicklung eine wichtige Rolle spielen sollte.

Die Entstehung der Polis

Seit der Mitte des 10. Jahrhunderts v.Chr. begannen in den Kleinkönigtümern Griechenlands die reichsten Grundbesitzer ihre Häuser an ein und demselben Ort zu bauen, oft, wie in Athen oder Korinth, zu Füßen der Ruine einer mykenischen Burg, einer Akropolis. Hier konnten sie täglich über die Geschicke des Gemeinwesens diskutieren und Beschlüsse fassen – die Könige spielten bald kaum noch eine Rolle. Diese Orte, wo die für ein ganzes Gebiet entscheidenden Leute saßen, wuchsen zu Städten, und das Umland dieser Städte wurde ganz natürlich zum Herrschaftsbereich dieser Städte. Diese Einheit von Stadt und Umland nannten die Griechen Polis (Mehrzahl: Poleis), was zugleich Stadt und (Stadt-) Staat bedeutet. Von etwa 800 v.Chr. an beginnt ein rapider Aufschwung dieser Poleis: Die Bevölkerung wächst, sodass die griechischen Städte – sowohl die des europäischen Siedlungsgebiets als auch die der kleinasiatischen Küste – in Sizilien und Süditalien und am Schwarzen Meer Kolonien, Tochterstädte, gründen. Sie treiben Handel mit dem Orient, wovon die Einführung der Alphabetschrift in Griechenland zeugt. Die in dieser Zeit entstehenden homerischen Epen zeugen von der Kultur der kriegerischen Adelsgesellschaft, die alle griechischen Städte umfasst. Die adlige Jugend misst sich in friedlichen Zeiten in sportlichen Wettkämpfen, wie sie der Überlieferung nach seit 776 v.Chr. in Olympia stattfinden. Die geometrische Keramik zeigt nun die ersten figürlichen Menschendarstellungen – meist junge Krieger.

Im 7. Jahrhundert v.Chr. setzt sich diese Entwicklung fort. Der Dichter Hesiod versucht in die Überlieferung von den Göttern eine Ordnung zu bringen, indem er sie in eine Abfolge von Generationen bringt. Der Beginn der Herrschaft der olympischen Götter ist für ihn ein Sieg über das Chaos des Anfangs der Welt: Götterherrschaft bedeutet Ordnung in der Natur ebenso wie Ordnung in der Menschenwelt – eine Idee, die die Griechen aus der babylonischen Schöpfungsgeschichte entlehnten und die für das griechische Denken außerordentlich wichtig werden sollte. Die folgenreichste Entwicklung des 7. Jahrhunderts war der Aufstieg der wohlhabenden und mittleren Bauern. Als mit eisernen Schwertern und Harnischen ausgerüstete Hopliten (Schwerbewaffnete) sind sie und ihre Söhne das Rückgrat der Armeen der Stadtstaaten. Der fest geschlossenen Reihe, der Phalanx der Hopliten, vermag kein anders organisiertes Heer zu widerstehen; die vom Adel gestellte Reiterei ist militärisch gegenüber den Hopliten von geringerer Bedeutung, ebenso sind es die von den ärmeren Bevölkerungsschichten gestellten Leichtbewaffneten. Der Erfolg der Hoplitenphalanx im Gefecht steht und fällt mit der Disziplin der Kämpfer, denn wenn nicht

Trinkschale mit griechischem Handelsschiff

einer für den anderen einsteht, wenn die Reihe wankt, ist der Kampf verloren. Da jede Polis von ihren landhungrigen Nachbarn bedroht ist, wird militärisches Training und kämpferische Disziplin zum Lebensideal der Polis erhoben. Dichter besingen die Tapferkeit junger Kämpfer, und Bildhauer setzen mit den Statuen ernst blickender Jünglinge mit sportgestählten Körpern, sogenannten Kouroi, den Verteidigern der Freiheit ihrer Städte großartige Denkmäler – die ersten frei stehenden Monumentalstatuen der Geschichte, mit denen die große Zeit der griechischen Bildhauerei beginnt.

Die militärisch erfolgreichste Polis ist Sparta, deren Kriegern es gelingt, einen großen Teil der Halbinsel Peloponnes im Süden Griechenlands zu unterwerfen. Die von den Spartanern abhängigen Bauern müssen für die Ernährung der Krieger sorgen, sodass diese sich ganz auf das Kriegshandwerk konzentrieren können, auf das sie von Kindheit an vorbereitet werden. Es hat nie mehr als ein paar Tausend spartanische Krieger – Spartiaten – gegeben, aber diese stellten bis ins 4. Jahrhundert v.Chr. das gefürchtetste Heer Griechenlands.

Die Tyrannis und der Anfang der Philosophie

Die gewachsene Bedeutung der Bauern, zu denen sich in zunehmendem Maß auch die Handwerker gesellen, führt dazu, dass diese die politische Alleinherrschaft des Adels in Frage stellen. Auch die Tatsache, dass die Angehörigen der Mittelschicht in den militärischen Übungen oft zusammen sind und dabei über Politik (das Wort „Politik" leitet sich von „Polis" ab) reden, bewirkt, dass sie sich in ihrer Gesamtheit als die eigentlichen Vertreter der Polis verstehen. Demgegenüber denkt der Adel, der mit den großen Familien anderer Städte verwandt und verschwägert ist, viel „internationaler". Hopliten und adlige Ritter stehen sich gegen Ende des 7. Jahrhunderts oft in unversöhnlicher Feindschaft gegenüber, und manche Städte stehen am Rand eines Bürgerkriegs. In vielen Poleis nützen die Oberhäupter mächtiger Adelsfamilien diese Situation, um sich mit der Mittelschicht zu verbünden und eine Alleinherrschaft, eine Tyrannis, zu errichten. Aber die Tyrannis ist weder bei dem durch sie entmachteten Adel noch bei dem ebenfalls entmündigten Volk beliebt. Beide Seiten beauftragen deshalb immer wieder angesehene Männer, sogenannte Weise, eine neue Ordnung auszuarbeiten, die den inneren Frieden wiederherstellen soll. In Athen ist es Solon, der 594 v.Chr. den Versuch unternimmt, eine Verfassung auszuarbeiten, die alle Parteien zufrieden stellt. Als Erstes beseitigt Solon die Schuldknechtschaft, in die arme Bauern immer wieder gerieten, wenn schlechte Ernten sie zwangen, Saatgut und Lebensmittel von den adligen Großgrundbesitzern zu leihen, und sie diesen Kredit nicht innerhalb der gesetzten Frist zurückzahlen konnten. Die Bürger der Polis sollen alle frei sein und nicht in sklavereiähnliche Abhängigkeit gezwungen werden können. Dann setzt Solon fest, dass alle Bürger am öffentlichen Leben, an Politik und Rechtsprechung beteiligt werden sollen, und zwar jeweils in dem Maß, in dem sie durch ihre Abgaben zum Wohlergehen des Staats beitragen. Die Reichen sollen also mehr Einfluss im Rat haben als die Armen, aber alle sollen sie mitwirken dürfen. Außerdem sollen die öffentlichen Ämter immer nur für eine begrenzte Zeit, also turnusmäßig, vergeben werden, damit jeder unter den angesehenen Bürgern die Möglichkeit hat, einmal in seinem Leben eine wichtige Position zu bekleiden.

Wie Solon dachten damals in Griechenland auch andere „weise" Männer – Philosophen – über die richtige Ordnung nach. Dabei suchten sie nach Gesetzmäßigkeiten in der Natur, die zum Vorbild für die Gesetzgebung im Staat dienen konnten. Thales aus der ionischen Stadt Milet in Kleinasien hatte 585 v.Chr. bewiesen, dass auch die Gestirne Gesetzen unterliegen, indem er zum ersten Mal eine Sonnenfinsternis richtig voraussagte. Sein Schüler Anaximander schloss daraus, dass überall nach der Ordnung der Zeit einmal das eine und einmal etwas anderes hervortreten oder sich zurückziehen sollte.

Was den Sternen billig war, sollte der menschlichen Ordnung recht sein. Politische Macht sollte ebenso zeitlich begrenzt sein wie das Aufleuchten eines Gestirns. Wenig später versuchte Pythagoras, der in Unteritalien lehrte, in Musik und Mathematik die richtigen Verhältnisse zu entdecken, wie sie auch im Staat Geltung haben sollten, damit es dort harmonisch zuginge: einfache und klare Verhältnisse, wie sie

auch Solon im Sinn hatte, als er den Adligen einen „proportional" größeren Einfluss als den mittleren Grundbesitzern einräumte und diesen einen größeren Einfluss als den ärmeren Bürgern. Indem die ersten Philosophen Griechenlands die Ordnung der Natur und der Gesellschaft verglichen, setzten sie das mythologische Denken Hesiods fort, der die göttliche Ordnung gleichermaßen in Natur und Menschenwelt walten sah; aber sie fügten dem etwas Neues hinzu, indem sie neue Begriffe prägten, die für die Natur, die Menschen- und die Götterwelt gleichermaßen galten. Natur und Menschenwelt fassten sie unter dem einen Begriff des Seienden zusammen, und aus der Göttin des Rechts machten sie das Recht, dem Menschen, Götter und Natur gleichermaßen unterlagen. An die Stelle mythischer Kräfte und ihrer göttlichen Verkörperungen traten abstrakte Begriffe.

Solon trat als Gesetzgeber zurück, als das Volk ihn zum Tyrannen machen wollte. Er sollte nicht weiter über komplizierte Verfahren der Machtverteilung unter den gesellschaftlichen Kräften nachdenken, sondern einfach das Land zu gleichen Teilen an alle Bewohner geben. Dann wären auch alle an Ansehen und Einfluss gleich. Dies aber, wusste Solon, war nicht durchzusetzen.

Nach Solons Scheitern kam es auch in Athen durch Peisistratos zur Errichtung einer Tyrannis, die von 560 bis 510 v.Chr. dauerte.

Die Zeit der Tyrannen war eine Epoche wirtschaftlicher Blüte für die griechischen Städte. Der Handel nahm zu, nicht zuletzt dank der Einführung der Geldwirtschaft seit Beginn des 6. Jahrhunderts. Die Bauern spezialisierten sich auf die Produktion von Wein und Olivenöl für den Export, während das Getreide für Brot von außen eingeführt wurde. Ein weiterer „Exportschlager" war die Keramik, die nun, in der Zeit des orientalisierenden Stils, prächtig mit Motiven wie Löwen und Greifen geschmückt war, welche in der Kunst des Assyrerreichs ihr Vorbild hatten. Städte wie Athen und Korinth, die ihr Getreide von den Gegenden am Schwarzen Meer importierten, mussten nun auch die Versorgungswege, vor allem am Bosporus und an den Dardanellen, sichern. Sie waren so gezwungen, auch militärisch zur See stark zu sein.

Kopf einer Götinnen-Statue

Die Revolution des Kleisthenes in Athen

514 v.Chr. wurde der jüngere Bruder des Athener Tyrannen, eines Sohns des Peisistratos, ermordet, und vier Jahre später, 510 v.Chr., gelang es den Athenern mithilfe der Spartaner, die Tyrannis endgültig zu stürzen. Die Spartaner sollten aber nicht das erreichen, was sie mit ihrer Intervention bezweckten, nämlich die Wiedererrichtung einer Adelsherrschaft. Vielmehr gelang es dem Kleisthenes, dem Führer der Volkspartei, den Herrschaftsanspruch des Adels abzuwehren – auch als die Adligen die Spartaner und andere konservativ regierte Städte erneut zu Hilfe riefen. Dabei genoss die Volkspartei die Sympathien von Korinth, wo das Volk ebenfalls erst kürzlich die Tyrannis gestürzt hatte und misstrauisch auf die adelsfreundliche Politik der Spartaner sah: Innenpolitische Auseinandersetzungen in einer griechischen Stadt wirkten sich stets auch auf die Parteikämpfe in anderen Städten aus.

Nachdem er seine Position gefestigt hatte, machte Kleisthenes sich unter der Parole „gleiches Recht für alle" an eine radikale Neuordnung Athens, die in der Geschichte bis zur Französischen Revolution nicht ihresgleichen hat: Er zerschlug die alten gewachsenen Machtstrukturen vor Ort, indem er Athen in zehn neu geschaffene, völlig künstliche „Stämme" (Phylen) einteilte, die jeweils zu einem Drittel aus der Stadtbevölkerung von Athen, der Landbevölkerung Attikas und den Bewohnern der attischen Küste bestanden. Diese Phylen, die durchschnittlich etwa 3500 Bürger umfassten, waren nicht nur die Grundlage der militärischen Organisation; sie waren auch die Basis der politischen Ordnung: Jede Phyle ordnete 50 Bürger in den Rat der 500 ab, der den alten vom Adel beherrschten Rat ablöste. Dabei hatte jeder Angehörige einer Phyle eine realistische Chance, in seinem Leben einmal Ratsherr zu werden, denn die Amtsdauer war jeweils ein Jahr und Wiederwahl unerwünscht. Der ständige Ausschuss des Rats, der jeweils für ein Zehntel Jahr von den 50 Ratsmitgliedern einer Phyle gebildet wurde, führte die Geschäfte und bereitete die Volksversammlungen vor, denen die wichtigsten Entscheidungen wie die über Krieg und Frieden vorbehalten blieben. Die Volksversammlungen, zu denen die Bürger oft von weither anreisen mussten, fanden etwa dreißigmal im Jahr statt: Es ist erstaunlich, wie viel Zeit und Aufmerksamkeit die Athener der Politik widmeten. Lediglich die Mitglieder der eigentlichen Stadtregierung, die Archonten, wurden noch vom Adelsrat, der auf dem Areopag-Hügel tagte, bestimmt. Aber ihr Einfluss war begrenzt, und bald wurden auch die Archonten von der Volksversammlung bestimmt. Eine sehr interessante Institution in der athenischen Politik, deren Einführung ebenfalls dem Kleisthenes zugeschrieben wird, ist das Scherbengericht: Die Mehrheit der Volksversammlung konnte einen Politiker in die Verbannung schicken, indem sie seinen Namen in eine Tonscherbe ritzte. Manche dieser Entscheidungen waren ungerecht, insgesamt aber war das Scherbengericht eine sehr nützliche Institution, weil infolge seines Urteils in gespannten Situationen die Minderheitspartei ohne Anführer und damit die Gefahr eines Bürgerkriegs gebannt war. Übrigens belegt die Institution des Scherbengerichts, dass praktisch alle athenischen Bürger schreiben konnten.

Die Perserkriege

Die Neuerungen in Athen fanden auch bei den Griechen anderer Städte Anklang, und die konservativen Machthaber hatten Mühe, die Bewegung für die gleichen Beteiligungsrechte aller Bürger an der Politik einzudämmen. Als die Bewohner der Insel Naxos Athener Verhältnisse einführen wollen, zieht der Tyrann Aristagoras von Milet im Jahr 500 v.Chr. mit Unterstützung seiner persischen Oberherren gegen sie in den Krieg. Da die Expedition scheitert und Aristagoras gestürzt zu werden droht, wagt er einen Aufstand gegen die unbeliebte persische Herrschaft, um das Volk wieder hinter sich zu bringen. Er zieht weitere der ionischen Städte Kleinasiens auf seine Seite und gewinnt auch die Athener dazu, den ionischen Aufstand zu unterstützen. Doch die Perser schlagen die Griechen, zerstören Milet und beginnen Vorbereitungen, um ein für alle Mal Ruhe in Griechenland herzustellen.

In Athen ist es Themistokles, der Führer der Volkspartei, der die Bürger auf den Widerstand gegen die Perser einschwört, obwohl viele Angehörige der konservativen Gruppierungen zum Frieden mit den Persern raten. Als die Perser 491 v.Chr. an der nördlichen Ägäisküste aufmarschieren und die Unterwerfung der griechischen Städte angesichts ihrer Übermacht erwarten, sind es die beiden mächtigsten Poleis, Athen und Sparta, die nicht nachgeben. Also ziehen die Perser 490 mit einer Streitmacht, die insgesamt etwa 90.000 Mann umfasst, zu Lande und zur See nach

Griechenland. Nachdem sie unterwegs jeden Widerstand gebrochen haben, landen sie bei Marathon an der Ostküste Attikas. Hier gelingt es den Athenern unter ihrem Strategen (Feldherrn) Miltiades, das etwa doppelt so große Heer der Perser zu schlagen.

Für die Perser war der Feldzug von 490 nur eine begrenzte Aktion gewesen; nun aber setzten sie ihre ganze riesige Kriegsmaschine in Gang, um die Griechen, die jetzt zu einem ernst zu nehmenden Gegner geworden waren, in die Knie zu zwingen.

Themistokles wusste, dass es ganz ungewöhnlicher Anstrengungen bedürfen würde, wenn die Athener den Persern ein zweites Mal die Stirn bieten wollten. Er setzte durch, dass die Athener innerhalb kürzester Zeit eine gewaltige Flotte bauten, und überredete sie zu einer außerordentlich kühnen und verlustreichen Taktik: Als die Perser 480 v.Chr. unter dem persönlichen Befehl ihres Großkönigs Xerxes nach Attika einfallen, verlassen die Athener ihre Stadt und überlassen sie der Zerstörung durch die Perser; die Frauen, Kinder und Alten werden auf benachbarte Inseln gebracht, während die waffenfähigen Männer bei Salamis auf ihren Schiffen die persische Flotte erwarten. Tatsächlich gelingt es ihnen hier, den Gegner weitgehend aufzureiben. Das persische Landheer zieht sich nach Platää in Mittelgriechenland zurück, wo es 479 v.Chr. von den Spartanern unter Pausanias geschlagen wird.

Die klassische Zeit Athens und die Demokratie

Als die Athener nach der Schlacht von Salamis in ihre zerstörte Stadt zurückkehren, ist Athen die größte Seemacht im Mittelmeer. An die hundert Städte der Ägäis stellen sich gegen die Perser unter den Schutz der athenischen Flotte, und sie sind bereit, dafür in die Kasse des delisch-attischen Seebunds zu zahlen – das „Schutzgeld“, das die Athener verlangen, ist immer noch geringer als das, welches die Perser eingetrieben haben.

Zu Land ist nur Sparta Athen ebenbürtig, und Themistokles drängt die Athener sogleich, auch diesen lästigen Konkurrenten zu bekämpfen, der sich durch seine Unterstützung der konservativen Kreise immer wieder auch in die innere Politik Athens einmischt. Doch die Athener sind kriegsmüde und wenden sich dem konservativeren

Perikles

Kimon zu, dem Sohn des Miltiades, des Siegers von Marathon. Themistokles wird nach einem Scherbengericht in die Verbannung geschickt.

Innerhalb weniger Jahre waren die Athener von einem kleinen Bauern- und Händlervolk zu Leuten geworden, die in der Weltpolitik eine bedeutende Rolle spielten. Sie mussten lernen, in neuen Kategorien zu denken, und dabei die innere Einheit ihrer Stadt wahren. Dabei half ihnen seit 472 v.Chr., als die *Perser* des Aischylos aufgeführt wurden, das Theater. Die Theateraufführungen waren die wohl wichtigsten öffentlichen Ereignisse im Leben der Stadt: Alle Bürger gingen hin, diskutierten vorher und nachher über die neuen Stücke und lernten dabei, wie die Heldinnen und Helden der Tragödien in schwierigen Situationen frei und nach sorgfältiger Abwägung von Gut und Böse zu entscheiden. Denn sie mussten immer wieder schwerwiegende Beschlüsse in der Volksversammlung und in den Volksgerichten fassen, auf die sie keine jahrhundertelang gewachsene Tradition vorbereitet hatte.

Dies traf auch für eine Bevölkerungsschicht zu, die bisher im politischen Leben keine große Rolle gespielt hatte: die Kleinbauern und vor allem die Landlosen, die sich als Tagelöhner oder als Ruderer auf den Schiffen verdingten. Durch den Aufbau der attischen Seemacht waren sie für die Verteidigung der Macht des Staats inzwischen wichtiger geworden als die Hopliten, denn sie stellten den größten Teil der Schiffsbesatzungen im Krieg. Sie verlangten nun auch einen größeren Anteil an der politischen Macht. Als Kimon sich mit den athenischen Hopliten 462 v.Chr. auf der Peloponnes befindet, um den Spartanern bei der Niederwerfung eines Aufstands der halbversklavten Bauern ihres Gebiets zu helfen, wagt Ephialtes in Athen einen Staatsstreich: Der Adelsrat des Areopag wird endgültig entmachtet und der Zugang von Männern einfacher Herkunft zu wichtigen Staatsämtern erleichtert. Es werden auch Diäten, Aufwandsentschädigungen, eingeführt, damit die Ärmeren es sich leisten können, an den politischen Debatten teilzunehmen. Später wird sogar noch „Schaugeld“ für den Besuch des Theaters gezahlt, damit alle an der politischen Bildung, der das Drama diente, teilhaben können; die Bezahlung der Geschworenen in den zahlreich besetzten Volksgerichten – meist älterer Bürger – erweist sich als regelrechte staatliche Altersversorgung.

Seit dieser Zeit bezeichnen die Athener ihre Verfassung als Demokratie, das heißt Volksherrschaft. Seit den 50er Jahren des 5. Jahrhunderts v.Chr. ist es Perikles, ein Freund des Ephialtes, der die demokratische Partei führt und damit zum wichtigsten Mann im Staat wird. Zu seiner Zeit erreicht Athen die höchste Blüte seiner Geschichte.

Die Athener fühlen sich inzwischen wie die Herren eines Seereichs und behandeln ihre Seebundgenossen zunehmend herablassend. Einwanderern aus anderen Gegenden Griechenlands enthalten sie das Bürgerrecht vor, denn sie wollen ihre Privilegien und ihren Wohlstand für sich behalten. Die Bundeskasse wird von der Insel Delos nach Athen gebracht, wo sie auch dafür gebraucht wird, die prächtigen Bauten auf der Akropolis, wie den der Stadtgöttin Athene geweihten gewaltigen Parthenon, zu finanzieren. Diese öffentlichen Arbeiten haben auch den Sinn, den armen Athenern Brot und Arbeit zu geben und sie dadurch zu Parteigängern des Perikles zu machen.

Die Dramatiker Sophokles und Euripides schreiben Stücke, die bis heute immer wieder aufgeführt werden, die Bildhauer gestalten Statuen, die in der gesamten Antike immer wieder kopiert wurden, die Vasenmaler schaffen ihre Meisterwerke. Einer der Freunde des Perikles, der Philosoph Anaxagoras, ist so kühn, die Welt als Ineinander von Materie und Geist so zu erklären, dass für die Götter überhaupt kein Platz mehr ist; die ersten Sophisten halten bezahlte Vorträge, in denen sie behaupten, alle Wahrnehmung sei nur subjektive Meinung und es komme für kluge Menschen nur darauf an zu lernen, wie sie die Meinung anderer beeinflussen können. Diese Freigeister, zu denen auch Aspasia, die zweite Frau des Perikles, gehört, rufen den Zorn der konservativen und frommen Kräfte hervor. Nur mit Mühe kann Perikles den Freispruch der Aspasia in einem Prozess wegen Kuppelei und Gottlosigkeit erreichen.

Eine intellektuelle Frau wie Aspasia ist übrigens auch in Athen die Ausnahme; die Frauen bleiben von der Öffentlichkeit, von der Politik und dem Theater, ausgeschlossen.

Der peloponnesische Krieg und die Folgen

Der Hochmut der Athener und der Erfolg der Demokratie beunruhigt zunehmend die Spartaner. Als die mit ihnen verbündeten Korinther, die die wichtigsten wirtschaftlichen Konkurrenten der Athener sind, mit Athen in einen Konflikt um die Insel Korfu an der Westküste Griechenlands geraten, beginnt 431 v.Chr. der Peloponnesische Krieg, der bis 404 mit äußerster Erbitterung geführt wird. Fast alle Städte Griechenlands werden gezwungen, für Athen oder für Sparta Partei zu nehmen, und die Kriegshandlungen spielen sich nicht nur in Griechenland, sondern auch in Kleinasien und in Sizilien ab. Sogar der alte Feind, das Perserreich, wird in den Konflikt hineingezogen und unterstützt die Spartaner. Vor allem während der zahlreichen Seeschlachten kommt es immer wieder zu grausamen Gemetzeln, die die kampffähige Bevölkerung Spartas wie Athens dezimieren.

Als Athen schließlich kapitulieren muss, verzichten die Spartaner auf die Zerstörung der Stadt, die ihre wichtigsten Bundesgenossen, die Korinther und die Thebaner, fordern. Allerdings lassen sie zu, dass zurückgekehrte adlige Emigranten in Athen ein Schreckensregime errichten, die Herrschaft der Dreißig. Eine Gegenbewegung der Demokraten macht diesem grausamen Spuk jedoch bald ein Ende.

Die Verurteilung des Philosophen Sokrates zum Tod (399 v.Chr.) mag auch damit zusammenhängen, dass Sokrates Freunde unter den Dreißig hatte. Sokrates' Schüler Platon (427–348/47 v.Chr.) und dessen Schüler Aristoteles (384–322 v.Chr.) machten Athen zur Hauptstadt der Philosophie und der Wissenschaften, in die Studenten aus der ganzen griechisch sprechenden Welt strömten.

Politisch blieb Athen im 4. Jahrhundert v.Chr. geschwächt, ebenso wie Sparta, das die Menschenverluste während des Peloponnesischen Kriegs nicht wettmachen konnte. Für eine Weile erlangte das mittelgriechische Theben, das Sparta geschlagen hatte, die Hegemonie (Vorherrschaft) in Griechenland, doch 338 v.Chr. wurden die mit den Athenern verbündeten Thebaner bei Chaironeia von dem Makedonenkönig Philipp geschlagen.

Makedonien und das Reich Alexanders

Makedonien im Norden Griechenlands ist keine Polis, sondern ein Flächenstaat von Bauern und Hirten, der von einer adligen Kriegerschicht beherrscht wird. Die Angehörigen der großen Familien Makedoniens sind seit jeher von der griechischen Lebensart geprägt und pflegen enge Beziehungen zu den ersten Familien der griechischen Städte. Das Volk Makedoniens wird von den Einwohnern der Griechenstädte allerdings für ungebildete Barbaren gehalten. Deshalb warnen Politiker wie der berühmte Redner Demosthenes in Athen vor einer makedonischen Herrschaft. Andere Politiker, gerade die konservativen, wünschen sich, dass es eine starke Ordnungsmacht in Griechenland gäbe, die der politischen Unruhe und den ewigen Kriegen ein Ende setzte. So ist der Widerstand gering, als Philipp nach dem Sieg bei Chaironeia die Griechenstädte im Namen der alten Koalition gegen die Perser auf Treue zu Makedonien einschwört, ohne ihre inneren Institutionen anzutasten.

Als Philipp 336 v.Chr. stirbt, übernimmt sein gerade erst zwanzigjähriger Sohn Alexander die Herrschaft über Makedonien. Er ist schon in diesem Alter eine Persönlichkeit, die die Bewunderung seiner Zeitgenossen hervorruft. Seine Lehrer waren Aristoteles und andere berühmte Philosophen, und auch als tapferer Krieger hatte er sich schon hervorgetan.
Nach seiner Thronbesteigung erneuert er als Erstes die makedonische Hegemonie über die griechischen Städte, um dann, 334, das Versprechen seines Vaters wahr zu machen und gegen die Perser zu ziehen. 333 erreichen die Makedonier und ihre griechischen Verbündeten Syrien, wo sie Tyros belagern, um den

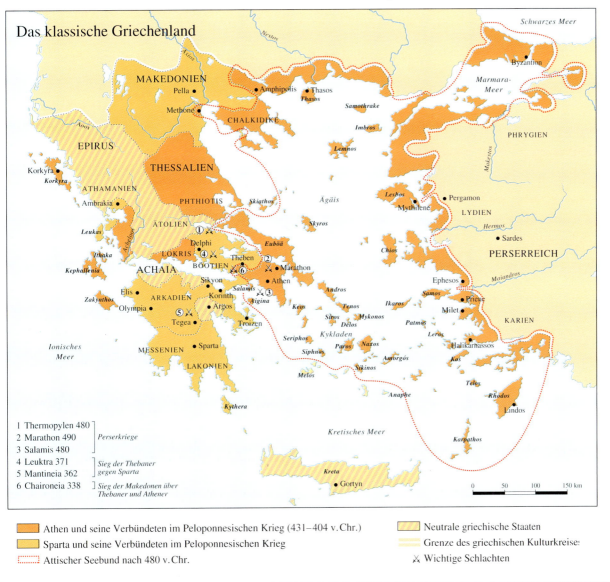

Das klassische Griechenland

1 Thermopylen 480 ⎤
2 Marathon 490   ⎥ Perserkriege
3 Salamis 480   ⎦
4 Leuktra 371   ⎤ Sieg der Thebaner
5 Mantineia 362   ⎦ gegen Sparta
6 Chaironeia 338   ⎤ Sieg der Makedonen über
                       Thebaner und Athener

◼ Athen und seine Verbündeten im Peloponnesischen Krieg (431–404 v.Chr.)
◼ Sparta und seine Verbündeten im Peloponnesischen Krieg
⋯ Attischer Seebund nach 480 v.Chr.

◻ Neutrale griechische Staaten
Grenze des griechischen Kulturkreises
⚔ Wichtige Schlachten

265

Widerstand der phönizischen Flotte zu brechen. Als Tyros gefallen ist, ist der Weg nach Ägypten frei, wo Alexander als Befreier begrüßt wird. 331 schlagen die Makedonier und Griechen in Mesopotamien den Großkönig vernichtend; danach stößt Alexander durch die Halbwüsten Persiens bis nach Indien vor. Erst als seine Soldaten meutern, willigt er in den Rückmarsch ein und entlässt die heimkehrwilligen Soldaten. In Babylon, das er zur Hauptstadt seines Riesenreichs macht, arrangiert er eine Massenhochzeit zwischen seinen Offizieren und den Töchtern der wichtigsten persischen Adelsfamilien: Er will die Elite der Griechen mit der des Perserreichs verschmelzen, um seinem Reich Dauer zu verleihen.

Als Alexander 323 v.Chr. in Babylon stirbt, erweist sich jedoch, dass er allein das Reich zusammengehalten hat. Die Diadochen, seine Generäle und ihre Nachfolger, beginnen sogleich den Kampf um die Macht und teilen dabei das Reich unter sich auf. Babylonien und Persien gehen an Seleukos, der das Seleukidenreich begründet, Ptolemaios macht sich zum Pharao von Ägypten und wird zum Stammvater der Ptolemäerdynastie. Makedonien behält die Vorherrschaft über Griechenland; in Kleinasien ist das Reich von Pergamon der bedeutendste Nachfolgestaat des Alexanderreichs.

Die wichtigste Folge des Alexanderzugs ist die Verbreitung der griechischen Kultur in den weiten Gebieten des untergegangenen Perserreichs, die allerdings zuvor schon durch die griechischen Niederlassungen, durch griechische Händler und Söldner auf vielerlei Art mit dem Griechentum in Berührung gekommen waren. Diese nicht mehr auf Griechenland beschränkte griechische Kultur nennt man hellenistisch. Es waren gerade Städte wie Alexandria in Ägypten und Pergamon in Kleinasien, die – neben Athen – mit ihren Bibliotheken und Universitäten die Zentren der hellenistischen Kultur darstellten. Auch der von Alexander nicht unterworfene westliche Mittelmeerraum wurde seit dieser Zeit in hohem Maß von der griechischen Kultur geprägt. Die Römer, die hier gerade ihre Herrschaft antraten, lasen bald schon die griechischen Schriftsteller und Philosophen und eiferten der griechischen Lebensart nach.

Als die Römer 148 v.Chr. Makedonien und Griechenland eroberten und wenig später das Reich des letzten Königs von Pergamon erbten, als sie schließlich auch Syrien und Ägypten in ihr Imperium eingliederten, waren dies – dank Alexander – Gebiete eines und desselben Kulturkreises.

Platon und Aristoteles
auf einem Gemälde
Raffaels (16. Jh.)

Chronik

um 2000 v.Chr.	Besiedlung des griechischen Festlands durch Griechisch sprechende Indoeuropäer; Beginn der Palastkultur auf Kreta
um 1600 v.Chr.	Ausbreitung der mykenischen Streitwagenkriegerkultur auf dem griechischen Festland, die bald durch die minoische Kultur Kretas beeinflusst wird.
um 1450 v.Chr.	Mykenische Krieger übernehmen die Herrschaft in Kreta.
um 1200– 1100 v.Chr.	Dorische Wanderung; Zerstörung der mykenischen Kultur; danach dunkle, schriftlose Epoche; Besiedlung der kleinasiatischen Ägäisküste durch Griechen; Verbreitung der Eisentechnologie
10.Jh.v.Chr.	Gründung der ersten griechischen Stadtstaaten
um 800 v.Chr.	Aufkommen des Überseehandels; Übernahme der Alphabetschrift von den Phöniziern
um 750 v.Chr.	Beginn der griechischen Kolonisation, die um 550 v.Chr. abgeschlossen ist; homerische Dichtungen
um 700 v.Chr.	In den Städten herrschen die Räte des Adels, die Königsherrschaft ist fast überall abgeschafft. Systematisierung der Götterlehre durch Hesiod
um 650 v.Chr.	Die Hoplitenphalanx eisenbewehrter Bauernkrieger wird zum Rückgrat der Armeen der griechischen Städte; Monumentalstatuen von Kuroi; soziale Spannungen durch das Aufstreben der Mittelschicht, die die Hopliten stellt.
seit Ende des 7.Jh.s.v.Chr.	Herrschaft von Tyrannen; Blütezeit des Handels; orientalisierender Stil in der Kunst; Exportwirtschaft in Athen und Korinth; Geldwirtschaft
594 v.Chr.	Verfassung des Solon in Athen
585 v.Chr.	Thales von Milet berechnet eine Sonnenfinsternis richtig voraus; Beginn der griechischen Philosophie und Naturwissenschaft
510 v.Chr.	Sturz der Tyrannis in Athen; anschließend Reformen des Kleisthenes; Beteiligung aller Bürger an der Regierung der Stadt
499 v.Chr.	Die Perser werfen den Aufstand der ionischen Städte in Kleinasien nieder und bereiten die Unterwerfung Griechenlands vor.
490 v.Chr.	Sieg der Athener über die Perser bei Marathon
483/482 v.Chr.	Themistokles setzt den Flottenbau in Athen durch.
480/479 v.Chr.	Abwehr des erneuten Angriffs der Perser durch die Athener bei Salamis und die Spartaner bei Plataä
479–431 v.Chr.	Fünfzigjährige Periode relativen Friedens in Griechenland; Blütezeit der klassischen Kultur und Kunst; Athen ist das kulturelle und politische Zentrum Griechenlands.
479/477 v.Chr.	Gründung des attischen Seebunds unter Führung Athens
478 v.Chr.	Der Konservative Kimon verdrängt in Athen den Themistokles und sucht die Freundschaft mit Sparta.
472 v.Chr.	Aufführung der *Perser* des Aischylos; das Drama wird zur wichtigsten Institution der politischen Bildung.
462 v.Chr.	Staatsstreich des Ephialtes gegen Kimon; Einführung der Demokratie in Athen; Perikles übernimmt nach der Ermordung des Ephialtes die Führung der demokratischen Partei.
454 v.Chr.	Überführung der Kasse des attischen Seebunds nach Athen; danach Bauten auf der Akropolis, höchste Blüte der Kunst in Athen; Ära des Perikles
438 v.Chr.	Vollendung des Parthenons auf der Akropolis von Athen
431–404 v.Chr.	Peloponnesischer Krieg aufgrund zunehmender Spannungen zwischen Athen und Sparta mit ihren jeweiligen Verbündeten; Eingreifen der Perser zugunsten Spartas
404 v.Chr.	Nach der Kapitulation Athens dort Schreckensherrschaft der Dreißig, danach Wiedereinführung der Demokratie; die durch den Krieg ebenfalls geschwächten Spartaner behaupten ihre Vorherrschaft in Griechenland nur mit Mühe.
399 v.Chr	Todesurteil gegen den Philosophen Sokrates in Athen; danach Blüte der Philosophie des Platon und Aristoteles
371 v.Chr.	Die Spartaner unterliegen Theben bei Leuktru; dem folgt 362 ihr Sieg bei Mantineia. Demokratisierungswelle in den griechischen Städten; Theben wird zur mächtigsten Stadt.
338 v.Chr.	Philipp von Makedonien besiegt die verbündeten Thebaner und Athener bei Chaironeia; makedonische Hegemonie in Griechenland
336 v.Chr.	Alexander wird nach Philipps Tod König von Makedonien.
334 v.Chr.	Beginn des Alexanderzugs gegen das Perserreich
331 v.Chr.	Endgültige Niederlage des Perserkönigs Dareios III. gegen Alexander
323 v.Chr.	Tod Alexanders, Beginn der Diadochenkämpfe, aus denen die Diadochenreiche hervorgehen; Verbreitung der hellenistischen Kultur
148 v.Chr.	Makedonien wird römische Provinz, die griechischen Städte stellen sich unter den Schutz Roms.

Die Welt der Griechen

DAS BRITISCHE MUSEUM
Die Architektur des Britischen Museums in London ist stark von der griechischen Klassik beeinflusst. Der erste Teil des Gebäudes wurde 1827 erbaut, endgültig fertig gestellt war das Museum 30 Jahre später. Viele der in diesem Buch abgebildeten Gegenstände sind dort ausgestellt.

Griechenland umfasst den Süden der Balkanhalbinsel und eine Vielzahl von Inseln im Ägäischen und Ionischen Meer. Es ist ein gebirgiges Land mit heißen, trockenen Sommern und milden Wintern, in denen fast der gesamte Jahresniederschlag fällt. Fruchtbares Ackerland ist rar und war schon bei den ersten Siedlungsgemeinschaften Anlass für kriegerische Auseinandersetzungen. Die kleinen Siedlungen waren oft durch Gebirgszüge voneinander abgeschottet. Aus ihnen entwickelten sich eigenständige Stadtstaaten. Im Krieg verbündeten sich oft mehrere dieser Stadtstaaten. Durch solch ein Bündnis konnten sich die Griechen schließlich sogar gegen das mächtige Perserreich behaupten. Griechenland brachte eine Kultur hervor, die die westliche Zivilisation durch die Jahrhunderte bis zum heutigen Tag stark beeinflusst hat. Die Griechen setzten Maßstäbe in Literatur, bildender Kunst, Theaterwissenschaft, Philosophie, Politik, Sport und vielen anderen Bereichen. Ihren Höhepunkt erreichte die griechische Kultur im Athen des 5. vorchristlichen Jahrhunderts.

KOUROS
Kouroi, Marmorstatuen nackter junger Männer, entstanden vor allem im 6.Jh.v.Chr. Meistens ist der linke Fuß etwas vorgestellt, und die Arme hängen locker herab. *Kouroi* schmückten Heiligtümer der Götter, hauptsächlich des Apoll. Sie wurden aber auch zum Gedenken an gefallene junge Soldaten aufgestellt.

DAS ALTE GRIECHENLAND
Diese Karte zeigt das alte Griechenland und die angrenzenden Gebiete. Zum griechischen Siedlungsgebiet gehörte auch eine Reihe von Orten entlang der kleinasiatischen Küste. Diese und viele Inseln in der Ägäis wurden von indoeuropäischen Einwanderern – Ioniern und Doriern – gegründet. Die Namen in Großbuchstaben kennzeichnen Regionen, die übrigen Städte.

THRAKIEN

MAKEDONIEN

Troja

Pergamon

LYDIEN

Ägäisches Meer

Delphi

Platää

Thehen

Eleusis

Smyrna

IONIEN

Athen

Ephesus

Ionisches Meer

Korinth

Tiryns

Olympia

Mykenä

Didyma

Milet

KARIEN

Halikarnassos

Theangela

Sparta

Phylakopi

LYKIEN

Akrotiri

Kamiros

N

KRETA

Knossos

Mallia

Maßstab

Phaistos

Zakro

km 150

Meilen 100

AKROPOLIS
Athen war die bedeutendste Stadt im alten Griechenland und Zentrum der Kunst und Kultur. Den Mittelpunkt der Akropolis (Burgberg) bildete der Parthenon, ein der jungfräulichen Stadtgöttin Athene geweihter Tempel.

TRINKESEL
Die Griechen stellten wunderschön bemalte Keramiken her. Dieser Becher mit zwei Henkeln und Eselskopf diente als Aufbewahrungs-, Servier- und Trinkgefäß für Wein.

SEEPFERDCHEN
Dieser Goldring ist mit einem seepferdchenartigen Fabelwesen verziert, das zwei Arme und einen Delfinschwanz hat.

GRIECHENLAND UND DIE WELTGESCHICHTE
Diese Tabelle zeigt Aufstieg und Fall Griechenlands von der minoischen Herrschaft bis zum Ende der hellenistischen Zeit. Zur zeitgeschichtlichen Einordnung werden Ereignisse aus europäischen, asiatischen und südamerikanischen Kulturen angeführt.

ZEIT	2000–1500 v.Chr.	1500–1100 v.Chr.	1100–800 v.Chr.	800–480 v.Chr.	480–323 v.Chr.	323–30 v.Chr.
GRIECH. GESCHICHTE	Kreta: „Epoche der Paläste"	Fall von Knossos Aufstieg und Fall der mykenischen Kultur	Gründung Spartas Entstehung der Werke Homers	Gründung von Kolonien am Ionischen und Schwarzen Meer Die ersten Olympischen Spiele	Perserkriege Einführung der Demokratie in Athen; Vorherrschaft Spartas Zeit des Perikles	Aufstieg Makedoniens; Untergang Spartas; Alexander der Große Diadochenkämpfe
KULTU-RELLE EPOCHE	Bronzezeit	Bronzezeit	Eisenzeit	archaisch	klassisch	hellenisch
WELT-GESCHICHTE	Indien: hoch entwickelte Kultur im Industal	Hethiterreich in Asien; Babylonisches Reich; Mayakultur in Mittelamerika; Shang-Dynastie in China	Kelten erobern Brit. Inseln Phönizische Kolonien in Spanien Olmekenkultur in Mexiko	Aufstieg der Etrusker in Italien Kuschiten fallen in Ägypten ein Gründung Roms Assyrerreich	China: Geburt des Konfuzius Assyrer erobern Unterägypten Persisches Reich	Mexiko: Toltekenreich von Tollan Qin-Dynastie in China Bau der Chinesischen Mauer

MARATHONLÄUFER
Sport und Spiele waren im alten Griechenland eine beliebte Freizeitbeschäftigung und Bestandteil religiöser Feste. Diese drei Läufer zieren einen Pokal, den der Gewinner der Großen Panathenäen erhielt, die in Athen alle vier Jahre zu Ehren Athenes stattfanden.

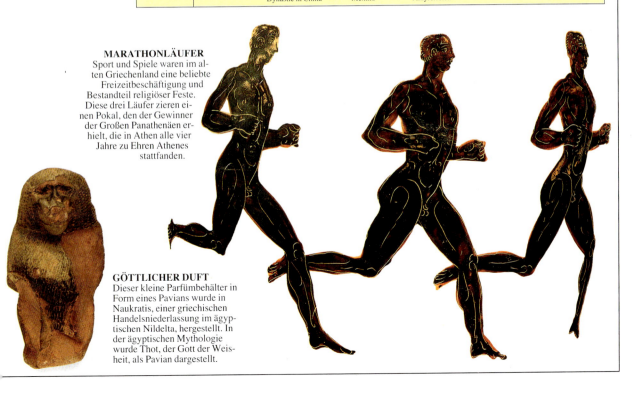

GÖTTLICHER DUFT
Dieser kleine Parfümbehälter in Form eines Pavians wurde in Naukratis, einer griechischen Handelsniederlassung im ägyptischen Nildelta, hergestellt. In der ägyptischen Mythologie wurde Thot, der Gott der Weisheit, als Pavian dargestellt.

DEKORATIVE DELFINE
Die Wände minoischer Paläste waren mit Fresken bemalt. Diese entstehen, indem man Farben auf den noch nassen Gipsputz aufträgt. Viele der Fresken, die wir heute bewundern, sind Nachbildungen, die aus Teilstücken rekonstruiert wurden. Dieses bekannte Delfinfresko zierte das Zimmer der Königin in Knossos.

KRETA
Die Inselkarte zeigt die wichtigsten Städte und Paläste: Knossos, Zakros, Phaistos und Mallia. In Hagia Triada fand man eine prächtige Villa. Die meisten Siedlungen entstanden in Meeresnähe. Die Überreste der Prachtbauten demonstrieren das Können der minoischen Architekten, Ingenieure und Künstler. Doch nicht jeder bewohnte einen Palast, viele lebten in kleineren Stadt- oder Bauernhäusern. Der Göttervater Zeus wuchs der Sage nach in der Diktäischen Höhle auf.

DEN STIER BEI DEN HÖRNERN PACKEN
Bei den Minoern galt der Stier als heiliges Tier. Eine Sage erzählt, dass Zeus sich in die hübsche Prinzessin Europa verliebte. Er verwandelte sich in einen weißen Stier und trug Europa auf seinem Rücken nach Kreta. Die beiden hatten drei Söhne; einer von ihnen war Minos, der spätere König von Kreta. Von wagemutigen kultischen Stierspielen zeugt diese Bronzefigur. Sie stellt einen Jüngling dar, der einen Salto über die Hörner eines Stiers macht.

Die minoische Kultur

Die erste Hochkultur der Ägäis entwickelte sich auf Kreta. Diese Insel, die schon seit etwa 6000 v.Chr. besiedelt ist, erreichte ihre Blütezeit zwischen 2200 und 1450 v.Chr. und verdankte ihren Reichtum dem florierenden Handel mit anderen bronzezeitlichen Städten in Griechenland, im Mittelmeerraum, in Ägypten und Syrien. Der fruchtbare Boden brachte Oliven, Getreide und Wein im Überfluss hervor. Wirtschaftliche Zentren waren die vielen prunkvollen Paläste, deren Überreste man überall auf der Insel entdeckt hat. Diese friedliche kretische Kultur wird nach dem legendären kretischen König Minos als minoisch bezeichnet. Um 1700 v.Chr. wurden Knossos und die anderen Paläste durch Feuer zerstört, danach aber noch prunkvoller wieder aufgebaut. Die kretisch-minoische Kultur erlebte nochmals einen Aufschwung – eine zweite Blüte, die bis etwa 1500 v.Chr. dauerte.

BETER
Diese Bronzefigur zeigt einen Gläubigen in ehrfurchtsvoller Haltung gegenüber einer Gottheit.

WANDGEMÄLDE
Diese Wandmalerei aus Knossos zeigt einen jungen Mann, der den Stier bei den Hörnern packt und über ihn hinwegspringt.

KNOSSOSENTDECKER
Der englische Archäologe Sir Arthur Evans (1851–1941) entdeckte 1894 in Knossos den größten und heute berühmtesten minoischen Palast. Mehrjährige Ausgrabungen förderten Überreste eines riesigen Gebäudes mit Hunderten von Räumen zutage. Die Welt war begeistert.

THESEUS UND DER MINOTAURUS
Nach einer griechischen Sage tötete Theseus, ein junger Prinz aus Athen, in Kreta den Minotaurus. Diesem Ungeheuer, halb Mann, halb Stier, wurden jedes Jahr athenische Kinder geopfert. Es lebte in einem Labyrinth. Dieser Mythos geht wahrscheinlich auf den komplizierten Bau des Palastes von Knossos mit seinen langen, gewundenen Korridoren zurück.

MODERNER MINOTAURUS
Der Kampf zwischen Theseus und dem Minotaurus inspirierte nicht nur griechische Vasenmaler, sondern auch zeitgenössische Künstler. Diese Interpretation des spanischen Malers Pablo Picasso (1881–1973) ist fast so unergründlich wie das Labyrinth!

WIEDERAUFBAU UND RESTAURATION
Der Palast von Knossos wurde mehrfach wieder aufgebaut. Er bestand aus Stein, hatte Holzdächer und -decken und bis zu vier Stockwerke. In ihm befanden sich die königlichen Gemächer einschließlich eines Thronsaals, in dem der Herrscher von Knossos regierte. Sir Arthur Evans restaurierte einige Teile des Palasts, sodass man sich gut vorstellen kann, wie dieser früher aussah. Die Holzsäulen sind im ursprünglichen Rot gehalten.

Mykenä

In der Bronzezeit gab es mehrere politische und wirtschaftliche Zentren in Griechenland. Eines davon war Mykenä, die Stadt des Agamemnon, eine nahezu uneinnehmbare Festung. Der König oder Stammesfürst lebte in einem Palast mit vielen Räumen, der gleichzeitig als militärisches Hauptquartier und als Verwaltungszentrum für die gesamte Umgebung diente. Die Mykener waren Krieger, in ihren Gräbern fand man Waffen und Rüstungen. Außerdem betrieben sie einen intensiven Handel. Um 1400 v.Chr. erreichte die mykenische Kultur ihren Höhepunkt und stellte sogar die minoische Kultur auf Kreta in den Schatten. Doch um 1250 v.Chr. begannen die Mykener mit dem Bau von Verteidigungswällen um alle größeren Städte, denn ihre Sicherheit und ihr Wohlstand wurden zunehmend von Eroberern bedroht. Um 1200 v.Chr. wurden die Städte verlassen oder zerstört. Innerhalb von 100 Jahren waren die mykenischen Festungen eingenommen. Eine Periode, die oft das Dunkle Zeitalter genannt wird, begann.

GRANULIERTER GRANATAPFEL
Diesen kleinen Goldanhänger in Form eines Granatapfels fand man auf Zypern. Das mykenische Werk aus der Zeit um 1300 v.Chr. ist in Granulationstechnik gefertigt: Dreiecke aus winzigen Goldkügelchen zieren die Oberfläche. Auf Zypern ließen sich viele mykenische Künstler und Händler nieder. Später, als die mykenische Kultur unterging, wurde die Insel Heimat vieler griechischer Flüchtlinge.

RHYTON
Spendegefäße wie dieses in Form eines Stierkopfs wurden bei religiösen Zeremonien verwendet. Solch ein *rhyton* hatte zwei Öffnungen, oben eine weite Einfüllöffnung und in der Tierschnauze einen Ausguss.

TINTENFISCH-STAMNOS
Diesen Keramikkrug mit Oktopusmotiv fand man in einer Grabstätte einer mykenischen Siedlung auf der Insel Rhodos. Mykenische Künstler wurden stark durch die minoische Kultur beeinflusst, und Gegenstände mit maritimen Motiven blieben weiterhin beliebt.

KÖNIGSGRÄBER

1876 stieß Schliemann bei seinen Ausgrabungen in Mykenä auf einen königlichen Friedhof – einige Schachtgräber, die von einem niedrigen Rundwall umgeben waren. In den Grabkammern fand man ungeheure Goldschätze aus der Zeit um 1600 v.Chr. Diese Entdeckung bestätigte den Text der *Ilias*, in dem Homer Mykenä als „reich an Gold" beschrieb.

RÜCKBLICK

So fanden die Ausgräber des 19. Jh.s das Löwentor vor. Wahrscheinlich hatte ein Erdbeben die Löwen zu Fall gebracht.

LÖWENTOR

Mykenä, die mächtigste der mykenischen Städte, nach der auch die Kultur benannt wurde, liegt auf einer kleinen Anhöhe im Nordosten des Peloponnes. Die Stadtmauern, erbaut um 1250 v.Chr., bestanden aus riesigen Felsblöcken. Den Haupteingang der Burg bildete ein gewaltiges Tor, das breit genug war, um Wagen passieren zu lassen. Zierde des Tors waren zwei Löwen links und rechts einer Säule, vielleicht das Symbol des mykenischen Königshauses.

NOCH EIN TINTENFISCH

Die Werkstätten der Künstler Mykenäs, z.B. der Töpfer, befanden sich in Palastnähe. Die Form dieser anmutigen Trinkschale mit langem Stil ist eine Erfindung der Mykener. Bemalt ist sie mit einem stilisierten Tintenfisch.

MASKE DES „AGAMEMNON"

Fünf der in den Königsgräbern von Mykenä bestatteten Personen trugen solche goldenen Totenmasken. Die hier abgebildete Maske hielt Schliemann für die Totenmaske des Agamemnon, des legendären Königs von Mykenä zur Zeit des Trojanischen Kriegs. Schliemann irrte: Die Maske ist einer früheren Zeit zuzurechnen und zeigt das Gesicht eines Achäerkönigs.

KULTFIGUREN

Auf mykenischem Gebiet fand man Tausende kleiner Frauenfiguren aus Terrakotta. Wahrscheinlich handelt es sich dabei um Opfergaben zu Ehren der mykenischen Mondgöttin Hera. Leib und Arme der Figuren sind halbmondförmig gestaltet.

Troja

Im 12. Jahrhundert v.Chr. verloren die einst so reichen mykenischen Städte und Paläste an Bedeutung oder wurden zerstört, der Handel mit dem Osten stagnierte. In den nachfolgenden Jahrhunderten wurde die untergegangene mykenische Kultur in Sagen und Mythen verklärt, die von einer Generation zur anderen in Gedichtform überliefert wurden. Zwei dieser Heldengedichte, die *Ilias* und die *Odyssee*, sind auch heute noch bekannt. Im 8. Jahrhundert v.Chr. wurden sie von Homer aufgeschrieben, dessen Epen weit über Griechenlands Grenzen hinaus bekannt wurden. In der *Ilias* beschreibt Homer, wie eine Stadt namens Troja an der Westküste der heutigen Türkei von der griechischen Armee unter Führung des mykenischen Königs Agamemnon erstürmt wird.

In der *Odyssee* werden die Erlebnisse des griechischen Helden Odysseus auf seiner Heimreise vom Trojanischen Krieg erzählt; in zehn Jahren besteht er viele gefährliche Abenteuer. Die Geschichten Homers spiegeln wahre Begebenheiten aus Kriegen, Schlachten und Belagerungen früherer Zeiten wider. Es ist anzunehmen, dass es einen Krieg zwischen Griechen und Trojanern gab, doch wird es dabei um Gebietsansprüche und nicht um die „schöne Helena" (s.o.) gegangen sein.

HEINRICH SCHLIEMANN
Um 1870 entdeckte der deutsche Archäologe Heinrich Schliemann (1822–1890) nach Jahren erfolgloser Suche an der kleinasiatischen Küste das alte Troja. Seine Ausgrabungen förderten insgesamt neun Städte übereinander zutage. Später fand man weitere 37 Schichten. Welche von ihnen die in der *Ilias* beschriebene Stadt war, ist nicht sicher. Schliemanns Frau trägt Schmuckstücke aus dem „Schatz des Priamos".

DIE SCHÖNE HELENA
Der Sage nach wurde Helena, die schöne Gattin des Spartaner-königs Menelaos, eines Bruders des Agamemnon, von Paris entführt. Dieser war der Sohn des trojanischen Königs Priamos. Die Griechen verbündeten sich zum Kampf gegen die Trojaner, um Helena zurückzuholen.

VERHÄNGNISVOLLE NEUGIER
Nachdem die Trojaner der griechischen Belagerung zehn lange Jahre standgehalten hatten, siegten die Griechen durch eine List. Sie bauten ein riesiges Holzpferd, ließen es vor der Stadt stehen und täuschten ihre Abreise vor. Die Trojaner, von Neugier getrieben, zogen das Pferd in die Stadt. In der Nacht kletterten griechische Soldaten aus dem Bauch des Pferds und öffneten der griechischen Armee die Stadttore (Darstellung auf einem Gefäß, 650–600 v.Chr.).

NACHBILDUNG
In Troja steht heute ein modernes Trojanisches Pferd. Kinder können über eine Leiter in das Innere des großen Holzpferds klettern und griechische Eroberer spielen.

DAS TROJANISCHE PFERD
Die Geschichte von Troja und dem Holzpferd hat Künstler aller Epochen inspiriert. Der Italiener Giovanni Tiepolo (1696–1770) hat sogar mehrere Bilder zu diesem Thema gemalt.

DIE BLENDUNG DES POLYPHEM

Auf der Rückreise vom Trojanischen Krieg geriet Odysseus in die Gewalt des Zyklopen Polyphem, eines Menschen fressenden Ungeheuers mit nur einem Auge mitten auf der Stirn. Der Riese hielt Odysseus und seine Männer in seiner Höhle gefangen und begann, einen nach dem anderen aufzufressen. Der listige Odysseus machte den Zyklopen betrunken und rammte ihm dann einen glühenden spitzen Pfahl in sein einziges Auge.

TREUE PENELOPE

Nach zehnjähriger Irrfahrt kehrte Odysseus in seine Heimat Ithaka zu seiner Frau Penelope zurück. Obwohl jeder ihn für tot erklärte, wartete sie während seiner langen Abwesenheit geduldig auf ihn. Wenn andere Männer um ihre Hand anhielten, bat sie um Bedenkzeit, bis sie ein bestimmtes Kleidungsstück zu Ende gewebt hätte. Nachts trennte sie dann heimlich das tagsüber Gewebte wieder auf und vertröstete so ihre Freier auf unbegrenzte Zeit. Auf diesem Gemälde des britischen Malers John Stanhope (1829–1908) sitzt Penelope traurig neben ihrem Webstuhl.

IM SCHAFSPELZ

Polyphems Höhle war gleichzeitig der Stall für seine Schafe. Die Flucht unter dem Bauch der Schafe, die zum Grasen die Höhle des Menschen fressenden Riesen verlassen durften, rettete Odysseus und seine Gefährten vor dem Zyklopen. Diese Geschichte ist hier auf einer schwarzfigurigen Vase dargestellt.

Die blaue Farbe deutet das Meer an.

Helm

MÜTTERLICHE HILFE

Diese kleine Terrakottafigur stellt die Nymphe Thetis, die Mutter des Achilles, oder eine ihrer Schwestern dar. Die Nymphe reitet auf einem Seepferd und bringt Achilles einen neuen Kampfhelm. Spuren vom leuchtenden Blau des Meers sind noch erhalten.

TOD EINES HELDEN

Nachdem der griechische Kämpfer Achilles Hektor, den tapfersten trojanischen Krieger, getötet hatte, band er ihn an seinen Wagen und fuhr damit dreimal um Troja herum. Auf dieser Tonlampe sieht man, wie sich Achilles auf seinem Wagen triumphierend umschaut. Über ihm, auf den Mauern Trojas, sieht man König Priamos und Königin Hekabe, die entsetzten Eltern des Toten.

Griechenland

275

Gottheiten und Helden

DIONYSOS
Der Gott des Weins und der Fruchtbarkeit reitet auf einem Tiger (Mosaik von der Insel Delos).

Die Griechen glaubten, dass alle Götter Nachkommen von Gaia (der Erde) und Uranos (dem Himmel) waren. Sie schrieben den Göttern menschliche Eigenschaften zu: Ihre Götter verliebten sich, heirateten, stritten, hatten Kinder, musizierten und zeigten die verschiedensten menschlichen Eigenarten. Jede Gottheit hatte ihren eigenen Zuständigkeitsbereich. Demeter und Persephone ließen das Getreide wachsen, Artemis war die Göttin der Jagd, Apoll konnte die Zukunft vorhersagen, und Aphrodite war die Göttin der Liebe und der Schönheit. Den bekanntesten Göttern weihte man Tempel und Heiligtümer, die man mit Geld und Kunstgegenständen anfüllte. Die meisten bis heute erhaltenen griechischen Prachtbauten sind Tempel. In ihnen brachten die Menschen ihre Dank- und Bittopfer dar – Erntegaben oder Tiere, mit denen sie die Götter gnädig stimmen wollten.

KÖNIG DER GÖTTER
Der Göttervater Zeus wird in der Kunst oft als kraftvoller, bärtiger, würdevoller Mann mittleren Alters dargestellt. Häufig hält er in der Rechten sein Symbol, den Blitz.

SITZ DER GÖTTER
Der Olymp, der höchste Berg Griechenlands, galt als Sitz der Götter. Er liegt im Norden Griechenlands, da, wo Thessalien an Makedonien grenzt.

DIE SCHAUMGEBORENE
Dieser Bronzekopf der Aphrodite stammt aus der Osttürkei. Der Sage nach wurde die Göttin aus dem Schaum des Meers geboren und von den Zephyrwinden nach Zypern getragen. Sie war mit dem Feuergott Hephaistos verheiratet, verliebte sich aber in Ares, den Kriegsgott.

DIE SCHÖNE UND DER HÄSSLICHE
Auf diesem Spiegeldeckel sieht man Aphrodite beim Knöchelspiel mit Pan. Die Göttin der Liebe und Schönheit wird oft als anmutige junge Frau mit nacktem Oberkörper dargestellt. Sie ist hier in Begleitung von Eros, der als kleiner Junge mit Flügeln dargestellt ist und nach einigen Sagen ihr Sohn sein soll. Der Hirtengott Pan hat einen Ziegenkopf und Ziegenfüße.

KOPFGEBURT

Athene war die Tochter von Zeus und Metis, der Göttin der Weisheit. Zeus hatte ein Orakel erhalten, dass der Sohn, der ihm geboren würde, ihn entthronen werde. Um dies zu verhindern, verschlang Zeus die schwangere Metis. Am Geburtstermin aber bekam er schreckliche Kopfschmerzen. Um diese zu lindern, spaltete Hephaistos den Kopf des Zeus, und Athene sprang heraus.

Apoll und Daphne, Gemälde des Italieners Antonio del Pollaiuolo (1432–1498)

APOLL UND DAPHNE

Apoll verfolgte die Nymphe Daphne. Sie entkam und wurde auf ihr Flehen hin von Gaia in einen Lorbeerbaum verwandelt, aus dem Apoll sich einen Kranz wand.

HEPHAISTOS

Der hinkende Götterschmied Hephaistos fertigte einen Thron und einen Schutzschild für Zeus an, außerdem eine Axt, mit der er Zeus' Kopf spaltete. Er war der Gott des Feuers und Ehemann der Aphrodite.

APOLL

Der junge, hübsche Gott Apoll war ein Zwillingsbruder der Jagdgöttin Artemis. In Delphi hatte er ein Orakel und ein berühmtes Heiligtum. Er galt als Gott der Sonne und des Lichts und hatte Macht über Krankheiten.

ATHENE

Athene, die Schutzpatronin Athens, war Göttin der Weisheit und des Kriegs und wachte über Kunst, Literatur und Philosophie. Das ihr heilige Tier war die Eule, ihre Lieblingspflanze der Ölbaum, den sie nach Athen gebracht haben soll. Im Trojanischen Krieg kämpfte sie mit den Griechen und stand danach Odysseus auf seiner langen Irrfahrt bei.

DEMETER UND PERSEPHONE

Demeter und ihre Tochter Persephone waren die Göttinnen der Ernte. Diese Terrakottaskulptur zeigt sie nebeneinander sitzend; möglicherweise hielten sie die Zügel eines Ochsenkarrens, der nicht erhalten ist.

Fortsetzung auf der nächsten Seite

EROS UND PSYCHE
Die griechischen Mythen wurden beim Erzählen weiter ausgeschmückt, und es entstanden unterschiedliche Versionen. In den verschiedenen Epochen griechischer Geschichte wechselte die Popularität der Götter und Helden. Das schlug sich auch in den Sagen und in der Kunst nieder. Diese hellenistische Terrakottabüste zeigt Eros, den Gott der Liebe, in leidenschaftlicher Umarmung mit Psyche, der Verkörperung der Seele. Für die alten Griechen versinnbildlichte diese Umarmung das vollkommene Glück.

DER FAUN
Dieses Gemälde des Italieners Piero di Cosimo (1462–1521) zeigt eine Tote, die von einem Faun und einem Hund betrauert wird. Der römische Gott Faun entspricht dem griechischen Gott Pan. Seine Söhne, die Faune, waren Waldgeister.

HERAKLE
Der stärkste von allen griechischen Helden war Herakles, de Sohn des Zeus und der irdischen Alkmene. Schon als Säugling erwürgte er mit bloßen Händen zwei von Hera gesand Schlangen, die ihn töten sollten, und als Erwachsener löste im Auftrag von König Eurystheus zwölf Aufgaben. Als Ers tes tötete er den Nemeischen Löwen, dessen Fell er forta trug. Auch die Vasenmalerei (links) zeigt ihn im Löwe fell, und zwar bei seiner sechsten Aufgabe, dem Töte der Stymphalischen Vögel. Diese vernichte ten Ernten und verwundeten Men schen mit ihren spitzen Fe dern. Herakles scheuchte s mit einer Bronzerassel au die Hephaistos für ihn ar gefertigt hatte, und schos so viele von ihnen, das der Rest für immer ve schwand. Herakles wa stark und mutig, liebte de Wein und die Frauen un hatte viele Liebesaffäre

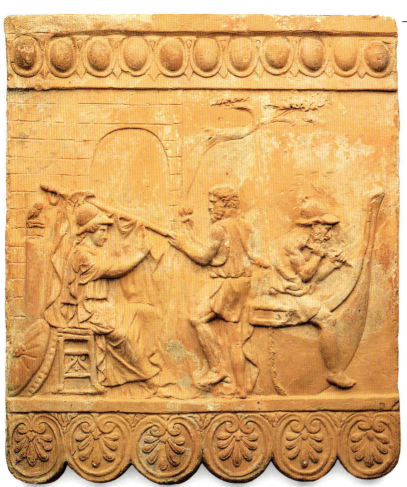

PEGASUS
Diese Münze zeigt das geflügelte Pferd Pegasus, das von dem Helden Bellerophon gezähmt wurde. Bellerophon versuchte mit Pegasus in den Himmel zu reiten, was Zeus vereitelte, indem er Pegasus von einer Stechfliege stechen ließ. Dieser warf daraufhin Bellerophon ab, der auf die Erde fiel.

ZU HOCH
Dädalus, Baumeister und Erfinder, fertigte für sich und seinen Sohn Ikarus künstliche Flügel aus Federn und Wachs an, um von Kreta zu entkommen. Doch Ikarus kam der Sonne zu nahe, das Wachs, das die Federn zusammenhielt, schmolz, und der Junge stürzte ins Ägäische Meer und ertrank.

BAU DER *ARGO*
Dieses römische Wandrelief stellt eine Szene aus der berühmten Sage von Jason und den Argonauten dar. Es zeigt, wie die Göttin Athene beim Bau des Schiffs *Argo* hilft. Jason war ein thessalischer Königssohn, und die Argonauten waren eine Gruppe von Helden, die mit ihm auf der *Argo* nach Kolchis segelten, um das von einem Drachen bewachte Goldene Vlies zu holen, das Fell eines goldenen Widders.

ICH WOLLTE WIE ORPHEUS SINGEN ...
Orpheus war Dichter und ein begnadeter Musiker, der Leier und Kithara (ein harfenartiges Saiteninstrument) spielte. Wenn er sang, wurden wilde Tiere zahm, Bäume neigten ihm ihre Zweige zu, und die erregtesten Gemüter wurden besänftigt. Orpheus reiste mit Jason auf der *Argo*, hielt die Mannschaft bei Laune und glättete die Meereswogen mit seiner Musik. Dieses Bild des Holländers Roelandt Savery (1576–1639) zeigt, wie die Magie von Orpheus' Musik ein freundliches Miteinander der verschiedensten Tiere bewirkt.

PERSEUS UND MEDUSA
Dieses Vasenmotiv von 460 v.Chr. zeigt Perseus, der gerade dem Ungeheuer Medusa den Kopf abgeschlagen hat. Medusa sinkt blutüberströmt zu Boden, ihren Kopf trägt Perseus in seiner Tasche.

Tod und Jenseits

Im Altertum starben die Menschen meist recht früh, denn das Leben war hart. Junge Männer fielen im Krieg, und junge Frauen starben bei der Geburt eines Kindes. Vom Leben nach dem Tod gab es unterschiedliche Vorstellungen. Am weitesten verbreitet war der Glaube an ein Totenreich in der Tiefe der Erde. Deshalb wurden die Toten meist begraben. Es gab aber auch Totenverbrennungen auf Scheiterhaufen. Die Seele wurde manchmal als winzige geflügelte Person dargestellt, und manche glaubten, dass sie den Körper verlasse, sich zum Himmel aufschwinge und als Stern darauf warte, in einem neuen Körper wiedergeboren zu werden. Der Gott Dionysos, der wie die ihm heiligen Rebstöcke starb und jedes Jahr wiedergeboren wurde, gab den Menschen Hoffnung auf ein neues Leben, ebenso die Erntegöttin Demeter: Sie forderte in den Frühjahrs- und Sommermonaten ihre von Hades in die Unterwelt entführte Tochter Persephone zurück. Grabstätten wurden mit Bildern von Festen geschmückt, und man legte den Verstorbenen lieb gewonnene Gegenstände und Nahrungsmittel mit ins Grab, um ihnen das Leben im Jenseits angenehm zu machen.

DER TAUCHER
Dieser Taucher auf der Innenseite des Deckels eines Steinsargs in Paestum (um 460 v.Chr.) ist nahezu das einzige Beispiel für frühklassische Freskomalerei. Vielleicht soll das Bild den Sprung des Toten in das Unbekannte darstellen.

ABSCHIEDSGABE
Übliche Grabbeigaben waren schmale Flaschen (Lekythen), die Salböl enthielten und mit Abschiedsszenen bemalt waren. Dieser tote Soldat, vielleicht Opfer eines der zahlreichen Kriege im 5.Jh.v.Chr., bekommt von einer Frau seinen Helm gereicht. Die Gans, der Vogel der Liebesgöttin, weist auf eine Liebesbeziehung zwischen den beiden hin.

GELD FÜR DEN FÄHRMANN
Der grimmige Fährmann Charon brachte die Toten über das schwarze Wasser des Flusses Styx zum Hades. John Stanhope stellt auf diesem Gemälde die Unterwelt als düsteren Ort mit raschelndem Schilf und dürren Bäumen dar, zwischen denen sich die Seelen der Toten ihren Weg zum Fluss bahnen. Die Fahrt ohne Wiederkehr in Charons Nachen kostete einen Obolus. Die Angehörigen legten deshalb den Toten eine Münze in den Mund.

EINGANG ZUR UNTERWELT
Als Eingang zum Hades, der vom drei-köpfigen Hund Zerberos bewacht wur-de, galten im Altertum verschiedene furchteinflößende Orte. Einer davon war der Krater des Solfatara/Süditalien mit seinem dampfenden Schwefelsee.

LIEBER TOD ALS SCHANDE
Ajax, nach Achilles der tapferste Held Griechenlands, erhob nach Achills Tod im Trojanischen Krieg Anspruch auf dessen Waffen. Sie wurden ihm ver-wehrt. Um nicht mit dieser Schmach leben zu müssen, stürzte er sich in sein Schwert, was auf dieser Vasenmalerei darge-stellt wird. Sophokles hat darüber ein Theaterstück geschrieben.

GRABSTELE
Zu manchen Zeiten stellte man in Athen solche mar-mornen Grabsteine auf, die ursprünglich bunt bemalt waren. Über dem in den Stein gemeißelten Toten auf einem elegant geschwungenen Stuhl steht sein Name, Xanthippos. Darüber ist das Dach eines Tempels an-gedeutet. Neben dem Toten sind in etwas kleinerem Maßstab seine Kinder ab-gebildet. Welche Bedeu-tung der Fuß in der Hand des Toten hat, ist nicht be-kannt; vielleicht war er Schuhmacher.

TRAUERPROZESSION
Eine griechische Beerdi-gung war ein dramatisches Ereignis. Die Leiche wur-de mit bekränztem Kopf und mit den Füßen in Richtung Tür (damit die Seele den Körper verlas-sen konnte) auf einem Ruhebett aufgebahrt. Trauernde in schwarzer Kleidung erwiesen dem oder der Toten die letzte Ehre. Frauen opferten eine Locke und kratzten sich die Wangen blutig.

Feste und Orakel

FESTTANZ
Bei einem Fest auf dem Land fassen Menschen sich an den Händen. So treten sie vor einen Altar, auf dem ein Brandopfer dargebracht wird. Eine Priesterin (oder die Erntegöttin Demeter selbst) steht mit einem Korb zum Worfeln des Getreides hinter dem Altar.

Wie andere Völker glaubten auch die Griechen, mit ihren Göttern handeln zu können. Sie brachten ihnen Gold, Silber und Tiere als Opfer dar und veranstalteten ihnen zu Ehren Feste und Spiele. Als Gegenleistung erhofften sie, dass die Götter sie vor Krankheit bewahren und ihnen gute Ernten schenken würden. Die meisten Feste wurden einmal jährlich zu einem festen Termin gefeiert, andere alle vier Jahre. Die Götter wurden in Heiligtümern verehrt. Eines der wichtigsten in Griechenland war das des Apoll in Delphi. Apoll war der Gott des Lichts, der Dichtung, der Musik und der Heilkunst. Wenn man ihn verärgerte, brachte er Krankheiten. Er konnte weissagen, und in Delphi sagte er den Menschen die Zukunft voraus. Seine Priesterin fungierte dabei als Sprachrohr und machte Vorhersagen, die mehrere Deutungen zuließen. Das Orakel (so nannte man die Weissagungsstätte und die Weissagung selbst) blieb in Delphi bis in christliche Zeiten erhalten.

HEILIGER STIER
Der Stier war bei wichtigen Anlässen bevorzugtes Opfertier. Durch Schmuck in Form von Kränzen und Bändern wollte man zum Ausdruck bringen, dass die Stiere den Göttern geweiht waren. In Tempeln fand man viele Abbildungen von bekränzten Stieren.

NEUES GLÜCK, ALTE KULISSE
Vor den riesigen Säulen eines griechischen Tempels in Paestum/Süditalien posiert ein Brautpaar für Hochzeitsfotos. Alte Bauwerke wie dieses sollen den Jungvermählten Glück bringen.

NABEL DER WELT
Delphi wurde als Mittelpunkt der Welt angesehen. Die Griechen stellten an der vermeintlichen Stelle einen riesigen Stein auf, den *omphalos* („Nabel der Welt"). Diese Terrakottaversion im Museum von Delphi ist mit einem netzartigen Flechtwerk verziert, dessen genaue Bedeutung nicht geklärt ist.

DER WAGENLENKER

Oberhalb des Apollo-Tempels in Delphi erbaute man ein Stadion, in dem Spiele und Wagenrennen zu Ehren Apolls stattfanden. Das Wagenrennen zu gewinnen galt als größter Triumph bei den Spielen. Als Dank für seinen Sieg stiftete der Tyrann von Gela die Wagenlenkergruppe von Delphi, eine der bekanntesten Statuen der alten Griechen. Die Augen dieser Bronzestatue sind eine Einlegearbeit aus Glas und Stein, die Lippen sind aus Kupfer, das Stirnband hat ein Silbermuster. Die Pferde sind nicht erhalten, doch der Wagenlenker hält noch immer die Zügel.

TEMPEL DES APOLL

Das höchste Heiligtum des Apoll lag in Delphi, an einem steilen Hang unterhalb der Felsen des Parnass, des Lieblingsplatzes von Apoll und den Musen. Die sog. Heilige Straße windet sich an den Schatzhäusern und anderen Gebäuden vorbei bis zu den Ruinen des großen Tempels mit Orakel und weiter zur darüber liegenden Terrasse.

HEILIGTUM DER ATHENE

Das Athene-Heiligtum in Delphi liegt etwas abseits, unterhalb des Heiligtums des Apoll. In seiner Mitte steht dieser Rundtempel aus dem frühen 4.Jh.v.Chr. Den Hintergrund bilden Tausende von Ölbäumen, die Athene zugeschrieben werden und den Einheimischen immer noch gute Ernten liefern.

DER WEG ZUR GÖTTIN

In Athen gibt es den Panathenäischen Weg, der zu den Heiligtümern und Altären der Athene auf der Akropolis führt. An diesem Weg, der am Marktplatz Athens, der *agora*, beginnt, liegt die wiedererbaute *stoa*, eine Säulenhalle, die als Handels- und Kommunikationszentrum diente.

OPFERPROZESSION

Auf dieser Weinschale ist ein langer Opferzug auf dem Weg zum Heiligtum der Göttin Athene dargestellt. Die Efeublätter am Rand des Gefäßes stehen für den Weingott Dionysos. Rechts unten, hinter dem Altar, auf dem schon die Flammen lodern, steht Athene. Angeführt wird die Gruppe von einer Frau mit Kuchentablett, gefolgt von dem Mann, der den Opferstier bringt, und einem Musiker, der den *aulos* spielt. Die anderen Männer tragen die für die Verehrung der Göttin notwendigen Dinge, z.B. einen Krug mit Wein. Das Ende des Zugs bildet ein Maultierkarren.

Die griechische Kolonisation

GOLDENE GREIFEN
Diese fernöstlich anmutenden Greifenköpfe fand man auf Rhodos. Sie gehörten ursprünglich zu einem Paar Ohrringe aus dem 7.Jh.v.Chr.

ZÄRTLICHER ABSCHIED
Die Figuren auf dieser Abbildung sind – typisch für den geometrischen Stil – nur schemenhaft dargestellt. Ein Mann besteigt ein Boot und nimmt Abschied von einer Frau. Es könnte sich um Odysseus handeln, der sich von Penelope verabschiedet und in den Trojanischen Krieg zieht, oder um Paris, der Helena entführt.

Als die Bevölkerungsdichte in Griechenland zunahm und die Bauern nicht mehr genügend Nahrungsmittel erzeugten, wanderten viele Griechen aus und gründeten Kolonien in Süditalien, Sizilien und anderen Teilen des westlichen Mittelmeerraums, am Schwarzen Meer und sogar im entfernten Nildelta. Auch Handelsniederlassungen entstanden, da die Griechen mehr und mehr die Rolle des von Assyrien unterworfenen Handwerker- und Seefahrervolks der Phönizier übernahmen.

Korinth, Rhodos und Ephesus waren ideale Standorte für den Osthandel und kamen dadurch zu Wohlstand. Einige der griechischen Kolonien waren sehr reich. Als besonders blühende Stadt galt Sybaris in Süditalien. Es hieß, dort schlafe man auf Rosen gebettet und Hähne seien aus der Stadt verbannt worden, damit die Bewohner morgens nicht so früh geweckt würden. Ausländische Stilrichtungen fanden nun vermehrt Eingang in die griechische Kunst. Der geometrische Stil leitete über zum orientalisierenden Stil, bei dem sich ägyptisch-syrische Motive wie Greife und Sphingen durchsetzten.

MÄNNERSCHMUCK
Die Griechen trugen gern mit Tierköpfen verzierte Armreifen. Der Größe nach zu urteilen, könnte dieser versilberte Reif mit Löwenköpfen einem Mann gehört haben.

HEILIGER FROSCH
Diese Skulptur stellt einen Mann dar, der vor einem Gefäß kniet, auf dem ein Frosch sitzt. Sie kennzeichnet den zur damaligen Zeit sehr beliebten ägyptischen Stil. In der ägyptischen Religion war der Frosch ein heiliges Tier. Der Gegenstand besteht aus Fayence, einer Keramik mit grünlich-blauer Bleiglasur.

MIT GEBRÜLL
Die Ausgießöffnung dieses Parfümbehälters, der wahrscheinlich aus Theben stammt, hat die Form eines Löwenkopfes. Trotz seiner geringen Größe weist das Gefäß drei Bildfriese auf. Oben sieht man kämpfende Soldaten, darunter ein Pferderennen und ganz unten eine winzige Abbildung von Hasen jagenden Hunden. Die Öffnung (das Löwenmaul) verschloss man mit Wachs, damit sich das Parfüm nicht verflüchtigte.

EXPORTARTIKEL
In Korinth stellte man kleine Parfümtöpfchen her, die in die gesamte griechische Welt exportiert wurden. Sie waren oft eigenartig geformt und hatten hübsche Verzierungen. Hier ist wahrscheinlich ein Windgott dargestellt.

Legende

1 Emporion	17 Thera
2 Massalia	18 Paros
3 Kyme	19 Gortyn
4 Pittakos	20 Knossos
5 Paestum	21 Lindos
6 Satyros	22 Ialysos
7 Kroton	23 Kos
8 Syrakus	24 Hali-
9 Gela	karnassos
10 Karthago	25 Milet
11 Sparta	26 Myos
12 Argos	27 Ephesus
13 Mykenä	28 Priene
14 Korinth	29 Troja
15 Athen	30 Byzanz
16 Melos	31 Salamis

GRIECHISCHE KOLONISATION

Wo es gute Häfen und gutes Ackerland gab, gründeten die Stadtstaaten neue Kolonien, die schnell unabhängig wurden. Die Kolonisation begann um 1000 v.Chr. und endete um 650 v.Chr.

STACHELIG

Diesen Parfümbehälter fand man in einer Kolonie bei Naukratis im Nildelta.

GUT GEPFLEGT

Diese vier Tonpferdchen bilden den Deckelgriff eines Gefäßes für Kosmetika. Vergleicht man sie mit den perfekt gestalteten Pferden der griechischen Kunst späterer Jahre, so wirken sie etwas grob, aber sie strahlen eine Lebendigkeit aus, die man auch bei Bronzearbeiten dieser Periode findet.

Handel und Handwerk

In den Städten Griechenlands florierte das Handwerk. Steinmetze, Schmie-de, Juweliere, Schuhmacher und andere Handwerker hatten ihre Werkstätten meist im Stadtzentrum rund um den Marktplatz, die *agora*. Menschen kamen dorthin, um die Erzeugnisse der Handwerker zu kaufen, Bauern verkauften Gemüse, Obst und Käse. Auf einem griechischen Markt gab es außerdem Eichbeamte, Geldwechsler, Akrobaten und Tänzer. Auch Sklaven wurden zum Verkauf angeboten. Zwischen den Stadtstaaten und den griechischen Kolonien sowie anderen Mittelmeerländern gab es einen regen Handel. Öl, Wein, Keramik und Metallwaren waren die Hauptexportgüter. Sie wurden bevorzugt zu Wasser transportiert, da man so die hohen Berge umging. Der Normalbürger machte keine weiten Reisen, denn gute Straßen waren äußerst rar, und außer Eseln gab es kein zuverlässiges Transportmittel für kürzere Strecken.

FLICKARBEIT
Wie in früheren Zeiten leben auch heute viele Griechen von der Fischerei. Das Bild zeigt einen Fischer auf My-konos beim Netzeflicken.

NACH AFRIKA
Dieses Gefäß hat die Form eines Afrikanerkopfs und belegt die weit reichenden Handelskontakte der Griechen. Wagemutige Seefahrer waren die Griechen allerdings nicht, sie blieben lieber in Küstennähe.

Der Knabe Herakles erwürgt die von Hera gesandten Schlangen.

DREI MÜNZEN
Das Münzrecht war ein Zeichen der Unabhängigkeit. Jeder Stadtstaat hatte seine eigene Prägestätte, die oft sehr schöne Münzen mit mythischen Motiven herstellte. Die ältesten Münzen waren aus Elektron, einer Gold-Silber-Legierung, spätere aus reinem Silber und gelegentlich aus Gold.

Darstellung des persischen Königs Kyros

TEMPELSCHATZ
Diesen Tonkrug mit Münzen fand man im Fundament des Artemistempels in Ephesus. Die Münzen aus Elektron, einer Gold-Silber-Legierung, stammen wahrscheinlich aus der Zeit um 650–625 v.Chr. Kurz vorher war in Lydien das Münzwesen eingeführt worden.

Schild-krötenmotiv von der Insel Ägina

SCHWER BEPACKT
Esel konnten damals wie heute enge Bergpfade passieren und schwere Lasten tragen.

SCHUSTER
Auf dem Boden eines Trinkgefäßes ist in rot-figuriger Technik ein Schuster abgebildet, der erst sichtbar wird, wenn das Gefäß leer getrunken ist. Der bärtige Mann hat Lederstreifen vor sich, die er schnei-det und formt. Über ihm hängen Stiefel, Sandalen und Werkzeuge an der Wand.

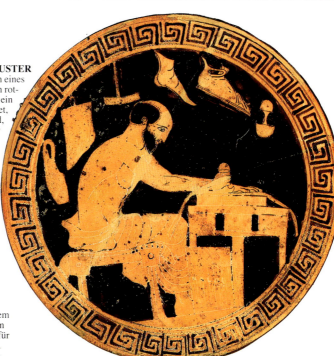

AM WEBSTUHL
Auf Webstühlen wie diesem webten die Frauen im alten Griechenland Wollstoffe für Kleidung und Dekoration. Weben galt als Arbeit, die auch vornehmer Frauen würdig war.

IN DER SCHMIEDE
Ein Schmied bei der Arbeit: Seine Esse ist aus Ziegeln gemauert und wird mit Holzkohle befeuert. Mit einem Blasebalg wird das Feuer im Ofen immer wieder neu entfacht. Hier holt der Schmied den weichen Metallklumpen mit einer Zange aus dem Schmelzofen, um ihn anschlie-ßend in Form zu hämmern.

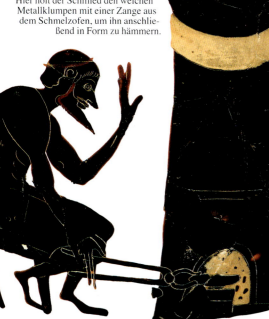

TÖPFERKUNST
Auf diesem Weinpokal ist ein Töpfer an der Töpferscheibe abge-bildet, deren Ge-schwindigkeit er mit dem Knie reguliert. Über ihm auf einem Brett sieht man eini-ge seiner Arbeiten, und vor ihm (jetzt leicht beschädigt) sitzt ein Hund, der seinem Herrn bei der Arbeit zusieht.

HOCHSEE-FISCHEREI
In tieferen Ge-wässern gab es viele verschiedene Fische. Mit Holz-booten stachen die Fischer in See. Aale und Salzfisch galten als Deli-katesse.

Landwirtschaft und Fischerei

Das Leben auf einem griechischen Bauernhof war hart, da der Boden in weiten Teilen des Landes nicht sehr fruchtbar ist. Die Bauern pflügten im Frühjahr und im Herbst. Die von Ochsen gezogenen Pflüge bestanden aus Holz, manche hatten eine eiserne Pflugschar. Das Saatgut, z.B. Gerste, wurde mit der Hand ausgesät. Die Bauern beteten zu Zeus und Demeter für eine gute Ernte. An den Berghängen wuchs Wein: Weintrauben wurden frisch gegessen, zu Rosinen luftgetrocknet, oder man kelterte Wein aus ihnen, das Lieblingsgetränk der Griechen. Da die meisten Orte in Küstennähe lagen, war der Fischfang (mit Angeln) von Bedeutung. Reichere Griechen jagten Rotwild, Wildschweine und Hasen. Bei ärmeren Leuten gab es nu[r] zu festlichen Anlässen Fleisch; dann wurde das Fleisch der Tieropfer für die Götter an di[e] anwesenden Menschen verteilt.

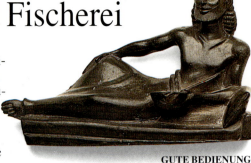

GUTE BEDIENUNG
Wohlhabende Griechen speisten auf einem Sofa liegend, dabei wurden sie von Sklaven bedient. Bei dieser Bronzefigur eines Speisenden soll es sich um eine Arbeit aus Dodona im Nordwesten Griechenlands handeln.

ZEITLOS
Wie in alten Zeiten ist dieser Hirte mit seinen Schafen auf dem Weg zum Stall.

JAGEN UND FISCHEN
Das Fresko eines Fischers aus der Bronzezeit stammt von der Insel Santorin unweit von Kret[a.] Der Jäger (eine Vasenmalerei) hat einen Fuchs und einen Hase[n] erlegt. Füchse wurden wegen ih[]res Fells gejagt, ihr Fleisch aß man nicht. Zu den Waffen der Jäger zählten Speere, Netze, Fußschlingen, Wurfspieße und manchmal Pfeil und Bogen.

Jäger mit Jagdhund und Beute (Vasenmalerei)

Fischer mit seinem Fang (kretisches Fresko)

FÜR FISCH
Auf diesem mit Fischmotiven bemalten Teller wurde wahrscheinlich Fisch serviert. In den Hohlraum in der Mitte füllte man eine dickliche Soße, in die man den Fisch tunkte.

LASTTIERE
Aufgrund ihrer Ausdauer und Trittsicherheit waren Esel für den Warentransport in unwegsamem Gelände geeignet. Abgebildet sind Spielzeugeselchen aus Ton.

Ein großer Fisch wird zum Markt transportiert.

Der Reiter sitzt auf zwei Käselaiben.

Entenkopf-verzierung

IN ÖL SCHWIMMEND
Dieser kleine, auf den Wellen reitende Delfin ist ein Ölbehälter, aus dem man Öl zum Anmachen der Speisen goss. Delfine gab es in griechischen Gewässern in großer Zahl.

GUT GEFILTERT
Der Wein, den die Griechen zu allen Tageszeiten tranken, war ziemlich dickflüssig. Deshalb verdünnte man ihn meist mit Wasser. Zuvor filterte man Rückstände und Weinstein heraus. Dazu benutzte man Weinfilter wie dieses Exemplar aus Bronze.

OLIVENERNTE
Ölbäume sind in Griechenland seit alters verbreitet. Auf dieser Vase sind Männer bei der Olivenernte abgebildet. Einer pflückt direkt im Baum, zwei schlagen die Oliven mit Stöcken herunter und ein vierter sammelt die herabgefallenen Früchte in einen Korb.

ATTISCHES ÖL
Die Olivenhaine Attikas, der Landschaft um Athen, waren berühmt. Olivenöl benutzte man zum Kochen, Waschen und als Lampenöl.

Versteinerte Schnecke auf einem Ei

Im Sieb sammelte sich der Bodensatz.

URALT
Diese über 2000 Jahre alten Hühnereier in einer Terrakottaschüssel fand man in einem Grab auf Rhodos. Eier waren ein wesentlicher Bestandteil der Ernährung, und viele Familien hielten Hühner. Als Grabbeigaben waren echte Eier oder Nachbildungen aus Stein oder Ton üblich. Sie waren offenbar Symbole für das Leben nach dem Tod.

NÜTZLICHE ZIEGEN
Ziegen benötigen nur karges Weideland, liefern aber Milch, Käse und warme Kleidung. Diese kleine Bronzeziege stammt aus dem Jahr 500 v.Chr.

Sparta

HAFENSPERRE
Piräus, der Hafen Athens, liegt 6 km südwestlich der Stadt. Dieser Stich zeigt die Belagerung durch spartanische Schiffe (388 v.Chr.).

Sparta wurde zwischen 950 und 800 v.Chr. von nach Lakonien einwandernden Doriern gegründet, die die achäische Urbevölkerung unterwarfen und zu Leibeigenen (Heloten) machten. Zwei Jahrhunderte später eroberte Sparta das fruchtbare Nachbarland Messenien und versklavte auch dessen Bevölkerung. Neben der Herrenschicht der Spartiaten und den unterdrückten Heloten, die deren Felder bestellen mussten, entstand im Zuge der Ausweitung Spartas eine dritte Bevölkerungsschicht, die Perioken. Sie waren besiegte dorische Stammesverwandte, die nicht als Vollbürger galten, aber ihr Land behalten, Handel treiben und Kriegsdienst leisten durften. Die berühmte „spartanische Lebensweise" entwickelte sich, als die Spartaner einen lang andauernden Aufstand der Heloten niederschlugen. Machterhalt war oberstes Ziel, und alle Spartaner mussten Militärdienst leisten. Mit sieben Jahren verließen die Knaben ihre Familien, und die militärische Ausbildung begann. Erst mit 60 endete der Militärdienst. Durch diese Disziplin wurde Sparta zu einer militärischen „Supermacht" in Griechenland und bedrohlichster Rivale Athens.

NATÜRLICHE BARRIEREN
Dieser Stich (Deutschland, 19.Jh.) zeigt Sparta im fruchtbaren Eurotastal auf dem südlichen Peloponnes. Die Abgeschiedenheit des Stadtstaats im Schutz hoher Gebirge im Osten, Norden und Westen sowie der See im Süden waren ein Vorteil für die kriegerischen Spartiaten.

SPARTANISCHER SOLDAT
Herodot schrieb, dass spartanische Soldaten (wie dieser aus dem 5. Jh.v.Chr.) sich jedes Mal ihr langes Haar kämmten, bevor sie in einer Schlacht ihr Leben riskierten. Das Scharlachrot der Soldatenumhänge wurde zum Symbol des spartanischen Stolzes.

JUNGE SPARTANERINNEN FORDERN KNABEN ZUM KAMPF HERAUS
Dieses Gemälde (1860) des französischen Impressionisten Edgar Degas (1834–1917) zeigt junge Spartaner im Eurotastal bei sportlicher Ertüchtigung. Künstler des 19.Jh.s wählten Sparta gern als Thema ihrer Arbeit.

SPARTANISCHE SITTEN
Das harte Erziehungssystem der Spartaner mit besonderer Betonung der körperlichen Ertüchtigung fand im 19. Jh. viele Nachahmer. Wie bei den Spartanern wurde körperliche Züchtigung als gutes Mittel zur Charakterbildung bei Schuljungen angesehen. Der englische Karikaturist George Cruikshank (1792–1878) scheint anders darüber zu denken.

OPFERGABEN

Am Heiligtum der Artemis Orthia am Fluss Eurotas in Sparta fand man Hunderttausende von Figurinen. Neben Hirschen, Hunden, Pferden und anderen Tieren waren auch die Göttinnen Artemis und Athene dargestellt. Die Statuetten wurden im Heiligtum hergestellt und an Besucher verkauft, die die Figürchen oft als Opfer für die Götter zurückließen. An diesem Heiligtum mussten die spartanischen Jungen einmal jährlich ihre Härte und Ausdauer zeigen. Sie wurden ausgepeitscht und durften dabei keine Miene verziehen.

Artemis

Krieger

Artemis

Figur mit
Doppel-*auloi*

AN DER SPITZE

Dieses Mädchen nimmt an einem Wettlauf teil. Sie blickt sich um, um zu sehen, wie groß ihr Vorsprung ist. Ihr kurzer Rock wäre für griechische Mädchen aus anderen Städten undenkbar gewesen. Die spartanischen Mädchen wurden zwar nicht für den Kriegsdienst ausgebildet, aber sie trainierten ihren Körper durch Sport an der frischen Luft. Das sollte sie kräftig und zu Müttern gesunder Knaben machen, die zu guten Soldaten heranwachsen würden.

Hirsch

Wettkämpfe

Die Wiege der Olympischen Spiele ist das alte Griechenland. Die ersten Spiele fanden dort im Rahmen religiöser Feste statt. Sport war für die alten Griechen eine Art des Gottesdiensts. In vielen Orten gab es kleinere Veranstaltungen für einheimische Athleten, vier Spiele aber standen als Panhellenische Spiele für Teilnehmer aus ganz Griechenland und den Kolonien offen: die Pythischen, Nemeischen, Isthmischen und Olympischen Spiele, die abwechselnd alle vier Jahre stattfanden, sodass es jedes Jahr ein nationales Sportfest gab.

DAS STADION VON DELPHI
Delphi war dem Apoll geweiht und galt den Griechen als Mittelpunkt der Welt. Das Stadion mit 7000 Sitzplätzen entstand im 5.Jh.v.Chr. an einem Hang oberhalb des Apoll-Tempels. Die Zuschauertribünen und die Sitze für die Kampfrichter kann man heute noch in den Ruinen erkennen.

ZU EHREN APOLLS
Die Spiele wurden zu Ehren verschiedener Götter in oder nahe deren Heiligtümern abgehalten. Die Pythischen Spiele fanden in Delphi zu Ehren Apolls statt, die Isthmischen in Korinth waren Poseidon geweiht, die Nemeischen Spiele in Nemea und die Olympischen Spiele in Olympia ehrten Zeus.

Die abgebildeten Athleten laufen mit Helm und Schild.

Antike Statue des Apoll

Den Siegern der Pythischen Spiele wurden Lorbeerkränze verliehen.

Der Schild trägt vorn das persönliche Symbol des Läufers.

Die Sieger der Nemeischen Spiele wurden mit wildem Sellerie belohnt.

Ein Kranz aus Zweigen des heiligen Ölbaums war der Preis der Olympischen Spiele.

Panathenische Amphore

PREIS DER LÄUFER
Die Gewinner der Panathenischen Spiele in Athen erhielten als Preis eine Amphore mit bestem Olivenöl. Sie war mit Szenen der jeweiligen Disziplin bemalt. Auf dieser Amphore sehen wir Läufer in Rüstung. Sport und Krieg galten als verwandte Disziplinen, und die sportliche Betätigung wurde als Übung für den Krieg angesehen.

Der Athlet trägt beim Lauf seinen Helm und seinen Schild.

GRÜNE AUSZEICHNUNGEN
Gewinner der Panhellenischen Spiele wurden mit Trophäen aus Pflanzen geehrt. Am begehrtesten war der olympische Kranz aus Zweigen von einem besonderen, dem Zeus geweihten Ölbaum. Ursprünglich waren alle Athleten Amateure, mit der Zeit aber erhielten sie bei allen Spielen, außer bei den Olympischen, Preisgelder und später sogar Teilnehmerprämien.

Bei den Isthmischen Spielen gab es Gebinde aus Pinienzweigen.

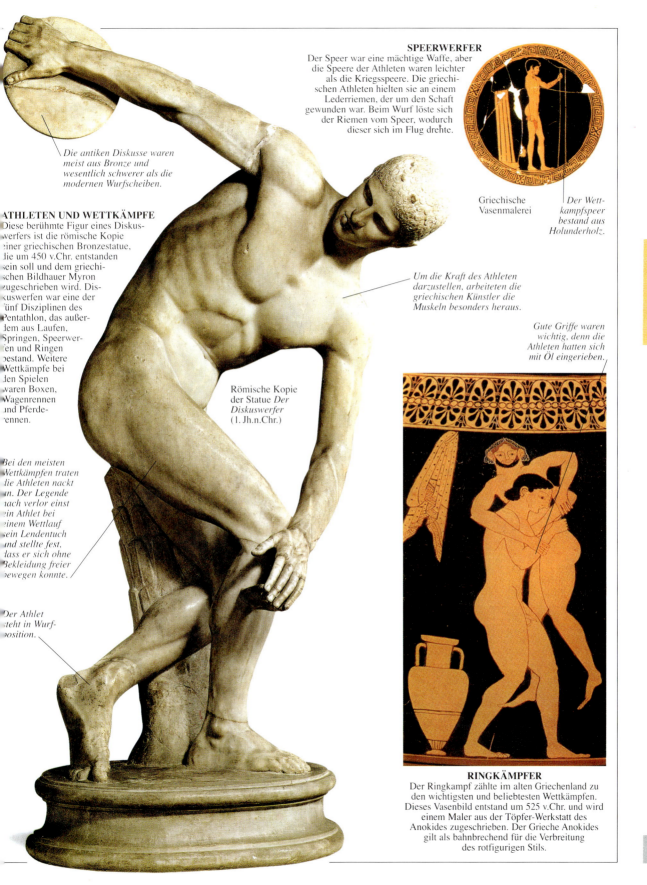

Die antiken Diskusse waren meist aus Bronze und wesentlich schwerer als die modernen Wurfscheiben.

SPEERWERFER

Der Speer war eine mächtige Waffe, aber die Speere der Athleten waren leichter als die Kriegsspeere. Die griechischen Athleten hielten sie an einem Lederriemen, der um den Schaft gewunden war. Beim Wurf löste sich der Riemen vom Speer, wodurch dieser sich im Flug drehte.

Griechische Vasenmalerei

Der Wettkampfspeer bestand aus Holunderholz.

ATHLETEN UND WETTKÄMPFE

Diese berühmte Figur eines Diskuswerfers ist die römische Kopie einer griechischen Bronzestatue, die um 450 v.Chr. entstanden sein soll und dem griechischen Bildhauer Myron zugeschrieben wird. Diskuswerfen war eine der fünf Disziplinen des Pentathlon, das außerdem aus Laufen, Springen, Speerwerfen und Ringen bestand. Weitere Wettkämpfe bei den Spielen waren Boxen, Wagenrennen und Pferderennen.

Um die Kraft des Athleten darzustellen, arbeiteten die griechischen Künstler die Muskeln besonders heraus.

Gute Griffe waren wichtig, denn die Athleten hatten sich mit Öl eingerieben.

Römische Kopie der Statue *Der Diskuswerfer* (1. Jh.n.Chr.)

Bei den meisten Wettkämpfen traten die Athleten nackt an. Der Legende nach verlor einst ein Athlet bei einem Wettlauf sein Lendentuch und stellte fest, dass er sich ohne Bekleidung freier bewegen konnte.

Der Athlet steht in Wurfposition.

RINGKÄMPFER

Der Ringkampf zählte im alten Griechenland zu den wichtigsten und beliebtesten Wettkämpfen. Dieses Vasenbild entstand um 525 v.Chr. und wird einem Maler aus der Töpfer-Werkstatt des Anokides zugeschrieben. Der Grieche Anokides gilt als bahnbrechend für die Verbreitung des rotfigurigen Stils.

Olympische Spiele

Die ältesten Zeugnisse der Olympischen Spiele der Antike stammen aus dem Jahr 776 v.Chr., aber vermutlich sind die Spiele viele Jahrhunderte älter. Die anfänglich kleinen Wettkämpfe erfreuten sich mit der Zeit immer größerer Beliebtheit und entwickelten sich schließlich zum bekanntesten Sportereignis in ganz Griechenland. Mindestens 1000 Jahre lang fanden sie alle vier Jahre statt, und nicht einmal Kriege oder die Eroberung durch die Römer um 150 n.Chr. änderten etwas daran. In der griechischen Geschichtsschreibung dienten die Spiele gar als Eckdaten.

SIEG
Auf diesem Steinsiegel krönt die geflügelte Siegesgöttin Nike einen Athleten mit einem Kranz aus Ölbaumzweigen. Siegen war bei den Spielen alles, die Verlierer gerieten bald in Vergessenheit.

ZU EHREN DES ZEUS
Die Olympischen Spiele fanden zu Ehren des Zeus statt. Am dritten Tag zogen Athleten, Schiedsrichter und die wichtigen Gäste zum Altar des Gottes, wo 100 Ochsen geopfert wurden. Das wichtigste Gebäude der Stätte war der Zeus-Tempel mit einer 13 m hohen Statue des Gottes aus Gold und Elfenbein, einem der Sieben Weltwunder der Antike. Ende des 4. Jh.s n.Chr. brachte man die Statue nach Konstantinopel, wo sie später einem Feuer zum Opfer fiel.

Zeus soll einen Blitz auf die Erde geschleudert haben, um anzuzeigen, wo er sein Heiligtum haben wollte. So entstand Olympia.

Zeus wird meist als kräftiger, bärtiger Mann mittleren Alters dargestellt.

Römische Zeus-Statuette (2.Jh.v.Chr.)

MUSIK UND TANZ
Die religiösen Zeremonien und die Wettkämpfe waren nur ein Teil des großen olympischen Fests. Zehntausende von Menschen kamen zu den Spielen, besuchten die Tempel und wurden von Sängern, Tänzern, Zauberern, Rednern und Dichtern unterhalten. Außerhalb der geweihten Stätten konnte man an Ständen Blumen oder Essen kaufen und sogar Wetten abschließen.

DER OLYMPISCHE FRIEDE
Das antike Griechenland bestand aus einer Vielzahl unabhängiger Stadtstaaten, die sich oft bekriegten. Während des Fests und bei der An- und Abreise aber schützte ein Gottesfrieden (Olympischer Friede) Teilnehmer und Besucher vor Übergriffen, alle Kampfhandlungen mussten für vier Wochen ruhen. Der Frieden wurde durch Abkommen abgesichert (auf der Tafel der Friedensvertrag zwischen dem Staat Elis, zu dem Olympia gehörte, und einem Nachbarstaat).

gymnasion:
Hier trainierten die Läufer und Werfer.

palästra:
Hier übten die Springer und Ringer.

Der Hera-Tempel, der älteste Tempel der Stätte.

In diesen „Schatzhäusern" wurden die Wertsachen gelagert.

Stadion: 192 m lang und 32 m breit

OLYMPIA

Das Heiligtum lag etwa 50 km von der Stadt Elis entfernt; in Olympia selbst gab es keine Siedlung. Im 8. Jh. v.Chr., als die ersten belegten Spiele stattfanden, befanden sich an der Stätte noch keine Gebäude. Im Lauf der folgenden 1000 Jahre entstanden Tempel, Altäre, Kolonnaden und Sportplätze. Das Modell zeigt, wie Olympia wahrscheinlich um 100 v.Chr. aussah.

Vermutlich lag hier das Hippodrom, in dem Pferde- und Wagenrennen stattfanden.

Schwimmbecken mit Treppen an den Seiten

Leonidaion, die Unterkunft für auswärtige Funktionäre

Heiliger Ölbaum

Zeus-Tempel

Von der südlichen Kolonnade aus konnten die Zuschauer die Wagen zum Hippodrom fahren sehen.

Starttore des Hippodroms

Herakles trägt für Atlas die Welt auf seinen Schultern.

Die Göttin Athene steht Herakles bei.

Teil eines Frieses vom Zeus-Tempel in Olympia

DIE PALÄSTRA VON OLYMPIA

Diese Säulen sind die Überreste der *palästra palaistra*, in der die Athleten Springen und Ringen trainierten. Es handelte sich um ein niedriges Gebäude mit einem Innenhof, das Umkleideräume, Bäder und einen Waschraum beherbergte. Jede griechische Stadt hatte eine eigene *palästra*.

Boxer wickelten Streifen von Schaffell um ihre Hände und befestigten sie mit Lederriemen.

Boxkämpfe konnten mehrere Stunden dauern.

HERAKLES

Der Sage nach wurde Olympia vom größten der griechischen Helden geschaffen. Herakles, ein Sohn des Zeus, vollbrachte zwölf Taten, die übermenschliche Kraft, Mut und Klugheit verlangten. Er begründete die Olympischen Spiele zu Ehren des Zeus, um die Vollendung einer dieser Taten zu feiern: die Reinigung der Viehställe des Augias, des Königs von Elis.

WETTKÄMPFE

Bei den antiken Spielen gab es keine Mannschaftskämpfe. In der frühen Zeit fand nur ein Lauf über 200 m statt; später kamen Boxen und andere Disziplinen dazu. Nach der Legende fand der erste Boxkampf der Spiele zwischen Apoll und dem Kriegsgott Ares statt. Apoll gewann.

Boxkampf-Darstellung auf einer Amphore (336 v.Chr.)

Krieg

Krieg war bei den Griechen nichts Außergewöhnliches, die Stadtstaaten bekämpften sich häufig. Freie Männer mussten Kriegsdienst leisten und für ihre Rüstung und Waffen selbst aufkommen. In Athen bereiteten sich die jungen Männer im Alter von 18 bis 20 Jahren auf den Kriegsdienst vor, erst danach wurden sie einberufen. In Sparta begann die militärische Ausbildung sehr viel früher. Die athenischen Soldaten wurden von zehn „Strategen" (*strategoi*) befehligt. Das Rückgrat der griechischen Armee bildete die Infanterie, die in dichter Formation (Phalanx) kämpfte. Ärmere Soldaten dienten in den Hilfstruppen als Bogenschützen oder Steinschleuderer. Beim Erstürmen von Städten setzten die hellenistischen Truppen Wurfmaschinen und Sturmböcke, glühende Kohlen und Schwefel ein. Athen hatte eine ansehnliche Kriegsflotte; auf dem Höhepunkt seiner Macht verfügte es über etwa 300 Trieren (Galeeren mit drei Ruderdecks).

SCHILD
So hielt der Soldat seinen Schild: Den Arm schob er durch einen Eisenriegel, und mit der Hand hielt er einen Lederriemen am Schildrand umfasst.

DIE SCHLACHT VON SALAMIS
Die berühmte Seeschlacht bei Salamis (480 v.Chr.) führte das Ende der Perserkriege herbei. Sie war ein triumphaler Sieg der Griechen über die persische Flotte. Danach zog sich der persische König Xerxes mit großen Teilen seiner Armee nach Asien zurück und beendete damit die Invasion Griechenlands.

WIE DER WIND
Wie diese Bronzepferde schmückten häufig Tiere als Symbol für Schnelligkeit die Streitwagen.

HELDENHAFTE BLÖSSE
Diese Vasenmalerei zeigt einen Soldaten, der Brustharnisch, Schild und Speer in seinen Händen hält. Nacktheit steht in der griechischen Kunst für Heldenmut.

Helm mit Nasenschutz

Brustpanzer

HOPLIT
Nach dem griechischen Wort *hoplon* für „Schild" wurden die Fußsoldaten Hopliten genannt. Da die Ausrüstung teuer war, stammten die Hopliten immer aus wohlhabenden Familien.

Beinschienen

HELME

Helme schützten den Kopf vor Schlägen und Stößen. Manche hatten Helmbüsche aus Pferdehaar, die den Träger des Helms imposanter und furchterregender aussehen ließen.

Attischer Helm
(ohne Nasenschutz)

Korinthischer Helm
(langes Nasenstück und Wangenschutz)

MANN GEGEN MANN

Auf diesem Vasenbild trennt ein Herold zwei griechische Kämpfer.

BRUSTHARNISCH

Der Brustpanzer bestand meist aus Bronze. Er war der wichtigste Bestandteil der Rüstung, da er die meisten lebenswichtigen Organe schützte. Harnische waren maßgefertigt; besonders gute waren der Körperform nachempfunden. Ein Brustpanzer bestand aus zwei Teilen, die an den Seiten durch Lederriemen zusammengehalten wurden. Die Seitenpartie war deshalb auch der verwundbarste Teil des Körpers.

BEINSCHIENEN

Zum Schutz der Unterschenkel trugen die Hopliten bronzene Schienen. Die unten abgebildeten Beinschienen stammen wahrscheinlich von einer Heldenstatue aus Süditalien.

Der Panzer ist den Konturen des Körpers angepasst.

KRIEGSSCHIFF

Der schnellste griechische Schiffstyp war die Triere (Dreiruderer). Sie wurde von 170 Mann gerudert, die auf beiden Seiten des Schiffs in drei Decks übereinander saßen. Am oft mit einem Auge bemalten Bug befand sich ein metallverstärkter Rammsporn zum Versenken feindlicher Schiffe. Die Abbildung zeigt zwei Segel, doch wahrscheinlich hatten die Trieren nur ein großes Leinensegel, das im Kampf eingeholt wurde.

Der Langspeer (Wurflanze) war die wichtigste Waffe der Fußsoldaten.

KAMPF DER BESTEN

Diese rotfigurige Vasenmalerei zeigt den Kampf zwischen Achilles und Hektor, zwei Helden des Trojanischen Kriegs. Aus einer Wunde an Hektors Oberschenkel fließt Blut. Beide tragen Helme mit Büschen. Die Waffen entsprechen denen der Fußsoldaten im 5.Jh.v.Chr.

DIE AKROPOLIS
Anfangs war die Akropolis von Athen eine starke Festung. Später wurde sie zur geheiligten Stätte, an der sich die wichtigsten Tempel und Heiligtümer Athens befanden.

KULTFIGUR
Auf dem Fries ist dargestellt, wie einem Priester ein gewebtes Gewand, ein *peplos*, übergeben wird. Dieser ist für eine hölzerne Statue der Göttin Athene bestimmt, die auf der Akropolis stand.

Stadt der Athene

Athen, das Zentrum der Künste und Wissenschaften, war der mächtigste unter den griechischen Stadtstaaten. Schutzherrin der Stadt war Athene. Sie war die Göttin der Weisheit und des Kriegs und versinnbildlichte damit die beiden gegensätzlichen Pole der athenischen Kultur. Im Jahre 480 v.Chr. griffen die Perser Athen an und zerstörten die Tempel auf der Akropolis. Später, nachdem Athen eine führende Rolle in den Perserkriegen gespielt und Griechenland erfolgreich verteidigt hatte, betrieb Perikles den Wiederaufbau der Stadt. Athen in der Landschaft Attika war dichter besiedelt als andere griechische Städte. Am Fuß der Akropolis fand man rund um die *agora*, den Marktplatz, viele schöne öffentliche Plätze und Säulenhallen. Unweit der Stadt liegt Piräus, der Hafen Athens, der sehr zum militärischen und wirtschaftlichen Erfolg der Stadt beigetragen hat.

DAS ERECHTHEION
In einem kleineren, nach König Erechtheus benannten Tempel befand sich wahrscheinlich die Statue der Athene. In der bekannten Korenhalle tragen Karyatiden (weibliche Statuen in der Funktion tragender Säulen) das Dach.

DER PARTHENONFRIES
Der Marmorfries des Parthenon verlief über dem Architrav (Steinbalken über den Säulen) rund um das Hauptgebäude des Tempels.

Hauptthema des Frieses ist der Festzug, der alle vier Jahre aus Anlass der Panathenäen (Fest zu Ehren der Göttin Athene) von der *agora* (Marktplatz) zur Akropolis führte. Die meisten Abbildungen zeigen junge Männer zu Pferde.

DER PARTHENON

Der Parthenon auf dem höchsten Punkt der Akropolis war der jungfräulichen Athene geweiht. Parthenon leitet sich von dem griechischen Wort *parthenos* (Jungfrau) ab. Dieser Tempel, zwischen 447 und 432 v.Chr. von Iktinos im dorischen Stil erbaut, steht noch heute. Die vielen Skulpturen, die den Parthenon schmückten, schuf der Bildhauer Phidias.

GOLDENE GÖTTIN

Im Parthenon stand eine riesige Gold-Elfenbein-Statue der Göttin Athene, ein Werk des berühmten Bildhauers Phidias, eines Freundes des Perikles. Die Statue (hier eine Nachbildung) zeigt Athene als Kriegsgöttin. Sie trägt ihre *ägis*, einen kurzen, schlangenbesetzten Ziegenfellmantel, und einen kronenartigen Helm. Auf der rechten Hand sitzt eine kleine, geflügelte Figur, die Siegesgöttin Nike.

Die Eule (hier auf einer Münze) war das heilige Tier der Athene.

MARMOR-SKULPTUREN

Lord Thomas Elgin (1766–1841), britischer Gesandter in Konstantinopel, erwarb Skulpturen des Parthenon und ließ sie nach London bringen. Heute kann man sie im Britischen Museum bewundern.

Der Elgin-Saal des Britischen Museums auf einem Gemälde von A. Archer

Einige junge Männer reiten in ruhigem Trab, andere galoppieren mit wehenden Mänteln. Der Frieshintergrund war ursprünglich farbig, wahrscheinlich strahlend blau. Das Zaumzeug der Pferde war aus Bronze.

Das Zaumzeug ist nicht erhalten, man sieht nur noch die Stellen, an denen es am Marmor befestigt war. Auf dem Südfries sind junge Kühe abgebildet. Andere Teile zeigen Frauen, die Opfergefäße tragen.

Die Wiege der Demokratie

SOLON
Der athenische Staats-
mann Solon (640–558
v.Chr.) erließ viele neue
Gesetze. So schaffte er
z.B. die Schuldknecht-
schaft ab, d.h. Bauern
durften nicht mehr als
Sklaven verkauft wer-
den, wenn sie ihre
Schulden nicht abzahlen
konnten. Für die allge-
meine Rechtsprechung
führte Solon Geschwo-
renengerichte ein.

Griechenland bestand im 6. Jahrhundert v.Chr. aus
vielen unabhängigen Stadtstaaten, die von reichen
Adligen, sog. Tyrannen, geführt wurden. Diese waren nicht immer grausame Unterdrücker, wie der heutige Gebrauch des Wortes nahe legt. Doch schlechte
Herrscher prägten die negative Bedeutung des Namens und gaben schließlich in einigen Stadtstaaten
Anlass zum Sturz der Tyrannis. So auch in Athen, wo
eine Volksherrschaft entstand, die man Demokratie
nannte. Die Volksversammlung, die sich auf der
pnyx, einem Hügel nahe der Akropolis, traf, war
Mittelpunkt des politischen Lebens. Jeder Bürger
hatte das Rede- und Wahlrecht auf den Versammlungen, die z.B. über Krieg oder Frieden
entschieden und nur stattfanden, wenn
mindestens 6000 Männer anwesend waren. Ein wichtigeres Regierungsinstrument
war der Rat der 500, der aus je 50 Abgesand-
ten aus den zehn Phylen Attikas bestand. Er
bereitete die Tagesordnung für die Volksversammlungen vor und formulierte Ge-
setzesanträge. Zehn jährlich gewählte
militärische Befehlshaber, sog. Strategen, hatten im Kriegsfall über die
Verteidigung
der Stadt zu
entscheiden.

PERIKLES
Perikles war ein großer athenischer
Staatsmann, Redner und Feldherr, der
zwischen 443 und 429 v.Chr. alljährlich
als Stratege wiedergewählt wurde. Unter
Perikles erlebte Athen seine politische
und kulturelle Blütezeit. Er sorgte für
den Wiederaufbau der Akropolis nach
der Zerstörung in den Perserkriegen
(490 und 480 v.Chr.).

STIEFELPUTZER
Diese Bronzestatue zeigt einen stie-
felputzenden afrikanischen Sklaven.
Die griechische Gesellschaft war von
der Arbeit der Sklaven abhängig, die sowohl die Hausarbeit bei den Wohlhabenden als auch die Schwerstarbeit, z.B. in den
Silberminen, verrichteten. Die Sklaven waren
Kriegsgefangene oder wurden von Sklavenhänd-
lern nach Griechenland verkauft. Einige wenige erhielten etwas Lohn für ihre Arbeit und konnten
sich damit wieder freikaufen. Andere, die als
Hauslehrer die Söhne der Reichen unterrichteten, wurden mit Respekt behandelt,
die meisten aber führten ein elendes Leben.

DAS ENGLISCHE PARLAMENT
Das demokratische System, das sich im 5.Jh.v.Chr. in Athen
entwickelte, beeinflusst die Regierungsformen bis in die
heutige Zeit. Demokratie bedeutet „Volksherrschaft", doch
die altathenische Demokratie war noch recht eingeschränkt,
da ein Großteil der Bevölkerung, Frauen, Sklaven und Zuge-
reiste, vom Wahlrecht ausgeschlossen waren.

SCHATZKAMMERN

Im Jahr 490 v.Chr. besiegten die Griechen die Perser bei Marathon vernichtend. Als Zeichen des Triumphs errichteten die Athener in Delphi dieses schöne Schatzhaus aus Marmor, das die wertvollen Weihgaben der Athener für den delphischen Apoll enthielt und darüber hinaus mit Kriegsbeute aus Persien angefüllt war. Es ist an bedeutender Stelle an der Heiligen Straße erbaut, die zum Tempel führt. Dieses Schatzhaus, mit dem man u.a. die Überlegenheit gegenüber den Persern demonstrieren wollte, zeigt eindrucksvoll, wie eng im alten Griechenland Religion und Politik miteinander verknüpft waren.

SCHERBENGERICHT

Diese Münze zeigt den athenischen Staatsmann Themistokles, dessen Hauptverdienst der Ausbau des Hafens von Piräus sowie der Aufbau einer Flotte war, die 480 v.Chr. bei Salamis die Perser schlug. 471 v.Chr. verbannte ihn das Scherbengericht aus Athen. Beim Scherbengericht, einer alten Form des Volksgerichts in Athen, wurden die Namen der Männer, die die freiheitliche Ordnung störten, auf eine Tonscherbe geschrieben. Wurde ein Mann 6000-mal genannt, verbannte man ihn für zehn Jahre aus der Stadt.

VERTRAG IN BRONZE

In diese Bronzetafel ist ein Abkommen zwischen den Bewohnern von Elis und von Heraia in Arkadien eingraviert, das 100 Jahre gelten sollte und beide Städte zu gegenseitiger Hilfe – vor allem im Kriegsfall – verpflichtete. Bei Vertragsbruch drohte eine Strafe in Höhe von 1 Talent (etwa 27 kg) Silber.

GESETZESTAFEL

Mit dieser rechteckigen Tafel besiegelten die Städte Oeantheia und Chaleion ihre Vereinbarung, Streitereien über Landbesitz im Rahmen von Gerichtsverfahren zu klären. Verstöße wurden mit Strafen belegt.

Das griechische Drama

Griechische Theater gehören zu den eindrucksvollsten Bauwerken des Altertums. In Städten wie Athen oder an heiligen Orten wie Delphi und Epidauros strömten die Menschen zusammen, um sich zu Ehren der Götter Dramen anzusehen. Die Ursprünge des Schauspiels liegen in Dankfesten, die in Athen zu Ehren des Weingottes Dionysos mit Tänzen und Gesängen gefeiert wurden. Seit Mitte des 6. Jahrhunderts v.Chr. veranstaltete man bei den „Großen Dionysien" Dramenwettbewerbe. Seit dem 5. Jahrhundert v.Chr. wurden Komödien und Tragödien aufgeführt. In ihnen wurden den Bürgern im mythischen Gewand die politischen Fragen der Zeit vor Augen geführt. Die Zuschauer verbrachten mehrere Tage im Theater des Dionysos im Norden der Akropolis. Unter demokratischer Herrschaft erhielten sie ihren Verdienstausfall für diese Tage erstattet. Die Schauspieler waren ausschließlich Männer. Der Chor kommentierte das Geschehen und wandte sich direkt an die Zuschauer. Die Stücke wurden teilweise von Musikanten begleitet, die in der *orchestra*, einem runden Platz in der Mitte, spielten.

EURIPIDES
Der Gesichtsausdruck dieser Büste lässt die Ernsthaftigkeit vieler Stücke des Euripides (5.Jh.v.Chr.) erahnen. Seine Darstellung der Schrecken des Kriegs machte die Athener, die ihre Feinde sehr grausam behandelten, betroffen.

SCHACHMATT
Diese Terrakottafigur zeigt einen als alte Frau verkleideten Komödiendarsteller, der sich müde auf einem Sitz ausruht.

VOGELPERSPEKTIVE
Auch aus der letzten Reihe des Theaters von Epidauros konnte man der Vorführung gut folgen. Hier ist die Kulisse für eine moderne Aufführung aufgebaut.

EPIDAUROS
Aus dieser Perspektive sah ein Schauspieler die Ränge des 14.000 Zuschauer fassenden Theaters von Epidauros, wenn er auf die Bühne trat. Der Zuschauerraum mit nach oben ansteigenden Sitzreihen ist ein halbkreisförmiges Stadion, das in einen Hügel hineingebaut worden ist. Diese Form gewährleistet nicht nur gute Sicht für alle, sondern vor allem eine hervorragende Akustik. Die unten agierenden Schauspieler waren auch in der letzten Reihe zu verstehen.

SOPHOKLES

Dieses Bild aus einer Dramenausgabe des 19. Jh.s zeigt eine Skulptur des Dramendichters Sophokles. Wie von vielen berühmten Menschen wurden auch von Sophokles erst nach seinem Tod Porträts angefertigt, die daher nicht naturgetreu sind. Die Dramen des Sophokles handeln von legendären Königsfamilien und ihren tragischen Schicksalen. Noch heute ziehen Figuren wie Ödipus oder Elektra die Zuschauer in ihren Bann.

GRIECHISCHE DRAMEN

Heutige Schauspieler führen die *Oresteia*, eine Trilogie des großen Dramatikers Äschylus, auf. Die drei Stücke handeln vom Tod des Agamemnon nach dem Trojanischen Krieg und vom Schicksal seines Sohns Orest.

Der übertrieben kunstvolle Hut soll andeuten, dass dieser bärtige Mann nicht durch ehrbare Arbeit reich geworden ist.

In Komödien des 4. Jh.s v. Chr. spielten häufig Musen eine Rolle. Diese hält die Maske des Charaktertypus „junge Frau" in der Hand.

SOUVENIRS

In Gräbern fand man z. T. komplette Rollenbesetzungen von Theaterstücken in Form solcher ursprünglich in leuchtenden Farben bemalter Terrakottastatuetten. Die anmutige Frau stellt wahrscheinlich eine der neun Musen dar, der bärtige Mann eine von den Einkünften von Hetären lebende zwielichtige Figur der späteren griechischen Komödie.

Tempel

KAP SUNION
Dieser dem Meeresgott Poseidon geweihte Marmortempel aus dem 5.Jh.v.Chr. krönt ein Vorgebirge südlich von Athen. Weithin sichtbar grüßte er die von der Seefahrt heimkehrenden Griechen.

Die Religion spielte eine wichtige Rolle im Leben der Griechen, und so ist es nicht verwunderlich, dass ihre Tempel die größten und schönsten Bauten waren. Oft hatten diese Prachtbauten auch einen politischen Hintergrund und wurden z.B. zur Selbstdarstellung einer bestimmten Stadt oder zum Dank an den Schutzgott einer Stadt für gewonnene Schlachten erbaut. Die Tempel bestanden aus Kalkstein oder Marmor, die Dächer und Decken aus Holz. Viele Arbeitskräfte waren zum Bau eines Tempels erforderlich. Riesige Felsblöcke mussten auf Ochsenkarren aus Steinbrüchen herangeschafft werden. Auf der Baustelle wurden sie dann von Steinmetzen mit verschiedenen Hämmern bearbeitet. Die schlanken Säulen bestanden aus runden Scheiben (Säulentrommeln), die mithilfe von Seilen und Flaschenzügen in die richtige Position gebracht und von Nägeln zusammengehalten wurden. Vollendet wurde die Pracht und Schönheit der Tempel durch dekorative Skulpturen wie Friese und Statuen in den Giebeln.

ZEUSTEMPEL
Alle vier Jahre fanden in Olympia, einem Heiligtum an den Ufern des Alpheios, große sportliche Wettkämpfe zu Ehren des Zeus statt. Dort fand man die Ruinen eines riesigen Zeustempels aus dem 5.Jh.v.Chr. sowie eine Reihe anderer bedeutender Bauwerke.

CERES-TEMPEL
Poseidonia (das spätere Paestum), in Italien südlich von Neapel gelegen, war eine reiche griechische Kolonie. Der abgebildete Tempel wurde im 6.Jh.v.Chr. im dorischen Stil erbaut und ist als Tempel der Ceres (gleichzusetzen mit Demeter) bekannt. In Wirklichkeit war er der Göttin Athene geweiht und wurde später als Kirche genutzt. Durch eine Laune des Meers, das Paestum überschwemmte und teilweise zerstörte, sich später aber wieder zurückzog, findet man dort heute die besterhaltenen Tempel der gesamten griechischen Welt.

ROSETTEN-KAPITELL

Dieses große Marmorkapitell schmückt eine Säule des Artemis-Tempels in Ephesus. Dort wurde im Jahr 356 v.Chr. in derselben Nacht, in der Alexander der Große geboren wurde, ein älterer Tempel durch ein Feuer zerstört.

LÖWENMAUL

Regenwasser wurde von den Tempeldächern über Wasserspeier abgeleitet. Dieser hat die Form eines Löwenkopfs und gehört zu einem Athene-Tempel in Priene südlich von Ephesus.

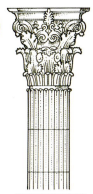

DORISCH
Dorischer Stil (griechisches Festland und Kolonien in Süditalien und auf Sizilien): gedrungen, Säulenkapitell schlicht und schmucklos.

IONISCH
Ionischer Stil (östliches Griechenland und Inseln): schlanker und eleganter, Kapitell mit zwei schneckenartig gerollten Verzierungen (Voluten).

KORINTHISCH
Korinthischer Stil (vorwiegend an römischen Tempeln): dekorativ bereicherte Abwandlung des ionischen Stils, Kapitelle kunstvoll und mit Akanthusblättern verziert.

SÄULEN UND KAPITELLE

Die drei Hauptstilrichtungen griechischer Baukunst kann man an der Form der Säulen, vor allem am Säulenoberteil (Kapitell), unterscheiden.

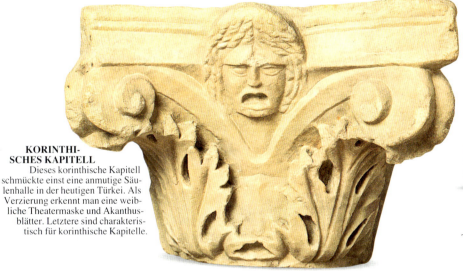

KORINTHI-SCHES KAPITELL

Dieses korinthische Kapitell schmückte einst eine anmutige Säulenhalle in der heutigen Türkei. Als Verzierung erkennt man eine weibliche Theatermaske und Akanthusblätter. Letztere sind charakteristisch für korinthische Kapitelle.

PALMETTE

Dieser palmettenförmig gestaltete Dachziegel stammt vom Apollo-Tempel in Bassae/Südgriechenland. Dort, in der Heimat berühmter Krieger, wurde Apoll wahrscheinlich als Soldatengott verehrt.

LOTOSBLÄTTER

Auf diesem Marmorfries erkennt man Palmetten, Lotosblätter und andere feingliedrige Muster. Der Fries befindet sich im oberen Teil der Ostwand des Erechtheion auf der Akropolis von Athen. Das Dach der südlichen Vorhalle des Gebäudes wird von weiblichen Statuen mit Körben auf dem Kopf (Karyatiden) getragen. Perikles ließ das Erechtheion Mitte des 5.Jh.s v.Chr. auf den Ruinen älterer Tempel erbauen, um der in den Perserkriegen zerstörten Akropolis wieder Glanz zu verleihen.

Keramische Kunst

Die besten griechischen Töpferwaren kamen aus Athen. Dort baute man sehr guten Ton ab, der beim Brennen einen besonders schönen rötlichen Braunton ergab. Das Stadtviertel der Töpfer in Athen hieß Kerameikos. Töpfer formten dort auf Drehscheiben in Handarbeit Vasen für den Inlandbedarf und für den Export. In der Vasenmalerei unterscheidet man verschiedene Stilrichtungen. Zwischen 1000 und etwa 720 v.Chr. waren geometrische Muster beliebt, dann wurde der geometrische vom orientalisierenden Stil abgelöst. Die schwarzfigurige Technik, in der die Figuren als schwarze Silhouetten auf dem rötlichen Tonhintergrund erschienen, war von Beginn bis Mitte des 6. Jahrhunderts die beliebteste Art der Vasendekoration. Innenzeichnungen wurden mit einem Bein- oder Metallwerkzeug eingeritzt. Um 530 v.Chr. kam die rotfigurige Technik auf. Die Figuren wurden im rotbraunen Ton belassen, der Hintergrund mit schwarzem Glanzton gedeckt. Viele Gefäße sind noch heute in hervorragendem Zustand erhalten.

Schwarz-figurige Amphore

FUSSLOS
Trinkgefäße in Form von Tierköpfen wie dieser Greifen-*rhyton* waren sehr beliebt. Da man den Becher schlecht hinstellen konnte, ohne den Wein zu verschütten, ist anzunehmen, dass er herumgereicht wurde, bis er leer war.

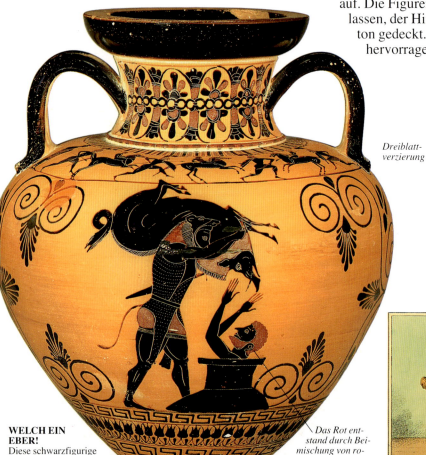

Dreiblatt-verzierung

DER ERSTE SCHLUCK
Solche kleinen *choen*-Kännchen wurden bei den Anthesterien mit Wein gefüllt Knaben überreicht. Das rotfigurige Motiv zeigt zwei Schüler, von denen einer in einer Papyrusrolle liest und der andere eine Leier hält.

WELCH EIN EBER!
Diese schwarzfigurige Vasenmalerei stellt eine der sieben Arbeiten des Herakles dar. Herakles bringt König Eurystheus, der sich in ein Vorratsgefäß verkrochen hat, den Erymanthischen Eber.

Das Rot entstand durch Beimischung von rotem Eisenoxid zum schwarzen Malschlick.

SAMMLEROBJEKT
Diese Karikatur vom Anfang des 19.Jh.s zeigt den fanatischen Kunstsammler William Hamilton als Wassertopf (*hydria*).

VASENGRAB
Auf diesem Stich überwacht Sir William Hamilton die Öffnung eines Grabes in Italien. Das Skelett ist umgeben von Vasen aus Athen.

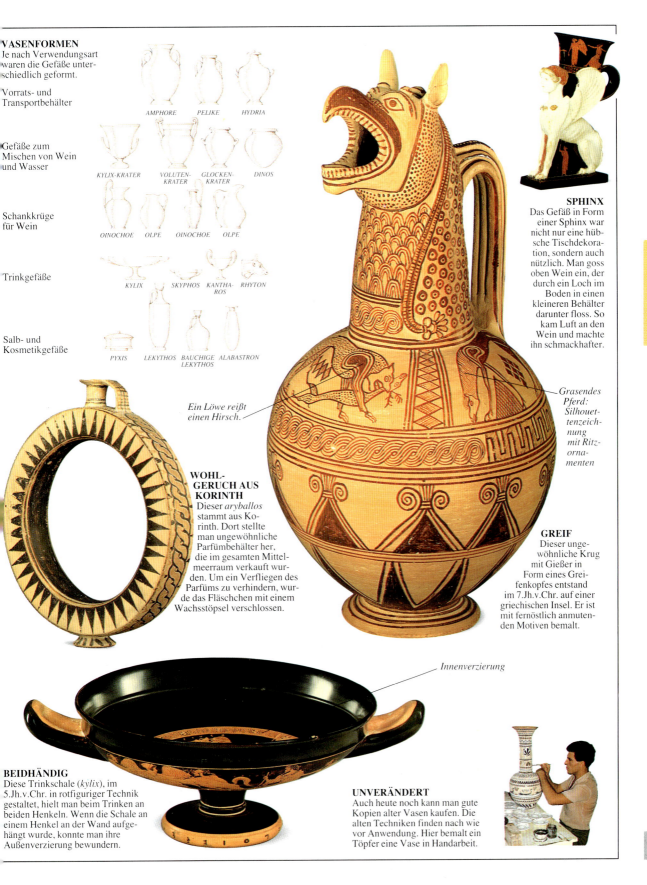

VASENFORMEN

Je nach Verwendungsart waren die Gefäße unterschiedlich geformt.

Vorrats- und Transportbehälter

AMPHORE   PELIKE   HYDRIA

Gefäße zum Mischen von Wein und Wasser

KYLIX-KRATER   VOLUTEN-KRATER   GLOCKEN-KRATER   DINOS

Schankkrüge für Wein

OINOCHOE   OLPE   OINOCHOE   OLPE

Trinkgefäße

KYLIX   SKYPHOS   KANTHA-ROS   RHYTON

Salb- und Kosmetikgefäße

PYXIS   LEKYTHOS   BAUCHIGE LEKYTHOS   ALABASTRON

SPHINX
Das Gefäß in Form einer Sphinx war nicht nur eine hübsche Tischdekoration, sondern auch nützlich. Man goss oben Wein ein, der durch ein Loch im Boden in einen kleineren Behälter darunter floss. So kam Luft an den Wein und machte ihn schmackhafter.

Griechenland

Ein Löwe reißt einen Hirsch.

Grasendes Pferd: Silhouettenzeichnung mit Ritzornamenten

WOHL-GERUCH AUS KORINTH
Dieser *aryballos* stammt aus Korinth. Dort stellte man ungewöhnliche Parfümbehälter her, die im gesamten Mittelmeerraum verkauft wurden. Um ein Verfliegen des Parfüms zu verhindern, wurde das Fläschchen mit einem Wachsstöpsel verschlossen.

GREIF
Dieser ungewöhnliche Krug mit Gießer in Form eines Greifenkopfes entstand im 7.Jh.v.Chr. auf einer griechischen Insel. Er ist mit fernöstlich anmutenden Motiven bemalt.

Innenverzierung

BEIDHÄNDIG
Diese Trinkschale (*kylix*), im 5.Jh.v.Chr. in rotfiguriger Technik gestaltet, hielt man beim Trinken an beiden Henkeln. Wenn die Schale an einem Henkel an der Wand aufgehängt wurde, konnte man ihre Außenverzierung bewundern.

UNVERÄNDERT
Auch heute noch kann man gute Kopien alter Vasen kaufen. Die alten Techniken finden nach wie vor Anwendung. Hier bemalt ein Töpfer eine Vase in Handarbeit.

Philosophie und Kunst

In der Philosophie („Liebe zur Weisheit") versuchten die Griechen das menschliche Dasein und die Beschaffenheit der Welt zu ergründen. Heraklit entwickelte eine Theorie, nach der alles in der Welt einem ständigen Wandel unterworfen ist. Pythagoras stellte aus der Überzeugung heraus, dass dem Aufbau des Universums bestimmte Zahlenverhältnisse zugrunde liegen, seinen Lehrsatz auf, den bis heute jedes Schulkind kennt. Die Lehren des Sokrates, seines Schülers Plato und dessen Nachfolger als führender Philosoph, Aristoteles, werden bis heute an den Universitäten diskutiert. Es bestand ein enger Zusammenhang zwischen Philosophie, Kunst und Religion. In religiösen Hymnen versuchte man, Fragen nach dem Sinn des Lebens und der Herkunft der Götter zu beantworten. Als Opfergaben für ihre Gottheiten, aber auch zum eigenen Gebrauch schufen die Griechen kunstvolle Gegenstände. Musik, Tanz, Bildhauerei, Malerei und Töpferei erlebten im alten Griechenland eine Blüte.

KÖNIGLICHER SCHÜLER
Griechische Philosophen waren oft als Lehrer tätig. Hier unterrichtet der berühmte Aristoteles Alexander den Großen.

MIT PFIFF
Dieser *aulos* aus Athen besteht aus Maulbeerfeigenholz und ist ein Teil einer Doppelpfeife. Im Mundstück der Pfeife befand sich ein Rohrblatt, sodass der *aulos* ähnlich wie eine Oboe oder Schalmei klang.

VASENMALEREI
Der attische Töpfer Exekias, ein Meister der Vasenmalerei, schuf hochwertige Keramik wie diese Trinkschale, deren Bemalung an eine Dionysos-Sage erinnert: Dionysos war auf einer seiner Reisen von Piraten gefangen worden, die ihn als Sklave verkaufen wollten. Als er einen Weinstock um den Mast ranken ließ, erkannten die Freibeuter, dass sie einen Gott vor sich hatten, sprangen ins Meer und wurden zu Delphinen.

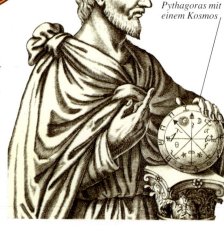

Pythagoras mit einem Kosmos

TIERISCHE RESONANZ
Der Panzer der damals häufigen Griechischen Landschildkröte eignete sich gut als Resonanzkörper der Leier. Durch straffere Spannung der Saiten, die mit einem Plektron angeschlagen wurden, ließ sich die Tonlage verändern.

DER SCHLÜSSEL ZUM UNIVERSUM
Der auf Samos geborene Philosoph Pythagoras (580–500 v.Chr.) gründete in Unteritalien eine religiöse Bruderschaft (Pythagoreer). Für die Pythagoreer waren Zahlen das Wesen aller Dinge, und sie glaubten, den Aufbau des Universums mit bestimmten Zahlenkombinationen erklären zu können.

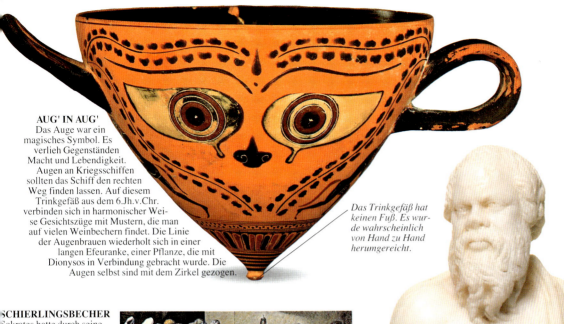

AUG' IN AUG'
Das Auge war ein magisches Symbol. Es verlieh Gegenständen Macht und Lebendigkeit. Augen an Kriegsschiffen sollten das Schiff den rechten Weg finden lassen. Auf diesem Trinkgefäß aus dem 6.Jh.v.Chr. verbinden sich in harmonischer Weise Gesichtszüge mit Mustern, die man auf vielen Weinbechern findet. Die Linie der Augenbrauen wiederholt sich in einer langen Efeuranke, einer Pflanze, die mit Dionysos in Verbindung gebracht wurde. Die Augen selbst sind mit dem Zirkel gezogen.

Das Trinkgefäß hat keinen Fuß. Es wurde wahrscheinlich von Hand zu Hand herumgereicht.

SCHIERLINGSBECHER
Sokrates hatte durch seine Lehren einigen mächtigen Bürgern ihre Beschränktheit vor Augen geführt und sich damit Feinde gemacht. Man klagte ihn als Jugendverführer und Gotteslästerer an und verurteilte ihn dazu, sich mit einem Gifttrank das Leben zu nehmen.

GRÜNDERVÄTER
Seite an Seite zeigt der berühmte italienische Maler und Architekt Raffael (1483–1520) hier Aristoteles (384–322 v.Chr.) und Plato (427–347 v.Chr.), jeweils mit ihrem Hauptwerk in der Hand. Das Bild entstand zu Beginn des 16.Jh.s als Mittelpunkt eines Freskos in einem Saal im Vatikan.

MÜNDLICH ÜBERLIEFERT
Obwohl Sokrates (469–399 v.Chr.) einer der bekanntesten griechischen Philosophen ist, gibt es keine von ihm selbst verfassten Schriften. Durch eindringliches Fragen wollte er vermeintlich sicheres Wissen von Grund auf in Frage stellen und so zum „Wissen des Nichtwissens" führen. Diese Marmorfigur zeigt Sokrates mit nackter Brust. Philosophen wurden oft so dargestellt.

PLATO MIT SCHÜLERN
Die großen Philosophen zogen scharenweise Schüler an. Ihre Lehrmethode war oft die Gruppendiskussion. Plato gründete in seiner Heimatstadt Athen in einem schönen Garten eine Schule, die man Akademie nannte. Er schrieb auch Theorien des Sokrates in Dialogform, als Diskussion zwischen Lehrer und Schüler, nieder.

Naturwissenschaft und Medizin

Die alten Griechen beschäftigten sich eingehend mit naturwissenschaftlichen Fragestellungen. Sie griffen Erkenntnisse ägyptischer und babylonischer Gelehrter auf und verstanden es, eine theoretische Basis für angewandte Wissenschaften wie Biologie, Mathematik, Astronomie und Geografie zu schaffen. Bereits im 3. Jahrhundert v.Chr. erkannte der Astronom Aristarchos, dass die Erde sich um die Sonne dreht. Anaxagoras (500–428 v.Chr.) entdeckte, dass der Mond Sonnenlicht reflektiert. In hellenistischer Zeit war die griechische Naturwissenschaft auf ihrem Höhepunkt. Ein wichtiges Gebiet war die Medizin. Die Griechen glaubten, dass Krankheit eine Strafe der Götter sei und deren Anbetung zur Heilung führe. Heiligtümer des Asklepios, des Gottes der Heilkunst, gab es in ganz Griechenland, das berühmteste in Epidauros. Viele Kranke verbrachten dort die Nacht im Tempel. Sie glaubten, dass Asklepios ihnen im Traum erscheine und Behandlungen verordne. Am nächsten Tag führte ein Priester die Behandlungen durch, und viele reisten gesund nach Hause. Die Griechen entwickelten Behandlungsmethoden für die verschiedensten Krankheiten. Ein bis heute bekannter Mediziner ist Hippokrates (460–377 v.Chr.), der die genaue Beobachtung des menschlichen Körpers und theoretische Erkenntnisse zur Grundlage jeder Diagnose machte.

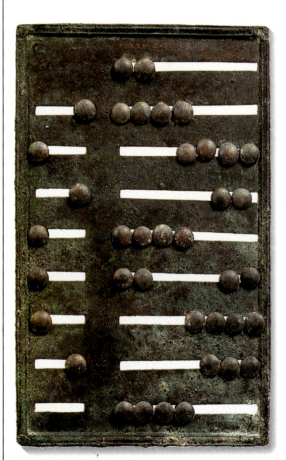

ASKLEPIADES
Asklepiades war ein berühmter griechischer Arzt (1.Jh.v.Chr.) und Medizintheoretiker. Er war bei den Patienten sehr beliebt, weil er Wein als Stärkungsmittel empfahl und freundlich mit den Kranken umging.

RECHENTAFEL
Die Griechen benutzten den Abakus als Rechenhilfe. Seine Kugeln, die in Reihen auf Drähten aufgefädelt waren, hatten verschiedene Wertigkeiten. Die Kugeln mancher Reihen zählten eins, die in anderen zehn oder hundert. Durch das Bewegen der Kugeln konnte man selbst schwierige Rechenaufgaben lösen.

DIE RECHNUNG GEHT AUF
Auf diesem Stich aus der *Margarita Philosophica* (1496) sieht man den römischen Philosophen Boethius (480–524 n.Chr.) bei mathematischen Berechnungen und den griechischen Mathematiker Pythagoras mit einem Abakus.

BESUCH IM TEMPEL
Auf diesem Gemälde von William Waterhouse (1849–1917) hat eine Mutter ihr Kind in das Asklepios-Heiligtum gebracht. Die Priester stehen wartend dabei, um die Wünsche des Gottes zu deuten.

ASKLEPIOS-KULT
Dieser Stich zeigt Menschen vor einer Statue des Asklepios. Der Gott sitzt auf einem Thron, in der Hand einen Stab, um den sich eine Schlange windet. Lebende Schlangen (wie die am Sockel der Säule) wurden als heilige Tiere in allen Asklepios-Tempeln gehalten.

DANK
Dankbare Patienten brachten oft eine Nachbildung des erkrankten Körperteils zum Altar des Heilgottes Asklepios. Dieses Marmorrelief eines Beins trägt eine gemeißelte Inschrift.

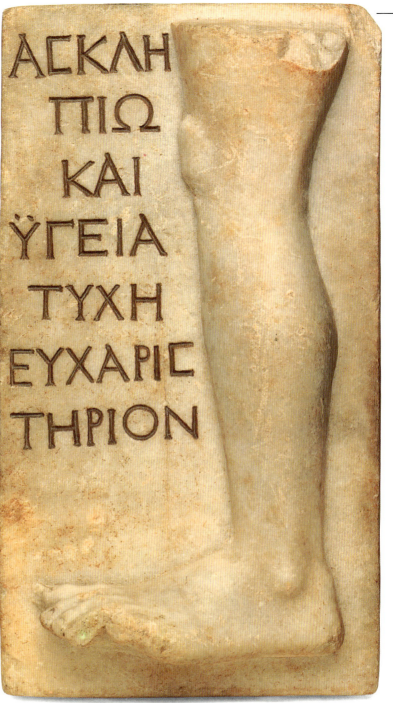

HIPPOKRATES
Der berühmte Arzt Hippokrates stammte von der Insel Kos. Ihm werden 53 medizinische Bücher, heute bekannt als *Corpus Hippocraticum*, zugeschrieben. Hippokrates lehrte, dass ein Verständnis von Teilen des menschlichen Körpers ohne das Verständnis des ganzen Körpers nicht möglich sei. Der hippokratische Eid, der die Grundlage medizinischer Ethik bildet, hat bis heute Gültigkeit.

MODERNE WEIHGABEN
In einigen Ländern findet man auch heute noch in den Kirchen Nachbildungen geheilter Körperteile als Dankgabe. Diese Votive stammen aus dem modernen Athen.

VOTIVE
Auch diese modernen Silberplättchen sind Dankgaben für Genesungen. Die Tierabbildungen zeigen, dass die Geber auch an die Heilung von Tieren durch Opfergaben glauben.

Heim und Herd

Die Häuser der Griechen hatten kleine, hoch oben sitzende Fenster. Die Wände bestanden aus ungebrannten, an der Sonne getrockneten Lehmziegeln und waren daher nicht besonders hart. Bei dem abgebildeten Bauernhaus handelt es sich um ein recht einfaches Bauwerk; Stadthäuser waren sicher geräumiger und luxuriöser. Die Häuser hatten einen Innenhof oder Garten, in dem sich häufig ein Brunnen befand, an dem Sklavinnen die Wäsche wuschen und Wasser holten. Außerdem zierte den Vorhof oft eine Statue des Gottes Hermes, die böse Geister bannen sollte. Es lässt sich heute nur schwer sagen, wie ein typisches Haus im alten Griechenland aussah. Dieses Bauernhaus ist der Versuch der Rekonstruktion eines Hauses aus dem 4. Jahrhundert v.Chr., dessen Überreste man südlich von Athen ausgegraben hat.

Korn mahlende Frau (Terrakotta)

KOSTBARKEITEN
Da Holz teuer war, galten Türen als Wertgegenstände. Vor der Tür stehen zwei Mischkrüge, die bei Hochzeiten verwendet wurden.

WASSER-SPEIER
Die Dächer vornehmer Häuser waren mit Rinnen für Regenwasser versehen, das durch Wasserspeier wie diesen in Form eines Löwenkopfs abfloss.

In den Frauengemächern standen Webstühle, Wiegen und Ruhebetten.

Der Herd diente zum Kochen und lieferte glühende Holzkohle für tragbare Kohlenpfannen.

Leiter zum oberen Stockwerk

In jedem Haus gab es einen Altar, auf dem die Familie den Göttern opferte.

Im Speisezimmer traf sich der Hausherr mit seinen Freunden.

SITZENDE SCHÖNE
Dieses Vasengemälde zeigt eine junge Frau, die sich möglicherweise für ihre Hochzeit zurechtmacht. Die extravagante Stuhlform ist ein häufiges Vasenmotiv.

LIEGE-SOFAS
Da die griechischen Liegestätten vorwiegend aus Holz bestanden, sind keine Originale erhalten. Dieses Bronzerelief zierte die Kopflehne eines Sofas.

BÄH!
Die Terrakotta-Dachziegel der Tempel und vornehmen Häuser waren manchmal mit Menschen- oder Tiergesichtern versehen. Diese Gorgo streckt uns sogar die Zunge heraus! Im Originalzustand fiel sie durch leuchtende Farben deutlich ins Auge.

Dach aus Tonziegeln

Die Wände aus Lehmziegeln waren manchmal verputzt.

Fensteröffnungen ohne Glas, aber mit Fensterläden aus Holz

Holztür mit Bronzebeschlägen

Die Grundmauersteine wurden oft gestohlen.

Portalsäulen aus Holz

Anwesen auf dem Land waren gewöhnlich von einer kleinen Steinmauer umgeben.

Die Welt der Frauen

Darstellung einer Griechin von Sir Lawrence Alma-Tadema (1836–1912)

In kretisch-minoischer Zeit hatten die Frauen noch verhältnismäßig große Freiheiten, doch später bestimmten Ehemänner, Väter und Brüder zunehmend über ihr Leben. Ohne männliche Begleitung durften attische Frauen zu Perikles' Zeiten kaum das Haus verlassen. Politische Betätigung war reine Männersache. Darüber hinaus waren Frauen meist nicht erbberechtigt und hatten kaum eigenes Geld. Im Alter von 13 oder 14 Jahren wurden sie mit einem viel älteren Mann verheiratet, den ihr Vater ausgewählt hatte. Wichtigste Funktion der Ehe war es, Kindern, vorzugsweise Jungen, das Leben zu schenken, um den Erhalt der männlichen Linie zu garantieren. Trotzdem gab es glückliche Ehen. Grabsteine mit zärtlichen Widmungen trauernder Männer zur Erinnerung an ihre verstorbenen Frauen deuten darauf hin. Viele Mütter starben bei der Geburt eines Kindes. Mit ihren Spinn- und Webarbeiten leisteten die Frauen einen wichtigen Beitrag zum Unterhalt der Familie. Nach außen übten sie dagegen nur über ihren Mann Einfluss aus, wenn auch oft in nicht unerheblichem Maß.

BILDUNG
Mädchen gingen nicht zur Schule, sondern wurden zu Hause von ihren Müttern im Spinnen, Weben und in Haushaltsführung unterrichtet. Frauen aus besserem Hause konnten oft lesen und schreiben. Diese auf einer Vase abgebildete Frau liest in einer Papyrusrolle.

Spinnwirtel

SPINDEL
Mit solchen Spindeln aus Holz, Bronze oder Knochen wurde Wolle zu Garn versponnen. Durch ein einseitiges Gewicht, den Spinnwirtel, lässt sich die Spindel besser drehen.

SPINNERIN
Auf diesem weißgrundigen Krug spinnt eine Frau mit Spinnrocken und Spindel. Der Rocken war ein Holz- oder Metallstab; an einer Seite war er zugespitzt, an der anderen befand sich ein Griff.

BALANCEAKT
Nur wenige Haushalte hatten eine eigene Wasserversorgung. So holten Frauen und Sklavinnen das Wasser aus öffentlichen Brunnen. Die Brunnen waren beliebte Treffpunkte, an denen man sich mit Freundinnen unterhalten konnte. Die beiden plaudernden Frauen auf dieser Vasenmalerei balancieren ihre Wasserkrüge auf dem Kopf.

Ein in schwarzfiguriger Technik mit spinnenden und webenden Frauen verziertes *epinetron*

EPINETRON
Auch in vornehmen Kreisen galten Spinnen und Weben als geeignete Beschäftigungen für Frauen. Zum Aufrauen des schon gesponnenen Wollfadens vor der weiteren Verarbeitung diente das *epinetron*. Die Frauen legten das Gerät auf den Oberschenkel und zogen den Faden über die raue Oberfläche.

DICHTERIN
Die griechische Lyrikerin Sappho lebte um 600 v.Chr. auf der Insel Lesbos in der östlichen Ägäis. Ihre Liebesgedichte drücken sehr persönliche Gefühle aus, schildern aber auch eingehend das Leben anderer Frauen. Auf Lesbos genossen Frauen anscheinend mehr Freiheiten als z.B. in Athen.

SCHÖNES FÜR SCHÖNE
Als Spiegel benutzten die Griechinnen hochglanzpolierte Bronzescheiben. Als Spiegelstützen waren Koren oder Göttinnen beliebt. Diesen Bronzespiegel trägt die Göttin Aphrodite in Begleitung zweier Eroten (Liebesgötter). Außer Spiegeln fand man bei Ausgrabungen Schmuckkästchen, Kämme und Parfümflaschen in großer Zahl: Reiche Frauen achteten sehr auf ihre Schönheit.

Die Lämpchen auf den Tischen dienten vielleicht als Stövchen zum Warmhalten der Speisen.

UNTERHALTUNGSKÜNSTLERINNEN
Von ehrbaren Frauen erwartete man, dass sie sich vorwiegend zu Hause aufhielten und die Arbeit der Sklaven beaufsichtigten. Die einzigen Frauen, denen man die Teilnahme an Symposien (Festgelage) erlaubte, waren die Hetären, oft Kriegsgefangene. Hetären unterhielten die männlichen Gäste mit Flötenspiel, Tänzen und anderen Darbietungen. Sie waren oft sehr gebildet.

Körperpflege

D ie Griechen legten großen Wert auf Schönheit und Sauberkeit. Männer und Frauen auf Plastiken und Vasen sieht man in eleganter, fließender Kleidung in anmutigen Posen. Junge Männer pflegten und trainierten ihren Körper, um gute Sportler und Soldaten zu werden. Nacktheit galt bei jungen Männern als ganz normal; ihre sportlichen Wettkämpfe trugen sie immer nackt aus. Nach dem Sport rieben sich Jungen und Männer mit Olivenöl ein, um die Haut geschmeidig zu halten. Frauen bedeckten Körper und Kopf, wenn sie das Haus verließen. Ihre Sommerkleidung aus zarten Stoffen war allerdings manchmal nahezu durchsichtig. Sie parfümierten sich mit ätherischen Ölen und setzten ihre Haut möglichst wenig der Sonne aus, da Sonnenbräune als unschön galt. Wohlhabende Frauen trugen kunstvoll gearbeiteten Gold- und Silberschmuck.

DER ÄGINASCHATZ
Diesen Ohrring fand man zusammen mit einem Anhänger auf der Insel Ägina. Er stammt aus minoischer Zeit. Eine Schlange bildet den Ring, in dessen Mitte zwei Hunde auf Affenköpfen stehen.

SCHÖNE TOTE
Schmuck war ein Zeichen für Wohlstand. Auf dieser Grabstele reicht ein Sklave einer Frau ein Armband. Wahrscheinlich stellt sie die Verstorbene dar.

MODEBEWUSST
Diese Terrakottafigur zeigt eine modisch gekleidete Griechin, die ein tunikaartiges Gewand, den *chiton*, und darüber ein Tuch, das *himation*, trägt. In der Hand hält sie einen Fächer. Die Kleidung war oft sehr farbenfroh, wie man auch an den Farbresten auf der Skulptur erkennen kann. Die Frisuren waren kunstvoll. Diese Frau trägt eine Kopfbedeckung (Fundort Tanagra/Griechenland).

PUDERDOSE
Frauen bewahrten Parfüm, Puder und andere Kosmetika in runden, flachen Dosen mit Deckel auf, die man *pyxis* nannte. Auf dieser sind spinnende und webende Frauen abgebildet.

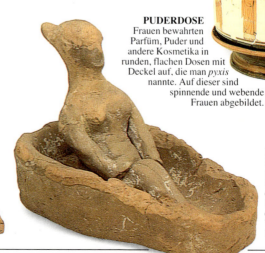

DIE WANNE IST VOLL!
Die Griechen badeten regelmäßig. Die Badewannen waren kleiner als heute, wie man an dieser Terrakottafigur erkennen kann. Am Fußende befand sich eine Vertiefung, aus der man Wasser schöpfte, um es sich über Kopf und Körper zu gießen.

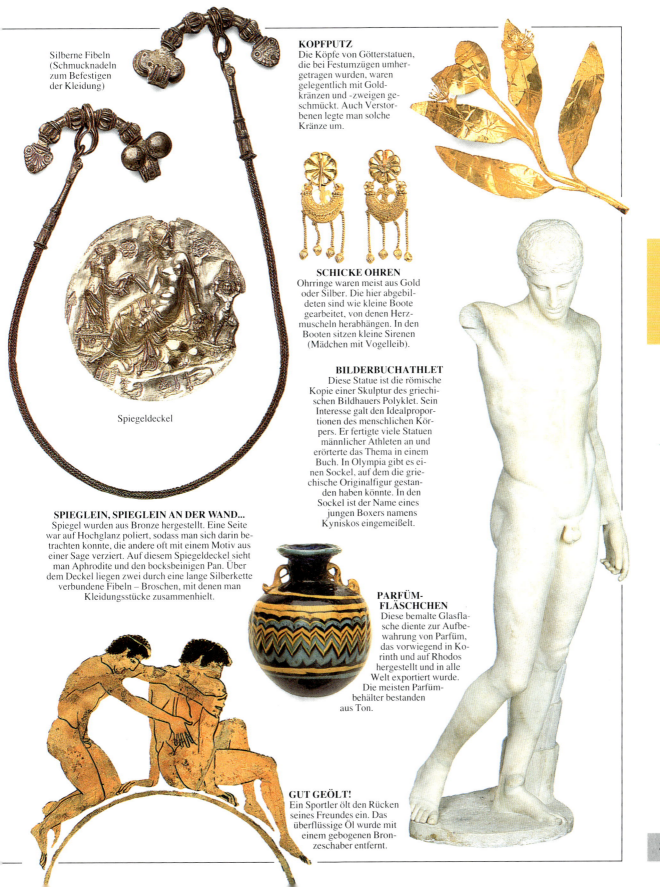

Silberne Fibeln (Schmucknadeln zum Befestigen der Kleidung)

Spiegeldeckel

KOPFPUTZ

Die Köpfe von Götterstatuen, die bei Festumzügen umhergetragen wurden, waren gelegentlich mit Goldkränzen und -zweigen geschmückt. Auch Verstorbenen legte man solche Kränze um.

SCHICKE OHREN

Ohrringe waren meist aus Gold oder Silber. Die hier abgebildeten sind wie kleine Boote gearbeitet, von denen Herzmuscheln herabhängen. In den Booten sitzen kleine Sirenen (Mädchen mit Vogelleib).

BILDERBUCHATHLET

Diese Statue ist die römische Kopie einer Skulptur des griechischen Bildhauers Polyklet. Sein Interesse galt den Idealproportionen des menschlichen Körpers. Er fertigte viele Statuen männlicher Athleten an und erörterte das Thema in einem Buch. In Olympia gibt es einen Sockel, auf dem die griechische Originalfigur gestanden haben könnte. In den Sockel ist der Name eines jungen Boxers namens Kyniskos eingemeißelt.

SPIEGLEIN, SPIEGLEIN AN DER WAND...

Spiegel wurden aus Bronze hergestellt. Eine Seite war auf Hochglanz poliert, sodass man sich darin betrachten konnte, die andere oft mit einem Motiv aus einer Sage verziert. Auf diesem Spiegeldeckel sieht man Aphrodite und den bocksbeinigen Pan. Über dem Deckel liegen zwei durch eine lange Silberkette verbundene Fibeln – Broschen, mit denen man Kleidungsstücke zusammenhielt.

PARFÜM-FLÄSCHCHEN

Diese bemalte Glasflasche diente zur Aufbewahrung von Parfüm, das vorwiegend in Korinth und auf Rhodos hergestellt und in alle Welt exportiert wurde. Die meisten Parfümbehälter bestanden aus Ton.

GUT GEÖLT!

Ein Sportler ölt den Rücken seines Freundes ein. Das überflüssige Öl wurde mit einem gebogenen Bronzeschaber entfernt.

Kindheit

Die Zukunft eines Kindes lag ganz in der Hand seines Vaters. Sobald es geboren war, übergab die Mutter es dem Vater; er entschied, ob es am Leben bleiben und in der Familie aufwachsen durfte. Wenn er sich nicht dazu in der Lage sah, ein weiteres Kind zu ernähren, wenn das Baby nicht kräftig genug, behindert oder ein unerwünschtes Mädchen war, konnte er es aussetzen. Manche ausgesetzten Kinder fanden als Sklaven Aufnahme in fremden Familien. Wurde ein Kind aber von seiner Familie angenommen und hatte zehn Tage nach der Geburt einen Namen erhalten, war man sehr fürsorglich mit ihm. Spiele und Spielzeug der Kinder von damals kennen wir z.T. heute noch, etwa Rasseln, Wippen, Drachen und Bälle oder das Blindekuhspiel, von dem einige Schriftsteller berichten. Im Alter von sieben gingen die Jungen zur Schule, die Mädchen blieben zu Hause. Das Alter von 12 oder 13 Jahren sah man als das Ende der Kindheit an; dann wurde das Spielzeug Apollo oder Artemis geweiht.

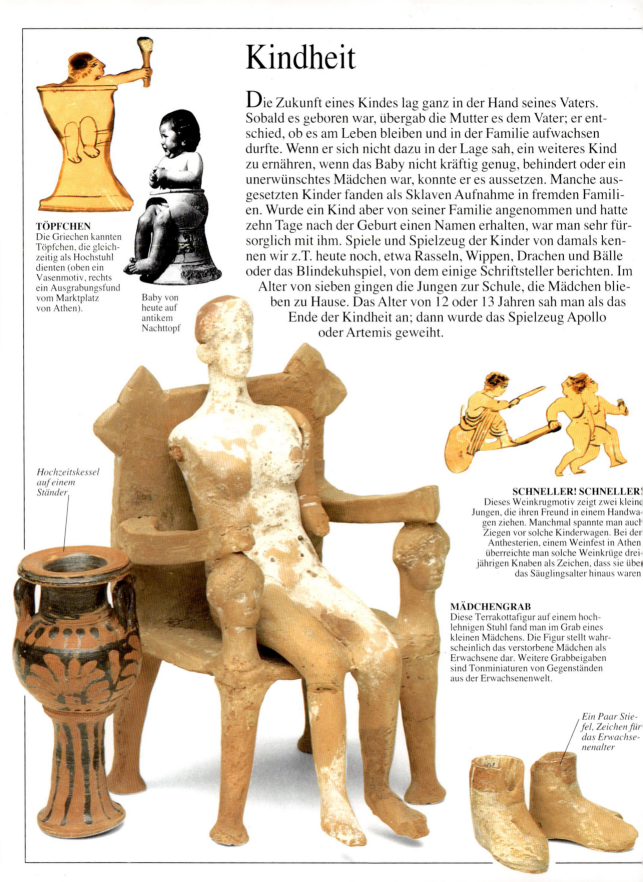

TÖPFCHEN
Die Griechen kannten Töpfchen, die gleichzeitig als Hochstuhl dienten (oben ein Vasenmotiv, rechts ein Ausgrabungsfund vom Marktplatz von Athen).

Baby von heute auf antikem Nachttopf

Hochzeitskessel auf einem Ständer

SCHNELLER! SCHNELLER!
Dieses Weinkrugmotiv zeigt zwei kleine Jungen, die ihren Freund in einem Handwagen ziehen. Manchmal spannte man auch Ziegen vor solche Kinderwagen. Bei den Anthesterien, einem Weinfest in Athen überreichte man solche Weinkrüge dreijährigen Knaben als Zeichen, dass sie über das Säuglingsalter hinaus waren

MÄDCHENGRAB
Diese Terrakottafigur auf einem hochlehnigen Stuhl fand man im Grab eines kleinen Mädchens. Die Figur stellt wahrscheinlich das verstorbene Mädchen als Erwachsene dar. Weitere Grabbeigaben sind Tonminiaturen von Gegenständen aus der Erwachsenenwelt.

Ein Paar Stiefel, Zeichen für das Erwachsenenalter

318

Erziehung

Jungen ab sieben Jahren lernten in der Schule bei einem *grammatistes* lesen, schreiben und rechnen. Musik, einschließlich des Spielens eines Instruments, lehrte ein *kitharistes*. Die Schüler lernten, Gedichte auswendig vorzutragen und die Kunst des Diskutierens. Wanderlehrer, sog. Sophisten, erteilten den älteren Schülern Unterricht in Philosophie, Staatslehre und Rhetorik. Dieser Unterricht fand im *gymnasion* („Übungsstätte") statt. Mädchen besuchten keine Schule, doch in wohlhabenden Familien brachten ihnen Hauslehrer Lesen und Schreiben bei. Von ihren Müttern lernten sie Spinnen, Weben und Haushaltsführung.

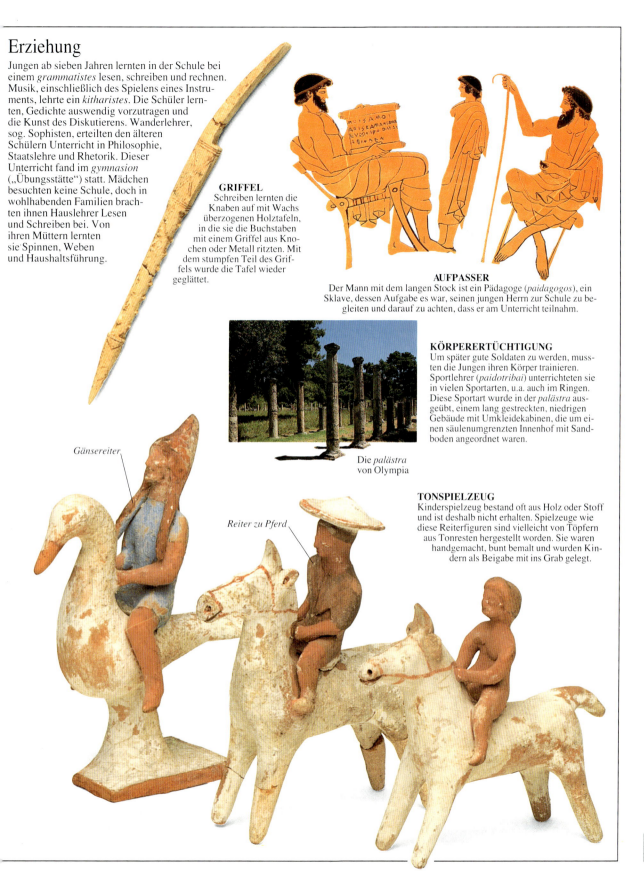

GRIFFEL
Schreiben lernten die Knaben auf mit Wachs überzogenen Holztafeln, in die sie die Buchstaben mit einem Griffel aus Knochen oder Metall ritzten. Mit dem stumpfen Teil des Griffels wurde die Tafel wieder geglättet.

AUFPASSER
Der Mann mit dem langen Stock ist ein Pädagoge (*paidagogos*), ein Sklave, dessen Aufgabe es war, seinen jungen Herrn zur Schule zu begleiten und darauf zu achten, dass er am Unterricht teilnahm.

KÖRPERERTÜCHTIGUNG
Um später gute Soldaten zu werden, mussten die Jungen ihren Körper trainieren. Sportlehrer (*paidotribai*) unterrichteten sie in vielen Sportarten, u.a. auch im Ringen. Diese Sportart wurde in der *palästra* ausgeübt, einem lang gestreckten, niedrigen Gebäude mit Umkleidekabinen, die um einen säulenumgrenzten Innenhof mit Sandboden angeordnet waren.

Die *palästra*
von Olympia

TONSPIELZEUG
Kinderspielzeug bestand oft aus Holz oder Stoff und ist deshalb nicht erhalten. Spielzeuge wie diese Reiterfiguren sind vielleicht von Töpfern aus Tonresten hergestellt worden. Sie waren handgemacht, bunt bemalt und wurden Kindern als Beigabe mit ins Grab gelegt.

Gänsereiter

Reiter zu Pferd

Spiel und Spaß

Reiche Griechen, insbesondere die Städter, hatten viel Freizeit, die sie gern mit Gesprächen und Festmählern sowie dem Besuch von Sportstätten und jeder Art von Spiel ausfüllten. Musik hatte einen besonderen Stellenwert. Man sang bei Geburten, Hochzeiten und Beerdigungen, es gab Liebes-, Kriegs-, Trink- und Dankeslieder. Begleitet wurden die Gesänge mit Musikinstrumenten – Saiteninstrumenten wie Harfe, Leier und Kithara (eine Art große Leier) und Blasinstrumenten wie der Panflöte, die aus Schilfrohren von unterschiedlicher Länge besteht. Leider gibt es fast keine aufgeschriebenen Musikstücke aus dem alten Griechenland. Vielleicht bekommt man eine Vorstellung vom Klang der Musik, wenn man sich tanzende Frauen auf Vasenbildern ansieht. Sie scheinen sich rhythmisch zum Klang langsamer, schwermütiger Melodien zu bewegen. Griechische Männer sahen gern den Tanzdarbietungen bei Festen und Trinkgelagen zu.

TÄNZERIN
Diese Sklavin im kurzen Faltenrock klappert beim Tanzen mit Kastagnetten.

KLANG DER ZIMBEL
In diese Bronzezimbeln ist der Name des Besitzers eingraviert Nur wenige Musikinstrumente sind erhalten, doch auf Vasenmalereien kann man sie häufig bewundern.

HARFENSOLO
Dieses Motiv einer rotfigurigen Vase zeigt drei Personen mit Musikinstrumenten. Die sitzende Frau ist Terpsichore, die Muse der Tanzkunst. Musen waren Göttinnen der Künste. Terpsichore scheint sehr in ihr Harfenspiel vertieft, während die anderen beiden zuhören. Der Mann rechts mit der Leier ist Musaios, ein legendärer Dichter.

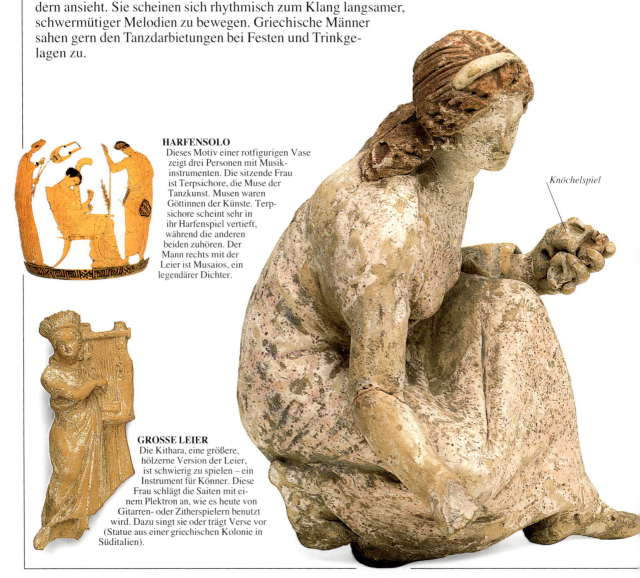

Knöchelspiel

GROSSE LEIER
Die Kithara, eine größere, hölzerne Version der Leier, ist schwierig zu spielen – ein Instrument für Könner. Diese Frau schlägt die Saiten mit einem Plektron an, wie es heute von Gitarren- oder Zitherspielern benutzt wird. Dazu singt sie oder trägt Verse vor (Statue aus einer griechischen Kolonie in Süditalien).

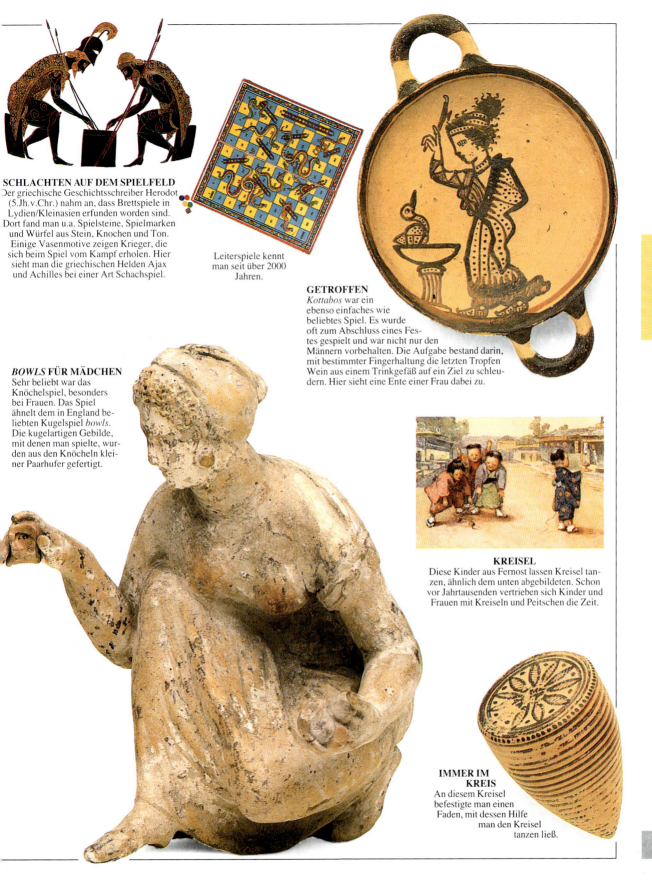

SCHLACHTEN AUF DEM SPIELFELD

Der griechische Geschichtsschreiber Herodot (5.Jh.v.Chr.) nahm an, dass Brettspiele in Lydien/Kleinasien erfunden worden sind. Dort fand man u.a. Spielsteine, Spielmarken und Würfel aus Stein, Knochen und Ton. Einige Vasenmotive zeigen Krieger, die sich beim Spiel vom Kampf erholen. Hier sieht man die griechischen Helden Ajax und Achilles bei einer Art Schachspiel.

Leiterspiele kennt man seit über 2000 Jahren.

GETROFFEN

Kottabos war ein ebenso einfaches wie beliebtes Spiel. Es wurde oft zum Abschluss eines Festes gespielt und war nicht nur den Männern vorbehalten. Die Aufgabe bestand darin, mit bestimmter Fingerhaltung die letzten Tropfen Wein aus einem Trinkgefäß auf ein Ziel zu schleudern. Hier sieht eine Ente einer Frau dabei zu.

BOWLS FÜR MÄDCHEN

Sehr beliebt war das Knöchelspiel, besonders bei Frauen. Das Spiel ähnelt dem in England beliebten Kugelspiel *bowls*. Die kugelartigen Gebilde, mit denen man spielte, wurden aus den Knöcheln kleiner Paarhufer gefertigt.

KREISEL

Diese Kinder aus Fernost lassen Kreisel tanzen, ähnlich dem unten abgebildeten. Schon vor Jahrtausenden vertrieben sich Kinder und Frauen mit Kreiseln und Peitschen die Zeit.

IMMER IM KREIS

An diesem Kreisel befestigte man einen Faden, mit dessen Hilfe man den Kreisel tanzen ließ.

Essen und Trinken

GRABMA(H)L
Diese Gastmahlszene schmückt die Wand eines Grabs in Paestum, einer griechischen Stadt in Süditalien. Junge Männer haben es sich auf Liegen bequem gemacht und lassen sich von Sklaven mit Speisen und Wein bewirten.

In Athen und anderen griechischen Städten veranstalteten die Männer oft Bankette und Trinkgelage (*symposia*) für ihre männlichen Bekannten. Viele griechische Vasenmotive zeugen davon. Es gab kleine Symposien im privaten Bereich und große im öffentlichen Rahmen. Ein *symposion* im Freundeskreis fand meist im Anschluss an ein Abendessen im Speisezimmer statt. „Ehrbare Frauen" waren nicht zugelassen. Sklavinnen, die Hetären, unterhielten die Männer mit Tanz, Flötenspiel und akrobatischen Darbietungen. Der Abend begann mit dem Trankopfer (meist Wein) für die Götter, dazu sang man Lieder zu ihren Ehren. Die Gäste trugen Girlanden und waren parfümiert. Während früh am Abend häufig über Politik und Philosophie gesprochen wurde, ging man später zu Witzen, Rätseln und Geschichten über. Nachdem gut gegessen und viel getrunken worden war, schliefen die Gäste manchmal auf ihren bequemen Liegen ein. Aufräumen mussten die Frauen und Sklaven.

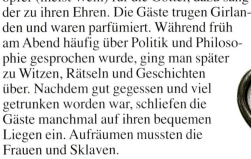

TRINKBECHER
Dieser Trinkbecher in Form eines Widderkopfs wurde bei Symposien benutzt. Er hat keinen ebenen Boden, war also nicht abzusetzen; wahrscheinlich wurde er ständig herumgereicht. Die Gastmahlszenen am oberen Rand geben uns einen Eindruck vom eleganten und bequemen Lebensstil reicher athenischer Männer.

Schwarze und grüne Oliven servierte man wahrscheinlich bei Symposien als Appetitanreger.

WEINGEFÄSSE
Wein, das Lieblingsgetränk der Griechen, wurde fast immer mit Wasser verdünnt. Ein typisch griechisches Frühstück bestand aus in Wein getauchtem Brot und Feigen. Es gab die verschiedensten Gefäße für Wein. Viele sind erhalten. Sie bestehen meist aus Ton, seltener aus Bronze. In dem Glockenkrater ganz links mischte man Wasser und Wein und füllte dieses Gemisch mit einer Kelle in eine *oinochoe*, eine einhenkelige Weinkanne (links), aus der der Sklave dann die Becher füllte.

GÖTTERSPEISE UND MENSCHENKOST

Die Griechen bauten Weizen und Gerste an, aus denen sie Brot und Getreidebrei herstellten. Weitere Grundnahrungsmittel waren Linsen, Erbsen, Zwiebeln, Knoblauch und Kohl. Fleisch wurde hauptsächlich bei religiösen Festen gegessen, bei denen das Opfertier unter den Teilnehmern aufgeteilt wurde. Ansonsten dienten Fisch und Käse als Eiweißlieferanten. An Obst kannte man Granatäpfel, Feigen, Äpfel und Birnen. Apfelsinen- und Zitronenbäume pflanzte man in Griechenland erst sehr viel später an.

Sogar Städter hielten sich eine Ziege, um Milch und Käse zu haben.

Brot und Ziegenkäse

FISCHGERICHTE

Auf Symposien gab es oft mehrere Sorten Fisch. Viele griechische Städte lagen in Küstennähe, wo Fischer Meeräschen, Thunfische, Makrelen und Störe fingen. Frische Kräuter waren eine beliebte Würze. Diese Makrele ist auf Lorbeer- und Thymianzweige gebettet.

Feigen in moderner Schale

Tintenfisch (Sepia)

Fischplatte mit Makrele

SÜSSES

Feigen wachsen im Mittelmeerklima sehr gut. In einer Zeit, in der es noch keinen Zucker gab, waren süße Früchte als Dessert beliebt. Kekse und Kuchen süßte man mit Honig.

MEERESFRÜCHTE

Fische und Tintenfische gibt es in den Meeren rund um Griechenland reichlich. Wie früher stehen auch heute Meerestiere häufig auf dem Speiseplan der Griechen.

Alexander der Große

Im 4. Jahrhundert v.Chr. wurde Makedonien unter König Philipp II. zum mächtigsten Staat in Griechenland. Nach Philipps Ermordung im Jahr 337 v.Chr. übernahm sein Sohn Alexander die Macht. Alexander setzte die Eroberungspolitik seines Vaters fort. 334 v.Chr. fiel er in Persien ein und führte einen Eroberungsfeldzug durch Kleinasien, Ägypten und Afghanistan bis nach Indien. Er gründete neue griechische Städte (z.B. Alexandria in Ägypten), wodurch die griechische Kultur weite Verbreitung fand. Alexander, den man wegen seiner militärischen Leistungen den Großen nannte, wollte ein mächtiges Reich gründen, das einen Großteil der damals bekannten Welt umfasste. Sein Tod durch ein Fieber im Jahr 323 v.Chr. setzte diesen Plänen ein Ende. Das riesige Reich wurde unter seinen zerstrittenen Feldherren (Diadochen) aufgeteilt und zerfiel. Doch Alexander hatte der damaligen Welt ein kulturelles Erbe hinterlassen, das erhalten blieb, auch als Griechenland als Weltmacht von den Römern abgelöst wurde – die Kultur des Hellenismus (von *hellenes*, die Griechen).

AUSGRABUNGEN IN EPHESUS
In Ephesus an der Küste Kleinasiens lebten Griechen mit Menschen vieler verschiedener Nationalitäten zusammen. Die Stadt mit dem bekannten Artemisheiligtum war bis weit in die Römerzeit wirtschaftlich und kulturell sehr bedeutend.

Ruinen in Pergamon

MANN MIT HUND
Dieser hübsche Ring aus der hellenistischen Epoche zeigt einen Hirten mit Hund und Hirtenstab.

APHRODITE
Terrakottafigürchen von Aphrodite, der Göttin der Liebe und Schönheit, waren zur Zeit des Hellenismus sehr beliebt. Die meisten Darstellungen zeigen sie nackt beim Frisieren oder Sandalenanziehen.

Ruinen in Pergamon

STADTPLANUNG
Pergamon in Kleinasien, die Stadt, nach der das Pergament benannt ist, war das Machtzentrum der einflussreichen Herrscherfamilie der Attaliden. Der Ort war in einem harmonischen Wechselspiel von schöner Architektur und offenen Räumen terrassenförmig an einen steilen Berghang gebaut worden.

GOLDENES DIADEM
Alexanders Truppen erbeuteten viel persisches Gold, und Goldschmuck wurde in aristokratischen Kreisen sehr modern. So fand man u.a. kunstvolle Diademe. Dieses eindrucksvolle Beispiel hat in der Mitte eine winzige Figur, die den Liebesgott Eros darstellt.

ALEXANDERS REICH

Alexander wollte, dass sein Reich Bestand hatte. Um Rebellionen der besiegten Urbevölkerung zu verhindern, gründete er Kolonien, in denen er ehemalige Soldaten ansiedelte. Sie sollten den griechischen Lebensstil pflegen und einheimische Frauen heiraten. Im Großen und Ganzen behandelte er die Unterworfenen mit Respekt. Seine Eroberungszüge endeten in Indien, als seine Männer sich weigerten, weiterzukämpfen.

Richard Burton in dem Film
Alexander der Große (1956)

KRIEGSELEFANT
Auf dieser Münze (vermutlich Babylon, 323 v.Chr.) greift Alexander hoch zu Ross zwei indische Soldaten an, die auf einem Elefanten reiten.

FEUERWAND
327 v.Chr. überquerte Alexander den Himalaja, um Indien zu erobern. Eine verlustreiche Schlacht zwang ihn zur Rückkehr nach Babylon. Alexanders Ruhm lebte in Sagen weiter. Dieses indische Bild zeigt, wie er einen Verteidigungswall aus Feuer anlegen lässt.

SIEG ÜBER DAREIOS
Den entscheidenden Sieg über den Perserkönig Dareios III. errang Alexander 331 v.Chr. in einer langen, blutigen Schlacht in Gaugamela/Mesopotamien. Danach nannte er sich „König von Asien". Dieser Stich zeigt Alexander beim furchtlosen Kampf zu Pferd.

UNTERWERFUNG
Auf diesem Gemälde des italienischen Malers Paolo Veronese (1528–1588) unterwirft sich die Familie des geschlagenen Darius Alexander dem Großen. Gekleidet sind alle im Stil des 16. Jh.s.

Rom

Die vornehmsten Familien Roms leiteten ihre Herkunft von dem sagenhaften Helden Äneas ab, der nach dem Fall Trojas und nach langer Irrfahrt an der Küste Latiums – das ist die Landschaft um Rom – gelandet sein soll. Der historische Kern dieser Gründungssage ist wahrscheinlich dieser: Äneas war einer der Helden der Etrusker, die um 1200 v.Chr. aus ihrer Heimat in der Gegend um Troja vertrieben wurden. Sie landeten als eines der „Seevölker" in Italien und ließen sich dort in der Region nieder, die heute noch nach dem lateinischen Wort für Etrusker, „Tusci", in der italienischen Schreibweise Toscana heißt. Gerade in der Zeit, als Rom der Überlieferung nach gegründet wurde, 753 v.Chr., stießen die Etrusker nach Latium vor. In Rom, das bisher nur eine Ansammlung von Dörfern gewesen war, errichteten sie einen Stadtstaat nach dem Muster der griechischen Städte in Unteritalien, zu denen sie gute Beziehungen pflegten. Sie selbst stellten die Adelsschicht, die ihre Herkunft von Äneas und seinen Leuten ableitete, und damit gleichzeitig den König. Das Volk, über das sie herrschten, waren die italischen Latiner. Die Italiker waren um 2000 v.Chr. mit der indoeuropäischen Völkerwanderung nach Italien gekommen, und die Latiner, die ein frühes Latein sprachen, waren ein Zweig der italischen Völkerfamilie.

Die Etrusker dagegen sprachen eine nicht-indoeuropäische Sprache, was es bis heute fast unmöglich macht, die schriftlichen Dokumente, die sie hinterlassen haben, zu entziffern. Wir wissen aber, wie ihre Städte und vor allem, wie ihre Gräber ausgesehen haben: Die Etrusker waren danach zu urteilen ein wohlhabendes Volk, das schon früh griechische Lebensart übernahm, aber z.B. einen ganz eigenen Totenkult hatte. Den italischen Völkerschaften waren sie jedenfalls in vieler Hinsicht überlegen, und diese übernahmen daher vieles von ihrer Kultur.

Die Republik

510 v.Chr., im selben Jahr, als in Athen die Tyrannis beendet wurde, stürzten die Römer ihr etruskisches Königshaus und errichteten eine Republik. Doch damit war der Gegensatz zwischen dem alten Adel etruskischer Herkunft, den Patriziern, und dem Volk, der Plebs, noch lange nicht beseitigt. Wie in Griechenland, so sorgte auch in Rom das Aufkommen der Kriegstaktik der Hoplitenphalanx dafür, dass die mittleren Bauern, die sich eine eiserne Rüstung leisten konnten, eine zunehmend wichtige Rolle gegenüber den adligen „Rittern" spielten. Im frühesten lateinisch geschriebenen Rechtstext, dem Zwölftafelgesetz von 451 v.Chr., wurde festgesetzt, dass auch die einfachen Leute, die Plebejer, ihre Rechte hatten. In den folgenden Jahren eroberten sich die Plebejer den Zugang zu den wichtigsten Staatsämtern: Sie konnten nun ebenfalls Konsul werden (zwei Konsuln hatten jeweils für ein Jahr die oberste militärische Befehlsgewalt), Prätor (die Prätoren waren für die Rechtsprechung zuständig) und Zensor (der Zensor achtete auf die guten Sitten und verwaltete die Staatsfinanzen). Darüber entwickelte sich eine neue Adelsschicht (Nobilität), der sowohl die alten Patrizier als auch die Angehörigen der „neureichen" zuvor plebejischen Familien angehörten, die regelmäßig hohe Beamte stellten. Der Adelsrat, der Senat, war das Gremium der politischen „Experten", das die Volksversammlung beriet und meist in seinem Sinn beeinflusste. Die Volksversammlung entschied über alle wichtigen Fragen und wählte die Konsuln und die anderen hohen Beamten. Der Einfluss des Adels in der Versammlung war jedoch dadurch gesichert, dass in der Volksversammlung nach Klassen mit unterschiedlichem Gewicht abgestimmt wurde. Die erste Klasse, die der Reichen und des Adels, hatte dabei immer das Übergewicht. Um die Herrschaft des Adels abzumildern, gab es auch Versammlungen, an denen nur die Plebejer teilnahmen. Diese wählten einen Volkstribunen, der stets versuchte, sich ein Einspruchsrecht (Veto, d.h. „ich erhebe Einspruch") gegen die Entscheidungen der vom Adel gestellten Beamten zu sichern.

Die Volksversammlung, die auf dem nach dem römischen Kriegsgott benannten Marsfeld vor den Stadtmauern stattfand, war nach Cen-

Etruskische Bronzearbeit

turien, d.h. Hundertschaften, gegliedert. Diese Hundertschaften waren zugleich die Grundeinheit der römischen Armeen.

Um 340 v.Chr. hatten die Kämpfe zwischen Adel und Volk zu einem gewissen Gleichgewicht geführt. Zur Verständigung beigetragen hatte nicht zuletzt der Kelten-(Gallier-) Einfall von 387/86, dem Rom beinahe zum Opfer gefallen wäre. Die Kelten hatten die etruskische Kultur in Norditalien bereits zerstört und konnten nur durch die gemeinsamen Anstrengungen der Römer und Latiner zurückgeschlagen werden. Im Bund der Latiner hatten die Römer die Führung, und allmählich wuchsen die ländliche Bevölkerung und der Landadel Latiums mit dem Volk und der Führungsschicht der Stadt Rom zusammen. Um Latium als ihren Herrschaftsbereich dauerhaft zu sichern, mussten die Römer sich mit dem kriegerischen Bergvolk der Samniten im Osten und Süden Latiums auseinander setzen. In drei verlustreichen Samnitenkriegen, die bis 290 v.Chr. dauerten, behaupteten sich die römischen Truppen. Die Römer sicherten ihren Erfolg durch den Bau der Via Appia, der ersten der großen römischen Straßen, auf der sie ihre Truppen schnell nach Süden bringen konnten.

Das Land, das während des Kriegs erobert worden war und keinem Bundesgenossen zustand, fiel dem Staat anheim, der es unter seinen Bürgern verteilte. Wie später in ähnlichen Fällen ging es in der römischen Innenpolitik nun darum, ob allein der Adel sich dieses Gebiet aneignete oder ob es auch an die Familien der einfachen Bauern ging, die die Hauptlast der Kriege getragen hatten. Die Plebejer mussten sich ihren Anteil erst erkämpfen. Mit der Besiedlung eroberten Lands durch römische Bürger wurden die militärischen Erfolge dauerhaft gesichert.

Der Aufstieg zur Weltmacht

Während der Samnitenkriege wurde Rom zur Schutzmacht von süditalienischen Griechenstädten wie Neapel, die von den Samniten bedroht wurden. Diese wurden Bundesgenossen, die die römische Hegemonie (Vorherrschaft) anerkannten. Der mächtigsten der Griechenstädte, Tarent, war die wachsende

Helm eines Legionärs

Macht Roms jedoch ein Dorn im Auge. Als es zum Krieg kam, holten die Tarentiner den hellenistischen König Pyrrhus aus der nordwestgriechischen Landschaft Epirus zu Hilfe. Die kriegstechnisch überlegenen Griechen rechneten nicht mit einem ernst zu nehmenden Gegner, doch als Pyrrhus 279 v.Chr. die Römer nur unter großen Verlusten schlagen konnte, meinte er, dass er einen weiteren solchen Sieg nicht würde verkraften können. Auf diesen „Pyrrhussieg" folgte 275 tatsächlich eine Niederlage, Pyrrhus zog sich über die Adria zurück, und die Römer waren die Herren ganz Unteritaliens. Sie verlängerten die Via Appia bis nach Tarent und Brundisium (Brindisi), der Stelle Italiens, die dem griechischen Festland am nächsten liegt.

Der römische Herrschaftsbereich grenzte nun auch an Sizilien. Den Ostteil der Insel beherrschte der König von Syrakus, das damals neben Alexandria in Ägypten die größte aller hellenistischen Städte war. Er befand sich in einem Dauerkonflikt mit den Karthagern, die sich im Westteil der Insel festgesetzt hatten.

Karthago, eine phönizische Gründung, beherrschte damals mit seiner Flotte das ganze westliche Mittelmeer. Karthagische Stützpunkte, die jeweils ein weites Hinterland kontrollierten, befanden sich nicht nur in Sizilien, sondern auch auf Korsika und Sardinien, entlang der ganzen spanischen Mittelmeerküste und an der Nordküste Afrikas. Die Römer nannten die Karthager Punier.

Die Römer griffen nun in die sizilischen Konflikte ein und verbündeten sich mit Hieron II. von Syrakus. Daraus entstand der Erste Punische Krieg (264–241 v.Chr.). Die Römer, die bisher nur eine Landmacht gewesen waren, bauten eine Flotte nach dem Vorbild der Karthager und trugen den Krieg bis nach Afrika. Nach dem mit viel Mühe errungenen Sieg war Rom die Vormacht im westlichen Mittelmeer. Als besonders nützlich erwies sich die Eroberung des Westteils von Sizilien, das damals berühmt für seine Kornproduktion war. Das sizilische Getreide war nötig, um die wachsende Bevölkerung Roms mit Brot zu versorgen. Sizilien wurde zur ersten römischen Provinz. Provinzen wurden von nun an von einem hohen Beamten, meist einem ehemaligen Prätor oder Konsul, regiert. Nur die mit Rom verbündeten – in der Regel griechischen – Städte auf dem Gebiet einer Provinz verwalteten sich weiterhin selbst. Der Statthalter einer Provinz hatte den Auftrag, für Rom aus dem unterworfenen Land die höchstmögliche Summe an Abgaben herauszupressen. Darüber hinaus konnte er sich selbst bereichern. Der Reichtum, den Angehörige der politischen Führungsschicht in der Verwaltung einer Provinz anhäuften, diente ihnen oft dazu, ihre Karriere im römischen Staat fortzusetzen. Daher war das Amt eines Provinzstatthalters sehr begehrt; die Kandidaten versuchten, die für die Wahl nötigen Stimmen der Volksversammlung zu kaufen, nahmen dafür teure Kredite bei Bankiers auf und mussten anschließend desto grausamer ihre Provinz ausbeuten, um diese Summen überhaupt zurückzahlen zu können. Dieses Unwesen wurde in Rom zwar häufig angeprangert, in republikanischer Zeit aber nie wirklich beseitigt. In Sizilien waren es vor allem die auf den großen Ländereien arbeitenden Sklaven, die den auf der Provinz lastenden Druck zu spüren bekamen. Ihre verzweifelten Aufstände wurden grausam niedergeschlagen.

Durch seine Vormachtstellung wurde Rom von Staaten, die seinen Schutz suchten, dazu getrieben, immer weiter in seinen militärischen Aktionen auszugreifen. Griechische Städte baten die Römer 229, mit dem Seeräuberunwesen in der Adria aufzuräumen, das den Handel in dieser Region zum Erliegen gebracht hatte. Um dies dauerhaft tun zu können, mussten sie Stützpunkte an der Ostküste der Adria einrichten. Römische Soldaten standen nun also auch auf der Balkanhalbinsel. Im Westen war es die Griechenstadt Massilia (Marseille), die das Bündnis mit Rom gegen die Kelten im Rhonetal suchte. Noch weiter westlich, in Spanien, lag die Stadt Sagunt, die den Beistand Roms gegen ihre mächtigen karthagischen Nachbarn erbat. Als die Römer mit Sagunt einen Vertrag schlossen, hatten sie sich mitten im karthagischen Interessengebiet festgesetzt. Das konnten die Karthager nicht dulden.

Mit der Eroberung Sagunts durch den Karthager Hannibal begann der Zweite Punische Krieg (218–201 v.Chr.), den Hannibal gleich nach Italien trug.

Römischer Spiegel

Mitsamt seinen berühmten Kriegselefanten zog er von Spanien durch Südfrankreich über die Alpen nach Italien und durchquerte es bis zum Süden. Lange hatten die Römer Hannibal nichts entgegenzusetzen, aber diesem gelang es nicht, Rom selbst zu erobern. Unterdessen wurde der Krieg zu einem Weltkrieg der Antike, der drei Erdteile umfasste: Römer kämpften nicht nur in Italien und Spanien gegen die Karthager, sondern auch zusammen mit dem hellenistischen Diadochenstaat von Pergamon gegen das mit Karthago verbündete Makedonien. Als die Römer unter Scipio, der später den Ehrennamen Africanus erhielt, in Afrika landeten, musste Hannibal Italien räumen. Scipio siegte vor Karthago, verzichtete aber darauf, die Stadt zu zerstören – eine für damalige Verhältnisse großherzige Entscheidung. Ein halbes Jahrhundert später schwang die Stimmung in Rom um, und Karthago, immer noch eine lästige Konkurrenz, wurde im Dritten Punischen Krieg, der ein reiner Vernichtungsfeldzug war, 146 v.Chr. dem Erdboden gleichgemacht.

Nach der Beseitigung der karthagischen Gefahr kann sich Rom dem östlichen Mittelmeerraum zuwenden, wo es als Schutzmacht der griechischen Städte und des Reichs von Pergamon gegen Makedonien kämpft. 148 v.Chr. ist Makedonien unterworfen, 168 v.Chr. wird es römische Provinz. Die griechischen Städte unterstellen sich dem Schutz Roms. 133 v.Chr. vermacht der kinderlose Attalos III. von Pergamon, der Bündnispartner Roms in den Kämpfen mit Makedonien, sein Reich der römischen Republik. Pergamon ist damals eines der kulturellen Zentren der hellenistischen Welt, und die Provinz Asia, zu der das pergamenische Reich nun wird, ist eine der reichsten des jungen römischen Weltreichs.

Die Begegnung mit der hellenistischen Welt hat nachhaltige Auswirkungen auf die Kultur Roms. Die Stadt beginnt sich nun mit Prachtbauten im Stil der hellenistischen Herrschaftsarchitektur zu schmücken, und die reichen Privatleute Roms bauen sich Häuser im griechischen Stil, die sie nach griechischer Art luxuriös ausstatten; griechische Lehrer führen die jungen Römer in die griechische Sprache und Literatur ein; fremde Kulte konkurrieren mit der alten stadtrömischen Religion; die philosophische Lehre der Stoiker, die das tugendhafte Leben zum höchsten Glück und die angemessene Beteiligung am öffentlichen Leben für tugendhaft erklärt, wird zur ethischen Richtschnur vieler verantwortungsbewusster Römer; darüber entwickelt sich die lateinische Sprache durch die Auseinandersetzung mit dem Griechischen zu einem geschmeidigen Ausdrucksmittel.

Die Zeit der Bürgerkriege

Hauptnutznießer der römischen Eroberungen war trotz aller gesetzgeberischen Maßnahmen für eine Landverteilung der senatorische Adel geblieben, der in den unterworfenen Gebieten Italiens und nun auch der neuen Provinzen riesige Landgüter, sogenannte Latifundien, geschaffen hatte, die von Sklaven bewirtschaftet wurden. Die übrigen römischen Bürger und die italischen Bundesgenossen, die einen großen Teil der Kriegsanstrengungen mit getragen hatten, waren dagegen leer ausgegangen.

Die ländlichen Gebiete entvölkerten sich, sogar die kleinen Landstädte verloren an Bedeutung.

Im Zentrum der Reformbewegung, die diesen Missstand beseitigen wollte, standen von 133 bis 121 v.Chr. die Gracchen. Als Volkstribun setzte Tiberius Gracchus zunächst ein Gesetz durch, das einem Dreimännergremium alle polizeilichen Mittel gab, den gültigen Rechtsanspruch des Volks an dem durch die Republik erworbenen Ackerland auch durchzusetzen. Die adligen Latifundienbesitzer liefen dagegen Sturm; die Kampagne gipfelte in der Ermordung des Tiberius Gracchus. Dessen Gesetz blieb jedoch bestehen, und der jüngere Bruder des Tiberius, Gajus Gracchus, ergriff erneut die Initiative, es wirklich umzusetzen. Dabei erweiterte er das Reformprogramm, indem er auch die Einwohner Italiens berücksichtigte, die noch nicht das stadtrömische Bürgerrecht besaßen. Gajus Gracchus machte die neue Schicht der Ritter zu seinen Verbündeten; dies waren die nichtadligen Reichen, die davon profitierten, dass die Senatoren keine Geldgeschäfte machten, und als Bankiers und Steuerpächter in den Provinzen riesige Vermögen anhäuften. Doch seine Gegner appellierten erfolgreich an den Eigennutz der römischen Plebs, die fürchtete, mit der Verleihung des Bürgerrechts an die italische Landbevölkerung ihre Privilegien zu verlieren. Gajus Gracchus wurde als Volkstribun abgewählt und einem aufgehetzten Mob ausgeliefert, dem er sich nur durch Selbstmord entziehen konnte. Die Plebs, das Volk von Rom, war seit dieser Zeit manipulierbar. Die jeweils Mächtigen hielten es durch Brotspenden bei Laune.

Selbstständige Bauern spielten keine politische Rolle mehr, und die Reichen teilten das Land unter sich auf. Den Großteil der Landbevölkerung stellten die Sklaven. So ist es zu erklären, dass während des Sklavenaufstands des Spartakus 73–71 v.Chr. in kurzer Zeit ein riesiges Heer zusammenkam, das für einen Moment Rom bedrohte, aber letztlich gegen die besser organisierten und ausgerüsten Truppen der Republik keine Chance hatte. Zur Abschreckung wurden die rebellierenden Sklaven grausam bestraft.

Auf andere und dauerhaftere Weise als die Gracchen verschaffte der Heerführer Marius den Rechten der einfachen Bürger aber dennoch Geltung. Als die germanischen Barbarenvölker der *Cimbern* und *Teutonen* die römischen Armeen in der Zeit zwischen 133 und 101 v.Chr. einfach überrannten, reformierte er das Heer. Waren die römischen Truppen bisher immer nur für einzelne Feldzüge ausgehoben worden, so schuf er die Berufsarmee der Legionäre. Die einfachen Legionäre entstammten der besitzlosen Schicht römischer Bürger und bekamen einen Sold. Damit sie im Alter versorgt waren, erhielten sie nun einen Anspruch auf ein Stück Boden in einer Kolonie – auf erobertem Land. Diese Ansiedlungen römischer Bürger im ganzen Reichsgebiet waren von nun an die Keimzellen der Romanisierung etwa Spaniens und Galliens. Das alte römische Lebensideal, freier Bauer auf der eigenen Scholle zu sein, ließ sich für die meisten Römer nur noch über den Militärdienst erreichen.

Die Legionäre fühlten sich nicht den Institutionen der Republik verpflichtet, sondern ihrem Feldherrn, dem sie treu ergeben waren, solange er für sie sorgte. Die Feldherren wurden dadurch zu den mächtigsten Politikern im Staat. Der Erste, der auf diese Weise Macht erlangte, war Marius.

Sein Rivale wurde Sulla, dem der Senat die Niederschlagung eines Aufstands der italischen Bundesgenossen anvertraut hatte, die immer noch Rechtsgleichheit mit den Bürgern Roms verlangten. Sulla wurde zum Liebling des senatorischen Adels, dessen Interessen er vertrat. Als er in den Osten des Reichs geschickt wurde, wo Mithridates, der König von Pontus an der kleinasiatischen Schwarzmeerküste, alle Griechen zum Aufstand gegen die Römerherrschaft aufgerufen hatte, ergriff in Rom die Volkspartei unter Marius die Macht und ging gewaltsam gegen unbeliebte Mitglieder des senatorischen Adels und ihre Anhänger vor.

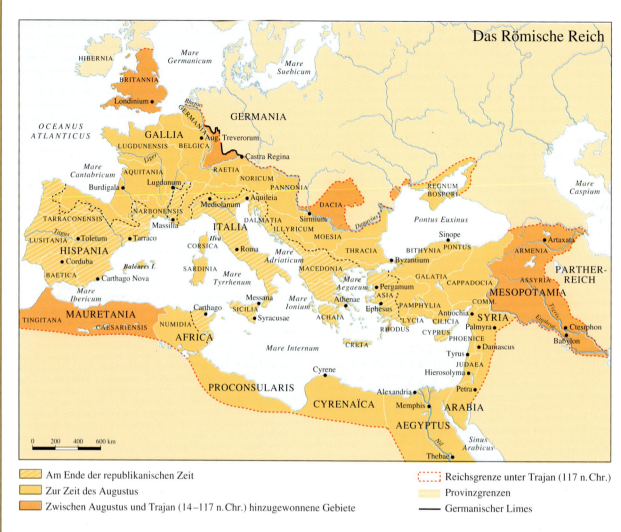

Das Römische Reich

HIBERNIA
Mare Germanicum
Mare Suebicum
BRITANNIA
Londinium
Rhenus
GERMANIA
OCEANUS ATLANTICUS
GALLIA
Aug. Treverorum
GERMANIA
LUGDUNENSIS BELGICA
Castra Regina
Mare Cantabricum
AQUITANIA
Liger
RAETIA
NORICUM
PANNONIA
REGNUM BOSPORI
Mare Caspium
Burdigala
Lugdunum
NARBONENSIS
Mediolanum
Aquileia
DACIA
Danuvius
Pontus Euxinus
TARRACONENSIS
Massilia
ITALIA
DALMATIA
Sirmium
ILLYRICUM
MOESIA
Sinope
Artaxata
LUSITANIA
Jugus
Tarraco
CORSICA
Ilva
Roma
Mare Adriaticum
THRACIA
BITHYNIA
PONTUS
ARMENIA
Toletum
HISPANIA
Baleares I.
SARDINIA
Byzantium
GALATIA
CAPPADOCIA
ASSYRIA
PARTHER-REICH
Corduba
BAETICA
Carthago Nova
Mare Tyrrhenum
MACEDONIA
Mare Aegaeum
Pergamum
ASIA
Athenae
Ephesus
PAMPHYLIA
COMM.
MESOPOTAMIA
Mare Ibericum
Mare Ionium
ACHAIA
LYCIA
CILICIA
Antiochia
SYRIA
Euphrat
Ctesiphon
TINGITANA
MAURETANIA
Messana
SICILIA
Carthago
Syracusae
RHODUS
CYPRUS
Palmyra
PHOENICE
Damascus
Babylon
Tigris
CAESARIENSIS
NUMIDIA
AFRICA
Mare Internum
CRETA
Tyrus
JUDAEA
Hierosolyma
Petra
Cyrene
PROCONSULARIS
CYRENAÏCA
Alexandria
Memphis
ARABIA
AEGYPTUS
Nil
Sinus Arabicus
Thebae

0 200 400 600 km

▨ Am Ende der republikanischen Zeit	⬚ Reichsgrenze unter Trajan (117 n.Chr.)
▥ Zur Zeit des Augustus	▨ Provinzgrenzen
▧ Zwischen Augustus und Trajan (14–117 n.Chr.) hinzugewonnene Gebiete	— Germanischer Limes

Als Sulla 82 v.Chr. mit seinen Legionen nach Italien zurückkehrte, richtete er seinerseits ein Blutbad unter den Anhängern des – inzwischen gestorbenen – Marius an.

Nach Sullas Tod im Jahr 78 v.Chr. wurde der unter ihm aufgestiegene General Pompeius zum mächtigsten Mann im Staat. Pompeius gelang es, im ganzen Mittelmeer die Seeräuberei zu beenden; danach triumphierte er 63 v.Chr. endgültig über Mithridates von Pontus. Dadurch fiel Rom ganz Anatolien und Syrien bis zum Euphrat zu, der nun zur Grenze zwischen Rom und dem neu entstandenen iranischen Reich der Parther wurde. Judäa wurde damals zum römischen Vasallenstaat.

Wieder in Rom, schloss Pompeius ein Bündnis mit dem Führer der Volkspartei, Caesar, weil er nur mit dessen Hilfe ein Ackergesetz durchbringen konnte, das die Entschädigung seiner Soldaten mit Land garantierte und ihm somit die Ergebenheit seiner Truppen sicherte. Als Dritter trat der reiche Crassus in dieses Erste Triumvirat (Dreimännerbündnis) ein. Caesar nutzte die Gelegenheit, um sich den Oberbefehl für einen Feldzug in Gallien geben zu lassen und sich so sein eigenes ihm ergebenes Heer zu schaffen.

58–51 v.Chr. erobert Caesar in einem klug geführten Feldzug ganz Gallien von den Pyrenäen bis zum Rhein. Rom erwirbt damit seine größte Provinz und stößt aus dem Mittelmeerraum in den Norden Europas vor. Währenddessen herrscht Pompeius uneingeschränkt in Rom – Crassus fällt auf einem Feldzug gegen die Parther. Im Osten des Reichs hat Pompeius die Nachfolge der hellenistischen Könige angetreten, und er sinnt bereits darüber nach, wie er Königtum mit römischer Adelsherrschaft zu einem neuartigen Herrschertum verbinden kann. Diese Träume werden jedoch gestört, als der siegreiche Caesar 49 v.Chr. mit seinem kampferprobten Heer nach Italien zurückkehrt. Pompeius weicht nach Griechenland aus, wird dort jedoch von Caesar geschlagen. Pompeius flieht darauf nach Ägypten. Die Ägypter halten es aber mit dem Stärkeren und präsentieren Caesar bei seiner Ankunft den abgetrennten Kopf seines Gegners. Caesar unterwirft nun auch Ägypten und hat seine berühmte Affäre mit Kleopatra, der Frau des jugendlichen Pharao. Ihr überlässt er die Herrschaft über Ägypten und vollendet seinen Siegeszug durch die ganze Mittelmeerwelt.

Die Alleinherrschaft Caesars beendet faktisch die Herrschaft des römischen Adels. Die Macht liegt bei dem Diktator und seinen Feldherren, ansonsten zählt nur der Reichtum, nicht aber die Geburt. Der Mord an Caesar 44 v.Chr. durch Brutus und Cassius und ihre Freunde soll das Rad der Geschichte noch einmal zurückdrehen, doch die Freunde Caesars, vor allem sein General Marcus Antonius, ziehen die Initiative sogleich an sich. Antonius bildet mit Caesars Adoptivsohn Octavian und dem Statthalter Galliens, Lepidus, ein Zweites Triumvirat und eröffnet den Krieg gegen die Caesarmörder und ihre Verbündeten, die er in Griechenland schlägt.

Antonius ist nun Herr über den Osten des Reichs und macht in Alexandria Kleopatra zu seiner Geliebten; Octavian herrscht im Westen und Lepidus in Afrika. Doch Octavian gibt sich als der legitime Erbe Caesars nicht mit einem Teilreich zufrieden: Er zieht gegen Antonius zu Felde, schlägt ihn in der Seeschlacht von Actium und eilt ihm und Kleopatra nach Alexandria nach, wo beide 30 v.Chr. Selbstmord begehen. Octavian kann nun darangehen, das Werk Caesars zu vollenden.

Das Kaiserreich

Die Regierungsform des Octavian nennt man das Prinzipat. Octavian war von 30 v.Chr. bis zu seinem Tod 14 n.Chr. unangefochten der erste Mann im Staat, aber er hielt sich noch an die Ämter der Republik: Er war Konsul auf Lebenszeit, Tribun des Volks, Imperator, d.h. oberster

Julius Caesar

Feldherr des Imperiums, und oberster Priester. Seit 23 v.Chr. wird er Augustus genannt, der Erhabene, bald auch divus Augustus, göttlicher Erhabener, denn eine Macht, wie er sie auf sich vereinte, hatte für seine Zeitgenossen immer auch etwas Sakral-Religiöses. Und er trägt – wie auch alle seine Nachfolger – den Namen seines großen Adoptivvaters, Caesar, von dem unser Wort „Kaiser" stammt.

Wie in seinem Amtstitel halten sich auch in der Ordnung, die Augustus dem Reich gibt, traditionell-republikanische und neue Elemente die Waage. Augustus belässt den Senat in seiner hervorgehobenen Stellung, sorgt aber dafür, dass die Senatorenposten mit den richtigen Männern besetzt sind. Auch die übrigen Beamtenpositionen bleiben erhalten, aber Augustus schafft eine direkt dem Kaiser unterstellte parallele Verwaltung, der die meisten Provinzen unterstehen. Neben der alten stadtrömischen entsteht eine eigene kaiserliche Finanzverwaltung, der „Fiskus". Mit der Einrichtung des Fiskus wird die finanzielle Macht des Ritterstands gebrochen, dessen Geld nicht mehr entscheidend für die politischen Kräfteverhältnisse ist. Auch der Ausbeutung der Provinzen wird damit ein Riegel vorgeschoben. Die Provinzen sind für die kaiserliche Verwaltung genauso wichtig wie die Stadt Rom, während die traditionell-republikanischen Beamten nach wie vor nur das Interesse der Stadt wahrnehmen. Doch das römische Bürgerrecht wird allmählich weiter verbreitet, vor allem in Italien, wo es einem großen Teil der Kommunen verliehen wird, später auch in den Provinzen, wo es immer mehr Veteranenkolonien gibt und ganze Städte das Bürgerrecht erhalten. Noch später, als die Legionen auch durch nichtitalische Völker aufgefüllt werden müssen, erhalten auch diese nichtrömischen Soldaten aufgrund der geleisteten Dienste den Ehrentitel eines Bürgers Roms. Mit Augustus beginnt also eine Vereinheitlichung der Reichsbevölkerung. Bürger zu sein bedeutet nicht mehr eine wirkliche Teilhabe an politischen Entscheidungen; dafür gibt es umso mehr Bürger.

Entsprechend ziehen sich die Bürger auch geistig aus dem Staat zurück. Schon seit der Zeit der Militärdiktatur Sullas gewinnt in Rom gegenüber dem staatsbürgerlichen Pflichtbewusstsein der Stoiker die Philosophie der Epikuräer an

Boden, die das Glück im Privatleben suchen. Das Privatleben eines wohlhabenden Römers ist allerdings nicht auf seine engere Familie beschränkt. Er ist vielmehr verantwortlich für eine Reihe von Menschen, die von ihm mehr oder weniger abhängig sind. Dies sind seine Sklaven und die ärmeren Leute seiner Umgebung, für die er der Patron und die seine „Klientel" sind. Er bietet seiner Klientel Schutz und finanzielle Hilfe und erhält dafür Dienstleistungen und Verehrung. Reichsein bedeutet also immer auch Verantwortung.

Neben den Familienangehörigen sind es oft die Hausklaven, die dem Hausherrn am nächsten stehen. Ihnen vertraut er die Verwaltung des Hauses, seiner Güter und oft auch seiner Finanzen an. Manche Sklaven großer Herren sind deshalb mächtiger als viele freie Bürger, und oft verfügt ein Hausherr in seinem Testament die Freilassung seiner Lieblingssklaven nach seinem Tod. Diese erhalten danach als Familienangehörige eines Römers das Bürgerrecht. Im Lauf der Geschichte des Kaiserreichs sind es immer mehr die Freigelassenen und Abkömmlinge von Freigelassenen, die die wichtigsten Positionen des Staats innehaben. Entsprechend der Aufwertung der Privatsphäre im Kaiserreich ist auch die Rolle der Frauen wichtiger als in der Republik. Die römischen Frauen, die immer schon mehr Freiheiten genossen als die Frauen Griechenlands oder gar des Orients, sind im Haus oft die eigentlichen Herrinnen. Die Frauen des Kaiserhauses üben – wenn auch manches Mal auf unrühmliche Art, nämlich durch Verschwörungen und Giftmorde – einen erheblichen Einfluss auf die Politik aus.

Die Verfeinerung des privaten Lebensstils geht einher mit einer neuen Empfindsamkeit und Eleganz in der Literatur. Während die öffentliche Sprache Roms bereits während der späten Zeit der Republik in den Reden des konservativen Politikers und Philosophen Cicero ihren letzten Schliff erhalten hatte, blüht jetzt die Liebeslyrik (Catull) und die elegante Literarisierung der mythischen Tradition (Horaz, Ovid). Der Historiker Livius schreibt unterdessen die Geschichte Roms so, dass sie ihren Gipfelpunkt bei Augustus erreicht, und wenn Vergil im Stil Homers die Geschichte des Äneas aufschreibt, so ist dies eine Huldigung an Augustus, den Nachfahren des Trojaners.

Der Anknüpfung an die griechischen Klassiker in der lateinischen Literatur entspricht die Anlehnung an die griechische Klassik in der bildenden Kunst der frühen Kaiserzeit. Die Ausgrabung des im 79 n.Chr. durch einen Ausbruch des Vesuvs verschütteten Pompeji hat Statuen und Wandmalereien zutage gefördert, die oft Nachbildungen griechischer Meisterwerke sind.

Die kulturelle Blüte der frühen Kaiserzeit ist im Wesentlichen eine Folge der *Pax Romana*, des Römischen Friedens, der einen enormen Aufschwung des Handels und des allgemeinen Wohlstands nach sich zog. Augustus verzichtete auf neue Eroberungen und gab sich mit der Sicherung der Grenzen zufrieden. Die gefährdetsten dieser Grenzen waren die gegen die Germanen im Westen und gegen die Parther im Osten. Sie wurden durch eine ganze Reihe von Legionslagern gesichert. Nach der Niederlage seines Feldherrn Varus gegen die Germanen 9 n.Chr. beließ es Augustus bei der Rheingrenze und gab den Gedanken an die Unterwerfung dieser unruhigen Kriegerstämme auf. Erst unter Kaiser Claudius (41–54) kam es wieder zu einer nennenswerten Erweiterung des Imperiums, als England römische Provinz wurde.

Die von Caesar und Augustus begründete Kaiserdynastie endete im Jahr 68, als das Militär den unberechenbar seinen persönlichen Launen folgenden Nero stürzte. Vor allem den in den Provinzen stehenden Legionen verdankt Vespasian (69–79) seine Erhebung zum Kaiser, die stattfindet, als er als römischer Feldherr Jerusalem belagert. Während er in Rom seine Herrschaft sichert, erobert sein Sohn Titus Jerusalem und zerstört den Tempel. Judäa wird römische Provinz. Vespasian stärkt den Einfluss der romanisierten Provinzen Spanien und Gallien, indem er deren Bürger neben den Einwohnern Italiens zum Kriegsdienst in den Legionen zulässt und zu Bürgern Roms macht. Sogar Senatoren können jetzt aus den Provinzen stammen.

Das Imperium hat nun den Charakter eines Stadtstaats endgültig abgelegt. Dennoch ist es den Kaisern auch weiterhin wichtig, das Volk von Rom durch Brot und Spiele

Augustus

bei Laune zu halten. Unter Vespasians Nachfolger Titus entsteht der Prachtbau des Kolosseums in Rom für Gladiatorenspiele und ähnliche blutige Spektakel, die eine erstaunliche Rohheit und Geringachtung des Menschenlebens (von Sklaven) bei den Römern offenbaren. Dem steht in dieser Zeit eine weit verbreitete Wendung zu spirituellen Werten gegenüber und die Idee, dass die Menschen unabhängig von ihrem Rang in der Gesellschaft in gleicher Weise eine Seele haben. Dies zeigt die zunehmende Verbreitung von Jenseits- und Erlösungskulten wie dem des persischen Mithras, der Verehrung des ägyptischen Götterpaars Isis und Osiris und des Christentums.

Theatermasken, pompejanisches Mosaik

Die von Vespasian begründete flavische Dynastie endete 96 mit der Ermordung Domitians, der allzu sehr nach Art orientalischer Despoten zu regieren begonnen hatte. Die Verrücktheiten der reichen Römer in der Zeit Domitians spießte der Dichter Juvenal in seinen bitteren Satiren auf und brachte damit diese spezifisch römische Literaturform zur Vollendung. In der nun folgenden Ära der Adoptivkaiser (96–192), vor allem unter Trajan, Hadrian, Antoninus Pius und Mark Aurel, erlebt das Römerreich seine letzte Blütezeit. Innerhalb seiner über die Donau nach Dacien (dem heutigen Rumänien) und im Osten bis zum Tigris vorgeschobenen Grenzen herrscht Frieden. Überall in den Provinzen schmücken sich wohlhabende Städte mit öffentlichen Bauten in einem hellenisierenden Stil, Literatur und Wissenschaft bringen hervorragende Werke hervor, der Kaiser selbst kann – wie Mark Aurel – ein Philosoph und glänzender Schriftsteller sein. Die Kaiser bauen einen zentralen Beamtenapparat von bezahlten Experten auf und sorgen für Kontinuität in der Herrschaft, indem sie jeweils den ihnen für die Nachfolge am geeignetsten erscheinenden Kandidaten rechtzeitig adoptieren. Erst als Mark Aurel von dieser klugen Übung abweicht und seinen sich als unfähig erweisenden Sohn Commodus zu seinem Nachfolger macht, endet diese ruhige Zeit. Commodus wird ermordet, und die Generäle der an den Grenzen konzentrierten Legionen machen die Besetzung des Kaiserthrons unter sich aus. Der aus Afrika stammende Septimius Severus setzt sich durch und begründet das severische Kaiserhaus, das 193–235 herrscht. Das Zentrum des Reichs verschiebt sich in dieser Zeit nach dem griechischen Osten; die Kaiser, die selbst aus der Provinz stammen und keine Bindungen an Rom haben, machen alle freien Einwohner des Reichs zu Bürgern. Rom verliert damit fast gänzlich seinen Sonderstatus. In der severischen Zeit mehren sich die Krisenzeichen. Die Grenztruppen, die im Osten von den Parthern und den ihnen nachfolgenden persischen Sassanidenherrschern und an Rhein und Donau von den germanischen Stämmen zunehmend gefordert werden, diktieren die Politik, das Kaiserreich wird zu einem Militärregime.

Der Niedergang des Imperiums
Nach der Ermordung des letzten severischen Kaisers wechseln sich von 235–325 zahlreiche Soldatenkaiser in der Herrschaft ab. Sie sehen es als ihre Hauptaufgabe an, die Grenzen zu sichern, und finden kein Mittel, die wirtschaftliche Krise des Reichs zu meistern. Es kommt zu einer Inflation, als das Edelmetall rar wird und schlechte Münzen geschlagen werden, um die Legionen bezahlen zu können; der Handel kommt darüber weitgehend zum Erliegen und fällt auf die Stufe einfacher Tauschwirtschaft zurück; die Städte, die vom Handel gelebt haben, entvölkern sich; die Latifundienbesitzer richten sich auf dem Land ein und versuchen alle notwendigen Güter auf dem eigenen Boden zu erzeugen, sodass jedes Landgut, Villa genannt, ein kleiner Staat für sich wird. Die Sicherheit nimmt ab, da die Polizeigewalt des Staats wegen des fehlenden Steueraufkommens zusammenbricht; die Städte müssen sich um ihrer Sicherheit willen mit Mauerringen umgeben; die Einwohnerzahl des ganzen Reichs geht zurück.
Diokletian (284–305) versucht die Einheit des Reichs zu stärken, indem er sich überall als Gott verehren lässt, der weit über den von ihm in den Reichsteilen eingesetzten Herrscher – allesamt Kaiser – steht. Er verfolgt blutig die Christen, die keinen Gottkaiser anerkennen können. Konstantin, der Sohn eines der Unterkaiser Diokletians, kann sich 325 wieder zum alleinigen Herrscher des Reichs machen, nachdem er die Christen, die stärkste religiöse Gruppierung

Sant'Apollinare in Classe in Ravenna ist eine typische frühchristliche Basilika, wie sie in der letzten Zeit des Reichs an
vielen Orten errichtet wurde.

im Reich, zu seinen Verbündeten gemacht hat. Von
nun an entstehen überall im Reich große Kirchen,
Basiliken, die den Triumph des Christentums bezeugen.

Die Kaiser sehen sich als Beschützer der Religion
und nutzen deren Prestige für sich aus. Sie berufen
die ersten Konzilien ein, während derer die kirch-
liche Lehre vereinheitlicht wird, und machen sich zu
Schiedsrichtern der zahlreichen religiösen Streitigkeiten. Sie selbst halten mit so prächtigem Zeremoniell Hof, dass sie bald als Stellvertreter Christi auf
Erden anerkannt werden.

Der Kaiserpalast befindet sich seit Konstantin in Byzanz, das nach ihm bald auch Konstantinopel genannt
wird, im sichereren und wirtschaftlich gesünderen
Osten des Reichs. Obwohl Byzanz eine Griechenstadt
ist, bleibt das Lateinische jedoch die Verwaltungssprache des Reichs.

Im Westen des Reichs, der seit 395 von einem eigenen Kaiser in Rom regiert wird, sind die Grenztruppen in einen fortwährenden Abwehrkampf gegen die
Germanen verwickelt. Sie frischen ihre Reihen zunehmend durch germanische Krieger auf, die so die römische Kriegskunst lernen, ohne jedoch tiefere Bindungen zum Reich zu haben. 476 setzen germanische
Söldner in Rom den letzten Kaiser des Westens ab
und verschaffen sich auf den Gütern Italiens Ersatz
für den Sold, den die Römer ihnen schuldig geblieben
sind.

Justinian (527–565), dem seit Konstantin bedeutendsten der in Byzanz herrschenden Kaiser, gelingt es
noch einmal, das Reich weitgehend wiederherzustellen. In Gallien jedoch hat sich zu dieser Zeit bereits
das Reich der *Franken* herausgebildet, das zur Keimzelle des mittelalterlichen Europa werden sollte.

Chronik

753 v.Chr. Gründung Roms nach der Überlieferung; etruskische Königsherrschaft

510 v.Chr. Vertreibung des Königs; Rom wird Republik; Beginn des Machtkampfs zwischen Patriziern und Plebs

451 v.Chr. Zwölftafelgesetz

387 v.Chr. Galliereinfall; danach Reorganisation des Staats; Beginn der Kriege mit den Latinern und den Samniten, die Rom die Vorherrschaft in Mittelitalien bringen

272 v.Chr. Einnahme von Tarent nach dem Krieg gegen Pyrrhus; Rom beherrscht nun auch Unteritalien.

264–241 v.Chr. Erster Punischer Krieg; Rom wird zur Vormacht im westlichen Mittelmeerraum; Sizilien wird die erste römische Provinz.

218–201 v.Chr. Rom behauptet sich im Zweiten Punischen Krieg, der den ganzen Mittelmeerraum umfasst.

168/148 v.Chr. Makedonien wird geschlagen und zur Provinz; die griechischen Städte erkennen Rom als führenden Bundesgenossen an.

146 v.Chr. Karthago wird im Dritten Punischen Krieg zerstört.

133–121 v.Chr. Die Gracchen versuchen die Krise der Republik durch Landzuweisung an die ärmeren Bürger zu bekämpfen und scheitern.

133–101 v.Chr. Krieg gegen die Cimbern und Teutonen, von Marius erfolgreich beendet; Heeresreform des Marius

91–88 v.Chr. Sulla schlägt den Aufstand der das Bürgerrecht begehrenden Bundesgenossen nieder.

88–82 v.Chr. Bürgerkrieg zwischen den Anhängern des Marius und des Sulla

82–79 v.Chr. Diktatorische Alleinherrschaft Sullas

73–71 v.Chr. Sklavenaufstand unter Führung des Spartakus

60 v.Chr. Pompeius, der die Aufstände im Osten des Reichs beendet hat, sucht im ersten Triumvirat das Bündnis mit Caesar und Crassus; ist während Caesars Abwesenheit Alleinherrscher in Rom

58–51 v.Chr. Caesar erobert Gallien.

49/48 v.Chr. Caesar kehrt nach Italien zurück und besiegt Pompeius, der in Alexandria ermordet wird; Caesar setzt sich im ganzen Reich durch.

44 v.Chr. Caesars Ermordung

43 v.Chr. Zweites Triumvirat: Antonius, Octavian und Lepidus verbünden sich gegen die Mörder Caesars; nach dem Sieg über diese geht Octavian gegen Antonius vor.

30 v.Chr.– 14 n.Chr. Octavian hat sich durchgesetzt und begründet als Augustus das Prinzipat (Kaisertum); Friedenszeit, wirtschaftliche und kulturelle Blüte des Reichs

14–68 Julisch-claudisches Herrscherhaus

69–96 Flavisches Kaiserhaus, von Vespasian begründet

96–192 Unter den Adoptivkaisern erneute Blütezeit des Reichs; Aufstieg der Provinzen; Neuordnung der Verwaltung; größte Ausdehnung des Reichs

193–211 Severisches Kaiserhaus; Vorherrschaft des Militärs

235–325 Soldatenkaiser; Niedergang des Reichs: Die wirtschaftliche Krise führt zu einem tiefgreifenden Wandel der Gesellschaftsstruktur; die Sicherung der Grenzen wird schwieriger.

312–337 Konstantin fördert den Triumph des Christentums, das bald Staatsreligion wird; Byzanz/Konstantinopel wird Reichshauptstadt.

um 375 Hunneneinbruch; Beginn der Wanderung der Germanen

395 Das Westreich mit Rom als Hauptstadt wird von Byzanz abgetrennt.

456 Absetzung des letzten in Rom residierenden Kaisers durch germanische Truppen

527–567 Justinian: Kurzfristige Wiederherstellung des Reichs mit Ausnahme des fränkischen Gallien

Vom Stadtstaat zur Weltmacht

Der Legende nach wurde Rom 753 v.Chr. von Romulus und Remus gegründet, Söhnen des Kriegsgottes Mars. In der Frühzeit regierten Könige über die auf sieben Hügeln erbaute Stadt am Tiber. 509 v.Chr. stürzten Adlige den grausamen Etruskerkönig Tarquinius: Rom wurde Republik mit zwei jährlich gewählten Konsuln an der Spitze. Die Nachbarstaaten wurden dem Reich einverleibt. Ihre Kultur, vor allem die der griechischen Stadtstaaten Süditaliens, prägte Rom entscheidend. Um 260 v.Chr. war Rom bereits eine Weltmacht. Nach einem Jahrhundert schrecklicher Kriege mit dem Handelsvolk der Karthager in Nordafrika beherrschte Rom nach dem endgültigen Sieg über Karthago 146 v.Chr. schließlich den gesamten Mittelmeerraum.

Die Etrusker

Die Etrusker beherrschten im 6. Jh.v.Chr. Nord- und Mittelitalien – auch Rom. Als die Etruskerkönige gestürzt wurden, hatten etruskische Kunst und Lebensart und vor allem die Religion die Römer bleibend beeinflusst.

ETRUSKISCHE KUNST
Dieses Bein eine etruskischen Garderobentisches stellt eine Dreispänner dar, de einen gefallenen Krieg überfährt. Vielleich stammen Wager rennen und Gladiatorenkämpfe scho aus dieser Zei

KUNST FÜR DEN KAMPF
Dieses Schulterstück einer Rüstung zeigt einen Griechen, der mit einer Amazone kämpft. Die Römer bewunderten und kopierten die wirklichkeitsnahen griechischen Kunstwerke.

Die Griecher

Die Griechen hatten die Küste Siziliens und Süditaliens besiedel Die Fruchtbarkeit dieser Landstri che brachte vielen der neue Städte Reichtum. Sie besaße herrliche Tempel und schön ausge stattete Häuser. Diese griechische Kolonien gerieten allmählich unte römische Herrschaft, bewahrte sich aber ihre Kunst, Literatur un Wissenschaf

FLUSSGOTT
Die Griechen waren geschickte Töpfer, wie diese bemalte Tonmaske beweist.

GÖTTIN DER LIEBE
Diese Silberplakette zeigt Aphrodite, die griechische Liebesgöttin. Die Römer nannten sie Venus.

HANNIBALS ELEFANTEN

Die Macht Roms stand 218 v.Chr. auf dem Spiel, als der karthagische Heerführer Hannibal von Spanien aus über die Alpen nach Italien marschierte – mit einer großen Armee und Kriegselefanten (Druck aus dem 19.Jh.). Trotz großer Verluste im Kampf gegen Hannibal stellten die Römer über Jahre hinweg ein Heer nach dem anderen auf, griffen Hannibals Ausgangspunkt Spanien an und landeten in Afrika. Karthago wurde besiegt. Rom hatte seinen Machtbereich erweitert.

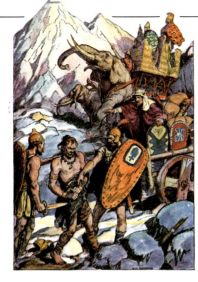

SYMBOL DES SIEGS

Die Römer stellten sich den militärischen Sieg als Göttin vor. Dieses Bronzefigürchen zeigt sie als engelähnliche Gestalt.

Lorbeer-kranz

Das Römische Reich

Der Krieg mit Karthago brachte Rom die ersten Überseeprovinzen ein. Auch vor den mächtigen Staaten im Osten machte Rom nicht Halt, und jeder Sieg mehrte seinen ungeheuren Reichtum. Doch einige Feldherren setzten ihre Soldaten zur persönlichen Machtpolitik ein. Bürgerkriege entzweiten die römische Welt.

DER SCHATTEN ROMS

Um 50 v.Chr beherrschten die Römer fast das gesamte Mittelmeergebiet. In den folgenden 150 Jahren kamen Provinzen im Norden hinzu. Um 200 n.Chr. stand das Reich auf dem Höhepunkt seiner Macht.

TOD DEM DIKTATOR

Der berühmteste Feldherr der römischen Republik, Julius Caesar, besiegte alle seine Gegner und ließ sich zum Diktator auf Lebenszeit wählen. Den stolzen Senatoren wurde er zu machthungrig …

EINE RÖMISCHE GALEERE

Von den Karthagern lernten die Römer den Kampf zur See. Diese Tonscherbe zeigt eine Kriegsgaleere: von Rudern angetrieben, mit Rammbock zum Versenken gegnerischer Schiffe. Auf dem Deck stehen Soldaten zum Entern bereit. In Friedenszeiten hielt die Flotte die Schifffahrtsstraßen piratenfrei.

Der Legionär

HELMZIER
Zenturionen (Hauptleute) und andere Offiziere trugen eine weithin sichtbare Helmzier, damit ihre Soldaten ihnen in der Schlacht folgen konnten.

Abnehmbare Helmzier

KOPFSCHUTZ
Dieser Helm aus Gallien schützte Kopf, Gesicht und Hals gleichermaßen, ohne die Sicht oder das Gehör zu behindern. Er war mit emaillierten Knöpfen verziert.

BRUSTPANZER
Die berühmte römische Rüstung aus Metallbändern, die an der Innenseite durch Lederstreifen verbunden waren, wurde im 1. Jh. v.Chr. erfunden. Sie war beweglich, aber schwer, und die Soldaten mussten sich beim An- und Ablegen gegenseitig helfen.

Das Römische Reich verdankte seine Macht den Legionen, den vielleicht erfolgreichsten Heeren der Geschichte. Jede Legion bestand aus etwa 5000 Fußsoldaten (Infanterie), römischen Bürgern, die als Freiwillige 20–25 Jahre dienten. Hartes Training, strenge Disziplin und eine ausgezeichnete Bewaffnung machten sie zum Schrecken der Feinde. Die Legionäre bildeten das „Herz" der Armee und trugen den Hauptanteil der Schlachten aus. Ihr Leben war hart, aber ein Legionär war hart im Nehmen. Um Meutereien zu vermeiden, behandelten die Römer ihre Soldaten bevorzugt. Im 2. Jahrhundert n.Chr. gab es 150.000 Legionäre und ungezählte Hilfstruppen. Auf diesen Seiten sind Nachbildungen der Ausrüstung eines Legionärs zu sehen.

390 v.Chr. entging das Kapitol der Einnahme durch die Gallier. Das Geschnatter der heiligen Gänse hatte die Bewohner rechtzeitig gewarnt.

WAS IST DRUNTER?
Unter der Rüstung trugen die Soldaten wollene Tuniken, die bis oberhalb des Knies reichten. Erst nach und nach kamen kurze Reithosen in Gebrauch.

FEST GEGÜRTET
Das *cingulum* (Gürtel) wurde stets zusammen mit der Tunika getragen. Der Schurz aus verziertem Leder schützte im Kampf die Leistengegend. Das beim Marschieren entstehende Geklingel beeindruckte außerdem den Gegner.

Die schweren Anhänger zogen die Lederstreifen in die Länge.

Die gestählte Speerspitze blieb im gegnerischen Schild stecken, während sich der weiche Schaft beim Aufprall verbog und die Waffe so unbrauchbar machte.

Wolldecke

Lederflasche für Wasser oder Wein

Rucksack für persönliche Dinge und Verpflegung für drei Tage

WURFGERÄT
Der wuchtige Speer der Frühzeit (links) wurde durch das leichte *pilum* (Wurfspeer) ersetzt, das Schild und Rüstung des Gegners durchdringen konnte. Im Hagel vieler Tausend solcher Speere lichteten sich die Reihen des Feinds rasch.

MARSCHGEPÄCK
Ein voll ausgerüsteter Legionär trug mehr als Rüstung, Waffen und Schild. Zum über der Schulter getragenen Rucksack gehörten auch Werkzeuge, Schüssel und Pfanne. Mit dieser Last von über 40 kg mussten die Soldaten oft 30 km am Tag marschieren. Eingeführt hatte dies der Feldherr Marius, nach dem man die Legionäre „Maultiere des Marius" nannte.

Hacke zum Ausheben von Gräben

Der Schwertgriff bestand meist aus Holz, doch auch Knochen oder Elfenbein wurden verwandt.

Dolch mit beidseitig geschliffener Klinge

Mit diesem Spaten wurden Grassoden zum Bau von Schutzwällen abgestochen.

ZUM MARSCHIEREN
Gutes Schuhwerk war für die römischen Soldaten unerlässlich. Sie trugen *caligae*, feste, aber leichte Ledersandalen. Die Sohlen waren mit Eisennägeln beschlagen, die verhinderten, dass die Sandalen sich bei den langen Märschen durchliefen.

SCHWERT UND DOLCH
Der Dolch (*pugio*) wurde links getragen, das Schwert (*gladius*) rechts. Das Schwert konnte aufgrund seiner Kürze auch im Nahkampf eingesetzt werden. Die ohne Rüstung kämpfenden Gallier hatten gegen diese Waffen keine Chance.

Kampf für Rom

Zu Beginn des 1. Jahrhunderts n.Chr. hatte das Römische Reich fast seine größte Ausdehnung erreicht: Nur Meere, Wüsten oder Gebirge hielten die Legionen noch auf. In den folgenden 100 Jahren kamen nur noch wenige Eroberungen wie z.B. Britannien hinzu. Die Aufgaben der Soldaten bestanden nun in der Grenzsicherung eroberter Provinzen und im Niederschlagen von Aufständen. Immer wieder mussten Invasionen in die Provinzen verhindert werden. Die Legionen bildeten weiterhin das Rückgrat der Armee, doch die Hilfsregimenter der Vasallenstaaten (einschließlich Infanterie und Reiterei) wurden immer wichtiger: Sie kontrollierten die vielen Tausend Grenzkilometer des Römischen Reichs.

GEFÄHRLICHE BOLZEN
Mit Katapulten schleuderten die Soldaten Steine und hölzerne Pfeile oder Bolzen auf den Feind, die mit solchen Eisenspitzen versehen waren. In jeder Legion dienten etwa 60 Katapultschützen.

NEUE PROVINZ
Um 50 v.Chr. eroberte Julius Caesar Gallien, hauptsächlich um seinen eigenen Ruhm zu mehren. Bei Alesia wurden die Gallier endgültig besiegt und ihr Anführer Vercingetorix gefangen genommen. Dieses Gemälde (19. Jh.) zeigt den stolzen Gallierfürsten, wie er sich Caesar (auf der roten Tribüne im Hintergrund) ergibt.

SOLDAT ZWEITER KLASSE
Hilfstruppen ergänzten die Legionen. Sie rekrutierten sich meist aus unterworfenen Völkern, selten aus römischen Bürgern. Diese Bronzestatuette stellt einen Hilfstruppensoldaten im Panzerhemd dar.

SCHILDBUCKEL
Die hölzernen Schilde der Soldaten besaßen in der Mitte einen metallenen Buckel – ein wirksames Schlaggerät im Nahkampf!

RÖMISCHES KASTELL
Im Winter und in Friedenszeiten wohnten die Soldaten in Lagern aus Holz oder Stein. Dieses Kastell wurde in South Shields (Nordengland) wieder aufgebaut.

KRIEGSBEUTE
Diese Elfenbeinplakette zeigt erbeutete Waffen, die Belohnung für eine erfolgreiche Landnahme. Plünderungen trugen erheblich zum Reichtum Roms bei, füllten die Schatztruhen des Kaisers und waren Teil des Solds. Aus allen Teilen des Reichs kamen auch Millionen von Sklaven nach Rom.

SCHÜTZENDE SCHUPPEN
Im Kampf trugen die Soldaten Schuppenpanzerhemden. Sie bestanden aus Tuch, das mit überlappenden Bronzeplatten bedeckt war.

Die Kavallerie

Die Reiter gehörten zu den bestbezahlten Soldaten des römischen Heers, denn hier hatte jeder selbst für sein Pferd aufzukommen. Die Bewohner Italiens waren keine guten Reiter. Deshalb wurden für die Armee Reiter in Ländern angeworben, wo der Kampf zu Pferd Tradition hatte: vor allem in Gallien, Holland und Thrakien (Bulgarien). Aufgaben der Reiterei waren das Patrouillieren und Spähen, sie schützte die Heeresflanken in der Schlacht und verfolgte besiegte Feinde.

HARNISCHBESCHLAG
Dieser versilberte Harnischbeschlag (Fundort: Xanten) war eine Kostbarkeit und gehörte wohl einem Offizier der Reiterei.

PARADE
Ein Relief aus Rom zeigt Legionäre und Reiter. Einige der Reiter tragen Standarten, andere Helmaufsätze.

SPOREN
Zum Antreiben der Pferde benutzten die Reiter an den Schuhen befestigte Sporen. Steigbügel waren noch nicht erfunden. Für sicheren Halt im Sattel sorgten große Sattelknöpfe.

KAMPF DEN BARBAREN
Dieses Relief auf einem Steinsarkophag zeigt ein wildes Durcheinander von Waffen, Menschen- und Pferdeleibern: die römische Reiterei im Kampf mit nordischen Barbaren. Die Soldaten sind nicht detailgetreu dargestellt, doch das Bild vermittelt einen guten Eindruck vom blutigen Chaos einer Schlacht.

SPEERSPITZEN
Infanterie und Kavallerie der Hilfstruppen benutzten leichte Speere zum Werfen und schwere für den Nahkampf. Während die hölzernen Schäfte zerfielen, blieben die eisernen Speerspitzen bis heute erhalten.

AN DIE KANDARE GENOMMEN
Das Zaumzeug römischer Pferde gleicht im Wesentlichen dem heute gebräuchlichen. Lederne Zügel und Zaum wurden an einer durch das Maul des Tiers führenden Kandare aus Metall befestigt.

Der berühmte Vesuvausbruch

PLINIUS DER JÜNGERE
erlebte den Vesuvausbruch von
jenseits der Bucht von Neapel aus mit.
Sein Onkel, Plinius der Ältere, kam
bei der Katastrophe ums Leben.

Den Bewohnern der römischen Städte Pompeji und Herculaneum war nicht bewusst, dass sie am Fuß eines Vulkans lebten. Doch im Jahr 79 n.Chr. explodierte am 24. August der seit Menschengedenken schlafende Vulkan. Pompeji verschwand unter einer meterhohen Schicht aus Asche und Lapilli. Die Menschen flüchteten hustend und stolpernd durch die Dunkelheit der Aschenwolke. Tausende konnten die Stadt nicht rechtzeitig verlassen und wurden unter der Asche begraben oder erstickten an giftigen Gasen. Herculaneum wurde unter einem Strom aus Lava und Schlamm begraben. Vom nahen Misenum aus beobachtete der Schriftsteller Plinius der Jüngere die schrecklichen Ereignisse. Sein Brief an Tacitus ist der erste bekannte Augenzeugenbericht von einem Vulkanausbruch. Die verschütteten Städte gerieten im Lauf der Geschichte in Vergessenheit, bis man 1730 beim Bau einer Wasserleitung auf erste Spuren stieß. Seither erbrachten Ausgrabungen unschätzbare Erkenntnisse für Geologie und Geschichtsforschung.

VOM WINDE VERWEHT
Der Wind trug die Aschenwolke des Vesuvs nach Süden, wo sie auf Pompeji niederging. Auf Herculaneum, das westlich liegt, fiel kaum Asche herab. Doch Schlammlawinen, die in alle Richtungen vom Berg herabströmten, begruben beide Städte unter sich.

VERBRANNTER TOAST
Einige solcher verkohlten Brotlaibe fand man im gemauerten Backofen einer Bäckerei. Man kann noch den Firmenstempel des Bäckers erkennen.

WARNUNG VOR DEM HUNDE
Mit Bodenmosaiken wie diesem vom Eingangstor eines pompejanischen Hauses warnte man damals vor einem bissigen Hund.

Getreidemühle aus erkalteter Lava. Das harte Basaltgestein findet auch als Kopfsteinpflaster Verwendung.

Italienisches Brot aus heutiger Zeit

Porträt einer Dichterin oder
Prinzessin (Ausschnitt aus
einem pompejanischen
Bodenmosaik)

Unter Vulkanasche konservierte Eier

SCHLANGENSCHMUCK

Dieses Armband in Form einer Schlange besteht
aus schwerem Gold. Man fand viele Schmuckstücke in Pompeji, u.a. über 80 Exemplare eines
bestimmten Ohrringtyps, was darauf schließen
lässt, dass beliebte Modelle in Massenproduktion
hergestellt wurden.

Frische Walnüsse

Frische Feigen, wie
sie noch heute an den
Hängen des Vesuvs
wachsen

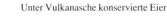
Verkohlte Feigen

Verkohlte Speisen

Organische Stoffe wie Holz, Knochen oder Speisen enthalten Kohlen-
stoff. Sie würden unter normalen
Bedingungen beim Erhitzen verbrennen. Doch die heiße Asche und die vulkanischen Gase schlossen den zur Verbrennung nötigen Sauerstoff aus, es entstand
Holzkohle. Dadurch blieben viele Speisen
erkennbar.

Karbonisierte
Walnüsse

PANIK IN DEN STRASSEN

Auf dieser künstlerischen Darstellung des Untergangs
von Pompeji sieht man im Vordergrund das große Theater
(das halbrunde, offene Gebäude), im Hintergrund naht
bedrohlich die Aschenwolke. In den überfüllten Straßen
rennen Menschen um ihr Leben.

DER TOD PLINIUS'
DES ÄLTEREN

Plinius der Jüngere beschreibt, wie sein Onkel und andere der Katastrophe zu entkommen versuchten: „Sie stülpten sich Kissen über den Kopf und verschnürten sie mit
Tüchern; das bot Schutz gegen den
Steinschlag. Schon war es
anderswo Tag, dort aber
Nacht, schwärzer und dichter
als Nächte sonst … Mein
Onkel … erhob sich auf zwei
Sklaven gestützt und brach
gleich tot zusammen, vermutlich weil ihm der sehr dichte
Qualm den Atem benahm …
Sobald es wieder hell wurde,
… fand man seinen Leichnam,
… eher einem Schlafenden als
einem Toten ähnlich."

Die Kaiser

Nicht immer wurde Rom von Kaisern regiert. Jahrhundertelang war es eine Republik. Die Zeit dieser Staatsform ging jedoch in den Bürgerkriegen vor und nach Caesars Tod, als verschiedene Heerführer um die Alleinherrschaft rangen, zu Ende. Caesars Adoptivsohn Octavian (später Augustus), der einzige Überlebende der Machtanwärter, stellte die Ordnung wieder her. Als brillanter Politiker reformierte er den Staat und brachte der Welt den Römischen Frieden zurück. Obwohl er als Alleinherrscher das Heer hinter sich wusste, vergaß er nicht die Abneigung der Römer gegen die Königsherrschaft. So rief er die alte Republik mit sich selbst als „erstem Bürger" aus. Eine Täuschung, denn schließlich wurde Augustus der erste Kaiser und vererbte bei seinem Tod (14 n.Chr.) den Thron an seinen Adoptivsohn Tiberius. Von da an wurde Rom 400 Jahre lang von Kaisern regiert.

Der wahnsinnige Caligula wurde ermordet (Regierungszeit 37–41 n.Chr.).

Claudius eroberte Britannien (Regierungszeit 41–54 n.Chr.).

Nero war der letzte Kaiser aus Augustus' Dynastie (Regierungszeit 54–68 n.Chr.).

WAS MÜNZEN ERZÄHLEN
In einer Welt ohne Zeitungen, Radio und Fernsehen kündeten Münzen als Werbemittel vom Aussehen und den Taten eines Herrschers. Diese Münzen zeigen die Tiberiusnachfolger.

TRIUMPHZUG
Siegreiche Feldherren wurden durch Triumphzüge geehrt: Sie zogen mit ihren Soldaten, den Gefangenen und der Beute durch die Straßen Roms. Ein Sklave hielt dem Sieger eine Goldkrone über den Kopf. Gefangene Heerführer des Gegners wurden erdrosselt.

WAHNSINNIGER KAISER
Einige römische Kaiser wurden größenwahnsinnig. Der bekannteste ist Nero. In ihm sahen viele den Urheber der Feuersbrunst von 64 n.Chr., die ihm ermöglichte, seine neue Hauptstadt auf den Ruinen zu errichten. 68 n.Chr. beging Nero Selbstmord.

GESCHENK DES KAISERS
Diese mit Gold und Silber verzierte Schwertscheide und die dazugehörige Waffe (gefunden am Rhein) wurden wahrscheinlich von Kaiser Tiberius einem Offizier verliehen.

Tiberius empfängt seinen Neffen, General Germanicus.

DIE FARBE DER MACHT
Mit teurem Purpur gefärbte Gewänder waren dem Kaiser vorbehalten. Die Senatoren trugen Togen mit einem Purpurstreifen. Später galt es als Hochverrat, sich wie ein Kaiser ganz in Purpur zu kleiden.

Aus 12.000 Purpurschnecken gewinnt man nur 1,4 g reinen Farbstoff.

LORBEERKRONE

Die römischen Kaiser trugen keine Goldkronen, um nicht an die frühere Königsherrschaft zu erinnern. Sie bevorzugten Lorbeerkränze, die Erfolg und militärische Macht symbolisieren sollten. Schon vorher waren siegreiche Feldherren mit solchen Kränzen geehrt worden.

Die edelsteinbesetzte Krone wurde erst in späterer Zeit hinzugefügt.

GÖTTLICHER KAISER

Diese Kamee zeigt Augustus, den ersten römischen Kaiser. Er galt als schöner Mann und war Mäzen vieler Künstler und Dichter. Nach seinem Tod wurde er zum Gott erklärt.

JULIA UND LIVIA

Auch Mitglieder der Herrscherfamilie posierten als Götter – Beispiele früher „Werbung". Hier sieht man Augustus' Frau Livia als Göttin Juno und ihre Tochter Julia als Göttin Roma (mit Helm). In den 53 Jahren ihrer Ehe übte Livia großen Einfluss auf Augustus aus.

DRUSILLA

Dieser Porträtkopf aus Chalzedon (einem Schmuckstein) stellt ein jüngeres Mitglied der Kaiserfamilie dar, wahrscheinlich Drusilla.

THRONFOLGER

Oft adoptierte der Kaiser einen vielversprechenden jungen Mann, der nach seinem Tod sein Nachfolger werden sollte. Kaiser Antoninus Pius adoptierte Lucius Verus, dessen Bronzebüste rechts abgebildet ist. Er teilte sich 161–169 n.Chr. die Herrschaft mit Mark Aurel.

Holzspuren der Scheide an der Stahlklinge

Bildnis des Tiberius

Standarte mit Legionsadler in einem Schrein

Soldat und Gesellschaft

In Krieg und Frieden – stets spielte die Armee eine wichtige Rolle in der römischen Gesellschaft. Viele Männer aus ärmeren Schichten schlugen die Soldaten- laufbahn ein. Sie bot ihnen ein geregeltes Einkommen und die Chance, verschiedene Handwerke zu erlernen. Allerdings gingen sie auch das Risiko ein, in einer Schlacht zu fallen, und eine Heirat war in der Regel nicht gestattet. Doch viele Vorteile wogen dies wieder auf, und viele Soldaten hatten „illegitime" Frauen und Kinder. Männer aus den unterworfenen Provinzen wur- den für ihre Dienste durch die Verleihung der römischen Bürgerrechte geehrt. Pensionierte Legionäre erhielten Landbesitz oder Geld als Abfindung. Fähige Männer konnten bis zum Zenturio aufsteigen, also über eine „Hundertschaft" (*centum* = lat. hundert) mit einer Sollstärke von 100 Soldaten befehlen. Gut bezahlte Solda- ten waren die besten Kunden ortsansässiger Händler. Dicht bei den Kastellen entstanden daher Niederlassungen, aus denen sich später Städte entwickelten. Wenn Soldaten einheimische Frauen heirateten, hielten auch menschliche Bande das Reich zusammen. Die Armee bewahrte den berühmten Römischen Frieden, der den Provinzen Wohlstand brachte.

PARADE- MASKE
In Friedenszei- ten hielten sich die römischen Soldaten stets in Übung. Die Reiter besaßen oft Ausrüstungen für Paraden und Turniere. Diese Maske aus Nola/Italien stammt von einem Helm, der wohl bei Schaukämpfen getragen wurde, bei denen die Kavaliere ihr Können unter Beweis stellten.

DACHZIEGEL
Soldaten wurden in allerlei Handwerken ausgebildet, u.a. als Bauhandwerker. Sie brachen Steine oder schufen sich ihr Material selbst, wie der rechts abgebildete Dachzie- gel beweist. Er trägt den Namen und das Emblem der 20. Legion, den Eber.

HADRIANSWALL
Auf Befehl Kaiser Hadrians errichtete die Armee in Britannien einen Wall gegen die nicht unterworfenen Caledonier (Schotten). Die technisch ausgebildeten Legio- näre bauten den Wall, bewacht wurde er von Hilfstruppen. Patrouillen meldeten jede ernsthafte Störung an die Kastelle, von denen aus die Legionen dann ausrück- ten. Der Wall war 120 km lang.

Legionär in voller Rüstung mit Schild und Speer

Kunstvolle Frisur

SOLDATENKIND
Der zerbrochene Grabstein aus Lancashire/England erinnert an die Tochter eines Standartenträgers. Durch Heirat mit Einheimischen festigten die Soldaten den Bund zwischen den Völkern.

BÜRGERRECHTSAUSWEIS
Hatten Soldaten aus den Provinzen 25 Jahre gedient, gewährte man ihnen das römische Bürgerrecht, das wichtige gesetzliche Vorrechte mit sich brachte. Zum Beweis erhielten die Soldaten Bronzekopien des amtlichen Dokuments. Diese Tafel gehörte einem Spanier namens Reburrus.

Bildnis und Titel des Kaisers

Verschluss an der Innenseite

GELDBÖRSE
Die Soldaten trugen ihr Bargeld in Leder- oder Bronzebörsen mit sich. Diese wurden wie ein Armreif getragen und mussten zum Öffnen abgenommen werden. Es war also schwer, Soldaten zu bestehlen.

EIN VERGESSENER SCHATZ
Diese Goldstücke, der vierfache Jahreslohn eines Legionärs, wurden in Kent/England vergraben, nachdem die Römer Britannien besetzt hatten. Vielleicht handelt es sich um die Ersparnisse eines Offiziers, der im Kampf fiel.

Rang und Namen

Die Römer hatten eine strenge gesellschaftliche Rangordnung. Im frühen Kaiserreich unterschied man römische Bürger, Provinzialen und Sklaven. Die Bürger besaßen verschiedene den Provinzbewohnern vorenthaltene Rechte. Auch bei ihnen gab es eine Rangordnung. Der Senat, seit den Zeiten der Republik das „Herzstück" der Regierung, unterstand nun dem Kaiser. Die Konsuln, andere Amtsträger und die Provinzgouverneure, allesamt reiche Adlige, rekrutierten sich aus den Reihen des Senats. Die Ritter (equestres) waren ebenfalls reiche Leute, die in Armee und Verwaltung gedient hatten. Ein sozialer Aufstieg war durchaus möglich: Ritter konnten Senatoren werden, und viele römische Bürger hatten Sklaven als Vorfahren. Selbst unter den Sklaven gab es einflussreiche Männer. Lange Zeit versahen die Sklaven und Freigelassenen des Kaisers die öffentlichen Dienste.

FIBEL
Eine Brosche (fibula) gehörte zur Alltagskleidung. Man befestigte damit den Mantel oder andere Gewänder über der Schulter.

Hinter der kunstvollen Außenseite befand sich eine Sicherheitsnadel.

BEKANNTE ABKÜRZUNG
Die Buchstaben SPQR stehen für *senatus populusque Romanus*, „Senat und Volk von Rom". Man findet das Kürzel auf Inschriften und Münzen.

Das Bündel wurde durch Stricke zusammengehalten.

Axt

RINGE
Fingerringe wurden von Männern und Frauen getragen. Goldringe zeigten den sozialen Status der Ritter an; Ringe mit geschnittenen Steinen dienten zum Versiegeln von Dokumenten; andere sollten vor Unheil schützen.

Goldener Siegelring

Silberringe mit Büsten von Herkules (links) und Mars (rechts)

Aus einer Goldmünze gefertigter Ring

SYMBOL DER MACHT
Bedeutende Amtsträger wurden von Liktoren begleitet, die eine Axt in einem Rutenbündel mit sich trugen. Diese symbolisierte ihre Vollmacht, Bürger zu bestrafen und sogar hinzurichten. Die Bronzefigur rechts stammt aus dem 1. Jh.n.Chr.

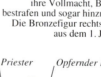

Edelmann *Priestergehilfe* *Priester* *Opfernder Priester*

Bauer *Bürger in Toga* *Senator*

MÄNNERTRACHT
Der Römer trug eine knielange ärmellose Tunika, darunter möglicherweise Unterwäsche. Dazu gab es verschiedene Mäntel. Bei offiziellen Anlässen trugen die Bürger die schwere, weiße Toga. Hosen galten als „unmännliche ausländische Mode"!

ANTIKER BRIEFKOPF

Diese hölzerne Schreibtafel trägt das Zeichen des Provinzkurators von Britannien. Es war das „Briefpapier" eines Beamten aus dem Ritterstand, der Steuern eintrieb und das Heer bezahlte. Der Prokurator war rangniedriger als der Provinzgouverneur, ein Senator, der die Armee befehligte und Recht sprach. Beide wurden vom Kaiser ausgesucht. Ihnen unterstanden viele Sklaven und militärische Befehlsempfänger.

Auf der anderen Seite befand sich eine Wachsschicht, auf der geschrieben wurde.

DER ARENA ENTRONNEN

Kriegsgefangenschaft, ein Gerichtsurteil oder die Abstammung von Sklaven machten Menschen im alten Rom zu Sklaven. Gladiatoren waren meist Sklaven, doch konnten sie durch Erfolge in der Arena ihre Freiheit erlangen. Oben: eine beinerne „Entlassungsurkunde" für den Gladiator Moderatus

DAS FORUM

Jede römische Stadt besaß ein Forum, einen Marktplatz, der von öffentlichen Gebäuden gesäumt wurde. Das Forum Romanum (oben) bildete das Herz der Hauptstadt, durch das die Heilige Straße zum Kapitol führte, dem Hügel, auf dem der Jupiter-Tempel stand. Rechts im Bild sieht man die Kurie (das Senatshaus). In der Nähe befanden sich auch der Kaiserpalast und das Kolosseum.

ALLES FÜR DIE MODE

Die Römer waren, besonders was Frisuren betraf, sehr modebewusst. Die Männerbüste rechts zeigt die dicken Locken und den gestutzten Bart, die um das Jahr 130 in Mode kamen. In den folgenden Jahren trug man die Bärte immer länger, bis um 230 Stoppelbärte und militärischer Bürstenhaarschnitt modern wurden.

Der gestutzte Bart galt um 130 n.Chr. als schick.

Die Frauen Roms

Von römischen Frauen erwartete man(n) traditionell, dass sie hingebungsvolle Ehefrauen und Mütter waren. Mädchen erhielten bestenfalls eine niedere Schulbildung – wenn überhaupt. Die Freiheit, die eine Frau genoss, hing wesentlich von ihrem Vermögen und ihrem sozialen Status ab. Reiche Frauen waren unabhängig, insbesondere Witwen. Die Ehefrauen von Kaisern und Senatoren übten inoffiziell oft großen Einfluss aus. Am anderen Ende der gesellschaftlichen Leiter standen die zahlreichen Sklavinnen, von der Zofe bis zur Landarbeiterin.

FRAUENBÜSTE
Diese kleine Silberbüste (Porträt einer vornehmen Römerin?) bildete wahrscheinlich die Mitte eines Tafelaufsatzes.

Silberner Spinnrocken für Wolle oder Leinenfasern

Beinerne Nadel

Bronzenadel für feine Näharbeiten

Fingerhut aus Bronze

Spinnen und Weben

Die Kleidung der Römer war meist aus Wolle und Leinen hergestellt. Das Spinnen und Garnweben gehörte traditionell zu den Aufgaben der Frau, die reiche Damen aber möglichst mieden. Um die althergebrachten römischen Werte hochzuhalten und so ein Beispiel zu geben, zwang Kaiser Augustus seine Tochter Julia zur Ausübung dieser Tätigkeiten. Gern tat sie's nicht...

Kosmetik

Viele Römerinnen gebrauchten Schminke. Den modischen blassen Teint erhielten sie durch Auflegen von gemahlener Kreide oder weißer Bleiverbindungen. Aus rotem Ocker wurden Rouge und Lippenfärbemittel hergestellt, Augenschminke aus einer Mischung, die Asche und Antimon enthielt. Manche dieser Kosmetika waren giftig!

Silberspatel zum Mischen und Auftragen von Kosmetika

DAMENMODE
Die Römerin trug eine innere und eine äußere Tunika aus Leinen oder Wolle und manchmal einen Mantel. Reiche trugen chinesische Seide oder indische Baumwolle.

Parfümflasche aus Onyx

Dieses Wandgemälde zeigt ein Mädchen, das Parfüm abfüllt.

Dieser Elfenbeinkamm aus einem Grab trägt die Inschrift: „Auf Wiedersehen, Modestina". Arme Leute besaßen Kämme aus Holz oder Bein – zur Läusebekämpfung.

MUMIENMASKE
Dieses Wachsporträt aus der römischen Periode des alten Ägypten vermittelt eine lebendige Vorstellung vom Erscheinungsbild einer reichen Römerin. Es war an der Außenseite ihres Sargs angebracht.

Goldohrringe in Delfinform

Ohrringe in Enten-form aus Syrien

Für die kunstvollen Frisuren wurden oft Haarteile benötigt.

Ohrringe mit Saphiren, Granaten und Chalzedon

Goldkette mit Zöpfchenmuster

Goldring mit Siegel: ein Vogel auf einem Zweig

Halbmond-förmiger goldener Anhänger

Bronzering mit dem Namen Sabbina

Kette aus Gold und rotem Granat

Schmuck

Fingerringe, Armbänder und Ketten trug fast jede Frau. Das meiste davon war aus billiger Bronze oder aus Glas hergestellt. Ohrlochstechen für Ohrringe war üblich. Verzierte Broschen hielten die Kleider zusammen.

Berufe

Außerhalb von Heim und Geschäft des Gatten gab es für Frauen nur wenige Karrieremöglichkeiten. Reiche Damen konnten Priesterinnen der Vesta oder anderer Göttinnen werden. Es gab einige selbstständige Geschäftsfrauen; bekannt ist z.B. eine Lampenherstellerin, ebenso Hebammen, Friseusen und (selten) Ärztinnen. In den meisten Berufen blieben die Männer unter sich.

FRAUEN IN DER ARENA
Einige Sklavinnen wurden sogar zu Gladiatorinnen ausgebildet. Dieses Relief erinnert an die Freilassung von Achillia und Amazone (möglicherweise Künstlernamen).

Die Welt der Kinder

„WANN GEHEN WIR NACH HAUSE?" Römerkinder wurden wie Erwachsene gekleidet und begleiteten diese oft bei offiziellen Anlässen. Dieses Detail aus dem *Ara Pacis*, dem „Friedensaltar" (augusteische Zeit), zeigt die Kaiserfamilie bei einer Opferprozession. Die Kinder scheinen sich schrecklich zu langweilen.

Nur für wenige glückliche Kinder bestand das Leben ausschließlich aus Spielen und Lernen. In der Grundschule konnten Kinder von sieben bis 15 Jahren lesen, schreiben und rechnen lernen. Zum Frühstücken suchten sie auf dem Schulweg eine Gaststätte auf (wie noch heute in Italien üblich). Der Unterricht dauerte vom Morgengrauen bis zum Mittag: viel Auswendiglernen und Prügel für schlechte Leistungen. Mädchen erhielten nur eine niedere Schulbildung, danach erlernten sie von ihren Müttern hausfrauliche Fertigkeiten. Die Kinder der Reichen wurden zuerst von einem Hauslehrer unterrichtet, die Söhne nahmen dann, als Vorbereitung auf eine Karriere in Justiz oder Verwaltung, Unterricht in Rhetorik und Grammatik. Das Ingenieurwissen der Römer wurde innerhalb der Handwerkerfamilien oder Berufsstände weitergegeben. Die Armen besuchten meist keine Schule, sie mussten schon früh arbeiten. Manche Eltern setzten sogar Kinder, die sie nicht ernähren konnten, in der Wildnis aus.

KLEINER JUNGE Diese Marmorbüste zeigt einen etwa fünfjährigen Jungen. Die Locke hinterm Ohr weist ihn als Isis-Verehrer aus.

Haarlocke

MÜDER SKLAVE Viele römische Kinder waren Sklaven. Die Ölflasche links (sie enthielt wahrscheinlich Öl zum Baden) stellt einen Sklavenjungen dar, der auf einer Kiste sitzend die Rückkehr seines Herrn erwartet. Manche Sklaven wurden schlecht behandelt und mussten hart arbeiten – so nutzt der Junge die kleine Pause zum Ausruhen.

ALLTAG EINES KNABEN Dieses Marmorrelief von einem Sarkophag zeigt Szenen aus dem Leben eines Jungen. Von links nach rechts: Der Neugeborene wird von der Mutter gestillt und vom Vater herumgetragen, der Junge fährt mit einem Eselskarren und trägt seinem Vater Gedichte vor.

Spuren der Abnutzung

GIFT IM KINDERZIMMER
Kinderspielzeug gab Dinge des täglichen Lebens wieder. Dieses Kamel aus Ägypten dürfte heute nicht mehr verkauft werden – es besteht aus giftigem Blei.

MURMELN
Das Murmelspiel war schon vor Jahrtausenden bekannt. In der Römerzeit wurden Murmeln aus verschiedenen Materialien hergestellt.

Glasmurmeln

Tonmurmeln

Sorgfältig geflochtenes Haar

LUMPENPUPPE
Puppen erfreuen sich seit vielen Tausend Jahren großer Beliebtheit. Diese abgenutzte, mottenzerfressene Lumpenpuppe aus römischer Zeit hat der trockene Sand Ägyptens über die lange Zeit erhalten.

JUNGE DAME
Das Marmorporträt rechts zeigt ein etwa zehnjähriges Mädchen. Das Haar war ursprünglich rot bemalt. Die Frisur war um 200 n.Chr. bei römischen Frauen modern. Kinder sollten in Aussehen und Benehmen wie kleine Erwachsene wirken.

RENN-WAGEN
Schon immer haben Kinder gern Erwachsenenwelt gespielt. Dieser Modellwagen legt nahe, dass für Römerkinder die Wagenrennen im Zirkus so spannend waren wie für heutige Kinder Autorennen.

HOCHZEITS-ZEREMONIE
Die Braut trägt ein Hochzeits-kleid mit orangefarbenem Schleier. Das Paar gibt sich die Hand und besiegelt damit seine Verbin-dung und die beider Familien.

Familienleben

Die Familie war den Römern heilig. Doch sie verstanden unter diesem Begriff etwas anderes als wir. Der *pater familias*, Vater und Oberhaupt der Familie, herrschte unum-schränkt über die anderen Mitglieder des Haushalts, von der Ehefrau bis zu den Sklaven. Theoretisch besaß er sogar die Macht über Leben und Tod seiner Kinder, er konnte es ablehnen, sie als seine Nachfolger und Erben einzusetzen und sie sogar als Sklaven verkaufen.

In der Praxis aber wurden Frau und Kinder nicht so sehr unterdrückt, wie es den Anschein haben könnte. Die Frau überwachte den Haushalt und die Finan-zen und erzog die Kinder bis zum Schulalter. In den größeren Häusern gab es viele Sklaven. Manche wurden schlecht behandelt, andere dagegen wie Familienmitglieder.

Eine römische Hochzeit

In der Römerzeit wurden Ehen meist aus finan-ziellen oder politischen Gründen geschlossen. Am Hochzeitstag ging der Bräutigam mit Eltern und Freunden zum Haus der Braut, wo die Zeremonie im Atrium oder an einem Schrein abgehalten wurde. Man brachte ein Opfer und befragte die Auspizien (z.B. der Vogelflug als bedeutsames Zeichen) nach der Zustimmung der Götter. Die Eheschließung fand durch das gegenseitige Eheversprechen und einen Hände-druck statt.

VERLOBUNGSRINGE
Der Bräutigam schenkte der Braut oft einen Ring mit dem Symbol der Ehe, zwei Händen.

UNGLÜCK-LICHE FAMILIE
Dieses Familienpor-trät zeigt den Kaiser Septimus Severus mit seiner Frau Julia Domna und den Söhnen Geta und Caracalla. Nach dem Tod des Severus ermordete Caracalla den Bruder, bevor auch er umgebracht wurde. Später ächtete man sein Andenken und zerstörte sein Porträt (oben links).

Sklaven und Haustiere

In den Häusern reicher römischer Familien herrschte eine für heutige Verhältnisse fast hektische Be-triebsamkeit: Unauf-hörlich eilten Sklaven umher und sorgten für die Hausbewohner. Auch viele Tiere gehörten zum Haus-halt: Wachhunde, Jagdhunde, Pferde als Zugtiere für Wagen und zum Reiten, Katzen zum Mäuse-fangen. Für die Kinder gab es Schmusetiere.

ENDLICH FREI!
Hedone, eine ehemalige Sklavin des Marcus Crassus, stiftete zum Dank für ihre Freilassung der Göttin Feronia diese Bronzetafel.

TRAURIGER SKLAVE?
Ein mit dem *mortua-rium* arbeitender Kü-chensklave weint bei der Arbeit – entweder über sein hartes Leben oder beim Zwiebelzer-kleinern.

Halsband

WACHHUND
Die Römer kannten viele Hunderassen. Bissige Wachhun-de wie der rechts abgebildete wurden an der Tür angeket-tet, um Diebe abzuschrecken.

HUNDEMARKE
Die Inschrift dieser Bronze-marke lautet: „Fang mic ein, wenn ich entlaufe, un bring mich meinem Herr Viventius auf dem Land sitz des Callistus zurück.

Rom

354

Hausgötter

Die meisten Römer waren religiös und verehrten zahlreiche Götter, besonders die Gottheiten und Geister, die jedes Heim vor Unheil schützen sollten. In jedem Haus gab es einen Schrein, an dem die Familie täglich betete. Auch die Ahnenverehrung spielte eine große Rolle. In Senatorenfamilien wurden Totenmasken oder Porträts der Vorfahren aufbewahrt. Die meisten Leute besuchten regelmäßig die Familiengruft, um die Toten zu ehren.

Delfinköpfiges Trinkhorn

Kopfschmuck

SCHLANGEN-GEIST
Jedes Haus besaß seinen eigenen Schutzgeist, der als bärtige Schlange dargestellt wurde (siehe unten abgebildeter Schrein).

LAR
Der Lar war eine altrömische Gottheit zum Schutz für Familie, Haus und Feld. Der bronzene Lar links bringt ein Opfer, indem er Wein aus einem Trinkhorn gießt. In der anderen Hand hält er eine Trankspendenschale.

Mit dieser Trankspendenschale wurden Flüssigkeiten ins Feuer des Opferaltars gegossen.

Weihrauch für den Opferaltar

GENIUS
Genien galten als persönliche Schutzgeister einzelner Männer (Frauen standen unter dem Schutz der Juno). Dieser Genius ist als opfernder Priester dargestellt.

HAUSSCHREIN
Dieses *lararium* (Hausschrein) aus Pompeji besitzt die Form eines kleinen Tempels. In der Mitte steht ein Genius, zu beiden Seiten ein Lar, darunter eine Schlange.

IN DANKBARKEIT
Manche Römer pflegten freundschaftliche Beziehungen zu ihren Sklaven und wurden bei deren Freilassung ihr Patron. Dieses marmorne Grabmonument zeigt Lucius Antistius Sarculo und seine Frau Antistia, eingerahmt von Muscheln (ein Zeichen, dass es sich um Verstorbene handelt). Laut Inschrift haben es Rufus und Anthus, zwei ihrer Freigelassenen, gestiftet. Sicher standen die beiden ihrem früheren Herrn sehr nahe und haben es nach ihrer Freilassung zu Reichtum gebracht. Sonst hätten sie ein solches Denkmal nie bezahlen können. Interessant: Antistia war selbst Sklavin, bevor Antistius sie freiließ und heiratete.

Haus und Heim

Als reicher Römer konnte man sich ein Stadthaus und eine Villa auf dem Lande leisten. Die Häuser der Begüterten hatten alle die gleiche Grundform. Durch das Tor betrat man eine Halle (Atrium), die nach oben offen war und in der Mitte des Fußbodens ein Wasserbecken besaß. Ein von Säulen umstandener Garten (*peristylium*) spendete Schatten in der Hitze der italienischen Sommer. Die Räume waren sparsam, aber elegant eingerichtet. Sie hatten hohe Decken, große Türen und nur wenige Fenster. An den Wänden prangten bunte Gemälde, die Böden waren oft mit Mosaiken ausgelegt. Dafür gab es nur wenig Möbel: Truhen, Betten, Liegen (hauptsächlich zum Essen), kleine Tische und vielleicht einige Holzschränke. Aber die wenigsten Leute konnten sich an solchem Luxus erfreuen. Die Masse des Volks lebte in Armut auf dem Land oder in übervölkerten städtischen Mietskasernen ohne sanitäre Anlagen und stets brandgefährdet. Im Erdgeschoss solcher Blöcke befanden sich meist Geschäfte.

„HAUSTIERE"
In Häusern und Gärten gab es oft ungebetene Gäste: Skorpione in dunklen Ecken und Eidechsen, die sich an Mauern sonnten.

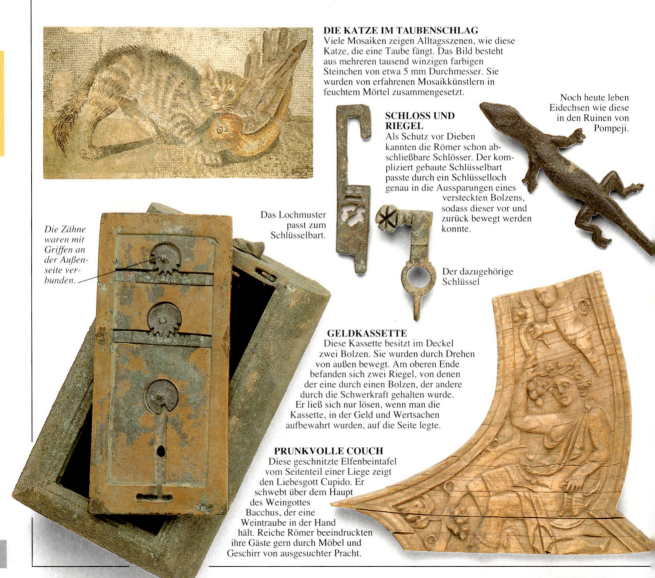

DIE KATZE IM TAUBENSCHLAG
Viele Mosaiken zeigen Alltagsszenen, wie diese Katze, die eine Taube fängt. Das Bild besteht aus mehreren tausend winzigen farbigen Steinchen von etwa 5 mm Durchmesser. Sie wurden von erfahrenen Mosaikkünstlern in feuchtem Mörtel zusammengesetzt.

Noch heute leben Eidechsen wie diese in den Ruinen von Pompeji.

SCHLOSS UND RIEGEL
Als Schutz vor Dieben kannten die Römer schon abschließbare Schlösser. Der kompliziert gebaute Schlüsselbart passte durch ein Schlüsselloch genau in die Aussparungen eines versteckten Bolzens, sodass dieser vor und zurück bewegt werden konnte.

Das Lochmuster passt zum Schlüsselbart.

Der dazugehörige Schlüssel

Die Zähne waren mit Griffen an der Außenseite verbunden.

GELDKASSETTE
Diese Kassette besitzt im Deckel zwei Bolzen. Sie wurden durch Drehen von außen bewegt. Am oberen Ende befanden sich zwei Riegel, von denen der eine durch einen Bolzen, der andere durch die Schwerkraft gehalten wurde. Er ließ sich nur lösen, wenn man die Kassette, in der Geld und Wertsachen aufbewahrt wurden, auf die Seite legte.

PRUNKVOLLE COUCH
Diese geschnitzte Elfenbeintafel vom Seitenteil einer Liege zeigt den Liebesgott Cupido. Er schwebt über dem Haupt des Weingottes Bacchus, der eine Weintraube in der Hand hält. Reiche Römer beeindruckten ihre Gäste gern durch Möbel und Geschirr von ausgesuchter Pracht.

Die Ohren dienten zur Befestigung am Möbelstück.

DÄMMERSTUNDE
Die Römer beleuchteten ihre Häuser mit Öllampen aus Ton oder wie dieses kunstvolle Stück in Kopfform aus Bronze. Man verbrannte Olivenöl, das ziemlich teuer war und nur wenig Licht spendete. Wahrscheinlich war es damals besser, bei Anbruch der Dunkelheit zu Bett zu gehen!

Öffnung zum Eingießen des Öls, früher mit Deckelverschluss

ELEFANTENFUSS
Dieser prächtig bemalte bronzene Elefantenkopf diente als Bein eines Möbelstücks, wahrscheinlich einer Liege. Das Bein war wohl einem der vielen Elefanten nachgebildet, die aus Afrika für die Arenakämpfe herangeschafft wurden. Die Unterhaltung im Amphitheater lieferte viele Motive für die römische Kunst und Architektur.

Fuß in Form einer Löwenpranke

DAS ATRIUM
Reiche Römer empfingen ihre Gäste in der Eingangshalle (Atrium). Durch die Öffnung im Dach fällt Licht ein. Regenwasser wird in einem darunter liegenden Becken aufgefangen und hilft, den Raum zu kühlen.

Kopfende

Einlegearbeit aus Kupfer und Silber

MAULTIERKOPF
Dieses Kopfende eines Sofas ist aus Bronze gegossen. Es zeigt eine Satyrbüste und einen Maultierkopf. Die ursprüngliche Lage des Stücks wird in der Rekonstruktion (oben) sichtbar. Auf jeder Liege hatten drei Leute nebeneinander Platz.

Detail eines Wandgemäldes aus Stabiae bei Pompeji: *Der Frühling*

Leben auf dem Land

Zentren des Lebens waren die römischen Städte, doch die meisten Menschen lebten auf dem Land. Sie bestellten den Boden, brachten die Ernte ein, züchteten Vieh, pflegten Rebstöcke, Olivenbäume und andere Gehölze. Die Bauern erzeugten Nahrungsmittel und andere Güter zur Versorgung der Städte. Es war ein hartes Leben voller Mühen für Männer, Frauen und Kinder; ein Großteil der Landbevölkerung waren Sklaven. Weite Teile Italiens waren in riesige Landgüter aufgeteilt, die sehr reichen Leuten gehörten. Diese bezogen ihren Reichtum zwar weitgehend aus dem Landbesitz, gingen jedoch meist ihren Interessen in der Stadt nach. Im Sommer zogen sie sich aufs Land zurück, um der Hitze der Städte zu entgehen. Auf ihrem Grund und Boden errichteten sie prächtige Villen mit allem erdenklichen Luxus, z.B. eigenen Bädern.

PFLÜGEN
Diese Bronzefigur zeigt einen britannischen Bauern beim Pflügen. Seine Kleidung schützt ihn gut gegen Kälte.

SICHEL
Das Korn schnitt man mit Sicheln. Das stundenlange Bücken bei der Arbeit mit diesem Gerät muss starke Rückenschmerzen verursacht haben.

DINKEL
In römischer Zeit baute man verschiedene Getreidesorten an, darunter auch Dinkel, eine alte Weizensorte (links: Ähren und ausgedroschene Körner). Dinkel enthält doppelt so viel Eiweiß wie moderne Weizensorten und hat damit einen großen Nährwert. Ebenso wie das Schneiden des Korns waren Aufladen, Dreschen, Worfeln und Speichern harte Arbeit.

JAGDFIEBER
Die römischen Jäger reizte die Jagd auf die behänden wilden Eber mit ihren messerscharfen Hauern. Die Bronzestatuette gibt die Wildheit dieser Tiere gut wieder.

EBERJAGD
Gejagt wurde zu Fuß und zu Pferd. Die Jäger waren mit Speeren bewaffnet; Hunde spürten das Wild auf und verfolgten es. Das war eine gefährliche Sache, wie dieses Mosaik aus Sizilien beweist.

EINE RÖMISCHE VILLA
Wandgemälde aus einer Villa der Kaiserin Livia geben die ganze Pracht und Eleganz römischer Landhäuser mit ihren schattigen Säulengängen, Gärten und Wasserbecken wieder.

BRONZESTIER
Die Viehzucht lieferte Fleisch, Leder und andere Rohstoffe. Weite Flächen Italiens waren Weideland; auf von Sklaven betriebenen Höfen lebten u.a. Zuchtbullen.

SCHAFSCHUR
Eiserne Scheren wie diese wurden zur Schafschur und zum Zuschneiden von Stoffen benutzt.

Weinbau

Der Anbau von Wein und Olivenbäumen ist und war ein wichtiger Landwirtschaftszweig in den Mittelmeerländern. Oliven und Trauben wurden gegessen, doch noch bedeutender waren das Öl, das man aus den Oliven presste, bzw. der Most, den man aus den Trauben gewann. Die alkoholische Gärung war zur Römerzeit schon längst bekannt, und da man weder Kaffee noch Tee kannte, wurde damals viel mehr Wein getrunken als heute.

Das römische Relief zeigt Liebesgötter, die Trauben pflücken, pressen und (links) den Göttern opfern.

Glasflasche in Traubenform

HIRTENJUNGE
Der reiche Besitzer dieser Silberfigur eines Hirtenjungen muss das Landleben, weitab von jeglicher Realität, für romantisch gehalten haben.

Ein Lamm schaut aus dem Rucksack.

NILLANDSCHAFT
Dieses pompejanische Mosaik zeigt das Tierleben am Nil. Viele Menschen lebten von Fischfang und Vogeljagd. Die Römer machten sich in den unterworfenen Ländern Mensch und Tier dienstbar.

BRONZEZIEGE
Ziegen wurden zur Gewinnung von Milch, Fleisch und Käse gehalten.

359

Handel und Verkehr

Das vielleicht größte Geschenk Roms an die antike Welt war der Römische Friede. Das einzige Mal in der Geschichte waren die Mittelmeerländer friedlich unter einer Regierung vereint. Die römische Flotte bekämpfte Piraten, das Heer baute ein ausgedehntes Straßennetz. Dahinter standen zwar vorwiegend militärische Interessen, doch die Erschließung des Reichs machte dadurch bedeutende Fortschritte. Der Handel nahm zu. Handelsschiffe brachten Wein aus Italien und Spanien nach Gallien und Britannien, während riesige Lastkähne die Getreideernte Ägyptens nach Rom transportierten. In vielen Ländern wurden Tiere für die Zirkusspiele eingefangen. Soldaten, Politiker, Händler und sogar einige Touristen reisten durch das Reich, und mit ihnen verbreiteten sich neue Moden und Ideen. Auch das Christentum konnte sich dank des Römischen Friedens aus seinem östlichen Ursprungsland bis in die Städte im Westen ausbreiten.

ESEL MIT TRAGEKÖRBEN
Tiere halfen beim Transport. Sie zogen Karren und Wagen und trugen Lasten wie dieser bronzene Esel. Auch römische Esel konnten störrisch sein!

VORRATS-GEFÄSSE
In solchen Tonkrügen, sog Amphoren, befand sich zum Verkauf ins Ausland bestimmter Wein aus Italien. Die schlanke Form ermöglichte platzsparendes Verstauen in Schiffsbäuchen. Andere Amphoren dienten zur Aufbewahrung von Olivenöl oder Fischsoße.

Dupondius (Wert: 2 Asse)

As

Aureus (Wert: 100 Asse)

Sesterz (Wert: 4 Asse)

Denar (Wert: 16 Asse)

GELD
Die kaiserliche Münze prägte Geld zur Bezahlung der Soldaten. Auch Steuerschulden wurden mit Münzen beglichen. Fast jeder im Reich besaß solches Geld, das den Handel erleichterte. Sogar in Indien hat man schon Silberdenare ausgegraben!

HANDELS-SCHIFF
Dieses Steinrelief aus Karthago zeigt ein Küstenfahrzeug mit seinem Steuermann. Beladene Frachter segelten im Sommer bis nach Indien und Britannien. Kompasse gab es noch nicht, daher fuhr man an der Küste entlang, doch nicht zu nah, um nicht vom Wind an die Felsen geworfen zu werden. Im Winter blieben die meisten Schiffe im Hafen.

Mithilfe dieses Gewichts konnte die Waage wie eine Schnellwaage eingesetzt werden.

Schnellwaage zum Wiegen des Fleischs

BRONZEWAAGE
Es gab zwei Waagentypen, mit denen von Gemüse bis Gold alles gewogen wurde: die einfache Schalenwaage aus Bronze (links) und die römische Schnellwaage (unten). Beide sind noch heute gebräuchlich.

Die Ketten sind moderne Ergänzungen.

Die Schalen sind mit Haken befestigt und konnten durch Säcke ersetzt werden.

BEIM FLEISCHER
Dieses Relief erlaubt einen Blick in einen Fleischerladen. Die Frau links ist wohl eine Kundin mit einer Einkaufsliste, die gerade bedient wird.

Haken zum Wiegen

Gewicht in Form einer Eichel

SCHNELLWAAGE
Am oberen Haken wurde die Waage aufgehängt. Am unteren Haken wurde das Wägegut befestigt, das Gewicht rechts wurde so lange verschoben, bis die Waage genau waagerecht stand. Auf einer eingravierten Skala las man das Gewicht ab.

GUT GEEICHT
Das mit einer Herkules-Büste verzierte Bronzegewicht aus der Türkei trägt den Namen zweier örtlicher Beamter. Gewichte wurden von Prüfern geeicht, um Betrug mit falschen Maßen zu verhindern.

Römische Baukunst

Die Römer waren große Baumeister. Sie errichteten Tempel, Landhäuser und großartige öffentliche Gebäude aus Marmor. Obgleich sie manche Stilelemente von den Griechen übernahmen, schufen sie doch auch Eigenständiges. Typisch waren z.B. Bögen; die Römer erfanden auch die freitragende Kuppel. Sie bauten mit gebrannten Ziegeln und kannten auch eine Art Beton aus *pozzolana*, einem „Zement" vulkanischen Ursprungs, und Bruchstein. Mit großem Geschick errichtete Aquädukte und komplizierte Rohrleitungen versorgten die Städte mit Wasser. Was die Römer schufen, war recht langlebig; sogar Mosaiken haben sich bis heute oft gut erhalten, und manche Römerstraßen und -brücken werden noch immer benutzt.

PONT DU GARD
Diese dreistöckige Brücke trug ganz oben eine überdachte Wasserleitung. Der Aquädukt war 50 km lang und versorgte die Stadt Nimes täglich mit 20.000 m³ Wasser. Damit standen jedem Einwohner durchschnittlich 400 l Wasser pro Tag zur Verfügung.

SENKBLEI
Mithilfe dieses einfachen Bronzegewichts konnten gerade Mauern errichtet werden. Der Name des Eigentümers, Bassus, ist eingraviert. Ein solches Werkzeug wurde auch beim Bau des Pont du Gard benutzt.

Das Fußmaß ist in 12 römische Zoll unterteilt.

BRONZEMASS
Dieses zusammenklappbare Längenmaß gehörte wohl einem Zimmermann oder Maurer und konnte am Gürtel oder in der Tasche getragen werden. Es misst 1 römischen Fuß (296 mm).

Ein Keil hält die beiden Schenkel.

WINKELMESSER
Dieses Gerät half, gerade Linien zu ziehen. Es zeigt Winkel von 90° bzw. 45° an und diente Zimmerleuten, Maurern, Mosaikkünstlern und anderen Handwerkern bei der Arbeit.

BRONZEZIRKEL
Ingenieure benutzten Zirkel beim Ausarbeiten von Plänen und Modellen. Der Abstand zwischen den unteren Enden war stets doppelt so groß wie der zwischen den oberen Spitzen. So konnten z.B. Statuen in halber oder doppelter Größe kopiert werden.

RÖMERSTRASSE
Die Straßen verliefen meist schnurgerade und waren in der Mitte gewölbt, sodass das Regenwasser zu beiden Seiten in Gräben abfließen konnte. Vier Lagen Mauerwerk (1,5 m dick) bildeten den Untergrund, Schotter oder Pflastersteine die Oberfläche.

STEMMEISEN
Bei der Holzbearbeitung, z.B. beim Bau von Dachstühlen, benutzten die Römer Stemmeisen. Holz verrottet jedoch schnell, und so ist der Griff des Werkzeugs nicht mehr erhalten.

Wasserleitungen

Die Wasserversorgung vieler Städte war zur Römerzeit besser als im 19.Jh. Die großen Aquädukte speisten vor allem öffentliche Brunnen, von denen ein Großteil der Stadtbewohner das Wasser für den Hausgebrauch in Eimern holte. Bäder und öffentliche Toiletten besaßen eigene Wasserquellen. Große Privathäuser wurden oft durch Leitungswasser versorgt, daneben wurde noch Regenwasser gespeichert (z.B. im Wasserbecken des Atriums). Unter Ausnutzung der Schwerkraft wurde Wasser durch ein Netz von Bleirohren geleitet, ein System von Abwasserkanälen garantierte die Entsorgung.

WIE ARBEITETE EINE WASSERPUMPE?
Zwei einfache Pumpen arbeiteten zusammen, von denen jede einen Kolben (a) besaß, der durch Ziehbewegungen am Schwengel (b) Wasser in einen Zylinder (c) durch ein Ventil (d) einsog. Drückte man den Kolben nieder, wurde das Wasser in ein Rohr (e) gepresst und durch ein weiteres Ventil (f) nach draußen. Die beiden Zylinder sorgten für den nötigen Druck, um eine Fontäne aus dem Zentralrohr (g) zu pressen.

Drehzapfen

Wasserniveau

BRUNNEN IN POMPEJI
Die Statue stellt einen Jungen mit einer Gans dar. Das Gewicht des in einem versteckten Tank gelagerten Wassers presste einen Wasserstrahl aus dem Schnabel der Gans.

GEMEINSCHAFTSTOILETTE
Unter den Sitzen dieser Latrine floss Wasser entlang, das die Fäkalien wegspülte. Statt Klopapier benutzte man an Stöcken befestigte Schwämme.

Ventil

ANTIKE PUMPE
Diese gut erhaltene Bleipumpe transportierte Wasser in höher gelegene Stockwerke. Der Schriftsteller Vitruv berichtet, dass mit solchen Pumpen auch die Speicher öffentlicher Brunnen gefüllt wurden.

Der Ventildeckel ließ das Wasser heraus, aber nicht mehr hinein.

Dieser Teil wurde herausgeschnitten, damit man die Ventile und die sorgfältig gearbeiteten Rohrverbinder erkennen kann.

Brot und Spiele

Von den vielen Amphitheatern im Römischen Reich ist das Kolosseum in Rom das größte. Von Kaiser Titus im Jahr 80 n.Chr. eröffnet, fasste es 50.000 Zuschauer und war so konstruiert, dass jeder in wenigen Minuten das Gebäude verlassen konnte. Das Geheimnis lag in der geschickten Verteilung von Gewölben mit Bögen sowie Korridoren und Treppen, die zu den Sitzen führten. Die mit Bögen versehenen Gewölbe im Erdgeschoss bildeten 80 Eingänge für die Menschenmassen; alle waren nummeriert, damit man die Sitze besser finden konnte. Zum Schutz vor praller Sonne wurde manchmal eine riesige Plane über das Rund gezogen. Bei nächtlichen Veranstaltungen wurde ein massiver Eisenleuchter über der Arena aufgehängt. Dieses außergewöhnliche Bauwerk diente jedoch einem schrecklichen Zweck: Die Leute amüsierten sich über Mord und Totschlag. Gladiatoren fochten ihre tödlichen Kämpfe aus, andere traten gegen wilde Tiere aus aller Welt an. Diese sog. Spiele waren öffentliche Veranstaltungen, die von Kaisern und anderen reichen Römern finanziert wurden. Denn mit Brot und Spielen warb man um die Gunst des Volks.

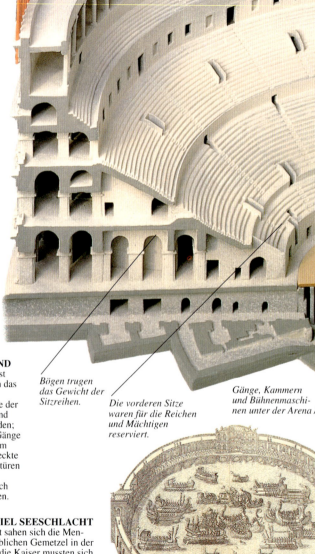

An den Masten wurden die Seile befestigt, die die Plane hielten.

Bögen trugen das Gewicht der Sitzreihen.

Die vorderen Sitze waren für die Reichen und Mächtigen reserviert.

Gänge, Kammern und Bühnenmaschinen unter der Arena

BLUT UND SAND
Die „Arena" selbst (der Sand, in dem das Blut der Opfer versickerte) sowie der Belag darunter sind lange verschwunden; darunter kamen Gänge und Kammern zum Vorschein. Versteckte Aufzüge und Falltüren ließen Tiere wie Menschen plötzlich der Erde entsteigen.

SCHAUSPIEL SEESCHLACHT
Mit der Zeit sahen sich die Menschen am üblichen Gemetzel in der Arena satt, die Kaiser mussten sich etwas Raffinierteres einfallen lassen. Bei der Eröffnung des Kolosseums wurde die Arena unter Wasser gesetzt und von den Gladiatoren in kleinen Schiffen eine „Seeschlacht" ausgetragen.

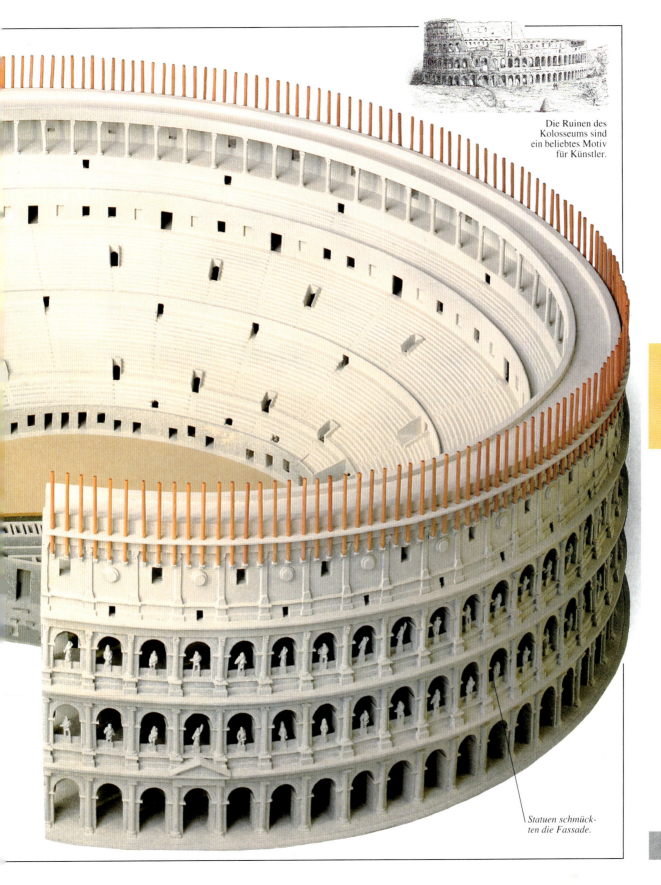

Die Ruinen des
Kolosseums sind
ein beliebtes Motiv
für Künstler.

*Statuen schmück-
ten die Fassade.*

Auf Leben und Tod

Die Gladiatorenkämpfe haben einen religiösen Ursprung; sie wurden bei den Etruskern und im frühen Rom als „Totenopfer" ausgetragen. Doch zur Kaiserzeit waren sie nur noch ein blutiger Sport, dem fast jeder zusah; nur wenige Stimmen des Protests erhoben sich. Gladiatoren waren meist Sklaven oder verurteilte Verbrecher. Sie wurden in besonderen Schulen ausgebildet. Hatten sie Glück, erfochten sie sich die Freiheit und Starruhm. In Pompeji fand sich auf eine Wand gekritzelt eine Zeile über den Thraker Celadus: „Der Mann, nach dem die Mädchen seufzen". Manche Männer wurden sogar freiwillig Gladiator, und Kaiser Commodus schockierte die Zeitgenossen, indem er selbst in der Arena antrat. Für die meisten dieser Berufskiller aber war das Leben kurz und grausam. Es gab verschiedene Kämpfertypen mit charakteristischen Waffen. Die Zuschauer besaßen ihre Favoriten: Kaiser Titus mochte Thraker, Claudius hasste Netzkämpfer.

KLEINER SCHILD
Ein kleiner Bronzeschild wie dieser gehörte zur Ausrüstung eines Thrakers. Früher war er blank poliert und leuchtete golden. Viel Schutz im Kampf bot er nicht.

MIT NETZ UND DREIZACK
Auf diesem Goldglasbild wird
ein Netzkämpfer (*retiarius*)
gezeigt. Er war ausgerüstet
wie ein Fischer: mit einem
schweren Netz, in dem er
den Gegner fing, und
Neptuns Dreizack, um
ihn zu erstechen.
Verlor der *retiarius*,
der keinen Schutz-
panzer trug, sein
Netz, unterlag er
meist seinem
Gegner.

*Dekorativer
Bronzeaufsatz*

*Büste des
Herkules*

Nackenschutz

...chloss

SCHUTZ UND SCHAU
Ein solcher Bronzehelm wurde von den
schwerer bewaffneten Gladiatoren getragen, z.B. von einem Thraker. Er schützte
den Kopf gut, doch die Sicht war behindert,
was im Kampf gegen einen flinken
Netzkämpfer ein Nachteil war. Während
des Kampfes blieb der Helm vorn verschlossen. Die Rüstung eines Gladiators
sah zwar prunkvoll aus, ließ aber verletzli-
che Körperteile wie die Magengegend
völlig ungeschützt.

Halsschutz

Fortsetzung auf der nächsten Seite

Tierkämpfe

Die Spiele im Amphitheater erstreckten sich über den ganzen Tag. Morgens hetzte man wilde Tiere aufeinander, ließ sie gegen „Jäger" antreten oder wehrlose Verurteilte töten. So starben viele christliche Märtyrer (aus dem Kolosseum ist allerdings kein solcher Fall belegt). Mittags gab es eine Pause. Die Leichen wurden weggeräumt und frischer Sand gestreut. Die Spannung wuchs, denn am Nachmittag folgte die Hauptattraktion: die Gladiatoren.

ELEFANT
Bei ihrer endlosen Suche nach neuen Sensationen in der Arena „entdeckten" die Römer manches exotische Tier wie diesen afrikanischen Elefanten.

DEM TOD GEWEIHT
Die verschiedensten Tiere aus fremden Ländern, hier eine Antilope, wurden gefangen und nach Rom verschifft. Für die Kaiser war es derart wichtig, das Volk bei Laune zu halten, dass sie enorme Summen in den Tierhandel investierten.

Ungeschützte Schulter

Der Leopard stürzt sich auf den geschützten Teil des Arms.

„DER LÖWENBÄNDIGER VON POMPEJI"
In einem Zirkus des 19. Jh.s trat dieser Dompteur als besondere Attraktion in „römischem" Gewand auf.

EIN BÄR FÜR DIE ARENA
Überall im Reich wurden Bären für die Arena gefangen. Manchmal gelang es auch, an seltenere Tiere von außerhalb der römischen Welt zu kommen: Eisbären, indische Tiger und Nashörner.

ÜBERRASCHUNGS-ANGRIFF
Die Tonscherbe zeigt einen Leoparden, der überraschend einen Tierkämpfer (*bestiarius*) anfällt. Manche dieser Kämpfer fochten gar auf Stelzen stehend gegen Raubkatzen. Die Zuschauer sahen die „Jäger" ebenso gern sterben wie die Tiere, war doch auch dies Teil ihres „Vergnügens".

FÜR MEHR ALS EINEN KAMPF

Links: Teil des Visiers eines Gladiatorenhelms. Die Löcher waren zu klein für Schwert oder Dreizack, aber groß genug, um einigermaßen den Überblick zu bewahren. Wurde der Träger getötet, reparierte man die Rüstung und gab sie einem anderen Gladiator.

IM ANGESICHT DES TODES

Diese Öllampe zeigt eine dramatische Szene: Ein verwundeter Gladiator liegt am Boden; der Sieger steht über ihm, bereit, ihn zu töten.

Schulterstück zum Schutz des Halses

TOD ODER LEBEN

Bei dieser Bronzestatuette eines Gladiators erkennt man die Rüstung an Kopf, Armen und Beinen sowie die ungeschützte Magengegend. Auf dem Boden steht sein Schild. Vielleicht ist er verwundet und hebt die linke Hand, um Gnade zu erbitten.

Krummschwert

LEICHT BEWAFFNET

Manche Gladiatoren traten leicht bewaffnet auf, wie diese Bronzefigürchen beweisen: links ein Thraker mit Krummschwert und sehr kleinem Schild, rechts ein Netzkämpfer.

Die Gladiatoren

„Die Todgeweihten grüßen dich", riefen die Gladiatoren dem Kaiser zu, und der Kampf begann mit musikalischer Untermalung. Mehrere Paare oder Gruppen fochten gleichzeitig. War ein Gladiator verwundet, konnte er um Schonung bitten. Der Kaiser hörte dabei auf die Meinung des Volkws. Hatte der Mann gut genug gekämpft? Wenn nicht, zeigten die Zuschauer mit dem Daumen nach unten, und der Kämpfer wurde getötet.

TÖDLICHER ZWEIKAMPF

Dieses Tonrelief zeigt zwei schwer bewaffnete Gladiatoren. Der eine zielt auf den Hals des anderen, der wiederum auf den Bauch des Gegners.

LEINWANDGLADIATOR

Filme wie *Spartacus* und *Gladiator* lassen den Schrecken der Arena noch einmal lebendig werden. Hier verkörpert der Schauspieler Russell Crowe den Feldherrn Maximus, der, nachdem er entmachtet und versklavt worden war, als gladiator um sein Leben kämpfen musste.

Wagenrennen

Im ganzen Römischen Reich eilten die Menschen an vielen Feiertagen zu den Wagenrennen. An einem solchen Tag setzte man auf Pferde, feuerte die Mannschaften an und kaufte sich zwischendurch einen Imbiss. Die Atmosphäre war spannungsgeladen. Als Startsignal wurde ein weißes Tuch zu Boden geworfen – schon flogen die Türen auf, und in einer Staubwolke donnerten die Wagen rund um die *spina*, eine lange Mauer in der Mitte der Rennbahn. Wild feuerte das Publikum seine Mannschaft an. In der Hauptstadt waren das die Blauen, Grünen, Roten und Weißen, die dem Kaiser gehörten. Die Menschen unterstützten ihre Favoriten mit derselben Leidenschaft wie heutige Fußballfans. Rivalitäten unter den Anhängern der verschiedenen Mannschaften führten manchmal zu Gewalttaten. Aus einem Streit der Blauen und Grünen in Konstantinopel (532 n.Chr.) entstand ein Aufstand gegen die Regierung, der Tausende das Leben kostete.

SIEGER
Ein siegreicher Wagenlenker erhielt eine Siegespalme sowie eine goldgefüllte Börse.

ZUSCHAUER
Dieses Mosaik zeigt Zuschauer bei den Rennen. Anders als im Theater oder Amphitheater saßen Männer und Frauen hier nicht getrennt. Der Dichter Ovid beschreibt die Rennen als beliebten Treffpunkt von Liebespaaren.

Die Wagen waren leicht gebaut. Sie sollten möglichst schnell sein.

BEN HUR
Der Film *Ben Hur* zeigt Nervenkitzel und Gefahr im Leben eines Wagenlenkers. Eine *quadriga* (vierspänniger Wagen) in vollem Galopp zu lenken erforderte Geschick, besonders in den Kurven.

PFERD UND WAGEN
Die *bigae* wurden von zwei Pferden gezogen, die Vierspänner hießen *quadrigae*. Die Rennpferde waren in besonderen Ställen untergebracht. Bei diesem Bronzemodell einer *biga* fehlt ein Pferd. Beim Rennen drehten bis zu zwölf Wagen je sieben Runden, insgesamt etwa 8 km. Fortwährend gab es Unfälle mit Verletzten und Toten, doch das heizte die Stimmung der hartgesottenen Zuschauer nur an. Auch Wagen, die unterwegs ihren Lenker verloren, gewannen, sofern sie als erste ins Ziel kamen.

*Widderkopf-
Verzierung*

MANN UND PFERD
Diesen Wagenlenker der Blauen soll
ein lederner Harnisch beim Fallen
schützen. Erfolgreiche Lenker wurden
oft sehr berühmt. Meist waren es
Sklaven, doch sie gewannen viel, sodass
sie sich die Freiheit erkaufen konnten.
Ihre Pferde trugen Namen wie *Candidus*
(der Schneeweiße), *Rapax*
(Räuber) und *Sagitta* (Pfeil).

Siegreiche Hengste
wurden zur Zucht an
Gestüte verliehen.

WAGENSCHMUCK
Diese bronzene Wagenverzie-
rung stellt einen Triton (Wassermann) dar. Die Wagen boten auch
etwas fürs Auge und waren
oft reich geschmückt.

*Der Wassermann
bläst eine Muschel-
trompete.*

RIESENRENNBAHN
Die größte aller Rennbahnen, der Circus Maximus in Rom
(hier eine Rekonstruktion), fasste 250.000 Zuschauer. Die
Wagen starteten vom Tor aus (zwischen den beiden
Türmen) und fuhren gegen den Uhrzeigersinn. Sieben
Runden später erreichten die Überlebenden die Ziellinie
gegenüber der Kaiserloge (links).

Das Theater

Die Römer übernahmen die Kunst des Theaterspielens aus Griechenland, und die besten Schauspieler waren gewöhnlich Griechen. Bühnenaufführungen waren zunächst Teil religiöser Feiern; später wurden sie von den Reichen finanziert, die die Gunst der Massen gewinnen wollten. Der Eintritt war frei – wenn man es schaffte hineinzukommen. Angehörige aller Klassen gingen ins Theater. Da die Schauspieler einen schlechten Ruf hatten, durften die Frauen nicht in den Reihen direkt vor der Bühne sitzen. Beim Schreiben von Komödien imitierten Dichter wie Plautus die Griechen. Hauptfiguren waren oft entführte Erbinnen, starrsinnige alte Männer oder schlaue Sklaven. Für gewöhnlich gab es ein Happy End! Die Römer mochten Komödien lieber als Tragödien. Sie erfanden auch eigene Schauspielformen wie den *mimus*. Unter der ebenfalls römischen Pantomime verstand man damals das Auftreten eines Schauspielers, der tanzend und mimend eine griechische Sage mit musikalischer Begleitung vortrug.

MOSAIKMASKEN
Die Schauspieler waren Männer (Frauen nur beim *mimus*) und trugen kunstvolle Masken, wie dieses Mosaik zeigt. Die Masken verdeutlichen eine Rolle: Junge oder Alte, Mann oder Frau, Gott oder Held. Sie wogen zwar nicht viel, doch man kam darunter rasch ins Schwitzen.

KOMIKER
Der freche und schlaue Sklave gehörte als Charakterfigur zur römischen Komödie. Wurden seine Intrigen aufgedeckt, floh er oft in einen Tempel und suchte Schutz auf dem Altar, wie diese Bronzefigur zeigt. Dort war er vor Verfolgern sicher.

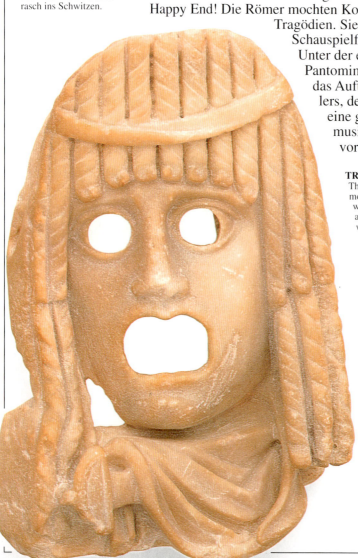

TRAGÖDIENGESICHT
Theatermasken waren ein Lieblingsmotiv der römischen Kunst. Die weibliche Tragödienmaske links ist aus Marmor. Die echten Masken waren aus gesteiftem Leinen.

SCHAUSPIELERTRUPPE
Ein Mosaik in Neapel zeigt eine Gruppe kostümierter Schauspieler, die tanzen und Instrumente spielen. Der Flötenspieler, mit weißer Maske, stellt eine Frau dar.

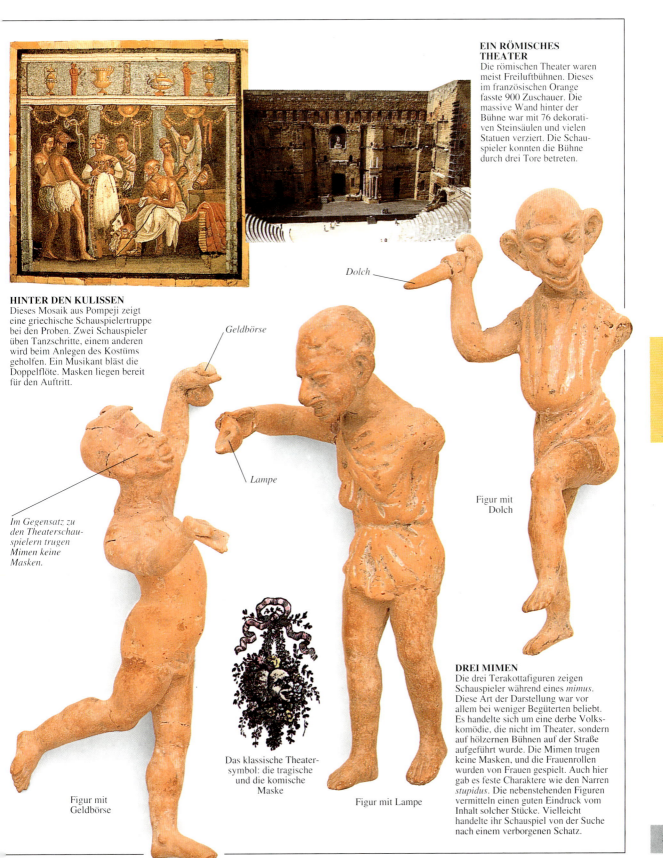

EIN RÖMISCHES THEATER

Die römischen Theater waren meist Freiluftbühnen. Dieses im französischen Orange fasste 900 Zuschauer. Die massive Wand hinter der Bühne war mit 76 dekorativen Steinsäulen und vielen Statuen verziert. Die Schauspieler konnten die Bühne durch drei Tore betreten.

Dolch

HINTER DEN KULISSEN

Dieses Mosaik aus Pompeji zeigt eine griechische Schauspielertruppe bei den Proben. Zwei Schauspieler üben Tanzschritte, einem anderen wird beim Anlegen des Kostüms geholfen. Ein Musikant bläst die Doppelflöte. Masken liegen bereit für den Auftritt.

Geldbörse

Lampe

Im Gegensatz zu den Theaterschauspielern trugen Mimen keine Masken.

Figur mit Dolch

Das klassische Theatersymbol: die tragische und die komische Maske

Figur mit Geldbörse

Figur mit Lampe

DREI MIMEN

Die drei Terakottafiguren zeigen Schauspieler während eines *mimus*. Diese Art der Darstellung war vor allem bei weniger Begüterten beliebt. Es handelte sich um eine derbe Volkskomödie, die nicht im Theater, sondern auf hölzernen Bühnen auf der Straße aufgeführt wurde. Die Mimen trugen keine Masken, und die Frauenrollen wurden von Frauen gespielt. Auch hier gab es feste Charaktere wie den Narren *stupidus*. Die nebenstehenden Figuren vermitteln einen guten Eindruck vom Inhalt solcher Stücke. Vielleicht handelte ihr Schauspiel von der Suche nach einem verborgenen Schatz.

Das römische Bad

Nur wenige Häuser besaßen eigene Bäder, die meisten Leute besuchten öffentliche Badeeinrichtungen. Diese dienten nicht nur der Körperpflege. Die Männer trafen sich dort nach der Arbeit, um zu spielen, zu plaudern und sich zu entspannen. Die Frauen hatten eigene Badeanstalten oder suchten die Thermen schon am Morgen auf. Die Bäder bestanden aus einer Turnhalle (oder einem entsprechenden Platz) und den eigentlichen Baderäumen. Von den Umkleideräumen aus gelangte man zu mehreren Kammern mit abgestufter Temperatur. Man setzte sich trockener Hitze aus (wie in der Sauna) oder heißem Dampf (wie beim türkischen Bad), um die Poren durch Schwitzen zu reinigen. Seife war kaum bekannt, stattdessen benutzte man Olivenöl. Zum Schließen der Poren sprang man dann in ein Kaltwasserbecken, danach folgte meist eine Massage, bevor man zum Essen nach Hause ging.

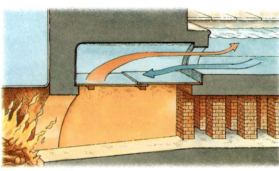

GRUNDMAUERN EINES BADS
In London entdeckte man 1989 die Ruinen eines Badehauses. Reste der Backsteinpfeiler, die einst den Fußboden trugen, sind zu erkennen. Durch die Zwischenräume wurde heiße Luft geleitet, die den Fußboden und den Raum darüber heizte (unten).

Spielstein aus Elfenbein

Die Inschrift des Spielsteins bedeutet: „Verloren!"

Spielsteine aus Elfenbein (oben), Bein (oben rechts) und Glas

Würfel aus Achat

Würfel aus Bergkristall

Metallwürfel in Form hockender Männer

HEIZUNG
Ein von Sklaven unterhaltenes Feuer außerhalb des Badehauses erwärmte das Wasser in Tanks und Wannen und erzeugte heiße Luft unter dem Fußboden, die durch Hohlziegel in der Wand in einen Schornstein entweichen konnte. Boden und Wände wurden so heiß, dass die Badegäste Holzschuhe tragen mussten, um sich nicht die Fußsohlen zu verbrennen.

DIE THERMEN VON BATH
Die natürlichen heißen Quellen im englischen Bath wurden von den Römern als Heilbäder genutzt. Aus dem ganzen Reich kamen Kranke, um im Thermalbad zu schwimmen und zu Sulis, der keltischen Göttin des Orts, zu beten, die die Römer mit Minerva gleichsetzten. Noch heute schätzt man die Quellen wegen ihrer Heilwirkung.

Gymnastik und Glücksspiel

Auch Turnübungen und Spiele wurden in den Bädern veranstaltet. Manche ertüchtigten den Körper durch Gewichtheben, andere bevorzugten Ballspiele. Bei Letzteren zählte man die Treffer; gespielt wurde mit bunten Bällen aller Größen, bis hin zum schweren Medizinball. Die weniger Sportlichen kauften sich Erfrischungen, spielten Brettspiele im kühlen Schatten oder würfelten (ein Lieblingsspiel des Augustus!). Würfelspiele, meist um Geld, waren auch abseits vom Trubel der Bäder, in der Taverne oder zu Hause, ein beliebter Zeitvertreib.

Spielsteine aus buntem Glas für ein Brettspiel

Ohrreiniger

Nagelfeile

Pinzette

Griff

TASCHENFORMAT
Dieses bronzene Kör-
perpflegeset aus dem 1.
oder 2.Jh.n.Chr. fand
man in London.

Aufhängevor-
richtung für
einen Griff

SCHWÄMME UND
STRIEGEL
Dieses Aquarell von
Lawrence Alma-Tadema
(19.Jh.) zeigt Römerinnen,
die sich mit Schwämmen
und Striegeln reinigen.

EIN KALTER GUSS
Mit solchen Gießge-
fäßen (*paterae*) aus
Bronze goss man sich
kaltes Wasser über
den Körper, um nach
dem heißen Bad die
Poren zu schließen.
Viele Leute hatten
Diener oder
Sklaven, die diese
Aufgabe wahr-
nahmen.

Der Boden ist
zerfressen.

Ölgefäß mit
abnehmbarem
Deckel

ALLES FÜRS BAD
Eine vollständige Badeausrüs-
tung: das Ölfläschchen und
zwei Striegel (um Öl, Schweiß
und Schmutz von der Haut zu
entfernen) sind an einem Griff
befestigt, der wie ein großer
Schlüsselring aussieht. Die
Gegenstände waren leicht ab-
nehmbar.

Mit dem gebogenen
Striegel wurde
Schmutz von der
Haut entfernt.

ÖLGEFÄSS
Diese Ölflasche
aus dem 2.Jh. zeigt
drei Afrikaner. Dies
ist wohl die früheste
Darstellung Farbiger
in England.

Rund ums Schreiben

Dutzende Sprachen und Dialekte wurden im Römischen Reich gesprochen, doch die Hauptverkehrs- und Schriftsprachen waren Latein im Westen und Griechisch im Osten. Sie galten als Amts- und Handelssprachen. Durch die Römer wurde die Schrift in Nordeuropa eingeführt, und noch heute gebrauchen wir das lateinische Alphabet. Es bestand ursprünglich aus 22 Buchstaben (I und J wurden ebenso wenig unterschieden wie U und V; W und Y gab es nicht). Millionen Texte wurden verfasst, von monumentalen Inschriften in Stein bis zu privaten Briefen auf Wachstäfelchen, von Gedichten und Geschichtsbüchern, die mit Tinte auf Papyrus geschrieben waren, bis zu auf Tonscherben gekratzten Rechnungen. Das wenige, was uns von all dem erhalten ist, ist wesentlich aufschlussreicher als Ruinen und Grabungsfunde, denn durch Texte erfahren wir etwas über Denkweise und Glaubenswelt der Römer. Es ist, als sprächen sie aus der Vergangenheit zu uns. Doch trotz der Bedeutung der Schrift konnte ein Großteil des Volks aus Mangel an Schulbildung weder lesen noch schreiben. Der Buchdruck war noch nicht erfunden; deshalb waren die von Hand kopierten Schriften selten und teuer.

RÖMISCHE HANDSCHRIFT
Die Schreibschrift unterschied sich sehr von den Großbuchstaben der Inschriften. Dieses Fragment eines lateinischen Briefs, mit Tinte auf eine Holztafel geschrieben, fand man in einer Grube des Kastells Vindolanda am Hadrianswall. Es ist an den Dekurio Lucius gerichtet und handelt von Austern, die ein Freund dem Schreiber schenkte.

TRAJANSSÄULE
Die Sockelinschrift der Trajanssäule zu Rom ist ein berühmtes Beispiel für die wohlproportionierte Großbuchstabenschrift der Römer, die auf Wände gemalt oder in Stein gehauen wurde. Jahrhundertelang diente diese Inschrift als Vorbild für Schriften im römischen Stil.

RÖMISCHE ZIFFERN
Anders als bei unseren arabischen Ziffern wurden die römischen Ziffern als zu addierende Zahlenreihe geschrieben: I=1, V=5, X=10, L=50, C=100, D=500, M=1000. Große Zahlen waren daher umständlich auszudrücken. 1778 beispielsweise schrieb man MDCCLXXVIII. Arithmetik war auf diese Weise recht beschwerlich!

RUSSIGE TINTE
Feiner Ruß wurde mit Wasser und anderen Stoffen zu Tinte gemischt. Damit schrieb man auf Papyrus, Holz oder Pergament.

WACHS
Bienenwachs in Vertiefungen von Holztäfelchen gegossen, ergab eine wiederverwendbare Schreibfläche.

Vier kann IV oder IIII geschrieben werden.

Auch auf modernen Uhren werden noch römische Ziffern verwandt.

BLAUES TINTENFASS
Dieses Tintenfass aus dem 1.Jh.v.Chr. stammt aus Ägypten und ist aus Fayence hergestellt.

Velin

SCHREIBENDES PAAR
Ein Doppelporträt aus Pompeji: Die Frau hält ein Schreibtäfelchen und Stift, der Mann eine Papyrusrolle. Das Täfelchen ist zum Schutz der Schreibfläche zusammenklappbar. Bücher bestanden aus Schriftrollen, Bücher mit Seiten wurden erst in spätrömischer Zeit erfunden.

EINLEGEARBEIT
An teuren Tintenfässern für die Schreibtische der Reichen konnten Künstler ihr Können beweisen. Links: Bronzefass mit silberner Einlegearbeit und Deckel. Darunter: ein Paar bronzener Tintenfässer, mit schwarzem Niello (Silber- oder Kupfersulfid) überzogen, mit Einlagen aus Silber und Gold, die mythologische Szenen darstellen.

Bronze-*stylus* aus Athen

Korrekturspachtel für Wachsflächen

Bronze-stift

Bronzeüberzogener Eisen-*stylus*

Rohrgriffel mit Federspitze

stylus aus Elfenbein

ZUM AUFHÄNGEN
Durch die Löcher dieses irdenen Tintenfasses wurden Kordeln zum Aufhängen gezogen.

SCHREIBGERÄTE
Rohr- oder Metallgriffel mit Federspitze wurden beim Schreiben auf Velin, Papyrus oder Holz benutzt. Der spitze *stylus* war zum Schreiben auf Wachstafeln vorgesehen.

Papyrus

PAPYRUS UND VELIN
Gewöhnliche Texte schrieb man auf wiederverwendbare Wachstafeln oder billiges dünnes Holz. Ägyptischer Papyrus wurde für wichtigere Dokumente, etwa Verträge, benutzt. Bücher wurden auf Velin geschrieben, Pergament aus Kalbs- oder Lammleder, das eine glatte Oberfläche besaß und zudem sehr haltbar war.

Handwerkskunst

Ausgrabungsfunde belegen, wie geschickt die Römer mit den verschiedensten Materialien umzugehen wussten, sei es Leder, Stoff, Holz, Metall oder Glas. In manchen Gegenden blühte die Töpferei als Industriezweig; in großen Betrieben wurden Weinkrüge und Sigillatakeramik millionenfach hergestellt. Viele Töpfer waren Sklaven oder Freigelassene. Die uns überlieferten Namen zeigen, dass es sich fast ausschließlich um Männer handelte. In Städten wie Pompeji gab es auch Hunderte kleiner Betriebe: Goldschmiede, Elfenbeinschnitzer, Glasbläser und andere Kunsthandwerker. Handwerkliche Fähigkeiten wurden durch lange Erfahrung und Ausprobieren erworben. Söhne lernten bei den Vätern, Sklaven bei ihren Meistern oder Vorarbeitern. Besonders begabte Handwerker konnten, auch wenn sie Sklaven waren, durch Spezialaufträge reicher Kunden ein Vermögen verdienen.

Gesicht

Tränenförmige Verzierungen

AUSDRUCKSVOLL
Solche Flakons zur Aufbewahrung von Kosmetika wurden massenhaft hergestellt. Man blies dazu eine Glasblase in eine entsprechende Form.

FORMGEBLASEN
Für diesen Glasbecher wurde Glas in eine Form geblasen, die an der Innenseite tränenförmige Verzierungen besaß.

Glas

100 v.Chr. kam die neue Technik des Glasblasens auf, mit der in kürzester Zeit und auf billigem Wege alle möglichen Gefäße hergestellt werden konnten. Das Glasblasen mit Formen ermöglichte die Massenproduktion von Flaschen und reich verzierten Flakons. Aus dem Luxusartikel Glas wurde ein weit verbreitetes Gebrauchsmaterial. Ähnlich wie heute wurde Altglas zur Wiederverwertung gesammelt.

SERVIERSCHÜSSEL
Diese gerippte Schüssel aus teurem blauen Glas wurde nach einer älteren Technik hergestellt, bei der das heiße Glas in eine Form gegossen wurde. Sie war wohl für abendliche Gelage gedacht.

Glaskrug

Goldschlieren im Glas

Deckel

PORTLANDVASE
Diese mundgeblasene Portlandvase ist eines der kostbarsten Kunsterzeugnisse aus der Römerzeit. Aus einer Schicht weißen Glases über dem blauen Grund wurden die kunstvollen Figuren herausgeschnitten. Diese Arbeit wurde wohl von einem Juwelier ausgeführt, denn es wurde die gleiche Technik wie beim Gemmenschneiden angewandt. Sicher dauerte ein solcher Vorgang Monate. Nur wenige konnten sich derartige Kostbarkeiten leisten – vielleicht gehörte die Vase einem Kaiser.

FARBENPRÄCHTIGES GLAS
Für manche Gefäße wurde verschiedenfarbiges Glas und sogar Gold verarbeitet wie bei diesem Krug mit Deckel. Vielleicht diente er zur Aufbewahrung von Kosmetika und schmückte den Frisiertisch einer reichen Dame.

Metall und Juwelen

Die Römer benutzten Gold, Silber, Blei, Kupfer, Eisen und andere Metalle. Die Metallgewinnung aus Erz, Metallschmelz- und -gussverfahren waren bekannt. Doch die zur Eisenschmelze nötigen hohen Temperaturen erreichten die Römer nicht. Darum wurde das Eisen erhitzt und durch Hämmern in Form geschmiedet. Auch Legierungen wurden gemischt, z.B. Kupfer und Zinn zu Bronze. In römischer Bronze war oft auch Zink enthalten, was dem Metall eine Goldfarbe verlieh.

Knochen

Bein war in der Antike das, was für uns Kunststoff ist. Viele alltägliche Gegenstände wurden daraus hergestellt: Messergriffe, Nadeln und Kämme, auch Schwertgriffe, Spielsteine und Würfel. Tierknochen, die direkt vom Fleischer kamen, waren weich und konnten kunstvoll bearbeitet werden. Auch für Einlegearbeiten wurde Bein verwandt.

SPIEGLEIN, SPIEGLEIN …
Spiegelglas kannten die Römer noch nicht; stattdessen benutzte man poliertes Metall. Der Griff des Silberspiegels rechts stellt Keule und Löwenhaut des griechischen Sagenhelden Herakles (lat. Hercules) dar.

Haarnadel mit Frauenkopf

Umrisse der ursprünglich mit Blattgold ausgelegten Figur

Gebogene Klinge

KNOCHEN-NADELN
Auch Näh- und Stecknadeln wurden aus Bein hergestellt. Diese stammen aus Colchester/ England. Haarnadeln waren für die aufwändigen Frisuren der Römerinnen unerlässlich.

EINLEGEARBEIT
Die eingeprägten Figuren auf diesem Bronzetäfelchen waren mit Blattgold ausgelegt.

ZUM SCHMIEDEN
Diese eiserne Zange war wohl zum Festhalten des Metalls beim Schmieden bestimmt.

GÜRTELMESSER
Messer hatten meist einen aus Bein geschnitzten Griff mit einer Öse zum Aufhängen.

Aufhänger

GEGEN LÄUSE
Die Zinken dieses beinernen Kamms wurden mit einer feinen Säge ausgesägt.

DER SCHATZ DES JUWELIERS
Dieser Silberschmuck stammt aus einem Schatzfund, der Juwelen, Münzen und Silberstücke enthielt und im 2.Jh.n.Chr. im englischen Snettisham vergraben wurde.

Ein weiteres Schmiedewerkzeug: Feile aus Eisen (Holzgriff fehlt)

RINGE
Der Schatz enthielt 89 Ringe, einige mit eingesetzten Gemmen, andere in Schlangenform.

Silberanhänger für eine Kette

AUS ALT MACH NEU
Bruchstücke alter Ketten, Armbänder und Ringe wurden für neuen Schmuck eingeschmolzen.

Dieser Stein diente zum Polieren.

Silberbarren

Tunika und Toga

Im Allgemeinen wird die Toga für das Hauptkleidungsstück der Römer gehalten. Tatsächlich war es aber die Tunika aus Wolle oder Leinen, die in unterschiedlicher Länge von fast jedem getragen wurde. Während die vornehmen Römerinnen große Sorgfalt auf ihre kunstvollen Frisuren verwendeten, trugen die Männer das Haar kurz und waren glatt rasiert. Kahlköpfigkeit galt als Schönheitsfehler. In den frühen Tagen Roms waren die Bewohner stolz auf einfache Kleidung. Doch als sich das Reich ausdehnte, wuchs auch die Extravaganz. Im Jahr 330 machte Kaiser Konstantin Byzanz (das heutige Istanbul) zur neuen Hauptstadt des Reichs. Die Bewohner von Byzanz fanden Gefallen an Luxusgütern aus ganz Europa, an Baumwollwaren aus Indien und Seide aus China. Ihre Kleidung war farbenfroh und reich verziert.

FINGERRINGE
Die Römer liebten Schmuck. Männer wie Frauen trugen Ringe aus Gold, Gagat oder anderen wertvollen Materialien – manchmal sogar mehrere an einem Finger.

Um 200 v. Chr.

Um 100 n. Chr.

Um 300 n.Chr.

EIN ANGESEHENER BÜRGER
Nur zu wichtigen Anlässen trugen die männlichen Bürger Roms die ihnen vorbehaltene Toga. Römerinnen trugen bei solchen Gelegenheiten die Palla, ein langes Umschlagtuch. Die Toga hoher Staatsbeamter und Würdenträger war mit Purpurstreifen eingefasst.

DIE TOGA
Über die Jahrhunderte änderten sich Form und Stil der Toga beträchtlich. Die frühen Togen waren einfach geschnitten, beide Enden wurden über die linke Schulter gelegt (ganz links). Die Form wurde allmählich aufwändiger und die Dekorationen vielfältiger (Mitte). Seit Beginn des 2.Jh.s n.Chr. trug man bei feierlichen Anlässen lange Faltentogen.

Schaft und Sohle

FESTES SCHUHWERK
Im Süden musste die Sandale luftig sein, im nördlichen Europa war warmes Schuhwerk wichtig. Diese römischen Sandalen wurden in London gefunden. Ihre dunkle Farbe geht darauf zurück, dass sie mit Öl eingerieben wurden, um sie haltbarer zu machen.

Sandale aus einem Stück Leder

KÜNSTLICHE LOCKENPRACHT

Da römische Damen kunstvolle Frisuren liebten, verbrachten sie oft Stunden beim Friseur (*ornatrix*). Auch die Haarfarbe ließ sich damals schon verändern. Es gab rote und schwarze Haarfärbemittel und Bleichmittel zum Blondieren.

BYZANTINISCHE SEIDE

Die Byzantiner liebten Seide, die feinste aller Naturfasern. Farbige, von Gold- und Silberfäden durchwirkte Seide war teuer. Dieses konservierte Stück mit Fransen besetzter byzantinischer Seide war ursprünglich purpurrot und goldfarben.

HOCHFRISUREN

Zur römischen Kaiserzeit trugen die vornehmen Frauen Türme von Locken, Wellen, Zöpfen und Haarteilen sowie Perücken und Diademe. Haarnadeln aus Knochen oder Kupferlegierungen gaben den kunstvollen Frisuren Halt.

SEIDEN-INDUSTRIE

Die Seidenraupenzucht beherrschten zunächst nur die Chinesen. Erst nachdem zwei byzantinische Mönche in einem ausgehöhlten Wanderstock Seidenraupeneier aus China geschmuggelt hatten, konnte man auch in Byzanz Seide herstellen.

GLANZ UND GLITTER

Das byzantinische Kaiserhaus war in der Mode tonangebend. Von der edelsteinbesetzten Krone bis zu den bestickten roten Schuhen ist Kaiserin Theodora eine aufsehenerregende Erscheinung.

Kaiserin Theodora

Man nehme einen Siebenschläfer …

Die römische Kochkunst kommt uns heute recht fremdartig vor. Ein überliefertes Rezept empfiehlt z.B. Siebenschläfer, in Honig und Mohnsamen gekocht. Auch waren viele unserer modernen Grundnahrungsmittel noch nicht bekannt. Es gab weder Kartoffeln noch Tomaten – die kamen erst später aus Amerika. Mehlspeisen waren noch nicht erfunden. Wer glaubt, die Römer hätten stets Auserlesenes gegessen, irrt: Die meisten speisten ziemlich einfach. Die Armen besaßen häufig keine eigene Küche, sondern kauften bei den zahlreichen Garküchen (*thermopolia*) etwas Warmes. Ihre Hauptnahrungsmittel waren Brot, Bohnen, Linsen, Kichererbsen und ein wenig Fleisch. Selbst reiche Römer wie Kaiser Augustus nahmen tagsüber nicht viel zu sich, denn die Hauptmahlzeit war das Abendessen. In großen Häusern arbeiteten erfahrene Köche, die mit ausgeklügelten Gerichten ihr Können zeigten. Soßen, Kräuter und Gewürze wurden dem Essen reichlich zugegeben; und es wurde vornehm garniert und serviert.

Mäuse verursachten erhebliche Schäden in römischen Küchen.

REIBE
Das Aussehen von Küchenreiben hat sich seit der Römerzeit kaum verändert. Diese Bronzereibe wirkt fast modern. Mit ihr raspelte man wohl Käse und Gemüse.

TRANCHIERMESSER
Solche Messer benutzten römische Köche u.a. zum Zerlegen des Bratens.

HOLZLÖFFEL
In jeder römischen Küche fanden sich Holzlöffel. Dieser wurde durch das trockene Klima Ägyptens vor dem Zerfall bewahrt.

Tülle zum Ausgießen der zerriebenen Speisen

FRISCH VOM MARKT
Auf diesem Mosaik sind Geflügel, Gemüse und Fisch zu sehen – frisch vom Markt. Fisch war oft sehr teuer, denn er musste verkauft werden, bevor er schlecht wurde.

ANTIKER MIXER
Der Mörser (*mortuarium*) erfüllte bei den Römern den Zweck unserer modernen elektrischen Mixer. Er war aus grobem Ton hergestellt, mit Sandstein an der Oberfläche. Mit einem Stößel (in der Mitte des Geräts zu sehen) wurden die Zutaten zerkleinert. Das war eine harte Arbeit – und bei zunehmendem Verschleiß gerieten Sandkörner ins Essen.

WIEDERVERWENDBAR
Wertvolle Flüssigkeiten wurden in Glasflaschen mit Henkeln gehandelt. War der Inhalt aufgebraucht, dienten sie in der Küche noch mancherlei Zwecken – ähnlich wie heute!

BRONZEKASSEROLLE
Küchengeräte waren meist aus Bronze, da diese gut zu bearbeiten war und beim Kochen die Hitze gleichmäßig verteilte. Doch die Kupferbestandteile griffen manche Speisen an oder vergifteten sie gar. Um dies zu vermeiden, ist die Pfanne links mit Silber überzogen.

BRONZESIEB
Siebe wurden damals wie heute zum Ausfiltern von Säften und Soßen sowie zum Abtropfen gekochter Speisen verwandt. Dieses Exemplar ist aus Bronze, die Löcher wurden nachträglich hineingeschlagen.

EINE RÖMISCHE KÜCHE
Auf diesem Herd in Pompeji stehen sogar noch die Bronzetöpfe. Geheizt wurde mit Holz oder Holzkohle.

WAS WAR DAS?
Es ist nicht bekannt, wozu dieses Gerät diente – vielleicht zur Herstellung von Brötchen oder zum Eierkochen.

Sellerie war eine beliebtes Gemüse.

Koriandersamen

Thymian

Wacholderbeeren

Im warmen Mittelmeerklima gediehen viele Kräuter, die in der römischen Küche Anwendung fanden.

Pfeffer

Raute

Oregano

FISCHSAUCE
Wichtiger Bestandteil der römischen Küche war *garum*, eine scharfe Soße aus Fischinnereien, Salz und anderen Zutaten. Wie Olivenöl und Wein wurde *garum* in Amphoren verkauft. Vielleicht überdeckte der Geschmack dieser Soße den oft nicht gerade frischen von Fisch oder Fleisch.

Fisch aus dem Mittelmeer: Grundlage für *garum*

Festmähler

Wohlhabende Römer begaben sich zeitig nach Hause, um die Hauptmahlzeit des Tages zu genießen: das Abendessen (*cena*). Es begann oft schon um zwei oder drei Uhr nachmittags und dauerte mehrere Stunden. Oft war es mehr ein gesellschaftliches Ereignis als nur eine Mahlzeit, denn es kamen Gäste, und zwischen den einzelnen Gängen gab es Unterhaltung je nach Geschmack: Possenreißer, Tänzer oder Dichterlesungen. Für das Abendessen kleidete man sich in die elegante *synthesis*, ein aus Griechenland stammendes Gewand. Man aß zu dritt nebeneinander auf großen Sofas liegend. Gewöhnlich umgaben drei Liegen den niedrigen Speisentisch, auf den die Diener das Essen stellten. Gabeln benutzten die Römer nicht, sie nahmen einfach die Finger und mussten sich daher häufig die Hände waschen. Manche Gelage arteten in Völlerei und Alkoholexzesse aus, doch viele waren höchst kultivierte Feste.

Römerin mit Trauben, vielleicht eine Tänzerin (Stich 18.Jh.)

GLASSCHÜSSEL
Auserlesene Glaswaren schmückten die Tische der Reichen. Außer Schönheit hatte Glas weitere Vorzüge: Es war leichter zu reinigen als die meist unglasierte Töpferware und enthielt im Gegensatz zur Bronze keine gesundheitsschädlichen Stoffe.

RÖMISCHER WEIN
Die Römer kannten trockene und süße Weine mit den Bezeichnungen „schwarz", „rot", „weiß" oder „gelb". Die meisten Sorten mussten innerhalb von drei bis vier Jahren getrunken werden, da sie sonst verfielen. Manchmal wurde das Aroma, z.B. durch Honig, verfeinert. Man trank den Wein mit Wasser gemischt. Ihn pur zu genießen galt als unfein. Dagegen hielt man Rülpsen für höflich! Mancher Gastgeber servierte erst teuren Wein, später dann billigeren, in der Hoffnung, die betrunkenen Gäste würden es nicht merken. Leider wissen wir nicht, wie die römischen Weine geschmeckt haben!

Die Römer mischten ihren Wein mit Wasser. Er war daher wohl sehr hell.

Wirbelmuster im Glas

Verzierung

BRONZEKRUG
Krüge für Wein und Wasser wurden aus Ton, Glas, Bronze oder Silber hergestellt, je nachdem wie reich der Eigentümer war.

EIN FEST
Das Gemälde von Edward A. Armitage (19.Jh.) vermittelt einen guten Eindruck von einem kaiserlichen Bankett. Die Tische sind mit Speisen und Weinkrügen beladen.

WEINBECHER
Diese Silberbecher, reich verziert mit Pflanzen-, Vogel- oder Insektenmotiven, besaßen früher Stiel und Fuß. Becher aus Ton oder Glas waren gebräuchlicher.

Sigillatakeramik

Glänzende rote Töpferware, Sigillatakeramik genannt, war im 1. und 2. Jh. n.Chr. sehr beliebt. Es gab Platten, Schüsseln, Trinkbecher und vieles mehr – in den verschiedensten Formen und Größen. Vor allem in Italien und Gallien entstanden große Manufakturen, von wo aus die Ware in Millionenzahl ins ganze Reich verschifft wurde. Diese Keramik sah edel aus, war leicht zu reinigen und platzsparend in der Aufbewahrung. Eine Lieferung Sigillatakeramik fand man in Pompeji. Sie war kurz vor dem Untergang der Stadt aus Gallien gekommen und noch nicht einmal ausgepackt worden.

Schale mit Trauben

Weinkrug

Neuzeitliche Schale

Zum Nachtisch gab es frische Früchte.

Becher

Oliven, die im Klima des Mittelmeergebiets gut gediehen, aß man damals wie heute als Appetitanreger.

Spargelköpfe zur Dekoration

VOGELBRATEN

Auf der Platte rechts (sie ist nicht antik!) ist eine nach einem alten römischen Rezept gekochte Speise angerichtet: Wachteln mit Spargelsoße und Wachteleiern. Die Vögel wurden kunstvoll angeordnet; sie sollten die Gäste auch optisch ansprechen. Viel Fleisch war nicht an einem solchen Braten, doch dieses Gericht war auch nur einer von mehreren Gängen, deren Anzahl und Kosten die Gäste beeindrucken sollten.

Musik und Tanz

In den Augen des römischen Adels galten Musik und Musikanten als vulgär, doch beim einfachen Volk waren Musik, Gesang und Tanz sehr beliebt. Musik wurde im Theater und bei privaten Festen gespielt. Viele römische Musikinstrumente kamen aus Griechenland, so auch die Leier (lyra, ganz rechts). Blasinstrumente waren weit verbreitet, von Rohrflöten bis zu Bronzehörnern. Letztere waren für Hausmusik zu laut und wurden vor allem bei Veranstaltungen unter freiem Himmel eingesetzt. Das komplizierteste Instrument war die Wasserorgel, die ein Grieche im 3. Jahrhundert v.Chr. erfunden hatte. Hierbei wurde Wasser in einen geschlossenen Behälter gepumpt, wobei die Luft darin zusammengedrückt wurde. Durch handgesteuerte Ventile konnte sie entweichen. Dabei wurden mit unterschiedlich großen Pfeifen Töne und Akkorde erzeugt. Obwohl wir viel über antike Musik, Instrumente und Tanz wissen, wird uns der Klang dieser Musik leider für immer unbekannt bleiben.

PANFLÖTE
Die Bronzestatuette oben zeigt den Gott Pan mit dem traditionellen Instrument der Hirten, der Panflöte. Sie besteht aus mehreren Rohren unterschiedlicher Länge, die verschieden hohe Töne erzeugen.

TANZMUSIK
Dieser Ausschnitt aus einem Mosaik zeigt eine Frau mit Kastagnetten, die zur Musik einer Doppelflöte tanzt. Kapellen spielten auf den Straßen oder wurden für abendliche Feste engagiert.

EKSTATISCHER TANZ
Musik und Tanz waren wichtige Bestandteile einiger Kulte. Sie sollten den Gläubigen zu einem Zustand der Ekstase verhelfen. Die Tänzer auf dem Relief sind möglicherweise Anhänger der Isis. Durch rhythmische Bewegungen versetzen sie sich in Verzückung und mystische Trance.

„TIERISCHE" RHYTHMEN
Das witzige Figürchen zeigt eine musikalische Ratte oder Maus, die ein Bronzehorn spielt.

DOPPELTES SPIEL
Ein bronzener Satyr (Waldgott) spielt die Doppelflöte. Heute gibt es kein vergleichbares Instrument. Es zu erlernen dürfte ziemlich schwer gewesen sein, da beide Flöten gleichzeitig gespielt werden mussten.

SPIRALHORN

Ein langes, gebogenes Horn (*cornu*) wurde beim Heer zum Signalblasen benutzt und erklang auch bei offiziellen Anlässen. Die Zeichnung rechts vermittelt einen guten Eindruck von diesem Instrument, obgleich das Mundstück mehr dem einer Trompete ähnelte.

Eine Bronzefigur schmückt das Mundstück.

GOTT DER MUSIK

Dieses Fragment eines Freskos zeigt Apollo mit einer Leier. Der Lichtgott war auch der Gott der Musik und der Dichtkunst. Apollo war der Lieblingsgott des Kaisers Augustus.

QUERFLÖTE?

Diese römische Flöte wurde wahrscheinlich wie eine moderne Querflöte gespielt, indem man über ein Loch blies. Das Instrument wurde aus angewitterten Fragmenten zusammengesetzt – möglicherweise falsch, denn es ist nicht mehr spielbar.

Durch Abdecken der Fingerlöcher lässt sich die Tonhöhe verändern.

RÖMISCHES SCHLAGZEUG

Diese Bronzezimbeln fand man in Praeneste/Italien. Sie besitzen Löcher, durch die Lederriemen oder Schnüre gezogen wurden. Die Römer kannten nur wenige Rhythmusinstrumente, darunter das *sistrum*, eine Metallrassel, die hauptsächlich bei religiösen Zeremonien eingesetzt wurde, und tamburinartige Trommeln.

Die Götterwelt

Im Römischen Reich wurden Hunderte verschiedener Götter und Göttinnen, Halbgötter und Geister verehrt. Sie wurden in menschlicher Gestalt dargestellt (wie auch in Griechenland). Jeder Bürger hatte den wichtigsten Göttern Roms wie Jupiter und Juno sowie dem Schutzgeist des Kaisers zu opfern. Vielerorts wurden auch eigene Gottheiten angebetet. In der Kaiserzeit suchte sich mancher einen Gott fremder Herkunft, der für das Jenseits ein besseres Leben versprach, wie Mithras oder Isis. Praktisch für jeden Bereich des täglichen Lebens war ein Gott zuständig. Zumeist tolerierte man verschiedene Glaubensauffassungen. Eine wichtige Ausnahme bildeten jedoch die Christen. Ihr Glaube verbot ihnen, den römischen Göttern zu opfern; deswegen hielt man sie für gefährliche Umstürzler, die den Staat bedrohten, indem sie seine Götter beleidigten. Infolgedessen kam es mehrfach zu Christenverfolgungen.

DONNERGOTT
Der oberste römische Gott, der „Größte" und „Beste", war Jupiter; ein Himmelsgott, dessen Zeichen Adler und Blitzstrahl waren. Er entsprach dem griechischen Gott Zeus. Sein Haupteiligtum stand auf dem Kapitolhügel in Rom.

GÖTTIN DER FRAUEN
Jupiters Gattin Juno galt als Beschützerin der Frauen. Diese Tonfigur stellt sie auf einem Thron sitzend mit ihrem Symbol, dem Pfau, dar.

TEMPEL VON AUGUSTUS UND LIVIA
Die meisten Kaiser wurden nach ihrem Tod zu Göttern erklärt, und man erbaute ihnen Tempel. So geschah es auch mit Augustus und seiner Frau Livia. Dieser gut erhaltene Tempel im französischen Vienne wurde ihnen zu Ehren errichtet. Man dachte sich einen Tempel als Wohnsitz des betreffenden Gottes. Auf einem Altar vor dem Gebäude wurden Opfer dargebracht.

ÄGYPTISCHE GÖTTER
Manche Römer verehrten neben den heimischen auch fremde Götter. Isis aus Ägypten (links) war die beliebteste und wurde zusammen mit Serapis (oben) verehrt. Ihre Religion befasste sich mit dem Kreislauf des Lebens, Tod und Wiedergeburt. Geheime Zeremonien gaben ihren Anhängern, die sich als „Eingeweihte" fühlten, Hoffnung auf ein Leben nach dem Tode.

GÖTTIN DER WEISHEIT
Die kriegerische Minerva mit Helm und Rüstung entsprach der griechischen Athene. Minerva war die Göttin des Handwerks und der Weisheit. Sie wurde oft in soldatischer Rüstung abgebildet.

MARS UND VENUS
An Mars, den Kriegsgott, erinnert heute noch der Monatsname „März". Die Gallier und Briten deuteten viele ihrer heimischen Götter in römische um, vor allem Mars und Merkur, den Götterboten. Die Silbertafel rechts zeigt einen römisch-britischen „Mischgott" namens Mars Alator. Venus, die Göttin der Liebe, Schönheit und Fruchtbarkeit, galt als Ahnmutter der Familie des Julius Caesar.

Silbertafel als Weihgeschenk

Die Inschrift weist das Täfelchen als Votivgabe aus.

Julius Caesar ließ in Rom einen Venus-Tempel bauen.

LICHTGOTT
Kern des Mithras-Kults aus Persien war der ewige Kampf zwischen Gut und Böse. Vor allem Soldaten zählten zu den Anhängern dieser reinen Männerreligion. Die Statue zeigt Mithras beim Töten des legendären Stiers, dessen Blut dem Universum Leben einhauchte.

ZÜGELLOSER GOTT
Bacchus (griech. Dionysos) versprach seinen Anhängern die Wiedergeburt. Die Feiern zu Ehren des Weingottes waren oft zügellos. Theateraufführungen waren ursprünglich Teil seines Kultes.

Bacchus hält Weintrauben in der Hand.

Götterbüsten als Verzierung

DER CYBELE-KULT
Cybele war eine Muttergottheit aus dem Gebiet der heutigen Türkei. Auch ihr Kult drehte sich um Fruchtbarkeit, Tod und Wiedergeburt. Die Cybele-Priester entmannten sich manchmal in Ekstase für die Göttin. Diese Bronzeklemme ist vielleicht für jenes grausame Ritual benutzt worden.

Das Ungeheuer frisst einen Menschen.

ZIEGENGOTT
Pan war der Sohn des Merkur (griech. Hermes) und einer der vielen von den Griechen übernommenen Götter. Halb Mensch, halb Ziegenbock, lebte er im Gebirge und schützte die Hirten. Sein Spiel auf der Panflöte konnte ganze Herden in „panische" Angst und Flucht versetzen.

KELTISCHER GOTT
Die Kelten verehrten oft grausame Götter, denen sie Menschenopfer darbrachten.

Opfer und Gottesdienst

Die Menschen fürchteten die Götter, suchten sie günstig zu stimmen und baten sie um Hilfe. Sie brachten Gaben zu den Tempeln oder versprachen Geschenke, wenn sie erhört würden. Die verschiedensten Dinge wurden als Opfer dargebracht, von Münzen und Broschen bis zu silbernen Statuen. Augustus versprach dem Mars sogar einen neuen Tempel, falls er ihm helfe, Julius Caesar zu rächen. Noch heute kann man die Ruinen dieses Tempels für „Mars, den Rächer" in Rom bewundern. Auch Speisen und Getränke wurden geopfert, Weihrauch auf dem Altar verbrannt. Tieropfer waren üblich, vom kleinen Vogel bis zu ganzen Viehherden. Nur wenige Priester und Priesterinnen waren hauptberuflich tätig wie die Vestalinnen, die das heilige Feuer der Vesta in Rom hüteten. Die meisten Priester waren einflussreiche Leute des öffentlichen Lebens, für die der Gottesdienst nur eine von vielen Pflichten war. Der Kaiser war Roms oberster Priester. Sein Titel lautete *Pontifex Maximus* (= Erhabener Brückenbauer), denn er stellte die Verbindung zwischen der Menschen- und der Götterwelt dar.

OPFERNDE PRIESTERIN
Eine Priesterin gießt eine Trankspende (Milch, Öl oder Wein) auf den Altar. In einigen Kulten stellten Frauen den Hauptanteil der Gläubigen. Die Kulte der Vesta, Isis und Cybele wurden besonders mit Frauen in Verbindung gebracht.

TRANKOPFERKRUG
Mit Bronzekrügen wie diesem spendete man Trankopfer. Krug, Schüssel und Messer spielen mit anderem Zubehör oft in religiösen Zeremonien eine Rolle.

Löwenkopf am Griff

UNTERM MESSER
Bei Tieropfern gab es verschiedene Schlachtmethoden. Rinder wurden z.B. mit der Axt getötet. Dann wurde ihnen mit einem Messer die Kehle aufgeschlitzt. Die Innereien verwandte man zur Orakelbefragung (gegenüberliegende Seite).

TRANK-OPFERSCHALE
Mit solchen Trankspendenschalen goss man Flüssigkeiten ins Altarfeuer. Der Rauch von Flüssigkeiten und verbranntem Fleisch sollte die Götter gnädig stimmen.

FLUCHTAFEL

Wenn man sich an Feinden rächen wollte, konnte man sie in einem Tempel verfluchen. Mit dieser Bleitafel aus Uley im englischen Gloucestershire bittet ein Bestohlener Merkur, die Diebe mit Krankheit zu strafen, bis sie sein Eigentum zurückbringen.

AUFSCHLUSS-REICHE KNOCHEN

Manchen Göttern wurden nur ganz bestimmte Tiere geopfert. Merkurs heilige Tiere waren Hahn und Widder. So fand man auch in seinem Tempel in Uley nur Schaf- und Hühnerknochen (oben: Hühnerknochen).

OPFERAKT

Auf diesem Relief aus Italien bringt ein Silen (ein griechischer Waldgeist) auf dem Altar ein Opfer dar. Sileni waren die Begleiter des Bacchus (Dionysos). Auf dem Altar erkennt man Feuer und Trankspende.

GÖTTERBOTE

Dieses Bronzefigürchen des Götterboten Merkur wurde als Votivgabe in einem seiner Tempel gefunden. Vielleicht war es als Dank oder als Erinnerung gemeint.

DIE LEBER IN DER HAND

Dieses Bruchstück einer Marmorstatue zeigt eine Hand mit einer Tierleber. Ein Priester mit dem etruskischen Titel *haruspex* las den Willen der Götter aus dem Zustand der Leber. Es galt als schlechtes Omen, wenn die Leber deformiert war.

Wie die heiligen Hühner fraßen, zeigte, ob die Götter einem Plan zustimmten oder nicht.

OPFERALTAR

Römische Altäre standen im Freien vor dem Tempel. Die Kultfigur des Gottes selbst befand sich im Tempel.

PRAKTISCHES OPFER

Ein Priestergehilfe führt einen Eber zum Opferaltar. Dessen Innereien wurden für die Götter auf dem Altar verbrannt, das Fleisch jedoch gekocht und von den Gläubigen verspeist. Die römische Religion konnte sehr praktisch sein!

Gesundheitswesen

Die medizinische Wissenschaft steckte zur Römerzeit noch in den Kinderschuhen. Die Ursachen vieler Krankheiten waren unbekannt. Die meisten Menschen glaubten, Krankheit werde durch den Zorn der Götter, Hexenwerk oder Flüche verursacht. Viele wandten sich zur Heilung an übernatürliche Kräfte und pilgerten zu weit entfernten Gnadenstätten oder Heilbädern. Die meist griechischen Ärzte waren teuer, manche waren Betrüger. Und auch die geschicktesten von ihnen konnten Patienten nicht retten, die heute durch Antibiotika oder einen kurzen Krankenhausaufenthalt geheilt werden. Eine Blinddarmoperation ist heute ein Routineeingriff, damals aber ging eine Blinddarmentzündung oft tödlich aus. Die Römer kannten Betäubungsmittel, aber keine echten Narkotika. Daher waren chirurgische Eingriffe gefährlich und schmerzhaft. Kein Wunder, dass die Menschen lieber Hilfe von den Göttern erbaten!

SIEGELRINGE
Die Ringe oben zeigen Asklepios (rechts) und Hygeia, eine engelhafte Personifizierung der Gesundheit. Vielleicht sollten die Ringe Krankheit abwehren.

VOTIVOHR
Wenn man im Tempel Heilung erbat, opferte man Votivgaben in Form eines Modells des erkrankten Körperteils (hier: ein rechtes Ohr).

VOTIVBEIN
Das bronzene Bein wurde von einem Mann namens Caledus gestiftet, wohl zum Dank für eine ausgeheilte Beinwunde oder -entzündung.

ARZT UND KIND
Auf dem Marmorgrabstein links untersucht ein griechischer Arzt gerade ein Kind. Auf dem Boden steht ein Kessel für den Aderlass, bei dem das „verdorbene" Blut entzogen wurde, dem man die Krankheit zuschrieb.

Alant wurde bei Verdauungsbeschwerden gereicht.

HEILKRÄUTER
Die Heilwirkung vieler Kräuter war allgemein bekannt. Man stellte aus ihnen Arzneien und Salben her.

Salbei war den Römern heilig.

Fenchel schrieb man beruhigende Wirkung zu.

Rosmarin war ein häufiges Gewächs.

Mit Griechischem Bockshornklee behandelte man Lungenentzündung.

Der Schriftsteller Plinius erwähnt 40 Heilmittel, die Senf enthalten.

Zur Marschverpflegung eines Legionärs gehörte auch Knoblauch.

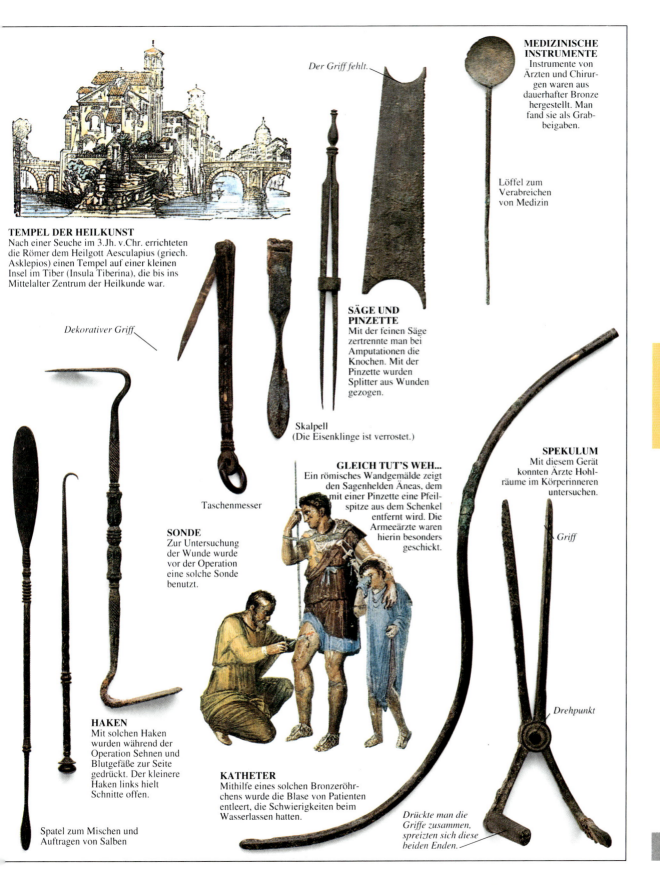

TEMPEL DER HEILKUNST
Nach einer Seuche im 3.Jh. v.Chr. errichteten
die Römer dem Heilgott Aesculapius (griech.
Asklepios) einen Tempel auf einer kleinen
Insel im Tiber (Insula Tiberina), die bis ins
Mittelalter Zentrum der Heilkunde war.

Der Griff fehlt.

**MEDIZINISCHE
INSTRUMENTE**
Instrumente von
Ärzten und Chirur-
gen waren aus
dauerhafter Bronze
hergestellt. Man
fand sie als Grab-
beigaben.

Löffel zum
Verabreichen
von Medizin

Dekorativer Griff

**SÄGE UND
PINZETTE**
Mit der feinen Säge
zertrennte man bei
Amputationen die
Knochen. Mit der
Pinzette wurden
Splitter aus Wunden
gezogen.

Skalpell
(Die Eisenklinge ist verrostet.)

Taschenmesser

SONDE
Zur Untersuchung
der Wunde wurde
vor der Operation
eine solche Sonde
benutzt.

GLEICH TUT'S WEH...
Ein römisches Wandgemälde zeigt
den Sagenhelden Äneas, dem
mit einer Pinzette eine Pfeilspitze aus dem Schenkel
entfernt wird. Die
Armeeärzte waren
hierin besonders
geschickt.

SPEKULUM
Mit diesem Gerät
konnten Ärzte Hohl-
räume im Körperinneren
untersuchen.

Griff

Drehpunkt

HAKEN
Mit solchen Haken
wurden während der
Operation Sehnen und
Blutgefäße zur Seite
gedrückt. Der kleinere
Haken links hielt
Schnitte offen.

KATHETER
Mithilfe eines solchen Bronzeröhr-
chens wurde die Blase von Patienten
entleert, die Schwierigkeiten beim
Wasserlassen hatten.

*Drückte man die
Griffe zusammen,
spreizten sich diese
beiden Enden.*

Spatel zum Mischen und
Auftragen von Salben

Tod und Bestattung

Die Römer standen dem Tod näher als die meisten heutigen Menschen – ihre Lebenserwartung war gering, Krankheiten lauerten überall. Schlechte Ernährung, mangelnde medizinische Versorgung und harte Lebensbedingungen waren schuld daran. Nur etwa zwei von drei Kindern erreichten das Erwachsenenalter. Frauen starben oft im Kindbett. Etwa die Hälfte der Bevölkerung wurde nicht einmal 50 Jahre alt, nur wenige erreichten das greise Alter von 80 und mehr Jahren. So überrascht es nicht, dass der Tod nicht verdrängt, sondern von vielen Riten begleitet wurde. Lange war die Feuerbestattung üblich, später wurden die Toten im Sarg beigesetzt. Archäologische Untersuchungen römischer Grabstätten geben zahlreiche Aufschlüsse über das Leben der damaligen Menschen.

IN DEN KATAKOMBEN
Die Christen Roms begruben ihre Toten in den Katakomben, einem System unterirdischer Gänge und Kammern mit Wandnischen für die Särge. In den Kapellen feierte man Gottesdienste. Als geheimes Versteck waren die Katakomben weniger geeignet.

MARMORURNE
Die Asche des Toten wurde in Behälter gefüllt und in der Familiengruft oder auf einem Friedhof beigesetzt. Die Inschrift dieser prächtigen Marmorurne besagt, dass sie die Asche der Bovia Procula enthält, einer „sehr unglücklichen Mutter". Vielleicht starb sie bei der Geburt eines Kinds. Die Efeublätter waren Bacchus heilig und symbolisierten wohl die Hoffnung auf Wiedergeburt.

DIS MANIBVS
BOVIAE
PROCVLAE
MATRI MISERAE

GEDENKEN AN ATIVA
Römische Grabsteine machen durch ihren Realismus noch heute betroffen. Der Grabstein oben zeigt die zehnjährige Ativa so, wie sie die Eltern in Erinnerung behalten wollten, mit ihren Büchern und dem Schoßhund.

ÜBER DEN STYX

Auf dem Totenbett liegt ein Mädchen, umgeben von den Eltern und anderen Trauernden. Die Römer übernahmen den griechischen Glauben, dass die Toten über der Fluss Styx in die Unterwelt (Hades) gerudert wurden. Darum legte man Toten eine Münze in den Mund, damit sie den Fährmann bezahlen konnten. Das Begräbnis begann mit einem Trauerzug zum Friedhof oder zum Platz der Verbrennung. Nach dem Löschen der Flammen sammelte man die Überreste und barg sie in einer Urne (unten).

GRÄBERSTÄTTE

Zur Verringerung der Seuchengefahr verbot das römische Gesetz Bestattungen innerhalb der Stadt. Die Friedhöfe lagen daher vor den Stadttoren. Der beste Platz für ein Grab war dicht an der Straße, wo es von den Vorübergehenden gesehen wurde. Den Toten war somit ein Stück Unsterblichkeit geschenkt.

Unter der Asche begraben

Im Jahr 79 n.Chr. brach der Vesuv, ein noch heute aktiver Vulkan bei Neapel, überraschend aus. An einem Sommernachmittag überschüttete er die Umgebung mit einem Regen aus Bimsstein und Asche. Mehrere Städte versanken unter einer 4 m hohen Ascheschicht. Die berühmteste dieser Städte ist Pompeji – es scheint, als sei dort die Zeit stehen geblieben. Das Leben endete so plötzlich, dass wir vieles über die Zeitumstände erfahren können. Man fand zahlreiche Leichen von Menschen, die nicht mehr rechtzeitig fliehen konnten. Von ihnen sind nicht nur die Knochen erhalten. Die Asche, die die Körper umgab, wurde hart. Als das Fleisch verweste, blieben Hohlräume, die, mit Gips wieder ausgefüllt, die ursprüngliche Körperform erkennen lassen.

GLASURNE

Diese Urne trägt keine Inschrift, die den Namen des Verstorbenen nennt, doch die Knochenfragmente geben Aufschluss über das Geschlecht des Toten.

OPFER DES VULKANS

Oben sieht man den Abguss der Leiche eines Pompejaners, der beim Vesuvausbruch 79 n.Chr. umkam. Oft sind noch die Abdrücke von Kleidern und Schuhen erkennbar. Ebenso haben sich Überreste von Tieren, darunter ein Hund, erhalten. Der ganze Schrecken des plötzlichen Todes ist in diesen erstarrten Figuren eingefangen. Dieser Mann versucht den Kopf vor Aschenregen und Bimsstein zu schützen.

Teile verbrannter Knochen aus der Urne

Der Untergang Roms

Nach dem Jahr 200 n.Chr. wandelte sich das Römische Reich. Ständige Konflikte mit den „Barbaren" im Norden und den kriegerischen Persern im Osten, wirtschaftliches Chaos und andauernde Bürgerkriege zwischen rivalisierenden Heerführern begründeten den Niedergang. Zeitweise gelang es Diokletian und seinen drei Mitregenten, den Frieden wiederherzustellen, doch um welchen Preis! Das Reich stöhnte unter der Last einer sich aufblähenden korrupten Bürokratie, und die Armee verlor zusehends an Macht. Einer der Nachfolger des Diokletian, Konstantin, glaubte, dass ihm der Gott der Christen zur Herrschaft verholfen habe. Bei seinem Tod 337 war das Christentum zur Staatsreligion geworden. Um das Jahr 400 wurde das Heidentum mehr und mehr unterdrückt. Schließlich teilte man das Reich in zwei Staaten (395 n.Chr.): Ost- und Westrom. Beider Geschichte sollte sehr unterschiedlich verlaufen.

CHRISTLICHE FAMILIE
Dieses Fragment eines Goldglases zeigt eine Familie und das frühchristliche Symbol *chi*(X)-*rho*(P), die griechischen Anfangsbuchstaben des Namens Christi.

DER LATEINISCHE WESTEN …
Die Silberfigur unten symbolisiert die heidnische weströmische Hauptstadt Rom. Die Figur stammt wie die rechts aus dem in Rom gefundenen esquilinischen Schatz (4. Jh.).

30 Silberlinge: der Judaslohn

CHRISTUS AM KREUZ
Auf einer Elfenbeindose findet sich diese Kreuzigungsszene mit Judas (links), der sich erhängt. Sie entstand um 420 n.Chr. Christus wurde zur Römerzeit oft bartlos dargestellt.

Unten: die Taufe Konstantins, des ersten christlichen Kaisers

… UND DER GRIECHISCHE OSTEN
Diese Figur personifiziert Konstantinopel, die von Konstantin gegründete oströmische Hauptstadt (später Byzanz, heute Istanbul).

Der Untergang des Westens

Der Aufstieg des Christentums fiel mit dem Untergang des Westreichs zusammen. Die Rheingrenze wurde 406 überrannt, und Germanenstämme drangen ins Reich ein. 410 fiel Rom, und 476 verlor der letzte römische Kaiser seine Macht. Das Ostreich bestand jedoch weiter.

FIBELN

Die Germanen waren keineswegs nur raue Krieger, sondern auch geschickte Handwerker. Ostgoten schufen herrlichen Schmuck wie die links abgebildeten Fibeln aus Silber, Gold, grünem Glas und rotem Granat (um 500).

Roter Granat, in Gold gefasst

Zwei eiserne Pfeilspitzen

Eiserne Speerspitze

KRIEGSGERÄT

Diese eiserne Speerspitze und die beiden Pfeilspitzen stammen aus dem Grab eines fränkischen Eroberers in Gallien. Im 6. Jh. entstand das neue fränkische Königreich. Zugleich wurden die „Barbaren" nach und nach Christen.

Die Barbaren

Rom fürchtete die Germanen und andere „Barbarenvölker" des Nordens, die im 4. Jh. sehr mächtig wurden. Sie brachen schließlich ins Westreich ein, besiedelten das eroberte Land und begründeten viele der Staaten des modernen Europa. Durch die Franken wurde Gallien zu Frankreich; die Angeln und Sachsen begründeten England.

ATTILA UND DER PAPST

Die Hunnen aus Zentralasien waren die gefürchtetsten aller Eroberer. Sie verwüsteten Europa im 5. Jh. Diese mittelalterliche Darstellung zeigt den Papst bei Verhandlungen mit dem Hunnenführer Attila (452). Diese retteten Rom vor weiteren Zerstörungen.

Das Ostreich

Auch der dicht besiedelte, reiche Osten führte Kriege, blieb jedoch noch bis 1453 bestehen. Das Reich nannte sich „römisch", obwohl dieser griechisch sprechende Staat sich vom alten Rom erheblich unterschied. Der moderne Name lautet „Byzantinisches Reich".

Die griechische Jagdgöttin Artemis

MEDAILLON

Die christlichen Byzantiner bewahrten ihr griechisch-römisches Erbe in Bibliotheken und Schatzkammern. Künstler verwandten manchmal noch heidnische Motive wie diese Figur auf einem Medaillon (6. Jh.). Am Ende des Mittelalters entdeckte auch der Westen das klassische Erbe wieder für sich.

BYZANTINISCHER KAISER

Bronzegewicht (7. Jh.) mit dem Porträt eines Kaisers: Er sieht mehr wie ein mittelalterlicher König aus als wie ein römischer Kaiser. Der Kunststil hatte sich gewandelt – Byzanz war ein Staat des Mittelalters.

ANHANG

Daten zur Kulturgeschichte der alten Welt

Epoche	Kunst- und Geistesgeschichte	Materielle Kultur, Erfindungen
seit ca. 35.000 Jahren	*Jüngere Altsteinzeit* (Jungpaläolithikum). Um 20.000 v.Chr. entstehen die großen Höhlenmalereien wie die von Lascaux.	Der moderne Homo sapiens tritt auf; verfeinerte Steinwerkzeuge
um 15.000 v.Chr.		Besiedlung des amerikanischen Doppelkontinents
um 9000–5000 v.Chr.	Weibliche Statuetten, die offenkundig Fruchtbarkeit symbolisieren	*Neolithische Revolution* im vorderasiatischen „fruchtbaren Halbmond", in Ägypten und auf dem Balkan
um 6750 v.Chr.		Erste Ackergeräte sind nachgewiesen, außerdem Spindel und Webstuhl
um 4000 v.Chr.		In der Ukraine erste Domestizierung von Pferden und Rindern
seit 3500 v.Chr.		In der Bronzezeit entstehen Haushaltsgeräte, Waffen und Werkzeuge aus Metall.
um 3100 v.Chr.	Tempelbau und Kleinplastiken bei den *Sumerern*	Beginn der hochkulturellen Phase im unteren Zweistromland: frühsumerische Kultur, Erfindung der Schrift
um 3000 v.Chr.	*Ägypten*: Paläste und Gräber. Anfänge der *Megalithkultur* in Nordeuropa: Stonehenge. Beginn systematischer Himmelsbeobachtungen in Ägypten, Babylonien, China und Indien.	In Mesopotamien und Ägypten werden Nachrichten auf Tontäfelchen und Papyrus festgehalten, die Keramik wird durch die Erfindung der Töpferscheibe verbessert. China: Im Hoangho-Becken bildet sich eine neolithische Bauernkultur mit Haustieren, Ackerbau und Keramik heraus.
um 2700–2300 v.Chr.	*Altes Reich* in Ägypten: Pyramiden, Grabanlagen, Großplastiken	Im Vorderen Orient werden die Vollscheibenräder durch Speichenräder ersetzt.
um 2350–2000 v.Chr.	Nach Krisenzeit *sumerische Renaissance* im Zweistromland. Paläste werden neben den Tempeln zu kulturellen Zentren.	Semitische Invasion in Mesopotamien, Entwicklung der Keilschrift; das älteste bekannte Zugtierjoch in Europa
2133–1786 v.Chr.	*Mittleres Reich* in Ägypten: Blüte Thebens, Königsstatuen, Felsengräber	
um 2000–1450 v.Chr.	*Minoische Palastkultur* auf Kreta: prächtige Keramik, Wandgemälde	
um 1830–1531 v.Chr.	Tempelbau, Beginn monumentaler Plastik in Babylonien. *Altbabylonisches Reich*	
um 1800 v.Chr.		In Vorderasien revolutionieren von Pferden gezogene Streitwagen die Kriegsführung.
um 1650 v.Chr.		China: erstes Auftreten von Zeichen auf Orakelknochen, aus denen sich die chinesische Schrift entwickelte
um 1600–1200 v.Chr.	*Mykenische Kultur* in Griechenland, seit etwa 1450 v.Chr. auch auf Kreta: Paläste, Grabanlagen, reiche Keramik, Goldschmiedearbeiten	
um 1550–935 v.Chr.	*Neues Reich* in Ägypten: Tempel von Luxor und Karnak, reich ausgestattete und bemalte Gräber im Tal der Könige. Um 1364–1347 v.Chr. Amarnazeit mit äußerst verfeinerter Kunst, danach Zeit der Ramessiden mit monumentalen Königsdenkmälern	Ägypten und der ganze Vordere Orient einschließlich Griechenlands stehen in engem kulturellen Austausch. Infolge kriegerischer Völkerwanderungen gehen um 1200 v.Chr. die mykenische Kultur Griechenlands und das kleinasiatisch-syrische Hethiterreich unter.
um 1450 v.Chr.		In Ägypten sind Blasebalg und Wasserauslaufuhren bekannt.
um 1300 v.Chr.		In China werden Seidenraupen gezüchtet.
1050 v.Chr.		In China ist der Abakus erfunden.
1027 v.Chr.		China: erste Erwähnung eines eisernen, von Tieren gezogenen Pfluges

Epoche	Kunst- und Geistesgeschichte	Materielle Kultur, Erfindungen
um 1000 v.Chr.		Erste Städte mit Tempelpyramiden in Zentralmexiko. Die Phönizier benutzen die Purpurschnecke zum Färben.
um 930–606 v.Chr.	Das *neuassyrische Reich* bildet eine monumentale Kunst aus.	
um 800 v.Chr.		In Vorderasien werden schwere Lasten mit Schlitten und Rollen bewegt.
um 1000–700 v.Chr.	*Geometrischer Stil* der griechischen Keramik; Homerische Dichtungen	Entstehung und Aufstieg der griechischen Stadtstaaten
776 v.Chr.	Die ersten Olympischen Spiele finden statt.	
um 700 v.Chr.		In Assyrien ist die Baumwolle bekannt. Kleinasien: Die ersten Münzen aus Edelmetall werden geprägt.
um 700–600 v.Chr.	In Griechenland geht der späte *geometrische* in den *orientalisierenden Stil* über.	Griechenland tritt in engen Kontakt mit der von den Assyrern beherrschten orientalischen Welt.
um 600 v.Chr.		Seide aus China gelangt nach Indien und Westasien.
um 600–500 v.Chr.	*Archaische Periode* der griechischen Kunst: Ausbildung des klassischen Tempels, erste Monumentalskulpturen (Kouroi). Anfänge der griechischen Philosophie	Griechen kontrollieren den Handel im östlichen Mittelmeerraum; das neu erfundene Münzgeld erleichtert den Handel.
595 v.Chr.		Die Phönizier umfahren Afrika.
594 v.Chr.	Gesetzgebung Solons in Athen	
585 v.Chr.		Erste überlieferte Vorhersage einer Sonnenfinsternis im Abendland durch Thales von Milet.
um 560 v.Chr.	Der Religionsstifter Gautama Siddhartha (Buddha) wird geboren.	
551–479 v.Chr.	China: Konfuzius (551–479 v.Chr.) entwickelt eine neue Ethik.	
547 v.Chr.		Aus Babylonien gelangt die Sonnenuhr nach Sparta.
539–330 v.Chr.	Das Perserreich ist Vormacht in Vorderasien. Seine Kunst nach assyrischem Vorbild gerät zunehmend unter griechischen Einfluss.	
521 v.Chr.		Eine persische Goldmünze stellt erstmalig ein Herrscherbildnis dar.
um 510–450 v.Chr.	Infolge der Siege in den Perserkriegen erlangen griechische Städte, vor allem Athen, internationale Machtstellung. *Strenger Stil* der griechischen Plastik, der die Klassik vorbereitet. In Athen entsteht die klassische Tragödie.	
um 509 v.Chr.		In Rom wird zur Entwässerung des Forums die Cloaca maxima konstruiert. Weinanbau in Gallien und Italien
um 500–30 v.Chr.	Aufstieg Roms, das zuerst das westliche Mittelmeer beherrscht und dann im Osten die Nachfolge der hellenistischen Reiche antritt. Unter dem Einfluss der Etrusker, die ihrerseits viel von den Griechen übernommen hatten, entsteht eine eigene Kunst.	
496 v.Chr.		Der Lehrsatz des Pythagoras und die Harmonie der Töne (schwingende Saite) sind bekannt.
467 v.Chr.		China: Der Halley'sche Komet wird beobachtet.
um 460–377 v.Chr.		Hippokrates von Kos, Vater der griechischen Medizin

Epoche	Kunst- und Geistesgeschichte	Materielle Kultur, Erfindungen
um 450–330 v.Chr.	Klassische Skulptur, die in der gesamten Antike vorbildlich bleibt; in Athen triumphiert die Demokratie. Blütezeit nicht nur der Kunst, sondern auch der Literatur. Frühblüte der Philosophie	In Rom ist Zahnersatz aus Gold in Gebrauch.
um 400–300 v.Chr.	Klassische Zeit der griechischen Philosophie (Platon, Aristoteles u.a.)	
um 300 v.Chr.		Appius Claudius lässt ein erstes Aquädukt für Rom bauen, Aufschwung der römischen Ingenieurskunst. Mexiko: Teotihuacan ist bereits eine Großstadt mit 150.000 Einwohnern.
um 330–30 v.Chr.	*Hellenismus*: Die griechische Kunst breitet sich im gesamten Orient und Mittelmeerraum aus. Auf das Weltreich Alexanders (336–323 v.Chr.) folgen von der griechischen Zivilisation geprägte Staaten, die sich bis nach Indien und Ägypten erstrecken.	
um 286 v.Chr.	Die Bibliothek von Alexandria wird gegründet.	
um 200 v.Chr.	Südamerika: Tiahuanaco entwickelt sich in den Anden zum kulturellen Zentrum.	In der Andenkultur werden Knotenschnüre (*quipu*) benutzt, um Zahlen zu notieren.
seit 221 v.Chr.	Errichtung der Kaiserherrschaft in China durch die Qin. Unter den Han (seit 207 v.Chr.) entsteht das ausgeklügelte Beamtensystem und eine vor allem vom Konfuzianismus geprägte Kultur. Die Armee aus Terrakottafiguren im Grab des ersten chinesischen Kaisers bezeugt das hohe künstlerische Niveau der Zeit.	Die Qin-Dynastie schafft ein erstes geeinigtes chinesisches Reich mit einheitlichen Maßen, Gewichten und Münzen.
212 v.Chr.		Tod des Physikers und Mathematikers Archimedes in Syrakus.
159 v.Chr.		Die erste Wasseruhr in Rom ist belegt.
um 150 v.Chr.		In Rom beginnen Buchherstellung und -handel. Römer und Griechen schreiben im Alltag mit Griffeln in Wachs.
um 114 v.Chr.		Die Seidenstraße wird als Handelsweg zwischen China und Europa genutzt.
um 80 v.Chr.		In Rom baut man Fußbodenheizungen mit Warmluft.
47 v.Chr.	Die Bibliothek in Alexandria wird zerstört; über fünf Millionen Schriften verbrennen.	
46 v.Chr.		Der Julianische Kalender mit regelmäßigem Schalttag alle vier Jahre wird eingeführt.
um 31 v.Chr.	In Asien entwickelt sich eine neue Schule des Buddhismus, der Mahayana-Buddhismus.	China: erste Erwähnung des Einsatzes von Wasserkraft zum Betreiben von Blasebälgen für Hochöfen (Eisenguss)
um 15 v.Chr.	Vitruv schreibt seine Bücher zur Architektur.	
um 30 v.Chr.–69 n.Chr.	Unter der Herrschaft des römischen Kaisers Augustus und seiner ersten Nachfolger verschmelzen römische und hellenistische Tradition; Klassik der lateinischen Literatur	
um die Zeitenwende		Erfindung der Glasbläserei in Phönizien; der Abakus ist im Römischen Reich bekannt.
18 n.Chr.	Tod des römischen Dichters Ovid	
20 n.Chr.	Tod des griechischen Weltreisenden Strabo	

Epoche	Kunst- und Geistesgeschichte	Materielle Kultur, Erfindungen
um 50 n.Chr.		Die Römer lernen von den Galliern die Seife kennen.
69–325 n.Chr.	Nach einer eher „barocken" Phase der römischen Kunst tritt seit 96 n.Chr. wieder eine verstärkte Rückbesinnung auf die klassische Tradition ein.	Die Römer haben einen hohen Standard in der Landwirtschaft entwickelt, man benutzt sogar Lupinen zur Gründüngung.
79	Ausbruch des Vesuvs, Zerstörung von Pompeji	
100		Die Wasserleitungen in Rom haben eine Länge von mehr als 400 km. Der römische Seehandel bringt Seide aus China mit.
105		Die Chinesen wissen, wie man Papier herstellt, doch diese Kenntnis gelangt nur langsam durch die Araber in den Westen.
122		Die in diesem Jahr gebaute römische Steinbrücke über die Mosel bei Trier ist bis heute intakt.
164	Älteste sicher datierbare Mayadenkmäler	
173	Das Neue Testament wird niedergeschrieben. Die Inder benutzen das Dezimalsystem, welches später von den Arabern weitergeführt wird.	China: Visiereinrichtungen für die Armbrust werden entwickelt.
232		China: Die Erfindung der Schubkarre („Holzochse") wird einem gewissen Zhuge Liang zugeschrieben.
3. Jh.		In Indien wird aus Zuckerrohr Zucker hergestellt.
um 300–650	*Klassische Periode der altmexikanischen Kultur*, wenig später auch der Mayakunst: monumentale Stufenpyramiden und Tempel mit reichem Reliefschmuck, Kleinkunst	
um 325–812	*Spätantike*: Als Konstantin der Große 325 zum Alleinherrscher über das Römische Reich wird, beginnt er der christlichen Kunst zum Durchbruch zu verhelfen; der lateinische Westen und der griechischsprachige Osten des Römischen Reiches entwickeln sich auseinander; die spätrömische Mosaikkunst (Ravenna) blüht auf, danach wird das antike Erbe vor allem in der Buchkunst der Benediktiner bewahrt.	Der römische Solidus, eine 4,48 Gramm schwere Goldmünze, bleibt 700 Jahre gültig.
4. Jh.		In Europa findet der Übergang von gerollten „Büchern" zur heute bekannten Form statt.
477		China: Erste chinesische Beschreibung des von Mongolen entwickelten Steigbügels, der bahnbrechend für die Eroberer war, weil sie so beide Hände am Bogen lassen konnten.

Herrscher und Dynastien im Alten Orient

Zeit	Ägypten	Babylonien	Assyrien	Zeit	Ägypten	Babylonien	Assyrien
3100 v.Chr.		**Sumer:** seit ca. 3100 v.Chr. Sumerische Priesterkönige		1800 v.Chr.	**Zweite Zwischenzeit:** um 1785–1570 v.Chr.		
3000 v.Chr.	um 3000 v.Chr. Vereinigung von Ober- und Unterägypten unter Menes				1785–1650 v.Chr. 13./14. Dynastie		
2900 v.Chr.	um 2900–2640 v.Chr. 1. und 2. Dynastie: Thiniten					1729–1686 v.Chr. Hammurabi I.	1750–1717 v.Chr. Schamschi-adad I.
2700 v.Chr.	**Altes Reich:** um 2640–2575 v.Chr. 3. Dynastie, Nebka, Djoser, Sechem-chet			1700 v.Chr.	um 1650 v.Chr. 15./16. Dynastie, semitische Hyksos		nach 1680 v.Chr. Hurriterreich
2600 v.Chr.	um 2575–2465 v.Chr. 4. Dynastie, Snofru, Cheops, Chephren und Mykerinos			1600 v.Chr.		seit 1594 v.Chr. Kassitenherrschaft	
2500 v.Chr.		um 2500 v.Chr. 1. Dynastie von Ur			**Neues Reich:** um 1570 v.Chr. 17. Dynastie, Kamose und Ahmose		
	um 2465–2325 v.Chr. 5. Dynastie				1551 v.Chr. 18. Dynastie, Ahmose		
2400 v.Chr.	um 2325–2160 v.Chr. 6. Dynastie	**Akkader:** um 2330–2150 v.Chr. Dynastie von Akkade, Sargon I.		1500 v.Chr.	1505–1493 v.Chr. Thutmosis I. und Amenophis		
					1490–1468 v.Chr. Hatschepsut		
2300 v.Chr.			ab ca. 2300 v.Chr. Assyrien ist Teil des akkadischen Reichs.				**Hethitisches Großreich:** um 1450–1200 v.Chr.
		2250–2213 v.Chr. Naramsin			1412–1364 v.Chr. Thutmosis IV. und Amenophis III.		
2200 v.Chr.		um 2160–2050 v.Chr. Herrschaft der Gutäer		1400 v.Chr.			1390–1350 v.Chr. Vasallenstaat der Hethiter
	Erste Zwischenzeit: um 2134–2040 v.Chr. 7.–10. Dynastie				1364–1347 v.Chr. Amenophis IV. (Echnaton) und Nofretete als Gemahlin	1364–1328 v.Chr. Assuruballit I.	**Mittelassyrisches Reich:** 1365–884 v.Chr.:
2100 v.Chr.	**Mittleres Reich:** um 2040 v.Chr. 11. Dynastie				1347–1306 v.Chr. Tutanchamun		
2000 v.Chr.		**Altbabylonische Periode:** um 2003–1594 v.Chr. Babylon ist Vormacht in Südmesopotamien.	**Altassyrische Reichsbildung:** um 2000 v.Chr.	1300 v.Chr.	1306–1186 v.Chr. 19. Dynastie, Ramses I. und Sethos I.		
	1991–1785 v.Chr. 12. Dynastie, Amenemhet I., Sesostris II., Sesostris III., Amenemhet III.						1274–1207 v.Chr. Salmanassar I. und Tukulti-Ninurta I.
				1200 v.Chr.	1186–1070 v.Chr. 20. Dynastie, Ramses III. und Ramessiden		

Zeit	Ägypten	Babylonien	Assyrien
			1116–1077 v.Chr. Tiglatpilesar I.
1100 v.Chr.	1070–945 v.Chr. 21. Dynastie		
1000 v.Chr.	**Dritte Zwischenzeit:** um 935–722 v.Chr.		
	945–722 v.Chr. 22./23. Dynastie, Scheschonk I.		
900 v.Chr.			**Neuassyrisches Reich:** 884–609 v.Chr.
			884–859 v.Chr. Assurnasirpal II.
800 v.Chr.			859–824 v.Chr. Salmanassar III.
			746–727 v.Chr. Tiglatpilesar III.
			727–722 v.Chr. Salmanassar V.
	711/12 v.Chr. 24. Dynastie, Bokchoris		722–705 v.Chr. Sargon II.
	712–664 v.Chr. 25. Dynastie, nubische Könige		705–681 v.Chr. Sanherib
700 v.Chr.			
			681–669 v.Chr. Assarhaddon
			669–627 v.Chr. Assurbanipal
	Saitische Renaissance: 664–525 v.Chr.		
	664–525 v.Chr. 26. Dynastie, Psammetich I. und Necho II.		
		Neubabylonisches Reich: 626–605 v.Chr.	
		626–605 v.Chr. Nabupolassar	
		605–562 v.Chr. Nebukadnezar II.	
600 v.Chr.			
		Perserreich: 559–529 v.Chr., Kyros II.	
		529–522 v.Chr., Kambyses II.	
	525–404 v.Chr. 27. Dynastie, persische Herrscher		

Zeit	Ägypten	Babylonien	Assyrien
		Persische Herrscher: 522–486 v.Chr., Dareios I.	
500 v.Chr.		485–465 v.Chr., Xerxes I.	
		465–424 v.Chr., Artaxerxes II.	
		423–404 v.Chr., Dareios II.	
400 v.Chr.	404–343 v.Chr. 28.–30. Dynastie, letzte einheimische Dynastien		
	359–338 v.Chr. Artaxerxes III. 343 v. Chr. 31. Dynastie	359–338 v.Chr., Artaxerxes III.	
		330 v.Chr., Alexander der Große	
300 v.Chr.			

Römische Kaiser

	27 v.Chr.–14 n.Chr.	Augustus

Julisch-claudisches Herrscherhaus

14–37	Tiberius
37–41	Caligula
41–54	Claudius
54–68	Nero
68–69	Galba, Otho, Vitellius

Flavische Kaiser

69–79	Vespasian
79–81	Titus
81–96	Domitian

Adoptivkaisertum

96–98	Nerva
98–117	Trajan
117–138	Hadrian
138–161	Antonius Pius
161–180	Marc Aurel
161–169	Verus (Mitkaiser)
180–192	Commodus
193	Pertinax, Didius Iulianus

Severische Kaiser

193–211	Septimius Severus
211–217	Caracalla
211–212	Geta (Mitkaiser)
217–218	Macrinus
218–222	Elagabal
222–235	Severus Alexander

Soldatenkaiser

235–238	Maximinus Thrax
238	Gordianus I., Gordianus II., Balbinus, Pupienus
238–244	Gordianus III.
244–249	Philippus Arabs
249–251	Decius
251–253	Trebonianus Gallus, Volusianus
253	Aemilianus
253–260	Valerianus
253–268	Gallienus (Mitkaiser)
268–270	Claudius Gothicus
270	Quintillus
270–275	Aurelianus
275–276	Tacitus
276	Florianus
276–282	Probus
282–283	Carus
283–285	Carinus
284–305	Diokletian
306–324	Aufstieg Konstantin des Großen
324–337	Alleinherrschaft Konstantins
337–361	Constantius II.
355–363	Julian Apostata
364–375	Valentinian
378	Valens
379–395	Theodosius I., der Große
395	Endgültige Trennung in ein Ost- und ein Westreich

Namenregister

Gottheiten und mythische Gestalten sind *kursiv* gesetzt

A

Abisai s. *Ibscha*
Abraham 230
Achilles 275, 281, 297, 321
Aesculapius (s.a. Asklepios) 393
Agamemnon, myken. Kg. 258, 272–274, 303
Agni 144
Ahab 234, 244
Ahura Masda, Ahuramazda 228, 255
Ajax 281, 321
Alexander der Große 140, 148, 149, 154, 212, 229, 250, 251, 253, 256, 257, 264–266, 305, 308, 324, 325
Alkmene 278
Amenemhet I., ägypt. Pharao 190
Amenemhet III., ägypt. Pharao 190, 192, 193
Amenophis III., ägypt. Pharao 196
Amenophis IV. s. *Echnaton*
Amun-Re (s.a. Re) 153, 188, 191, 194, 195
Anaxagoras 264, 310
Anaximander 261
Äneas 326, 332, 393
Antonius Pius, röm. Ks. 333, 345
Anu 239
Anubis 184, 185, 188
Aphrodite (s.a. Astarte, Venus) 235, 257, 276, 277, 315, 317, 324, 336
Apoll (Apollo) 268, 276, 277, 282, 283, 292, 295, 301, 305, 318, 387
Archelaus, israel. Kg. 251
Ares (s.a. Mars) 276, 295
Aristagoras 262
Aristarchos 310
Aristoteles 264–266, 308, 309
Arjuna 144, 145

Artemis (Diana) 276, 277, 291, 318, 324, 397, 305
Aschera 234
Äschylos, Aischylos 263, 303
Ashoka, ind. Ks. 139, 140, 146, 148
Asklepiades 310
Asklepios (s.a. Aesculapius) 310, 311, 392, 393
Aspasia 264
Assur 224
Assurbanipal, assyr. Kg. 154, 222, 227, 241
Assurdan II., assyr. Kg. 226
Assurnasirpal, assyr. Kg. 226
Astarte (Ischtar) (s.a. Aphrodite, Venus) 234, 235, 239–241, 257
Astyges 254
Athene (s.a. Minerva) 70, 264, 269, 277, 279, 283, 291, 295, 298, 299, 304, 305, 388
Atlas 295
Aton 153, 198
Attalos III., Kg. von Pergamon 328
Attila 397
Augias 295
Augustus, röm. Ks. (Octavian) 114, 154, 256, 331, 332, 344, 345, 350, 374, 382, 387, 388, 390
Avalokiteswara 122

B

Baal 223, 234
Bacchus (s.a. Dionysos, Duschara) 235, 356, 389, 391, 394
Bar Kochba, Simon 235, 251
Bastet 153, 188, 189, 235
Bellerophon 279
Ben Hur 370
Bes 255
Boethius 310
Brahma 149
Brutus 331
Buddha (Siddharta Gautama) 114, 117, 123, 139, 140, 146, 147, 149

C

Caesar, Julius 330–332, 337, 340, 344, 389, 390
Caligula, röm. Ks. 344
Caracalla, röm. Ks. 354
Cassius 331
Catull 332
Ceres (s.a. Demeter) 304
Chac 95
Chafre s. *Chephren*
Chamerernebty 163
Champollion, J.-F. 166
Chandragupta I. Samudragupta, ind. Kg. 148, 149
Chandragupta II., ind. Kg. 149
Chandragupta Maurya, ind. Kg. 148
Charon 281
Cheops, ägypt. Pharao 162, 163, 165, 172, 178–180, 204
Chephren, ägypt. Pharao 162, 163, 165, 178, 179, 199
Chepri 188
Chicomecoatl 95
Chnum 189
Chnumhotep 231
Chons 188
Christus s. *Jesus von Nazareth*
Chufu s. *Cheops*
Cicero 332
Claudius, röm. Ks. 332, 344, 366
Cocijo 111
Commodus, röm. Ks. 333, 366
Cortez, Hernando 78
Crassus 330
Cupido (s.a. Eros) 356
Cybele 389, 390

D

Dädalus 279
Daphne 277
Dareios (Darius) I., pers. Kg. 229, 254, 255
Dareios (Darius) III., pers. Kg. 325
Dart, Raymond 33
Darwin, Charles 18, 28, 34
David 68

Namenregister

Begriffsregister

Mythische Völker und Fabelwesen sind *kursiv* gesetzt

A

Abakus *(s.a. Rechenkunst)* 310
Achäer, achäisch 273, 290
Achämeniden 228, 254
Acht Unsterbliche *(xian)* 122
Achtfacher Pfad 147
Ackerbau *(s.a. Bewässerung, Getreideernte, Maisanbau, Reisanbau, Viehzucht)* 13, 30, 41, 48, 50, 58, 62, 79, 80, 88, 89, 94, 112, 113, 132–135, 156–158, 214–216, 218, 219, 226, 288, 358, 359
Ackerbau, Geräte für den 41, 50, 62, 77, 89, 113, 134, 135, 157, 226, 288, 358
Agora (Marktplatz von Athen) 283, 286, 298
Ägypter, ägyptisch *(s.a. Dynastien, ägyptische)* 59, 20, 67, 69, 70, 142, 150–214, 216, 224–227, 230, 234–236, 244, 246, 252, 255, 256, 269, 284, 310, 331, 333, 388
Ahnenkult *(s.a. Bestattung, Religion, Totenkult)* 48, 49, 112, 118–121, 221
Akademie 309
Akkader, akkadisch 65, 222, 223
Akropolis 259, 264, 269, 283, 298–300, 302, 305
Aksumiten 216
Alltagsgegenstände 57, 73, 75, 76, 100, 101, 142, 143, 161, 174, 203, 231, 233, 240, 245, 247, 252, 289, 306–309, 314, 315, 318, 319, 322, 341, 342, 356, 357, 360–362, 374, 378, 382–385
Alphabet *s. Schrift*
Alter Orient 222–257
Altes Reich *s. Dynastien, ägyptische*
Altpaläolithikum 28, 29, 31

Amaravati-Stupa 146
Amoriter 238
Amphitheater 364, 368
Amulette 188, 235
Andenkulturen 78, 80, 83, 86, 88, 89, 92, 94–97, 100, 102–105
Aquädukte 362, 363
Araber, arabisch 61, 70, 141, 151, 154, 178, 214, 215
Aramäer, aramäisch 58, 68, 141, 225–227, 229, 231, 238, 246, 248, 250
Archäologie 13, 15, 16–26
Architektur *s. Baukunst*
Archonten 262
Areopag 262, 263
Argo, Argonauten 279
Arier, arisch 138, 142, 143, 146
Aschanti 216, 220
Assyrer, assyrisch 70, 153, 154, 222, 224–229, 233, 236, 238, 240–243, 247, 250, 251, 253, 254, 258
Astrologie 238, 239
Astronomie 66, 67, 80, 82, 108, 261, 310
Athener, athenisch 262–264, 296, 298, 300–302, 322
Äthiopier, äthiopisch 214
Atrium 356, 357, 363
attisch 262, 263, 297, 314
Auspizen 354
Australopithecus s. Hominiden
Avatara 144
Azaner 215
Azteken, aztekisch 15, 78, 79, 82–84, 89–92, 94–100, 102, 103, 106, 107, 110

B

Babylonier, babylonisch 58, 59, 153, 223–225, 227, 238, 239, 244, 258, 260, 310
Badekultur *(s.a. Körperpflege)* 60, 103, 105, 363, 374, 375
Barbaren 13, 15, 61, 112, 226, 265, 329, 396, 397
Bauern 13, 14, 29, 30, 58, 60, 62,

112, 113, 132–135, 152, 164, 176, 177, 206, 208, 218, 260, 261, 263, 288, 312, 313, 326, 358
Bauernaufstände 113, 132
Baukunst
in Ägypten 160, 168–177
in Griechenland 304, 305, 312, 313
in Rom 328, 362, 363
in Süd- und Mesoamerika 104–107
Beamtentum *(s.a. Staatswesen)* 81, 113, 114, 116, 117, 128–131, 152, 164, 175, 207, 210, 220, 326, 327, 331, 333, 349, 361
Benin 217, 220
Bestattung, Bestattungsriten *(s.a. Ahnenkult, Grabbeigaben, Grabmäler, Religion, Totenkult)* 18, 22, 28, 96, 97, 111, 118, 143, 158, 160, 180, 181, 184–187, 197, 212, 213, 257, 280, 281, 318, 319, 394, 395
Bewässerung *(s.a. Ackerbau, Reisanbau)* 58–60, 86, 88, 89, 112, 132–134, 150, 151, 215, 226
Bhagavadgita 144, 145
Bibel, biblisch 12, 15, 61, 150, 196, 214, 226, 230, 237, 238, 244
Blauer Fluss *s. Jangtsekiang*
Bodhisattwa 122, 123
Brahmanen 138, 139, 143, 148
Bronzeverarbeitung *(s.a. Metallverarbeitung)* 61, 72, 73, 80, 215, 258
Bronzezeit 30, 41, 50, 51, 67–69, 74, 75, 116, 196, 232–234, 236, 237, 243, 247, 251, 252, 259, 270, 272, 288
Brot und Spiele 332, 364
Buchführung, Buchhaltung 65, 90, 100, 181
Buddhismus 114, 117, 122, 123, 139, 140, 146–149
Bundeslade 226
Bürgerrecht, römisches 329, 331, 332, 347
Byzantiner, byzantinisch 18, 381, 397

Geschworenengericht *(s.a. Recht)* 300

Gesellschaftsstruktur *(s.a. Familie, Staatswesen)*
allgemein 14, 30, 58–61
in Ägypten 150–152, 164
in Griechenland 260, 261
in Rom 326, 332, 348, 349

Getreideernte *(s.a. Ackerbau)* 41, 50, 77, 134, 135, 157, 358

Gilgameschepos 222

Gladiatoren, Gladiatorenkämpfe 99, 332, 336, 349, 351, 364, 366–369

Glasherstellung 247, 378

Glockenbecherkultur 41

Glyphen *s. Schrift (Hieroglyphen)*

Gold 202, 273

Goldenes Vlies 279

Götter, Gottesvorstelungen *(s.a. Mythen, Religion)*
der Azteken 79, 90, 94–96
der Inka 94, 95
der Maya 80, 95, 108
im Alten Orient 59, 61, 223, 224, 234, 235, 239–241
in Ägypten 150, 151, 153, 164, 184, 188, 189, 234, 235, 269, 388
in China 122
in Griechenland 235, 257, 260, 261, 276–281, 292, 294, 295, 298, 299, 302, 304, 308, 324, 336
in Indien 138, 142, 144, 145, 149
in Rom 235, 257, 336, 337, 345, 55, 388–391
in Schwarzafrika 217

Grabbeigaben, Grabfunde *(s.a. Ahnenkult, Bestattungsriten, Religion, Totenkult)*
allgemein 18, 19, 22, 23
im Alten Orient 230, 231, 236
in Ägypten 150, 158, 160, 190, 192, 193, 199, 204, 205, 209, 213
in China 118, 121
in Griechenland 272, 273, 280, 281, 289, 303, 318, 319

in Rom 393
in Süd- und Mesoamerika 80, 86, 96, 97, 106
prähistorisch 45, 76

Grabmäler, Grabstätten *(s.a. Bestattungsriten, Katakomben, Religion, Totenkult)*
allgemein 13, 22, 30
im Alten Orient 231, 236
in Ägypten 150, 162–164, 168–173, 176, 178–182, 190–194, 200, 212
in China 126
in Griechenland 273, 280, 281, 316
in Indien 146
in Rom 257, 355, 394, 395
in Süd- und Mesoamerika 106, 110, 111

Gracchen 329

Griechen, griechisch 12, 14, 27, 62, 69–71, 141, 1154, 194, 199, 212, 213, 225, 229, 235, 249, 254, 256, 257, 258–329, 332, 333, 336, 362, 372, 386, 391, 392, 395, 396, 397

Großer Kanal *s. Kaiserkanal*

Gupta-Reich 141, 148, 149

Gurus 139, 143

Gymnasion 295, 319

H

Habila 218

Hades 281

Hadrianswall 346, 376

Handel *(s.a. Münzen, Zahlungsmittel)* 14, 29, 60, 100, 101, 152, 154, 202, 203, 215–217, 226, 244, 246–248, 250–253, 260, 261, 270, 272, 274, 286, 360, 361

Handwerk *(s.a. Wollverarbeitung)* 30, 48, 50, 52, 53, 61, 76, 211, 216, 236, 237, 286, 287, 314, 315, 319, 333, 346, 361, 378, 379

Hapiru *(s.a. Hebräer)* 196, 197

Harappakultur 142, 143

Harem 224, 225

Hebräer, hebräisch *(s.a. ·Hapiru)*

61, 196, 197, 249, 253

Hegemonie 264, 266, 327

Hellenismus, hellenistisch 140, 141, 214, 226, 256, 266, 269, 278, 310, 324, 327, 328, 330

Hetären 303, 315, 322

Hethiter, hethitisch 62, 68, 76, 153, 154, 197, 222–226, 229, 258, 259

Hieroglyphen *s. Schrift*

Hinduismus 140, 143–149

Hippodrom 295

Hoangho 58, 112, 136, 137

Hochkulturen, allgemein 13–15

Höhenburg von Danebury 23

Höhlenmalerei 16, 17, 29, 44, 45, 64

Hominiden
allgemein 18, 20, 21, 24, 25, 32–39
Aegyptopithecus 32
Australopithecinen 28, 35
Australopithecus afarensis 18, 33
Australopithecus africanus 33
Australopithecus boisei 21
Gigantopithecus 33
Homo erectus 28, 36–38
Homo habilis 24, 25, 28, 34–37
Homo sapiens neanderthalensis 28, 29, 38, 39
Proconsul africanus 32
Sivapithecus indicus 32, 33

Homo sapiens neanderthalensis *s. Hominiden*

Homo sapiens sapiens 12, 28, 29, 38, 39

Hopliten *(s.a. Krieger)* 260, 263, 296, 297, 326

Huari 86

Hunnen 114, 126, 141, 397

Hurriter, hurritisch 61, 138, 223, 224

Hyksos 153, 196

I

Ilias 26, 259, 273, 274

Imperium *s. Kaiserreich, römisches*

U

Ugarit 225, 234, 248
Ukraine 38, 70
Uley 391
Umma 65
Ungarn 61, 75
Ur 66, 70, 230
Urartu 224, 227
Uruk 58

V

Varanasi 144
Venedig 71
Vindolanda 27

W, X, Y

Willendorf 29
Xanten 341
York 17, 18
Yucatan 80, 84, 106, 108, 110

Z

Zimbabwe 214, 215, 219
Zweistromland *s. Mesopotamien*
Zypern 30, 225, 259, 272, 276

Bildnachweis

o = oben, u = unten, m = Mitte, l = links, r = rechts

Aerofilms: 362um

Ägytisches Museum/Foto: Staatliche Museen zu Berlin: 206ul

AKG Berlin: 332u/Stefan Drechsel: 334ol/Erich Lessing: Einband Vorderseite m/Rabatti-Domingie: 2o

AKG London/Erich Lessing: 293or

Aldus Archive/Syndication International: 33ml/Museo Nazionale, Neapel: 359ul

Alinari/Museo Nazionale, Neapel: 393ul

American School of Classical Studies, Athens: 318olu

Ancient Art & Architecture Collection: 54mr, 154o, 199ul, 237ol, 274or, 290ml, 292m, 295mr, 295ul, 325mr, 374ul, 376m

Archaeological Museum, Lima/E.T. Archive: 102ul

Archaeological Resource Centre: 17mr

Aditya Arya: 146ul

Ashmolean Museum, Oxford: 271ol

Benoy K. Behl: 148-149u, 149ur

Biblioteca Nazionale Centrale, Florenz: 103ml/Photo-Scala: 97ml

Bibliothèque de l'Assemblée Nationale, Paris: 92ul

Bibliothèque du Musée de l'Homme: 109om

Bibliothèque Nationale, Paris: 128ol

Bildarchiv Preußischer Kulturbesitz (Staatl. Museen in Berlin): 319or

Bridgeman Art Library: 20lm, 331u/Bibliothèque Nationale, Paris: 123ol, 126mr/De Morgan Foundation: 275ol/Fine Art Society: 280ol, 281ol, 310ur/House of Masks, Delos: 276ol/Musee Crozatier, Le Puy en Velay: 340ml/Museum für Völkerkunde, Berlin: 354ur, 357ur, 375ol/National Gallery, London: 290mu/Nationalmuseum, Athen: 288mr/Oriental Museum, Durham University: 25r/Palace of Westminster 300ur/Private Collection: 314ol/Victoria & Albert Museum, London: 145ol

Bristol Museum and Art Gallery: 99ur

British Film Institute: 369ur

British Library/Bridgeman Art Library: 105ol, 107m

British Museum, London: 26–27, 27m, 34–35, 34l, 36–37, 37ul, 38–39, 39um, 59ol, 64m, 65, 130ol, 146m, 148ol, 151, 157or, 158u, 160l, 160u, 184ur, 185ol, 185m, 185ur, 186or, 194m, 195r, 195l, 198m, 199m, 202ol, 203o, 203um, 207ul, 208m, 209om, 233or, 236mr, 292ul, 294r, 294ol, 295ol, 295ur, 309o, 340ur, 351ol, 351ul, 354ul, 354ol, 359m, 378ul, 389or, 394ul, 395ol/Nina M. de Garis Davies: 205m, 206mr, 209u/Jonathan Tubb: 22or, 22mr, 22u

Bruce Coleman Ltd.: 20or, 21ur, 105or, 106or

Peter Bull: 363o, 374ml

Courtesy Chinese Cultural Embassy: 114o, 126ml

Citta del Vaticano, Rom: 386ml

Peter Clayton: 204m

© Dr. John Coates: 297mu

Comstock/George Gerster: 126ur, 133ol

© Peter Connolly (Kollosseum–Modell): 364–365

Arthur Cotterell: 125ml

Andy Crawford: 121or

Mike Dent: 62, 71ol

DK Picture Library/Barnabas Kindersly: 146ur

Dr. P. Dorrell, Institute of Archaeology: 48mr

R.V. Dunning: 128m, 128um

Ekdotike Athenon: 286ul

E. T. Archive, London: 26u, 90mr, 94ol, 95oml, 111or, 113ol, 128ul, 132ol, 324mr/Bibliothèque Nationale, Paris: 137ol/British Museum: 136ol

Egypt Exploration Society, London: 210ur

Simone End: 116ol

Eugene Fleury: 337m

Frank Spooner Pictures: 144ol

Freer Gallery of Art: 133mr, 134mr

Gerstenberg Verlag (Silke Obermeyer): 60, 140, 215

Giraudon Louvre: 253ol

Guildhall Library: 236m (Detail)

Hamburger Kunsthalle: 242ol (Detail)

Michael Holford: 79ol, 95ul, 106m, 107or, 139o, 144ur, 242-243, 268or, 269or, 271ul, 276ur, 277m, 294ul

Hutchinson Library: 157mr, 218or, 219or/Dorig: 83or, 92ml, 96or/Pate: 107omr, 109or

Image Bank: 286ol, 289m, 311um

INAH: 109ol

Israel Museum: 234ul, 237or

J. Allan Cash Photolibrary: 116ur und Einband Vorderseite, 349ml

Simon James: 340ur, 346mr, 356ml, 362ol, 363ml, 363mr, 364ul, 371ol, 373om, 374ol, 382m, 383or, 388mr, 395m

Prem Kapoor: 148ur

Thomas Keenes: 211um

Kobal Collection: 325m, 370ml

Louvre/© Réunion des Musées Nationaux: 211om, 352-353u

Mansell Collection: 43, 47um, 53ol, 67rm, 72ol, 73rm, 74lm, 122or, 134ol, 273ol, 274ol, 274om, 324ol, 337o, 341ol, 381u

Mary Evans Picture Library: 40u, 42ol, 45ur, 46ol, 50lm, 51ur, 52or, 56, 67or, 68or, 71ul, 72m, 77ur, 77um, 95ml, 120ol, 144or,

Danksagung

Illustrationen
Peter Bull (S. 363, 374), Eugene Fleury (S. 337)

Karten
Peter Palm, Berlin (S. 60, 140, 215, 222, 228, 265, 330), Simone End (S. 116), übrige Karten Dorling Kindersley

Modelle
Peter Connolly (Kolloseum-Model S. 364-365)

Layout und Gestaltung
Dorling Kindersley, London / typocepta, Wilhelm Schäfer, Köln

Autoren und Autorinnen der Beiträge
Yvonne Ayo, Elizabeth Baquedano, Lionel Bender, Karen Brookfield, Michèle Byam, Juliet Clutton-Brock, Arthur Cotorell, Christopher Gravett, George Hart, Simon James, Andrew Langley, Myrthe Langley, William Lindsay, Susan M. Margeson, Rupert Matthews, Jane McIntosh, Nick Merriman, Anne Pearson, Richard Platt, James Putnam, Susanna van Rose, L. Rowland-Warne, R.F. Symes, Jonathan N. Tubb, Philip Wilkinson

Übersetzer und Übersetzerinnen
Thomas Drahms, Rainer Hannig, Christina Hartkamp, Almut Heller, Werner Horwath, Manfred Kottmann, Reinhold H. Mai, Thomas Neumann, Eunike Röhrig, Klaus Scheuer, Margot Wilhelmi

Bearbeitung der deutschsprachigen Fassung
Margot Wilhelmi

»Die *visuellen Lexika* sind anders. Schwer Vorstellbares wird plötzlich offensichtlich. Selbst Erwachsenen wird vieles klar, was sie in der Schule verschlafen haben.« *GEOlino*

Eine faszinierende Epoche in all ihren Facetten
Früh- Hoch- und Spätmittelalter · Das Zeitalter der Völkerwanderung · Wikinger, Ungarn und die Entstehung des Rittertums · Der Islam und die Kreuzzüge · Gesellschaft und Kultur des Hochmittelalters · Die Bauern · Kriegerischer Adel · Die Kirche · Die Stadt · Könige, Fürsten, Reiche und Kriege · Das Mittelalter in Asien · Der Herbst des Mittelalters Register

Die visuelle Weltgeschichte des Mittelalters
ca. 400 Seiten, mit tausenden von Abbildungen, durchgehend farbig, 24 x 20 cm, Halbleinen
ISBN 3-8067-4594-3

»Verführung zum Lesen: Gerstenbergs visuelle Enzyklopädie, dieses großartige Unternehmen, ist um einen Band über die Weltgeschichte der Neuzeit vermehrt worden; Grund zum heftigen Applaus.«

Süddeutsche Zeitung

Die großen geschichtlichen Epochen von der Renaissance bis zur Gegenwart Was bedeutet Neuzeit? · Die erste Globalisierung · Renaissance und Humanismus · Die Religionskriege und die Herausbildung des modernen Staats · Barock und Absolutismus · Das Zeitalter der Aufklärung · Das Zeitalter der Revolutionen · Wirtschaft und Gesellschaft im 19. Jahrhundert · Das Zeitalter der Nationalstaaten · Der Erste Weltkrieg · Zwischen den Kriegen · Der Zweite Weltkrieg · Von 1945 bis heute · Register

Die visuelle Weltgeschichte der Neuzeit
544 Seiten, mit tausenden von Abbildungen, durchgehend farbig, 24 x 20 cm, Halbleinen
ISBN 3-8067-4574-9

WISSEN MACHT SPASS

Gerstenbergs  *visuelle Enzyklopädie*
ist eine Bibliothek des Wissens unserer Zeit und darüber
hinaus ein umfassendes und weiter wachsendes
Nachschlagewerk für die ganze Familie.